Cambodge & Laos

Moines en pirogue sur le Mékong.
P. Tisserand/Michelin

Les régions du guide :
(voir les cartes à l'intérieur des rabats de couverture)

Sommaire

NOS INCONTOURNABLES

ORGANISER SON VOYAGE

COMPRENDRE LE CAMBODGE

HISTOIRE

NATURE ET PAYSAGES

DÉCOUVRIR LE CAMBODGE

1 PHNOM PENH ET SA RÉGION

POUR CHAQUE SITE, RETROUVEZ NOS ADRESSES

2 LE CENTRE ET LE NORD

3 LE NORD-EST

4 LA CÔTE SUD

Temple d'Ek Phnom, près de Battambang.
P. Tisserand/Michelin

Sommaire

NOS INCONTOURNABLES

ORGANISER SON VOYAGE

COMPRENDRE LE LAOS

HISTOIRE

NATURE ET PAYSAGES

DÉCOUVRIR LE LAOS

5 VIENTIANE ET LE CENTRE

POUR CHAQUE SITE, RETROUVEZ NOS ADRESSES

6 LE NORD

7 LE SUD

Vat Xieng Thong, Luang Prabang.
P. Tisserand/Michelin

Nos incontournables

Angkor Wat★★★, emblème absolu du Cambodge *(p. 186)*.

Les **plages de Sihanoukville★★**, les plus belles du pays *(p. 311)*.

Nos plus beaux sites étoilés au Cambodge.

Les **fresques du Reamker**★★★ autour de la pagode d'Argent, à **Phnom Penh**★★ *(p. 134 et 143)*.

Preah Vihear★★★, un temple au cadre grandiose *(p. 277)*.

Les photogéniques **marais salants**★★ de Kampot *(p. 291)*.

Les **fresques**★★★ du Vat Pa Huak, l'un des trésors de **Luang Prabang**★★★ *(p. 464 et 472)*.

Tham Konglor★★★, la plus belle grotte de la région de Thakhek *(p. 509)*.

Nos plus beaux sites étoilés au Laos.

La **plaine des Jarres★★★**, près de Phonsavan *(p. 453)*.

Tad Kuang Si★★★, des chutes spectaculaires aux abords de Luang Prabang *(p. 480)*.

Le temple khmer de **Vat Phu★★★** *(p. 525)*.

Crédits photographiques :

Page 6 : P. Tisserand/Michelin (haut) ; A. Selinger/World Pictures/age fotostock (bas)

Page 7 : P. Tisserand/Michelin (haut gauche) ; JTB Photo/JTB Photo Communications, Inc./age fotostock (haut droit) ; P. Tisserand/Michelin (bas)

Page 8 : P. Tisserand/Michelin (haut) ; M. Wright/DanitaDelimont.com/Danita Delimont Agency/age fotostock (bas)

Page 9 : P. Tisserand/Michelin (haut gauche ; haut droit ; bas)

ORGANISER SON VOYAGE AU CAMBODGE

Marchand de vanneries dans la province de Kampong Cham.
P. Tisserand/Michelin

Suggestions d'itinéraires

21 JOURS	COMBINÉ CAMBODGE/LAOS
Notre programme pour découvrir le meilleur des deux pays	**Jour 1** : arrivée par avion à Siem Reap, au **Cambodge** ; prise de contact avec la civilisation khmère au Musée national d'Angkor *(p. 214)*. **Jour 2** : visite du parc archéologique *(p. 181)*. **Jour 3** : excursion à Beng Melea *(p. 210)* ; spectacle de danse traditionnelle en soirée *(p. 226)*. **Jour 4** : vol pour Luang Prabang *(p. 481)*, au **Laos** ; l'apr.-midi, visite des pagodes Xieng Thong et Mai Souvanna Phummaram *(p. 468 et 473)* ; coucher de soleil au mont Phu Si *(p. 477)*. **Jour 5** : excursion et baignade aux cascades de Kuang Si *(p. 480)* ; l'apr.-midi, visite des villages d'artisans *(p. 478)* ; spectacle de théâtre et danse en soirée *(p. 490)*. **Jour 6** : vol pour Vientiane ; apr.-midi au Buddha Park *(p. 434)*. **Jour 7** : itinéraire dans la ville, des pagodes de la rue Setthathirath au That Luang *(p. 422)* ; bus de nuit pour Thakhek *(p. 510)*. **Jour 8** : excursion à la grotte de Konglor *(p. 509)* ou circuit des grottes aux alentours de Thakhek *(p. 507)*. **Jour 9** : bus tôt le matin pour Pakse *(p. 533)* ; dîner sur le Mékong *(p. 537)*. **Jour 10** : excursion fluviale vers le temple de Vat Phu *(p. 534)* ; en soirée, théâtre d'ombres à Champasak *(p. 539)*. **Jour 11** : escapade au plateau des Bolaven *(p. 527)* et retour à Pakse *(p. 522)*. **Jour 12** : route vers les Quatre Mille Îles *(p. 530)* ; balade à vélo, excursion aux chutes de Khone Pha Peng *(p. 532)*. **Jour 13** : retour vers le **Cambodge** : passage de la frontière et route pour Kratie *(p. 256)*. **Jour 14** : visite du Wat Roka Kandal *(p. 258)* ; excursion à la rencontre des dauphins de l'Irrawaddy *(p. 259)*. **Jour 15** : bus pour Kampong Cham *(p. 165)* ; échappée dans la campagne jusqu'au Wat Moha Leap *(p. 169)* et retour en ville par l'île de Koh Paen *(p. 166)*. **Jour 16** : le matin, visite du Wat Nokor Bachey *(p. 166)* ; l'apr.-midi, bus pour Phnom Penh *(p. 152)*. **Jour 17** : matinée au Palais royal *(p. 142)*, apr.-midi au Musée national *(p. 140)* ; spectacle de danse traditionnelle en soirée *(p. 163)*. **Jour 18** : bus pour Kampong Chhnang *(p. 176)* ; découverte des villages flottants *(p. 174)*. **Jour 19** : bus pour Battambang ; itinéraire dans le quartier colonial *(p. 229)* ; en soirée, spectacle au cirque Phare *(p. 244)*. **Jour 20** : escapade dans la campagne de Battambang *(p. 234)*. **Jour 21** : retour vers Siem Reap en bateau *(p. 239)*.
Transport	Avion pour les trajets Siem Reap-Luang Prabang et Luang Prabang-Vientiane. Bateau entre Battambang et Siem Reap. Bus entre les autres villes.
Conseils	En période de festivités (fêtes de fin d'année, Nouvel An chinois, Nouvel An khmer et lao), il est indispensable de réserver vos transports et votre hébergement à Siem Reap, Vientiane et Luang Prabang.

SUGGESTIONS D'ITINÉRAIRES

12 JOURS	CAMBODGE EXPRESS
Programme	**Jour 1** : à Phnom Penh, matinée autour du Palais royal *(p. 142)* et visite du Musée national *(p. 140)* ; l'apr.-midi, musée du Génocide *(p. 144)* et Killing Fields *(p. 145)*. **Jour 2** : route pour la jolie petite ville de Kampot *(p. 293)*. **Jour 3** : excursion au parc national de Bokor *(p. 287)* le matin, balade dans la station balnéaire de Kep l'apr.-midi *(p. 300)*. **Jour 4** : trajet vers Sihanoukville *(p. 315)* : farniente sur les plages de Prek Treng ou d'Otres *(p. 312)*. **Jour 5** : vol pour Siem Reap *(p. 218)* ; l'apr.-midi, visite du Musée national d'Angkor *(p. 214)*. **Jour 6** : excursion au temple d'Angkor Wat *(p. 186)*. **Jour 7** : échappée vers Battambang *(p. 240)* et balade dans le carré colonial *(p. 229)* ; soirée au cirque Phare *(p. 244)*. **Jour 8** : retour vers Siem Reap par le Tonlé Sap *(p. 239)*. **Jour 9** : route vers Kampong Thom *(p. 250)* et excursion à Sambor Prei Kuk *(p. 247)*. **Jour 10** : route pour Kampong Cham *(p. 170)*, découverte de la ville et de ses environs *(p. 165)*. **Jour 11** : Kratie *(p. 256)* et les dauphins de Kampi *(p. 259)*. **Jour 12** : retour à Phnom Penh *(p. 134)*.
Transport	Vol intérieur Sihanoukville-Siem Reap. Bateau entre Battambang et Siem Reap. Bus entre les autres villes.
Conseils	Avec 2 j. de plus, vous pouvez remonter le Mékong jusqu'à Stung Treng *(p. 276)* et prévoir une excursion à Preah Vihear *(p. 277)*, ou explorer les temples aux alentours de Siem Reap *(p. 210)*.
8 JOURS	**LE CAMBODGE AU FIL DE L'EAU**
Programme	**Jour 1** : balade dans les quartiers anciens de Phnom Penh *(p. 134)* et sur le quai Sisowath *(p. 139)*. **Jour 2** : croisière sur la rivière Bassac *(p. 163)* ou vers Koh Dach, l'île de la Soie *(p. 147)*, près de la capitale. **Jour 3** : remontée du fleuve vers les pagodes d'Oudong *(p. 147)* ou, en saison des pluies, excursion à Phnom Da *(p. 150)* par le canal de Takeo. **Jour 4** : navigation sur le Tonlé Sap avec halte à Kampong Chhnang et ses villages flottants *(p. 174)*. **Jour 5** : entrée sur le lac Tonlé Sap *(p. 152)* et poursuite de la croisière vers Siem Reap *(p. 213)*. **Jours 6-7** : visite des temples d'Angkor *(p. 181)* ; le soir, spectacle de danse des *apsara* *(p. 227)*. **Jour 8** : départ tôt le matin pour une croisière vers Battambang *(p. 218 et p. 239)*.
Transport	Bateau.
Conseils	En fin de saison sèche (mars-avril), le trafic est parfois interrompu sur le Tonlé Sap : prévoyez une solution de transport alternative.

Types de séjour

CÔTÉ CULTURE	
Sites archéologiques	Le parc archéologique d'Angkor *(p. 181)*, Beng Melea *(p. 210)*, les temples autour de Takeo *(p. 148)*, Preah Vihear *(p. 277)*, Sambor Prei Kuk *(p. 247)*, le Wat Nokor Bachey *(p. 166)*.
Architecture coloniale	Phnom Penh *(p. 135)*, Kampot *(p. 284)*, Battambang *(p. 229)*, Kratie *(p. 256)*.
Musées	Le Musée national de Phnom Penh *(p. 140)*, le musée du Génocide *(p. 144)*, le Musée national d'Angkor *(p. 214)*.
Pagodes	La pagode d'Argent *(p. 143)*, le monastère en bois du Wat Moha Leap *(p. 169)*, le Wat Roka Kandal *(p. 258)*, la pagode aux Cent Colonnes *(p. 260)*.
Spectacles	À Phnom Penh, danses traditionnelles au Musée national *(p. 163)*, marionnettes et théâtre d'ombres au Sovanna Phum Art *(p. 163)* ; à Siem Reap, danses des *apsara* au Koulen Performance *(p. 227)*, mise en scène de l'histoire d'Angkor au Smile of Angkor *(p. 226)* ; à Battambang et à Siem Reap, soirées du cirque Phare *(p. 244 et 227)*.
SPORT ET NATURE	
Randonnées	Le parc national de Bokor *(p. 299)*, sur la côte sud, celui de Virachey *(p. 275)*, dans le Ratanakiri, le massif des Cardamomes au départ de Chi Phat *(p. 325)*.
Grottes et cascades	Les cascades du Ratanakiri, autour de Banlung *(p. 267)*, les grottes de Kampong Trach *(p. 303)*.
Échappées à deux-roues	À scooter, le plateau de Bokor *(p. 287)* ; les environs de Kampong Cham *(p. 166)*. À vélo, la campagne autour de Battambang *(p. 234)*, le parc archéologique d'Angkor *(p. 181)*, l'île et les marais salants de Kampot *(p. 287 et 291)*.
Animaux	Le sanctuaire des grues *(p. 303)* près de Kep, les dauphins d'eau douce à Kampi *(p. 259)*.
Plage	Les plages de Sihanoukville *(p. 311)* et des îles au large *(p. 313)* ; à Kep *(p. 301)*, celle du centre et celle d'Angkaul *(p. 303)* ; l'île de Koh Kong *(p. 323)* et celle de Koh Tonsay *(p. 304)*.
EN FAMILLE	
Spectacles	Une soirée au cirque Phare à Battambang *(p. 244)* ou à Siem Reap *(p. 227)*.
Activités	Le Bamboo Train *(p. 236)*, la fabrication de la soie dans la magnanerie d'Angkor *(p. 215)*.
Animaux	Les dauphins de l'Irrawaddy à Kampi *(p. 259)* ; le sanctuaire de faune sauvage de Phnom Tamao *(p. 164)* ; les papillons du Banteay Srey Butterfly Centre à Siem Reap *(p. 205)* et de la Butterfly Farm à Kep *(p. 307)* ; l'océanarium de Kep *(p. 307)*.

Le guide MICHELIN
A dévorer d'urgence
MICHELIN
France
le guide
MICHELIN
HOTELS & RESTAURANTS
Plus de 8000 adresses dans toute la France.
Disponible dans toutes les bonnes librairies.
MICHELIN
Une meilleure façon d'avancer

Aller au Cambodge

Nom officiel : Royaume du Cambodge (Kampuchéa)
Capitale : Phnom Penh
Superficie : 181 035 km^2
Population : 15,5 millions d'habitants *(estimation 2014)*
Langue officielle : le khmer
Monnaie : le riel (KHR)
1 € = 4 400 riels
1 US$ = 4 050 riels

En avion

Il n'y a **pas de vols directs** entre l'Europe ou l'Amérique du Nord et Phnom Penh ou Siem Reap : vous devrez faire **escale** à Bangkok ou dans la capitale dont dépend la compagnie aérienne. Pour un vol Paris-Phnom Penh, le **prix** d'un billet AR varie entre 600 et 1 000 € et le **trajet** dure en moyenne 18h, escale comprise. Outre le tarif, vérifiez toujours l'itinéraire, le temps de vol total et la durée des escales. Effectuez vos réservations le plus à l'avance possible pour bénéficier des meilleurs tarifs : au moins 6 mois à l'avance pour l'été et pour un départ autour de Noël.

Pour les vols intérieurs et les déplacements dans le pays, voir « Transports », dans « Sur place de A à Z », p. 35.

LIGNES RÉGULIÈRES

Air France – ☎ 36 54 - www.airfrance.fr. Vol tlj pour Phnom Penh au départ de Paris avec escales à Amsterdam et Bangkok.

Air Canada – www.aircanada.com. Dessert Phnom Penh et Siem Reap avec escales à New York ou Los Angeles puis Séoul *(27 à 29h)*.

China Eastern – www.flychinaeastern.com. 1 vol/j. Paris-Phnom Penh *via* Shanghai *(19h)*.

China Southern – www.csair.com. 1 vol/j. de Paris vers Phnom Penh ou Siem Reap *via* Canton *(20 à 25h)*.

Qatar Airways – www.qatarairways.com/fr. Vols Paris-Phnom Penh tlj *via* Doha *(18h de trajet)*. Également depuis Montréal, Genève et Bruxelles avec une escale à Doha *(30h)*.

Thai Airways – www.thaiairways.fr. 1 vol/j. entre Paris et Phnom Penh *via* Bangkok *(15h de trajet)*.

Vietnam Airlines – ☎ 01 44 55 39 90 - www.vietnamairlines.com. Vols pour Phnom Penh *via* Hanoï ou Hô-Chi-Minh-Ville *(15 à 18h de trajet)*. Dessert également Siem Reap.

COMPARATEURS DE VOLS

Tarifs préférentiels et promotions : plus vous réserverez tôt, plus ils seront intéressants. Les comparateurs de vols en ligne sont nombreux. En voici quelques-uns à titre indicatif :

Ebookers – ☎ 0 892 234 235 *(0,34 €/mn)* - www.ebookers.fr.

Expedia – ☎ 01 57 32 49 86 - www.expedia.fr.

Lastminute – ☎ 0 892 686 100 *(0,34 €/mn)* - www.fr.lastminute.com.

Look Voyages – ☎ 01 45 15 31 70 - www.look-voyages.fr.

Nouvelles Frontières – ☎ 0 825 000 747 *(0,15 €/mn)* - www.nouvelles-frontieres.fr.

Avec un voyagiste

Les agences de voyages proposent tous types de formules, du « vol sec » (billet d'avion seul) au voyage en groupe, en passant par le circuit individuel sur mesure ou encore la réservation d'hôtels et d'avions sur les lignes intérieures.

SPÉCIALISTES DE L'ASIE

Altiplano Voyage – ✆ 04 57 09 80 03 - www.altiplano-voyage.com. Circuits sur mesure au Cambodge et au Laos : temples d'Angkor, balades dans les rizières et les plantations, rencontre des minorités ethniques, etc.
Arvel – ✆ 04 72 44 95 50 - www.arvel-voyages.com. Séjours de tourisme solidaire et participatif.
Asia – ✆ 01 44 41 50 10 - www.asia.fr. Voyage individuel et circuits en groupe au Cambodge et au Laos avec des extensions possibles au Vietnam.
Les Ateliers du Voyage – ✆ 01 40 62 16 60 - www.ateliersduvoyage.com. Un spécialiste du voyage individuel et en petits groupes (12 pers.).
Maison de l'Indochine – ✆ 01 40 51 95 15 - www.maisondelindochine.com. Circuits de qualité avec des guides expérimentés à Angkor et Luang Prabang ; croisières sur le Mékong.
Orients – ✆ 01 45 61 90 90 - www.orients.com. Découverte du Cambodge et des temples khmers ou circuits incluant le Laos et la Birmanie.
Voyageurs du Monde – ✆ 01 42 86 16 00 - www.voyageursdumonde.fr. À la carte, des voyages itinérants à bicyclette, des circuits organisés, des croisières, etc.

VOYAGES CULTURELS

Arts et Vie – www.artsetvie.com. Agences à Paris, Villeurbanne, Grenoble, Marseille et Nice. Séjours combinés Cambodge, Laos et Vietnam.
Clio – ✆ 01 53 68 82 82 - www.clio.fr. Voyages à thème et conférencier pour découvrir les temples d'Angkor et les pagodes de Luang Prabang.

VOYAGES AVENTURE

Fleuves du monde – ✆ 01 44 32 12 85 - www.fleuves-du-monde.com. Au fil du Mékong sur des bateaux à l'ancienne, entre Thaïlande, Cambodge et Laos.
Huwans Club Aventure – ✆ 04 96 15 10 20 - www.huwans-clubaventure.fr. Balades en pirogue, à vélo, à dos d'éléphant et randonnées dans les parcs nationaux.
Nomade Aventure – ✆ 0 825 102 009 *(0,15 €/mn)* - www.nomade-aventure.com. Agences à Paris, Lyon, Marseille et Toulouse. Une dizaine de circuits hors des sentiers battus, à scooter, au fil du Mékong ou à la découverte d'Angkor.
Terres d'Aventure – ✆ 0 825 700 825 *(0,15 €/mn)* - www.terdav.com. Agences à Paris et en province ainsi qu'à Bruxelles et Genève.

SPÉCIALISTES DU CAMBODGE

Terre Cambodge – ✆ (+855) (0)77 448 255 - www.terrecambodge.com. Agence francophone établie à Siem Reap. Organise des circuits sur mesure hors des sentiers battus.
Voyages au Cambodge – ✆ 01 40 03 35 87 - www.voyages-au-cambodge.com. Les sites incontournables du Cambodge.

Avant de partir

Météo

L'année cambodgienne est rythmée par l'alternance d'une **saison des pluies** (juin-oct.) et d'une **saison sèche** (nov.-mai) ; les températures, plaisantes jusqu'en février-mars (20 à 30°), grimpent ensuite fortement jusqu'en avril-mai (plus de 40°).

Durant la **mousson**, les averses, torrentielles mais de courte durée, se manifestent souvent aux mêmes heures chaque jour. Elles n'empêchent pas de voyager : cieux photogéniques et belle lumière entre deux ondées, paysages verdoyants et lavés de leur poussière. Par endroits, les **routes** deviennent cependant impraticables (crues saisonnières du Mékong, inondations). Tenez-vous informé de la situation dans les régions où vous vous rendez.

Voir aussi « Sous le signe de la mousson » dans « Nature et paysages », p. 121.

À EMPORTER

Vêtements

Les vêtements légers, en coton ou en lin, sont les plus adaptés au climat tropical. En saison des pluies, prévoyez un **imperméable** ou un grand poncho. On se déchausse à l'entrée des pagodes et des maisons : adoptez des **chaussures** aérées et faciles à enlever. N'oubliez pas vos chaussures de randonnée (montantes et imperméables) si vous comptez marcher en forêt ou en montagne. Prenez aussi des **vêtements longs** pour vous protéger des moustiques, visiter les temples ou répondre à une éventuelle invitation, ainsi qu'un **lainage** pour les restaurants et les bus climatisés.

Accessoires

Outre un chapeau et des lunettes de soleil, quelques accessoires se révèlent toujours utiles : un cadenas, une lampe de poche, un couteau suisse, du sparadrap (pour réparer les trous des moustiquaires), des jumelles et une gourde.

Adresses utiles

OFFICES DE TOURISME

Il n'y a pas de représentation touristique du Cambodge en Europe ni au Canada.

Offices de tourisme au Cambodge : voir « Sur place de A à Z », p. 31.

CENTRES CULTURELS ET BIBLIOTHÈQUES

Association française des amis de l'Orient (AFAO) – 22 av. du Prés.-Wilson - 75116 Paris - ✆ 01 53 70 18 77 - http://afao-asso.fr - lun. et jeu. 14h-17h sur RV. Organise des visites guidées d'expositions, des voyages à thème, des cycles de cours et de conférences ainsi que des journées d'étude.

Langues O - bibliothèque de l'Inalco – 65 r. des Grands-Moulins - 75013 Paris - ✆ 01 81 70 10 14 - www.inalco.fr (horaires et catalogue). Pour consulter des ouvrages sur place, munissez-vous d'une pièce d'identité et d'une photo.

Musée Guimet – 6 pl. d'Iéna - 75016 Paris - ✆ 01 56 52 53 00 - www.guimet.fr - 10h-18h sf mar. - bibliothèque : 10h-17h sf mar. et w.-end. Nombreux ouvrages spécialisés sur l'histoire, l'art et l'archéologie d'Extrême-Orient. Consultation de documents sur place : sur présentation d'une pièce d'identité.

LIBRAIRIES SUR L'ASIE

Sudestasie Librairie – 17 r. du Cardinal-Lemoine - 75005 Paris - ✆ 01 43 25 18 04 - www.cql.fr/libraire/sudestasie - 10h-13h, 14h-18h30 sf dim.
You Feng – 17 r. Monsieur-le-Prince - 75006 Paris - ✆ 01 43 25 89 98 - www.you-feng.com - 9h30-19h sf dim.

VOYAGISTES SPÉCIALISÉS

Voir « Aller au Cambodge », p. 17.

REPRÉSENTATIONS DIPLOMATIQUES DU CAMBODGE

Pour les représentations diplomatiques étrangères à Phnom Penh, voir la rubrique « Ambassades », dans « Sur place de A à Z », p. 28.

En France

Ambassade – 4 r. Adolphe-Yvon - 75116 Paris - ✆ 01 45 03 47 20 - www.ambcambodgeparis.info - lun.-vend. 9h-13h, 14h-17h - service des visas 9h-13h. Consulat honoraire à Lyon.

En Belgique

Ambassade – Av. de Tervuren 264A - B-1150 Bruxelles - ✆ (32) 27 72 03 72 - camemb.bel@mfa.gov.kh.

Au Canada

En l'absence de représentation, les ressortissants canadiens s'adresseront à l'ambassade du Cambodge à Washington.
Royal Embassy of Cambodia – 4530 16th St. NW - Washington DC 20011 - ✆ (1) 202 726 7742 - camemb.usa@mfa.gov.kh.

Au Luxembourg

Pas de représentation. S'adresser à l'ambassade du Cambodge à Bruxelles.

En Suisse

Ambassade – 3 ch. Teverney - Case Postale 213 - 1218 Grand-Saconnex - Genève - ✆ (41) 37 88 77 73 - camemb.gva@mfa.gov.kh.

En Thaïlande

Ambassade – 518/4 Th. Pracha Uthit (soi Ramkamhaeng 39) - Wangtonglang - Bangkok - ✆ (02) 957 58 51 - camemb.tha@mfa.gov.kh.

SITES INTERNET

www.diplomatie.gouv.fr – Informations régulièrement mises à jour par le ministère des Affaires étrangères français, conseils de santé et de sécurité. Certaines zones du pays peuvent être temporairement déconseillées.
www.tourismcambodia.com – Le site officiel de l'office du tourisme cambodgien *(en anglais)*.
www.cambodgepost.com – Actualités et dossiers de presse sur le Cambodge d'aujourd'hui.
www.art-and-archaeology.com/seasia/seasia.html – Trésors artistiques d'Asie du Sud-Est *(en anglais)*.
www.canbypublications.com – Infos pratiques sur les principales villes touristiques *(en anglais)*.
www.globalwitness.org – Les pages sur le Cambodge alertent sur les sujets sensibles d'environnement *(en anglais)*.
https://kampotmuseum.wordpress.com – Blog du linguiste Jean-Michel Filippi, passionné du Cambodge.
https://khmerologie.wordpress.com – Blog sur différents aspects de la vie au Cambodge : culture, tourisme, langue…
http://vivreaucambodge.net – Le blog d'un expatrié.

http://ilanguages.org/fr/khmer_vocabulary.php – Vocabulaire avec un support audio.

Formalités

Les conditions de voyage peuvent évoluer : assurez-vous des formalités en vigueur au moment de votre départ auprès de la représentation diplomatique du Cambodge dans votre pays.

PASSEPORT ET VISA

Les ressortissants de l'Union européenne et du Canada obtiendront automatiquement, à leur arrivée à l'aéroport de Phnom Penh ou de Siem Reap, un visa touristique de **type T** pour une durée de 30 j. Vous devrez être en possession d'un billet d'avion retour et d'un **passeport** valide au moins 6 mois après votre date de retour. Pour voyager, les mineurs (y compris les bébés) doivent être munis chacun de leur propre passeport : ils ne peuvent figurer sur celui de leurs parents.
Frais de visa : 30 US$, à acquitter impérativement dans cette monnaie.
Visa électronique – Il est possible d'obtenir un **e-visa** sur le site internet du ministère des Affaires étrangères cambodgien (www.evisa.gov.kh) pour 37 US$. Attention, le e-visa n'autorise l'entrée dans le pays qu'à certains points de passage précis : consultez le site pour en connaître la liste.
Séjour de plus de 30 jours – Le **visa T** peut être prolongé sur place pour une durée de 30 j. supplémentaires *(45 US$)*. Si vous comptez séjourner au Cambodge plus longtemps, mieux vaut demander un **visa ordinaire** de **type E** *(35 US$)*, valable 30 j. et renouvelable pour une durée allant jusqu'à un an. Les prolongations de visa *(visa extension)* ne se font qu'à **Phnom Penh**. Ailleurs, vous ferez appel à une agence de voyages qui se chargera des démarches (comptez une semaine de délai et 80 US$ pour une prolongation de 3 mois).
Conseil – Par sécurité, gardez sur vous une photocopie de votre passeport (6 premières pages, visa et tampon d'entrée) ou scannez ces pages et envoyez-les sur votre boîte mail où vous les conserverez avec votre billet d'avion. Cela facilitera vos démarches en cas de perte ou de vol de vos documents.

ASSURANCES

Renseignez-vous en prenant votre billet d'avion : si vous l'achetez auprès d'un **tour-opérateur**, on vous proposera une police d'assurance complète, incluant le rapatriement sanitaire. Certaines **mutuelles** complémentaires proposent également ce service. Informez-vous aussi auprès de votre **banque** : certaines cartes bancaires donnent droit à une assurance voyage. Vous pouvez enfin vous adresser aux organismes proposant ces prestations, dont :
AVA – ✆ 01 53 20 44 20 - www.ava.fr.
Europ Assistance – ✆ 01 41 85 93 65 - www.europ-assistance.fr.
Mondial Assistance – ✆ 01 53 05 86 00 - www.mondial-assistance.fr.

DOUANES

La législation autorise l'**importation** de 400 cigarettes et de 1 l d'alcool. Toute somme d'argent supérieure à 10 000 US$ (ou équivalent) doit être déclarée. Sont interdits à l'importation les stupéfiants ainsi que les livres et films pornographiques.

PERMIS DE CONDUIRE

Les permis de conduire nationaux et le permis international ne sont pas reconnus par les autorités cambodgiennes. Pour être en règle, il vous faudra acheter sur place un

permis cambodgien *(voir p. 39)*. Sans ce document, votre assurance (médicale, rapatriement) ne vous couvrira pas en cas d'accident.

Voir aussi « Voiture », dans « Sur place de A à Z », p. 39.

SANTÉ

Consultez les fiches **« Conseils aux voyageurs »** sur le site du ministère des Affaires étrangères français (www.diplomatie.gouv.fr), qui vous signalera tout problème spécifique. Les infrastructures sanitaires étant insuffisantes, au Cambodge comme au Laos, il est recommandé de souscrire une **assurance** incluant le rapatriement en cas de besoin. En cas d'**urgence**, se diriger vers les hôpitaux de la capitale *(voir p. 151)* ou de Bangkok *(voir p. 33)*. Avant le départ, demandez conseil à votre médecin ou adressez-vous au **Service médical voyages et santé** (www.smi-voyage-sante.com).

SERVICES OU ARTICLES	PRIX MOYEN	ÉQUIVALENT EN EUROS
Une chambre double dans une *guesthouse* ou dans un hôtel simple	8-15 US$	7-13,50 €
Une chambre double dans un hôtel de catégorie moyenne	25-40 US$	23-36 €
Une chambre double dans un hôtel de catégorie supérieure ou un *resort*	50 US$ et plus	45 € et plus
Une soupe au marché	3 000 riels	0,70 €
Un repas dans un bon restaurant	15-20 US$	13,50-18 €
Un repas dans un restaurant gastronomique	30 US$ et plus	27 € et plus
Une voiture avec chauffeur à la journée	env. 100 US$	env. 91 €
Un litre d'essence	3 500 riels	0,80 €
Un trajet aéroport de Phnom Penh/centre-ville en taxi	9 US$	8 €
Un billet de bus Phnom Penh-Siem Reap en 2e/1re classe (320 km)	8-13 US$	7-12 €
Un billet de bus de nuit Phnom Penh - Siem Reap (couchette)	18-21 US$	16-19 €
Un billet de bateau Phnom Penh - Siem Reap	35 US$	32 €
Un vol intérieur Phnom Penh - Siem Reap	60-100 US$	54-91 €
Une location de scooter à la journée	8-15 US$	7-13,50 €
Une location de vélo à la journée	1 US$	0,90 €
Un service de laverie (par kg)	4 000 riels	0,90 €
Une heure de massage	9-11 US$	8-10 €
Une bouteille d'eau minérale	2 500 riels	0,50 €
Un café dans la rue/dans un café	0,25-2 US$	0,20-1,80 €
Une bière	2 500 riels	0,50 €
Une carte postale	4 000 riels	0,90 €

Vous limiterez les risques de tomber malade en respectant scrupuleusement les précautions d'hygiène de base.
Voir « Recommandations » et « Santé » dans « Sur place de A à Z », p. 32.

Vaccinations

Pour le Cambodge comme pour le Laos, pas de vaccin obligatoire, sauf la fièvre jaune pour les voyageurs ayant préalablement séjourné dans des zones infectées. Il est cependant recommandé d'être à jour de ses vaccinations **DTP** (diphtérie, tétanos, poliomyélite), **hépatites** A et B, **typhoïde** et tuberculose. Le vaccin contre l'**encéphalite japonaise** est conseillé en cas de séjour en zone rurale. La plupart des vaccins peuvent être pratiqués simultanément mais il y a un délai de carence avant efficacité : faites-les au moins **un mois avant** votre départ.

Il n'existe pas de vaccin contre le **paludisme**. Un médecin peut prescrire un traitement au cas par cas selon les zones où vous comptez vous rendre.

Centre international de vaccinations d'Air France – 148 r. de l'Université - 75007 Paris - ✆ 01 43 17 22 00 - www.vaccinations-airfrance.fr - lun.-vend. 8h45-18h, sam. 8h45-16h.

Centre médical de l'Institut Pasteur – 209-211 r. de Vaugirard - 75015 Paris - ✆ 01 45 68 80 00 - www.pasteur.fr - lun.-vend. 9h-16h30, sam. 9h-11h30.

Trousse à pharmacie

Une trousse de base comprendra un répulsif antimoustiques, un désinfectant en spray, un antibiotique à large spectre, des pansements, du paracétamol, un analgésique, de la crème solaire. Prévoyez également un antidiarrhéique, un antiseptique intestinal, un réhydratant, un antihistaminique (contre le rhume, les allergies et le mal des transports). La plupart de ces produits s'achètent **sur place** sans ordonnance.
Voir aussi « Recommandations », p. 32.

Argent

Voir aussi « Argent » et « Change », dans « Sur place de A à Z », p. 28.
Vous aurez besoin de **dollars américains** à votre arrivée au Cambodge pour payer votre visa *(voir p. 20)*. Pensez-y avant de partir : il n'y a pas moyen de changer ni de retirer de l'argent à l'aéroport avant de passer l'immigration.

Bon à savoir – Veillez à ce que vos dollars soient en excellent état. Les billets froissés, tachés ou portant des marques de stylo sont souvent refusés. De même pour les billets trop anciens ou les coupures de 100 US$ imprimées en 2009. Précisez à votre banque que vos dollars sont destinés à être utilisés en Asie du Sud-Est.

Vous vous procurerez des **riels** sur place uniquement *(voir p. 28)*.

CARTES DE CRÉDIT

Voir aussi « Banques », dans « Sur place de A à Z », p. 29.
Les principales **cartes bancaires internationales** sont acceptées par tous les établissements de standing moyen à supérieur : restaurants, hôtels, boutiques, agences de voyages, etc.

Opposition – Demandez à votre banque le n° à composer depuis l'étranger pour faire opposition en cas de perte ou de vol. À toutes fins utiles, un serveur vocal est valable pour tous les types de cartes : ✆ (33) 442 60 53 03. *Voir aussi p. 29.*

CHÈQUES DE VOYAGE

Ne vous embarrassez pas de *travellers cheques*, il est très difficile de les changer.

Calculez votre budget quotidien

Les prix à la journée ont été calculés **pour une personne**, sur la base d'un séjour pour deux en haute saison. Ils comprennent l'hébergement, le déjeuner et le dîner ; pensez à y ajouter transports, visites des monuments, spectacles et activités en fonction de votre programme.

Petit budget avec nuit dans une *guesthouse* ou un hôtel simple, déjeuner dans une gargote de rue ou au marché, et dîner dans un restaurant simple : env. **20 €/j./pers.**

Budget moyen avec étape dans des établissements plus fonctionnels que charmants, déjeuner léger et dîner dans un restaurant plus soigné : de **30** à **40 €/j./pers.**

Budget plus large avec nuit dans des hôtels confortables, des demeures coloniales ou des *resorts* sur la plage, et dîner dans des établissements réputés ou de cuisine occidentale : à partir de **60 €/j./pers.**

Voir aussi le tableau des prix p. 21.

Décalage horaire

Il est de 6h en hiver (5h en été). En hiver, quand il est 12h en France, il est 18h au Cambodge et au Laos (GMT + 7).

Téléphoner au Cambodge

De France, Belgique et Suisse, composez le 00 + 855 + n° du correspondant sans le 0 initial. Du Canada, composez le 011 + 855 + n° du correspondant sans le 0 initial.

Pour téléphoner depuis le Cambodge ou à l'intérieur du pays, voir « Téléphone », dans « Sur place de A à Z », p. 35.

Se loger

Notre sélection de lieux d'hébergement est répartie en quatre catégories de prix, sur la base tarifaire d'une chambre double en haute saison, taxes comprises. En basse saison, dans les régions les plus touristiques, les prix affichent souvent 30 à 40 % de réduction.

Vous trouverez une sélection d'hôtels dans les pages « Nos adresses à… » de la section « Découvrir », ville par ville. Pour les catégories de prix, voir le tableau p. 24.

À SAVOIR

En fin d'année et lors des grandes fêtes (Nouvel An chinois, fête de l'Eau), il est recommandé de **réserver** son hébergement.

Si vous payez votre chambre jour par jour, demandez systématiquement un **reçu** : le personnel change et le suivi des règlements n'est pas forcément très rigoureux.

Présents dans tous les lieux touristiques, les **rabatteurs** prennent une commission versée par l'établissement qui les envoie, et qui se répercutera sur votre note. Certains chauffeurs de taxi ou de *tuk-tuk* ne manqueront pas de vous solliciter, proposant parfois de vous conduire « gratuitement » dans un hôtel au prétexte que, modeste ou haut de gamme, celui où vous pensiez vous rendre « est fermé » ou « n'existe plus ». Ne les écoutez pas et dites que vous avez réservé.

Toutes catégories d'établissements confondues, ne laissez jamais aucun **objet de valeur** dans la chambre, même à l'intérieur de vos bagages : utilisez le coffre-fort mis à disposition.

Hormis dans les hôtels de catégorie supérieure, ventilateur rime souvent avec eau froide, et **air conditionné** avec **eau chaude**.

Étant donné la chaleur qui règne au Cambodge, l'eau froide (en réalité à température ambiante) est en fait très supportable. Dans ces établissements, le **petit-déjeuner** est rarement inclus. En revanche, la quasi-totalité des établissements offrent le wifi.

LES TYPES D'HÉBERGEMENT

À Phnom Penh, Siem Reap et dans les stations balnéaires de la côte sud, les chambres sont plus chères qu'ailleurs.

Guesthouses

Il ne s'agit pas nécessairement de chambres d'hôtes à l'européenne. Le terme désigne aussi bien les adresses pour *backpackers*, comprenant restaurant ou cafétéria, laverie, location de vélos, infos sur la région, excursions et services touristiques en tous genres, que les **hôtels bon marché** qui, eux, ne proposent aucun service.
Parmi ces derniers, nombreux autour des marchés et des gares routières, le pire côtoie le meilleur en termes de propreté, d'espace et de confort. Comptez entre 6 et 10 US$ la chambre avec un grand lit, ventilateur et eau froide ; 8 à 12 US$ avec deux lits ; le double avec air conditionné et eau chaude. Si vous pensez loger dans ces établissements, emportez votre propre drap ou « sac à viande ». Ces adresses possèdent généralement des chambres à 3 ou 4 lits pour les **familles**. Presque toutes disposent du wifi ; vous aurez une meilleure réception si votre chambre est proche du répétiteur.

Hôtels de catégorie moyenne

La majorité d'entre eux, purement fonctionnels, sont aussi impersonnels dans leur architecture que dans leur décoration. Ils s'adressent à une clientèle de voyageurs de commerce. Assurant un confort de base (sdb privée, wifi, TV, parfois réfrigérateur), ils sont mieux entretenus et mieux meublés que les hôtels bon marché.
Comme dans ces derniers, les tarifs diminuent de moitié si vous optez pour le ventilateur plutôt que pour l'air conditionné, et les chambres à deux lits sont légèrement plus chères que celles avec lit double. Proposent souvent des chambres triples ou familiales.

Hôtels de catégorie supérieure

Ils occupent des maisons coloniales restaurées dans les villes au riche patrimoine architectural (Battambang, Kampot, Phnom Penh), des demeures traditionnelles ou des édifices ultra-modernes à Siem Reap, ou se sont installés sur les plus belles plages du côté de Sihanoukville.
Certains jouent la carte du **charme**, d'autres insistent sur le **confort**. Le soin apporté à la décoration des chambres et des espaces communs, un personnel anglophone à la

NOS CATÉGORIES DE PRIX		
	Hébergement	**Restauration**
Premier prix	moins de 15 US$ (13,50 €)	moins de 8 US$ (7 €)
Budget moyen	de 15 à 40 US$ (de 13,50 à 36 €)	de 8 à 15 US$ (de 7 à 13,50 €)
Pour se faire plaisir	de 40 à 80 US$ (de 36 à 72 €)	de 15 à 25 US$ (de 13,50 à 23 €)
Une folie	plus de 80 US$ (72 €)	plus de 25 US$ (23 €)

réception, les petites attentions font la différence. Dans cette catégorie, le petit-déjeuner est le plus souvent inclus.
La plupart des établissements possèdent une **piscine**, parfois un agréable jardin tropical fleuri, et proposent spa, massages et excursions.

Se restaurer

Comme pour les hôtels, les restaurants que nous avons retenus sont classés en quatre catégories de prix, sur la base mini/maxi d'un repas comprenant une entrée et un plat (rares sont ceux qui proposent des desserts), sans les boissons.
Vous trouverez une sélection de restaurants dans les pages « Nos adresses à... » de la section « Découvrir », ville par ville. Catégories de prix : voir le tableau ci-contre.

CUISINE LOCALE

Beaucoup de touristes ne fréquentent que les restaurants « pour Occidentaux », craignant (à tort) le manque d'hygiène ou l'absence d'anglais. Ce faisant, ils se cantonnent à une nourriture aseptisée, plutôt fade, et se privent des véritables saveurs de la cuisine populaire, khmère ou lao.
Les restaurants « touristiques » ont souvent une carte très variée : cela signifie des aliments **congelés** – avec les problèmes posés par les ruptures de la chaîne du froid dans des pays où les coupures d'électricité restent fréquentes. Les restaurants populaires, soucieux de satisfaire une clientèle d'habitués, ont l'avantage de ne cuisiner que des **ingrédients frais** du jour, et avant tout des **produits locaux** (aussi bien fruits et légumes que poissons et viandes). Beaucoup sont **spécialisés** dans la préparation d'un nombre restreint de plats – c'est un autre gage de saveur.

DANS LA RUE ET AU MARCHÉ

Voir aussi « Gastronomie », p. 70.
Le Cambodge regorge de **gargotes** qui ne paient pas de mine mais où vous pourrez goûter une cuisine savoureuse et vous restaurer rapidement pour presque rien.
Des restaurants populaires, les **soup pot**, servent au petit-déjeuner et au déjeuner une cuisine saisonnière, rustique et peu onéreuse. Les recettes du jour sont fonction des ingrédients disponibles sur le marché : poissons fraîchement pêchés et légumes locaux, tels que tiges de lotus, feuilles de *neem* (cueillies sur le margousier) ou cœur de palmier. Les plats, essentiellement des soupes, y sont présentés dans de grandes **marmites** : l'usage est de soulever le couvercle pour faire son choix. Ils sont accompagnés d'une assiette de riz.
Les **marchés** et les stands de rue sont également l'occasion de découvrir la cuisine locale : brochettes, grillades de poisson ou petits plats de viande en sauce et surtout soupes en tous genres. Essayez les **crêpes vietnamiennes** *(banh xeo)*, fourrées de viande de porc, de petites crevettes séchées, de germes de soja, d'oignons et de piments frais, et dont la pâte est additionnée de lait de coco dans le goût cambodgien.

AU RESTAURANT

On juge aisément de la qualité d'un restaurant d'après sa **fréquentation** par les autochtones, surtout s'ils y viennent en famille. Beaucoup n'ont pas de **carte** : les cuisinières officient devant vos yeux et vous désignez les plats choisis avant de prendre place.
La succession à l'occidentale d'une entrée, d'un plat et d'un dessert, ou des mets salés et sucrés, est

inconnue en Asie : les plats sont **présentés ensemble**, et chacun se sert à sa guise, alternant les saveurs et les textures, les mets épicés s'équilibrant avec des plats plus doux. Vous trouverez sur les tables piments frais, *prahoc* et diverses **sauces** pour relever votre plat.

Avec votre commande, on vous apportera parfois un panier contenant six **boissons** en canettes : veillez à ce que l'on ne vous facture que ce que vous aurez consommé. En revanche, le pichet de **thé vert** léger ou d'eau purifiée glacée est offert.

Parmi les formules emportant les suffrages des familles cambodgiennes, vous vous familiariserez vite avec les **phnom pleung** (littéralement « montagne de feu »), qui fonctionnent à la manière des fondues laotiennes *(voir p. 336)*.

LES COUVERTS

La soupe de nouilles du petit-déjeuner est le seul plat nécessitant des **baguettes**. Pour les autres plats, apprenez à vous servir d'une fourchette et d'une cuillère (on n'utilise pas de couteau à table) : la fourchette, tenue dans la main gauche, sert à pousser les aliments dans la cuillère, tenue dans la main droite et que l'on porte ensuite à sa bouche. Au Laos, le riz gluant s'attrape tout simplement avec les doigts.

DANS LES HÔTELS

De nombreux hôtels de catégorie supérieure assurent un service de restauration allant de la cafétéria au restaurant de qualité, suivant le standing de l'établissement.

HORAIRES

Les restaurants classiques sont ouv. tlj de 11h30 à 14h30 pour le déj. et de 18h à 22h30 pour le dîner. Quelques-uns servent toute la journée sans interruption. Les *soup pot* et les gargotes de rue ferment vers 18h30. Les *coffee-shop* de certains hôtels restent ouv. 24h/24.

MSG

Le **glutamate monosodique** (MSG en anglais, *bijang* en khmer, *peng noua* en lao) est un **exhausteur de saveurs** abondamment utilisé en cuisine dans tous les pays d'Asie du Sud-Est. Il se présente sous la forme de petits cristaux blancs au goût sucré-salé, plus allongés que ceux du sucre. Au Cambodge et plus encore au Laos, on en met dans les salades, dans tous les plats en sauce et surtout dans les soupes. On en trouve parfois même dans les jus de fruit. Certaines personnes y sont insensibles ; chez d'autres, le MSG peut provoquer des **allergies** (gonflement des paupières, soif intense, rougeurs). Quelques restaurants cuisinent sans MSG et l'annoncent sur leur carte. Dans les quartiers musulmans, autour des mosquées, et dans les restaurants indo-pakistanais, vous pouvez être tranquille : la cuisine halal n'utilise pas de MSG. Quand les plats sont confectionnés devant vous, vous pouvez demander *« otyok bijang »* (sans MSG).

Si vous n'aimez pas le **piment**, demandez *« kom owy hel »* (non épicé) *(Laos : voir p. 336)*.

Enfin, soyez prudent avec les **alcools de fabrication artisanale** : du vin de riz mal distillé a provoqué plusieurs décès en 2015.

NOUVEAU
LISBONNE DANS LA POCHE
SE RESTAURER
FAIRE UNE PAUSE
SHOPPING
SORTIR
LISBONNE
BERLIN
AMSTERDAM
LONDRES
DIX GRANDES VILLES FORMAT POCKET
LISBONNE . BERLIN . AMSTERDAM . LONDRES . NEW YORK .
VENISE . ROME . BARCELONE . PARIS . MARSEILLE
MICHELIN
Une meilleure façon d'avancer

Sur place de A à Z

ACHATS

Voir aussi « Souvenirs », p. 34. Pour expédier ses achats, voir « Poste », p. 31.
Phnom Penh, Sihanoukville et Battambang, les trois principales villes du Cambodge, ainsi que Siem Reap, la plus touristique, proposent un bon choix de produits d'importation dans tous les secteurs : parapharmacie, électronique, prêt-à-porter, cosmétique, etc. Ailleurs, même dans les capitales provinciales, il vous sera difficile de vous procurer des articles spécialisés. En matière d'alcools, attention aux contrefaçons.
Les **commerces** sont ouverts tlj, en général de 7h30 à 20h sans interruption. Les **grands magasins** ouvrent de 10h à 19h. Les **marchés de nuit** accueillent le chaland de 17h à 23h30.

AMBASSADES

France – 1 bd Monivong - BP18 - Phnom Penh - ✆ (+855) (0)23 43 00 20 (lun.-vend.) - www.ambafrance-kh.org.
Consulat honoraire à Siem Reap ✆ (+855) (0)63 964 099 et à Sihanoukville ✆ (855) (0)92 440 069.
Consulat honoraire de Belgique – 404 D bd Monivong - BKK 1 - Khan Chamkarmon - Phnom Penh - ✆ (+855) (0)23 21 40 24 - belco.ppenh@gmail.com - mar. et jeu. 16h-18h. Pas d'ambassade à Phnom Penh.
Canada – 27-29, St. 75 - Sangkat Srah Chak - Khan Daun Penh - Phnom Penh - ✆ (+855) (0)23 430 811 - PNPEN@international.gc.ca.
Luxembourg – Q House Lumpini - 17e étage - 1 Th. Sathorn - Bangkok - ✆ (+66) (0)2 677 73 60 - http://bangkok.mae.lu/en/The-Embassy. Pas de représentation à Phnom Penh.
Consulat de Suisse – 50, St. 334 - BKK 1 - Khan Chamkarmon - Phnom Penh - ✆ (+855) (0)23 218 305 - phnompenh@eda.admin.ch - lun.-vend. 9h-11h. Pas d'ambassade à Phnom Penh.

ARGENT

Voir aussi « Argent », dans « Avant de partir », p. 22. Taux de change : voir www.xe.com/fr.
L'unité monétaire est le **riel** (KHR). Billets de 100, 500, 1 000, 2 000, 5 000, 10 000, 20 000, 50 000 et 100 000 riels (pas de pièces).
À titre indicatif, en 2016, 10 000 riels équivalent à 2,50 US$ (env. 2,27 €).
Le **dollar américain** est largement utilisé au Cambodge. La plupart des prestations touristiques (hôtels, prolongation de visa, restaurant) se règlent en US$. Pour les achats de moindre importance, on utilise indifféremment l'une ou l'autre monnaie. La monnaie vous sera rendue en riels avec un taux de change fixe (4 000 riels pour 1 US$). On paie en riels les dépenses inférieures à 10 US$.

Change

Il est impossible d'obtenir des riels en dehors du pays. Ayez sur vous les **30 US$** requis pour régler votre visa *(voir p. 20)*. Une fois sur place, vous trouverez des banques et des bureaux de change dans toutes les villes. Aux abords des marchés, des boutiques spécialisées changent les US$ à un taux légèrement supérieur au cours officiel.

Cartes de crédit

Au Cambodge comme au Laos, on trouve des **distributeurs** de billets *(ATM)* dans toutes les villes mais rarement dans les campagnes. Les cartes **Visa**, **Eurocard MasterCard** sont acceptées dans la majorité des banques, les grands hôtels, les restaurants et boutiques haut de gamme (commission : 3 à 5 %).
Opposition – *Voir p. 22*. Serveur vocal en France, valable pour tous les types de cartes : ✆ (+33) 442 60 53 03. **MasterCard Cambodge** – ✆ 1 636 722 7111 (PCV). **Visa Cambodge** – ✆ 1 800 881 001 puis, après la tonalité, 888 710 7783.

BANQUES

Elles sont ouv. lun.-vend. 8h-15h30 et parfois le sam. 8h-11h30. Les **distributeurs** délivrent des dollars. Le plafond de retrait varie d'une banque à l'autre et selon votre carte. Le maximum est en général de 300 US$ par transaction, avec une commission forfaitaire de 5 US$, à laquelle s'ajoute celle de votre banque, à chaque opération. Évitez donc de multiplier les retraits de petites sommes.

CONTREFAÇON

Articles vendus à des tarifs défiant toute concurrence ? Méfiance. Au Cambodge comme au Laos, on vend de nombreuses contrefaçons importées des pays voisins : médicaments, alcools, logiciels, vêtements et, d'une manière générale, tous les produits portant la griffe d'une grande marque. Franchir les frontières européennes avec de tels articles vous exposerait à de lourdes amendes.

DROGUE

Au Cambodge comme au Laos, il est absolument interdit d'en vendre, d'en acheter ou d'en détenir, quelle que soit la quantité, sous peine de sanctions très sévères. La loi s'applique à tous, étrangers comme locaux.

ÉLECTRICITÉ

Comme en Europe, on utilise au Cambodge et au Laos le 220 volts. Sauf exception, vous n'aurez pas de difficulté à brancher vos appareils : les prises sont compatibles.

ENFANTS

Voyager avec des enfants au Cambodge et au Laos n'est pas de tout repos, mais avec un bon sens de l'organisation, c'est tout à fait envisageable. Pour vos déplacements en ville, affrétez un *tuk-tuk* à la journée, la chaleur étant vite fatigante. Pour les longues distances, privilégiez les **minivans touristiques** : ils sont plus rapides et respectent mieux leurs horaires que les bus. Si vous êtes quatre ou plus, vous avez tout intérêt à chartériser un **taxi collectif**, et vous arranger avec lui pour qu'il vous dépose au pied de votre hôtel. À la campagne, gardez toujours un œil sur les enfants pour qu'ils ne sortent pas des sentiers balisés : le danger des mines subsiste dans certaines régions. Interdisez-leur tout contact avec des **animaux** : la rage sévit de façon endémique *(voir p. 33)*.
Pour les **plus petits** : couches et lait pour bébé se vendent en pharmacie et dans les supermarchés des principales villes. Les recommandations en matière de réhydratation et de protection solaire *(voir p. 32)* doivent être encore plus scrupuleusement respectées pour eux.

ESSENCE

Les **stations-service** sont nombreuses. Partout, sur les routes comme en ville, des revendeurs installés sur la chaussée vendent l'essence au litre, au même tarif qu'à la pompe.

INTERNET

Presque tous les hôtels et *guesthouses* et la plupart des cafés disposent du wifi, gratuit pour les clients. Les cybercafés sont nombreux dans toutes les villes.

JOURS FÉRIÉS

Si un jour férié tombe un sam. ou un dim., le lun. qui suit est chômé.

Jours fériés fixes

1er janv. – Nouvel An.
7 janv. – Fin du régime Khmer rouge.
8 mars – Journée de la Femme.
13-15 avr. – Nouvel An khmer (Chol Chhnam Khmer).
1er mai – Fête du Travail.
13-15 mai – Anniversaire du roi Norodom Sihamoni.
1er juin – Journée de l'Enfance.
18 juin – Anniversaire de la reine mère Norodom Monineath.
24 sept. – Journée de la Constitution (de 1993).
15 oct. – Commémoration de feu le roi Norodom Sihanouk.
23 oct. – Commémoration des Accords de Paris (1991).
29 oct. – Couronnement de Norodom Sihamoni.
9 nov. – Fête nationale (commémore la proclamation de l'Indépendance en 1953).
10 déc. – Journée des droits de l'Homme.

Jours fériés mobiles

Voir aussi « Mémo », p. 40, et « Fêtes et festivals », dans la partie « Comprendre », p. 58.

Certaines fêtes religieuses donnent lieu à 3 jours fériés. Les transports publics sont alors pris d'assaut par les Cambodgiens rentrant dans leur famille pour les célébrations : réservez, ou différez vos déplacements.
Fin janv.-début fév. – Nouvel An chinois/Têt. 3 j. chômés dans les communautés chinoise et vietnamienne.
Pleine lune de janv.-fév. – Meak Bochea.
Pleine lune d'avr.-mai – Visaka Bochea.
Fin avr.-début mai – En général, un mar. ou un sam. Fête du Sillon sacré.
Pleine lune de sept.-oct. – 3 j. fériés pour la fête des Morts (Pchoum Ben).
Pleine lune d'oct.-nov. – 3 j. fériés pour la fête de l'Eau (Bon Om Teuk).

LAVERIES

Nombreuses dans les villes touristiques, surtout aux abords des *guesthouses*. Comptez 1 US$/kg.

MARCHANDAGE

Dans les boutiques, les prix affichés sont fixes : tenter de marchander vous attirerait surtout du mépris. Même chose sur les marchés des localités non touristiques au Cambodge, où les prix pratiqués sont généralement honnêtes. Au Laos, l'usage est de demander systématiquement un prix plus élevé au *falang* (étranger), supposé avoir des revenus plus importants. À défaut de parler la langue, mieux vaut vous prêter au jeu. En revanche, il est normal de discuter les prix dans les marchés touristiques : avoir une idée des tarifs en vigueur, après avoir fait un tour dans une boutique où ils sont affichés, par exemple, vous facilitera les choses. Dans tous les cas, gardez sourire et politesse, c'est la clé d'un marchandage réussi.

MÉDIAS

Ils jouissent d'une relative liberté d'expression au Cambodge, par rapport aux pays voisins. Beaucoup appartiennent cependant à un parti politique et leurs informations sont rarement neutres. Certains sujets de société sensibles (problèmes sociaux ou d'environnement, corruption), considérés comme de la diffamation selon la loi, ne sont pas abordés.

Journaux – Le quotidien en anglais *Khmer Times* (www.khmertimeskh.com) publie le vend. un supplément en français, *L'Hebdo*. Deux autres quotidiens en anglais, le *Cambodia Daily* (www.cambodiadaily.com) et le *Phnom Penh Post* (www.phnompenhpost.com), couvrent l'actualité internationale et locale.
Télévision – TV5 Monde et France 24 sont diffusées sur les chaînes câblées des hôtels de catégorie supérieure.

MOTO

Vous n'aurez pas de difficultés pour **trouver un loueur** dans les centres touristiques. Les *guesthouses* assurent souvent ce service.
Avant de louer, **vérifiez** les freins, les lumières et la pression des pneus. Le compteur kilométrique fonctionne rarement.
La location ne fait souvent l'objet d'aucun **contrat** (encore moins d'une assurance) : en cas d'accident, tous les dommages sont à votre charge. Les arnaques et les vols existent à Phnom Penh et à Sihanoukville : garez-vous dans des endroits surveillés ou fermés ; utilisez votre propre chaîne et non celle fournie par le loueur (il peut y avoir des doubles des clés).
Les **accidents** sont nombreux. Conduisez avec prudence, ne roulez pas de nuit ni par temps de pluie, portez des lunettes protectrices, de bonnes chaussures ainsi que des habits couvrants épais. Le port du **casque** est obligatoire.
État des routes et règles de conduite : voir aussi la rubrique « Voiture », p. 39.

MUSÉES ET MONUMENTS

En règle générale, musées, monuments et sites archéologiques sont ouverts tlj de 8h à 16h ou 17h. Les musées de province ont des horaires aléatoires.
Les **tarifs** varient de 2 à 5 € – plus pour le parc archéologique d'Angkor.

OFFICES DE TOURISME

Présents dans toutes les localités touristiques, les **TIC (Tourist Information Centers)** sauront répondre à vos questions simples sur les transports, les horaires et les attractions majeures. Ils ne disposent généralement que de très peu de documentation. Un organisme privé, **Canby Cambodia** (www.canbypublications.com), édite des brochures gratuites, bien documentées, avec d'excellents plans de ville et de solides infos pratiques. Elles sont à disposition dans les hôtels de Siem Reap, Phnom Penh, Battambang, Sihanoukville, Kampot et Kep.
Coordonnées des centres d'information touristique au début de chaque chapitre de visite, dans la rubrique « S'informer ».

PLAGES

Elles sont concentrées sur la côte sud du Cambodge. Les plus belles se trouvent à **Sihanoukville** ; mieux vaut venir hors saison pour échapper au tourisme de masse. Moins jolies mais plus tranquilles, celles de **Kep** sont plus propices à un séjour en famille. Sur les plages de **Koh Kong**, les mouches de sable auront une fâcheuse tendance à troubler votre farniente. Ailleurs sur la côte, les rochers et la mangrove empêchent le plus souvent l'accès à la mer. Dans tous les cas, évitez la saison des pluies, torrentielles sur la côte.

POSTE

Les bureaux de poste sont ouv. lun.-vend. 7h30-12h et 13h-17h. Ceux des grandes villes assurent une permanence le w.-end.
Timbres : 2 800 riels pour une carte postale pour l'Europe et 7 500 riels pour une lettre (jusqu'à 50 g).
Délais : 1 à 2 sem. pour l'Europe.
Vous y trouverez un **guichet EMS**

Speed Post (service d'envoi de colis). Détail des tarifs sur www.cambodiapost.com.kh *(à titre indicatif, 45 US$/kg et 82 US$ pour 5 kg pour l'Europe).*

RANDONNÉE

Voir aussi « Types de séjour », p. 15.
Plusieurs agences spécialisées sont implantées à **Banlung** (Ratanakiri, randonnées dans le parc national de Virachey et à ses abords), à **Koh Kong** (randonnées dans les monts Cardamomes) et à **Kampot** (parc national de Bokor). Ailleurs, l'activité peine à se développer. Le danger des **mines antipersonnel** existe toujours dans de nombreuses régions du pays : il n'est pas envisageable de partir marcher en forêt ou dans la campagne, en dehors des sentiers battus, sans être accompagné d'un guide local connaissant bien le terrain. *Conseils et infos pratiques pour la randonnée : voir Laos, p. 339.*

SANTÉ

Pour les vaccinations, la trousse de pharmacie, voir aussi « Santé », dans « Avant de partir », p. 22.

Recommandations

Soleil – Sous les tropiques, le soleil est particulièrement fort : veillez à vous prémunir de la déshydratation et des insolations (chapeau, lunettes de soleil, protection solaire et eau en abondance).

Moustiques – Ils sont responsables de la transmission de maladies graves. Utilisez des crèmes ou des sprays protecteurs et gardez-les sur vous si vous marchez en forêt. Le soir, portez des manches longues, des pantalons et des chaussures fermées. Vérifiez l'état des moustiquaires dans votre chambre et usez abondamment des répulsifs, même sur vos vêtements.

Turista – Les changements de climat et d'alimentation peuvent provoquer des troubles intestinaux, souvent plus gênants que graves. Faites attention à ce que vous mangez et où vous le mangez, évitez les aliments crus ou mal cuits (poissons ou viandes), les plats difficilement identifiables et les fruits déjà épluchés. Ne buvez jamais de l'**eau du robinet** qui ne soit pas préalablement bouillie ou purifiée avec des pastilles, et, au moins dans un premier temps, évitez toute boisson contenant de la glace pilée. Et si vous n'y échappez pas, mettez-vous au régime bouillon (en abondance pour prévenir la déshydratation), riz blanc et bananes.

Hygiène – Une hygiène sans faille sera la meilleure prévention sanitaire : lavez-vous les mains au savon avant et après chaque repas et séchez-les avec des serviettes jetables. Gardez sur vous un gel désinfectant sans rinçage pour les mains. Au restaurant, les clients essuient leur verre et leurs couverts avant de s'en servir : n'hésitez pas à en faire autant.

Morsures de serpents – Immobilisez le membre blessé avec une attelle, comme s'il s'agissait d'une fracture, et dirigez-vous vers le centre de santé le plus proche. N'essayez jamais d'aspirer le venin.

Maladies

Avant de partir, demandez conseil à votre médecin ou contactez un service de médecine tropicale *(voir « Vaccinations », p. 22)* en fonction du type de séjour envisagé.

Le **paludisme**, la **dengue** et le **chikungunya** sont des maladies transmises par les moustiques, de nuit pour le premier, de jour pour les deux autres. Il n'existe pas de vaccin contre ces affections, qui touchent avant tout les zones situées le long de la frontière thaïlandaise et dans les forêts du Ratanakiri et du Mondolkiri. Le meilleur moyen de s'en prémunir est de se protéger contre les piqûres de moustiques. En cas de séjour de longue durée, selon les lieux où vous vous rendrez, votre médecin jugera de l'opportunité de vous prescrire un traitement antipaludéen.

Rage – La rage sévit de façon endémique au Cambodge, aussi bien en ville que dans les campagnes, et au Laos en milieu rural. Évitez tout contact avec les animaux (chiens, chats, singes). En cas de morsure, même bénigne, rendez-vous immédiatement dans un centre de santé ou un hôpital pour une vaccination antirabique.

Services médicaux

Vous trouverez des **hôpitaux** et des **cliniques** à Phnom Penh *(voir « Informations utiles », p. 151)* et à Siem Reap *(voir « Informations utiles », p. 215)*. Dans le reste du pays, les infrastructures sanitaires se limitent à des dispensaires basiques. Vous trouverez des **pharmacies** dans toutes les villes, mais attention aux contrefaçons de médicaments, nombreuses.

En cas de problème sérieux, dirigez-vous vers Bangkok. Voici les coordonnées de deux médecins francophones :

Dr Philippe Ballankura – Bumrungrat International Hospital - 33 Sukhumvit Soi 3 - Bangkok - ✆ (+66) (0)2 667 15 55.

Dr Piyawat Iemchan – Samitivej Hospital - 488 Srinakarin Rd - Bangkok - ✆ (+66) (0)2 711 82 82.

Urgences

Gardez sur vous le n° d'assistance communiqué par votre assurance.

Police – ✆ 117. **Pompiers** – ✆ 118. **Ambulances** – ✆ 119. Le personnel des services d'urgence parle rarement l'anglais : adressez-vous à la réception d'un grand hôtel qui vous aidera à vous faire comprendre.

SÉCURITÉ

Villes

Phnom Penh *(voir aussi p. 151)*, **Sihanoukville** *(voir aussi p. 315)* et dans une moindre mesure **Siem Reap** souffrent d'une mauvaise image en matière de sécurité. C'est exagérément alarmiste : bon sens et vigilance vous éviteront bien des déboires. **Quelques conseils :** évitez de circuler seul(e) dans des rues désertes ou des quartiers défavorisés une fois la nuit tombée, ne faites pas étalage de vos biens (appareil photo, tablette, bijoux, etc.). Gardez à portée de main les sommes d'**argent** dont vous aurez besoin pour la journée, rangez le reste dans un endroit discret. Ne sortez pas votre smartphone/tablette dans la rue. Quand vous prenez un *motodop*, mettez votre sac entre le conducteur et vous ; en *tuk-tuk*, placez-le bien à l'intérieur ou sous vos pieds ; quand vous marchez dans la rue, portez votre sac en bandoulière et gardez le bras dessus (l'idéal restant de se déplacer sans) ; à vélo ou à moto, ne placez rien dans le panier ; quand vous louez une moto, utilisez vos propres chaîne et cadenas et non ceux du loueur (certains loueurs peu scrupuleux « récupèrent » leur véhicule et vous en facturent le vol). Rappelez-vous aussi que les endroits les plus touristiques sont aussi les plus prisés des **pickpockets**. Les villes de moindre ampleur ne présentent pas de problème particulier.

Trajets

Ne laissez pas vos affaires sans surveillance dans le bus lors des arrêts pour déjeuner. En **voiture** ou à **moto**, soyez très prudents en raison du risque élevé d'accidents *(voir « Voiture », p. 39)*. À moto, portez toujours un casque, des chaussures fermées et un pantalon.

Campagnes

L'ensemble du pays a été lourdement miné au cours des différents conflits du 20e s. et le **déminage** n'est pas achevé partout. Renseignez-vous sur le danger potentiel et, en cas de doute, ne vous écartez pas des sentiers battus ou faites-vous accompagner d'un guide connaissant bien la région. Le Cambodge déplore encore des accidents graves chaque année.

SPORTS ET LOISIRS

Voir aussi « Types de séjour », p. 15, « Randonnée », p. 32, et « Vélo », p. 39.

Plongée sous-marine – Sur les îles au large de Sihanoukville. Pour choisir votre club, soyez attentif à la qualité de l'équipe et du matériel (rens. à votre hôtel si vous êtes novice). Vous aurez le choix entre des sorties journalières ou des croisières, en petits groupes (6 pers. maxi). La **température** élevée de la mer (26 à 28°) permet aussi des excursions en plongée libre *(snorkeling)*, avec masque, palmes et tuba, au large des îles et de Kep.

Sports nautiques – Vous pourrez pratiquer le *paddle board* à Kampot, le kayak à Kratie, Battambang et Kampong Cham, le catamaran à Kep et à Sihanoukville.

VTT – Dans presque toutes les villes touristiques, des circuits sont organisés dans les environs proches, à la découverte de la vie rurale. *Voir aussi « Vélo », p. 39.*

SOUVENIRS

Voir aussi « L'artisanat », p. 65, et les rubriques « Achats » dans « Nos adresses à Phnom Penh et à Siem Reap », p. 162 et 226.

C'est à **Phnom Penh** et à **Siem Reap** que la sélection se révèle la plus riche en matière d'artisanat. Vous y trouverez des boutiques dédiées, notamment celles à l'enseigne d'Artisans d'Angkor. Les autres villes ne proposant guère que des productions régionales, souvent plus utilitaires qu'esthétiques, que vous trouverez sur les marchés (**poteries** à Kampong Chhnang ou, côté cuisine, **poivre** à Kampot et à Kep). L'exportation d'**antiquités** est strictement interdite.

La province de Siem Reap est la plus active dans la revitalisation des **savoir-faire d'antan** : laque, travail de la pierre, ébénisterie, orfèvrerie, tissage, masques de théâtre, marionnettes.

Dans l'est (Banlung, Kratie, Stung Treng), on travaille les **bois précieux**. Hormis quelques vases aux formes simples, les objets proposés, en teck, palissandre ou acajou, développent un style chinois qui correspond rarement aux goûts occidentaux.

En matière de **textiles**, les *batik* indonésiens (*sarong* féminins) et le prêt-à-porter *made in China* occupent l'essentiel des étals et des vitrines. L'artisanat de la **soie** reprend néanmoins de la vigueur depuis quelques années : outre Siem Reap, les tissages traditionnels sont réalisés dans la province de Takeo et sur l'île de Koh Dach (près de Phnom Penh). Les **krama de coton** sont tissés un peu partout, mais surtout dans la province de Kampong Cham, où ils sont vendus sur les marchés.

Dans le domaine du **design** et de la **décoration**, on trouve à Phnom Penh des boutiques spécialisées proposant une ligne originale de petit mobilier, luminaires, linge de maison, etc.

TABAC

Dans les deux pays, les cigarettes, bon marché, s'achètent dans les épiceries ou les supermarchés, ou à l'unité auprès des marchands ambulants. On trouve des sacs de tabac en vrac sur les marchés.

Il est théoriquement interdit de fumer dans les lieux publics et les pagodes, mais la règle est tolérante. Dans la grande majorité des hôtels, les chambres sont non-fumeur ; une terrasse ou un espace est mis à disposition pour les fumeurs.

TAXI

Pour les taxis collectifs, voir « Transports », p. 37.
Vous trouverez des taxis privés dans les grands centres urbains (Phnom Penh, Siem Reap, Sihanoukville et dans une moindre mesure Battambang). Dans les autres villes, les *tuk-tuk* et les *motodop* remplissent cette fonction *(voir p. 37)*.

TÉLÉPHONE

Appels locaux

Les numéros cambodgiens, à 9 ou à 10 chiffres, comportent un **indicatif régional** à trois chiffres commençant par 0 (il figure entre parenthèses dans les n^os de ce guide), que vous composerez pour les appels interurbains. Comme partout, évitez de téléphoner depuis votre hôtel, le coût des communications s'en trouve considérablement majoré. Utilisez les **centres de télécommunications** des bureaux de poste ou les cybercafés. Les cabines publiques n'existent pas. À titre indicatif, comptez 0,08/0,13 US$/mn pour un appel national/vers l'Europe.

Appels internationaux

Du Cambodge vers l'étranger, composez le 001 + code du pays (France 33, Belgique 32, Suisse 41, Canada 1) + n° de votre correspondant sans le 0 initial. Comptez 0,20 US$/mn pour un appel vers l'Europe.

Bon à savoir – Si vous composez le 177 avant l'indicatif du pays, votre appel s'effectuera *via* internet et vous reviendra 0,045 US$/mn.

Pour les appels depuis l'Europe ou le Canada, voir « Téléphoner au Cambodge », dans « Avant de partir », p. 23.

Téléphone portable

Dans l'indicatif, les 2 premiers chiffres après le zéro indiquent la compagnie de l'opérateur (Mobitel, Smart, etc.). **Tarif** des communications : entre 0,05 et 0,07 US$/mn.
Les portables européens fonctionnent au Cambodge s'ils ne sont pas verrouillés par un code du fabricant. Vous pourrez acheter sur place une **carte sim** (2 US$) sur présentation de votre passeport. **Cellcard** présente l'avantage d'avoir des employés anglophones. **Smart** affiche des tarifs intéressants pour les communications internationales.

THAÏLANDE

En passant la frontière thaïlandaise par voie terrestre, depuis le Cambodge ou le Laos, les ressortissants d'un pays de l'OCDE (dont la France) bénéficient d'un *visa on arrival* (VOA, gratuit) de 30 j., les autres de 15 j. La durée totale du séjour en Thaïlande ne peut excéder 90 j. cumulés sur une période de 6 mois.

TRANSPORTS

Voir aussi les rubriques « Moto », p. 31, et « Voiture », p. 39.

Avion

Pour les vols internationaux, voir « Aller au Cambodge », p. 16.
Des vols domestiques réguliers sont assurés entre les trois principales villes du pays, **Phnom Penh** (PNH - *voir p. 151*), **Siem Reap** (REP, près d'Angkor - *voir p. 218*) et **Sihanoukville** (KOS - *voir p. 315*).
Bassaka Air – *http://bassakaair.com*. Compagnie *low cost* assurant 1 vol/j. entre Siem Reap et Phnom Penh *(45mn de vol)*.

Bayon Airlines – *www.bayonairlines.com*. 2 vols/j. entre Phnom Penh et Siem Reap *(45mn de vol)* ou Sihanoukville *(3h)*, 1 vol/j. entre ces deux dernières villes *(1h de vol)*.
Cambodia Angkor Air – *www.cambodiaangkorair.com*. De Phnom Penh, 4 vols/j. pour Siem Reap, 2 vols/j. pour Sihanoukville. 1 vol/j. entre Siem Reap et Sihanoukville.

Bus

Le site www.camboticket.com fournit les horaires et temps de trajet sur les lignes régulières et permet de réserver en ligne.
Plutôt sportif il y a encore quelques années, le bus est devenu un mode de déplacement courant et pratique. L'état du réseau routier s'est considérablement amélioré ces dernières années : l'ouverture de nouveaux tronçons et le réasphaltage des routes existantes a beaucoup réduit les temps de transport entre villes.
Reliant les capitales provinciales, les **bus VIP (1re classe)**, climatisés, disposent de sièges inclinables, de toilettes à bord, parfois du wifi.
Moins chers et moins confortables, les bus de **2e classe** peuvent doubler le temps du trajet car ils s'arrêtent en route pour laisser monter et descendre les passagers. Ils desservent aussi les villes de taille moyenne.
Les **gares routières** sont souvent excentrées. Dans les grandes villes (Phnom Penh, Siem Reap, Sihanoukville, Battambang), les départs se font généralement de l'agence de la compagnie où vous avez acheté votre billet, en centre-ville. Ces dernières passent souvent prendre gratuitement les passagers à leur hôtel. Gardez sur vous le n° de téléphone de la compagnie.
Les **compagnies**, nombreuses, disposent d'un bureau en centre-ville. Certaines desservent tout le pays (Sorya, Capitol, Rith Mony), d'autres se limitent à quelques destinations.
Capitol Tours – *www.capitoltourscambodia.com*. Bus de 1re classe entre la capitale et Siem Reap, Sihanoukville, Battambang, Kampot et la Thaïlande.
Giant Ibis – *www.giantibis.com*. Trajets de nuit entre Phnom Penh et Siem Reap ; dessert Kampot et Sihanoukville.
Golden Bayon Express – *http://goldenbayonexpress.com*. Au départ de Phnom Penh, liaisons avec Battambang, Siem Reap et Sihanoukville. Dispose également de vans.
Mekong Express – *http://catmekongexpress.com*. Bus et minivans desservent Phnom Penh, Battambang, Siem Reap, Sihanoukville et les villes proches de la frontière thaïlandaise (Poipet).
Rith Mony – Bus de 2e classe assurant des liaisons dans presque tout le pays.
Bon à savoir – Si vous devez vous arrêter dans une ville moyenne (à Kampong Thom entre Phnom Penh et Siem Reap, ou à Kampong Chhnang entre Phnom Penh et Battambang), il vous reviendra moins cher de prendre un minivan ou un taxi collectif, car les bus de ligne facturent la totalité du trajet.

Minivan

Ils stationnent aux abords des marchés et à la sortie des villes et pratiquent des tarifs similaires voire légèrement inférieurs aux bus. Dans certaines régions (est et nord du pays), les minivans ont la quasi-exclusivité des transports. Inconvénient : ils ne partent que lorsqu'ils sont pleins et il faut parfois compter jusqu'à 2h d'attente à tourner dans la ville pour ramasser passagers et colis. Cela peut vite doubler votre temps de trajet : tenez-en compte dans votre programme.

Taxi collectif
C'est une bonne option. Ces vieilles Toyota Camry stationnent aux environs des gares routières et des marchés, souvent à proximité de l'arrêt des minivans. Les tarifs en vigueur sont ceux des bus réguliers. Les *shared taxis* ne prennent la route que lorsqu'ils sont pleins, à moins que vous n'acceptiez de payer les places vides.

Train
Les deux lignes ferroviaires du pays, Phnom Penh-Poipet *via* Pursat et Battambang (ouest), et Phnom Penh-Sihanoukville *via* Kampot (sud), sont affectées au transport de marchandises. La ligne sud a rouvert au trafic voyageur en avril 2016 et assure des liaisons le w.-end. La rénovation des voies et la remise en circulation des trains passagers sont prévues dans les années à venir pour la ligne ouest.

Tuk-tuk
Le terme thaï *tuk-tuk* est employé partout pour désigner les *moto kangbey* ou *reumork*, ces carrioles pour 4 à 6 personnes tractées par une moto. C'est le moyen de transport le plus utilisé en ville et pour les courtes distances. Comptez env. 1 US$/km pour 2 à 4 pers.

Motodop
On les trouve partout, en ville comme dans les campagnes. Moitié moins chères que les *tuk-tuk*, ces **motos-taxis** demandent 2 000 riels/km pour 1 pers., 3 000 riels/km pour 2 pers. Pratique si vous n'avez pas de bagages. Vous roulerez sans casque.

Bateau
La navigation fluviale est un excellent mode de déplacement dans certaines parties du Cambodge, à condition de disposer de temps et de venir à la bonne saison. Elle vous fera découvrir des paysages encore peu touchés par l'industrialisation. Liaisons régulières sur le **Tonlé Sap** entre Siem Reap *(voir p. 218)* et Battambang *(voir p. 240)* ainsi qu'entre Siem Reap et Phnom Penh *(voir p. 152)*. Des **croisières** sont également organisées sur le Mékong, à destination de Kampong Cham. Elles incluent la plupart du temps l'hébergement, les repas et la visite des sites en chemin. Les ferries publics ont en revanche cessé leur activité sur le Mékong depuis que les routes ont été refaites.

Voir aussi « Suggestions d'itinéraires », p. 14.

US ET COUTUMES

Politesse, sourire et retenue sont les clés d'un échange réussi, mais aussi la meilleure manière d'obtenir ce que vous souhaitez, dans toutes les situations. La maîtrise des émotions (colère comme affection) est une marque essentielle de savoir-vivre. Évitez les effusions en public et sachez garder votre calme en toutes circonstances. Évitez en outre toute accolade familière : il n'est pas convenable de toucher quelqu'un, ni la main, ni le bras ou l'épaule, encore moins la tête, siège de l'esprit vital.

Sompeah (salut traditionnel) – On se salue mains jointes à hauteur de poitrine, de menton ou de front, en accompagnant ce geste d'une inclinaison de tête. Du plus haut (au-dessus du front) au plus bas (hauteur de poitrine), le niveau des mains souligne le respect, plus ou moins appuyé selon l'âge, le rang social et la dignité de l'interlocuteur : le Bouddha, le roi, les ancêtres, les anciens et les supérieurs hiérarchiques, et les autres.

Pagodes – Ce sont, surtout au Laos où elles sont plus actives, des lieux de convivialité où les fidèles se rendent en famille. Si vous souhaitez participer aux cérémonies, vous pourrez acquérir auprès des marchands bâtonnets d'encens, bougies et couronnes de fleurs que vous déposerez sur l'autel, au pied de la statue de Bouddha. En vous asseyant, prenez garde à ne pas tourner la plante des pieds vers les statues du Bouddha ni vers un bonze. Les visites se font dans le sens des aiguilles d'une montre : on garde à main droite l'objet sacré. *Au Laos, voir aussi p. 339.*

Bonzes – Une femme ne doit pas avoir le moindre contact physique avec un moine, par respect pour son vœu de célibat. Si elle souhaite lui remettre quelque chose, elle le fait par l'intermédiaire d'un homme ou dépose l'objet près du religieux. On ne donne jamais d'argent aux moines en main propre.

S'asseoir – C'est tout un art : si les hommes s'assoient en tailleur, les femmes replient leurs jambes sous elles, en principe légèrement déviées sur la gauche. On évite ainsi de pointer ses pieds – la partie la moins noble du corps – vers l'autre. Soyez-y attentif lorsque vous êtes face à une statue de Bouddha, dans un temple ou devant l'autel de la maison.

Donner – Pour remettre quelque chose, y compris de l'argent, vous devez le tendre de la main droite ou, plus respectueusement, des deux mains avec une légère inclinaison du buste. Tendre quelque chose de la main gauche est considéré comme offensant.

Chaussures – On se déchausse et on se découvre avant d'entrer dans une pagode ou une maison particulière, y compris les *guesthouses*.

Vêtements – Une tenue soignée est considérée comme un signe de respect. Les Asiatiques sont pudiques : hormis dans les stations balnéaires, évitez débardeurs, shorts ou décolletés plongeants. Une tenue décente est souhaitée, voire exigée, pour la visite des lieux saints (*prasat* central d'Angkor Wat, Palais royal de Phnom Penh et, d'une manière générale, les pagodes actives) : épaules et jambes doivent être couvertes, pour les hommes comme pour les femmes.

Conversation – Le roi au Cambodge, la politique dans les deux pays et les thèmes sensibles comme la déforestation ou l'implantation des compagnies étrangères sont des sujets à éviter.

Photo – Demandez toujours leur accord aux personnes que vous souhaitez prendre en photo. Rappelons que le flash endommage fresques et peintures : dans les musées et les pagodes, abstenez-vous d'en faire usage, même si ce n'est pas explicitement interdit (les appareils numériques actuels donnent d'ailleurs souvent de meilleurs résultats sans flash). Même si les Asiatiques sont les premiers à le faire, sachez qu'il est inconvenant de se prendre en photo devant les images du Bouddha.

Enfants – Ne donnez pas d'argent aux enfants : cela encourage la mendicité… et l'absentéisme scolaire. Ne donnez pas non plus de bonbons : beaucoup n'auront pas les moyens d'aller chez le dentiste. D'une manière générale, le meilleur souvenir à leur laisser est le temps que vous leur accorderez et les jeux que vous partagerez avec eux.

Pratique – Évitez de poser des questions appelant une réponse par « oui » ou par « non » : votre interlocuteur vous répondra généralement « oui », par politesse, qu'il ait ou non compris la question. Privilégiez les questions ouvertes.

Croyances et interdits – Dans les villages des minorités ethniques (Ratanakiri et Mondolkiri au Cambodge, montagnes du Laos), de tradition animiste, suivez les recommandations de votre guide. Veillez à ne rien toucher, et à ne prendre de photos qu'après en avoir reçu l'autorisation.

VÉLO

Le parc archéologique d'Angkor (Siem Reap), les environs de Kampong Cham et de Kratie, la campagne autour de Kampot et de Battambang se prêtent à une découverte à vélo. Vous en louerez sans difficulté dans les *guesthouses* (1 à 3 US$/j. selon l'état de l'engin). Essayez de laisser une carte d'identité ou un dépôt de garantie en dollars plutôt que votre passeport, qu'il vaut mieux toujours garder sur vous.

VOITURE

Voir aussi « Permis de conduire », p. 20.

Location

Vous trouverez des loueurs dans les villes touristiques. Comptez 70 US$/j. (kilométrage limité à 100 km/j.) auxquels vous ajouterez éventuellement 35 US$/j. pour un chauffeur anglophone.

Si vous conduisez vous-même, il vous faudra détenir un **permis de conduire cambodgien** – il n'existe pas de convention internationale avec le Cambodge. Vous pourrez vous le faire établir pour env. 70 US$ par le loueur ou une agence de voyages, sur présentation de votre permis national et de votre passeport – à condition d'avoir un visa ordinaire et non un visa touristique.

Il est toutefois vivement **déconseillé** de conduire soi-même, en raison des risques non négligeables d'accident (circulation anarchique, code de la route non respecté, maîtrise très approximative de la conduite, absence d'assurance des autres automobilistes) comme du mauvais état de certaines routes. Mieux vaut négocier un *tuk-tuk* ou un **taxi à la journée** ou louer une voiture avec chauffeur.

Conduite

Le code de la route reste souvent lettre morte et la priorité revient, en pratique, au véhicule le plus puissant. Les gros véhicules roulent vite, sans prêter attention aux autres automobilistes ni aux deux-roues, encore moins aux piétons. Ajoutez à cela l'alcool en fin de semaine ou après les périodes de fête et la manie très répandue de téléphoner au volant. Soyez donc particulièrement vigilant sur les routes, notamment lorsque vous circulez à moto ou à vélo.

En cas d'accident – En tant qu'étranger, vous serez forcément le coupable. Attendez-vous à de longues discussions et à négocier un bakchich pour vous tirer de cette situation. À défaut de posséder un permis de conduire cambodgien, vous ne serez pas couvert par votre assurance *(voir p. 20).*

Réseau routier – Les grands axes sont asphaltés et dans un état convenable, hormis au sortir de Phnom Penh où la RN 5 n'est qu'une succession d'ornières sur plusieurs dizaines de km. Dans les campagnes, les routes secondaires sont des pistes de latérite, boueuses en saison des pluies, poussiéreuses en saison sèche. Les bifurcations sont souvent fléchées au dernier moment.

Mémo

Agenda

Voir aussi « Fêtes et festivals », dans la partie « Comprendre », p. 56, et, ville par ville, la rubrique « Agenda » des pages « Nos adresses à… ».
Le *bochea* khmer est l'équivalent du *bousa* lao (le *puja* indien) : la plupart des fêtes bouddhiques sont les mêmes *(voir p. 344 et p. 356).*

JANVIER-FÉVRIER (3e MOIS LUNAIRE)

Meak Bochea – *Pleine lune.* Fête bouddhique. C'est le Makha Bousa du Laos *(voir p. 344).*
Chol Chhnam Chen (Nouvel An chinois et Têt) – *Nouvelle lune.* Il est surtout célébré à Phnom Penh, où vit l'essentiel de la communauté chinoise, avec force pétarades et danses du dragon. La plupart des commerces et des marchés de la capitale ferment pendant 3 j.

AVRIL-MAI (6e MOIS LUNAIRE)

Chol Chhnam Khmer – *12-16 avr.* Nouvel An bouddhique. Correspond au début de la saison des pluies. *Voir p. 60.*
Visaka Bochea – *Pleine lune.* Naissance, illumination et mort de Bouddha, comme Visakha Bousa. *Voir p. 57.*
Chat Preah Nengkal – *Fin avr.-début mai.* Fête du Sillon sacré : début de la saison agricole. *Voir p. 58.*

JUIN-JUILLET (8e MOIS LUNAIRE)

Vossa – *Pleine lune.* La cérémonie marque le début de la retraite des pluies. Les bonzes ne doivent pas quitter leur monastère durant trois mois. *Voir p. 57.*

SEPTEMBRE-OCTOBRE (11e MOIS LUNAIRE)

Kathen – *Dans le mois qui suit la pleine lune.* Fin du *vossa*. *Voir p. 57.*
Pchoum Ben – *Nouvelle lune de sept.-oct.* Fête des Morts. *Voir p. 59.*

OCTOBRE-NOVEMBRE (12e MOIS LUNAIRE)

Bon Om Teuk – *Pleine lune et les 3 j. qui précèdent.* Fête de l'Eau. *Voir p. 61.*

Bibliographie

ACTUALITÉ ET SOCIÉTÉ

La Drôle de Vie des expatriés au Cambodge, Amat Frédéric, Tuk Tuk, 2011. Un portrait satirique des différents types de *barang* vivant au Cambodge et de leurs interactions sociales.
Tourments et Merveilles en pays khmer, Cuypers Dane, Actes Sud, 2009. Abordant une multitude de sujets, un portrait tout en sensibilité d'un pays envoûtant.
Le Procès des Khmers rouges, Deron Francis, Gallimard, 2009. Enquête sur les implications d'un procès du totalitarisme dans la société actuelle du Cambodge.
L'Impertinent du Cambodge, Ponchaud François, Magellan & Cie, 2013. L'ancien missionnaire, qui fut l'un des premiers à dénoncer le génocide khmer rouge (*Cambodge, année zéro*, Kailash, 1998), aborde des sujets de société qui fâchent.
Saur Duong Phuoc : une Cambodgienne nommée bonheur, Simon-Barouh Ida, L'Harmattan, 2004. Dans un parcours bouleversé par l'épisode

khmer rouge, interrogations sur la condition féminine et l'identité culturelle au Cambodge. Récit autobiographique.

ART ET ARCHÉOLOGIE

Voyage au Cambodge, l'architecture khmer, Delaporte Louis, Riveneuve, 2014. Mission d'exploration au Cambodge en 1880, avec de nombreux dessins des temples d'Angkor.

Angkor, cité khmère, Freeman Michael et Jacques Claude, Olizane, 2006. La meilleure description des temples d'Angkor. Nombreux plans et illustrations. Disponible sur place.

Peintures murales des monastères bouddhiques au Cambodge, Nafilyan Jacqueline et Guy, Maisonneuve & Larose, 1997. Reproduction et analyse des fresques ornant les monastères, dont certaines ont disparu.

HISTOIRE ET RELIGION

Le Portail, Bizot François, Gallimard, 2012. L'auteur, chercheur à l'EFEO, est fait prisonnier par les Khmers rouges en 1971 alors qu'il travaille près d'Oudong. Récit autobiographique.

Jaraï, Durand Loup, Kailash, 2006. Les bouleversements de la décolonisation entre l'indépendance du pays et la prise du pouvoir par les Khmers rouges. Roman.

La Nuit du dragon - Voyages en Indochine, Lewis Norman, Olizane, 2013. Périple d'un écrivain-voyageur britannique dans une Indochine cherchant son identité, en 1949.

Revenue de l'enfer, Ly Claire, l'Atelier, 2002. Le rôle du bouddhisme lors de la prise de pouvoir par les Khmers rouges

Tu vivras mon fils, Yathay Pin, L'Archipel, 2000. Témoignage sur la mise en place et l'organisation de l'Angkar. Édition remaniée du premier roman de l'auteur, *L'Utopie meurtrière* (Poche, 1989).

LITTÉRATURE

Le Saut du varan, Bizot François, Folio, 2008. Une enquête pour homicide entraîne le lecteur dans les tourments d'une époque floue, entre la chute de l'administration coloniale et la guerre menaçante des Khmers rouges. Roman.

Toxic Phnom Penh, Bernardi Mathias, Masque, 2015. Enquête policière sur la contrefaçon de médicaments et portrait vivant d'une société en mutation. Roman.

Sous le soleil des bonzes, Dorsenne Jean, Kailash, 2001. Un homme est assassiné dans les ruines d'Angkor. L'enquête se dirige vers les rives du Tonlé Sap. Roman.

Folie meurtrière au Cambodge - Une enquête de l'inspecteur Singh, Flint Shamini, Marabout, 2014. Le célèbre inspecteur, observateur au procès des Khmers rouges, mène l'enquête après la mort de l'un des témoins. Roman.

Le Retour à l'argile, Groslier George, Kailash, 1994. Une réflexion sur l'attrait et la répulsion que ressentent deux couples d'Occidentaux expatriés face à cette civilisation captivante. Roman.

Un pèlerin d'Angkor, Loti Pierre, L'Aube, 2010. Le carnet de voyage de l'auteur qui réalise en 1901 son rêve d'enfant : découvrir les temples d'Angkor.

Le Goût de l'Asie, Routier le Diraison Christine, Mercure de France, 2016. Une anthologie de textes où l'on retrouve le Cambodge de Florence Malraux ou de François Bizot, le Laos de Norman Lewis, aux côtés de nombreux autres auteurs présentés avec humour et empathie

RÉCITS DE VOYAGE

Voyage dans les royaumes de Siam, de Cambodge, de Laos, Mouhot Henri, Arlea, 2010. L'exploration des forêts tropicales et la redécouverte des ruines d'Angkor en 1858, suivies du voyage du naturaliste jusqu'à Luang Prabang.

BANDE DESSINÉE

L'Année du lièvre, Tian, Gallimard BD, 2011. La chute de Phnom Penh et la vie sous l'Angkar.

Discographie

Cambodge - Musique khmère, Maison des Cultures du monde, 1995. Orchestre *pin peat*, accompagnement du théâtre d'ombres, chants royaux et de mariage.

Ethnic Minority Music of Northeast Cambodia, 2006. Compilation de titres interprétés par les minorités jaraï, bunong, kroeung au son d'instruments traditionnels (bambou, flûte, gong, etc.).

The Rough Guide To Psychedelic Cambodia, 2015. Une rétrospective de l'âge d'or de la pop et du rock'n'roll khmer, entre 1960 et 1970.

Filmographie

La Déchirure, Joffé Roland, 1984. Avec John Malkovich. Le calvaire d'un journaliste et de son assistant cambodgien lors de la prise de Phnom Penh par les Khmers rouges.

S-21, la machine de mort khmère rouge, Panh Rithy, 2002. Le plus grand cinéaste cambodgien actuel met en scène les témoignages de survivants sur les atrocités commises par les Khmers rouges. Du même réalisateur et sur le même thème, *L'Image manquante*, *Duch, le Maître des forges de l'enfer*.

Deux frères, Annaud Jean-Jacques, 2004. Avec Jean-Claude Dreyfus. L'histoire de deux tigres capturés dans les temples d'Angkor dans les années 1920.

Dogora - Ouvrons les yeux, Leconte Patrice, 2004. Documentaire sans dialogues superposant des séquences sur le Cambodge et sur des facettes de sa vie quotidienne.

Holy Lola, Tavernier Bertrand, 2004. Avec Isabelle Carré. Cette fiction dépeint avec humour et sensibilité la course d'obstacles des candidats à l'adoption au Cambodge.

Holly, Moshe Guy, 2006. Avec Virginie Ledoyen. Un trafiquant d'antiquités essaie de soustraire une fillette du monde de la prostitution. Peinture au noir de la capitale cambodgienne.

Un barrage contre le Pacifique, Panh Rithy, 2009. Avec Isabelle Huppert. Adaptation du roman de Marguerite Duras.

Le Sommeil d'or, Chou Davy, 2012. Un voyage dans le temps à la recherche des protagonistes de l'âge d'or du cinéma cambodgien, avant sa destruction par les Khmers rouges. Documentaire.

La Dernière Bobine, Sotho Kulikar, 2014. Après la découverte d'un vieux film dans lequel sa mère tient le premier rôle et dont il manque la fin, une jeune fille plonge dans le passé des Khmers rouges et des secrets familiaux.

Le Temps des aveux, Wargnier Régis, 2014. Avec Raphaël Personnaz. Adaptation du *Portail* de François Bizot *(voir p. 41)*. Un archéologue français travaillant à Angkor se retrouve prisonnier des Khmers rouges qui l'accusent d'être un espion de la CIA.

Enemies of the People, Thet Sambath, 2009. Documentaire. Durant 10 ans, un journaliste cambodgien va gagner la confiance de Nuon Chea pour l'amener à s'expliquer sur le régime khmer rouge *(en anglais)*.

Les Derniers Hommes éléphants, Ferguson Daniel, 2015. Documentaire sur le mode de vie traditionnel des Bunongs.

Diamond Island, Chou Davy, 2016. Il a conquis le public du festival de Cannes 2016 par la grâce de ses personnages, qui évoluent sur l'île glamour des nouveaux riches de Phnom Penh.

COMPRENDRE LE CAMBODGE

Paludiers dans les marais salants de Kampot.
P. Tisserand/Michelin

Le Cambodge aujourd'hui

Le temps paraît couler à des rythmes différents d'un bout à l'autre du Cambodge. Les campagnes effeuillent lentement le calendrier agricole ; dans les villes, en revanche, la pendule semble parfois s'être arrêtée, sauf à Phnom Penh qui vit à l'allure effrénée des autres capitales du Sud-Est asiatique. Mais partout, pour les 15,5 millions de Cambodgiens, les défis restent les mêmes : ceux d'une éducation qu'il faut remettre à niveau, ceux d'une jeunesse qui doit apprendre à conjurer son passé pour se tourner plus sereinement vers l'avenir, ceux d'une économie qui doit se développer au profit de tous.

Une société rurale

Le cycle immuable de la rizière continue à donner le tempo au Cambodge, un pays encore essentiellement rural : 80 % de la population vit dans les campagnes.

DES CAMPAGNES VIVANTES

Concentrée dans la vaste plaine centrale du Tonlé Sap et sur les rives du Mékong, une population d'agriculteurs (riz et cultures maraîchères), d'éleveurs (porcs et buffles) et de pêcheurs fait vivre les campagnes à la **mode ancienne**. Les lopins sont de petite taille, n'excédant pas quelques hectares. Le manioc, le chou et la patate douce sont cultivés en alternance avec le riz, qui donne généralement deux récoltes par an.

Maisons de bois

Plus que dans les pays voisins, les villages et hameaux du Cambodge ont conservé un **habitat traditionnel**. C'est d'autant plus remarquable que la plupart des maisons sont récentes : comme en témoigne la date inscrite sur le faîte du toit, la plupart ont été construites après les années 1990 et on continue de nos jours de bâtir à l'ancienne, ne serait-ce que pour des raisons de coût.

Ces maisons, le plus souvent en bois, sont juchées sur de hauts **pilotis**, à la fois pour faire face aux inondations que connaît le pays chaque année, et pour ménager sous la demeure un espace protégé du soleil et de la pluie ; il sert d'abri pour le bétail, de remise pour les pirogues, d'atelier. Selon les régions, les femmes y installent le métier à tisser, les hommes y ramendent les filets de pêche ou y mettent le poisson à sécher sur des claies de bambou.

Composer avec l'eau

Au bord des cours d'eau mais aussi le long des routes, qui sont souvent surélevées, les maisons sur pilotis rappellent que les terres à leurs pieds sont inondées chaque année par la crue du Mékong et de ses affluents. Composer avec l'eau est une nécessité dans les campagnes cambodgiennes.

Maison traditionnelle dans la campagne de Kep.
P. Tisserand/Michelin

À ces villages « fixes » s'ajoutent les « **villages flottants** », qui se déplacent en fonction de la crue. Les maisons, mais aussi des épiceries, l'école, la pagode ou l'église sont édifiées sur des plateformes de bois et de bidons. Plusieurs fois par an, suivant la hausse ou la baisse des eaux, des bateaux les tractent sur le lac ou sur le fleuve pour les amarrer ailleurs. Dans tous ces villages, mobiles ou fixes, la vie demeure précaire, les infrastructures sanitaires et éducatives, insuffisantes.

Migrations

Si le boom économique et les lumières de la capitale fascinent et attirent, promesse d'emploi ou d'une existence plus facile, l'exode rural auquel on assiste dans les pays voisins reste limité au Cambodge. La mobilité s'exerce plutôt d'une province à l'autre, en fonction des opportunités économiques : nouveaux chantiers de construction (barrages, routes), nouvelles exploitations agricoles et minières à grande échelle. La mise en culture de terres tout juste défrichées pour de grandes plantations dans le nord et l'est du pays a conduit récemment à de fortes migrations de populations vers les provinces de Stung Treng, de Preah Vihear, du Ratanakiri et du Mondolkiri.

L'aménagement du territoire

Phnom Penh et sa région font figure de locomotives économiques, accaparant une bonne partie des investissements réalisés dans le pays. La réfection du réseau routier et l'ouverture de nouveaux axes de communication sont identifiées comme un objectif majeur, qui devrait à terme apporter une meilleure répartition des richesses. Un projet de train rapide entre Bangkok et Phnom Penh, soutenu par l'ADB (Banque asiatique de développement), est à l'étude depuis 2010.

PANORAMA URBAIN

Les villes d'importance se comptent sur les doigts de la main. Hormis Phnom Penh, seules Battambang et Sihanoukville font preuve d'un réel dynamisme.

Des villes en sommeil

Très peu industrialisées, longtemps isolées par le manque de routes, les provinces de Kampong Thom, Kampong Chhnang, Takeo, Kampot, Kratie sont figées dans un immobilisme dont témoigne la modestie de leur chef-lieu : rares sont les capitales provinciales dont la population dépasse les 50 000 habitants. La vie culturelle qu'elles avaient pu connaître s'est éteinte avec les années khmères rouges : théâtres, cinémas et dancings de la 1re moitié du 20e s. finissent de décrépir, sans projet d'avenir. Avec leurs **façades coloniales** fatiguées, ces belles endormies ne manquent pas d'un certain charme aux yeux du voyageur occidental. Quand elles se développent, c'est pour adopter un style architectural fonctionnel mais sans souci esthétique, standardisé d'un bout à l'autre de l'Asie, multipliant les édifices de béton aux vitres teintées, et qui les dépossède de leur personnalité.

Frénésie immobilière dans la capitale

C'est à **Phnom Penh**, en pleine croissance comme toutes les capitales du Sud-Est asiatique, que les bouleversements sont les plus visibles. Depuis les années 2000, la population de la capitale a doublé, passant de 1,5 million à 3 millions d'habitants. Les lacs qui parsemaient la ville, comme le **Boeung Kak**, sont asséchés et comblés pour accueillir des complexes résidentiels ; des centres commerciaux sortent de terre, comme l'Aeon Mall, des immeubles de bureaux poussent toujours plus haut, comme les tours Vattanac et OCIC. La transformation de **Koh Pich**, une île de pêcheurs jusqu'en 2006, en Diamond Island (et Elite Town, sa nouvelle ville), un complexe ultra-luxueux, est symptomatique des aspirations d'une certaine frange de la population.

Deux pôles de développement

Dans l'ouest du pays, **Battambang**, 2e ville du Cambodge, affiche de longue date sa vocation commerçante. Elle mise sur son secteur agricole et profite de sa proximité avec la Thaïlande pour exporter sa production de riz. Dans le sud, **Sihanoukville**, le seul port en eaux profondes du pays, dispose d'atouts (raffinerie, chemin de fer) qui peuvent la transformer en un pôle urbain majeur. Facteur supplémentaire susceptible de stimuler le développement de l'ensemble de la région côtière, une usine de voitures vient de s'installer dans une SEZ (zone économique spéciale) implantée à Koh Kong, à la frontière thaïlandaise.

Un pays jeune

Le royaume est jeune : plus du tiers des Cambodgiens ont moins de 15 ans. Au sortir des années khmères rouges, le pays avait perdu un quart de sa population, tombée à 6,5 millions au début des années 1980. Une aide internationale soutenue permet de reconstruire les infrastructures sanitaires, de former des médecins, etc. En près de 40 ans, les progrès en matière de santé (baisse de la mortalité maternelle et infantile) ont dynamisé une croissance démographique qui, avec 1,6 % par an, dépasse la moyenne des pays d'Asie du Sud-Est.

RENOUER AVEC L'ÉDUCATION

Comme dans tous les pays jeunes, l'enjeu de l'éducation est crucial au Cambodge. Malgré un plan de développement gouvernemental, peu de moyens matériels et humains sont affectés au secteur. L'histoire récente du pays ne fait qu'accroître les difficultés.

Une tradition qui s'est perdue

Jusqu'au Protectorat, la **pagode** était aussi l'école des jeunes garçons, qui y apprenaient l'écriture khmère, la lecture à travers les textes religieux en pali, les règles de la vie sociale. L'éducation y était gratuite, le gîte et le couvert, assurés. Les autorités coloniales ont entrepris de réformer l'enseignement primaire et de remplacer ce qu'ils appelaient « l'école indigène » par l'apprentissage des disciplines classiques (calcul, géographie…). Après l'Indépendance (1953), le gouvernement a mis l'accent sur l'éducation, construit des écoles et doublé la capacité universitaire. Mais le progrès n'aura pas duré longtemps : les quatre années de domination khmère rouge se sont soldées par la fuite ou la mort des intellectuels et des enseignants, la transformation des écoles en camps d'internement ; celle de Tuol Sleng, à Phnom Penh, devenue le musée du Génocide, le rappelle.

Une reconstruction difficile

Dans un pays dépossédé de son élite intellectuelle, la **transmission du savoir** reste un réel problème. Le système éducatif demeure précaire, sans locaux ni moyens, jusqu'en 1993, date à laquelle l'école est déclarée gratuite et obligatoire (9 ans de scolarité). Face à la **pénurie de professeurs**, le gouvernement ne peut se montrer trop pointilleux sur leur recrutement, et la qualité de l'enseignement s'en ressent. Entre 1998 et 2013, le taux d'alphabétisation a progressé de 12,4 %. Quasiment tous les enfants fréquentent l'école élémentaire. Mais le taux de **scolarisation** chute de moitié au collège, et dégringole à 5 % dans le supérieur.

Les difficultés restent considérables. Avec l'un des plus faibles budgets en Asie et des professeurs qui peinent à joindre les deux bouts, le secteur est en butte à la corruption. Les familles doivent pourvoir aux achats des livres et des uniformes scolaires, payer des cours complémentaires, etc. ; la déscolarisation des enfants les plus pauvres en est la première conséquence. Les sujets d'examen s'achètent : c'est ainsi qu'à la suite de contrôles renforcés au baccalauréat, le taux de réussite à l'examen est passé de 90 à 25 %.

Espoirs et inquiétudes

L'accès aux études supérieures continue d'être limité, faute de moyens. Outre la capitale, seules les villes de Battambang et Svay Rieng disposent d'**universités publiques**. L'accès à l'éducation supérieure reste par ailleurs marqué par une discrimination de genre et de classe.

Plusieurs partenariats (bourses, échanges, équivalences de diplômes) ont été mis en place avec la France, devenue la 3e destination d'études à l'étranger après la Thaïlande et l'Australie. En 2013, environ 4 000 étudiants cambodgiens ont pu partir poursuivre leur cursus universitaire outre-mer. Mais les filières d'étude restent mal adaptées aux réalités du monde du travail et les mécanismes d'orientation font défaut. L'inadéquation entre les matières enseignées (administration, gestion, droit) et les besoins techniques des entreprises entraîne un chômage élevé chez les jeunes diplômés.

AFFRONTER LE PASSÉ

Les Cambodgiens doivent composer avec la mémoire d'un passé encore à vif. Le procès des Khmers rouges, qui revient régulièrement à la une de l'actualité, ne fait pas l'unanimité ; beaucoup estiment qu'il vaudrait mieux tourner la page et aller de l'avant. La jeune génération, elle, ignore souvent les détails de ce passé douloureux, en grande partie absent des manuels scolaires. Cette attitude de déni découle aussi des **concepts bouddhiques** de pardon et de loi karmique, en vertu desquels les criminels seront châtiés dans une nouvelle vie. Pour quelques intellectuels rescapés du génocide, seule l'éducation peut faire changer les choses et obliger les Cambodgiens à affronter leur histoire. Le **cinéaste Rithy Panh** *(voir p. 98)* s'efforce de reconstruire la mémoire collective dans des œuvres qui exorcisent le passé. Selon lui, la force du témoignage peut panser le traumatisme et ouvrir un avenir plus serein.

Visages de la population

Les Khmers forment près de 90 % de la population, la frange restante étant composée de Vietnamiens (env. 5 %) et de Chinois (env. 2,5 %), auxquels s'ajoutent les minorités ethniques (env. 1 %).

LES KHMERS

Depuis quand les Khmers occupent-ils le sol cambodgien ? D'où sont-ils venus ? Ces questions restent sans réponse. Seule certitude, ils appartiennent au groupe **môn-khmer**, dont la langue, contrairement à celles des pays voisins, est **non tonale**. On sait aussi qu'ils ont tissé des liens commerciaux avec l'Inde vers 300 av. J.-C.

Ces descendants du grand empire angkorien, attachés à leur terre, pratiquent la **riziculture** depuis des siècles. Le **bouddhisme theravada** qu'ils ont adopté se mâtine d'hindouisme, la religion de leurs ancêtres, et d'animisme *(voir p. 77)*.

LES KROMS

Le delta du Mékong, de l'autre côté de la frontière, est depuis 300 ans le théâtre de tensions entre les **Khmers Krom**, descendants du grand empire khmer qui englobait cette zone jusqu'au 18e s., et les Vietnamiens, nouveaux maîtres du territoire. Les Kroms tentent de résister à un processus d'assimilation qui vise à leur faire abandonner leurs coutumes religieuses (le bouddhisme theravada), leur langue (le khmer) et leurs traditions. Les exactions et les discriminations auxquelles ils sont en butte dans le delta en ont conduit beaucoup à migrer vers l'ouest pour s'établir dans la **province de Takeo**, sur le Mékong ou autour du Tonlé Sap. Considérés comme des étrangers des deux côtés de la frontière, ils se trouvent aujourd'hui dans une situation paradoxale, revendiquant une nationalité cambodgienne qui leur est refusée. Leur sort reste une pomme de **discorde** entre le Vietnam et le Cambodge.

LES VIETNAMIENS

Ils se sont installés en grand nombre au Cambodge sous le **Protectorat**. Lorsque les deux pays coexistaient dans le giron de l'Indochine française, les autorités coloniales recrutaient en priorité des sujets d'origine vietnamienne pour occuper les postes administratifs, les emplois de contremaître et les grades d'encadrement dans l'armée. Beaucoup sont restés après la décolonisation.

L'inimitié ancestrale entre les deux voisins a toujours pesé sur la communauté vietnamienne au Cambodge, souvent victime d'**ostracisme**. Accusés d'être

Un groupe de musiciens près de Banteay Srey (parc archéologique d'Angkor).
P. Tisserand/Michelin

des vecteurs du communisme sous Lon Nol, ses membres ont été emprisonnés ou exécutés, d'autres ont dû s'exiler, et beaucoup furent ensuite victimes du nettoyage ethnique mené par les Khmers rouges. Quand les forces vietnamiennes prennent le contrôle du Cambodge, en 1979, elles invitent les exilés à revenir s'installer. Aujourd'hui, sans titre de propriété ni de résidence, privés de terre, ils sont établis dans des **villages flottants** sur le Mékong ou sur le Tonlé Sap. Vivant de pêche et de petit commerce, ils n'ont quasiment aucun accès à l'éducation ni aux soins, faute de réelle citoyenneté.

LES CHAMS

Ce sont les héritiers du grand **royaume du Champa** qui fleurit en Annam (centre du Vietnam actuel) du 2e au 19e s. L'expansion des Viets, qui a abouti à la chute du Champa en 1832, pousse nombre d'entre eux – surtout parmi ceux qui professaient l'islam – à fuir au Cambodge, où ils s'implantent du côté de Kampong Cham (« le port des Chams »), Battambang et Phnom Penh. Sous le nom de **Khmers Islam**, ils rassemblent 80 % des musulmans du pays.

Cette communauté **endogame** ne se mélange guère, gardant sa langue et ses traditions. Les Chams vivent de la pêche et tissent le coton et la soie. Ils s'occupent aussi de l'abattage des animaux et de la **boucherie**, des activités qui répugnent au bouddhisme. Pour eux, l'accès aux **études** passe souvent par l'aide de pays musulmans amis, Malaisie ou Arabie Saoudite. Ils ont été victimes de génocide sous les Khmers rouges, qui ont interdit la pratique du culte, détruit les mosquées et appliqué un programme d'assimilation forcée.

LES CHINOIS

De nombreux **commerçants** chinois sont venus s'installer dans les capitales provinciales durant le Protectorat. Les maisons de commerce ou « compartiments » de Battambang, de Kampot et de Kampong Cham témoignent de cette époque. Comme les Vietnamiens, ils ont souffert de rejets violents. Sous Lon Nol, les premières mesures anti-chinoises se traduisent par la fermeture des écoles et la suppression de leurs charges dans l'administration. Plus tard, les Khmers rouges procèdent à l'extermination d'une partie de cette population en majorité urbaine, considérée comme improductive. Les écoles chinoises ne rouvriront qu'en 1992.

Bien qu'elle ait perdu la moitié de ses membres durant la période khmère rouge, la communauté joue aujourd'hui un rôle déterminant dans l'**économie** du Cambodge, en raison notamment du poids des investissements chinois dans le pays. Prospère, bien intégrée dans le milieu des affaires, de la **banque** et de la politique, elle favorise les **mariages mixtes**, une manière d'affermir sa place.

LES KHMERS LEU

À ces groupes dominants s'ajoute une quinzaine de **minorités ethniques**. Bunongs, Jaraïs, Kroeungs, etc. : les plus importantes en nombre sont établies dans le **Mondolkiri** et le **Ratanakiri**, dans le nord-est du pays. Ces communautés montagnardes sont regroupées sous le nom de Khmers Leu. Elles perpétuent les cultes animistes et chacune parle son propre dialecte. Organisées autour d'une autorité villageoise, elles vivent d'agriculture informelle, de cueillette et de chasse, tirant l'essentiel de leur subsistance des ressources de la forêt.

Premières victimes du déboisement et de la mise en exploitation de nouvelles zones agricoles ou minières, ces minorités subissent de plein fouet les expropriations et manquent de représentation politique pour défendre leur cause. Être dépossédé de ses terres ancestrales revêt un caractère particulièrement dramatique pour des sociétés animistes, attachées aux esprits des lieux *(voir p. 77)*.

Les Khmers Leu forment le groupe social le plus touché par la pauvreté. Le processus d'**acculturation** commencé à la fin du 20e s. s'accroît rapidement et, hormis dans les régions les plus reculées, leur habitat traditionnel et le port du costume ethnique relèvent désormais du folklore.

Le paysage politique

Le Cambodge s'est engagé dans la voie démocratique avec l'adoption d'une nouvelle Constitution en 1993, l'instauration du multipartisme et la tenue d'élections législatives. C'est une **monarchie parlementaire**. Le pouvoir exécutif est assuré par le gouvernement, conduit par un **Premier ministre** (Hun Sen depuis 1985) qui décide des orientations politiques et économiques du pays.

LE RÔLE DU ROI

Garante de la stabilité du pays, l'institution monarchique est représentée par **Norodom Sihamoni**, intronisé en 2004 après l'abdication de son père, Norodom Sihanouk. Simple figurant dans la vie politique, le roi n'en reste pas moins considéré comme le **gardien de l'ordre cosmique**. Il est le chef religieux du pays et la clé de voûte de la société khmère, qui continue à lui témoigner de la dévotion.

Rien ne prédestinait Norodom Sihamoni à endosser ce rôle. En effet, contrairement à l'usage dans la plupart des monarchies, le titre n'est pas héréditaire et le souverain régnant ne choisit pas son successeur, désigné par un Conseil réunissant des Vénérables et les dirigeants des assemblées législatives.

Passionné par les arts, Norodom Sihamoni a longtemps résidé à Paris où il a enseigné la danse classique. Discret, il est à même de préserver l'institution royale tout en se montrant effacé face à Hun Sen, opposé à toute ingérence de la monarchie dans la vie politique. Les responsabilités exercées par le roi s'arrêtent à la signature de certaines conventions internationales ou de nouveaux décrets ; il a ainsi représenté son pays lors de la COP21 à Paris, en 2015.

UN POUVOIR CENTRALISÉ

Le corps législatif est constitué de deux chambres, un **Sénat** (61 sièges) qui a vu le jour en 1999 suite à l'amendement de la Constitution, et un **parlement** de 123 sièges. Les élections ont lieu tous les 5 ans, 6 ans pour les sénateurs. Le **pouvoir judiciaire** est en théorie indépendant de l'exécutif ; dans les faits, il lui reste entièrement subordonné.
Le pays est divisé en **25 provinces**. Chacune est administrée par un gouverneur nommé et placé sous la tutelle du ministère de l'Intérieur. Peu décisionnaire, le gouverneur applique des décrets et des règlements définis en amont. Depuis 2002, un pas vers la décentralisation a été franchi avec la création de **conseils communaux** élus par les riverains tous les 5 ans.

Économie

Malgré une conjoncture internationale en berne, l'économie cambodgienne soutient une croissance proche de 8 % par an depuis une dizaine d'années. Dynamisée par le secteur de la construction (immobilier à Phnom Penh, routes, barrages et ponts dans tout le pays), cette croissance devrait perdurer ; elle reste toutefois très dépendante de la bonne santé financière des partenaires asiatiques. Avec l'adhésion à l'ASEAN (1999), le Cambodge a acquis une véritable présence dans l'espace régional et intensifié ses exportations vers les pays voisins. Grâce au programme « Tout sauf les armes » mis en place par l'Union européenne en 2001, il bénéficie d'exemptions douanières vers cette dernière. L'Europe et les États-Unis demeurent ses principaux clients, absorbant les deux tiers de ses exportations.

DES BASES FRAGILES

L'industrie du **textile** et de la **chaussure** représente env. 75 % des exportations. Seules 5 % de ces entreprises, installées dans les zones franches (SEZ), sont la propriété de compagnies nationales. Bien que dynamique et flexible, ce secteur doit faire face à la concurrence d'autres pays en voie de développement, comme la Birmanie où la main-d'œuvre et l'énergie sont moins onéreuses. Il reste également dépendant de ses fournisseurs car il importe toutes ses matières premières.
Le **tourisme** connaît une hausse spectaculaire : avec 4,7 millions de visiteurs en 2015, il constitue une manne (13 % du PIB) qui profite essentiellement à Siem Reap, où transite tout le public d'Angkor. Si Sihanoukville (casinos et plages) et Phnom Penh (tourisme d'affaires, congrès) parviennent à tirer leur épingle du jeu, les autres régions peinent à faire valoir leurs atouts.
Dans le **secteur énergétique**, la production d'électricité est assurée par quelques centrales thermiques à charbon ou à pétrole. Le Cambodge est cependant loin d'être autosuffisant et doit importer 60 % de son électricité du Vietnam et de Thaïlande. Conséquence : celle-ci reste chère, et les trois quarts des foyers n'y ont pas accès. Depuis 2013, le gouvernement

Plantation d'hévéas dans la province du Ratanakiri.
P. Tisserand/Michelin

appuie sa nouvelle stratégie énergétique sur la construction de **barrages** *(voir p. 411)*.

L'AGRICULTURE EN PLEIN ESSOR

Le secteur agricole emploie 70 % de la main-d'œuvre et constitue le 2e poste d'exportation du pays (env. un tiers du PIB). Il s'appuie sur la **riziculture** (90 % de la surface cultivée), le manioc et le maïs. Longtemps occupé à une production de subsistance, ce secteur est en pleine mutation. Son volume a décuplé depuis 2010 : la mécanisation et l'emploi de variétés hybrides (de haut rendement mais de faible qualité) lui permettent désormais d'exporter une partie de sa production.

Le secteur agricole reste néanmoins tributaire des **aléas climatiques** (inondations et sécheresses) qui frappent régulièrement le pays. Trop fortement dépendant des monocultures, il subit de plein fouet la fluctuation des cours des matières premières.

Le caoutchouc représente plus du tiers des exportations et contribue à soutenir la balance extérieure. L'**hévéaculture**, 2e richesse du pays après le riz, fait partie des priorités économiques du gouvernement. Juste derrière arrivent les monocultures de la canne à sucre et du manioc. Depuis 2010, la superficie des **concessions agricoles** accordées par le gouvernement à des entreprises privées, nationales ou étrangères (avant tout chinoises et vietnamiennes), pour le développement de ces monocultures a été multipliée par six. Cette expansion se fait parfois au détriment des droits des populations rurales, victimes d'expropriations.

SUR LA SCÈNE INTERNATIONALE

Le Cambodge a fait de ses relations avec **Pékin** l'axe prioritaire de sa politique étrangère.

Un « partenariat global » a été conclu entre les deux États en 2006. La Chine, 1er investisseur au Cambodge depuis 2004, est aussi son principal partenaire économique avec un volume commercial en constante hausse (un tiers des échanges en 2014).

Malgré des relations en dents de scie – des tensions persistent autour d'un contentieux frontalier aux abords du temple de Preah Vihear *(voir p. 107)* –, la **Thaïlande** reste un partenaire essentiel : elle fournit au Cambodge des matériaux de construction, des produits pétroliers et des véhicules. Elle constitue par ailleurs un important bassin d'emploi pour des centaines de milliers de Cambodgiens qui traversent régulièrement la frontière à la recherche de travail.

Hun Sen entretient en revanche des relations étroites avec le **Vietnam**, qui, 4e investisseur, joue un rôle prépondérant dans le développement du pays. Ce partenariat privilégié n'est cependant pas exempt de tensions. Des différends persistent sur des litiges frontaliers, sur l'immigration illégale et sur la question des Khmers Krom *(voir p. 50)*.

LES FREINS AU DÉVELOPPEMENT

Outre la **dépendance** vis-à-vis des importations en provenance des pays voisins, la crainte des facteurs climatiques, et la menace que présentent d'autres pays de l'ASEAN, plus compétitifs, l'économie cambodgienne reste vulnérable en raison de son manque de diversification. Le Cambodge cherche donc à attirer davantage d'**investisseurs étrangers**. Un pari difficile étant donné le clientélisme qui règne dans le milieu des affaires, bien que le gouvernement se soit officiellement engagé à le contrer par la création d'une unité anticorruption en 2011.

Le **manque d'infrastructures** stables (énergie, transport) et l'absence d'une main-d'œuvre qualifiée sont les autres obstacles qui freinent l'implantation d'entreprises étrangères.

Les finances publiques restent déficitaires et dépendantes de l'aide extérieure. Sur le plan monétaire, plus de 83 % des dépôts et transactions se réalisent en **dollars** : à la perte de souveraineté s'ajoute une exposition élevée aux fluctuations du change.

LA LUTTE CONTRE LA PAUVRETÉ

Malgré une croissance satisfaisante, le Cambodge reste marqué par de profondes inégalités.

Le développement ne profite pas à toutes les régions, le dénuement sévit toujours dans certaines zones rurales, surtout dans les régions montagneuses. Même si le chiffre a baissé de moitié en l'espace d'une dizaine d'années, un cinquième de la population vit encore sous le seuil d'extrême pauvreté, selon les données de la Banque mondiale. Il reste beaucoup à faire, notamment dans le domaine de la santé, l'absence de couverture sociale interdisant à beaucoup l'accès aux soins.

Dépendant de l'aide extérieure (près de 10 % du PIB, soit 30 à 40 % du budget de l'État), le Cambodge ne peut se passer du soutien des bailleurs de fonds internationaux : Banque mondiale, UE, JICA (Agence internationale de coopération du Japon), ADB (Banque asiatique de développement). La Chine se situe au 1er rang des donateurs, suivie du Japon et des États-Unis.

Le pays accueille également un grand nombre d'associations à but non lucratif et d'ONG qui contribuent à son développement dans les domaines éducatif, sanitaire et économique. Ces aides sont cependant de plus en plus remises en question par des partenaires qui souhaiteraient les subordonner à une plus grande transparence, à la tenue d'engagements en matière de respect des droits de l'homme et de l'environnement, et aimeraient voir se mettre en place une réelle transition économique.

Traditions et art de vivre

Les fêtes et cérémonies qui rythment le quotidien des Cambodgiens ont partie liée avec le bouddhisme et le cycle des semailles et des récoltes. Événements familiaux ou nationaux s'accompagnent de rituels qui puisent aux sources de la culture khmère, enracinée dans un monde rural et enrichie par les couleurs de l'hindouisme. Les croyances cosmiques font vivre les Cambodgiens dans un monde enchanté, hanté par les génies, les défunts, les « devata » : pas question de commencer un match de boxe avant d'avoir rendu hommage aux esprits des maîtres de la discipline ! Mariages et enterrements s'annoncent à grand renfort de sono, de façon à diffuser la nouvelle dans un rayon le plus vaste possible, aux morts comme aux vivants, tout en tenant éloignés les mauvais esprits.

Fêtes et festivals

Au Cambodge comme au Laos, les fêtes respectent un calendrier luni-solaire d'origine indienne. Celui-ci emprunte également à la tradition chinoise et fonctionne par **cycles de douze ans**, chaque année correspondant à un animal du **zodiaque** : rat, bœuf, tigre, lièvre, dragon, serpent, cheval, chèvre, singe, coq, chien et cochon.
L'**année lunaire** est composée de 12 mois. Elle alterne des mois de 29 jours, dits « mâles » ou « manquants », et des mois de 30 jours, dits « femelles » ou « pleins », qui cumulent un total de 354 jours. Ces douze lunaisons portent des noms d'origine sanskrite *(voir tableau p. 58)* et sont également désignées par des chiffres de 1 à 12, héritage d'un système hindou plus ancien qui faisait débuter le cycle annuel au solstice d'hiver. Pour se réaligner sur la marche du soleil et corriger la différence annuelle de onze jours, un ajustement calendaire s'effectue tous les trois ans par l'ajout d'un mois intercalaire.
Chaque **mois** se divise en deux phases, correspondant à la lune croissante *(khnot)* puis décroissante *(ronoc)*. Chaque **jour** de la semaine est associé à une planète (la même que dans le calendrier grégorien) et à une couleur : le lundi à la lune et à l'orange, le mardi à Mars et au violet, le mercredi à Mercure et au vert, le jeudi à Jupiter et au gris-blanc, le vendredi à Vénus et au bleu, le samedi à Saturne et au noir, le dimanche au Soleil et au rouge. Une coutume qui tombe en désuétude voulait que l'on choisisse ses vêtements en fonction du jour et de sa couleur. Dans le cérémonial de la Cour, la teinte des ombrelles se conformait elle aussi à cette règle.
L'**ère bouddhique**, en usage dans le calendrier religieux, commence en 543 av. J.-C., avec l'entrée du Bouddha dans le nirvana. Le jour du Nouvel An tombe le 13 ou le 14 avril et se marque par l'accueil d'une nouvelle **devata** (ou *tevada*)

Régates lors de la fête de l'Eau.
D. Stamboulis/age fotostock

du panthéon brahmanique.
En avril 2017, le Cambodge et le Laos entrent dans l'année 2561 de l'ère bouddhique, année lunaire du Coq qui succède à celle du Singe.

AU FIL DE L'ANNÉE BOUDDHIQUE

Voir aussi « Agenda », p. 40.

Fêté lors de la pleine lune de *vissakh (avr.-mai)*, **Visaka Bochea** célèbre à la fois la naissance, l'illumination et la mort du Bouddha. Toute la nuit durant, les pagodes restent illuminées. Les fidèles y affluent, porteurs d'offrandes, pour vénérer les Trois Joyaux *(voir p. 372)*. À cette occasion, les moines se rassemblent à Oudong, ancienne capitale du pays.

Le 1er jour de la lune décroissante d'*asath (pleine lune de juin-juil.)* sonne le début de la **retraite des pluies**, ou **Vossa**, qui va durer trois mois et coïncide avec les plus fortes pluies. Le roi en initie la cérémonie d'ouverture *(chol vossa)* en allumant les quatre bougies qui se consumeront dans les divers pavillons du Palais royal. Dans toutes les pagodes du royaume, le cierge du *vossa* doit brûler sans interruption.

La fête de **Kathen** célèbre la fin du *vossa*. Elle débute à la pleine lune d'*asoc (sept.-oct.)* et doit se tenir dans le mois qui suit la fin de la retraite (chaque pagode a son propre calendrier des réjouissances). Les cérémonies, qui durent deux jours, donnent aux laïcs l'occasion d'accumuler des mérites en faisant des dons aux moines : nourriture, produits de toilette, médicaments, et surtout des toges neuves. Le Bouddha en personne aurait institué cet usage afin que ses disciples – itinérants à l'époque – ne soient plus obligés de se déplacer en haillons. La collecte des dons commence la veille. Le lendemain matin, les fidèles se joignent à un cortège de musiciens, de danseurs et de porteurs d'offrandes pour une circumambulation autour du *vihear* (le sanctuaire principal de la pagode), avant d'y entrer pour écouter les sermons des bonzes. Puis se tient la cérémonie des dons, avec en premier lieu

LES MOIS DU CALENDRIER LUNI-SOLAIRE			
Nombre associé	**Nom du mois**	**Durée**	**Calendrier grégorien**
1	Maksir	29 jours	novembre/décembre
2	Bos	30 jours	décembre/janvier
3	Makh	29 jours	janvier/février
4	Phalkun	30 jours	février/mars
5	Cèt	29 jours	mars/avril
6	Vissakh	30 jours	avril/mai
7	Cés	29 jours	mai/juin
8	Asath	30 jours	juin/juillet
9	Srap	29 jours	juillet/août
10	Photrobot	30 jours	août/septembre
11	Asoc	29 jours	septembre/octobre
12	Kattik	30 jours	octobre/novembre

ceux de nourriture, les moines devant impérativement prendre leur repas avant le passage du soleil au zénith. L'offrande des toges se fait l'après-midi. Dans l'intimité des bâtiments conventuels, le Vénérable (chef de la communauté monastique) se chargera de répartir les robes entre les moines ayant observé entièrement le *vossa*.

LES FÊTES MAJEURES

Pour les fêtes les plus importantes, le Nouvel An *(voir p. 60)* et Pchoum Ben, les citadins retournent partager les célébrations en famille dans leur village natal. Phnom Penh se vide ; partout dans le royaume, les affaires marchent au ralenti et l'on peut alors rencontrer des difficultés pour se déplacer.

Chat Preah Nengkal, le Sillon sacré

Jadis, le roi accomplissait en personne le premier labour, qui marquait le **début des travaux agricoles** dans le royaume. Aujourd'hui, il se contente d'assister à cette cérémonie, qui se déroule le 4e jour de la lune décroissante de *vissakh (avr.-mai)* en face du Palais royal de Phnom Penh. La conduite de l'auguste charrue est confiée à un fonctionnaire du palais, qui prend le temps d'une journée le titre de « roi de Makh » ou roi temporaire, tandis que son épouse représente la reine sous le nom de Me Hour, la « mère du royaume ». Le labour consiste en une triple circumambulation dans un espace délimité par cinq pavillons abritant la statue de Shiva. La reine suit en semant le paddy (riz non décortiqué). Tout de blanc vêtus, les **bakou** (les brahmanes du palais) précèdent les attelages en récitant des prières et en aspergeant la terre d'eau lustrale. Une fois dételés, les bœufs de la charrue royale sont conduits devant sept plateaux d'argent contenant du riz, du maïs, du sésame, des haricots, de l'herbe fraîche, de l'eau et de l'alcool. Chacun retient son souffle : les récoltes à venir dépendront du comportement des bœufs et de l'interprétation donnée par les *bakou*. S'ils se ruent sur l'eau, l'année sera pluvieuse, s'ils se laissent tenter par les graines, les récoltes seront fructueuses, l'alcool et l'herbe fraîche étant de mauvais augure.

Pchoum Ben, la fête des Morts

La « Quinzaine des Morts » débute le 1er jour de la lune décroissante de *photrobot (août-sept.)* et prend fin avec Pchoum Ben *(nouvelle lune de sept.-oct.)*, l'équivalent de la Toussaint. L'origine de ce rituel puise dans une légende hindoue. C'est en effet à Yama, dieu hindou des Enfers, que les âmes des damnés doivent leurs brèves retrouvailles avec le monde des vivants : affamées, elles se mettent en quête de nourriture ; si elles ne trouvent pas de quoi se rassasier après avoir fait le tour de sept pagodes, leur descendance sera maudite. En raison de la malédiction qui pèse sur elles, le rendez-vous annuel ne peut se dérouler qu'à la faveur d'une nuit sans lune. C'est pourquoi, durant ces deux semaines, les fidèles se rendent à la pagode avant le lever du soleil pour y déposer des offrandes, généralement des boulettes de riz gluant au lait de coco. Ils y retournent en fin de matinée pour apporter aux bonzes leur pitance quotidienne. Les rites les plus importants ont lieu le jour de Pchoum Ben (*pchoum* signifie rassembler et *ben* nourriture). Ils permettent aux familles de se réunir pour évoquer les disparus, tout en donnant l'opportunité d'influer sur le *karma* des âmes malchanceuses.

La veille de ce grand jour, chacun prépare les mets qui seront offerts à l'assemblée. À la nuit tombée commence une célébration religieuse qui va durer jusqu'à l'aube. Celle qui se déroule au Palais royal de Phnom Penh revêt une dimension solennelle *(voir encadré ci-dessous)*. Les moines effectuent le rituel du *bangskol* *(voir p. 77)* et consacrent une image du Bouddha. Après un court repos, l'assistance reprend le chemin de la pagode, chargée de plateaux d'offrandes préparés avec grand soin, puisque les mânes des défunts vont partager le festin des bonzes.

Le lendemain, avant le lever du jour, des attroupements se forment le long des rivières pour la prière d'adieu. De frêles esquifs garnis de sucreries et de fleurs sont abandonnés sur l'eau, afin que les âmes s'en retournent vers le royaume des ombres.

L'HOMMAGE DU PALAIS À SES DÉFUNTS

Le rituel qui se déroule dans le Palais royal pour honorer les morts débute le 11e jour de la lune décroissante, dans une ambiance solennelle. Plus qu'un témoignage de respect aux ancêtres, cette cérémonie d'État a pour but de renforcer la cohésion sociale autour de la monarchie. Trois jours durant, les moines récitent des prières dans la salle du Trône. Celle qui est prononcée le 13e jour s'adresse tout particulièrement aux derniers souverains, Ang Duong (1841-1860) et ses successeurs. Le roi, sa famille et les hauts dignitaires y assistent. Le 14e jour, une cérémonie de *bangskol* se tient devant le pavillon abritant les cendres royales. À la tombée de la nuit, l'assistance se réunit autour de son souverain pour un hommage réaffirmant la légitimité de l'institution royale. Le roi se prosterne devant les mânes des monarques défunts, figurés par des statues. Après avoir imploré leur protection pour lui et son royaume, il remplit des coupelles de lait de coco en guise d'offrandes. S'ensuivent la lecture des textes sacrés et la consécration d'une nouvelle statue du Bouddha. Au petit matin, le rituel de la « maison flottante » s'accomplit en grande pompe sur la rivière Tonlé Sap.

Le Nouvel An khmer

Fêté entre les 12 et 16 avril, le Nouvel An khmer coïncide avec la fin des récoltes. Les festivités durent trois jours, déterminés par les calculs des astrologues royaux. L'entrée dans la nouvelle année se fait en deux temps : le premier, calculé selon la marche du soleil (le 12, le 13 ou le 14 avril), marque le début de l'année civile ; le second, 2 jours plus tard, célèbre le passage dans l'année lunaire, associée au cycle des douze animaux.

LES PRÉPARATIFS

L'effervescence est palpable des semaines avant. Il faut nettoyer la maison pour bien démarrer l'année, décorer les rues, les boutiques et les pagodes de banderoles, de fleurs et de lanternes. L'autel des ancêtres est garni de friandises. Dans les sanctuaires, les fidèles déposent des offrandes et font brûler des bâtons d'encens : ils remercient pour les bienfaits accordés au cours de l'année écoulée la **devata** (divinité) qui va être remplacée. On érige des monticules *(phnom khsac)* dans la cour des pagodes ; ces tas de sable ou de paddy, au nombre de 5 ou de 9, figurent les montagnes sacrées de la cosmologie hindoue. On y plante des bâtons d'encens et de la menue monnaie, dans l'espoir d'une année prospère.

LE PREMIER JOUR : VISITES FAMILIALES

On se rend chez les parents et grands-parents pour offrir de menus cadeaux. Chaque foyer prépare un plateau d'offrandes pour accueillir la nouvelle *devata* chargée de protéger la terre durant l'année à venir. À l'heure fatidique, les médias diffusent des airs d'orchestre *pin peat* et, dans toutes les pagodes du royaume, résonne la cloche ou le tambour. Les familles se dirigent alors vers la pagode pour porter des offrandes aux bonzes et honorer la mémoire de leurs ancêtres. La nuit se passe à danser et chanter.

LE DEUXIÈME JOUR : SOUS LE SIGNE DE LA CHARITÉ

On donne de l'argent, des vêtements ou de la nourriture aux plus démunis. Les fidèles se rendent à la pagode pour la **cérémonie d'offrande du riz** aux bonzes qui, à leur tour, offrent de la nourriture aux âmes des défunts. Puis l'assemblée se recueille devant les *phnom khsac*. Ceux qui n'ont pas participé à leur érection jettent quelques poignées de sable pour se défaire de leurs péchés. L'**achar** *(voir p. 76)* prononce des invocations pour attirer la prospérité sur la communauté. L'après-midi, les jeunes gens convergent dans l'enceinte de la pagode pour danser (l'une des danses les plus célèbres, le *trot*, mime la chasse d'un cerf) et prendre part aux jeux traditionnels, comme le tir à la corde *(teanh prot)*, censé garantir l'abondance des récoltes – ce jeu a été classé en 2015 au Patrimoine immatériel de l'humanité par l'Unesco.

LE TROISIÈME JOUR : ENTRÉE DANS LA NOUVELLE ANNÉE

Après l'aumône de riz aux bonzes, les fidèles ondoient les statues de Bouddha avec de l'eau parfumée. La **cérémonie de l'aspersion** se poursuit dans la cour de la pagode, où les bonzes et l'*achar* sont tour à tour arrosés. Ce rite de purification doit nettoyer le corps des souillures de l'année écoulée afin de commencer la nouvelle année sous les meilleurs auspices. Dans les maisons, on jette de l'eau aux grands-parents et aux parents pour leur apporter bonheur et longévité. Dans la rue, les plus jeunes s'aspergent copieusement d'eau et de poudres colorées.

Bon Om Teuk, la fête de l'Eau

Cette fête populaire se déroule à la pleine lune de *kattik* (oct.-nov.) et célèbre l'entrée dans la saison sèche. Les crues cessent, le courant du Tonlé Sap s'inverse *(voir p. 238)*, le niveau du lac commence à baisser. Le moment est venu de sortir des abris les **touk**, ces longues pirogues effilées entreposées dans l'enceinte des pagodes. Trois jours durant, la foule se presse sur les rives, transformées en vastes champs de foire.

Les **régates**, présidées par le roi en personne à Phnom Penh, constituent le clou des manifestations. La veille des épreuves, les pirogues richement décorées défilent sur le fleuve illuminé. Nul compétiteur n'omet de déposer sur la proue un minuscule autel à offrandes, dédié au génie des eaux. Du début de l'après-midi jusqu'au coucher du soleil, les équipages vont s'affronter dans un joyeux tintamarre de gongs et de tambourins. Le vainqueur est désigné lors de l'ultime régate, qui clôt les festivités. Le dernier soir, la foule dépose des bougies sur le fleuve pour rendre hommage à la lune.

Bien que les plus spectaculaires aient lieu dans la capitale, d'autres courses tout aussi intéressantes se déroulent à Siem Reap. À Battambang et à Kampong Thom, les compétitions ont lieu le mois précédent, de manière à sélectionner les bateaux qui participeront aux joutes de la capitale.

Les rites familiaux

Les grands événements de la vie sont célébrés avec un faste qui doit beaucoup au cérémonial royal. Croyances anciennes et réminiscences hindoues se mêlent dans des rituels enracinés dans de vieilles légendes. Les défunts, pris à témoin, régulent la bonne marche des festivités ; conviés à prendre la nourriture disposée spécialement à leur intention, ils partagent les joies et les peines de leurs descendants.

LA NAISSANCE

Mettre un enfant au monde, en khmer, se dit *chhlang tonle*, « traverser le lac », pour signifier que la jeune mère a triomphé des épreuves. Dans ce pays qui déplore un taux élevé de mortalité infantile et où, chaque jour, nombre de femmes meurent en couches, la formule est pertinente.

Si l'accès aux soins le permet, la plupart des Cambodgiennes préfèrent donner le jour à l'hôpital, mais il se trouve encore des villageoises obligées d'accoucher

PETITE(S) HISTOIRE(S) DE LA FÊTE DE L'EAU

La tradition affirme que la fête de l'Eau correspond au retour des *naga*, les premiers habitants du Cambodge *(voir encadré p. 103)*, dans le lit des rivières. La population rend ainsi hommage aux éléments nourriciers, la terre et l'eau, qui permettent la culture et la pêche. Une autre thèse la fait remonter au règne de Jayavarman VII qui, en remportant une victoire décisive sur les Chams (12e s.) grâce aux pirogues de l'armée royale, a pu préserver l'intégrité nationale. La fête a connu ses heures sombres : en 2010, près de 300 personnes trouvèrent la mort dans une bousculade sur un pont à Phnom Penh, drame que la foi populaire a immédiatement attribué à la colère du génie des eaux : le pont n'avait pas été inauguré, et le roi dut faire amende honorable en organisant une cérémonie d'offrandes… En 2011, les régates ont été annulées en raison des fortes inondations, et celles de Phnom Penh en 2015 pour cause de sécheresse.

à domicile. Un guérisseur *(kru)* noue des fils de coton blanc aux poignets de la mère pour éloigner les mauvais esprits. Pendant le mois qui suit, celle-ci ne boit pas d'eau froide, mais uniquement des tisanes médicinales. Ces pratiques restent d'actualité dans les villages.

Les croyances anciennes considèrent le **placenta** comme la partie jumelle du nouveau-né. Il est donc soigneusement enveloppé dans des feuilles de bananier, puis conservé à côté du berceau durant 3 jours avant d'être enterré. Cette coutume ne perdure guère que dans les villages reculés. En revanche, durant le mois qui suit la naissance, il reste d'usage de garnir le couffin de **talismans**, afin d'aider le nourrisson à franchir le premier cap de sa jeune vie.

Plus généralement, la naissance d'un enfant donne lieu à une **cérémonie de présentation** qui réunit les proches, les amis, le voisinage et quelques bonzes : le bébé passe de bras en bras, manière d'effectuer son entrée officielle dans le monde. Quant à la mère, ce rite marque pour elle le retour à la vie normale. Le nouveau-né est baigné dans de l'eau parfumée, additionnée d'une feuille d'or ou d'argent pour lui apporter chance et fortune. Après les prières d'usage, le moine noue des fils de coton rouge autour de son poignet. Cette cérémonie se déroule le plus souvent un mois après la naissance, mais si les moyens de la famille ne le permettent pas, elle a lieu lors du premier anniversaire. Une fois que le nouveau-né parvient à se retourner sur le ventre, on lui entoure la taille d'une cordelette, symbole de force.

LE RITUEL DU MARIAGE KHMER

La procédure, fort longue, s'échelonne en plusieurs étapes : les **rencontres préliminaires** des deux familles par le biais d'intermédiaires, les **fiançailles** au cours desquelles le prétendant remet à ses futurs beaux-parents la **dot** exigée, et enfin la cérémonie de mariage dont le déroulement (de 3 à 7 jours) perpétue un **rituel royal** mis en place au 16e s. Aujourd'hui, pour des raisons financières, les festivités se réduisent le plus souvent à une journée et demie.

L'orchestre *phleng ka* *(voir p. 94)* ou la sono commence à jouer la veille, lors des ultimes préparatifs. À Phnom Penh, les noces se fêtent dans de grands restaurants réservés à cet usage. Dans les campagnes, on dresse des chapiteaux à même la chaussée.

LES AMOURS DE PREAH THONG ET DE NEANG NEAK

Chassé de son royaume par son père, le roi Preah Thong erre à travers l'Océan. Son bateau échoue sur un îlot, où il décide de prendre un moment de repos. Grand est son ravissement quand il aperçoit Neang Neak, la fille du roi Naga, en train de se baigner. Son éloquence a vite raison des réticences de la belle : elle invite celui qu'elle considère déjà comme son fiancé secret à s'accrocher à elle pour gagner un écueil solitaire. C'est l'origine d'un rituel des noces cambodgiennes, où le marié tient l'écharpe de sa femme au moment de gagner la chambre nuptiale. Au petit matin, Neang Neak se sent fautive, craignant d'avoir trahi la confiance de son père. Preah Thong propose alors d'officialiser leur union. L'histoire se termine bien : le roi Naga approuve le mariage, puis ordonne à ses dragons d'aspirer l'eau autour de l'îlot pour faire surgir le royaume de Kok Thlok qu'il destine à son gendre. Cette histoire répète l'intrigue d'une légende de fondation du Cambodge *(voir p. 103)*, qui est antérieure.

Préparatifs d'un banquet de mariage dans les rues de Stung Treng.
P. Tisserand/Michelin

Le deuxième jour, à l'aube, le **cortège nuptial** s'ébranle pour gagner la demeure de la mariée. Le futur époux ouvre la marche, escorté par les musiciens, les garçons d'honneur et les membres de sa famille, chargés de porter les cadeaux. Arrivé à destination, Chao Moha (le couple qui représente les parents du marié) demande à Lok Meba (le couple qui représente les parents de la mariée) la permission de franchir le seuil. Les cadeaux sont déposés sur une natte, les deux jeunes gens présentés à l'assistance… La célébration proprement dite peut commencer. Chaque rituel s'accompagne d'une musique de circonstance. Les mariés et leur suite changent de **costumes** à cinq reprises.

La cérémonie de la **coupe des cheveux** se réfère à une légende narrant les épousailles d'une princesse : pour informer son père de son nouveau statut, elle lui fit remettre une mèche de ses cheveux coupée par les *devata* (divinités bienfaisantes). Il s'agit aussi d'un rite de purification, symbolisant l'entrée dans une nouvelle vie. Les *devata*, figurées par un couple de musiciens, apportent peigne, ciseaux et parfum. L'*achar* *(voir encadré p. 76)* parfume la chevelure des mariés, puis fait mine de couper une mèche. Parents et invités répètent ces gestes.

Il faut ensuite solliciter la **bienveillance des ancêtres** en les conviant à prendre part aux agapes. L'*achar* allume sept bâtonnets d'encens qu'il pique dans les mets, viandes, gâteaux ou fruits, préparés à leur intention.

Les règles de la courtoisie traditionnelle exigent la présence de noix d'arec et de bétel, symbole de l'amour conjugal, dans toute tractation. La **levée des feuilles de bétel** a valeur d'engagement moral : à tour de rôle, les mariés doivent soulever les sept feuilles disposées sur un coussin et formuler silencieusement des vœux.

La **rotation des popils**, des plaques de métal en forme de feuilles de banian au sommet desquelles sont fixées des bougies, a pour but de chasser les mauvais esprits. Sept couples réputés heureux en ménage s'assoient en cercle autour des futurs époux de manière à former une barrière virtuellement infranchissable. De main en main, ils font tourner trois *popils*, en prenant soin de rabattre la fumée à l'intérieur du cercle. Si une bougie venait à s'éteindre, ce serait aussitôt interprété comme un mauvais présage. Cette purification par le feu doit également rendre indissolubles les liens unissant le jeune ménage. Au bout de sept tours, l'*achar* récupère les *popils* qu'il éteint avec des feuilles de bétel bénites.

Pour donner un tour plus religieux au mariage, on y invite des **moines** qui récitent des prières puis aspergent le couple d'eau lustrale pour lui apporter la prospérité. Ultime bénédiction, l'*achar* et la famille nouent des **fils de coton blanc** autour des poignets des deux jeunes gens. Ces fils doivent être conservés sept jours durant.

Aux yeux de la communauté, le mariage est désormais scellé. Les bouquets de fleurs d'aréquier sont défaits et distribués aux invités qui jettent les pétales sur le nouveau couple. S'accrochant à l'écharpe de son épouse *(voir encadré p. 62)*, le marié la suit jusque dans la chambre nuptiale pour y partager un repas en compagnie des garçons et demoiselles d'honneur.

La fête s'achève par le **banquet des noces**, auquel est convié un large public. Les mariés, en tenue traditionnelle, reçoivent les invités à l'entrée de la salle. Il n'est pas d'usage d'offrir des cadeaux, mais chaque convive est tenu de verser une contribution dans l'urne prévue à cet effet. L'argent récolté doit permettre de couvrir les frais du repas, le surplus éventuel revenant au jeune couple.

À L'HEURE DE LA MORT

Les funérailles telles qu'elles se déroulent de nos jours dérivent des rituels anciens. Le rang social du défunt conditionne le faste déployé. L'*achar* veille sur le mourant jusqu'à son dernier souffle. Les moines se succèdent à son chevet pour réciter des prières destinées à favoriser sa réincarnation.

Les proches font leurs derniers adieux, en demandant pardon pour les éventuels torts causés.

Pour annoncer un décès, on fait sonner le gong et on suspend une bannière blanche, couleur du deuil, devant la maison. Des bougies, qui serviront plus tard à allumer le bûcher d'incinération, éclairent le corps sans interruption. Seuls le roi et les hauts dignitaires bénéficient du droit d'être embaumés.

Avant d'être exposée dans un cercueil, la dépouille a été lavée, d'abord avec de l'eau tiède, puis froide ; elle est ensuite habillée d'un vêtement porté à l'envers (symbole de la mort) et d'un second vêtement porté à l'endroit (symbole de la vie), image de la dualité qui gouverne toute existence.

Le défunt est coiffé à l'aide d'un peigne édenté, dont il ne faudra plus se servir par la suite. Parfois, on place dans sa bouche une pièce de monnaie, afin qu'il ne débute pas sa nouvelle vie démuni. Pour l'empêcher de revenir parmi les vivants, on le ligote de coton blanc ; ce lien doit former trois nœuds (symbole de l'éternité) autour du cou, des mains et des pieds, qui sont joints. L'orientation du cercueil se fait en fonction des habitudes nocturnes de la maisonnée, les vivants et les morts ne devant surtout pas regarder dans la même direction.

L'*achar* décide du jour et de l'heure de la **crémation** : généralement le lendemain, mais elle peut être repoussée trois jours plus tard quand il s'agit de personnes aisées. Durant cette courte période, des moines se relaient en permanence devant le cercueil pour prier, tandis que les connaissances viennent présenter leurs condoléances.

Le jour dit, un cortège se forme pour escorter la dépouille jusqu'à la pagode. En tête marchent le conjoint et le fils aîné, vêtus d'une toge blanche. L'incinération débute par des prières durant lesquelles l'assemblée tourne trois fois autour du cercueil. C'est à ce moment-là que peut s'effectuer le rite de transfert des mérites *(voir p. 77)*; un simple geste suffit à le matérialiser, comme transvaser de l'eau d'un récipient à l'autre. Les cendres sont recueillies dans une urne qui doit en principe être déposée dans un stupa ou sur l'autel des ancêtres, où figure toujours une photo du disparu.

Le 7e jour se tient un **banquet funéraire** auquel sont conviés tous les proches et le voisinage. Un second banquet, le 100e jour, clôt la période de deuil.

Durant ces diverses cérémonies, du lever au coucher du soleil, la sono diffuse de la musique funèbre, entrecoupée d'oraisons lues au micro par les moines.

Il est d'usage, pour les proches du défunt, de se raser la tête et les sourcils, voire d'effectuer un bref séjour au monastère.

L'artisanat

L'artisanat traditionnel a failli disparaître du patrimoine pendant la période khmère rouge : sa pratique avait été abolie et les maîtres artisans avaient disparu sans avoir pu transmettre leur savoir. La mémoire s'en est était perdue. Même s'il est peu développé en comparaison de ceux du Vietnam ou de la Thaïlande, il connaît un nouvel essor avec le développement du tourisme. Des associations locales s'efforcent de retrouver ou de reconstituer les savoir-faire ancestraux pour redonner vie à des activités tels le tissage de la soie ou la sculpture. Les productions (tressages, cotonnades) visent néanmoins avant tout un usage domestique quotidien.

SOIE ET COTONNADES

Dès le 13e s., les Khmers élèvent des vers à soie, réputés donner un fil jaune incomparable, aux beaux reflets dorés *(voir aussi « Le long chemin du ver à soie », p. 146)*. Ils se mettent à produire de splendides étoffes qui ne tardent pas à supplanter la soie indienne, dont ils semblent avoir été friands jusque-là.

Sous le régime des Khmers rouges, la sériciculture connaît un arrêt qui lui a été fatal. Aujourd'hui, les écheveaux utilisés dans l'industrie textile sont presque tous importés du Vietnam.

Le tissage à l'ancienne a néanmoins pu reprendre ces dernières années. Dans l'île de **Koh Dach**, aux portes de Phnom Penh, presque tous les villageois travaillent la soie sur des métiers traditionnels. Les **plus belles soieries** proviennent des provinces de Takeo et de Prey Veng. Les *sampot hol* produits autour de Kampong Cham sont également très recherchés.

Les étoffes de soie

Il existe plusieurs types d'étoffes, différenciées par les techniques de tissage et de teinture employées. Les plus précieuses (*pedan* et *sampot hol*) appartiennent à la famille des **ikat**, un procédé de décor par réserve *(voir encadré p. 364)*. Le **pedan** s'utilise comme tenture murale durant les cérémonies religieuses et ses motifs déclinent une symbolique bouddhique.

Le **sampot**, le vêtement traditionnel khmer qui se porte noué ou drapé autour des hanches, connaît plusieurs niveaux de sophistication. Dans le **sampot hol**, la gamme des coloris utilisés (jaune, rouge, noir, vert et bleu) crée un effet chatoyant, plaisant à l'œil. Plus raffiné, le **sampot hols** était réputé comporter quelque 200 motifs, enregistrés dans la mémoire des tisserandes ; c'est dire la dextérité requise ! Dans d'autres types de tissages, la trame et la chaîne utilisent des fils de couleurs différentes, d'où des reflets moirés. L'étoffe la plus luxueuse produite par l'industrie textile khmère, le **chorabap**, sert à confectionner les costumes portés par les danseuses *apsara* et les mariés. Sa réalisation recourt à un système de lisses très complexe qui surajoute des motifs sur le sergé, lamé d'or ou d'argent. Le **rabak** est travaillé de la même façon, mais sans adjonction de fils précieux dans l'armure. Le **bantok** résulte d'une technique de tissage à trames multiples. Les motifs, minuscules, se répètent inlassablement sur toute la pièce.

Des étoffes plus ordinaires, en soie, en coton ou dans un mélange des deux, servent à confectionner les *sarong* et les *krama*, aux motifs à carreaux.

Krama et sarong

Tout Cambodgien possède au moins un *krama*. Hommes et femmes l'utilisent indifféremment comme couvre-chef, serviette, *sarong*, baluchon… Les plus longs mesurent près de cinq mètres. Il s'agit d'une **cotonnade à petits carreaux**, que les villageois tissaient jadis à domicile pour un usage quotidien. Les plus courants sont de couleur rouge/bleu et blanc. D'autres combinaisons (orange et vert, rose et noir, etc.) font régulièrement leur apparition sur les marchés. Pour afficher leur statut social, les plus fortunés préfèrent porter des *krama* en soie, mais ces derniers sont plutôt réservés aux grandes festivités.

Le **sarong** (paréo) est souvent porté de la même façon qu'un *sampot*. Comme le *krama*, il s'agit d'une pièce de tissu à carreaux, dont le motif présente des lignes blanches distinctives ou des rayures écossaises. Dans la province de Kampong Cham, les tisserands cham produisent un *sarong* en soie et coton, traditionnellement porté par les Cambodgiens musulmans.

Le **coton** khmer jouissait jadis d'une notoriété équivalente à celle de la soie, mais sa culture a commencé à décliner à l'époque du Protectorat français, quand l'hévéaculture a supplanté les champs de coton.

KIKUO MORIMOTO, L'HOMME À SOIE

En 1996, un Japonais passionné de textiles, Kikuo Morimoto, s'est lancé dans une palpitante aventure pour redonner au **tissage traditionnel** ses lettres de noblesse. Après avoir créé son ONG, baptisée IKTT *(Institute for Khmer Traditional Textiles)*, il s'est mis en quête des dernières tisserandes capables de transmettre leur art à de jeunes ouvrières. Il s'agissait alors de faire revivre un artisanat millénaire, devenu moribond après les années de guerre, puis concurrencé par la production synthétique. Son action s'intéresse également aux **procédés de fabrication** : il s'agit d'élaborer des étoffes entièrement naturelles. Ses ateliers sont installés sous les arbres, dans les environs de Siem Reap. Dans cet environnement bucolique sont cultivées toutes sortes de plantes tinctoriales, en plus des mûriers blancs, disparus du sol cambodgien pendant la période khmère rouge et que Kikuo Morimoto s'est donné pour mission de réintroduire.

Tailleur de pierre dans le village de Santuk, près de Kampong Thom.
P. Tisserand/Michelin

VANNERIE

La **vannerie** fait partie des métiers ancestraux. Bambou, jonc ou liane servent à fabriquer divers objets utilitaires : nasses, paniers pour le riz gluant, cages, récipients… Dans la maison khmère, la **natte de jonc** *(kantel)* sert aussi bien de table que de couchage. Elle habille le sol des pagodes, apportant un peu de confort aux fidèles prosternés devant l'autel. Les provinces de Kampong Cham et de Kandal ont fait du tressage des *kantel* l'une de leurs spécialités ; aux alentours de Siem Reap, une poignée de villages perpétue ce savoir-faire.
Une fois le jonc fendu, il faut le sécher puis le teindre.
La créativité s'exprime dans le choix des couleurs, dont la palette peut être aussi riche que celle d'un tapis. La réalisation d'une natte exige la présence de deux artisans : l'un s'occupe de sélectionner les tiges en fonction des motifs à réaliser, l'autre de les assembler sur un métier à tisser. Il ne reste plus qu'à faire les finitions : ourler les franges et lisser le dessus de la natte à l'aide d'une noix de coco.

SCULPTURES SUR PIERRE ET SUR BOIS

L'art de travailler le grès et le bois reste bien vivant, même s'il ne peut rivaliser avec les chefs-d'œuvre légués par l'époque angkorienne. Disséminés dans les grandes villes (Phnom Penh, Siem Reap, Battambang) et dans le district de Santuk, aux abords de Kampong Thom, les ateliers travaillent aussi la pierre blanche, que les coups de burin transforment en danseuse *apsara*, bouddha géant, tête de *naga* ou autres animaux fabuleux. La production vise avant tout à satisfaire les commandes privées de riches clients, désirant faire don de statues aux pagodes. Des associations locales (Artisans d'Angkor, basé à Siem Reap, est la plus célèbre) se sont donné pour mission de protéger le savoir-faire ancestral et de perpétuer l'esprit artistique d'Angkor.

Dans le Ratanakiri, les **Jaraïs** savent, avec un simple couteau, donner une gestuelle subtile à la **statuaire en bois** qui veille sur leurs tombeaux. Taillées d'une pièce dans un petit tronc d'arbre, ces statues figurent des individus, le plus souvent nus, présentant un visage sensible et intériorisé malgré la grossièreté des traits.

Sports et jeux nationaux

Dans la rue ou les cafés, les Cambodgiens s'adonnent à leur passion du jeu (cartes, échecs) et aux activités sportives en vogue (volant, volley-ball).
À l'aube ou en début de soirée, comme dans les autres pays asiatiques, des groupes se forment sur les berges du Mékong et des rivières pour pratiquer le tai-chi, l'aérobic ou la danse rythmique.
Les activités traditionnelles, boxe khmère et lâcher de cerfs-volants, tentent un timide retour après une longue période de sommeil.

LA BOXE KHMÈRE

La boxe khmère *(pradal serey)* ressemble à s'y méprendre à la boxe thaïe. Les deux disciplines ont une origine commune, le *kun daï* (combat à mains nues mis en pratique par l'armée khmère au 11e s.), une codification identique et des techniques similaires.
La boxe khmère, cependant, privilégie davantage les coups de coude et les engagements au corps à corps. C'est une pratique violente et impitoyable, mais pas au même degré que par le passé : à une époque pas si lointaine, les combattants portaient des bandages constellés d'éclats de verre afin de pouvoir porter des coups mortels…

LE BOKATOR

Cet art martial est considéré comme la plus ancienne technique de combat en usage au Cambodge. Combinant l'utilisation des armes blanches et un éventail de 11 000 prises et coups, elle travaille les différentes manières de déséquilibrer l'adversaire.

Joueurs de *petang* sur les bords du Mékong.
P. Tisserand/Michelin

LES JEUX DE HASARD

Bien que la loi interdise les jeux d'argent et les paris, les Cambodgiens n'ont jamais renoncé au plaisir de « taper le carton ». L'occasion fait le larron : un pique-nique familial peut rapidement dégénérer en une interminable partie de cartes, au cours de laquelle chaque joueur mise de la menue monnaie… Une passion nationale, tout aussi clandestine, consiste à parier sur la pluie. Les plus téméraires n'hésitent pas à y engager des sommes importantes. Cette activité fructueuse, et bien entendu illégale, a même créé des emplois rétribués, pour le moins fantaisistes ; car pour espérer remporter la mise, les parieurs doivent se tenir au fait des prévisions météorologiques, une tâche hasardeuse qui a besoin du coup de pouce d'un réseau fiable ; c'est ainsi que, dans un rayon défini, des observateurs dûment missionnés passent leur temps à scruter attentivement la nébulosité. La pluie est comme un arc-en-ciel, dit un proverbe cambodgien : il faut la pluie et le soleil pour voir la couleur… de l'argent !

La maîtrise de cet art faisait jadis des soldats de l'armée khmère de redoutables combattants. Sur certains reliefs d'Angkor Wat, on les voit pratiquer les gestes du *bokator* contre l'ennemi.

LES CERFS-VOLANTS

Très apprécié des petits et des grands, le **cerf-volant traditionnel** *(kleng ek)* possède une armature de bambou et une voilure de papier que l'on orne de dessins figurant le bestiaire mythologique ou les temples d'Angkor. À son extrémité est fixé l'arc sonore, une tige de bambou sur laquelle est attachée une feuille de palmier pivotante ; au contact de l'air, ce système émet des sons semblables à des pleurs. Dans les campagnes, la saison des envols débute en novembre, une fois que le riz a été engrangé.

Jusqu'à l'aube du 20e s., le cerf-volant était l'acteur d'une cérémonie religieuse qui se déroulait à la pleine lune du mois de *maksir* (nov.-déc.) et marquait la toute fin de la mousson. La nuit durant, les moines faisaient voler des cerfs-volants incarnant Garuda pour chasser définitivement la pluie et demander au vent de protéger les récoltes.

LA PÉTANQUE

Rien de surprenant dans le fait de dénicher un set de boules de pétanque sur les marchés ou d'apercevoir quelques joueurs absorbés dans le lancer sur un petit boulodrome : léguée par l'époque coloniale, la pratique de la *petang* reçoit les faveurs de la population dans l'ensemble du pays, ainsi qu'au Laos.

Gastronomie

Elle s'est approprié des traditions culinaires venues d'horizons divers : l'Inde lui a apporté l'art des curries et les plats sucrés-salés, la Chine le soja, les nouilles et la cuisson à la vapeur, la France la baguette… Sous des dehors parfois rustiques, cette cuisine métissée offre un bouquet d'arômes complexe. Arrêtez-vous devant ces marmites qui mijotent sur le bord du trottoir, soulevez le couvercle et vous découvrirez un monde de saveurs inédites, qui parlent de l'art et de la manière d'accommoder tout ce que peut offrir la nature.

Le jeu des alliances

Dans sa variété et ses multiples déclinaisons, la cuisine cambodgienne ramène toujours à un principe simple : **trois aliments de base** – le riz, les végétaux et le poisson – s'y combinent avec cinq saveurs essentielles.

La cuisine campagnarde joue sur les registres de goûts qui lui sont familiers. En revanche, les grands chefs qui officient dans les restaurants de Phnom Penh et de Siem Reap, en veine d'inventivité, explorent des associations raffinées et surprenantes, comme celle qui marie la fleur d'aréquier et le poisson.

Cinq saveurs

Quel que soit le plat, le cuisinier khmer saura toujours lui apporter une tonalité particulière. Il insistera sur le **doux** (carotte, bœuf, pomme de terre), l'**amer** (céleri, cardamome, curcuma), l'**acide** (citron, tomate, vinaigre), le **salé** (porc, crabe et crevettes, algues) ou le **piquant** (gingembre, ail, ciboule, piment, oignons). Les Cambodgiens adorent en particulier la légère note d'acidité qu'apportent la citronnelle, les feuilles de combava (agrume à la peau verte et grumeleuse) et le tamarin.

Inépuisables ressources de la terre

Dans ce pays où 80 % des gens vivent à la campagne, tout ce qui se trouve à portée de main est susceptible de se retrouver dans l'assiette : feuilles, racines, tiges molles, bourgeons, etc., parmi lesquels les liserons d'eau et les racines de lotus sont très appréciés. Ajoutées à une soupe, les **fleurs de bananier** lui confèrent instantanément un goût subtil ; les champignons des bois, des

Fruits du dragon, ramboutans, oranges et longanes à l'étal d'un marché.
P. Tisserand/Michelin

herbes saisonnières inconnues en Occident, peuvent agrémenter la préparation d'une viande.
Tomate, aubergine, poivron, chou, concombre, papaye verte, germes de soja… les recettes locales emploient toutes sortes de légumes, bouillis ou sautés, servis seuls ou cuisinés avec du poisson ou de la viande. Méconnu en Occident, le « **cœur du cocotier** » (la partie supérieure d'un arbre qui n'a pas encore porté de fruit) se met dans les soupes, les curries et les ragoûts.
C'est dans l'utilisation de ces denrées du terroir que les cuisines provinciales se différencient les unes des autres.

Principaux plats

Au quotidien, viandes, poissons et volailles ne sont pas considérés comme des plats de résistance, mais plutôt comme un accompagnement du riz : ils en atténuent la fadeur en l'agrémentant d'une multitude de saveurs et enrichissent les apports nutritionnels du repas.

Au cœur du repas : le riz

En khmer, « manger » se dit *niam baï*, « prendre le riz ». Le riz blanc *(baï)*, constitue l'aliment majeur, la base de chaque repas. Il en existe une multitude d'espèces, dont le « Jasmin », considéré comme l'un des meilleurs au monde.

Un **repas typique** comprend toujours les mêmes éléments : une assiette de riz blanc accompagnée d'un plat « liquide » (soupe ou curry) et d'un plat solide. Tout est disposé en même temps sur la table ou sur une natte au sol et chacun y pioche selon ses envies.

Nouilles (mi)

Le riz est parfois remplacé par des nouilles **sautées ou frites**, à la mode chinoise. Accommodées avec des légumes et des morceaux de viande ou des crustacés, elles tiennent lieu de repas, comme le riz sauté *(baï cha)*. Champignons, dés d'omelette et petits épis de maïs constituent la garniture des *mi katang* (nouilles de riz sautées dans de la sauce d'huître). Les légumes verts prévalent dans les *mi mpoang*, des nouilles croustillantes servies en sauce.

Soupes (samlor)

Le **tom yum**, soupe pimentée au lait de coco et à la coriandre, est la plus connue et l'une des plus appréciées des Occidentaux. Dans les soupes les plus **consistantes** mijotent des morceaux de viande ou de poisson, des légumes et des fines herbes ; accompagnées d'une assiette de riz blanc, elles tiennent aisément lieu de repas. Parfumées d'herbes et de racines – citronnelle, feuilles de combava, galanga (gingembre chinois) –, les **soupes**

claires *(sngao)* dégagent un bouquet aromatique propre à chaque région.
En guise de petit-déjeuner, les Cambodgiens prennent une **soupe aux vermicelles chinois** *(kuy teav)*, garnie de viande, de germes de soja et de coriandre ciselée, ou une sorte de **porridge de riz** *(borbor)*, accommodé de poisson, de porc ou de poulet.
La **soupe de vermicelles khmers** *(nom banh chok)*, au poisson et parfumée de feuilles de menthe et de citronnelle, jouit également de la faveur locale.

Salades (phlea, noam)

Elles sont de deux types. Les **phlea** mêlent crudités et plantes aromatiques à des morceaux de viande, de poisson ou de crustacés crus, marinés dans des préparations variées, souvent à base de jus de citron. Les **noam**, à l'inverse, utilisent viandes et poissons cuits.
La salade de **mangues vertes** *(noam svay bekie krime)* se compose de chair de poisson fumé, de crevettes séchées, de feuilles de salade et d'échalotes. Il en existe aussi une version à base de **papaye verte** *(bok lehong)*, plus commune.

Poissons (trey)

C'est l'autre élément fondamental de l'alimentation au Cambodge. Dans un pays bordé par la mer au sud, par le Mékong à l'est, et occupé en son centre par l'immense lac Tonlé Sap, poissons et crustacés occupent une place de choix dans les habitudes culinaires. Les poissons d'eau douce sont toutefois préférés aux poissons de mer. Le Tonlé Sap et le Mékong fournissent l'essentiel de la pêche saisonnière : on reconnaîtra sur les marchés le poisson-chat, fort répandu, et l'on tentera d'identifier le poisson « oreille d'éléphant » ou le poisson « tête-de-serpent », parmi un grand nombre d'espèces dont beaucoup sont inconnues en Europe.
On consomme le poisson en soupe, grillé en croûte de sel *(trey ang)*, cuit en sauce… Il sert surtout à concocter un plat emblématique, l'**amok** : mise à mariner dans diverses épices et du lait de coco, la chair est cuite en papillote dans une feuille de bananier. Les **crevettes** *(bon kir)*, accommodées de mille manières, sont très prisées.
Dans les villes côtières, des vendeurs ambulants proposent à tous les coins de rue des brochettes de **calamars grillés** *(ang dtray meuk)*, préalablement marinés dans le jus de citron et la sauce de poisson. La ville de Kep a fait du **crabe au poivre vert** *(kdam chaa)* sa délicieuse spécialité.

Viandes (saet)

Elles se dégustent avec des crudités, des feuilles aromatiques et des sauces d'accompagnement. Les plus utilisées sont le bœuf *(saet ko)*, le porc *(saet chrouk)* et surtout le poulet *(saet moan)*. On les sert grillées *(ang)*, sautées *(char)* à la poêle ou au wok, rôties *(dot)*, cuites à l'étouffée *(chieng)*, en salade *(noam)*, etc. Avant cuisson, les **grillades** sont souvent enduites de miel pour leur donner une saveur légèrement caramélisée.
Le **porc grillé** *(baï sach chrouk)* est servi partout ; son goût n'est jamais le même, il dépend des ingrédients utilisés pour sa marinade, lait de coco, ail, etc.
Plus relevé, le *char knyey* est une spécialité de viande sautée avec du gingembre coupé en julienne et diverses épices. Tendre et moelleux, le **caw**, spécialité de porc accompagné d'œufs durs, est cuit dans un bouillon caramélisé, additionné de sauce de poisson.
Au rang des classiques, le **lok lak** est fait de lamelles de bœuf marinées dans de la sauce soja ou de la sauce d'huître, des épices et des oignons, puis servies sur un

PAPILLES INTRÉPIDES

Pendant l'époque khmère rouge, la consommation d'insectes ou de petits rongeurs avait permis à la population affamée de survivre. Au-delà de ces heures sombres, certains font partie du patrimoine culinaire. Un voyage au Cambodge sera l'occasion, pour les aventuriers de la gastronomie, de goûter au rat des bambous grillé, aux sauterelles ou aux araignées frites, grande spécialité de la ville de Skuon (province de Kampong Cham). À l'heure de l'apéritif, il est courant de déguster des œufs couvés, que l'on assaisonne d'un mélange de basilic, sel, poivre et citron.

lit de tranches de tomates et de feuilles de salade verte, le tout accompagné de quelques frites et d'un œuf au plat. Très répandu aussi, le *saet moan amok* est un **amok** de poulet.

Les Cambodgiens raffolent aussi de la chair du serpent et de celle du chien, deux « gourmandises » rarement annoncées au menu des restaurants. Plus « acceptable » dans l'esprit du public, la grenouille est elle aussi volontiers cuisinée.

Épices (kreun tes) et condiments

Les recettes font un ample usage des plantes aromatiques et des condiments. L'arachide, la noix de cajou et la noix de coco assaisonnent les soupes, les salades, les plats en sauce, mais également les desserts et les boissons.

Aux classiques (ail, oignon, coriandre, persil, menthe, basilic, clous de girofle) s'ajoutent des saveurs plus typiquement asiatiques : citronnelle, gingembre, anis étoilé, tamarin. Le célèbre **poivre de Kampot**, rouge, noir ou blanc *(voir encadré p. 292)* s'utilise aussi dans sa version fraîche, le poivre vert en grappes, très parfumé et d'un goût plus doux.

Des **sauces** d'accompagnement, servies dans de petites coupelles, contribuent à l'équilibre des saveurs. Condiment fétiche et omniprésent au Cambodge, le **prahoc** est une pâte de poisson fermenté employée pour relever les plats, notamment les soupes. On utilise aussi beaucoup le **kroeung**, une pâte végétale à base de galanga, ail, échalote, combava et rhizome de curcuma, et dont il existe autant de variantes que de cuisiniers.

Douceurs (nom)

Au Cambodge, il n'y a pas d'heure pour croquer une douceur. Le **grignotage** fait partie des habitudes alimentaires. Beaucoup de gâteaux *(nom)* utilisent du **riz gluant** *(on som)*, cuit à la vapeur ou à l'étouffée. On le mélange à du sucre de canne et à du lait de coco pour confectionner les **trip baï**, très appréciés dans les campagnes. Le **ta pè**, à base de riz gluant fermenté, est servi avec du lait de coco tiède ou du flan de coco. Le **krolan** est un mélange de riz gluant et de haricots noirs ou rouges, parfumé au lait de coco et cuit à l'étouffée dans une tige de bambou ; des vendeuses vous en proposeront souvent au bord des routes.

Parmi les gâteaux les plus appréciés, on trouve l'**ansam chrouk**, un rouleau de riz gluant fourré de viande de porc et de soja, ou l'**ansam chék**, fourré à la banane. Le **nom kom**, de forme pyramidale, se consomme surtout lors des mariages et des fêtes religieuses ; il est fait d'une mixture à base de farine de riz gluant, de viande hachée, de noix de coco, d'arachide ou de sésame, et de sucre, le tout enveloppé dans une feuille de bananier.

Fruits (plae)
Au Cambodge comme au Laos, les marchés regorgent de **fruits** produits localement ou importés des pays voisins. Chaque saison a les siens. La chair du **mangoustan** *(avr.-juin)*, recouverte d'une épaisse peau violette, a une saveur sucrée et juteuse. Les **jujubes**, de petits fruits verts pourvus d'un noyau, ont une texture croquante et un goût légèrement acidulé. La **sapotille** *(avr.-nov.)* évoque une pomme de terre ; sa chair jaune orangé a le goût d'une poire légèrement caramélisée. Le **corossol** *(mars-avr.)* a une peau verte, parsemée de petites piques, et une chair blanche striée de graines noires, à la saveur acidulée. La **pomme de lait** *(déc.-mars)* est un beau fruit rond, avec une peau vert pâle ou violette selon les espèces ; sa chair molle et goûteuse laisse échapper un jus blanchâtre, d'où son nom. La coque rouge du **ramboutan** est hérissée de gros poils verts ; sa chair, croquante et sucrée, rappelle celle du litchi. La **carambole**, fruit jaune en étoile, a un goût acidulé et une texture croquante. Les **longanes** *(juin-oct.)* se présentent en grappes de petits fruits, similaires aux litchis ; ils possèdent un gros noyau lisse, et une délicieuse chair translucide et juteuse. Énorme fruit dont la peau est hérissée de pointes, le **durian** *(tte l'année)* peut peser jusqu'à 5 kg. Il est apprécié pour sa texture ferme et son goût singulier, en dépit de son odeur puissante et tenace. Plus gros encore, le fruit du **jacquier** peut atteindre 35 kg et dégage lui aussi une forte odeur ; sa chair orangée, croquante et subtile, est un régal. Le **fruit du dragon**, à la peau rose vif, présente une chair blanche piquetée d'une myriade de pépins noirs et dont le goût rappelle le kiwi.

Boissons
On accompagne traditionnellement les repas de **thé** vert ou de thé au jasmin. Toute la journée, les Cambodgiens sirotent du **café**, servi dans un verre rempli de glace pilée et additionné de sucre et parfois de lait concentré. Le **teukolok**, une spécialité rafraîchissante et consistante, est un mélange de fruits mixés avec de la glace pilée, des œufs, du lait et du sucre.
La **bière**, que l'on boit elle aussi avec des glaçons, se trouve partout au Cambodge. Les bières de production nationale (Angkor Beer, Cambodia) sont des blondes légères et agréables ou, plus rarement, des brunes (ABC, Angkor Stout).
Le **vin de palme** et l'**alcool de riz** sont plutôt consommés dans les provinces du Nord-Est ou lors des cérémonies de mariage. La production de **vin**, limitée à la région de Battambang, reste mineure, et les Cambodgiens n'en boivent pratiquement pas.

Offrandes du matin à la pagode.
R. Tisserand/Michelin

Religion

Institué comme religion d'État par le roi Sihanouk en 1947, le bouddhisme theravada modèle profondément l'âme khmère : près de 95 % des Cambodgiens y font allégeance. À y regarder de plus près, les trois religions qui ont marqué l'histoire du pays se conjuguent pour aider la population à vivre en harmonie avec le cosmos et les forces de la nature : l'animisme lui donne des recettes pour apprivoiser la terre et aborder le cycle des saisons, le bouddhisme l'aide à espérer un monde meilleur, le brahmanisme, même s'il n'est plus pratiqué comme tel, encadre les rituels de la vie quotidienne, naissance, mariage et décès.

Le bouddhisme khmer

Pour une présentation générale du bouddhisme, voir « Religion », dans « Comprendre le Laos », p. 370.

Le bouddhisme a commencé à se répandre timidement au Cambodge dès le 3e s. av. J.-C., par le biais de marchands indiens. Mais la royauté angkorienne s'en est détournée pour embrasser le brahmanisme jusqu'au 12e s., avant de se tourner un temps vers le bouddhisme du Grand Véhicule (mahayana, *voir encadré p. 372*). Depuis le 14e s., c'est le Petit Véhicule (theravada) qui domine, comme au Laos.

DEUX ORDRES MONASTIQUES

Comme le veut la Constitution, le roi est le protecteur de la religion. C'est lui qui nomme les supérieurs des deux ordres du bouddhisme cambodgien : le **Dhammayutta** et le **Mahanikaya**.

Les moines des deux obédiences se distinguent par de petits détails : ceux du Dhammayutta tiennent le bol à aumônes à la main, ceux du Mahanikaya le portent suspendu à l'épaule, par exemple. Les

premiers portent une toge ocre, les seconds une toge orange. Les uns lisent les textes saints en pali, les autres s'en tiennent à une transcription phonétique.

LA VIE DU MONASTÈRE

L'enseignement auquel se réfèrent les deux ordres est en revanche exactement le même. Les bonzes sont tous soumis au **vinaya** (règle monastique), fondé sur 227 préceptes et impliquant le célibat. Ils ne prononcent pas de vœux perpétuels et peuvent quitter l'habit – ou le reprendre – à tout moment.
Les laïcs accomplissent plusieurs **retraites** au monastère au cours de leur existence et peuvent même décider d'y terminer leurs jours. Quand ils ont revêtu la toge safran, ils consacrent leur temps à l'étude et la à méditation. S'ils montrent une disposition en la matière, ils peuvent enseigner et prêcher. Ils participent aux cérémonies de la pagode et peuvent occasionnellement prêter main-forte à des travaux d'intérêt collectif à l'intérieur du monastère. Le *wat* survit grâce aux dons, qui constituent pour les laïcs le meilleur moyen d'accumuler des **mérites**, les bonnes actions qui seront comptées et favoriseront une réincarnation meilleure. C'est aussi une manière pour les donateurs d'accroître leur prestige ; leur nom est soigneusement calligraphié sur

L'ACHAR, UNE INSTITUTION CAMBODGIENNE

Au Cambodge, chaque pagode a son *achar*, une sorte de diacre laïc qui anime la vie religieuse du village afin que les bonzes puissent se consacrer pleinement à la méditation. L'*achar* entonne les prières, décide des offrandes et guide les rituels. Il dirige les cérémonies de mariage et supervise les fêtes religieuses, telles *bon pachay buon* (les « quatre offrandes » aux bonzes). Certains *achars*, reconnus comme des guérisseurs *(kru khmae)* ou des astrologues *(kru tiey)*, jouissent d'une aura particulière. On les consulte pour lire les horoscopes, résoudre certains problèmes personnels ou obtenir un conseil avisé avant d'entreprendre un investissement important. L'*achar* sert d'intermédiaire entre la communauté villageoise et le Comité de la pagode, pour la collecte des biens et l'organisation des fêtes.
Toute personne adepte du bouddhisme peut devenir *achar*, à condition d'être âgée d'au moins 40 ans, de montrer un caractère exemplaire et de posséder une connaissance approfondie du canon pali : pour transmettre les préceptes du Bouddha, il faut être un modèle pour les autres.

Scènes de la vie de Bouddha sur les fresques d'une pagode, près de Kratie.
P. Tisserand/Michelin

les murs de la pagode, ainsi que le montant offert.

LA PAGODE, PILIER SOCIAL

En plus de sa fonction religieuse, la pagode (*wat* au Cambodge, *vat* au Laos) est un lieu de **rencontre** et de sociabilité. On y vient pour consulter un bonze, solliciter un arbitrage dans un conflit villageois, préparer et fêter des cérémonies privées réunissant la famille au complet…

Les dons peuvent servir à financer ses **œuvres charitables**, gérées par les bonzes les plus âgés. Si ses ressources lui permettent d'intervenir dans le domaine social, la pagode aménagera dans ses murs une structure d'accueil pour les indigents, les personnes âgées désirant terminer leur vie dans la prière, les villageois sinistrés, le paysan de passage…

Bien qu'elle ait perdu son rôle de premier plan dans l'éducation *(voir p. 49)*, l'accueil d'orphelins ou d'enfants issus de familles nécessiteuses perdure. Ces derniers sont confiés aux bons soins des moines, dont ils deviennent les serviteurs autant que les élèves.

LE TRANSFERT DES MÉRITES

C'est une autre particularité du bouddhisme cambodgien. Il permet de faire bénéficier les défunts des bonnes actions commises par un proche, leur autorisant ainsi une renaissance sous de meilleurs auspices. Ce transfert se fait à l'occasion d'un **bangskol**, cérémonie au cours de laquelle on offre des robes neuves aux bonzes. Ces derniers ont ensuite pour mission de transférer par leurs prières les mérites acquis grâce à l'offrande.

Les religieux agissent ainsi comme des **passeurs** entre le monde des vivants et celui des morts. Cette particularité, étrangère au canon pali, découle directement du **culte des ancêtres**, encore vivace au Cambodge. Chaque famille honore les siens devant l'autel à offrandes présent dans la maison. Ce culte, fondé sur la piété filiale, permet de rester en communication avec les disparus, qui sont informés de tout ce qui se passe dans la maisonnée : naissances, mariages, etc.

Survivance des traditions animistes

Le culte des forces de la nature se pratiquait sur le sol cambodgien bien avant que le bouddhisme et l'hindouisme ne s'y installent. Certains aspects de ces croyances ancestrales coexistent avec le bouddhisme ; en témoignent les petites maisons d'esprits placées devant chaque demeure – et jusque dans la cour des pagodes –, destinées à recevoir les offrandes consacrées à ces derniers.

UN BOUDDHISME BIGARRÉ

Divinités, esprits et génies vivent en bonne harmonie, voire en symbiose avec le bouddhisme. Sensibles aux anciennes superstitions, les Khmers pensent que leur prospérité terrestre dépend du bon vouloir des **puissances cosmiques**, qu'il faut ménager et dont il faut se concilier la bienveillance par des offrandes. Cette religiosité cosmique perçoit Bouddha comme la manifestation suprême du sacré. Ses paroles sont vénérées, ses statues et reliques dotées de pouvoirs surnaturels ; on leur présente des offrandes – fruits, fleurs, bâtonnets d'encens, argent… –, tout comme aux génies protecteurs.

NEAK TA, LES GÉNIES FONCIERS

Les villages et les rizières sont placés sous la protection de génies, les **neak ta**, qui veillent à leur prospérité. *Neak ta* peut se traduire par « **ancêtre** », celui à qui il revient d'avoir défriché la forêt *(prey)* pour en faire une zone habitable et cultivable *(srok)*. Ce *neak ta*, personnifié sous la forme d'un homme, d'une femme, voire d'un couple, est érigé en **génie tutélaire** maintenant la cohésion sociale dans le village. Ses descendants, c'est-à-dire les paysans qui ont reçu de lui la terre, bénéficient de sa protection dans la mesure où ils lui expriment leur reconnaissance.
Les *neak ta* garantissent la récolte en agissant sur les pluies. Ils sont invoqués au début de la mousson et en périodes de sécheresse ou d'épidémie. Plusieurs *neak ta* peuvent cohabiter au sein d'une même zone rurale, mais l'un d'eux est toujours réputé plus habile et doté de pouvoirs supérieurs.
La **forêt** possède également ses *neak ta*, qui veillent sur le promeneur en éloignant les bêtes sauvages. On leur consacre des autels. Dans les bois, il peut s'agir d'une simple maisonnette en bambou, recouverte de tôle ; en ville, d'un petit sanctuaire érigé sur un carrefour. En zone habitée, on considère Bouddha et *neak ta* comme les deux protecteurs solidaires du *srok*. Leurs cultes cohabitent au sein de la pagode, où se dresse, généralement dans le coin nord-est de la cour, un sanctuaire dédié au *neak ta*, représenté par des galets.

CROYANCES DES HAUTS PLATEAUX

Dans le nord-est du Cambodge, les populations Khmers Leu, soit environ 100 000 personnes, pratiquent l'animisme. Pour elles, des **esprits** habitent les éléments naturels, forêt, crête rocheuse, chute d'eau, etc. Chaque minorité a son propre panthéon d'esprits bienveillants et malveillants. Le sorcier du village se charge de communiquer avec eux, puis de prescrire les moyens de se concilier leur clémence. Quand des difficultés surgissent, des **sacrifices** d'animaux sont offerts aux esprits pour apaiser leur colère. Avant d'ensemencer un champ, de construire une maison ou d'aller chasser dans un coin perdu de forêt, il faut solliciter l'assentiment des esprits résidents par la prière ou l'offrande. Pas question d'abattre impunément un arbre : l'esprit qui l'habite pourrait se venger ! Il y a dans ces croyances dites « primitives » de réelles préoccupations écologiques, que la déforestation massive compromet.
La **maladie** est considérée comme le fait d'esprits maléfiques. La plupart des sorciers sont aussi des guérisseurs ; ils dirigent des cérémonies religieuses censées

délivrer les patients de leurs maux. Là encore, il s'agit de communiquer avec les esprits afin de comprendre les raisons de leur courroux.

Au sorcier revient aussi la tâche primordiale d'implorer la clémence du ciel. En exhortant les forces de la nature à empêcher les calamités naturelles et à favoriser les récoltes, il joue son rôle de protecteur de la communauté villageoise. Toute festivité, qu'il s'agisse du Nouvel An ou des événements importants de la vie, donne lieu à une cérémonie, honorant les bons esprits et exorcisant les mauvais.

Les autres religions

La Constitution garantit le droit à la liberté religieuse. La majorité bouddhiste coexiste pacifiquement avec une minorité chrétienne et une petite communauté musulmane, constituée principalement par les Chams. Quant aux Vietnamiens du Cambodge, ils pratiquent une religion qui mêle culte des ancêtres, taoïsme et bouddhisme mahayana *(voir « Le tam giao », p. 377)*.

CHRISTIANISME

Il a été introduit au Cambodge par les missionnaires durant le Protectorat français. Les catholiques (env. 1 % de la population) forment une communauté discrète, qui vit regroupée autour de son église et de son prêtre. La minorité chrétienne a subi un pogrom pendant le régime khmer rouge.

ISLAM

Les **Chams** *(voir p. 51)* professent l'islam sunnite, tout comme les **Chveas**, descendants des migrants malais, à qui ils se sont mêlés.

Cette communauté musulmane (4 % de la population) se regroupe essentiellement dans les provinces du centre (Kampong Cham, Kandal et Kampong Chhnang) et du littoral (Kampot et Kampong Som).

Le mouvement prosélyte **Jamaat Tabligh** s'est répandu au sein de la communauté dès 1991. À sa tête œuvre une grande figure de l'islam local, Hadji Suleiman, qui a doté son village natal, Phum Trea (province de Kampong Cham), de l'une des plus grandes *madrasa*s (école coranique) du pays. Le *Tabligh*, qu'on appelle aussi *Da'wa*, s'oppose à un autre courant, surnommé **Koweït** en raison de ses liens avec l'islam caritatif du Golfe ; la communauté musulmane du Cambodge se retrouve aujourd'hui divisée entre les deux tendances.

Art et architecture

Angkor Wat représente ce que les Khmers ont édifié de plus beau, l'aboutissement d'une lecture très personnelle de la mythologie hindoue. Les temples de pierre de l'Inde leur ont fourni un modèle prestigieux, dont ils se sont largement inspirés. Mais l'art du Cambodge ancien s'en émancipe vite pour se lancer dans la construction de temples-montagnes, qui transposent à l'échelle terrestre sa propre vision de l'univers. Ce monumentalisme grandiose accompagne la création et l'apogée de l'empire khmer, jusqu'au triomphe du bouddhisme theravada. Dans le sillage de la nouvelle foi s'élaborent alors des structures fragiles, aussi éphémères que l'existence.

La page préangkorienne

7e-8e s.

Cette période artistique charnière préfigure l'âge d'or angkorien. Les ruines les plus significatives se trouvent sur le **Phnom Da**, près d'Angkor Borei, et surtout à **Sambor Prei Kuk**, l'ancienne Isanapura, capitale du Tchen-la. Le premier art khmer s'est sans doute inspiré des modèles de l'Inde du Nord (arts gupta et post-gupta des 4e-8e s.) et de l'Inde du Sud (art pallava des 7e-9e s.). Voûtés par encorbellement (les pierres sont en surplomb les unes des autres), les **temples** adoptent un plan carré, voire octogonal, comme à Sambor Prei Kuk. Leur couverture forme des étages décroissants qui reproduisent en miniature le schéma du corps de l'édifice. L'appareil de brique incorpore dès cette époque des linteaux et des colonnettes taillés dans le grès. Dans l'art préangkorien, ce sont les **modules sculptés**, notamment les linteaux surplombant les portes et les fausses portes, qui définissent les styles.

LA RÉSIDENCE DES DIEUX

En adoptant les religions de l'**Inde**, les Khmers ont repris son art sacré, manifestation la plus visible des cultes pratiqués. Considéré comme la résidence du dieu dont il abrite la représentation, sous la forme

LE MONDE SELON L'HINDOUISME

Les civilisations anciennes considéraient les hauts sommets comme l'axe privilégié de la communication entre le ciel et la terre. Dans l'Inde brahmanique, ce lieu légendaire est incarné par le **mont Meru**, au-dessus duquel brille l'étoile Polaire. Considérée comme le centre de l'univers, la montagne sacrée est aussi nommée **Kailâsa**, la demeure de Shiva, ou **Mandara**, le pivot utilisé par les dieux et les démons pour baratter l'océan. Identifiée avec le **mont Kailash** (6 714 m), au Tibet, elle se dresse au cœur de la chaîne himalayenne, prolifique château d'eau où prennent source les eaux sacrées du Gange.

Les portes d'Angkor Thom.
P. Tisserand/Michelin

d'une statue ou d'un lingam, le temple n'est pas un lieu de prière collectif. Seuls les brahmanes peuvent y pénétrer et y officier. Ceci explique l'étroitesse de la *cella* ménagée dans la tour-sanctuaire, mais aussi la présence d'une multitude de constructions dans la première enceinte : ces structures annexes sont dédiées à toute la suite divine (épouse ou parèdre, serviteur, monture, etc.), qui veille au bon déroulement du rituel ; certaines peuvent aussi abriter les objets du culte et les textes sacrés. Des bâtiments en bois logeaient le personnel attaché au service du temple, dont les musiciens et les danseuses. Il n'en reste aucune trace, sinon la deuxième enceinte, pour rappeler leur emplacement. La disposition architecturale renvoie à une symbolique liée aux croyances *(voir p. 86)*. Dans la **cosmogonie** indienne, les dieux habitent le mont Meru, centre d'un univers dont ils régissent le temps et l'espace. Leur habitation terrestre, orientée selon les points cardinaux, reproduit ce schéma. La tour-sanctuaire qui se dresse au centre du complexe religieux symbolise le mont Meru par sa forme pyramidale et son élévation. Sa porte d'accès est percée à l'est, pour recevoir les premiers rayons du soleil. Sculptées sur les murs, des scènes religieuses illustrent les exploits divins, rappelant que l'abondance dispensée sur terre se nourrit aussi d'offrandes.

Ce dispositif, initié dès l'époque préangkorienne, ne connaîtra pas de changements fondamentaux autres que ceux voulus par le registre décoratif, les avancées architecturales et le renforcement du symbolisme, qui sont l'expression d'un style.

LES STYLES PRÉANGKORIENS

Ils sont au nombre de cinq, ceux de Phnom Da et de Prasat Andet désignant plutôt des courants de la statuaire. Le répertoire des œuvres et des monuments s'inscrit dans la chronologie historique, bien que le foisonnement artistique ait engendré une diversité des formes qui échappe à une classification trop stricte.

Les grottes proches de Kampot abritent les temples les plus anciens du Cambodge, des sanctuaires de brique (4e-6e s.) qui remonteraient à l'époque du Funan. Postérieur, l'Ashram Maha Rosei, daté du 7e s. ou du 8e s., un curieux édifice en basalte, n'a aucun équivalent dans l'architecture khmère.

Le style du Phnom Da

514-600

La première **statuaire en ronde-bosse** (détachée de tout support), découverte dans les grottes de la colline de Phnom Da, adopte le **hiératisme** et la **frontalité** propres à la sculpture khmère. Ces hautes figures en pied, réalisées en schiste et en grès, présentent un modelé lisse et soigné suggérant le mouvement avec une grande finesse. Le torse est mince, le visage ovale stylisé. Un arc de soutien – forme en fer à cheval qui relie les bras à la tête ou au socle – et diverses attaches, habilement camouflées dans le détail vestimentaire ou le dessin d'une main portant les attributs divins, assurent leur stabilité. Simplement vêtues d'un pagne, au plissé retenu par un nœud sur le nombril, les statues portent la mitre cylindrique de Vishnou et une chevelure bouclée retombant en cascade sur le dos, une rangée de boucles en anglaises dépassant du bord du couvre-chef.

L'époque voit apparaître les premières représentations de **Harihara**, une divinité mi-Vishnou, mi-Shiva. Elles sont dotées d'une coiffure cylindrique duelle, se composant d'une demi-mitre lisse et d'un chignon à mèches. Des effigies de Bouddha et de *bodhisattva* présentant les aspects du style du Phnom Da attestent de la diffusion conjointe du bouddhisme mahayana et du brahmanisme. Le Musée national de Phnom Penh conserve plusieurs chefs-d'œuvre de cette statuaire.

Le style de Sambor Prei Kuk

600-650

C'est dans l'ancienne **Isanapura** que l'architecture khmère va élaborer ses formules. Deux ensembles architecturaux, les groupes sud et nord, datés du règne d'Isanavarman Ier (v. 610-628), portent les germes d'un modèle appelé à une grande diffusion. Autour de la tour-sanctuaire se mettent en place des ensembles ordonnés, ceints de murs concentriques et de fossés. L'accès se fait par une chaussée orientée est-ouest. Tous les temples sont consacrés aux diverses formes de Shiva.

Scandés de pilastres, les murs s'ornent d'admirables reliefs en brique sculptée, les **« palais volants »** *(voir encadré ci-dessous)*. Le fût des **colonnettes**, cerné

LES « PALAIS VOLANTS »

Les premières représentations de « palais volants », sorte d'image murale sculptée dans la brique ou modelée avant la cuisson, apparaissent à Sambor Prei Kuk. Elles ornent les murs externes, là où les pilastres laissent de larges espaces vides. Ces grands motifs figurant des palais célestes recevaient ensuite un enduit de stuc que l'on ciselait à la manière du bois. Hauts d'environ 2 m, ils reproduisent scrupuleusement les éléments architecturaux : les pilastres, les colonnettes, le linteau avec ses *kala*, et le fronton qui s'orne lui-même d'une réduction d'édifice. Disposé sous la composition, un bestiaire fantastique semble soutenir le palais. L'iconographie illustre des textes religieux et des récits mythologiques. Presque partout, le stuc a disparu, rendant la lisibilité des reliefs difficile.

de guirlandes et d'une bague médiane, se termine par un bulbe en forme de turban, emprunté au prototype indien. Les **linteaux** possèdent un arc à simple ou à double courbure, gravé de trois médaillons à figure ou de rosaces, qui imite parfaitement le travail sur bois. S'y accrochent des pendeloques et des guirlandes, occasionnellement remplacées par des reliefs à thème mythologique. Les extrémités de l'arc sont avalées par deux *makara* (monstres marins) crachant un lion, et parfois chevauchés d'un cavalier.
La **sculpture** accorde une attention plus soutenue au rendu anatomique, sans pour autant tomber dans un réalisme trop poussé. La pièce maîtresse, une Durga aux seins opulents, retrouvée dans les ruines et conservée au Musée national de Phnom Penh, développe une gestuelle voluptueuse. À la plénitude des formes s'ajoute le subtil mouvement du déhanché qui fait vibrer l'étoffe.

Le style de Prei Kmeng

635-700

Il porte le nom d'un temple en brique situé à proximité du *baray* occidental d'Angkor. Son usage chevauche le style précédent et le suivant. Les rivalités politiques qui minent inlassablement l'unité du royaume empêchent l'établissement d'une véritable capitale, capable d'imposer son art, si bien que les bâtiments de cette époque paraissent plus modestes et d'une facture moins soignée qu'à Sambor Prei Kuk. Les **linteaux** présentent désormais un arc rectiligne auquel sont suspendues des guirlandes plus imposantes. Les *makara* disparaissent, remplacés par d'autres personnages mythiques ou par de grands fleurons. Sous l'arc se développent parfois des scènes religieuses, sculptées en relief.
La statuaire introduit les premières représentations de Brahma. Les personnages féminins présentent une silhouette gracile, avec une taille très marquée, qui sera désormais la norme.

Le style de Prasat Andet

657-681

Ce style, du nom d'un temple situé à Kampong Svay (province de Kampong Thom), désigne une **statuaire en ronde-bosse** dont la pièce maîtresse, une effigie de Harihara conservée au Musée national de Phnom Penh, a été retrouvée sur les lieux. Sous la mitre cylindrique, les traits des visages sont fins et réguliers, et une légère moustache ourle la lèvre des représentations masculines.
Le corps est élancé, esquissant la musculature, tandis que le **sampot** forme un pli très marqué sur la cuisse gauche. Confrontée à l'essor du shivaïsme et du **culte du lingam** *(voir p. 182)*, l'architecture se borne à reproduire quant à elle les canons légués par le style de Prei Kmeng.

Le style de Kampong Preah

706-800

Durant l'époque qui voit s'épanouir ce style, nommé d'après un temple situé dans la province de Kampong Chhnang, le **Tchen-la** s'achemine vers sa fin. Les formes architecturales s'appauvrissent, tout comme le décor. Entre autres changements, les « palais volants » cessent d'abriter des personnages. Les colonnettes se chargent d'une bague à petits motifs floraux, caractéristique de cette période. Dans l'art du linteau, l'arc disparaît complètement sous un décor végétal touffu, stylisant le rhizome de lotus qui remplace guirlandes, pendeloques et personnages. Le feuillage se fait plus volumineux et les extrémités de la composition se retournent en volutes. C'est ce type de décoration qui prévaudra durant tout le 8e s.

Devata sur les murs d'Angkor Wat.
P. Tisserand/Michelin

Les âges glorieux d'Angkor

9e-14e s.

Les vestiges que nous admirons aujourd'hui nous viennent presque tous de l'art religieux. À partir du modèle préangkorien, les bâtisseurs d'Angkor ont développé diverses combinaisons qui soulignent l'attachement des rois aux divinités hindoues, Shiva et dans une moindre mesure Vishnou. Avec son panthéon dominé par Bouddha, le Bayon entonne le chant du cygne de l'architecture angkorienne.

LA RELIGION AU SERVICE DU POUVOIR

Aucun des temples bâtis entre le 9e et le 13e s. n'est identique, malgré une rigoureuse composition d'ensemble *(voir p. 87)*.

Vertical et horizontal

On distingue deux grands types d'édifices : le temple-montagne, constitué d'une pyramide que couronne un sanctuaire, et le temple à plat, qui dresse ses tours sur une terrasse légèrement surélevée. La tour-sanctuaire affecte un **plan carré** et les structures annexes, bibliothèques ou salles longues, un **plan oblong** (rectangulaire ou elliptique). Bien que la brique soit parfois employée, le grès et la latérite deviennent les matériaux de prédilection. Les Khmers, menuisiers hors pair, utilisaient le **bois** pour monter les charpentes recouvrant les salles longues et les galeries, mais aussi pour réaliser de faux-plafonds et des portes dont la beauté nous est montrée par des copies figées dans la pierre.

Le culte du devaraja

L'architecture angkorienne affirme le caractère sacré du pouvoir royal. Le culte du *devaraja* (roi déifié) donne naissance au **temple-montagne**, qui n'a pas d'équivalent en Inde. Son originalité repose sur la combinaison de deux éléments : la pyramide à gradins et la tour-sanctuaire abritant le lingam royal ; les quatre autres tours sommitales sont consacrées aux ancêtres. Le roi qui a fait construire le temple y officie de son vivant. Après sa mort, le sanctuaire devient un temple funéraire.

Cette pyramide, symbole du **mont Meru**, se dresse au cœur de la ville de chacun des rois, comme le montrent les temples de Phnom Bakheng et du Bayon. Le monument peut ainsi être contemplé dans sa globalité, avec son réseau de vestibules et de tours reliés par des galeries, qui ajoute à son unité. L'élancement vertical est accentué par des effets d'illusion optique, obtenus par le rétrécissement progressif de la taille des éléments constituant la pyramide et les tours.
Le culte du *devaraja* se célèbre autour d'un lingam royal, qui donne au roi le droit d'être considéré comme un *çakravartin*, un souverain universel. Chaque fois qu'un nouveau temple d'État se construit, le culte s'y transporte, sans pour autant cesser complètement dans les temples antérieurs.

LES STYLES ANGKORIENS

L'architecture

C'est au fondateur de la dynastie angkorienne, Jayavarman II (802-835), qu'est attribuée la construction du premier temple-montagne, Prasat Ak Yum (berge sud du *baray* occidental), une pyramide en brique à trois niveaux que couronnaient cinq tours disposées en quinconce. Ces lignes avant-gardistes vont se retrouver dans la construction des temples de **Roluos**, alors capitale de l'empire sous le nom d'Hariharalaya. Si **Preah Ko** se contente d'aligner deux rangées de trois tours en brique sur un soubassement de faible hauteur, le **Bakong** (881), avec sa pyramide à cinq gradins couronnée d'une tour-sanctuaire unique, parvient à donner l'image d'une montagne de grès. Les ponts qui franchissent la douve sont bordés de serpents en grès d'une exécution maladroite mais qui annoncent la balustrade en forme de *naga*. Le modèle directeur est posé, il va se parfaire au fil des constructions.
Le temple-montagne de **Phnom Bakheng** (vers 900), qui prend directement appui sur la roche de la colline, introduit un symbolisme plus complexe dans le dispositif général.

NOM DU STYLE	GRANDES RÉALISATIONS
Style de Kulen (825-875)	Prasat Ak Yum
Style de Preah Ko (875-886)	Preah Ko, Lolei et Bakong (Roluos)
Style de Bakheng (889-925)	Phnom Bakheng
Style de Koh Ker (921-945)	Prasat Thom et Prasat Prang (Koh Ker), Prasat Kravan
Style du Pre Rup (944-968)	Pre Rup, Mebon oriental, Preah Vihear
Style de Banteay Srey (967-1000)	Banteay Srey
Style de Khleang (968-1010)	Phimeanakas, Ta Keo, Preah Vihear *(ajouts)*
Style du Baphuon (1050-1080)	Baphuon
Style d'Angkor Wat (1080-1175)	Angkor Wat, Banteay Samre, Beng Melea, Thommanon, Preah Vihear *(ajouts)*, Vat Phu (Laos ; *ajouts*).
Style du Bayon (1181-1243)	Bayon, Angkor Thom, Banteay Kdei, Ta Prohm, Neak Pean, Preah Khan, Ta Som, Wat Nokor, Banteay Chhmar

Le temple khmer, une image de l'univers

Dans la cosmogonie hindoue, l'univers vient de l'éclosion d'un **œuf cosmique**, né du chaos et ayant engendré les éléments. Brahma découpa l'œuf en 14 étages : dans la partie inférieure, les sept régions infernales sont habitées par les démons et les serpents, dont le *naga* ; la partie supérieure est occupée par le *triloka* (les « trois mondes » : la terre et les espaces intermédiaires entre la terre, le soleil et l'étoile Polaire) ; quatre régions célestes accueillent les dieux. La terre se divise elle aussi en **sept continents** qui forment des anneaux concentriques, alternant avec les océans, autour du continent central, le **Jambudvipa**, divisé en sept zones par des chaînes montagneuses. En son cœur, dans la région dite du *Bharatavarsa* (l'Inde), se dresse le **mont Meru** (Mandara), pivot de l'univers autour duquel tournent les étoiles et les planètes. De ce schéma, les Khmers ont gardé le motif central, celui de la terre, en le simplifiant ; ils vont en faire le modèle de leurs temples.

UN MONDE EN MINIATURE

Transposée dans l'architecture, cette vision du monde impose une composition rigoureuse, dans laquelle chaque élément renvoie à une symbolique précise. Les cinq *prasat* évoquent les **cinq pics** du mont Meru, résidence des dieux et centre de l'univers ; ils s'entourent d'une série d'enceintes concentriques renfermant les bâtiments annexes et parfois des bassins : les chaînes montagneuses, les continents et les mers. Le complexe est cerné d'une **douve** protectrice : l'océan annulaire qui l'isole des mondes impurs. La chaussée qui franchit la douve est bordée de **balustrades à naga** dont les multiples têtes gardent l'entrée de la zone sacrée. Ce serpent mythique symbolise l'**arc-en-ciel**, pont entre les humains et les dieux.

Devant Angkor Thom et Preah Khan, le temple se charge d'une signification supplémentaire en intégrant la représentation de la **mer de Lait**, que les dieux

Angkor Wat, un temple-montagne entouré de douves.

P. Tisserand/Michelin

UN CALENDRIER DE PIERRE

Avec ses 108 tours qui s'étagent régulièrement autour du prasat central (44 à la base, 60 sur les gradins, 4 au sommet), **Phnom Bakheng** se révèle un véritable calendrier de pierre. Les cinq niveaux de la pyramide, auxquels s'ajoutent le niveau de base et celui du sanctuaire sommital, forment les sept étages du mont Meru. Les tours sont ordonnées de telle sorte qu'à chaque point cardinal, il n'en apparaît que 33 : c'est le nombre de divinités habitant sur la montagne sacrée. Le chiffre 108 correspond aussi au produit par 4 (les 4 phases de la lune) des 27 divisions lunaires (jours). Chacun des 5 gradins porte 12 tours : ce sont les 12 divisions du zodiaque, les 12 animaux du cycle astrologique, les 12 ans qu'il faut à Jupiter pour accomplir sa révolution autour du Soleil. En totalisant les tours des 5 niveaux, on arrive à 60 : le cycle utilisé pour compter le temps, les 60 années qu'il faut à Jupiter et à Saturne, les deux planètes les plus lentes du système solaire, pour retrouver la même configuration sur la carte du ciel. Ces retrouvailles commandent le cycle planétaire, de même que l'étoile Polaire gouverne la voûte céleste.

et les démons barattent avec l'aide du serpent Vasuki pour faire jaillir l'élixir d'immortalité *(voir p. 104)*. Avec son schéma en croix, le temple de Neak Pean évoque les **quatre fleuves** qui irriguent les continents : il se veut la réplique du légendaire lac Anavatapta, tapi au cœur de l'Himalaya. Cette eau sacrée venue des hauteurs, les Khmers l'ont fait couler sur Shiva en sculptant des **lingam** *(voir aussi p. 182)* dans le lit des rivières qui dévalent le Phnom Kulen, château d'eau d'Angkor. À Kbal Spean, un relief affleurant la surface montre Vishnou dormant sur l'océan primordial, au fond duquel a germé l'œuf cosmique. Ses songes inspirèrent Brahma, qui créa l'univers à leur image.

L'EXTÉRIEUR DU TEMPLE

La construction des temples khmers obéit à des principes géométriques récurrents. *Voir aussi « La résidence des dieux », p. 80.*

Chaussée et terrasses

L'entrée principale se trouve à l'est (à l'exception notable d'Angkor Wat), tournée vers le soleil levant. Précédées d'une terrasse, les chaussées d'accès se déploient sur l'axe est-ouest, avec un faste plus prononcé sur le tronçon oriental, qui conduit directement à l'entrée principale du temple. Bordées d'une monumentale balustrade à *naga* et dallées, elles peuvent se surélever légèrement avant le franchissement des douves, pour finalement venir buter contre une seconde terrasse au bout de laquelle se dresse le *gopura*. Le style d'Angkor Wat multiplie le raffinement en dotant ces terrasses d'un plan cruciforme plus recherché. S'y adjoint un perron, desservi par une volée de marches, pour compenser la surélévation.

Douves et bassins

Les douves forment une ceinture symbolique autour de l'espace sacré. Le temple comporte en outre plusieurs types de **bassins**, de taille variable, souvent encadrés de dalles de grès et vers le fond desquels descendent des marches de latérite. Certains s'ouvrent de part et d'autre de la chaussée d'accès *(Angkor Wat)* ou à son début *(Sras Srang et Banteay Kdei)*. D'autres sont utilisés dans la trame architecturale, où ils se chargent d'une symbolique particulière *(Neak Pean)*. Les **baray** *(voir p. 204)*, de dimensions considérables, comportent un îlot central sur lequel se dresse un temple *(Mebon oriental)*.

AU FIL DES ENCEINTES

Le gopura

À chaque point cardinal, l'enceinte s'ouvre par une **porte**, ou *gopura*. À l'origine, il s'agissait d'une pièce rectangulaire, simplement couverte d'une charpente et légèrement surhaussée. À l'époque angkorienne, elle prend la forme d'un **pavillon cruciforme** surmonté d'une à trois tours. Le procédé, avec quelques variations architecturales, se répète à chaque passage d'enceinte.

Enceintes et galeries

Les enceintes forment des anneaux concentriques, souvent au nombre de trois, autour de la tour-sanctuaire. À Banteay Srey, elles adoptent des hauteurs croissantes. Dans le temple-montagne, elles sont remplacées par des galeries pourtournantes (qui font le tour de chaque terrasse). Dans les temples « à plat », une enfilade de galeries, de salles et de cours forme un réseau serré de structures dont on ne connaît pas toujours la fonction. Certains disposent d'un pavillon de la Danse, identifiable à ses frises d'*apsara (Preah Khan, Banteay Kdei)*. Commune à tous les toits en pierre de l'architecture khmère, la **voûte en encorbellement** repose sur un système de pierres en saillie, empilées en surplomb les unes par rapport aux autres de manière à assurer l'étanchéité.

Escaliers

Le **temple-montagne** se développe selon une orientation délibérément verticale qui, contemplée d'en bas, est encore accentuée par un ingénieux trompe-l'œil : plus les marches, gravissant les différents niveaux, se rapprochent du sommet, moins elles sont hautes, afin de renforcer l'effet de perspective.

Les prasat ou tours-sanctuaires

C'est le module le plus sacré du complexe, celui que tout concourt à mettre en valeur. Édifié sur une plate-forme ou au sommet d'une pyramide à gradins (niveaux ou terrasses), le *prasat* central, qui se signale par sa prééminence, abrite le saint des saints, la **cella**, où est entreposée la représentation du dieu. Selon l'époque et les temples, les *prasat* peuvent être isolés, groupés par rangs de trois *(Preah Ko, Banteay Srey)* ou de cinq tours *(Prasat Kravan)*, ou disposés en quinconce *(Angkor Wat, Pre Rup, etc.)*. Extérieurement, ces diverses tours présentent le même aspect, avec leur toiture en encorbellement. Leur sommet figure une fleur de lotus. Orientée selon les points cardinaux, chaque tour possède une ouverture à l'est et trois fausses portes sur les autres côtés. Les **dvarapala** qui gardent le seuil empêchent les mauvais esprits d'y pénétrer.

Les « bibliothèques »

Par commodité, par usage, on nomme bibliothèques ces petites constructions rectangulaires qui se dressent habituellement par paire dans la deuxième enceinte. En fait, on n'en connaît pas la fonction exacte. Couvertes d'un toit à deux versants, comme la plupart des bâtiments annexes, elles possèdent un faux étage et sont souvent dépourvues de fenêtres.

Une riche décoration

Bas-reliefs des linteaux et des frontons, statuaire : une ornementation minutieuse se développe sur tous les pans de murs et devant chaque *gopura*. Le façonnage et la réalisation des éléments décoratifs s'effectuaient directement sur les blocs de pierre grossièrement empilés : il fallait d'abord découper les fenêtres, tailler les pilastres, aménager les jambages des portes… Le ciselage des reliefs venait ensuite.

Lorsque la capitale se déplace à **Koh Ker** (928), des ensembles grandioses s'y construisent, inaugurant la série des fondations royales gigantesques. Le lingam royal est placé dans le sanctuaire sommital d'une audacieuse pyramide à sept niveaux.
Le **Ta Keo** (fin 10e s.), bien qu'inachevé, présente le plan le plus abouti du temple-montagne. À cette époque apparaît la galerie pourtournante, qui va progressivement se substituer aux salles longues ; au Ta Keo, elle ceinture le 2e niveau de la pyramide, et au **Phimeanakas** qui lui est presque contemporain, le dernier étage.
La tendance est à l'élévation lorsque le **Baphuon** voir le jour (milieu du 11e s.) ; comme pour mieux illustrer le pouvoir du souverain, la tour-sanctuaire s'envole à des sommets (50 m) jamais atteints jusque-là.
Avec son *prasat* central culminant à 65 m, **Angkor Wat** (1150) procède des mêmes enseignements, tout en parvenant à un degré de perfection qui fait de lui le joyau incontesté de l'art khmer. Chaque module a reçu des proportions soigneusement étudiées, afin que sa projection dans l'espace s'inscrive dans le jeu des volumes, d'une incomparable majesté. Entre autres nouveautés, des **portiques croisés** relient désormais les galeries entre elles. Toutes ces techniques combinées apparaissent dans le dernier temple-montagne produit par l'art khmer : le **Bayon** (début 13e s.), aux tours sculptées de visages colossaux.
À côté des temples-montagnes dédiés au culte royal se développent les grands **temples « à plat »** entourés de galeries et d'annexes multiples. Contemporain d'Angkor Wat, Beng Melea inaugure la série, suivi de Banteay Samre, chef-d'œuvre du genre pour la science de ses volumes et la finesse de son décor.

La décoration

Dans la statuaire de Kulen apparaissent les premiers **diadèmes** de pierre, dont l'ornementation d'une extrême finesse devient la marque de fabrique de la sculpture khmère. Balustres et colonnettes, qui encadrent les portes et les fausses portes, reçoivent une décoration similaire.
À partir du 10e s., de minuscules personnages se glissent dans le décor des pilastres qui encadrent les portes.
Ciselé comme un bijou, le temple de **Banteay Srey** (fin du 10e s.) apporte sa science dans l'élaboration des **frontons**, qui incluent désormais des scènes mythologiques.
La formule est reprise à Angkor Wat et au Bayon, qui en découpent le déroulement en plusieurs registres. Le **récit narratif** gagne en importance sur les murs. Prasat Kravan (921) comporte de simples reliefs sculptés dans la brique, alors qu'au Baphuon (11e s.), le piédroit des *gopura* se couvre de bas-reliefs disposés en petits tableaux superposés. À **Angkor Wat** (12e s.), le décor sculpté envahit le pourtour

LE REAMKER EN IMAGES

Des bas-reliefs mettent en scène le *Reamker* (voir p. 96) sur les linteaux et les frontons de Banteay Srey, ceux des *gopura* du Baphuon et de Banteay Samre, ainsi que sur les frises d'Angkor Wat.
La saga déroule ses épisodes sous forme de fresques sur les murs de la pagode d'Argent, à Phnom Penh, et dans le vihear du Wat Bo, à Siem Reap.

de la galerie extérieure, qui porte des **récits mythologiques** tirés de l'adaptation des grandes épopées indiennes et des **scènes militaires** glorifiant le souverain. Au Bayon, les scènes se truffent de détails émouvants, illustrant la **vie quotidienne** du peuple khmer à l'aube du 13e s. Dans ce même temple apparaissent également des représentations bouddhiques au sourire énigmatique et aux traits humains. Le visage aux yeux baissés exprime une sérénité et une intériorité inconnues jusque-là.

Bouddhisme et art sacré

14e-20e s.

UNE ARCHITECTURE ÉPHÉMÈRE

Le déclin du brahmanisme signe la fin des constructions monumentales de grès. Avec l'avènement du bouddhisme theravada, les artistes, pénétrés par l'idéal de l'impermanence, ne se soucient plus de concevoir des édifices capables de défier le temps. Les sanctuaires se résument à des terrasses de pierre sur lesquelles sont construites des structures périssables, le plus souvent en bois. À la *cella* voûtée en encorbellement se substitue une **salle hypostyle**, suffisamment vaste pour accueillir l'assemblée des moines et des fidèles. Plutôt que d'entretenir ces fragiles structures, on les laisse se déliter, pour finalement les remplacer par de nouvelles constructions. Cela explique pourquoi peu de monuments postérieurs au 14e s. sont parvenus jusqu'à nous.
Bien que la pierre ne soit plus le matériau de prédilection, elle continue d'être occasionnellement employée dans une **statuaire** perpétuant le monumentalisme d'antan, comme ce bouddha prenant la terre à témoin qui fait l'orgueil de **Tep Pranam**, à Angkor Thom. La refonte bouddhique va également transformer le temple du **Baphuon** en y adjoignant un grand bouddha couché.

L'ESSOR DES PAGODES

L'art khmer parvient à préserver son originalité. Les conventions dictées par l'art thaï commencent à s'imposer au 17e s., lorsque la capitale se déplace à **Oudong**.
De cette cité subsistent trois stupas, d'une plastique identique à celle des *chedi* du Siam.
Des 3 000 monastères recensés sur le sol cambodgien avant l'arrivée des Khmers rouges, beaucoup n'ont pas survécu. Les plus beaux se trouvaient à Oudong.
Les **pagodes** plus récentes présentent toutes plus ou moins la même physionomie. La **toiture multi-pans** forme un assemblage de trois niveaux qui renvoie à la cosmologie bouddhique des trois mondes, celui des esprits néfastes, celui des êtres animés et celui des divinités. Les bords des toits se hérissent de **chofa**, stylisation du *naga* protecteur, et les tuiles vernissées se déploient comme autant d'écailles. Sur le faîte se développe parfois un **cône** *(prang)*, survivance de la tradition brahmanique. Une galerie entoure le *vihear* (sanctuaire), accessible par un escalier bordé de balustrades à *naga*. Dans le jardin évolue toute une imagerie populaire, bestiaire fantastique ou héros de la saga bouddhique postés aux points cardinaux et intercardinaux.
Devant le *vihear* se dressent deux hauts mâts porte-bannières que couronnent des parasols à 5 étages.

UN MERVEILLEUX RECUEIL D'IMAGES

À l'intérieur du *vihear,* sur les murs, plafonds, fenêtres, portes et piliers,

Fresques du Palais royal, à Phnom Penh.
R. Tisserand/Michelin

et jusque dans les *sala* se déploie une véritable **littérature imagée**. L'iconographie de ces peintures, datées pour les plus anciennes du milieu du 19e s., est essentiellement bouddhique. Dans la vallée du Mékong, il s'agit souvent de **frises peintes sur bois** recouvert parfois de toile qui s'insèrent entre les colonnes et la charpente. Le Wat Moha Leap, dans les environs de Kampong Cham, l'un des rares sanctuaires en bois, possède une frise de ce type et le plus précieux décor au pochoir du Cambodge.

Plusieurs niveaux de lecture

Les peintures se répartissent sur deux registres horizontaux : à hauteur des fidèles se déroulent les *jataka* (vies antérieures du Bouddha) ; au registre supérieur, la vie du Bouddha, dont on dépeint les grands moments : départ du palais, coupe des cheveux, méditation, sermons, *mahaparinirvana* (mort du Bouddha)… Les recueils enluminés conservés dans les monastères fournissent les références iconographiques. La **composition** s'échappe parfois du cadre rigide : les scènes peuvent se superposer ou s'imbriquer les unes dans les autres. La palette chromatique n'est jamais la même, puisqu'elle relève de travaux réalisés par une équipe ponctuelle et non d'écoles de peinture spécifiques.

Art populaire et art princier

Certaines peintures émanent des commandes royales, d'autres sont issues de l'art populaire. Dans l'enceinte de la **pagode d'Argent**, à Phnom Penh, de merveilleuses fresques exécutées dans les années 1903-1904 sur les murs du promenoir illustrent l'épopée du *Reamker*. Le dessin est précis comme sur une enluminure. Une thématique plus plébéienne se développe dans les campagnes. Elle évoque un monde enchanté, qui fait se côtoyer le merveilleux et le quotidien, la réalité et l'imaginaire.

Des influences variées

Les provinces frontalières subissent l'influence des voisins, le Laos et surtout la Thaïlande. Leurs arts fusionnent au gré des annexions territoriales, mais aussi parce qu'ils partagent les mêmes références religieuses et culturelles. Dans les provinces de l'ouest du Cambodge, qui appartinrent par intermittence au Siam jusqu'au début du 20e s., on observe ainsi des représentations du *Reamker*. Des échanges culturels s'établissent, les artistes khmers achèvent de se former à Bangkok. Le Wat Bo, à Siem Reap, en est la meilleure illustration.

La présence de communautés chinoises remonte à l'époque angkorienne. Dans le domaine pictural, le **caractère sinisant** affecte le traitement vestimentaire de certains personnages aux yeux bridés et à la coiffure nattée.

L'**influence occidentale** se manifeste dès le 17e s. dans la peinture siamoise, qui découvre les possibilités de la perspective. Au Cambodge, cette nouvelle tendance est explorée dans le traitement des paysages et de l'architecture, mais son mariage avec les scènes figurées, traitées sur le mode de l'enluminure, s'avère hasardeux. Les gens du Protectorat et les voyageurs de passage s'invitent dans les descriptions de la vie quotidienne comme au Wat Domrei Sor de Battambang. Dans les fresques entourant la **pagode d'Argent** (Phnom Penh), une scène de bataille montre des singes coiffés de chéchias affrontant une armée où se sont glissés des zouaves. La pagode située au pied du **Bakong** (Roluos) comporte un cycle pictural intact, daté des années 1940 : il montre un combat aérien et des soldats lourdement armés, rappel du contexte de l'époque.

Ces fresques précieuses sont malheureusement souvent laissées à l'abandon et menacées de disparaître à brève échéance, faute d'une réelle conscience de la valeur de ce patrimoine.

L'époque moderne

19e-20e s.

La présence française en Indochine engendre de nouveaux canons urbanistiques et architecturaux. Les techniques locales ne sont pas pour autant abandonnées, mais leur métissage avec les matériaux contemporains explore des horizons nouveaux.

L'ARCHITECTURE COLONIALE

Durant le Protectorat (1863-1953), l'architecture coloniale modèle le visage des villes cambodgiennes, Battambang, Kampong Cham, Kampot, Kratie et surtout Phnom Penh, alors surnommée « la perle de l'Asie ». Là où il n'y avait que paillotes et marécages, se développe un **urbanisme à la française**, avec de larges avenues arborées bordées de demeures à grands balcons et toitures en tuiles. Les bâtiments officiels, tels le Musée national (George Groslier, 1920) ou le **Palais royal**, portent eux aussi son empreinte. Ce dernier, conçu conjointement par des architectes khmers et français, renferme un curieux pavillon en fer (1876), clin d'œil aux nouvelles tendances qui font alors fureur en Europe.

Sur le terrain culturel se greffe subrepticement un **enjeu politique**. Pour les autorités françaises, il s'agit non seulement de conforter l'identité culturelle du Cambodge en préservant son patrimoine, mais aussi de contrer l'influence du Siam, tombé sous la coupe du rival britannique. Sur l'échiquier diplomatique, les réalisations architecturales deviennent ainsi la vitrine de la politique française en Indochine.

À l'issue de la Première Guerre mondiale, la France s'emploie à moderniser ses colonies. À Phnom Penh, les travaux sont dirigés par un urbaniste célèbre, **Ernest Hébrard** : percement de nouvelles avenues, assainissement, création de jardins et d'équipements publics, autant de réalisations qui promeuvent le modèle occidental tout en incorporant des traits de l'architecture locale. La construction du **marché central** (1937), confiée à Jean Desbois, procède de la même mission « civilisatrice ». La structure en béton de ce magnifique édifice Art déco incarne le progrès vanté à cor et à cri par les instances coloniales. L'édification de la cathédrale néogothique de Notre-Dame, face au Wat Phnom, achève de donner au quartier un visage cosmopolite ; elle a été détruite par les Khmers rouges en 1975, comme la plupart des églises que comptait le pays. De superbes édifices coloniaux parsèment encore les quartiers historiques de la capitale. Certains attendent une hypothétique restauration, d'autres (la poste centrale, la gare, le bureau de l'Unesco, la Bibliothèque nationale, l'hôtel Raffles Le Royal) ont conservé ou retrouvé leur lustre. Cependant, le patrimoine bâti de cette époque ne jouit d'aucune protection, et nombre de bâtiments qui ont survécu aux années de guerre, à Phnom Penh ou dans les villes de province, sont aujourd'hui menacés de démolition par une urbanisation effrénée.

L'ARCHITECTURE NÉO-KHMÈRE

La plupart des bâtiments officiels construits après l'Indépendance portent la signature de **Vann Molyvann**, diplômé de l'École des Beaux-Arts de Paris et promu au rang d'architecte d'État par Sihanouk. Avant toute chose, il s'agit de rompre avec le passé colonial. La nouvelle vision architecturale doit ancrer la jeune nation dans le futur, en la dotant d'institutions gouvernementales, culturelles et éducatives modernes : un défi que va brillamment relever le chef de file de la nouvelle architecture khmère.
À Phnom Penh (monument de l'Indépendance, Théâtre national, stade olympique) et à Sihanoukville (Banque nationale, église catholique), il construit dans les années 1950-1960 une centaine d'édifices conjuguant l'esthétique de Le Corbusier et l'art de bâtir khmer.
Pour satisfaire aux exigences climatiques, Vann Molyvann a employé les éléments vernaculaires (pilotis, briques d'argile et bois), mieux adaptés aux rigueurs tropicales. Ces considérations environnementales, combinées avec l'emploi du **béton armé**, matériau phare des années 1960, apportent un vent de modernité dans la capitale. En dépit de son originalité, ce patrimoine documentant les années Sihanouk est aujourd'hui en danger, faute de soin et surtout d'attention.

UNE SIGNATURE CONTEMPORAINE

Sopheap Pich s'est fait connaître sur la scène internationale par des sculptures en rotin et bambou, réalisées selon les techniques du tressage traditionnel. Son inspiration se nourrit aussi bien des formes végétales que de l'abstraction géométrique. Il travaille des matériaux variés tels que la toile de jute, la cire d'abeille et, plus récemment, la pierre. L'une de ses œuvres les plus émouvantes, illustrant les exactions des Khmers rouges, a été acquise par le musée Guggenheim de New York.

Culture

Les frises, les frontons et les reliefs des temples d'Angkor le répètent à l'envi : la musique et la danse ont rythmé la vie durant des siècles, à l'époque révolue des grands rois. Et puis plus rien, ou presque ! Les Khmers rouges sont passés par là : ballet royal, livres, musique, cinéma, théâtre… Tout ce qui portait le nom honni de « culturel » devait disparaître à jamais. Immédiatement après la défaite de Pol Pot, en 1979, des troupes de danse se sont reformées pour reprendre les représentations de l'ancien répertoire. L'actuel roi-danseur, Norodom Sihamoni, s'est érigé en protecteur des arts. Mais il faudra du temps et beaucoup de moyens pour revitaliser cette culture traditionnelle meurtrie.

Musique

La musique traditionnelle est, avec le ballet classique, l'un des emblèmes de la culture khmère. Elle fait partie intégrante du quotidien, perpétuant les usages cérémoniels de la Cour au temps de la splendeur d'Angkor. Mariage, service funèbre, prise d'habit d'un bonze : chacune de ces cérémonies se déroule au son d'un orchestre.

Ses sources d'inspiration ne doivent rien à l'Inde, contrairement à d'autres aspects de la culture khmère. Ils puisent dans le fonds autochtone môn-khmer qui a légué d'archaïques instruments, tels la guimbarde en bambou ou les grands jeux de gongs, que l'on peut encore apercevoir dans les campagnes et les villages des minorités montagnardes.

LES GRANDS ORCHESTRES

La musique khmère se transmet oralement, de maître à élève. Elle ne fait pas appel au solfège à l'occidentale et laisse libre cours à l'improvisation. Un morceau débute et se termine à l'unisson. Les instrumentistes respectent une ligne mélodique à laquelle ils apportent des ornements, des contretemps et des variations, selon leur degré de virtuosité.

La musique **phleng ka** est jouée lors des mariages et des cérémonies religieuses, notamment les enterrements. Elle fait appel au hautbois, à la vièle à trois cordes, au luth et au tambour. Sur le plan musical, elle est considérée comme la plus représentative de l'âme cambodgienne.

L'**orchestre pin peat** montre une prédilection pour les percussions mélodiques : xylophone, carillon de gongs, cymbale, auxquelles s'ajoutent le tambour et le hautbois. Il accompagne les représentations du ballet classique et du grand théâtre d'ombres. Spécificité du *pin peat* du Palais royal, un magnifique chœur se greffe parfois sur la partie instrumentale.

L'**orchestre mohori** utilise des percussions (cymbales, tambours, xylophone) ainsi que des instruments à vent (flûte) et à cordes (vièle bicorde, cithare à trois cordes). Des chœurs peuvent se greffer sur le thème. Il joue une musique de divertissement

Danseuses de ballet classique.
B. Tregnor/Art Directors & Trips Photo/age fotostock

et se produit essentiellement au Palais royal.

MUSIQUE CONTEMPORAINE

Si les artistes de variétés des années 1960, **Sinn Sisamouth** et **Ros Serey Sothearn**, continuent d'avoir leur public, les nouvelles générations leur préfèrent les styles plus contemporains, pop, hip-hop, punk ou rock revisités à la mode cambodgienne. Parmi les artistes en vogue, vous entendrez sans doute les noms de Dengue Fever (un groupe américain qui chante en khmer), Preap Sovath, Sliten6ix, Cambodian Space Project.

Les arts de la scène

LE BALLET KHMER

La danse classique khmère se caractérise par une **gestuelle des mains**, lente et gracieuse, qui tient lieu de langage. L'éventail des postures – chacune porte une signification – permet aux danseuses d'exprimer toute la palette des sentiments : amour, désespoir, colère… Un orchestre accompagne les évolutions, tandis qu'un chœur de femmes se charge de commenter l'intrigue.
Issue des *mudra* (yoga des doigts), la gestuelle a été codifiée au 9e s., lors de l'avènement de la dynastie angkorienne. Dès le règne de Jayavarman II (802-835), la danse devient un **art sacralisé**, qui anime les cérémonies du Palais. L'aura des **apsara**, ces créatures célestes qui scandent l'imaginaire des temples d'Angkor, habite les danseuses, considérées comme les messagères du roi auprès des dieux. Dans la tradition hindoue, ce mélange de grâce et de technicité, exprimant la féminité la plus parfaite, est aussi le reflet de la beauté divine.
Les légendes anciennes, porteuses des valeurs traditionnelles et des **mythes fondateurs** du peuple khmer, inspirent les chorégraphies : la rencontre de l'*apsara* Merâ et du prince Kambu *(voir p. 103)*, les amours de Preah Thong et Neang Neak *(voir p. 62)*, le *Reamker (voir p. 96)* appartiennent au répertoire classique.

Quatre personnages apparaissent de façon récurrente : **Neang** la femme, **Neayrong** l'homme, **Yeak** le géant et **Sva** le singe ; ils se distinguent par leur costume, leur maquillage, leur masque et leurs couleurs spécifiques.

À l'époque angkorienne régnait une grande liberté en matière vestimentaire. L'occupation siamoise y mit un terme en imposant un costume plus couvrant, richement garni de bijoux, auquel s'ajoute la lourde coiffe d'or. La danse khmère y a gagné un hiératisme et une rigueur qu'elle ne possédait pas jusque-là. Jusqu'à l'Indépendance, le ballet se produisait exclusivement dans l'enceinte du Palais. La troupe fut presque entièrement décimée par les Khmers rouges. Norodom Sihanouk et sa mère, la reine Kossamah, ont pu la ressusciter avec l'aide d'une danseuse étoile, la princesse **Bopha Devi**, fille de Sihanouk et demi-sœur du roi actuel. Ses efforts en matière de défense et de promotion ont permis, en 2008, d'inscrire la discipline comme **Patrimoine immatériel de l'humanité** auprès de l'Unesco.

LE REAMKER, OU RAMAYANA KHMER

Par maints aspects, le *Reamker (La Renommée de Rama)*, version khmérisée du *Ramayana* indien, s'écarte de la légende brahmanique originelle. Plus concis, débarrassé des digressions d'ordre religieux, il comporte trois parties et un épilogue *(voir encadré ci-dessous)*. Il réunit trois groupes de personnages : les humains, les *yaks* (démons) et les animaux (dont les singes). Cette version épurée donne plus de poids à Hanuman, roi des singes, et à Neang Maccha, la sirène. Dans le *Reamker*, les attributs divins de Rama, réincarnation de Vishnou dans le panthéon brahmanique, s'estompent pour laisser place à un héros plus prosaïque, davantage

LE REAMKER DANS SES GRANDES LIGNES

Principaux personnages : **Preah Ream** (Rama), sa femme **Neang Seda** (Sita), son frère **Preah Lak** (Lakshmana), **Hanuman**, chef de l'armée des singes et turbulent vassal de Preah Ream.

L'intrigue : **Krong Reap** (Ravana), roi de Lanka, le royaume des géants, cherche à séduire la belle Neang Seda et s'affronte à Preah Ream, pour qui **Surpanakhar**, sœur de Krong Reap, nourrit de tendres sentiments. Pour venger Surpanakhar, à qui Preah Ream, refusant ses avances, avait coupé l'oreille et le nez, Krong Reap kidnappe Neang Seda. Les deux frères doivent maintenant récupérer la belle. Ils viennent d'abord en aide au roi des Singes, **Sukreep** (Sougriva), qui a mandé leurs services pour éliminer son rival, **Pali Thirat** (Vali) et récupérer son trône. En remerciement, Sukreep met son armée de singes à la disposition d'Hanuman afin qu'il aille délivrer Neang Seda à Lanka. Arrivé devant l'île, Hanuman fait la connaissance de **Neang Maccha** (Sovanna Maccha), la jolie sirène, fille de Krong Reap et chargée par lui de déjouer les plans d'Hanuman. Les deux protagonistes tombent éperdument amoureux, si bien que Neang Maccha, écoutant son cœur, choisit de changer de camp. Une fois Neang Seda délivrée, Preah Ream retourne avec elle dans sa capitale d'Ayodhya. Il se met à douter de la fidélité de sa femme et l'oblige à subir l'épreuve du feu. S'ensuit l'exil de la reine, qui donne lieu, dans la troisième partie du *Reamker*, à une description des vicissitudes conjugo-familiales. L'épilogue narre des guerres de vengeance entreprises par les descendants des deux héros.

PHARE, LES ARTS DU CIRQUE REVISITÉS

Derrière le flamboyant chapiteau se cache une dynamique ONG cambodgienne basée à Battambang : **Phare Ponleu Selpak**, créée en 1994. Grâce à son action, des centaines d'enfants issus de milieux défavorisés ont pu accéder à l'éducation et s'épanouir à travers les arts de la scène. La salle ressemble à n'importe quelle arène de cirque, mais la représentation transporte le spectateur dans d'autres sphères. Ici, les arts traditionnels du cirque revisitent la culture khmère à travers une histoire et une mise en scène ultramoderne, le tout sur fond musical traditionnel. Le rythme est enlevé, les performances de haut niveau. À voir absolument.

www.phareps.org ; voir aussi « Nos adresses à Siem Reap », p. 227 et « Nos adresses à Battambang », p. 244.

lié au monde des mortels qu'à celui des dieux.

Dans le *Ramayana*, la « marche de Rama » incarne la marche divine, entre terre et ciel, au travers des péripéties humaines. Le *Reamker* n'a pas la même signification : il met en exergue la gloire (ou renommée) que Rama léguera à la postérité. Sa « marche » est une histoire jalonnée d'événements dramatiques, à l'échelle terrestre. Tout au long de l'intrigue, Preah Ream et Neang Seda, les deux héros, montrent une détermination inébranlable pour faire triompher leur idéal du juste et du vrai ; un idéal qui reçoit l'approbation des dieux dans l'épilogue. En ceci, le *Reamker* est porteur d'un message universel. L'épopée, abondamment représentée dans les bas-reliefs d'Angkor et sur les fresques des pagodes, sert de trame aux spectacles donnés par le ballet classique et par le grand théâtre d'ombres.

LE THÉÂTRE D'OMBRES

Le **grand théâtre d'ombres** *(sbek thom)* est inscrit par l'Unesco au Patrimoine culturel immatériel de l'humanité depuis 2008. Considéré comme un art sacré, il met en scène de grandes marionnettes non articulées, qui s'animent devant ou derrière un écran illuminé, grâce à la **gestuelle** et aux pas de danse des marionnettistes.

L'interprétation du *Reamker*, accompagnée d'un orchestre et de narrateurs, nécessite l'emploi de 154 marionnettes. Ces dernières (les plus hautes mesurent 1,60 m) sont taillées d'un seul tenant dans une pièce de cuir qui, une fois ciselée, sera peinte puis fixée sur deux tiges de bambou pour permettre au danseur de la manipuler.

À l'époque angkorienne, les représentations ne se donnaient que pour les grandes fêtes. Dédiées aux divinités, elles faisaient partie d'un rituel destiné à faire tomber la pluie. Aujourd'hui, le grand théâtre d'ombres n'est plus un art palatin, mais ses représentations n'ont rien perdu de leur dimension rituelle.

Les Khmers rouges ont porté un coup fatal à cette discipline tombée en désuétude après l'Indépendance. À Siem Reap, une troupe a pu se reformer, grâce à une poignée de marionnettistes rescapés qui se chargent de transmettre leur art à de jeunes danseurs.

Dérivé des anciennes formes indienne et malaise, le **petit théâtre d'ombres** *(ayang)* s'est institutionnalisé au 9e s. Contrairement au grand théâtre, les marionnettes utilisées sont **articulées**. Le scénario, nourri par des improvisations multiples, s'écarte des sentiers du Palais pour s'intéresser aux préoccupations villageoises. Il a plutôt une audience dans les campagnes.

Cinéma

Voir aussi la rubrique « Filmographie », p. 42.

L'industrie cinématographique au Cambodge a pris son essor sous l'impulsion du roi **Norodom Sihanouk** dans les années 1950. Le roi fut en effet l'un des réalisateurs les plus prolifiques de son époque, n'hésitant pas à se mettre lui-même en scène dans ses œuvres et à y faire figurer ses proches. Il compte à son actif une cinquantaine de fictions et de documentaires dont *Apsara* (1966), *Ombre sur Angkor* (1967) et *Rose de Bokor* (1969), des œuvres considérées comme mineures en Occident, mais qui constituent un précieux témoignage sur le Cambodge des années 1960.

Le monarque insuffle un formidable élan artistique et, pour le cinéma cambodgien, commence alors un **âge d'or**. Entre 1960 et 1975, quelque 350 films sont produits. La plupart mettent en scène des légendes khmères au charme désuet, relatant les aventures de personnages humains ou semi-divins évoluant au milieu d'êtres surnaturels. Au nombre des films importants de cette période, il faut citer *Au revoir Duong Dara* et *La Fille serpent* de Tea Lim Kun ainsi que *Sapp Seth* (1965), *Le Roi Puthysen* (1968) et *Khmer After Angkor* de Ly Bun Yim.

L'arrivée des Khmers rouges, puis des Vietnamiens, porte un coup fatal à l'industrie du film. Les réalisateurs et les acteurs des années 1960 se sont tous exilés ou ont été tués. Il ne reste quasiment rien des anciens négatifs et copies.

Depuis les années 2000 s'amorce une lente reprise de la production. **Fay Sam Ang** signe *La Fille du roi-serpent* (2001), remake d'un grand classique des années 1960 et premier long métrage à voir le jour après les années sombres. Délaissant les canons d'autrefois, il réalise *Tum Teav* (2003), adaptation d'une œuvre littéraire classique qui relate une tragique histoire d'amour. *A Mother's Heart* (2005), drame social et familial réalisé par **Pan Phuong Bopha**, l'une des rares femmes cinéastes au Cambodge, invite les arts cinématographiques à explorer d'autres thématiques. **Davy Chou** incarne le renouveau du cinéma cambodgien avec son magistral *Sommeil d'or* (2011), qui fait revivre la mémoire des films produits entre 1960 et 1976, avant leur destruction par le régime de Pol Pot.

La figure emblématique du cinéma contemporain s'appelle **Rithy Panh**. Cet ancien étudiant de l'Idhec (Institut des hautes études cinématographiques, Paris) a entrepris d'explorer la mémoire collective à travers son cinéma documentaire. Son premier long métrage, *Les Gens de la rizière* (1994), porte un regard tendre et authentique sur le Cambodge ; il a été présenté au Festival de Cannes. Après avoir consacré plusieurs films au génocide perpétré par les Khmers rouges, dont *S-21, la machine de mort khmère rouge* (2003), *Bophana, une tragédie cambodgienne* (1996) et *Duch, le Maître des forges de l'enfer* (2011), il réalise *L'Image manquante* (2013), qui a obtenu à Cannes le prix « Un certain regard ». La mission que s'est assignée Rithy Panh, selon ses propres mots, est de rendre à ses compatriotes la mémoire patrimoniale, en leur donnant les outils nécessaires pour analyser le passé. Il s'est également intéressé à l'œuvre de Marguerite Duras, dont il a fait une adaptation, *Un barrage contre le Pacifique* (2009).

La Dernière Bobine (2014), réalisé par **Kulikar Sotho**, traite également de la reconstruction de la mémoire collective, à travers le regard d'une

Mise en scène du *Reamker*, représentation de théâtre masqué.
S. Rebordo/VW PICS/World Pictures/age fotostock

adolescente confrontée au silence de ses aînés.
Aujourd'hui, ce cinéma d'auteur naissant tente d'exister au sein d'une industrie locale plus encline à réaliser des films de kung-fu sur le modèle des productions de Hong Kong, de Taïwan ou de la Thaïlande dont raffolent les Cambodgiens.

Littérature

Voir aussi la rubrique « Bibliographie », p. 40.
Le patrimoine littéraire cambodgien a lui aussi été anéanti durant la période khmère rouge : bibliothèques incendiées, écrivains persécutés… En 1979, il ne restait que quatre ou cinq auteurs survivants, et toute une mémoire à reconstruire. Cette littérature qui tente de renaître de ses cendres est encore très peu traduite en français.

DES SOURCES INDIENNES AU MESSAGE BOUDDHIQUE

Issue des traditions indiennes, la littérature antique s'est étroitement mêlée aux récits du terroir, transmis oralement : de vieux **contes populaires** empruntent leurs personnages à la mythologie brahmanique, tandis que les plus célèbres épopées de l'Inde prennent un caractère local ; le *Reamker (voir encadré p. 96)* est la plus belle illustration de cette fusion culturelle.
Au 15e s., une page se tourne. Le sanskrit est abandonné au profit du **pali**, la langue sacrée du bouddhisme theravada, dont le message va imprégner toute la production littéraire. Les textes du canon pali *(voir p. 372)* donnent lieu à des traductions et à des commentaires en khmer, que des bonzes copistes transcrivent sur des feuilles de latanier (un palmier se déployant en éventail). Les bibliothèques des monastères conservent également les **cpâp**, ou codes de conduite, qui règlent la spiritualité du peuple comme celle des rois, et permettent de transmettre la sagesse des ancêtres d'une génération à l'autre.
Les divers types d'écrits (romans, contes et chansons)

témoignent de la richesse de la littérature cambodgienne. Ce sont des textes-fleuves, le plus souvent versifiés, qui mettent en scène des héros surnaturels et princiers. Le chef-d'œuvre du genre est le roman de *Vorvong et Saurivong*, d'une grande finesse psychologique, imprégnée de sagesse bouddhique.

Les **contes populaires**, longtemps transmis oralement avant d'être recopiés sur des feuilles de latanier, constituent un autre trésor, qui documente toutes les couches de la société khmère ancienne. Vieux fonds de connaissances transmises de bouche à oreille, somme des réappropriations du fait religieux et des légendes d'origine indienne : ainsi s'échafaude la littérature khmère pendant des siècles.

LITTÉRATURE MODERNE

Une littérature traitant des thèmes classiques sur un ton plus contemporain commence à se développer à l'époque du Protectorat français, mais il faudra attendre l'indépendance du pays (1953) pour que la littérature nationale soit enfin intégrée dans le cursus scolaire. **Rim Kin** (1911-1959), qui signe son premier roman, *Sophat*, en 1938, est considéré comme le fondateur de la littérature khmère moderne. **Nou Hach**, avec son roman *Fleur fanée*, figure également parmi les écrivains avant-gardistes, qui tentent de faire de leurs textes un reflet de la réalité sociale, hors du cadre habituel des palais et des monastères.

La Rose de Pailin, considéré comme une œuvre majeure de l'époque, paraît en 1943. Son auteur, **Nhok Thaem**, spécialiste du pali et du bouddhisme, s'est aussi fait connaître par la rédaction d'ouvrages savants.

Dans les années 1980-1990, une littérature rédigée par des auteurs expatriés (Biv Chhay Lieng, Chuth Khay, Duong Ratha, Loung Ung) se met à témoigner de la vie sous le joug des Khmers rouges. **Soth Polin** est l'un de ceux qui ont choisi l'exil. Inspiré par Freud, Nietzsche, Mishima et la philosophie bouddhique, il signe une œuvre audacieuse, un brin provocatrice : *Aventurier à la dérive* (1969), *Je ferai tout… tout ce que tu me diras de faire* (1969), *La Mort dans l'âme* (1973). Son titre le plus abouti, *L'Anarchiste*, compile deux textes, l'un rédigé en 1967 à Phnom Penh, le second dix ans plus tard, alors qu'il est devenu chauffeur de taxi à Paris.

Au Cambodge même, la nouvelle génération d'hommes de plume bénéficie du soutien de l'**Association des écrivains khmers** qui s'est donné pour mission de consolider et de promouvoir la littérature cambodgienne.

Une seconde association, **Écrivains de la jeunesse khmère**, a été fondée en 2007 par de jeunes

PARLER FRANÇAIS AU CAMBODGE

L'attachement au français est davantage lié à l'histoire qu'à une nécessité économique. Les aînés considèrent la langue de Molière comme le symbole de la présence occidentale au Cambodge. Avec l'incroyable progression de l'anglais, elle peine aujourd'hui à trouver sa place. L'Université royale des sciences de la santé, à Phnom Penh, continue de dispenser ses cours en français. Quelques enseignes de ministères ou d'institutions étatiques sont toujours écrites en français. La famille royale et certains politiciens sont attachés à sa pratique, mais dans la rue, pour les échanges avec les visiteurs étrangers, c'est désormais l'anglais qui domine les conversations.

auteurs qui se servent de la blogosphère pour faire connaître leurs nouvelles et poèmes.
Un dynamisme qui semble payer : **Suong Mak**, auteur de nombreux écrits, a obtenu un succès d'estime en 2010 lors de la sortie de son roman *Boyfriend*, qui traite de l'homosexualité dans la société actuelle.

Langue

Voir aussi « Lexique », p. 546.
Le **khmer** fait partie de la famille des langues austro-asiatiques et plus précisément du groupe môn-khmer. Il s'écrit avec un système syllabique emprunté à l'Inde du Sud, qui a également donné naissance aux écritures siamoise et laotienne.
Cette **langue non tonale** (contrairement au vietnamien et au thaï ou au lao) compte environ 13 millions de locuteurs : le khmer est parlé au Cambodge par 90 % de la population, mais aussi par les Khmers Surin (Thaïlande du Nord-Est) et par les Khmers Krom, dans le delta du Mékong (Vietnam).
Son lexique comporte un fonds originel môn-khmer, mais aussi des emprunts au sanskrit et au pali, les langues anciennes de l'Inde, et, dans une moindre proportion, au français et à l'anglais. C'est une langue concrète, riche en mots usuels mais pauvre en termes abstraits, si bien que le vocabulaire fait défaut quand la conversation s'oriente hors des sphères du quotidien. Pour exprimer des concepts administratifs, philosophiques ou scientifiques en langue khmère, il faut maîtriser la sémantique du sanskrit et du pali : peu de Cambodgiens possèdent ce bagage.
En revanche, le khmer possède l'un des systèmes vocaliques les plus riches au monde. L'unité de base n'est pas le caractère alphabétique mais la **syllabe**, le nombre des possibilités phonologiques s'élevant à 600.
L'**alphabet** khmer comporte 33 consonnes, se subdivisant en deux groupes ; 24 voyelles simples, qui peuvent avoir deux prononciations différentes selon le groupe de consonnes auquel elles sont associées, et 15 voyelles dites autonomes. Lorsqu'une syllabe contient deux ou trois consonnes, son premier caractère est modifié par l'ajout de « pieds » et de « cheveux » correspondant aux deux autres consonnes, notées comme des accents, mais qui peuvent rejoindre la ligne et donc se combiner au premier caractère. Sans compter les voyelles qui, selon leur nature – longue ou brève –, peuvent être doublées. De plus, aucun espace ne s'intercale entre les mots… Les Français ont essayé, dans le courant du 20e s., de latiniser cette écriture, mais ont dû y renoncer devant l'hostilité manifestée par les bonzes.
Le khmer a une **grammaire** très simple, dépourvue de conjugaison, de temps, de genre, de nombre, d'article et de pronom.
Les multiples registres de la conversation obligent à adapter son langage selon le statut social de son interlocuteur (membre de la famille royale, supérieur hiérarchique, subordonné, bonze, etc.) ou le degré familial (ami, parent, aîné). Là où le français se limite au tutoiement ou au vouvoiement, le khmer utilise une infinité de formules avec chacune son vocabulaire associé.

Histoire

Pris en tenaille entre les deux dragons du Sud-Est asiatique, le Siam (Thaïlande) et l'Annam (Vietnam), le Cambodge a dû batailler ferme pour préserver son originalité culturelle et résister aux ambitions de son belliqueux voisinage. Ses traditions écrites, religieuses et royales lui sont venues de l'Inde, mais une identité spécifiquement khmère commence à se développer au tout début de notre ère. Elle va trouver son accomplissement dans un mode de gouvernance politico-religieux, dont le site d'Angkor est le témoin extraordinaire. Les heures les plus tragiques ont la couleur du sang versé sous les Khmers rouges, au nom d'une idéologie niant l'individu et toute forme de civilisation. Aujourd'hui, le Cambodge a retrouvé le sourire, mais il n'a pas fini de panser ses plaies.

Les premiers royaumes

On ne sait pratiquement rien de la préhistoire du Cambodge. Il semble que les premiers occupants soient des peuplades de type australoïde, infiltrées par des groupes « indonésiens ». Vers 3000 av. J.-C., elles sont repoussées dans les montagnes par des tribus môns, qui ont colonisé un territoire compris entre les deltas de l'Irrawaddy (actuelle Birmanie) et du Mékong (Vietnam). De nouveaux arrivants appartenant à la même souche ethnolinguistique, les Khmers, se mêlent aux Môns, mais l'entrée du Cambodge dans l'histoire demeure auréolée de mystère.

LE ROYAUME DU FUNAN

Du 1er au 6e s.

Au début de notre ère, et ce jusqu'au milieu du 6e s., les **annales chinoises** font mention du royaume du Funan, qui se développe dans le bassin inférieur du Mékong et peut-être le long du golfe du Siam et d'une partie de la péninsule malaise. Bien que présenté comme un vassal de la Chine, le Funan semble avoir eu plus de rapports avec l'Inde, du fait de sa situation privilégiée sur les routes du commerce maritime.

Le négoce international fait la prospérité du royaume : son grand port, Oc Eo (dans l'actuelle province d'An Giang, au Vietnam) commerce avec Rome, l'Iran, l'Inde et la Chine.

Le **Funan s'indianise** peu à peu au contact des marchands du sous-continent, qui introduisent parmi les populations locales les éléments les plus nobles de leur **civilisation** : l'usage du sanskrit, le brahmanisme puis le bouddhisme. La Cour royale et les fonctionnaires pratiquent le brahmanisme, tandis qu'un bouddhisme teinté d'animisme développe son audience auprès du peuple. Ces nouvelles valeurs religieuses coexistent en effet avec les pratiques anciennes, qui vouent un culte aux esprits *(voir p. 78)* depuis des temps reculés.

Les croyances indiennes accordent une primauté aux trois figures de la **Trimurti**, **Brahma**, **Vishnou** et **Shiva**, qui incarnent les trois aspects de

NAISSANCE DU FUNAN ET DU CAMBODGE

Plusieurs légendes documentent les origines du Cambodge. Dépourvues de valeur historique, elles ont cependant le mérite de mettre en relief la forte empreinte intellectuelle du sous-continent indien. L'une d'elles raconte comment un songe divin pousse le brahmane Kaundinya à s'embarquer en mer. Au terme d'un long périple, il parvient dans une contrée noyée sous les eaux et gouvernée par un Naga (roi serpent). La fille du roi, la princesse Soma, part à sa rencontre à bord d'une barque quand elle est prise pour cible par Kaundinya et son arc magique. La frêle embarcation chavire. Effrayée mais conquise, la princesse accepte de convoler en justes noces. Pour doter convenablement sa fille, le roi serpent se met à assécher des terres en buvant les eaux qui les recouvrent, jusqu'à faire émerger une contrée fertile qu'il destine au jeune couple. Ainsi naît le **Funan**...

Une autre légende célèbre, concernant cette fois le royaume du Tchen-la, attribue la naissance du Cambodge à un ascète indien, Kambu, qui se vit offrir par Shiva une nymphe divine, Merâ. De leur union naquit le **Kambuja**, dont la traduction signifie « nés de Kambu ».

Ces légendes ont une ossature commune : le héros, porteur d'une civilisation étrangère, est un homme venu de l'Inde qui va lier son destin à une créature fabuleuse, symbolisant tantôt la lune, tantôt le soleil (ce détail aura son importance dans les règles de succession khmères, qui font alterner sur le trône des rois de lignée lunaire ou solaire). C'est aussi une allégorie des grands chantiers d'irrigation, initiés par les premiers souverains du Funan pour mettre en valeur les zones marécageuses du delta du Mékong.

la puissance divine : création, conservation et destruction de l'univers. Tout en admettant cette conception trinitaire, les adeptes peuvent choisir de vénérer plus particulièrement l'un ou l'autre de ces dieux dans leurs dévotions personnelles. Le shivaïsme est la religion la plus répandue. Certains souverains professent le vishnouïsme, et des temples dédiés à Vishnou se construisent aux abords d'**Angkor Borei**, qui semble avoir été la dernière grande capitale du Funan.

LE TCHEN-LA, PREMIER ROYAUME KHMER

Du 6e au 8e s.

Toujours selon les historiens chinois, le déclin du Funan se serait produit au cours du 6e s. avec l'émergence d'un royaume lui aussi indianisé : le **Tchen-la**, dont le berceau se situerait dans la région de Vat Phu (province de Champasak, sud du Laos).

Tout oppose le littoral cosmopolite du Funan et ces hautes terres du moyen Mékong où se dessinent les prémices de la civilisation khmère. Le processus d'assimilation trouve une première expression dans l'épigraphie de l'époque, rédigée en deux langues : le sanskrit, langue culturelle de l'Asie indianisée, et le khmer ancien, qui se sert d'un alphabet importé du sud de l'Inde. Les pratiques religieuses dominantes vouent un culte à **Harihara**, divinité mi-Vishnou (Hari), mi-Shiva (Hara).

Vers le milieu du 6e s., les rois du Tchen-la assujettissent le Funan. Son souverain le plus puissant, Isanavarman Ier (v. 610-628), fonde une capitale, Isanapura, l'actuelle **Sambor Prei Kuk** (région de Kampong Thom). Les archéologues lui attribuent la construction du « groupe sud » de cette cité. Sa mort entraîne la dislocation de l'empire dont il avait su élargir et pacifier les frontières.

Au début du 8e s., le Tchen-la se scinde en deux : le **Tchen-la de terre** au nord, correspondant au territoire historique, et le **Tchen-la d'eau**, résurgence du Funan, au sud. Morcelé en principautés rivales, ce dernier tombe dans les filets des Malais et des Javanais, qui y assoient leur souveraineté en exilant les princes khmers à **Java**.

La période angkorienne

En 790, un prince khmer revenu de Java, Jayavarman II, entre en scène. Il sera le fondateur de la royauté angkorienne.

LES PREMIÈRES CAPITALES

Du 9e au 10e s.

Hariharalaya (Roluos)

Jayavarman II (802-835) fonde Hariharalaya (actuel Roluos). En 802, avec le concours des brahmanes shivaïtes, il se fait sacrer **çakravartin** (souverain universel ou *devaraja*, roi déifié : *voir p. 84*) au sommet du Mahendraparvata (la « montagne du grand Indra »), l'actuelle Phnom Kulen, au nord d'Angkor, où il transfère momentanément sa capitale. Dans la cosmogonie hindoue, **Indra** est le roi des dieux *(voir « Mythes et divinités hindoues à Angkor », p. 182)*. En plaçant son royaume sous la protection divine, Jayavarman II institue un pouvoir qui fait du roi une émanation de **Shiva**. Le culte royal adopte des cérémonies religieuses spécifiques ; il se déroule devant un **lingam**, symbole de Shiva, dans un sanctuaire niché au sommet d'une montagne ou d'un temple pyramidal. Ce culte confère une légitimité politico-religieuse au roi, divinisé après sa mort, et à ses successeurs. À la fin de son règne, Jayavarman II réinstalle la Cour à Hariharalaya.

Le règne de Jayavarman III, son successeur, a laissé peu de traces. Son cousin, **Indravarman Ier** (877-889) prend sa suite au palais d'Hariharalaya. Il consolide le lien entre religion et royauté en instituant le **culte des ancêtres royaux**. Pour attester sa légitimité généalogique, il fait édifier le temple de Preah Ko, qu'il dédie à Jayavarman II et à ses ancêtres. Il entame la construction du premier temple-montagne, le **Bakong**, et le creusement d'un vaste réservoir inaugurant les futurs grands chantiers hydrauliques des *baray*. Son œuvre servira de modèle aux souverains suivants.

Yasodharapura (Angkor)

Son fils, **Yasovarman Ier** (889-910), déplace la capitale. Quittant Hariharalaya, il fonde une première ville appelée **Yasodharapura**. Pour l'alimenter en eau, il fait creuser le grand bassin du *baray* oriental, puis érige un temple d'État au sommet de la colline du Phnom Bakheng, point de mire de la nouvelle cité. Yasodharapura recevra plus tard le nom d'**Angkor**, dérivé du sanskrit *nagara*, « capitale ». L'influence de ce roi puissant s'étend jusqu'au sud du Laos actuel et au delta du Mékong.

Koh Ker

Angkor est momentanément délaissée lorsque **Jayavarman IV** (928-941) accède au trône et installe la Cour à Koh Ker, à 125 km d'Angkor, où il réside depuis 921. Au noyau monumental déjà présent sur les lieux, il adjoint une pyramide à cinq niveaux, destinée au **lingam royal**, le spectaculaire Prasat Thom. À sa mort, Koh Ker reste encore capitale durant 3 ans. Bien que n'ayant conservé ce statut que 16 ans, elle laisse dans l'histoire une empreinte majeure : les archéologues y ont trouvé des inscriptions épigraphiques qui ont permis d'établir la chronologie

Bas-relief historique sur les galeries du Bayon, Angkor Thom.
P. Tisserand/Michelin

des rois de Jayavarman II à Udayadityavarman II (1050-1066) et apporté un éclairage nouveau sur le culte du *devaraja*. On a par ailleurs retrouvé sur le site des linteaux et des statues au style original, de toute beauté ; beaucoup sont aujourd'hui visibles au Musée national de Phnom Penh.

Retour à Angkor

Sous le règne de **Rajendravarman II** (944-968), Angkor redevient le centre de l'empire. La cité apparaît de plus en plus comme le reflet sublimé des aspirations royales : elle se veut une représentation du monde céleste sur terre, une ville symbolisant la prospérité et l'invulnérabilité de l'empire. Chaque souverain apporte sa pierre, en y édifiant un **temple d'État**, centre du pôle urbain qu'il développe.

L'APOGÉE D'ANGKOR

Du 11e au 13e s.

Le règne de **Suryavarman Ier** (1002-1050) reste comme celui d'un grand administrateur. C'est à lui que revient la fondation de Preah Vihear et du Palais royal, dans l'enceinte duquel se dresse son temple d'État, le Phimeanakas.

Son successeur, **Udayadityavarman II** (1050-1066) doit mater diverses rébellions au cours d'un règne bref, qui lui laisse néanmoins le temps de construire le gigantesque temple du Baphuon.

Le bâtisseur d'Angkor Wat

Une période d'instabilité, liée aux querelles du trône, précède l'un des règnes les plus brillants de l'empire khmer : celui de **Suryavarman II** (1113-1150). L'histoire se souvient surtout de lui comme du bâtisseur d'Angkor Wat, ce joyau de l'art khmer dédié à Vishnou. Grand conquérant, Suryavarman II a gagné son trône de haute lutte, avant de faire connaître à l'empire khmer son extension maximale, des confins birmans au Champa (centre du Vietnam actuel) et du bas Laos au golfe du Siam (Thaïlande actuelle). En 1177, Angkor subit un coup terrible : elle tombe aux mains des Chams, qui détruisent pratiquement tout son tissu urbain.

Le bâtisseur d'Angkor Thom

L'avènement de **Jayavarman VII** (1181-1218) redore le blason de l'empire khmer, qui entre alors dans son âge d'or. Roi bâtisseur par excellence, son nom revient à tout moment dans la visite du parc archéologique d'Angkor.
Après avoir chassé les Chams du territoire, le souverain lance une **politique de grands travaux** d'une ampleur sans précédent. La capitale se couvre de temples : Banteay Kdei, Ta Prohm, Preah Khan, Neak Pean et le **Bayon**, son temple d'État, cœur d'Angkor Thom et centre politico-religieux de la nouvelle cité.
Dans le même temps, Jayavarman VII amorce un tournant religieux. La chute de la capitale lors de l'invasion des Chams avait ébranlé la confiance du peuple dans le système brahmanique, qu'il considérait comme le garant de la sécurité de l'empire. Jayavarman VII convertit ses sujets au **bouddhisme mahayana** (Grand Véhicule, *voir p. 372*) dont il fait la religion d'État. Chacun des monuments qu'on lui doit exprime la foi en la compassion du **bodhisattva Lokeshvara** (Avalokiteshvara), représenté sous son aspect de guérisseur. L'engagement religieux du souverain, profondément bouddhiste, se traduit également par la construction à grande échelle d'hôpitaux et de pavillons longtemps identifiés comme des haltes destinées au repos des pèlerins, sur toutes les routes d'un empire qui s'étend au nord jusqu'à Vientiane (Laos) et à l'ouest jusqu'au cœur de la Thaïlande actuelle.

LA FIN D'ANGKOR

Du 13e au 15e s.
À la mort de Jayavarman VII, l'empire khmer se délite.
À l'intérieur de ses frontières, grignotées par les pertes territoriales, règne la plus grande confusion. Profondément antibouddhiste, **Jayavarman VIII** (1243-1295) réhabilite le culte de Shiva et ordonne la destruction systématique des statues de Bouddha. Écrasé de labeur sur les gigantesques chantiers qu'exigent la construction et l'entretien des temples brahmaniques, le peuple se révolte.

Retour au bouddhisme

Les rébellions successives portent sur le trône **Sindravarman** (ou **Indravarman III**, 1295-1307) qui impose le **bouddhisme theravada** (Petit Véhicule) comme religion officielle. Dans les inscriptions comme dans le culte, le pali remplace désormais le sanskrit. La nouvelle foi éclipse définitivement le brahmanisme, chez le peuple aussi bien qu'à la Cour.
L'adoption du theravada a pour autre conséquence d'ébranler les structures sociales et spirituelles sur lesquelles repose le culte royal. Avec le déclin de l'idéologie brahmanique, c'est tout un système, basé sur le labeur collectif en tant que soutien des institutions monarchiques, qui s'écroule. En termes de civilisation, l'empire angkorien s'achemine vers sa fin.

Menaces extérieures

Hors les frontières, de nouvelles menaces se précisent. En 1285, les Mongols de Kubilai Khan tentent de conquérir l'empire khmer, qui se contente de payer un tribut. Les pressions les plus fortes viennent du **royaume d'Ayutthaya**, dans le bassin du Ménam (Siam), qui montre des visées expansionnistes. Les Siamois saccagent une première fois Angkor en 1352, puis à nouveau entre 1393 et 1404, avant de lui porter un coup fatal en 1431.
Ces destructions s'ajoutent sans doute à un ensemble d'**autres facteurs** qui ont contribué à précipiter la chute de l'empire :

Le temple de Preah Vihear, au cœur des rivalités

Les disputes frontalières entre la Thaïlande et le Cambodge à propos du **temple de Preah Vihear** *(voir p. 277)*, joyau angkorien daté du 11e s., ont à maintes reprises failli dégénérer en un conflit armé. Ce contentieux cristallise un ressentiment mutuel enraciné dans les méandres de l'histoire… Un peu comme de vieilles blessures qui refusent de cicatriser.

LES ORIGINES DU CONFLIT

La Thaïlande appuie ses revendications sur l'héritage historique. À l'époque de la fondation du royaume d'Ayutthaya (1350-1782) et de sa montée en puissance, les terres disputées appartenaient à son territoire. Le Cambodge fait quant à lui prévaloir les pages de la splendeur khmère : entre le 9e et le 14e s., l'empire khmer dominait le Siam et englobait de vastes portions de son territoire actuel dans les limites de ses frontières. D'où les tensions récurrentes entre les deux pays, chacun gardant en mémoire le souvenir des subordinations successives.

LE CAMBODGE, GARDIEN OFFICIEL DU TEMPLE

Le temple a été officiellement attribué au Cambodge, voilà plus d'un siècle, lors de la signature d'une convention franco-siamoise (1904), ratifiée par le traité du 23 mars 1907. Nonobstant cet arrêté, les forces thaïlandaises occupent les lieux en 1954, juste après l'indépendance du Cambodge. En 1962, Phnom Penh et Bangkok portent l'affaire devant la **Cour internationale de justice** (CIJ). Celle-ci statue en faveur du Cambodge et la Thaïlande reçoit l'ordre de retirer ses troupes.

La question du temple reste en sommeil jusqu'en 2008, date à laquelle le Cambodge parvient à faire classer le site au Patrimoine mondial de l'Unesco, réveillant les vieux démons des deux côtés de la frontière. Entre 2008 et 2011, huit **affrontements** opposent le Cambodge et la Thaïlande dans cette zone, celui de 2011 s'avérant le plus meurtrier.

Ce n'est pas le monument que la Thaïlande revendique à cor et à cri, mais plutôt une zone de 4,6 km^2, en contrebas des ruines, dont elle contrôle les principaux accès routiers. Fin 2013, la CIJ confirme la **souveraineté du Cambodge** sur toute la superficie du promontoire de Preah Vihear.

UNE ARME POLITIQUE

En Thaïlande, l'affaire du temple de Preah Vihear a été politiquement récupérée et utilisée comme une arme contre les opposants au régime en place. En 2006, à Bangkok, le temple sert de prétexte pour évincer du pouvoir le Premier ministre Thaksin et ses alliés politiques. Le conflit de 2011 tombe à pic pour les généraux thaïlandais, qui peuvent ainsi justifier leur hégémonie dans la vie politique du pays, à la veille d'élections législatives cruciales. Les militaires, qui craignent le retour au pouvoir des sympathisants de Thaksin, considérés comme favorables aux intérêts cambodgiens, se donnent pour mission de participer à la victoire d'un pouvoir ouvertement hostile au Cambodge. En 2010, Thaksin, réfugié au Cambodge, se voit proposer un poste de conseiller économique par Hun Sen, envenimant des relations déjà tendues entre les deux pays.

les chercheurs évoquent l'hypothèse de graves sécheresses à la suite desquelles les récoltes de riz auraient été insuffisantes, peut-être suivies d'inondations catastrophiques qui auraient mis à mal les systèmes d'irrigation. Toujours est-il qu'Angkor est abandonnée.

La période post-angkorienne

Fuyant la région d'Angkor, la royauté installe la Cour dans des capitales méridionales, moins exposées : Chaktomuk, Lovek, puis Oudong et Phnom Penh.

SOUS LA COUPE DES SIAMOIS ET DES ANNAMITES

Du 15e au 19e s.

À maintes reprises, durant les 15e et 16e s., le Siam préside aux destinées du royaume khmer, réduit en vassalité et miné par d'incessantes querelles de palais.

Chaktomuk, nouvelle capitale

En 1434, la Cour se transporte à Chaktomuk, l'actuelle Phnom Penh. Au début de son règne, **Ang Chan Ier** (1515-1566) se rapproche des **Portugais**, qui ont fondé en Extrême-Orient un puissant empire maritime où, avec les navigateurs espagnols, ils contrôlent le lucratif négoce des épices. Les Portugais lui fournissent des armes modernes et puissantes qui lui permettent, en 1525, d'anéantir l'armée siamoise près d'Angkor ; en mémoire de cette bataille, l'endroit portera désormais le nom de **Siem Reap**, littéralement « Siamois terrassés ».

Éphémère Lovek

En 1528, le roi déplace sa capitale à Lovek, située sur la rivière Tonlé Sap, à 50 km de Phnom Penh, et jugée plus sûre. C'est à cette époque que les premiers Européens – commerçants et missionnaires espagnols et portugais – s'installent au Cambodge. Le roi **Satha Ier** (1576-1594) demande l'aide de l'Espagne pour éliminer la menace siamoise et s'emparer du Champa. Mais, en proie aux épidémies et à une sévère disette, le royaume ne trouve pas la force de résister aux assauts siamois, qui se soldent par la **prise de Lovek** en 1594. La capitale est rasée, ses archives brûlées, la mémoire khmère vouée aux gémonies.

Oudong

Dans le royaume khmer, le Siam continue d'imposer sa loi. Pour desserrer l'étau, **Chey Cheta II** (1618-1627) installe sa capitale à **Oudong**, à une dizaine de kilomètres de Lovek désormais détruite ; il prend pour épouse une princesse annamite, dans l'espoir de s'assurer la protection militaire des princes Nguyen, établis à Hué. Ces derniers, qui viennent d'écraser le Champa, profitent de l'aubaine pour amorcer leur « marche vers le sud » en fondant des comptoirs à Prey Nokor (la future Saïgon) et en facilitant l'immigration de leurs sujets dans le delta du Mékong, qui fait alors partie du territoire khmer.

Un royaume étranglé

Le royaume se trouve désormais pris en tenaille entre les deux grandes puissances régionales du moment. L'anarchie règne, les prétendants au trône s'entre-déchirent dans d'interminables querelles de succession, les uns s'alliant au Siam, les autres aux Annamites. Le royaume khmer se voit obligé d'**abandonner des provinces**. Entre 1715 et 1757, il perd le delta du Mékong, cédé dans sa totalité aux Annamites ; entre 1794 et 1813, ce sont les provinces du Nord qui passent dans l'escarcelle des Siamois.

La rétrocession des provinces de l'Ouest (traité franco-siamois de 1907) illustrée au Wat Phnom.
P. Tisserand/Michelin

Occupé et dépecé par les deux protagonistes, le royaume khmer cesse même, au milieu du 19e s., de fonctionner comme une entité politique.

DÉBUT DU PROTECTORAT FRANÇAIS

De 1847 à 1939
Avec le consentement des Siamois et des Annamites, **Ang Duong** (1841-1860) se fait couronner à Oudong. Le nouveau roi n'ignore pas que ses voisins le considèrent comme un pion sur l'échiquier régional. Son regard se tourne vers la France, dont il espère l'appui pour sortir du chaos : les forces françaises se trouvent en effet aux portes du territoire, s'étant emparées de la Cochinchine (delta du Mékong) en 1858.
En 1863, les canonnières françaises forcent le successeur d'Ang Duong, **Norodom Ier** (1860-1904), à signer un **traité de protectorat**. En échange de la reconnaissance de ce nouveau statut, la France abandonne au Siam la jouissance des provinces de Battambang, Sisophon et Siem Reap. En 1866, **Phnom Penh** devient la capitale du royaume khmer.

L'appropriation du territoire

Petit à petit, les Français procèdent à une administration directe du pays. En 1907, le Protectorat obtient du Siam la restitution des provinces perdues. Il s'attache aussi à développer l'économie locale, en introduisant l'hévéaculture, le poivre, l'exploitation des forêts et en construisant des voies de communication intérieures – routes, voie ferrée entre Phnom Penh et la frontière siamoise. La création de l'**École française d'Extrême-Orient** (EFEO, 1898) contribue à faire découvrir la civilisation khmère et les temples d'Angkor à l'Occident.

Des réactions mitigées

En neutralisant les convoitises des deux grands voisins, qui ont failli absorber le royaume khmer, le Protectorat apporte à celui-ci la **stabilité** qui lui a si longtemps fait défaut. En revanche, il s'aliène la population khmère, qui l'accuse

de favoriser les Annamites. En effet, les instances françaises misent tout leur développement dans la péninsule indochinoise sur l'Annam. En conséquence, elles dirigent le Cambodge depuis Hanoï, confiant les postes importants pour la gestion du territoire à des fonctionnaires annamites.
La décision de rattacher définitivement à l'Annam la colonie de Cochinchine puis l'île de Phu Quoc, au large de Kampot, deux régions qu'englobait l'empire khmer, est perçue comme une véritable trahison. Ce contentieux territorial continue de nos jours d'empoisonner les relations entre le Vietnam et le Cambodge, avec la douloureuse question des Khmers Krom *(voir p. 50)*.

L'OCCUPATION JAPONAISE

De 1939 à 1954
Lorsque la Seconde Guerre mondiale éclate, l'armée japonaise pénètre au Cambodge et y stationne, avec l'accord du gouvernement de Vichy. En échange du droit d'utiliser les aéroports français d'Indochine, la France conserve son autorité coloniale. Du côté thaïlandais se forme le mouvement khmer **Issarak**, qui se bat pour l'indépendance du Cambodge. Durant la **guerre franco-thaïlandaise** (1940-1941), ses combattants épaulent la Thaïlande (nouveau nom du Siam depuis 1939) en harcelant les avant-postes français. En 1941, une victoire navale remportée lors de la bataille de Koh Chang donne l'avantage à la France, mais le Japon l'oblige à rétrocéder à la Thaïlande les provinces de Battambang, de Sisophon et de Siem Reap lors de la signature du traité de paix (mai 1941). Cette même année, les autorités françaises mettent sur le trône le jeune **Norodom Sihanouk** (1941-1955 puis 1993-2004), dans l'intention secrète de profiter de son inexpérience. En mars 1945, un ultime coup d'éclat militaire place toute l'Indochine sous le contrôle japonais.
Quand la Seconde Guerre mondiale prend fin, avec la capitulation du Japon en septembre 1945, le général Leclerc rétablit l'autorité française en Indochine et oblige la Thaïlande à rendre les provinces annexées. En 1947, la nouvelle Constitution du royaume institue un régime de monarchie parlementaire, qui obtient l'autonomie interne, puis l'**indépendance** en 1953. Celle-ci, entérinée par les **accords de Genève** en 1954, met fin au colonialisme français en Indochine.

Après l'indépendance

Comme au Laos et au Vietnam, les années qui suivent la fin de l'Indochine sont marquées par la formation de nouvelles entités politiques. Elles vont se déchirer en d'âpres luttes pour se réapproprier le territoire et négocier de nouvelles alliances stratégiques avec les grandes puissances du moment.

SIHANOUK AUX COMMANDES

De 1955 à 1975
En 1955, Norodom Sihanouk abdique en faveur de son père, Norodom Suramarit (1955-1960), afin de pouvoir prendre une part plus active dans la vie politique. Il fonde un parti, le **Sangkum Reastr Niyum** (SRN), qui remporte tous les sièges aux élections législatives et prend la direction effective du gouvernement. Pendant une quinzaine d'années, Sihanouk dirige le pays selon sa doctrine du « socialisme bouddhiste royal khmer ».

L'intervention américaine

Mais la guerre vient à nouveau frapper aux portes du royaume. Les États-Unis, qui n'avaient pas signé les accords de Genève, s'engagent dans le **conflit vietnamien** aux côtés du Sud-Vietnam. Sihanouk choisit la neutralité, mais en 1965, il rompt les relations diplomatiques avec les États-Unis et le Sud-Vietnam. Accusé d'abriter des camps retranchés du FLN nord-vietnamien, le Cambodge subit de fréquents bombardements sur ses frontières orientales.

La montée des idéaux révolutionnaires

Au sein même du royaume, des affaires de spoliation de terrains engendrent des foyers insurrectionnels dans toutes les provinces. Les communistes khmers s'engagent dans la lutte armée dès 1968. Fondé en 1960, le **Parti des travailleurs du Kampuchéa** (PTK) regroupe dans ses rangs des Issarak et d'anciens étudiants, envoyés en France dans les années 1950 pour y achever leur cursus. C'est là, dans les milieux universitaires d'extrême gauche, que les futurs cadres khmers rouges (Ieng Sary, Chhum Mum, Khieu Samphan…) ont pu s'initier aux idéaux marxistes.

En 1962, les rênes du parti sont confiées à **Saloth Sar**, le futur **Pol Pot**. Les révolutionnaires khmers font l'objet d'une répression qui les oblige à prendre le maquis. Ils trouvent refuge dans le Ratanakiri auprès des communautés que forment les minorités montagnardes, vivant en collectivité de la chasse et de la cueillette. Ce mode de vie primitif inspirera la nouvelle société que les révolutionnaires entendent établir sur tout le territoire.

L'idéologie des Khmers rouges prône des préceptes égalitaristes sur fond de maoïsme et d'anticolonialisme, tout en exaltant un patriotisme aux accents révolutionnaires. En 1966, les maquisards rebaptisent leur mouvement, qui devient le **Parti communiste du Kampuchéa** (PCK).

Le coup d'État de Lon Nol

L'intransigeance de Sihanouk complique les affaires d'un royaume au bord de l'éclatement. En 1970, alors qu'il se trouve en France, son Premier ministre, **Lon Nol**, et le parlement le destituent de ses fonctions de chef de l'État. Cette décision leur a été soufflée par les Américains, qui entendent bien se servir du territoire cambodgien à leur guise pour éradiquer les foyers nord-vietnamiens. Sihanouk trouve refuge à Pékin où il forme un gouvernement en exil, incluant les révolutionnaires khmers. Quant au gouvernement issu du coup d'État, il devient vite impopulaire. La guerre, qui s'installe durablement avec son lot quotidien de bombardements aveugles, plonge la population civile dans la misère.

LES KHMERS ROUGES, RETOUR À L'AN 0

Avril 1975 à janvier 1979

À l'instigation des Américains, Lon Nol quitte le Cambodge. Les États-Unis caressent le projet de remettre Sihanouk aux commandes de l'État. Ils n'en auront pas le temps, car les Khmers rouges sont aux portes de la capitale. Phnom Penh tombe le 17 avril 1975. Les villes sont immédiatement vidées de leurs occupants, déportés dans les campagnes pour travailler la terre.

L'asservissement total

Dans l'idéologie khmère rouge, ces citadins forment le « peuple nouveau », par opposition au

L'ANGKAR, L'ŒIL DU POUVOIR

L'Angkar (forme abrégée d'**Angkar padevat**, « Organisation révolutionnaire ») a pouvoir de vie et de mort sur toute la population cambodgienne. Nul ne peut contester cette autorité occulte, présidée par le comité permanent du Parti mais qui, par définition, se doit de rester mystérieuse. L'Angkar commande et légifère, elle est l'unique structure sociale à laquelle le peuple doit se référer. L'organisation est invisible mais a l'œil partout, si bien que les Cambodgiens la surnomment « l'Angkar aux yeux d'ananas ». Les privations de sommeil et de nourriture font partie des mesures prises pour asservir le peuple. L'Angkar voit des traîtres partout et encourage la dénonciation. « Il vaut mieux tuer un innocent que de garder en vie un ennemi », clame un slogan de l'époque. Des purges ont lieu même au sein du Parti. Tout le monde devient potentiellement coupable. L'Angkar traque inlassablement ses « ennemis », qu'elle exécute après leur avoir fait avouer sous la torture des crimes contre-révolutionnaires, le plus souvent imaginaires.

« peuple ancien » que constitue la classe paysanne. Ce « peuple nouveau », réduit en esclavage, n'a d'autre alternative que d'accomplir la besogne exténuante que lui impose l'**Angkar** *(voir encadré ci-dessus)*.

Un système totalitaire d'une brutalité inouïe se met en place, privant la population de ses droits les plus élémentaires. Les mesures de restriction se succèdent : verrouillage des frontières, fermeture des écoles et des monastères, abolition de la propriété privée et de la monnaie, destruction de la cellule familiale, collectivisation de l'agriculture et de l'industrie… Le nouvel État prend officiellement le nom de **Kampuchéa démocratique (KD)**. Pour le Cambodge et ses 7 millions d'habitants, c'est le retour à l'an zéro.

Sur la demande expresse des Khmers rouges, Sihanouk revient à Phnom Penh avec le titre de chef de l'État, dont il est rapidement démis pour être placé en résidence surveillée. **Khieu Samphan** hérite alors de ce poste, mais l'exercice du pouvoir appartient tout entier à l'Angkar, dirigée par **Pol Pot**, secrétaire général du PCK. L'Angkar commence par se débarrasser des intellectuels et des représentants de l'ancien régime. Entre 1975 et 1979, près de 2 millions de Cambodgiens meurent, victimes d'exécutions sommaires ou emportés par l'épuisement, la maladie et la famine.

La réaction vietnamienne

Les relations du Kampuchéa avec son puissant voisin vietnamien n'avaient cessé de se détériorer depuis 1977 à propos d'un contentieux territorial dans le delta du Mékong. Lassé des incursions à répétition sur son territoire, le Vietnam lance une offensive armée en décembre 1978. Le 7 janvier 1979, Phnom Penh est prise, au terme d'une **guerre éclair** qui abat le régime de Pol Pot. Les Vietnamiens découvrent l'existence des charniers et du S-21, le sinistre centre d'interrogatoire dirigé par **Douch** *(voir p. 145)*.

LA RÉPUBLIQUE POPULAIRE DU KAMPUCHÉA

De 1979 à 1989

La population cambodgienne, délivrée de ses bourreaux, accueille favorablement l'**intervention des troupes vietnamiennes**. Celles-ci refoulent les Khmers rouges vers la frontière thaïlandaise,

Le procès des Khmers rouges

En 1997, le gouvernement cambodgien fait appel à l'ONU pour constituer un tribunal chargé de traduire en justice les hauts responsables du KD (Kampuchéa démocratique). Après de longues négociations et bien des retards, c'est en 2007 que les **Chambres extraordinaires au sein des tribunaux cambodgiens** (ECCC, Extraordinary Chambers in the Courts of Cambodia) font instruire leur premier dossier, celui de Kang Kek Ieu, dit Douch ; le deuxième accusé, Ta Mok, est mort en 2006.

DES DÉBUTS DIFFICILES

L'objectif du tribunal, une commission mixte cambodgienne et internationale, est de « rendre justice au peuple cambodgien ». Seuls les faits commis entre 1975 et 1979 y seront examinés, bien que la guérilla et les exactions se soient poursuivies jusqu'à la fin des années 1990.

La question du jugement des anciens responsables khmers rouges a fait débat. Pour beaucoup, le procès arrive trop tard : Pol Pot, numéro un du régime, est décédé en 1998 sans avoir été inquiété. Par ailleurs, bon nombre des dirigeants actuels ou passés ont collaboré avec le KD ; enfin, il est difficile de définir avec précision la part de responsabilité de chacun pour décider des poursuites.

Le gouvernement de Hun Sen (lui-même ancien cadre khmer rouge) ne souhaite pas que le procès se traduise par une purge menaçant de conduire à un nouveau déchirement national et à des affrontements civils. En outre, dans une optique de réconciliation nationale et pour prévenir des velléités d'opposition armée, le Premier ministre a de longue date négocié avec les responsables des dernières places fortes khmères rouges, il a réintégré les officiers dans l'armée et a accueilli en 1997 les exilés **Nuon Chea**, le bras droit de Pol Pot *(voir « Filmographie », p. 42)*, et **Khieu Samphan**, l'ancien président du Kampuchéa démocratique, qui ont été graciés en 1998. Au final, seuls cinq accusés seront jugés. Le procès a eu lieu en 2009, 30 ans après la chute officielle du régime.

LES VERDICTS

Le premier verdict est prononcé en 2010. Le principal accusé, **Douch**, responsable du camp S-21 *(voir « Phnom Penh », p. 144)*, est condamné à 30 ans de prison, la Cour ayant estimé qu'il n'avait tenu qu'un rôle subalterne d'exécutant. À la suite d'un nouveau procès, cette sentence sera revue en 2012 et transformée en réclusion à perpétuité. Quatre dirigeants du KD ont été arrêtés et cités à comparaître en 2011 : Nuon Chea, Khieu Samphan, Ieng Sary – vice-Premier ministre du KD, condamné à mort par contumace au premier procès, lors de la chute du régime en 1979, puis gracié –, et Ieng Thirith, son épouse, ministre de l'Action sociale sous le KD. Outre les accusations de crimes contre l'humanité, les accusés doivent répondre de leur rôle dans le génocide perpétré contre les minorités cham et vietnamienne. En 2014, Nuon Chea et Khieu Samphan sont condamnés à la prison à vie ; Ieng Sary est mort en 2013 et sa femme a été libérée en 2012 pour démence (elle décède en 2015).

LE GÉNOCIDE DES MINORITÉS ETHNIQUES

En 2016, le procès entre dans sa seconde phase, celle concernant le génocide des minorités ethniques ; il met en cause trois nouveaux inculpés. Les verdicts devraient être rendus en 2017 et clore l'activité des ECCC.

prenant progressivement le contrôle du pays. Hanoï fait appel à des personnalités issues du communisme khmer pour diriger cette nouvelle **République populaire du Kampuchéa**.
Au nombre de ces cadres figurent d'anciens Khmers rouges repentis, dont **Hun Sen**, nommé ministre des Affaires étrangères puis Premier ministre en 1985 et qui maintient depuis d'étroites relations avec le Vietnam.
Les espoirs d'un monde meilleur s'estompent pourtant rapidement. En 1979, le pays crie famine. Des milliers de réfugiés s'amassent en Thaïlande, dans des camps de fortune qui accueillent aussi les maquisards khmers rouges venus s'y réfugier avant de reprendre le combat.
En 1982, Sihanouk prend, depuis Pékin, la tête d'un **Front de libération** anti-vietnamien qui s'allie aux combattants khmers rouges pour chasser l'envahisseur. En 1984, la guerre continue de faire rage sur le front thaïlandais, dont les Vietnamiens ont entrepris le nettoyage.
En 1986, le Secrétaire général de l'Union soviétique Mikhaïl Gorbatchev annonce, dans le cadre de la *perestroïka*, la suspension des aides russes à l'occupation vietnamienne du Cambodge.
Le Vietnam, en proie à une grave récession économique, ne peut plus soutenir l'effort de guerre. Fin 1987, Sihanouk et Hun Sen se rencontrent en France pour engager des pourparlers de paix. En 1989, le Vietnam retire officiellement ses troupes du Cambodge.

HUN SEN ET LE PPC

De 1989 à 1997
Avec la mise sous tutelle par l'ONU (1989), le Cambodge entame sa reconstruction politique. L'Autorité provisoire des Nations unies au Cambodge (APRONUC) se charge de développer les structures qui doivent mener le pays vers la démocratie, conformément aux accords de Paris, signés en 1991 par l'ensemble des belligérants.
Le paysage politique compte deux partis majeurs : le **Funcinpec**, parti royaliste fondé en 1981 par

L'emblème du Parti du peuple cambodgien.
P. Tisserand/Michelin

Norodom Sihanouk, alors en exil à Pyongyang, et le **Parti du peuple cambodgien** (PPC), d'obédience communiste.

L'élaboration d'une nouvelle Constitution, la mise à pied des leaders khmers rouges, la restauration de la **monarchie parlementaire** et le **multipartisme** affiché sont autant de mesures qui permettent, en 1993, la tenue des premières élections libres.

Cette jeune « démocratie » va vite porter un nom : **Hun Sen**. Alors même que son parti, le **PPC**, a perdu les élections, il parvient à se faire nommer « second Premier ministre » (un système imaginé par Sihanouk pour satisfaire toutes les tendances politiques), puis à évincer le prince Norodom Ranariddh, fils de Sihanouk et leader du parti royaliste (Funcinpec), lors d'un **sanglant coup d'État** (1997).

Depuis, le Parti du peuple cambodgien fait la loi et a toujours réussi, par le biais d'alliances stratégiques et autres manœuvres d'absorption, à obtenir la majorité des deux tiers au Parlement, nécessaire pour reconduire Hun Sen au poste de Premier ministre.

UN BIPARTISME MARQUÉ

De 2008 à 2013

Au fil du temps, l'écart se creuse entre un PPC qui caracole et un parti royaliste qui s'étiole à mesure que se développe un troisième parti : le **Parti de Sam Rainsy** (PSR), qui commence à gagner en importance en 2008 et apparaît comme la figure potentielle du changement. Son opposition au gouvernement vaut à son dirigeant de nombreux déboires judiciaires.

Rapidement, Sam Rainsy fait alliance avec le Parti des Droits de l'homme et prend la tête du nouveau parti de coalition, le **Parti du sauvetage national du Cambodge** (PSNC), créé en 2012.

Le **discours de l'opposition** se fait le relais d'une lassitude qui grandit dans l'opinion publique.

Il dénonce une corruption qui, dit-il, gangrène les institutions de l'État jusque dans les hautes sphères.

Il reproche au gouvernement de sacrifier les intérêts du pays au profit du Vietnam, soupçonné de vouloir faire main basse sur le territoire cambodgien – Hun Sen entretient des relations privilégiées avec Hanoï.

LES ÉLECTIONS DE 2013 : LE SIGNE D'UN CHANGEMENT

De 2013 à 2016

En 2013, au terme d'une campagne électorale habilement menée et relayée sur les réseaux sociaux, le PSNC s'attire les voix des jeunes Cambodgiens. Les élections voient le PSNC et le PPC s'attribuer tous deux la victoire des urnes. Plusieurs ONG locales soulignent des irrégularités : électeurs privés de vote d'un côté, votes multiples de l'autre. Mais les plaintes déposées par l'opposition sont largement rejetées par la Commission électorale puis par le Conseil constitutionnel.

En septembre 2013, les résultats proclamés confirment la **victoire du parti de Hun Sen** : 68 sièges pour le PPC, 55 pour le PSNC. Sans grande surprise : Hun Sen remporte toutes les élections depuis 1997. L'opposition, forte du soutien populaire, refuse alors de siéger à l'Assemblée : ce **boycott** marque le début d'une grave crise politique qui se traduit par de nombreuses manifestations, dont certaines font des victimes.

Malgré la victoire, ce vote traduit le plus **mauvais score** jamais enregistré par le PPC, qui ne peut que constater l'effondrement de son électorat. Celui-ci semble avoir surtout sanctionné l'immobilisme du gouvernement, accusé d'ériger le népotisme et la corruption en système, d'autant qu'une grande partie de la population se sent exclue de la croissance économique, qui profite aux seuls nantis et sympathisants du régime. D'autres dénoncent les expulsions foncières à grande échelle, ou accusent le Premier ministre de vouloir transformer l'exécutif en un pouvoir dynastique.

L'ÉCHÉANCE DE 2018

Au terme d'une négociation entre PPC et PSNC, l'opposition finit par accepter, mi-2014, de mettre un terme à son boycott de l'Assemblée. L'une des conditions de l'arrangement était la tenue d'élections générales anticipées en février 2018, voire avant. Mais en 2015, le tribunal de Phnom Penh émet un nouveau mandat d'arrêt contre Sam Rainsy, qui se réfugie en France. Et Hun Sen annonce que les élections n'auront pas lieu avant juillet 2018.

Chronologie

Période préangkorienne

- **1er-2e s.** – Indianisation du delta du Mékong.
- **3e s.** – Apogée du Funan.
- **6e s.** – Le Tchen-la soumet le Funan. Il établit sa capitale à Sambor Prei Kuk.
- **7e s.** – Apparition d'inscriptions lithiques en deux langues : le sanskrit et le khmer ancien.
- **8e s.** – Éclatement du Tchen-la en deux entités : le Tchen-la de terre et le Tchen-la d'eau ; domination javanaise.

Période angkorienne

- **802-835** – Règne de Jayavarman II, qui se proclame souverain universel.
- **877-889** – Règne d'Indravarman Ier, fondateur des premiers temples de Roluos (Hariharalaya).
- **889-910** – Règne de Yasovarman Ier ; la capitale s'installe à Angkor ; construction du *baray* oriental.
- **928-941** – Jayavarman IV déménage la capitale à Koh Ker.
- **944-968** – Rajendravarman II rétablit la capitale à Angkor.
- **1050-1066** – Règne d'Udayadityavarman II, consécration du temple-montagne du Baphuon.
- **1113-1150** – Règne de Suryavarman II, consécration du temple d'Angkor Wat.
- **1177** – Sac d'Angkor par les Chams.
- **1181-1218** – Règne de Jayavarman VII. Le bouddhisme mahayana devient religion d'État. Édification d'Angkor Thom.
- **1352** – Sac d'Angkor par les Siamois.
- **1393-1404** – Deuxième sac d'Angkor par les Siamois.
- **1431** – Abandon d'Angkor.

Période post-angkorienne

- **1432** – Déplacement de la capitale à Chaktomuk.
- **1516-1566** – Règne d'Ang Chan Ier, premiers contacts avec les Portugais.
- **1528** – Lovek devient capitale.
- **1594** – Prise de Lovek par les Siamois.
- **1620** – La capitale s'établit à Oudong.
- **1715-1757** – Le delta du Mékong devient possession annamite.
- **1794-1813** – Les provinces du Nord sont cédées au Siam.
- **1815-1846** – Siamois et Annamites se disputent la souveraineté du Cambodge.
- **1863** – Établissement du Protectorat français.
- **1866** – Phnom Penh devient capitale.
- **1907** – Traité franco-siamois restituant au Cambodge les provinces de Battambang, Siem Reap et Sisophon.
- **1941** – Norodom Sihanouk accède au trône.

- **1941-1945** – Occupation japonaise.

Le Cambodge moderne

- **1953** – Indépendance. Le Cambodge redevient un royaume ; création du parti Sangkum Reastr Niyum.
- **1954** – Accords de Genève, retrait des troupes françaises.
- **1960** – Création du Parti des travailleurs du Kampuchéa (PTK).
- **1969** – Début des bombardements américains.
- **1970** – Révolution khmère : le coup d'État de Lon Nol entraîne la destitution de Norodom Sihanouk ; proclamation de la République.
- **1975-1978** – Kampuchéa démocratique : prise du pouvoir par les Khmers rouges ; le génocide fait entre 2 et 2,5 millions de victimes.
- **1979** – République populaire du Kampuchéa ; occupation vietnamienne.
- **1982** – Formation d'un Front de libération anti-vietnamien dirigé par Sihanouk depuis Pékin.
- **1985** – Hun Sen devient Premier ministre sous le gouvernement vietnamien.
- **1989** – Retrait officiel de l'armée vietnamienne.
- **1991** – Le Cambodge est placé sous la tutelle de l'ONU.
- **1993** – Rétablissement d'une monarchie parlementaire ; Norodom Sihanouk remonte sur le trône.
- **1994** – Les Khmers rouges sont décrétés hors-la-loi.
- **1997** – Coup d'État de Hun Sen, qui évince son principal opposant politique, le prince Norodom Ranariddh.
- **1998** – Mort de Pol Pot ; Hun Sen remporte les élections législatives.
- **1999** – Arrestation de Douch ; le Cambodge entre dans l'ASEAN.
- **2003** – Hun Sen et le PPC remportent les législatives.
- **2004** – Gouvernement de coalition entre le PPC et le Funcinpec ; réélection de Hun Sen au poste de Premier ministre.
- **2004** – Norodom Sihanouk abdique en faveur de son fils, Norodom Sihamoni.
- **2006** – Sam Rainsy rassemble l'opposition. Démission de Norodom Ranariddh de son poste de président de l'Assemblée nationale.
- **2007** – Ouverture du procès des Khmers rouges à Phnom Penh.
- **2008** – Hun Sen remporte les élections législatives. Tensions entre le Cambodge et la Thaïlande au sujet du temple de Preah Vihear.
- **2012** – Mort de Norodom Sihanouk à Pékin. Condamnation de Douch à la perpétuité.
- **2013** – Victoire de Hun Sen aux élections législatives ; boycott de l'Assemblée nationale par l'opposition.
- **2015** – Décès de Ieng Thirith, belle-sœur de Pol Pot et ministre de l'Action sociale sous les Khmers rouges.
- **2016** – Le gouvernement met fin à la concession de Sokimex sur le parc archéologique d'Angkor et en reprend la gestion.

Nature et paysages

Vu du ciel, ce pays trois fois plus petit que la France donne l'image d'une plaine sans fin, émaillée de marécages et sillonnée de cours d'eau saisonniers. Cette vaste cuvette centrale vit au rythme du lac Tonlé Sap qui, tel un cœur gigantesque, se gonfle et se vide pour irriguer les campagnes alentour qui se couvrent plusieurs fois par an d'un vert tapis de rizières. Tout autour, sur les pourtours frontaliers, les terres se relèvent en une série de montagnes et de hauts plateaux qu'habitent les minorités ethniques. En traversant le Cambodge, vous découvrirez un paysage d'une infinie poésie, rythmé par la silhouette emblématique des palmiers à sucre.

La terre et l'eau

Le Cambodge (181 035 km^2) partage ses frontières terrestres avec la Thaïlande au nord-ouest, le Laos au nord et le Vietnam à l'est, et ouvre sur le golfe au sud-ouest par une courte façade maritime. Çà et là dans sa vaste plaine centrale se dressent des **phnom** (collines, monts) solitaires et insolites, héritage d'un temps lointain où la mer recouvrait le sol cambodgien et résultat d'une lente érosion.

UN LAC AU CŒUR DU PAYS

La grande plaine cambodgienne est densément peuplée. L'immense **lac Tonlé Sap** qui en occupe le centre constitue la plus grande réserve d'eau douce du Sud-Est asiatique. Nourri par les eaux du Mékong, il inonde les terres alentour plusieurs mois par an ; quand les eaux se retirent, elles laissent derrière elles un riche tapis d'**alluvions**. Ainsi fertilisé, le sol accueille de multiples cultures – à commencer par le riz – qui assurent au Cambodge son autosuffisance alimentaire *(voir « Tonlé Sap, la mer intérieure », p. 238)*.

UN VASTE RÉSEAU DE RIVIÈRES

Si le Tonlé Sap bat comme le cœur du Cambodge, le **Mékong** en est la principale artère *(voir aussi « Mère des eaux », p. 410)*. Voie de communication majeure avec le Laos et le Vietnam, Tonlé Thom, « la grande rivière », traverse le pays du nord au sud sur une distance d'environ 500 km. En entrant dans la plaine, le Mékong voit son cours grossi par trois affluents, les rivières Kong, Se San et Srepok. Tumultueux quand il franchit les rapides de Sambor, il s'apaise à partir de Kratie, et son cours devient alors navigable jusqu'à la mer. En saison sèche, des bancs de sable émergent au milieu de son cours, le rendant par endroits impraticable ; certains sont mis en culture le temps de la saison sèche, d'autres fournissent à l'industrie de formidables gisements de sable.

Paysage de forêt inondée dans la région du Tonlé Sap.
P. Tisserand/Michelin

À Phnom Penh, sa **confluence** avec les rivières Bassac et Tonlé Sap forme la plaine dite des **Quatre Bras**, *chak tomuk* en khmer, qui a donné son premier nom à la capitale du pays. Plus bas débute le **delta**, qui se ramifie en de multiples veinules d'eau sur tout le sud du Vietnam avant de s'évanouir dans la mer de Chine.

Pendant la saison des pluies, des **canaux** *(prek)* drainent les eaux du grand fleuve vers des étangs *(beng)*, qui absorbent le trop-plein de la crue annuelle tout en facilitant l'irrigation des rizières.

Une myriade de cours d'eau secondaires prennent leur source dans les monts Dangrek, au nord du pays, et dans la chaîne des Cardamomes, au sud-ouest. Leur tracé dessine un lacis serré autour du Tonlé Sap, où ils viennent se jeter. La **Sangker**, qui relie Battambang au lac, est navigable durant la majeure partie de l'année. Dans le Ratanakiri, seules de petites pirogues peuvent s'aventurer sur la **Se San**, qui désenclave les hautes terres bordant le Vietnam.

Partout, debout dans une rivière, assis dans une pirogue au milieu des mares et des marécages, on pose des nasses et des claies en bambou, on lance d'un geste ample le filet épervier, qui emprisonne les poissons en se refermant sur eux à l'aide d'une corde coulissante. Les **pêcheries** représentent près d'un cinquième du PIB.

UNE COURONNE MONTAGNEUSE

La vaste cuvette centrale est cernée de hauts plateaux et de massifs montagneux qui occupent le quart du territoire.

La **chaîne des Cardamomes**, couverte d'une épaisse forêt, barre tout le sud-ouest du Cambodge et compte les quatre plus hauts sommets du pays, dont le **Phnom Aural** (1 813 m), son point culminant. Le **plateau du Kirirom** fait partie des Cardamomes. Il se prolonge au sud par la **chaîne de l'Éléphant** (Phnom Damrey) qui culmine au Phnom Bokor (1 079 m) et plonge dans le golfe de Thaïlande entre Kampot et Sihanoukville.

Au nord du pays, sur 300 km, s'étire la **chaîne des Dangrek**, une longue muraille de grès culminant à 671 m d'altitude. Formant les rebords du plateau de Khorat (Thaïlande), elle dessine une frontière naturelle – parfois contestée, comme à Preah Vihear *(voir p. 107)* – entre les deux pays.
La vallée du Mékong sépare l'escarpement des Dangrek, côté ouest, et les **massifs du nord-est** qui commencent avec les reliefs ondulés du **Ratanakiri** et se prolongent au Vietnam.
Parsemée de petits lacs volcaniques, la province du Ratanakiri est une région encore sauvage, bien que la déforestation et les plantations d'hévéas ou de manioc en modifient le paysage à grande allure. Faiblement peuplées, ces « terres rouges » sont habitées par des minorités ethniques qui pratiquent une agriculture itinérante sur brûlis.
À l'est de Banlung, le sous-sol recèle des **zircons bleus** dont une petite activité minière exploite les filons.
Juste au sud, les hauts plateaux de la province du **Mondolkiri** culminent au Phnom Nam Lier, (1 078 m d'altitude). Ils forment les piémonts de la chaîne annamitique, une cordillère qui dessine la frontière avec le Vietnam sur plus de 1 000 km de long, remontant au nord jusqu'au Laos.

UNE COURTE FRANGE MARITIME

D'une longueur de 435 km, le littoral cambodgien est baigné par les eaux du **golfe de Thaïlande**. Un chapelet d'îles et d'îlots constelle le large : **Koh Kong** (100 km²) est la plus étendue ; parmi les plus petites, beaucoup sont inhabitées ou presque.
La grande île qui émerge au large de Kampot, Phu Quoc, appartient au Vietnam.
De la frontière thaïlandaise à Sihanoukville, des zones de marécages et de **mangrove**, couvertes de palétuviers, laissent place peu à peu à un relief rocheux et accidenté. Deux presqu'îles massives encadrent la **baie** *(chhak)* **de Kampong Som** (Sihanoukville),

Fleur de *sal*, l'arbre du Bouddha.
P. Tisserand/Michelin

où se trouvent les plus belles **plages** du pays. Le parc national de Ream ferme la baie au sud-est. Plus loin, sous la falaise de Bokor, le littoral redevient une zone vaseuse où croissent les palétuviers. Après Kampot, en direction du Vietnam, la côte reste obstinément basse, sauf la pointe rocheuse de Kep.

Sous le signe de la mousson

Soumis au régime de la mousson *(voir aussi « Météo », p. 18)*, le Cambodge connaît deux saisons contrastées : la **saison sèche**, qui va de novembre à mai, avec un pic de chaleur dès avril, et la **saison des pluies** de juin à octobre.
Le paysage change alors du tout au tout : alors que la saison sèche transforme les plaines rizicoles en de vastes champs de paille, tout reverdit aux premières ondées, les campagnes se dépouillent de cette pellicule de poussière rouge omniprésente et, ainsi lavées, se parent alors d'une poésie singulière.
Derrière cette division schématique, les variations restent grandes d'un bout à l'autre du pays. Le climat des hauts plateaux est toujours plus frais et humide que celui de la plaine, où l'air devient étouffant en fin de saison sèche.
Les **pluies** n'arrosent pas non plus l'ensemble du pays avec la même intensité. La zone englobant les Cardamomes et la frange côtière, de Koh Kong à Kampot, connaît chaque année un arrosage sensiblement plus important que le reste du pays (plus de 3 000 mm/an). Cette **barrière montagneuse** coupe la route aux vents du sud-ouest, chargés de pluie, et offre une relative protection à la plaine centrale, où il ne tombe « que » 1 400 mm/an environ.

Une biodiversité extrême et menacée

Près d'un cinquième du territoire a été classé « **parc national** ». Il faut cependant s'enfoncer loin dans la forêt, avec le secours d'un guide averti, pour avoir un réel aperçu de la diversité du pays en matière de faune et de flore. Un type de tourisme qu'il est encore difficile de pratiquer.

FLORE

Frangipaniers et bougainvillées *(saison sèche)*, flamboyants *(mai-oct.)*, jacarandas *(nov.-mai)* : chaque saison s'accompagne d'une débauche de couleurs et de senteurs. La fleur du **rumdul**, aux trois pétales jaunes entourant un cœur délicat, dégage un parfum enivrant, très apprécié.
Le **sal**, « l'arbre aux boulets de canon » ou « l'arbre de Bouddha » (la légende dit qu'il naquit sous son feuillage) donne des grappes de fleurs odorantes et d'une rare beauté.
Parmi les autres arbres sacrés de la tradition bouddhique, vous reconnaîtrez à ses feuilles en forme de cœur l'**arbre de la Bodhi** – également nommé pipal ou figuier des pagodes *(Ficus religiosa)* –, sous lequel le Maître atteignit l'illumination, et à ses longues et fines racines aériennes le **banian**, ou figuier du Bengale, sous lequel il s'éteignit. Dans les ruines d'Angkor, les racines des **faux fromagers** et les **figuiers étrangleurs** s'immiscent entre les pierres des temples, leur donnant cet aspect romantique qui fait venir à l'esprit le souvenir des explorateurs du 19e s., lorsqu'ils ressuscitèrent la civilisation khmère perdue au tréfonds de la jungle.
Le **palmier à sucre** *(voir encadré p. 122)*, l'**aréquier** au tronc svelte et le **cocotier** sont des essences

courantes, de même que l'**arbre du voyageur**, en forme d'éventail géant. Le **gommier** exsude une résine gluante, qui sert à colmater la coque des embarcations.

Partout dans les campagnes poussent des **arbres fruitiers** : majestueux manguier, papayer aux feuilles largement découpées, **tamarinier** aux longues gousses brunes, **caïmitier** (l'arbre qui donne les pommes de lait) aux feuilles bichromes, vertes au recto, mordorées au verso.

Il existe d'innombrables variétés de **bananiers**, dont on emploie les feuilles pour envelopper la nourriture ou la faire cuire à l'étouffée.

FORÊTS ET MANGROVES

Malgré la réduction drastique de sa superficie en quelques décennies *(voir p. 270)*, une **forêt primaire dense**, sempervirente (verdoyante toute l'année) se maintient sur les versants humides des massifs montagneux, dans les zones les plus difficiles d'accès. C'est là que poussent le teck sauvage, le palissandre, l'acajou, l'ébène et maintes essences précieuses, qui attisent bien des convoitises.

Les grands arbres, parfois phagocytés par des figuiers étrangleurs, dépassent les 30 m de hauteur. Ils voisinent avec des bosquets de bambous géants.

Un réseau inextricable de lianes, dont des rotins et la « liane escalier de singe », joliment torsadée, se développe sous la canopée.

Dans la plaine se déploient des **forêts secondaires**, telles que la forêt tropicale décidue (dont les arbres perdent leurs feuilles en saison sèche) ou la forêt claire autour du Tonlé Sap. Lors de la crue annuelle, cette végétation s'adapte à l'immersion temporaire pour former des **forêts inondées**.

Le Cambodge possède 85 000 ha de **mangrove**, essentiellement dans la région de Koh Kong, au nord de Sihanoukville, et dans la province de Kampot. Constituées en grande partie de **palétuviers** qui plongent leurs racines dans les vases littorales, les mangroves fourmillent de mollusques et de petits crustacés, et attirent en nombre les oiseaux migrateurs, qui nichent dans la canopée.

Elles constituent un écosystème d'une importance capitale et souvent ignorée. À Kampot, des associations locales essaient de lutter contre leur destruction.

FAUNE

Déjà fragilisée par les aléas de l'histoire, la faune sauvage souffre

LE PALMIER À SUCRE

Un peu partout dans les plaines du Cambodge, sa silhouette longiligne et sa tête ronde ajoutent dans les rizières une touche de poésie. Couronné d'un majestueux bouquet de feuilles, le palmier à sucre *(phlae thnaot)*, l'arbre emblématique du pays, peut atteindre 35 m de haut. On voit parfois des échelles fixées sur le tronc : d'habiles grimpeurs s'en servent pour récolter dans des tubes de bambou le jus sécrété par ses fleurs, que l'on consomme frais ou que l'on fait cuire pour le transformer en sucre. Mise à fermenter, cette sève donne le **vin de palme**. Ce bel arbre à tout faire rappelle ses bienfaits au quotidien : son fruit se mange, ses racines entrent dans la composition de remèdes traditionnels, son tronc sert à fabriquer des pirogues ou des poutres pour construire cabanes et maisons sur pilotis. On utilise ses feuilles pour recouvrir la toiture et les murs et pour fabriquer une foule d'objets usuels : chapeaux, éventails, nattes…

Vue sur la plaine du Tonlé Sap depuis le sommet du Phnom Krom, près de Siem Reap.
P. Tisserand/Michelin

aujourd'hui de deux fléaux : la déforestation qui la prive de son habitat, et le braconnage – les réserves animalières qui se sont créées n'ont souvent de sanctuaire que le nom. Singes, félins, ours, bovidés (gaur, banteng, buffle d'eau sauvage) et cervidés (cerf sambar, thamin) tentent de survivre dans des forêts qui reculent. Le rhinocéros de Java, lui, a désormais disparu, tout comme le *kouprey*, un bovidé que le roi Norodom Sihanouk avait promu « symbole national ». En 2016, le WWF a officiellement annoncé que le dernier tigre du Cambodge s'était à son tour éteint.

Dans la forêt tropicale

Protégé par la relative difficulté qu'il y a encore à y pénétrer et grâce à la diversité de ses écosystèmes – forêts sempervirentes, forêts-galeries, marécages –, le **massif des Cardamomes** compte l'une des plus importantes concentrations d'animaux sauvages. Près de 300 espèces d'oiseaux, une centaine de reptiles et autant de mammifères y ont été recensés, dont certains en voie de disparition (éléphants, ours, pangolins). Le **dhole** (chien sauvage d'Asie) affectionne les zones de moyenne forêt, où il chasse en meute. Le **linsang tacheté** (civette), qui habite le parc national du Kirirom, au sud-ouest de Phnom Penh, est l'une des espèces mises en péril par la déforestation. Quant à la survie du **crocodile siamois**, dont la population se réduit à 250 individus, elle est menacée par le projet de barrage de Cheay Areng.

Des léopards et des gaurs (le « bison indien ») vivent dans le **sanctuaire de faune de Lomphat**, à la lisière du Mondolkiri et du Ratanakiri. Découvert en 1992, le craintif **saola** (famille des antilopes) se cache dans les forêts les plus difficilement accessibles du Ratanakiri, en bordure du Vietnam. Dans la même province, les forêts qui jouxtent le **parc national de Virachey** sont le refuge de grands carnivores comme la panthère nébuleuse, le léopard, l'ours malais et l'ours noir. On y a également recensé d'imposants mammifères comme le **gaur**. Dans les branches, plusieurs sortes de **gibbons** partagent leur territoire avec le macaque à queue de cochon, le macaque à longue queue, le langur argenté et le loris pygmée. Le **parc national de Ream**, près de Sihanoukville, est lui aussi connu pour son importante colonie de singes.

L'éléphant d'Asie, de couleur noire et de taille inférieure à celle de son cousin africain, vit à l'état sauvage dans le Ratanakiri, le Mondolkiri et le massif des Cardamomes. Sa population s'est considérablement réduite, décimée par les bombardements américains au début des années 1970 *(voir aussi encadré p. 480)*.

Oiseaux

Des mesures de protection essaient de garantir la survie d'une vingtaine d'**espèces en voie d'extinction**, telles que le pélican à bec tacheté, l'outarde (petit échassier), le cormoran noir, l'anhinga à ventre noir et plusieurs types de cigognes, qui s'observent principalement au Cambodge. Il y a cependant fort à faire pour éduquer une population qui voit d'abord dans ces gros oiseaux… l'occasion d'un copieux festin.

C'est dans les massifs montagneux et les zones humides (marais, mangroves) que les ornithologues sont à la fête : rapaces (épervier, faucon, milan, aigle), paons verts, calaos, côtoient des espèces plus familières comme la caille, la bécasse, le hibou, le héron ou le canard sauvage.

Dans les mangroves du **parc national de Ream** vivent 150 espèces d'oiseaux, dont le milan sacré, le pygargue à tête grise et l'aigle pêcheur. Plus à l'est, les grues antigones se rassemblent entre décembre et avril au **sanctuaire d'Anlong Pring**, entre Kep et la frontière vietnamienne. On les voit aussi au moment des migrations saisonnières à l'ouest du Tonlé Sap, en compagnie de quantité d'échassiers : cigognes, ibis, tantales indiens et aigrettes.

Poissons

Le Mékong et ses affluents abritent 1 300 espèces de poissons. Couloir des migrations et des reproductions saisonnières, la « Mère des eaux » est considérée comme la plus grande réserve de **biodiversité piscicole** au monde, avec l'Amazone. Là aussi, la menace plane sur ses hôtes les plus emblématiques. Le **poisson-chat géant**, qui oscille entre 2 et 3 m à l'âge adulte, est victime de la surpêche en dépit des interdictions. Dans les provinces de Kratie et de Stung Treng, la survie du **dauphin de l'Irrawaddy** *(voir encadré p. 258)* est compromise en raison de la pollution des eaux par des déchets industriels toxiques.

UNE NATURE EN SURSIS

Les menaces que fait peser sur la nature la main de l'homme ne sont pas nouvelles : l'agriculture sur brûlis, pratique traditionnelle dont usent depuis des temps immémoriaux les populations montagnardes, a transformé les plateaux d'altitude en savanes, où plus aucun arbre ne pousse. C'est le changement d'échelle – désormais industrielle – qui les rend aujourd'hui inquiétantes. Le Mékong et le parc forestier paient un lourd tribut au développement économique.

Barrages de tous les dangers

Dans la chaîne des **Cardamomes**, qui abrite l'une des dernières forêts primaires du Sud-Est asiatique, le projet de construction du **barrage de Cheay Areng** a mis toute la province de Koh Kong en ébullition. Soutenus par les communautés monastiques, les habitants et les associations multiplient les actions pour tenter de faire avorter ce projet, qui menace de submerger 20 000 ha de forêts officiellement protégées.

Devant la multiplication des projets de barrage sur le bassin inférieur du Mékong *(voir aussi p. 410)*, les écologistes tirent la sonnette d'alarme. Qu'ils se construisent sur la partie cambodgienne, laotienne ou thaïlandaise du fleuve, ces ouvrages auront pour conséquence immédiate de perturber la migration saisonnière des poissons et, par suite, de détruire l'industrie de la pêche, qui procure des revenus non négligeables aux riverains. Le barrage prévu à **Sambor**, au nord de Kratie, devrait certes apporter de nouveaux revenus grâce à l'exportation d'électricité vers la Thaïlande et le Vietnam – mais au détriment des derniers dauphins d'eau douce du Mékong. Un deuxième ouvrage est prévu à **Stung Treng** ; il soulève les mêmes inquiétudes. Le sort du royaume est en outre lié aux décisions du gouvernement laotien, qui fait du développement hydraulique l'une de ses priorités économiques, mais sans concertation régionale.

Des forêts qui disparaissent

La déforestation à grande échelle a débuté dans les années 1990 *(voir p. 270)*, et depuis, le Cambodge perd sa forêt primaire à une allure véritablement alarmante. Bien que le gouvernement ait promis de limiter les concessions accordées aux grands groupes agro-industriels, le déboisement se poursuit, justifié par des motifs économiques, et les arbres continuent d'être abattus illégalement pour être exportés vers les pays voisins.

Sur les terres rouges et fertiles du **Ratanakiri**, l'épais manteau forestier cède chaque année davantage de terrain aux cultures intensives d'hévéa, ou à plus petite échelle, d'anacardier (noix de cajou). En 2013, 14 % de la superficie du pays a été affectée à des planteurs, qui ont fini par renoncer à exploiter leurs parcelles… mais la portion de forêt correspondante a néanmoins été détruite. Ce sont ainsi 2 000 km² de forêt qui disparaissent tous les ans. Ce défrichage entraîne la prolifération de plantes épineuses invasives qui colonisent désormais de vastes portions du territoire.

Des concessions ont aussi été accordées à des entrepreneurs chinois pour développer le littoral, même s'il est en partie occupé par des parcs nationaux et des sanctuaires de faune. Dans le parc de **Botum Sakor**, à l'ouest du pays, la construction d'une station touristique s'est soldée par la destruction d'une forêt à forte biodiversité et le relogement de ses habitants à l'intérieur des terres. Dans le nord-est, plusieurs concessions ont été accordées à l'intérieur des limites du **parc national de Virachey**, que son statut ne protège ni du braconnage ni de la déforestation.

La destruction de la biodiversité sans retour en arrière possible n'est pas la seule cause d'inquiétude. Ces coupes intempestives, qui dépeuplent les forêts de leurs éléments les plus robustes, auraient aussi une incidence directe sur le **climat**. La preuve n'est pas établie mais le constat est là : depuis les années 2010, les températures relevées affichent en moyenne 1° de plus que les normales saisonnières, et les dérèglements climatiques aux conséquences dramatiques – inondations et sécheresses hors normes – se multiplient.

Glossaire

Voir aussi lexiques khmer et lao, p. 546 et p. 548.

Airavata (parfois Erawan) – Éléphant mythique à trois têtes, monture du dieu hindou Indra.

Amrita – Élixir d'immortalité.

Apsara – Danseuse céleste ; incarnation de la beauté féminine.

Asura – Démon.

Avalokiteshvara (ou Lokeshvara) – Bodhisattva de la Compassion (bouddhisme mahayana).

Avatar – Dans le brahmanisme, forme sous laquelle s'est réincarné un dieu.

Ba – La terre, le père (par opposition à *mae*).

Banian – Ficus du Bengale, arbre sous lequel s'éteignit le Bouddha.

Barang (khmer)**, falang** (lao) – Étranger, dérivé de *farangse*, français.

Baray – Retenue d'eau, réservoir rectangulaire entouré de puissantes digues.

Bodhi – Éveil, illumination de Bouddha. Arbre de la Bodhi (*Ficus religiosa* ou pipal), sous lequel le Bouddha a connu l'Éveil.

Bodhisattva – Dans le bouddhisme mahayana, un être qui, parvenu à l'Éveil, choisit de rester sur terre pour accompagner les hommes sur la voie de l'illumination.

Brahmane – Prêtre ; première caste hindoue.

Cella – Pièce la plus centrale et la plus sacrée d'un sanctuaire.

Cham – Habitant du Champa, puissant royaume antérieur au Vietnam.

Chao – Prince, roi (au Laos).

Chedi – *Voir « Stupa ».*

Chofa – Sur les toitures des pagodes, décoration en forme de tête de *naga* ou d'oiseau stylisé.

Deva – Divinités (par opposition aux *asura*).

Devaraja – Dieu-roi, ou roi divinisé et faisant l'objet d'un culte.

Devata – divinité au sens large.

Dharma (dhamma) – Enseignement du Bouddha, loi bouddhique.

Dharmachakra – Roue de la loi.

Durga – Shakti (énergie) de Parvati (Uma), l'une des épouses de Shiva.

Dvarapala – Divinités placées à l'entrée des sanctuaires pour écarter les mauvais esprits.

Garuda – Oiseau mythique ressemblant à un aigle, monture du dieu hindou Vishnou.

Gopura – Dans le temple khmer, pavillon ou porche monumental.

Hamsa – Oiseau mythique ressemblant à une oie, monture ou symbole du dieu hindou Brahma.

Ho trai – Bibliothèque des temples et des pagodes ; petit pavillon renfermant les écritures sacrées, souvent construit sur pilotis ou au milieu d'un bassin pour protéger les manuscrits des insectes.

Jataka – Récit des vies antérieures du Bouddha.

Kala – Monstre mythique grimaçant, aux yeux protubérants et crachant des guirlandes de fleurs ; figure souvent sur le linteau principal du temple.

Kinnari – Figure mythique mi-femme, mi-oiseau.

Kurma – Tortue, avatar du dieu Vishnou.

Kuti – Cellules ou quartiers des moines dans une pagode.

Lak muang – Pierre de fondation d'une ville ; par extension, esprit gardien du lieu.

Lingam (ou linga) – Pierre phallique symbole du dieu Shiva et de son pouvoir régénérateur.

Lokapala – Divinités gardiennes des directions.

Luang – Sacré, royal (terme lao). That Luang, stupa sacré.

Mae – L'eau, la mère (Mékong, Mae Torani).

Mae Torani – Déesse de la Terre. En tordant sa chevelure, elle en fit jaillir des flots pour noyer les armées de Mara, les empêchant de

troubler la méditation du Bouddha. Représentée dans les pagodes, près d'un bassin ou à l'entrée du sanctuaire.
Maha – Terme sanskrit signifiant « grand » (*maha that*, grand stupa).
Makara – Monstre mythique composite.
Mandapa – Pavillon, antichambre de temple khmer.
Mara – La force du mal, l'esprit de la tentation.
Meru (mont) – Axe du monde ; séjour des dieux dans les cosmologies hindoue et bouddhique.
Mucalinda – Serpent mythique à sept têtes qui, voyant le Bouddha plongé dans la méditation un jour de déluge, déploya son capuchon pour le protéger. Représenté dans la cour des pagodes, le Bouddha assis sur les anneaux enroulés de son corps. Protecteur des natifs du samedi.
Mudra – Geste des mains codifié par l'iconographie bouddhique.
Naga – Serpent mythique à une, trois, cinq ou sept têtes, gardien des richesses de la terre.
Nagaraja – Roi des *naga*.
Nandi – Taureau sacré servant de monture au dieu hindou Shiva.
Neak Ta – Esprit (au Cambodge).
Nirvana – Dans le bouddhisme, fin du cycle des renaissances, ou extinction.
Pali – Langue indienne des textes sacrés du bouddhisme theravada.
Phi – Esprit (au Laos).
Phnom – Colline.
Prang – Tour en forme d'épi de maïs décorée de stuc.
Prasat – Dans le temple khmer, tour en pierre, tour-sanctuaire.
Preah – Au Cambodge, préfixe soulignant la sainteté ou le caractère sacré d'un lieu, d'une personne, d'un objet (Preah Vihear, Preah Sihanouk).
Pura – Ville (terme sanskrit).
Raja – Roi, royal (terme sanskrit) ; *rajavihara*, monastère royal ; déformé en rat-, ratcha-, latch- selon les régions.
Sala – Salle commune, pavillon ou abri, dans les pagodes et les villages.
Sema (ou *bai sema*) – Borne, pierre taillée en pointe à son sommet et délimitant l'enceinte sacrée de la pagode ; souvent sculptée de décorations et placée sur un piédestal ou dans un pavillon.
Siam – Ancien nom de la Thaïlande.
Sim – Équivalent lao du *vihear*.
Singha – Lion mythique gardant l'entrée des temples et des pagodes, symbole de pouvoir royal.
Songteo – Taxi collectif, camionnette équipée de bancs de bois, effectuant de courts trajets interurbains.
Sras – Bassin sacré dans les temples et les pagodes.
Sri, si – Au Laos, préfixe soulignant la sainteté ou le caractère sacré d'un lieu, d'une personne, d'un objet. Équivalent de *preah* au Cambodge.
Stupa ou **chedi**, **that** au Laos – Monument commémoratif, tour-reliquaire bouddhique en forme de dôme ou de cloche.
That – *Voir « Stupa ».*
Tipitaka – Canon du bouddhisme theravada, rédigé en pali.
Trimurti – La trinité hindoue : Brahma, Vishnou et Shiva.
Uma – Parèdre (épouse et énergie complémentaire) de Shiva ; autre nom de Parvati.
Ushnisha – Protubérance crânienne du Bouddha.
Vihear (vihara, preah vihear) – Sanctuaire du temple ou de la pagode bouddhique. **Sim** au Laos.
Wat – Ensemble des bâtiments d'un temple, d'une pagode ou d'un monastère. **Vat** au Laos.
Yaksa – Démon.
Yoni – Matrice ; désigne l'organe génital féminin ; complément du lingam.

DÉCOUVRIR LE CAMBODGE

Palmiers à sucre dans les rizières, aux alentours de Kampong Chhnang.

Phnom Penh et sa région 1

Le Psar Thmey (marché central) et les tours Vattanac Capital et OCIC.
P. Tisserand/Michelin

A
SIEM REAP
B
Tonlé Sap
A6
62
Sambor Prei Kuk
Kampong Thom
1
2
BATTAMBANG
Kampong Luong
Pursat
Krakor
Villages
flottants
Kampong Leang
PURSAT
A5
Ondong Rossey
Kampong Chhnang
Parc national d'Aural
2
KAMPONG CHHNANG
Kampong Tralach
Lovek
A6
A5
136
Tonlé Sap
Koh Dach
Oudong
Phnom Baset
44
Wat Sovan Tomreach
3
Stung Prek
44
51
Phnom Penh
Kampong Speu
A4
KAMPONG SPEU
Choeung Ek (Killing Fields)
4
Ta Prohm de Tonlé Bati
Parc national du Kirirom
41
Phnom Tamao Wildlife Rescue Center
Phnom Chisor
KOH KONG
A4
A3
203
4
Angkor Borei
Takeo
41
Phnom Da
Parc national de Phnom Bokor
KAMPOT
A2
N
Ashram Maha Rosei
A
KAMPOT, SIHANOUKVILLE
KAMPONG TRACH
B

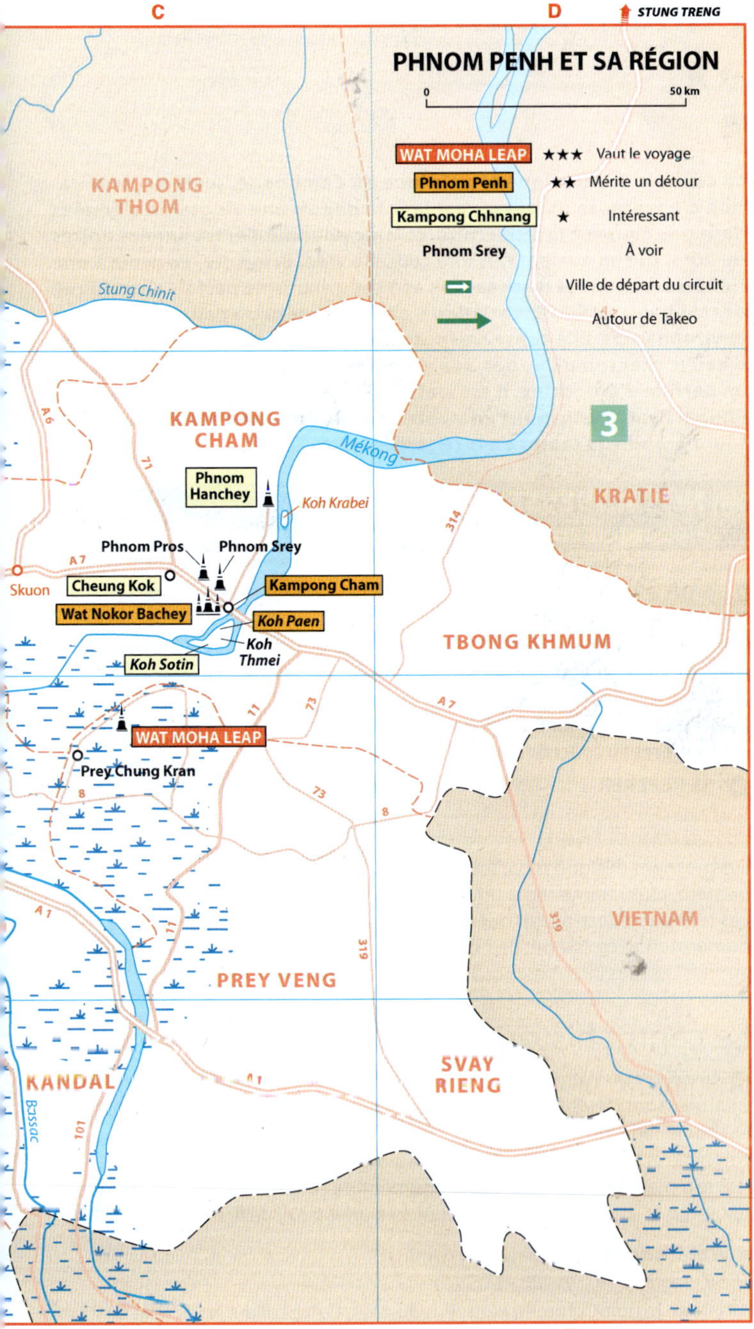

C
D
STUNG TRENG
PHNOM PENH ET SA RÉGION
0
50 km
WAT MOHA LEAP ★★★ Vaut le voyage
Phnom Penh ★★ Mérite un détour
Kampong Chhnang ★ Intéressant
Phnom Srey À voir
Ville de départ du circuit
Autour de Takeo
1
2
3
4
KAMPONG THOM
Stung Chinit
KAMPONG CHAM
Mékong
KRATIE
Phnom Hanchey
Koh Krabei
Phnom Pros
Phnom Srey
Skuon
Cheung Kok
Wat Nokor Bachey
Kampong Cham
Koh Paen
Koh Thmei
Koh Sotin
TBONG KHMUM
WAT MOHA LEAP
Prey Chung Kran
VIETNAM
PREY VENG
KANDAL
Bassac
SVAY RIENG
A6
A7
A1
71
73
8
11
314
319
101

Phnom Penh

★★

3 millions d'habitants – Province de Phnom Penh

La capitale économique et politique du Cambodge, seule agglomération d'envergure du pays, s'est lancée depuis une vingtaine d'années dans une course à la modernité, comme pour oublier les années noires du 20e s. qui en avaient fait une coquille vide. Bruyante, en proie à une frénésie de trafic et de chantiers et à cet urbanisme parfois anarchique des capitales du Sud-Est asiatique, elle grignote peu à peu sur les rizières environnantes. Elle conserve toutefois, au carrefour de ses quatre bras d'eau (« chaktomuk »), des quartiers préservés où l'on respire comme un parfum d'Indochine. Il est vrai que le premier contact déroute, mais Phnom Penh mérite que l'on s'y attarde, et se dévoilera lentement à qui saura prendre le temps de la regarder vivre.

NOS ADRESSES PAGE 151
Hébergement, restauration, achats, activités, etc.

S'INFORMER

Tourist Information Center (TIC) – C2 - *Quai Sisowath - ✆ 010 331 273 - www.tourismcambodia.com - 11h-17h sf dim.* Plan de la ville, billets de bateau pour Siem Reap et les croisières au coucher du soleil.

SE REPÉRER

Carte de région B3 (p. 132-133) – plan de ville p. 136-137.

Les rues sont désignées par leur numéro, plus rarement par un nom. Les rues paires (est-ouest) ont une numérotation croissante du nord au sud. Les rues impaires (nord-sud) sont numérotées à partir de la rivière.

Voir aussi la rubrique « Arriver/partir » dans « Nos adresses ».

À NE PAS MANQUER

Le Musée national ; la pagode d'Argent ; le marché central ; le musée du Génocide ; aux environs, Oudong.

ORGANISER SON TEMPS

Comptez 2 j. dans la capitale, 3 ou 4 j. avec les environs nord et sud.

AVEC LES ENFANTS

Le sanctuaire de faune sauvage de Phnom Tamao.

Le centre historique Plan de ville p. 136-137

Au départ du Wat Phnom, circuit tracé en vert sur le plan de ville – Comptez 1 journée sans les visites.

La promenade proposée passe devant les plus beaux bâtiments d'architecture coloniale et longe les quais. Si vous ne craignez pas la chaleur, vous pouvez la suivre à pied du Wat Phnom au monument de l'Indépendance. Ensuite, pour rejoindre le sud de la ville, vous prendrez un *tuk-tuk* ou le bus n° 1.

★ **Wat Phnom** (pagode de la Colline) B1

St. 98, angle St. 19 - 7h-18h - 1 US$.

Il marque le point kilométrique zéro du pays. Cette colline artificielle de 27 m de hauteur, aux pelouses soignées et ombragées, est aussi le symbole de la fondation de la cité au 15e s. Phnom Penh, « la colline de Dame Penh », lui doit

Le monument de l'Indépendance.
P. Tisserand/Michelin

son nom. Selon la légende, Daun Penh, une riche veuve, trouva dans le tronc d'un arbre quatre statues en bronze du Bouddha et érigea ici un autel pour les protéger. Les habitants de la région prirent l'habitude de venir y prier pour demander chance et succès ; devant l'engouement, une pagode vit bientôt le jour pour remplacer l'autel.

La pagode qui coiffe la colline a été maintes fois reconstruite, notamment dans les années 1920 et après la période khmère rouge : bon nombre de ses statues et autels datent de la fin du 20e s. Le stupa qui se dresse à l'ouest contiendrait les cendres du **roi Ponhea Yat** (1re moitié du 15e s.), qui fit transférer la Cour à Chaktomuk en 1432 – et à qui une autre légende attribue la fondation de cette pagode.

Côté sud, au-dessus de la grande horloge, un **bas-relief★★** en céramique vernissée commémore la **restitution des provinces de l'Ouest** par le traité franco-siamois de 1907 *(voir photo p. 109)* : trois femmes en costume d'*apsara* apportent Battambang, Siem Reap et Sisophon en offrande au roi Sisowath assis sur son trône *(original de la statue au Musée national)* ; sur sa droite, un zouave déploie le drapeau tricolore. L'allégorie souligne le rôle de l'autorité coloniale, au service du Cambodge dont elle protège le territoire.

Le succès populaire ne se dément pas : les joueurs d'échecs et de takraw investissent le parvis en fin de semaine, les marchandes de fleurs de lotus, d'encens et d'oiseaux attendent les fidèles sur l'allée qui fait le tour du promontoire.

En sortant, tournez à droite dans St. 13.

★ Place de la Poste B1

St. 13, entre St. 98 et St. 102.

Toujours en activité, la **poste★** de Phnom Penh occupe depuis 1890 un bâtiment construit par l'administration française et remanié ultérieurement dans le goût néoclassique. Elle a bénéficié d'une nouvelle restauration soigneuse en 2004. L'ancien **commissariat** (1892), bâtiment d'angle situé juste à côté, n'a pas eu cette chance ; laissé à l'abandon, il témoigne tristement du sort de

SE LOGER

- Alibi Guesthouse ... 3
- Cyclo ... 2
- Dara Reang Sey ... 14
- Diamond Palace II ... 5
- Fancy Guesthouse ... 6
- Golden House International ... 10
- Good Morning Guesthouse ... 4
- Grand Mékong (Le) ... 8
- Hilary's ... 17
- Indochine 2 ... 11
- Librairie (La) ... 1
- Lux Riverside ... 9
- Maison d'Ambre (La) ... 15
- Monsoon Boutique ... 12
- Niron ... 13
- Rambutan Resort ... 19
- Samsara Villa ... 20
- Sun & Moon ... 7
- Tea House (The) ... 16
- TEAV ... 18

SE RESTAURER

- Angkor ... 6
- Bopha Phnom Penh Titanic ... 12
- Cabaret ... 4
- Chinese House ... 14
- Comme à la Maison ... 22
- Exchange (The) ... 15
- Gánh ... 18
- Green Curry Noodle ... 21
- Happy ... 1
- K'nyay-The Terrace ... 23
- Malis ... 19
- Man Han Lou ... 25
- Master Suki Soup ... 3
- Ngon ... 20
- Night Market ... 11
- Noodles Dumplings Chinese Food ... 16
- Pergola (La) ... 8
- Porkei Seafood ... 17
- Résidence (La) ... 26
- Romdeng ... 5
- Saint-Georges (Le) ... 2
- Sugar Palm (The) ... 7
- Taboo ... 10
- Topaz ... 24
- Van's ... 13
- Vegetarian (The) ... 9

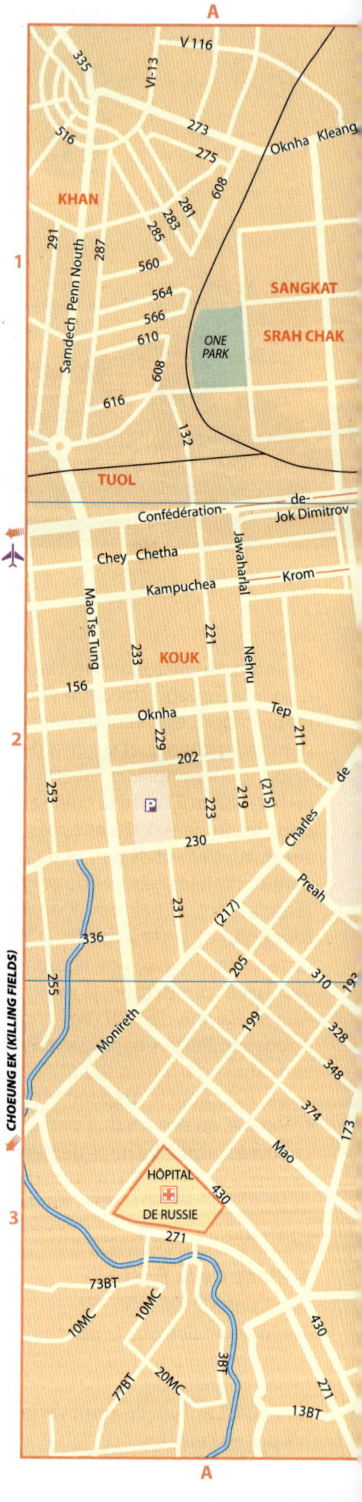

PHNOM PENH

KOH DACH, OUDONG, SIEM REAP, KAMPONG THOM
PHNOM PENH
0
500 m
N
ANCIEN STADE
Kol De Montero
Rond-point de l'ancien stade
Mueng
AMBASSADE DE FRANCE
PHNOM PENH PORT
Pont Chroy Changvar
Tonlé
Quai
France
HÔPITAL PREAH KET MEALEA
HÔPITAL CALMETTE
Moat Chrouk
Sisowath
Chroy Changvar (9)
Sap
Tonlé
Tonlé
Mékong
MÉKONG
1 CW
Bibliothèque nationale
Raffles Le Royal
Wat Phnom
EMBARCADÈRE
Tour Vattanac
Pont des Naga
Psar Reatrey
Psar Chas
RIVERSIDE
Tour OCIC
Monivong
Preah Ang Duong
Russie
PHSAR THMEY
Okhna In
Psar Kandal
Wat Ounalom
Sap
Dekcho
Damdin
Trasak
Pasteur
Quai
Unesco
MUSÉE NATIONAL
Palais royal
Samdach
WAT KOH
PSAR ORUSSEY
Sokun
Meanbon
Keo Chea
Preah Ang Yukanthor (19)
PAGODE D'ARGENT
Gaulle
Phan
INSTITUT FRANÇAIS
Paem
Samdach Pan
Okhna Chhun
Oknha Suor Srun
Sothearos
Sisowath
Josip Broz Tito (214)
Norodom
Wat Botum Vathey
Stade olympique
Preah Ang Phanauvong (240)
Monument de l'Indépendance
Sihanouk
Wat Langka
PSAR KABKO
Rorth Saphea
Chrun You Hak
Mongkol
Sopheak
Sothearos
BKK 1
Musée du Génocide Tuol Sleng
AEON MALL
Samdach
Canal
Bassac
Elite
Newton
KOH PICH
Columbia
Yale
Monivong
Paem
Tung
Norodom
MARCHÉ RUSSE
Bassac
Oknha Nhek Tioulong
B
C
1
2
3
ANGKOR BOREI, PHNOM DA
TAKEO, TONLÉ BATI, PHNOM CHISOR PHNOM TAMAO WILDLIFE RESCUE CENTER

1

CAPITALE PAR INTERMITTENCE

La cité, fondée par le roi Ponhea Yat sous le nom de **Chaktomuk**, fut capitale de 1432 à 1505. Elle remplaçait Angkor, mise à bas par les invasions siamoises. Proche des axes de communication (à commencer par le Mékong) et des voies commerciales, elle se développa comme comptoir fluvial ; une importante colonie portugaise et néerlandaise vivait alors dans ses murs. Oubliée ensuite pendant plusieurs siècles, quand Lovek puis Oudong accueillirent la Cour, la cité reprit son rang de capitale en 1866, sous le nom de **Phnom Penh**.

Cinq des pagodes que compte aujourd'hui la ville auraient été fondées entre 1422 et 1443 : Wat Phnom, Wat Ounalom, Wat Botum, Wat Koh et Wat Langka. Il ne reste aucune trace de ces temps historiques (les constructions ont été refaites sous le Protectorat, voire plus tard pour celles qui furent détruites par les Khmers rouges), mais ces complexes religieux sont toujours en activité. La ville connaît un regain de dynamisme après l'Indépendance, quand **Vann Molyvann**, l'architecte du Sangkum Reastr Niyum (1955-1970), dessine son nouveau visage *(voir p. 93)* : c'est la vogue néo-khmère, qui concilie modernisme et éléments de la tradition, qu'elle soit populaire ou royale, pour élaborer une architecture nationale originale. Depuis les années 2000, Phnom Penh prend modèle sur ses consœurs asiatiques pour asseoir son statut de capitale, à grand renfort de chantiers immobiliers colossaux mais d'une esthétique moins convaincante.

bon nombre d'édifices coloniaux, voués à être remplacés par des immeubles, seuls rentables devant le prix prohibitif qu'atteint le m² dans la capitale.

En face, au niveau de l'embarcadère, l'ancien **Hôtel de la Poste** accueillait les voyageurs sous le Protectorat, lorsque toute la circulation se faisait par le Mékong. De l'autre côté de la place se dressait la **Banque d'Indochine** *(angle St. 13 et 102)* ; magnifiquement restaurée, elle accueille un restaurant chic, le Van's *(voir p. 158)*.

Entre les rues 106 et 108, un canal désormais remblayé (transformé en parc public) séparait le quartier colonial, qui s'étendait au nord jusqu'à la gare, du reste de la ville, au sud. Le **pont des Naga**, dans la perspective Wat Phnom-monument de l'Indépendance, en matérialise l'emplacement. Dans les rues alentour, quelques demeures et façades témoignent de cette époque.

▶ *Descendez la rue 108.*

★ Autour du Psar Chas (vieux marché) B1

Délimité par les St. 108, 13, 110 et 15 - 6h-21h.

Durians, fruits du dragon, longanes et ramboutans s'empilent en pyramides soignées devant ce marché, l'un des plus anciens de la ville. Populaire et peu touristique, il occupait sans doute déjà cet emplacement avant le Protectorat français. Des poissons séchés à la bagagerie en passant par les articles religieux, il s'adresse avant tout à une clientèle locale qui, une fois ses emplettes terminées, hèle les cyclo-pousse qui attendent le chaland à l'angle.

Côté rivière se tient en fin de semaine un petit **marché de nuit** (Psar Reatrey - *angle quai Sisowath et St. 108 - vend.-dim. 17h-0h*) plus orienté vers les visiteurs de passage, cambodgiens ou étrangers (petit artisanat, textiles, souvenirs).

Remontez la rue 108 vers l'ouest. Un détour par la **rue 92** vous fera passer devant les façades bien restaurées de la **Bibliothèque nationale** (1922) et de l'hôtel **Raffles Le Royal** (1929).

▶ *Poursuivez vers l'ouest et tournez à gauche dans le bd Monivong.*

★ **Autour de la gare ferroviaire** B1
Angle bd Monivong et bd Confédération-de-Russie.
Le **bâtiment Art déco** (1932) a fait l'objet d'une belle restauration. La gare a repris du service au printemps 2016 avec la réouverture de la ligne PP-Kampot-Sihanoukville au trafic passager. Quand la réfection des voies sera achevée, les trains partiront à nouveau pour Battambang et Poipet, à l'ouest. En face du parvis, les **tours Vattanac Capital** (2014) et **OCIC** (banque Canadia, 2010), hautes structures de verre, témoignent du renouveau économique qu'a connu la capitale à partir des années 1990 – même si leurs étages de bureaux peinent encore à trouver acquéreur.
▶ *Prenez la rue 120, qui part en diagonale.*

★★★ **Psar Thmey** (marché central) B2
Quadrilatère formé par les rues 126, 136, 53 et 67 - 8h-17h.
Formes géométriques, angles, courbes et une puissante symétrie président au dessin de ce superbe **bâtiment Art déco** en X, construit en 1937 par les architectes français Jean Desbois et Louis Chauchon. Rénové en 2011, il offre des espaces plus aérés que la plupart des marchés traditionnels. Les fentes ménagées dans la magnifique **coupole** procurent un éclairage naturel et une circulation d'air qui préserve une relative fraîcheur. Bijoux et horlogerie occupent le carré central ; les allées qui en partent se divisent en secteurs d'activité : vêtements, chaussures, cosmétique, électronique, artisanat, textiles… Comme souvent, les vendeurs de fleurs, fruits et légumes sont installés à l'extérieur du bâtiment.
Autour du marché, notamment dans la **rue 53** *(entre les rues 136 et 154)*, subsistent quelques bâtiments de style néo-khmer (années 1960).
▶ *Descendez la rue 130 jusqu'au bout.*

★★ **Quai Sisowath** BC1-2
Le long de la rivière.
Les habitants de la capitale se retrouvent volontiers sur sa large promenade piétonne, ombragée de palmiers, pour flâner ou bavarder à la fraîche. Les anciens viennent pratiquer le tai-chi au petit matin sur ses pelouses, suivis par les joggers. En fin d'après-midi, une puissante sono attire les amateurs d'aérobic. Le quai longe sur 1 km la rivière Tonlé Sap, jusqu'à sa jonction avec le cours du Mékong et de la rivière Bassac. Cette configuration en X est à l'origine du premier nom de la ville, **Chaktomuk**, « quatre bras ». De l'autre côté de la rue se succèdent boutiques, cafés et restaurants, certains installés dans de beaux édifices du début du 20e s. (angle de la rue 148 notamment).
▶ *Tournez à droite dans la rue 148.*
★ **Psar Kandal** – *Délimité par les rues 144, 5, 154 et 13 - 6h-21h.* C'est le plus traditionnel des marchés du centre-ville.
▶ *Redescendez vers le quai par la rue 154.*

★ **Wat Ounalom** C2
Angle St. 5 et 154.
Fondée en 1443, c'est l'une des cinq pagodes historiques de la ville *(voir encadré ci-contre)*. Elle a longtemps servi de résidence au patriarche de la communauté monastique et abritait la bibliothèque de l'Institut bouddhique, qui conservait jadis plus de 3 000 ouvrages – détruits par les Khmers rouges. Dans le cimetière, à l'arrière du *vihear*, des bas-reliefs contemporains s'inspirent librement de ceux d'Angkor Wat : Yama, le juge des Morts aux multiples bras, sur son buffle ; Vishnou juché sur Garuda pour combattre les démons ; l'armée de Suryavarman II, et, de l'autre côté du mur, un barattage de la mer

1

de Lait. Le sanctuaire dressé parmi les stupas funéraires abriterait un poil de sourcil *(ounalom)* du Bouddha.
Dans l'angle sud-ouest du complexe *(St. 13)* se dresse la **maison Hiroshima**, trait d'union entre deux cités terriblement meurtries par l'histoire. Offert par le Japon en 2006 et dédié à la Paix, cet édifice aux bandes de brique et de ciment nu cumule les fonctions d'orphelinat et de médiathèque.
Sortez de la pagode par la rue 13 et tournez à gauche.

★★★ **Musée national** (National Museum) C2
Angle St. 13 et St. 178 - ✆ (023) 211 753 - www.cambodiamuseum.info - 8h-17h (dernière entrée 16h30) - 5 US$ - photos interdites - spectacles traditionnels en soirée (voir p. 163) – Comptez 1h30 de visite. Guides francophones à l'entrée, petite librairie sur les collections du musée et sur l'art khmer.
Le principal musée archéologique du pays occupe des **bâtiments**★★ construits entre 1917 et 1920 sous la supervision de **George Groslier**, éminent archéologue et écrivain français. Ils revisitent à la manière moderne la structure traditionnelle du temple khmer, en s'articulant autour d'un **patio-jardin** creusé de bassins, au centre duquel veille la statue du Roi lépreux d'Angkor Thom *(voir p. 196 - restauré)*. Une **galerie d'enceinte** ouverte sur le patio regroupe les collections en quatre salles. Statues, linteaux sculptés, figurines de bronze : elle expose une sélection de 2 000 œuvres majeures retrouvées sur les sites archéologiques de tout le pays et couvrant une période allant de la préhistoire au 19e s. Un **garuda** de grès de la période Koh Ker (1re moitié du 10e s.) accueille le visiteur dans le hall. *Prenez à gauche.*
★ **Galerie est** – *12e s.* Un ensemble de petits bronzes évoquent le culte brahmanique pratiqué à l'époque *(voir « Mythes et divinités hindoues à Angkor », p. 182)* : Vishnou, sa parèdre Lakshmi et sa monture Garuda ; Nandi, le taureau monture de Shiva ; Ganesh, le dieu à tête d'éléphant. Une série de bouddhas parés et des représentations d'Avalokiteshvara (bodhisattva de la Compassion) rappellent la conversion d'Angkor au bouddhisme mahayana au 12e s. Les deux pièces majeures se trouvent dans l'antichambre située au bout de l'aile : une **tête de garuda** venue de la proue d'un bateau, et la tête d'un **Vishnou couché** sur le serpent Ananta, découvert en 1936 au Mebon occidental (Angkor).
★★★ **Galerie sud** – *6e-11e s.* Les **stèles épigraphiées** en sanskrit et en khmer ancien intéresseront surtout les spécialistes. Leur succèdent des **statues de grès** préangkoriennes du style de Phnom Da (6e-7e s.), d'une extrême pureté de lignes. Bouddhas debout au déhanché léger, influencés par l'art gupta, môn ou dvaravati, toutes sont d'une beauté à couper le souffle. Leur grâce, la sobriété des traits et des postures, le modelé des torses, le drapé des vêtements caractérisent aussi les **statues brahmaniques** en grès. Parmi elles reviennent souvent Harihara (mi-Vishnou, mi-Shiva, 7e s., style de Sambor Prei Kuk), Ganesh, Vishnou, Durga (l'épouse de Shiva dans sa forme terrible), Vajimukha (ou Kalkin, divinité à tête de cheval). Chef-d'œuvre de cette salle, un **Vishnou** monolithe de grès noir de 3 m de haut, coiffé d'une mitre, est encadré par deux de ses avatars, Rama avec son arc à gauche et Balarama (frère de Krishna) avec son araire à droite ; le mouvement du corps, avec cette alliance de réalisme et de stylisation, le rattache au style de Phnom Da.
La 2e partie de la salle est consacrée à la statuaire des 10e et 11e s. Un monumental **combat de singes** venant de Koh Ker (grès, 1re moitié du 10e s.) et un **fronton** en grès rose de Banteay Srey (fin du 10e s.), aux personnages d'une grande finesse d'exécution, en sont les pièces maîtresses.
★★ **Galerie ouest** – *12e-13e s.* Le gigantisme du style du Bayon s'affiche dans les **bustes** de *deva* et d'*asura* provenant d'une scène de barattage de la mer de Lait

Vishnou couché, bronze, Musée national de Phnom Penh.
L. Tettoni/robertharding/age fotostock

(grès, début du 13e s.). Identifiable entre toutes, la statue de **Jayavarman VII** assis en méditation, yeux clos et buste penché vers l'avant, a été retrouvée entre Preah Khan et Angkor Thom, deux des grandes réalisations du roi bâtisseur.

★ **Galerie nord** – *Période post-angkorienne*. Plus hétéroclite, elle présente surtout des œuvres du 19e s. : une **cabine de bateau** en bois, des **frontons** de pagode, également en bois, ornés de bris de verre teinté, des pièces d'artillerie, des éléments de **costumes de théâtre** (diadèmes, coiffes de papier mâché laqué et doré, parures), des **boîtes laquées** incrustées de nacre… De part et d'autre de la statue de Sisowath, qui vient du Wat Phnom, six panneaux illustrant des scènes du *Reamker* (années 1900) se lisent de bas en haut : ils vous donneront des clés pour identifier les épisodes de l'épopée sur les fresques du Palais royal *(voir p. 143)*.

Fin de la galerie est – *Période post-angkorienne et préhistoire*. Un ensemble de **bouddhas parés**, debout en *abhaya mudra* (16e-18e s. ; *mudra : voir p. 380*) ou assis en *bhumisparsa mudra* (19e-20e s.), font partie des rares statues de bois rescapées au Cambodge. Peu nombreuses mais remarquables, les pièces préhistoriques rassemblent quelques **bronzes** de grande taille (cloches, urne, tambours rituels) des 4e-2e s. av. notre ère.

Derrière le musée, la **Royal University of Fine Arts** (RUFA - *St. 178, angle St. 19*) occupe un bâtiment lui aussi construit sous l'égide de George Groslier. Il accueille toujours l'université d'Architecture et d'Urbanisme.

Sur l'esplanade qui s'étend devant le musée, le **Veal Preah Mein**, se déroule chaque année la fête du Sillon sacré *(voir « Fêtes et festivals », p. 58)*. C'est aussi l'endroit dédié aux **crémations royales** : le bûcher du roi Norodom Sihanouk y fut allumé en 2013.

▶ *En sortant du musée, tournez à droite et prenez la 1re rue à gauche.*

Faisant le coin *(angle St. 184 et bd Sothearos)*, une belle villa particulière des années 1910-1920, magnifiquement restaurée, accueille les **bureaux de l'Unesco**.

▶ *Tournez à droite dans le bd Sothearos.*

★★ **Palais royal** (Royal Palace) C2

Bd Sothearos - 8h-11h, 14h-17h - 6,50 US$ - tenue correcte exigée (épaules et jambes couvertes) – Comptez 1h30 de visite. Guides francophones à l'entrée (10 US$/h).

Il a été construit dans les années 1860 – et amplement remanié par la suite – pour accompagner le déménagement de la capitale. Lorsque le Protectorat est instauré, en 1863, les autorités françaises désignent Phnom Penh comme siège du pouvoir. Une équipe franco-cambodgienne prend la direction des travaux, en s'inspirant du Palais royal de Bangkok. Stupas et toitures emboîtées d'un côté, ornementation à l'européenne (pavages, luminaires, fresques) de l'autre reflètent cette mixité.

La Cour quitte Oudong et Norodom Ier (1860-1904) s'installe dans ce nouveau palais en 1871. Bon nombre de bâtiments, construits en bois, seront remplacés par des édifices plus durables sous le règne de Sisowath (1904-1927). Les appartements de Norodom Sihamoni, couronné en 2004, occupent le palais Khemarin *(ne se visite pas)*. Un parcours fixe dessert les parties ouvertes au public.

★ **Pavillon du Clair de lune** (Preah Thineang Chan Chhaya) – *Mur d'enceinte oriental*. Ce gracieux bâtiment aux toitures polychromes fut édifié en 1913 pour remplacer un pavillon de bois datant du règne de Norodom Ier. C'est de cette tribune que le roi s'adresse à son peuple.

★★ **Salle du Trône** (Preah Thineang Tevea Vini Chhay) – *Au centre du complexe - accès restreint*. Le bâtiment (1919), qui remplace lui aussi une construction antérieure en bois, abrite les réunions de chefs d'État. Ouvrant dans l'axe de la **porte de la Victoire**, aux ornements stuqués néoclassiques, la salle du couronnement est dominée par une flèche de 59 m de hauteur. À la base de la spire, les quatre visages du dieu Brahma embrassent l'ensemble du monde. Du pas des portes, on aperçoit le trône royal et ses ombrelles d'or à neuf niveaux. L'ornementation adopte le goût en vogue dans l'Europe du 19e s. : lustres de cristal et, au **plafond**, scènes bucoliques, *Reamker* et figures fondatrices de la mythologie khmère *(kala, devata)*.

★ **Pavillons latéraux** (Hor) – *De part et d'autre de la salle du Trône*. Ces petites structures (1917) évoquent les « bibliothèques » des temples anciens. Le **Hor Samran Phirun**, à droite *(ne se visite pas)*, conserve les instruments de musique utilisés lors des processions et les présents offerts par les chefs d'État. Le **Hor Samrit Vimean**, à gauche, expose *regalia* (vaisselle d'or, d'argent et de laque) et costumes de cérémonie, dont les *sampot* féminins aux couleurs des sept jours de la semaine.

Salle des Banquets (Preah Thineang Phochani) – *Au sud du Hor Samrit Vimean*. À l'origine une scène pour les musiciens et les danseurs royaux, ce pavillon

L'une des fresques du *Reamker*, déambulatoire de la pagode d'Argent, Palais royal.
P. Tisserand/Michelin

hypostyle ouvert (1912), aux fresques pâlies par le soleil, accueille désormais les réceptions présidées par le roi.

★★ **Pavillon Napoléon III** – *Au nord du Phochani - en cours de restauration.* Il fut construit en 1869 pour l'impératrice Eugénie (épouse de Napoléon III) et utilisé lors de l'inauguration du canal de Suez avant d'être offert par la France au roi Norodom en 1876. Ses délicates balustrades de fer forgé, sa marquise et ses sveltes colonnes, qui témoignent de l'engouement européen pour l'architecture métallique (c'est l'époque Eiffel), contrastent avec le style des bâtiments alentour. 1

L'itinéraire de visite se poursuit dans la partie sud du Palais, ceinte d'un haut mur.

★★★ **Fresques du Reamker** – *Galerie d'enceinte de la pagode d'Argent - à lire dans le sens horaire.* Il a fallu un an de travail pour peindre, entre 1903 et 1904, les fresques qui tapissent tout le déambulatoire, sur 640 m de long. Elles relatent l'épopée du *Reamker*, la version khmère du *Ramayana* *(voir p. 96)*. Leur réalisation a réuni les talents d'une quarantaine de peintres, d'où les différences de style d'un panneau à l'autre : ligne claire des fresques narratives asiatiques sur certaines scènes, touche romantique occidentale ou sinisante ailleurs, notamment pour les paysages qui composent le fond. Bien que très endommagées par endroits, les fresques livrent des vues précieuses et pleines de piquant de la vie au palais ou dans les campagnes cambodgiennes d'antan : des maisons villageoises et des scènes paysannes typiques servent de toile de fond aux combats de l'armée des singes. Les fresques sont actuellement en cours de restauration sous la direction d'une équipe polonaise.

★★ **Pagode d'Argent** (Wat Preah Keo) – *Photos interdites à l'intérieur.* Reconstruite en 1962, elle fut pavée de 5 300 carreaux d'argent, en grande partie couverts par des tapis mais qui restent visibles près de l'entrée. Ses vitrines composent un vrai petit musée d'art religieux, abritant des bouddhas précieux d'or, d'argent, de cristal, de marbre, ainsi que de riches offrandes et des coiffes du *Reamker*. Trônant sur un haut piédestal, le **bouddha d'Émeraude** (Preah Keo) est la réplique de celui de Bangkok *(voir encadré p. 430)*. Devant, paumes en avant, se tient un **bouddha Maitreya paré** en or réalisé en 1904, sous le règne de Sisowath ; il pèse 90 kg et est incrusté de 2 086 diamants.

Parvis – Devant le *vihear*, deux **stupas** (1908) renferment les cendres d'anciens rois. La statue équestre de Norodom fut offerte par les Français ; la petite histoire raconte que la tête du cavalier aurait été refaite pour l'occasion, la tête d'origine étant celle de Napoléon III. En contournant le *vihear*, vous passerez devant le **Koeng Preah Bat** *(côté sud)* qui conserve une empreinte de pied du Bouddha et des **manuscrits** sur feuilles de latanier, puis devant le **Phnom**

Kailash, une rocaille artificielle évoquant le « nombril de l'univers » *(voir p. 80)* et entourée de beaucoup de ferveur. À l'arrière *(ouest)*, intéressante **maquette d'Angkor Wat**. Derrière le mur d'enceinte, quelques salles d'exposition thématiques closent la visite : architecture populaire, costumes et *sampot*, musique et danses traditionnelles, **palanquins royaux**.

Tournez à droite dans la rue 240.

Wat Botum Vathey (pagode des Fleurs de lotus) C2

Oknha Suor Srun St. (ou St. 7).

Elle fait partie des cinq pagodes historiques de la ville *(voir encadré p. 138)* et continue d'inspirer la vénération des fidèles, même s'il ne reste rien des structures d'origine. Les bâtiments actuels, épargnés par les Khmers rouges, datent de 1937. Notez les stupas funéraires de la cour, plus imposants qu'ailleurs : de nombreux politiciens et moines de haut rang sont inhumés ici.

Dans le parc qui fait face au *wat* se dresse le **monument à la Libération**, ou monument à l'Amitié khmère-vietnamienne ; ce groupe sculpté dans le style stalinien commémore la prise de la ville par les Vietnamiens en janvier 1979, qui mit fin au régime khmer rouge.

À l'extrémité sud du parc, tournez à droite.

★ Monument de l'Indépendance (Independence Monument) C2

Croisement bd Norodom (St. 41) et bd Sihanouk (St. 274).

Sa silhouette caractéristique se dresse dans l'axe du Wat Phnom, l'autre emblème de Phnom Penh, qui ferme la perspective au nord du bd Norodom. Cette tour brun-rouge fut conçue en 1958 par **Vann Molyvann**, chef de file de la nouvelle architecture khmère *(voir p. 93)*, pour commémorer la fin du Protectorat français, le **9 novembre 1953**. Le monument conjugue l'héritage angkorien et les symboles du bouddhisme : cent têtes de *naga* se détachent aux angles des cinq niveaux de la structure, qui affecte la forme d'un bouton de lotus ; l'ensemble, entouré de fontaines illuminées la nuit en fin de semaine, s'inspire du *prasat* central du Bakong (groupe de Roluos, Angkor).

À l'est du monument de l'Indépendance, une toiture pointue rouge et or à sept niveaux surmonte une statue en pied de **Norodom Sihanouk** (1922-2012), père de l'indépendance.

Wat Langka C2

De l'autre côté du rond-point.

Il fut fondé vers 1442 pour conserver les Saintes Écritures bouddhiques. La pagode accueillit au 15e s. des moines cinghalais, propagateurs historiques de la doctrine du Petit Véhicule *(voir encadré p. 372)*, d'où son nom. Elle servit d'entrepôt sous les Khmers rouges, ce qui la sauva de la destruction.

Gagnez le bd Monivong (10mn à pied) pour prendre le bus n° 1 ou hélez un tuk-tuk *(3 US$) pour rejoindre le sud de la ville.*

★★ Musée du Génocide Tuol Sleng (Tuol Sleng Genocide Museum) B3

Angle St. 113 et St. 350 (2 km du rond-point de l'Indépendance) - ✆ (093) 388 988 - www.tuolsleng.com - 8h-17h - 3 US$, audioguide en français 3 US$ (recommandé : très peu d'explications écrites) – Comptez 1h de visite. Témoignages de survivants à 14h30, projection de documentaires à 9h30 (30mn) et 15h50 (1h).

Bon à savoir – La visite, bouleversante, peut heurter les personnes sensibles. Il est tout à fait déconseillé d'y venir avec des enfants, voire des adolescents qui n'auraient pas été préparés à l'extrême brutalité suggérée par les présentations.

Il s'agit d'une ancienne école reconvertie par les Khmers rouges en un centre de détention, le plus important du pays. Connu sous le nom de **S-21** *(Security*

Prison 21), le centre était placé sous la direction de Douch, condamné à la perpétuité en 2012 *(voir « Le procès des Khmers rouges », p. 113)*. On estime entre 14 000 et 20 000 le nombre de personnes détenues et torturées dans ces murs entre 1975 et 1979, avant d'être exécutées ici même ou dans les Killing Fields *(voir plus loin)*. Tout « opposant » au régime, y compris de très jeunes enfants, était amené au S-21. En quatre ans, seules 23 personnes ont survécu, dont sept lors de la libération du camp par l'armée vietnamienne, le 7 janvier 1979. Quatre blocs disposés en U, ceux des anciennes salles de classe, composaient la prison. Le premier (bâtiment A) abritait des salles de torture et les quartiers des gradés du régime. On voit en face une potence qui servait aux interrogatoires et les tombes des 14 dernières victimes. Les trois autres avaient été convertis en cellules, conservées intactes dans le bâtiment C : cellules individuelles de brique au rdc, de bois au 1er étage, et cellules collectives au 2e étage. Des instruments de torture, des photos du corps des suppliciés tentent de faire comprendre ce que furent ces années. Dans le bâtiment B, des panneaux montrent le visage de milliers de ces disparus, systématiquement photographiés au moment de leur incarcération. Dans le dernier édifice, des tableaux de l'artiste peintre **Vann Nath** (1946-2011), l'un des rares rescapés du S-21, accompagnent les témoignages de survivants.

Remontez la rue 113 et tournez à gauche dans la rue 310 pour rejoindre le bd Sihanouk.

★ **Stade olympique** (Olympic Stadium) AB2

Bd Monireth/Charles-de-Gaulle (St. 217), angle bd Sihanouk (St. 274), à 1,5 km du musée du Génocide.

En bordure de ville lorsqu'il a été dessiné en 1962 et désormais en plein centre de l'agglomération, c'est l'une des œuvres majeures de l'architecte néo-khmer **Vann Molyvann** *(voir p. 93)*. Cette structure de béton et ciment, d'une capacité de 60 000 places, comprend un stade, un palais des sports et deux piscines. Comme beaucoup d'édifices historiques dans la capitale, le stade est aujourd'hui menacé de destruction au profit d'un ensemble d'immeubles de grande hauteur et d'un espace ludo-commercial, dont le chantier a commencé.

À proximité Carte de région p. 132-133

Pour les Killing Fields, prévoyez un aller-retour de 2h30 depuis la capitale, visite comprise. Vous pouvez combiner la visite de Koh Dach avec celle d'Oudong en une journée. Pas de transports publics : affrétez un *tuk-tuk* ou louez un scooter *(voir p. 153)*. La sortie de Phnom Penh peut être longue en fin d'après-midi (gros embouteillages).

VERS L'OUEST B3

★★ **Choeung Ek** (Killing Fields)

17 km au sud-ouest de Phnom Penh - ✆ (093) 388 988 - www.killingfieldsmuseum.com - 7h30-17h30 - 6 US$ audioguide en français inclus - tenue correcte de rigueur - Comptez 15 US$ en tuk-tuk (1h d'attente sur place), 10 US$ en motodop.

Bon à savoir – Comme le musée du Génocide à Phnom Penh, ce site n'est pas un musée mais un lieu de mémoire. Sa visite peut être éprouvante.

L'un des nombreux **camps d'extermination** du pays durant les quatre années de terreur khmères rouges, il était dirigé par Douch, qui administrait aussi le S-21 à Phnom Penh. Un stupa a été érigé en 1988 pour recueillir les crânes de 8 000 victimes retrouvées – 129 charniers ont été mis au jour sur ce site,

Le long chemin du ver à soie

DE FIL EN FIL

Deux composants sont indispensables à la fabrication de la soie : le mûrier blanc et le ver du *Bombyx mori*, un papillon dont la chenille sécrète le précieux fil pour tisser son cocon. Les sériciculteurs se livrent à un patient travail de sélection d'espèces qui vont produire des soies différentes, en termes de couleur et de texture, mais également développer des qualités de résistance aux parasites, de longévité ou de fréquence de reproduction. Le cocon du ver à soie cambodgien, par exemple, de couleur jaune, produit environ 300 m de soie brute, quand son cousin japonais en donne quatre ou cinq fois plus.

L'élevage des vers à soie, processus complexe et délicat, comprend l'incubation, l'alimentation, l'entretien et la migration des vers. Une fois le cocon formé, les chrysalides sont étouffées à la vapeur et séchées avant d'être plongées dans l'eau bouillante ; on peut ensuite commencer à dévider les cocons et à les filer pour obtenir la **soie grège**. La bave émise par la chenille est en fait la combinaison de deux fils différents, agglutinés ensemble par une colle naturelle, la séricine ; l'opération de décreusage consiste à éliminer cette séricine pour assouplir la soie, lui donner son lustre, son élasticité et la rendre perméable à la teinture. La **sériciculture** désigne l'ensemble du processus, de l'élevage des vers à soie jusqu'à la filature.

MOTIFS ET TEINTURES TRADITIONNELS

Le tissage de la soie produira, selon le mode de tramage et le type d'armure (combinaison de la trame et de la chaîne), différentes natures de tissu : sergés au dessin en obliques (chevrons, diagonales), *ikat* teints par réserve, brocards enrichis de fils d'or ou d'argent… *(voir aussi « L'artisanat », p. 65).*

Ornant le plafond ou les murs d'une pagode, les *pidan* sont tissés de motifs religieux adaptés à l'événement célébré : *naga* lors des cérémonies de mariage, bateaux symbolisant la dérive des âmes pour la fête des Morts, gracieuses *apsara* et *devata* (déesses) auspicieuses, roues du *dharma*… Les *sampot* ordinaires privilégient les motifs floraux ou géométriques répétitifs. Traditionnellement de couleur unie, ils sont teints avec des pigments naturels, végétaux essentiellement : écorce d'ébène pour le noir, écorce du **gambooge** – qui produit la gomme-gutte, pigment servant à teindre la toge des bonzes – pour le jaune safran ou orangé, indigo pour le bleu, gomme-laque (sécrétion de la cochenille) ou rocou pour le rouge. Le noir et le vert peuvent aussi être obtenus par bains successifs en additionnant ou en combinant ces différents pigments.

RECONNAÎTRE LA SOIE NATURELLE

La soie étant un produit d'origine animale, on obtiendra, en passant quelques brins à la flamme d'un briquet, un résidu charbonneux dégageant une odeur de corne brûlée. Présentée à la lumière sous différents angles, la pièce d'étoffe produira des reflets de nuances variées tandis qu'un examen de la trame à la loupe révélera des imperfections. Frotté, le tissu laissera une sensation de chaleur. Si tous ces tests sont positifs, c'est bien de la soie. Mais attention, si le prix de l'étoffe est modique, vous êtes probablement en présence d'une soie synthétique « nouvelle génération », produite industriellement, ou d'un mélange de fibres (naturelles et synthétiques, ou naturelles et coton).

20 000 femmes, hommes et enfants y auraient été enterrés, la plupart d'entre eux amenés du camp de détention de Tuol Sleng. L'audioguide qui accompagne la visite de ce lieu de mémoire a été réalisé par des rescapés du génocide. Il a su trouver un ton factuel, d'une grande sobriété, pour relater les étapes conduisant de la détention à l'exécution, mais aussi expliquer les procédés mis en œuvre pour dissimuler l'existence du camp aux populations voisines. Le génocide khmer rouge aurait fait entre 2 et 2,5 millions de victimes, soit un Cambodgien sur quatre – les chiffres exacts demeureront toujours ignorés.

VERS LE NORD B3

★ Koh Dach (île de la Soie)

15 km au nord de Phnom Penh. Bateau (1h AS) : tours organisés au départ du quai Sisowath. Tuk-tuk *et scooter : suivez la NH 6 dir. Siem Reap jusqu'à l'embarcadère du ferry-bac, face à la côte ouest de l'île.*

Un morceau de campagne khmère traditionnelle aux portes de la capitale : une route circulaire, partiellement asphaltée, fait le tour de l'île *(20 km)*, desservant les plantations de bananiers et de manioc, les vergers de manguiers et de papayers, et de vastes rizières où se profile la silhouette des palmiers à sucre et des cocotiers. Les véhicules à moteur restent rares, quelques pagodes sonnent au loin les heures. Des maisons de bois bordent la route ; entre leurs hauts pilotis, les femmes, assises à leur métier, perpétuent la tradition ancestrale du **tissage de la soie**.

★★ Oudong

40 km au nord-ouest de Phnom Penh - 1 US$. Très fréquenté en fin de semaine. Pas de transports publics : louez un scooter à Phnom Penh ou affrétez un tuk-tuk.

Oudong fut la **capitale** du royaume de 1618 à 1866. **Ang Duong** (1841-1860), son souverain le plus prestigieux, fit bâtir quantité de pagodes et aménager par des terrassements les deux collines jumelées situées aux portes de la ville, où se trouvait la **nécropole royale**. Les stupas funéraires subirent les pillages des envahisseurs siamois en 1812 ; au siècle suivant, durant la guerre du Vietnam, le site fut gravement endommagé par les bombardements américains, puis par les Khmers rouges entre 1975 et 1979. La « cité des rois défunts » continue néanmoins d'attirer les fidèles et reste un but de sortie populaire le week-end.

Au nord-est de la colline principale, un long escalier ombragé *(env. 500 marches - 20mn)* monte vers un **stupa** érigé en 2002 *(gardez vos chaussures à la main pour la suite de la visite)* où l'on a transféré des reliques bouddhiques enchâssées auparavant dans le stupa situé devant la gare de Phnom Penh. De la plate-forme, la **vue★★** embrasse une vaste plaine où pointent çà et là les toitures rouge orangé de pagodes récentes, dont un grand centre de méditation. Le sentier continue vers les **trois stupas** les plus importants, qui abritent les cendres des rois Ang Duong, Norodom Ier (1860-1904) et Sisowath (1904-1927). La silhouette jaune pâle du **chedi Trai Trang★★** *(voir photo p. 149)* est surmontée par quatre visages regardant aux points cardinaux – un symbole d'omniscience que l'on retrouve au Palais royal de Phnom Penh. De là, le sentier redescend la colline pour remonter ensuite vers une série de cinq petites **chapelles** toutes simples ; la 4e abrite une statue *(réplique)* de Nandi. Sur la 2e hauteur, le **Wat Arthaross** (ou Eithareus - temple des Dix-Huit Angles), partiellement refait en 2016, renferme un colossal bouddha doré moderne, qui remplace celui détruit par les Khmers rouges. Méditant sous la protection du *naga*, il regarde vers le nord – et la Chine : il aurait été orienté ainsi, bien avant la fondation d'Oudong comme capitale, à la demande d'un empereur

1

chinois qui entendait bénéficier ainsi de la protection de l'empire khmer, qu'il considérait comme redoutablement puissant.
Plus d'une centaine de fosses communes ont été découvertes sur le site et un mémorial a été érigé aux victimes du génocide khmer rouge.

★ Wat Sovan Tomreach

21 km au sud d'Oudong (25 km au nord-ouest de Phnom Penh), près de la colline de Baset.
Entreprise en 1999 et toujours en travaux, cette œuvre mégalomane souhaite reproduire les grands temples d'Angkor avec les techniques et les matériaux contemporains. Un *gopura* à quatre visages, hommage au Bayon de Jayavarman VII, et une allée où dieux et démons rejouent le barattage de la mer de Lait, conduisent à un ensemble de constructions grandioses dans le style d'Angkor Wat : salle hypostyle aux amples proportions, galerie couverte dont les balustres créent des jeux de lumière… Dans la cour, une balustrade de singes entoure le bassin sacré. À env. 200 m à l'ouest, le **Prasat Phnom Reap** reprend la même inspiration.

Phnom Baset

2,5 km au nord-ouest de Wat Sovan Tomreach.
Du haut de la colline rocheuse (pagode moderne), un escalier descend côté nord vers le Preah Aung Thom, grand bouddha couché de 20 m de long taillé dans la roche, puis vers le **Prasat Srey Krup Leak★**, le « temple de la Femme parfaite », un sanctuaire du 8e s. construit autour d'une énorme roche. L'édifice de brique rectangulaire ouvre à l'ouest (c'est inhabituel), protégeant une petite grotte naturelle. Une fausse porte en brique ferme la façade orientale, tandis que des bas-reliefs figurant des **palais volants★★** ornent les murs extérieurs.

★ Circuit autour de Takeo Carte de région B3-4 (p. 132-133)

En boucle depuis Phnom Penh, circuit d'env. 180 km tracé en vert sur la carte de région. Véhicule indispensable (pas de transport en commun). Cet itinéraire ne peut être suivi par la route qu'en saison sèche. En période de mousson, Phnom Da n'est accessible qu'en bateau, depuis Takeo via *Angkor Borei.*
Suivez le bd Norodom pour sortir de Phnom Penh au sud par la route n° 2.
Hors des sentiers battus, un Cambodge non touristique se laisse entrevoir aux portes de la capitale. Il recèle des temples moins connus, dont certains préangkoriens. Pour les atteindre, vous traverserez des paysages de rizières où les fermes à canards alternent avec les maisons de bois aux toits de tuiles brunes. Buffles et pêcheurs, riz séchant sur les bâches étalées en bord de route, colliers de grelots en laiton tintant au cou des bœufs blancs qui tirent des charrettes débordant de paille animent le paysage d'une vie immuable. **Takeo**, capitale de la province du même nom, entretient une longue tradition de tissage de la soie.

★★ Ta Prohm de Tonlé Bati

32 km au sud de Phnom Penh (province de Takeo), puis bifurcation sur la droite. Le temple se trouve immédiatement au sud d'une pagode moderne - 7h-18h - 1 US$.
Le lac Tonlé Bati, site de pique-nique et de pêche fort apprécié des Phnom Penhois, attire beaucoup de monde en fin de semaine. Les jeunes mariés viennent se faire photographier en costume traditionnel dans les ruines de Ta Prohm. Caractéristique du style développé par **Jayavarman VII**, le roi bâtisseur du Bayon et d'Angkor Thom (12e s.), ce temple se présente comme un sanctuaire cruciforme en grès, entouré de deux enceintes de latérite percées

Chedi Trai Trang, sur la colline d'Oudong.
P. Tisserand/Michelin

de *gopura* aux points cardinaux. Ses reliefs, dans un très bon état de conservation, mélangent l'iconographie hindoue (Shiva et Vishnou sur les frontons nord et sud) et bouddhique (sur les linteaux), celle-ci datant du changement de religion intervenu au 16e s. Des *dvarapala* déhanchés montent la garde à la porte est, sous de faux stupas également dessinés en bas-relief ; un bouddha couché aux lignes fluides pare le linteau. Plusieurs autres **linteaux**★★ de grès, en place ou déposés au sol, montrent des scènes savamment historiées (superbe barattage de la mer de Lait près de la porte est). Prenez une torche pour éclairer ceux situés à l'intérieur du sanctuaire, qui valent le coup d'œil. Une pagode moderne s'est construite sur les bords du lac. Son enceinte englobe le **Yeay Peau**★, lui aussi bâti sous Jayavarman VII *(à l'ouest du* vihear*)*. La tour de grès s'orne d'un linteau bouddhique sur la porte principale *(à l'est)* tandis qu'un fronton montrant le dieu Vishnou surmonte la fausse porte, à l'arrière de l'édifice.

▶ *Revenez vers la N 2 et poursuivez vers le sud sur 19 km, puis tournez à gauche (4,5 km).*

★ Phnom Chisor

▶ *24 km au sud de Tu Prohm de Tonlé Bati - 7h-18h - 2 US$ (billetterie en haut de l'escalier).*

Un escalier de 412 marches *(15mn)* aménagé sur le flanc sud grimpe au sommet de la colline, à env. 130 m de hauteur. Une dernière volée de marches, sur la gauche, conduit à un **point de vue**★★ sur l'ouest de la plaine. Le temple ancien se trouve sur le flanc est, à côté d'une pagode moderne. Le chemin, qui passe en contre-haut, offre une vue surplombante inhabituelle sur les sanctuaires de brique du complexe brahmanique, construit au 11e s. (règne de **Suryavarman Ier**, 1002-1050). Le temple a conservé de précieux **linteaux**★★ où des têtes de *kala* émergent de volutes de feuillage particulièrement élaborées. Vishnou, Krishna, Shiva y sont à chaque fois montrés dans un épisode de leur vie mythique.

ANGKOR BOREI, CŒUR DU FUNAN

Angkor Borei, à 85 km de Phnom Penh, aurait été un pôle urbain important à l'époque du Funan *(voir « Histoire », p. 102)*, peut-être même la **capitale** de ce royaume qui s'étendait du sud du Vietnam à la Malaisie au début de notre ère, et dont on a retrouvé des traces un peu plus au sud, dans la région de Kampot *(voir p. 293)*. Sa puissance a perduré au temps du Tchen-la d'eau. Les recherches, récentes, sont encore loin d'avoir fait toute la lumière sur ce passé glorieux. Les premières photos aériennes ont mis en évidence l'existence d'un réseau de canaux fort anciens reliant Angkor Borei à Oc Eo (Vietnam, au sud-est), l'ancien port maritime du Funan, base d'échanges commerciaux avec la Chine, l'Inde et même l'empire romain.

En sortant par le *gopura* est, vous apercevrez les ruines de **Sen Thmoul**, à 250 m en contrebas, au pied de l'ancien escalier. Une longue allée processionnelle partait dans le prolongement, jusqu'à un autre sanctuaire situé 800 m plus à l'est, puis au grand *sras* (bassin sacré) Tonlé Om dont on distingue dans le lointain le tracé rectangulaire. Cette vue d'ensemble donne une idée de l'ampleur que revêtait la « montagne du soleil » *(phnom surya)* à l'époque de Suryavarman Ier, également bâtisseur du superbe temple de Preah Vihear, à la frontière thaïlandaise *(voir p. 277)*.

▶ *Du parking de Phnom Chisor, poursuivez plein est sur 13 km et tournez à droite, dir. Angkor Borei.*

★ Phnom Da

▶ *District d'Angkor Borei - 38 km au sud-est de Phnom Chisor - accès libre.*

Coiffant une petite colline *(140 marches faciles - 5mn)* au sommet arasé, ce sanctuaire shivaïte date du 11e s. Il a probablement été érigé sur l'emplacement d'un sanctuaire plus ancien : toute la région a connu une ère de prospérité exceptionnelle durant le royaume du Funan (1er-6e s.). Sa tour de brique et de latérite montre de magnifiques frontons aux **encadrements flammés★** que terminent des *naga* à cinq têtes, au-dessus des trois fausses portes et de la porte principale ; cette dernière ouvre au nord, direction souvent associée à Shiva. Dans les grottes creusées dans la colline ont été découvertes en 1936 plusieurs statues de toute beauté, remontant à l'époque préangkorienne (6e-7e s.), et aujourd'hui conservées au Musée national de Phnom Penh *(voir p. 140)* ; souvent liées au culte de Vishnou, qui dominait dans la région à l'époque du Funan, ce sont les plus anciennes statues khmères connues à ce jour.

★ Ashram Maha Rosei

▶ *300 m au sud-ouest de Phnom Da.*

Sur une petite hauteur en bord de route, ce sanctuaire de basalte gris (une pierre qui ne provient pas de la région) adopte une configuration et des éléments de décor atypiques. Daté de l'époque du Tchen-la (7e-8e s.), il est constitué d'une *cella* carrée, cernée par un espace de déambulation et enserrée dans un carré plus grand, aux murs percés de petites fenêtres. Unique au Cambodge, son architecture suscite les interrogations des archéologues, dont certains évoquent une familiarité avec les sanctuaires hindouistes du plateau de Dieng, édifiés à la même époque à Java. D'autres soulignent des similitudes avec les sanctuaires les plus anciens de Sambor Prei Kuk, près de Kampong Thom *(voir p. 247)*.

▶ *Retour vers Phnom Penh par la même route : 88 km.*

NOS ADRESSES À PHNOM PENH

Plan de ville p. 136-137

INFORMATIONS UTILES

Ambassades/Consulats

Pour le Canada, la Belgique, le Luxembourg et la Suisse, voir « Sur place de A à Z », p. 28.

Ambassade de France – B1 - *1 bd Monivong - (023) 430 020 (lun.-vend.) - www.ambafrance-kh.org.*

Ambassade du Laos – B3 - *15-17, bd Mao Tse Tung - (023) 982 632 - lun.-vend. 8h-11h30, 14h-17h.* Établit les visas. Il est aussi simple de l'acheter à la frontière *(voir p. 280).*

Banques/Change

Nombreuses sur les grands axes, en particulier bd Monivong, bd Confédération-de-Russie et bd Sihanouk, les banques ont toutes des distributeurs de billets.

Internet

Presque tous les cafés et les hôtels mettent leur réseau wifi à la disposition de leur clientèle.

Location de voiture

Avis – A2 - *62, bd Monireth (St. 217) - Boeung Salang - Tuol Kork - (023) 884 744 - http://avis.com.kh.* Succursale à Siem Reap. Il est cependant déconseillé de conduire soi-même au Cambodge : *voir p. 39*

Poste

General Post Office – B1 - *Place de la Poste - St. 13 entre les St. 102 et 98 - (023) 426 062 - http://cambodiapost.com.kh - lun.-vend. 7h30-17h, w.-end 7h30-11h.* Dans un imposant édifice colonial. Guichet de philatélie, envoi de colis.

Santé/Urgences

Pharmacie Navy – B1 - *Angle St. 15 et St. 130 - (012) 935 682.* 24h/24.

Hôpital Calmette – B1 - *3, bd Monivong - (023) 426 948.* 24h/24.

Clinique Naga – B2 - *11, St. 254 - (023) 211 300 - http://nagaclinic.com.* Médecins francophones.

Ambulance Calmette – *19 ou (023) 724 891.*

Tourist Police – A1 en dir. - *St. 598 - (012) 942 484.*

Police – *117.*

Sécurité

La petite délinquance est courante à Phnom Penh, surtout dans les semaines précédant les grandes festivités (Nouvel An khmer, fête des Morts, fête de l'Eau : *voir p. 161*), quand le besoin d'argent se fait plus pressant. Méfiez-vous des **vols à l'arraché** lorsque vous marchez dans la rue, que vous circulez à *motodop* ou en *tuk-tuk* (utilisez les *tuk-tuk* grillagés). Si vous restez vigilant, il ne vous arrivera rien.

Voir aussi les conseils généraux dans la rubrique « Sécurité », dans « Sur place de A à Z », p. 33.

Visa

Immigration Office – A2 en dir. - *332, bd Confédération-de-Russie, en face de l'aéroport - (023) 890 380 - www.immigration.gov.kh.* Prolongations de visa. Vous gagnerez du temps en passant par une agence de voyages ou par votre hôtel, qui fera les démarches pour vous.

ARRIVER/PARTIR

En avion

Aéroport international de Phnom Penh (PNH) – A2 en dir. - *Bd Confédération-de-Russie - 7 km à l'ouest de la ville - (023) 890 890 - www.cambodia-airports.aero.* Vols internationaux de/vers la Thaïlande et le Laos

(2 vols/j. avec Vietnam Airlines). Vols de/vers Siem Reap *(6/j.)* et Sihanoukville *(4/j.)* avec Cambodia Angkor Air *(www.cambodiaangkorair.com)*, Bayon Airlines *(www.bayonairlines.com)* ou Bassaka Air *(www.bassakaair.com)*.

Rejoindre le centre-ville – 30 à 45mn de trajet selon la circulation. En **taxi** : 9/15 US$ selon votre destination. En **tuk-tuk**, autour de 7 US$. De 5h30 à 20h, le **bus urbain n° 3** *(arrêt à la sortie de l'aéroport - ticket : 1 500 riels, faites l'appoint)* rejoint le marché de nuit, sur le quai Sisowath C1.

En bus et minivan

Chaque compagnie (plus d'une dizaine) possède sa propre gare routière, plus ou moins proche du **Psar Thmey** (marché central), et un bureau en centre-ville pour les réservations. La plupart enverront un *tuk-tuk* vous chercher à votre hôtel. Elles affrètent de nombreux bus et minivans 12 places (plus chers mais plus rapides) pour Siem Reap *(env. 7h de trajet,* via *Kampong Thom)*, Battambang *(env. 6h,* via *Kampong Chhnang)* et Sihanoukville *(env. 6h)*. Vous paierez souvent l'intégralité du trajet, même si vous vous arrêtez avant.

Giant Ibis – B2 - *St. 106 - ✆ (023) 987 808 - www.giantibis.com.* Trajets de nuit entre Phnom Penh et Siem Reap ; dessert Kampot et Sihanoukville.

Golden Bayon Express – B2 - *3, Sangkat Psar Thmey, angle St. 126 - ✆ (023) 966 968.* Assure 4 trajets/j. vers Battambang, Siem Reap et Sihanoukville. Dispose également de vans.

Mekong Express – C1 - *103, quai Sisowath - ✆ (023) 427 518 - http://catmekongexpress.com.* Bus et vans pour Battambang, Siem Reap, Sihanoukville et la frontière avec la Thaïlande (Poipet).

Mey Hong Transport – A1 - *213, St. 289* - 7 dép./j. pour Siem Reap et 4 dép./j. pour Sihanoukville en minivan.

Rith Mony – B1 - *24, St. 102 - ✆ (023) 427 567.* Bus pour Kampong Thom *(4h)*, Siem Reap, Sihanoukville, Kampot *(3h)*.

Sorya Transport – B2 - *Au sud-ouest du Psar Thmey (marché central) - angle av. Charles-de-Gaulle et St. 67 - ✆ (023) 210 359 - www.ppsoryatransport.com.* L'une des principales compagnies privées opérant à Phnom Penh. Dessert Kampong Cham *(2h30)*, Kratie *(6h)* et toutes les provinces du royaume ainsi que la Thaïlande et le Laos.

En train

Gare – B1 - *Bd Monivong, angle bd Confédération-de-Russie.* Du vend. au dim., départ à 7h pour Sihanoukville *(7 US$ - 8h30 de trajet)* avec arrêt à Kampot *(4 US$ - 5h)*.

En bateau

Croisières sur le fleuve : voir p. 163.

Port de passagers (embarcadère) – B1 - *Quai Sisowath, au niveau de St. 104.* De juil. à mars, plusieurs compagnies font la liaison Phnom Penh-Siem Reap. Le trajet dure de 4 à 8h selon la saison et le niveau de l'eau. Arrivez tôt pour choisir votre place (loin du moteur) et couvrez-vous.

Seth Bo – C1 - *Quai Sisowath, angle St. 108 - ✆ (012) 877 236.* Dép. tlj à 7h30 pour Siem Reap *(35 US$)*. Dép. à 12h pour Chau Doc *(Vietnam - 25 US$ - 4h)*.

Compagnie fluviale du Mékong – C1 - *313, quai Sisowath - ✆ (023) 216 070 - www.cfmekong.com - réserv. obligatoire.* Croisières de 3 à 8 j. sur le Tonlé Sap et le Mékong, vers Siem Reap et Hô-Chi-Minh-Ville.

TRANSPORTS URBAINS

Bus urbain

Trois lignes de bus desservent le nord de la ville, le sud et l'aéroport *(ligne 3)* de 5h30 à 20h30. Les lignes 2 et 3 ont pour terminus Psar Reatrey, le marché de nuit du quai Sisowath. La ligne 1 suit le bd Monivong (pratique pour Tuol Sleng Museum, Russian Market et BKK1). Liste des arrêts affichée sur les abribus. Le billet *(1 500 riels - faire l'appoint)* s'achète à bord.

Location de moto/scooter

Plusieurs loueurs aux abords de la **rue 110** B1. Comptez 6 ou 7 US$/j. pour un scooter, 15 US$/j. pour une moto. Soyez vigilant sur l'état de la machine (pneus, carrosserie, moteur) avant de louer : toute réparation vous sera facturée à votre retour. Passeport en dépôt de garantie.

Taxi

Les taxis sont rares en dehors des zones les plus touristiques (marché central, quai Sisowath). Quand ils n'ont pas de compteur, négociez le prix avant la course (1 US$ de prise en charge puis 1 US$/km).

Tuk-tuk

C'est le mode de transport le plus répandu. Les prix se négocient : env. 1 US$/pers. pour une course en ville, 15 US$ la 1/2 journée et 25 US$ la journée entière. Certains *tuk-tuk* sont grillagés pour éviter les vols à l'arraché dans les embouteillages.

Motodop

Pratique pour les courtes distances, surtout en cas d'embouteillage. Coincez votre sac entre le conducteur et vous. Négociez la course à l'avance (la moitié du prix d'un *tuk-tuk*).

HÉBERGEMENT

Le secteur de **Riverside** C1 (quai Sisowath), proche des sites touristiques, compte pléthore d'établissements de catégorie moyenne et supérieure. Le quartier de **Boeung Keng Kang 1** (BKK1) B3 est traditionnellement le fief des ONG et des expatriés. Les voyageurs à petit budget trouveront des *guesthouses* du côté des **rues 172** et **238**. Toutes nos adresses ont le wifi.

Palais royal et River Front

PREMIER PRIX

Good Morning Guesthouse – B2 - *42, St. 23 - ✆ (012) 776 188 - www.goodmorningguesthouse.com - 14 ch. - 10/15 US$.* À l'étage, de part et d'autre d'un long couloir gris, s'ouvrent des chambres d'une simplicité monacale. Murs nus et blancs, lit de rotin, sol de ciment brut : elles sont de taille variable, avec ou sans fenêtre, mais toujours spartiates. Téléphonez et l'on viendra vous chercher gratuitement à la gare routière. Terrasse ; accueil chaleureux.

Dara Reang Sey – B1 - *Angle St. 13 et St. 118 - ✆ (023) 428 181 - www.darareangsey.com - 45 ch. - 10/20 US$.* Avec ou sans fenêtres, raisonnablement grandes et bien tenues, elles constituent un bon rapport qualité-prix pour ce quartier de la capitale ; le vieux marché se trouve à un pâté de maisons, la rivière à deux. Les chambres du 3e étage partagent une terrasse commune ; les moins onéreuses occupent le 4e et dernier étage (sans ascenseur).

BUDGET MOYEN

Fancy Guesthouse – B2 - *169B, St. 15 - ✆ (023) 211 829 - www.fancyguesthouse.com - 20 ch. - 18/28 US$.* Dans un quartier

1

calme, à quelques mn à pied des bars de la rue 148. Plusieurs gammes, de la chambre sans fenêtre à celle avec balcon sur le Wat Ounalom, au 3e étage sans ascenseur. Postes internet à disposition, petite épicerie.

Diamond Palace II – C2 - *29, St. 178 - (023) 224 169 - www. diamondpalace-hotel.com - - 24 ch. - 25/30 US$*. Des chambres tristes et rudimentaires sur 3 étages sans ascenseur, mais une situation parfaite, entre la rivière, le Palais royal et le Musée national. Demandez absolument une chambre donnant sur le *Veal Menh*, l'esplanade verdoyante du Palais, les autres n'ont pas de vue.

Indochine 2 – C1 - *28-30, St. 130 - (023) 211 525 - www. indochine2hotel.com - - 35 ch. - 20/30 US$*. Pratique et bien situé. Sur trois étages sans ascenseur, des chambres propres avec frigo mais sans originalité. L'ensemble, bien tenu, est intéressant pour les nombreux services proposés : billets de bus, location de deux-roues, prolongation de visa, etc.

Alibi Guesthouse – C2 - *74, bd Sothearos, dans une ruelle en retrait du Motor Cafe - (023) 695 9087 - www.alibiguesthouse.com - - 12 ch. - 26/30 US$*. Elle est tenue par un Français dans un quartier calme, en face du Wat Botum et à deux pas du Palais. Meublées simplement, les chambres partagent une terrasse commune à chacun des 3 étages (pas d'ascenseur). Le petit patio arboré devant l'entrée invite à la détente. Personnel serviable.

Golden House International – C1 - *23/25, St. 136 - (023) 222 167 - www.goldenhouse.asia - - 21 ch. - 30/35 US$*. Fonctionnel et sans charme, bien situé, un hôtel de 4 étages avec ascenseur. Plus chères quand elles disposent d'une fenêtre, les chambres, spacieuses, ont été récemment refaites à neuf. Mini-frigo, baignoire. Petit bar attenant à la réception, location de motos.

Cyclo – B2 - *Angle St. 23 et St. 172 - (023) 992 128 - - 15 ch. - 25/40 US$*. Un beau bâtiment d'angle années 1950 (3 étages sans ascenseur) dont les balcons arrondis courent tout au long de la façade, à l'écart des rues les plus bruyantes tout en restant proche des objectifs de visite. De taille variable, avec balcon et tomettes pour les plus belles, ses chambres attirent majoritairement un public francophone – le pays d'origine du patron. Jacuzzi sur le toit-terrasse.

POUR SE FAIRE PLAISIR

Monsoon Boutique – C1 - *53-55, St. 130 - (023) 989 856 - www. monsoonhotel.com - - 21 ch. - 43/50 US$*. Ouvert en 2013 (3 étages sans ascenseur), il se distingue par quelques touches d'originalité dans la décoration et l'ameublement : fresques sur les murs chaulés, mobilier en jacinthe d'eau tressée, couloirs aux murs texturés et sdb au sol de galets. Les chambres (coffre, frigo) les plus agréables possèdent un balcon ou partagent une petite terrasse commune. Massages, postes internet à disposition.

Lux Riverside – C1 - *2-6, St. 136 - (023) 722 828 - www. luxriversidehotels.com - - 100 ch. et appts - 55/75 US$*. Ses chambres (coffre-fort, frigo) occupent les 6 premiers étages. Si les *standard*, sans vue, sont assez décevantes, les *deluxe*, meublées rétro et côté rivière, parfois avec balcon, se révèlent plaisantes. Dans les étages 7 à 10 ont été aménagés des appartements d'1 ou 2 pièces à louer à la journée ou à la semaine, avec salon-cuisine équipée, terrasse et lave-linge ; une excellente option pour un séjour prolongé ou en famille dans la capitale.

Le Grand Mékong – C1 - *253, quai Sisowath* - *(023) 220 336* - *www.legrandmekong.com* - *- 42 ch. - 55/80 US$*. On vient ici pour la vue : demandez absolument l'une des 12 chambres avec terrasse sur la rivière. Le petit-déj. se prend sur l'agréable terrasse du 8e étage, le dernier étant occupé par des chambres communicantes destinées aux familles. Pour le reste, ameublement un peu kitsch et à l'entretien approximatif. Agence de voyages dans le lobby.

UNE FOLIE

Sun & Moon – C2 - *Angle St. 136 et St. 15* - *(023) 961 888* - *www.sunandmoonhotel.com* - *- 80 ch. - 75/90 US$*. Ouvert début 2016, cet *urban hotel* aux lignes claires et dynamiques est l'établissement branché du quartier. Chambres lumineuses, confortables et bien équipées, osant des alliances de couleurs surprenantes. Piscine à débordement sur le toit-terrasse du 8e étage, bars et restaurant d'avant-garde, sauna et salle de gym. Atypique.

Niron – C1 - *169, quai Sisowath* - *(023) 522 0888* - *- 10 ch. - 80/95 US$*. Cette maison-tube (6 étages avec ascenseur) jouit d'une belle vue sur la rivière Tonlé Sap. La moitié des chambres, tout en longueur et spacieuses, dispose d'une terrasse sur la rivière. Plus petites et sans terrasse, les chambres côté ville sont beaucoup moins intéressantes.

La Maison d'Ambre B1 *123, St. 110, angle St. 19* - *(023) 222 780* - *www.lamaison dambre.com* - *- 10 ch. - 100/190 US$* - *10 US$*. Les chambres, immenses (60 à 120 m²), chacune avec salon et cuisine équipée, sont uniques à tous égards. Chacune porte le nom d'un film culte qu'évoque toute sa décoration. Mariant design contemporain et touches années 1970, l'ensemble est particulièrement réussi. On prend le petit-déj. sur le toit-terrasse au 5e étage, bel espace aux tonalités mauve et orange où opère aussi un restaurant de cuisine française dont le menu change chaque jour. DVDthèque à disposition, ascenseur. Beau et original, le fruit d'un vrai travail de décorateur.

Quartier du Psar Thmey

POUR SE FAIRE PLAISIR

La Librairie – B2 - *22, St. 184* - *(023) 221 812* - *www.la-librairie-phnom-penh.com* - *- 18 ch. - 45/55 US$*. L'établissement (3 étages sans ascenseur), éclairé par une verrière centrale, a soigné sa présentation : harmonie de tons rouges, noirs et blancs, motifs géométriques au plafond, lits à baldaquin… Toutes avec parquet, les chambres (coffre-fort, frigo) sont de taille inégale ; certaines disposent d'une vaste terrasse. Imposante bibliothèque en français au 1er étage. Réductions sur internet.

The Tea House – B2 - *32, St. 242* - *(023) 212 789* - *http://maads.asia/teahouse* - *- 52 ch. - 60/82 US$*. Lustres en papier, idéogrammes, étagères garnies de boîtes de thé évoquent une Chine traditionnelle avec une touche d'originalité, ménagée par le choix des tons vert et orangé. Les espaces communs, plantés de palmiers et ornés de statues anciennes, témoignent d'un appréciable souci du détail. Chambres convenablement équipées sur 4 étages avec ascenseur, adoptant elles aussi

1

un décor chaleureux, dans une gamme de vermillon et de jaune. Accueil prévenant.

BKK 1

POUR SE FAIRE PLAISIR

Hilary's – B3 - *16 bis, St. 302 - (023) 555 2360 - www.hilarysboutiquehotel.com* - *- 24 ch. - 60/65 US$*. Sur 2 étages, des chambres spacieuses et confortables aux couleurs chaudes, bien meublées et bien entretenues. Terrasse pour les plus jolies, sdb avec baignoire. Propose des locations au mois. Agréable piscine sous les frangipaniers.

Rambutan Resort – B3 - *29, St. 71 - (063) 766 655 - http://rambutanresort.com* - *- 19 ch. - 65/86 US$*. Ses chambres, plaisantes, bénéficient d'un agencement original, avec baignoire sur la terrasse des *deluxe*. Les blancs, les gris sombres et les rouges soulignent un parti pris de déco sobre et moderne. Piscine d'eau salée et espaces communs accueillants, aérés et meublés de fauteuils parmi les plantes vertes. Promotions sur internet.

Samsara Villa – B3 - *Dans une ruelle perpendiculaire à la St. 466 - (023) 219 136 - http://samsaravilla.com* - *- 20 ch. - 70/90 US$*. Chambres à la décoration sobre et contemporaine, bien équipées ; dans les plus belles, les portes vitrées ouvrent de plain-pied sur un jardin planté d'aréquiers et de manguiers. Les autres, tout aussi spacieuses, partagent une terrasse commune dans les étages supérieurs du bâtiment principal. Excentrée, au calme, l'adresse est difficile à trouver (pas d'indications) : demandez que l'on vienne vous chercher à la gare routière ou à l'aéroport.

UNE FOLIE

TEAV – C3 - *14, St. 310 - (023) 981 818 - www.teavboutiquehotel.com* - *- 12 ch. - 75/110 US$*. Modernes et confortables, les chambres s'ornent de jolies fresques esquissées au trait. Certaines disposent d'une baignoire, d'autres d'une terrasse. L'ensemble est élégant et bien tenu, mais les gris choisis pour les chambres et les espaces communs lui donnent une froideur un peu triste. Tarifs plus intéressants en ligne. Accueil souriant.

Koh Dach

BUDGET MOYEN

Le Kroma Villa – B1 en dir. - *Sur la route principale, à l'est de l'île - (012) 993 939 - http://lekromavilla.com* - *- 5 ch. - 35 US$*. Perdue dans la nature, cette petite structure propose de belles chambres carrelées peintes en blanc, spacieuses et offrant un panorama champêtre. À l'étage, deux chambres communicantes d'une capacité de 6 pers. avec terrasse et salon. D'un calme absolu, elle conviendra à ceux qui ne craignent pas l'isolement. Agréable jardin planté de bananiers, de papayers et de bambous. Bar-pizzeria.

RESTAURATION

Palais royal et River Front

PREMIER PRIX

Happy – B1 - *73, St. 15 - (017) 971 313 - -7h-15h - 5 000 riels*. Savoureux et familial. Les plats du jour mijotent dans les marmites à l'entrée de cette salle tout en longueur, aux tables de bois. Avec votre assiette, on vous apportera un grand bol de riz blanc et un dessert, compris dans la formule déjeuner. Pas d'anglais ni de carte.

Night Market – B1 - *Quai Sisowath, entre St. 106 et St. 108 - vend.-dim. à partir de 18h - ⊭ - env. 10 000 riels.* Derrière les stands de vêtements, une vingtaine d'étals vendent brochettes, bouchées vapeur et rouleaux de printemps. Après avoir rempli de ses emplettes un petit panier, on se déchausse pour aller s'asseoir parmi les autres convives, sur les nattes disposées au centre.

Angkor – B2 - *108, St. 136 - ☏ (070) 247 247 - http://angkordining.com - 7h-20h - 20 000 riels.* Nems et taro farci, rouleaux de printemps, sushis aux légumes et champignons sautés : un bon choix de plats végétariens sont servis dans une salle impeccable, qui se prolonge sur le trottoir. Carte illustrée et tarifs très raisonnables. Sert aussi des petits-déj. Quelques bouteilles de vin.

Ngon – C2 - *60, bd Sihanouk - ☏ (023) 987 151 - ⊭ - 7h-22h - env. 20 000 riels.* Le cadre est bien conçu et plein de charme : de grandes tables de bois sous les frangipaniers de la cour centrale, deux salles couvertes de part et d'autre et une autre à l'étage, et des postes de cuisine ici et là où les cuisinières œuvrent sous vos yeux. Côté saveur, c'est le Vietnam qui prime : rouleaux de printemps aux crevettes ou aux oreilles de porc, barbecue de bœuf ou de fruits de mer, huîtres grillées… un ample choix propre à satisfaire une clientèle tant locale qu'étrangère. Deux bémols cependant : le prix des boissons est surévalué et le service… absent.

The Vegetarian – C2 - *158, St. 19 - ☏ (012) 905 766 - 10h30-20h30 sf dim. - 6/8 US$.* Vous le trouverez juste derrière le Wat Botum. Il fait le tour des spécialités végétariennes et *vegan* d'Asie : tofu japonais, *tom yum* thaï, *massala* indien, curry cambodgien… L'occasion de découvrir des saveurs méconnues – fleurs de potiron ou de bananier, pousses de bambou braisées… – et les subtilités du riz sauté dans chacun de ces pays.

BUDGET MOYEN

Taboo – C2 - *331, quai Sisowath - ☏ (012) 864 997 - ⊭ - 11h-23h - env. 10 US$.* Face à la rivière, ce petit restaurant est tenu par un Cambodgien ayant longtemps vécu à Marseille. La carte décline les classiques thaïs, vietnamiens, khmers et français, du croque-monsieur au *tom yum* (soupe coco épicée), du bœuf *lok lak* au steak-frites sauce roquefort, en passant par la salade porc-crevettes.

POUR SE FAIRE PLAISIR

Bopha Phnom Penh Titanic – B1 - *Angle quai Sisowath et St. 104 - ☏ (023) 427 209 - 6h-22h30 - 15/17 US$.* Jouxtant l'embarcadère, c'est l'une des rares terrasses qui donnent directement sur la rivière. Tout en longueur, elle adopte une décoration mi-paquebot, mi-architecture métallique à la Eiffel (poutrelles et lampadaires), le tout mâtiné d'*apsara* et de *garuda*. Cuisine essentiellement khmère (buffle d'eau *lok lak*, canard au poivre de Kampot), quelques plats occidentaux et des pizzas. Idéal pour prendre un petit-déj. avant d'embarquer à destination de Siem Reap.

Le Saint Georges – B2 - *111, St. 136 - ☏ (095) 436 541 - ▤ - 18h-22h30 - 17/25 US$.* Plateau de charcuterie et fromages, confit de canard, bœuf aux cèpes et foie gras, cassoulet : une authentique cuisine française du Sud-Ouest est servie ici dans une salle ornée de photos en noir et blanc, ne

1

comptant qu'une petite dizaine de tables bien dressées.

The Exchange – B1 - *28, St. 47 - ✆ (023) 992 865 - www.the exchange-cambodia.com - 11h-0h - 20/25 US$.* Des arches de brique divisent l'espace de cette belle maison des années 1910, typique de l'architecture coloniale française. La carte fait montre d'une certaine inventivité (crabe de sable aux agrumes, chorizo grillé, pâté au poivre de Kampot) sans toutefois dédaigner les classiques (*T-Bone*, entrecôte sauce au vin ou au roquefort), toujours présentés avec soin. Également des sandwiches et des salades à accompagner d'un verre de vin.

Chinese House – B1 - *45, quai Sisowath, angle St. 84 - ✆ (092) 553 330 - www.chinese house.asia - ▤ - lun.-jeu. 12h-0h, vend.-sam. 12h-2h, dim. 11h-16h - env. 25 US$.* Cette superbe villa particulière de 1904 a été restaurée avec beaucoup de goût. Le décorateur a su préserver l'âme des lieux (carrelages et huisseries d'époque) en la rehaussant de luminaires et de tableaux contemporains en une alliance très réussie. On y sert une cuisine fusion allant des tapas asiatiques aux plats occidentaux. Brunch le dim. dans le jardinet attenant, près du terrain de pétanque. Prix un peu surévalués toutefois. Belle carte des vins.

UNE FOLIE

Cabaret – B2 - *159, St. 154 - ✆ (092) 650 980 - www.cabaret-restaurant.com - 11h-14h, 18h-22h sf dim. - 25/30 US$ - menus déj. 11 US$ et 13 US$.* Un patio au sol et aux murs de briquette, à l'ombre des frangipaniers et des bougainvillées, et une salle aux murs jaunes à l'ambiance rétro : le cadre est soigné et chaleureux. Carte d'influence française proposant un joli choix de salades, une section de pâtes et *risotto*, des grillades et des crustacés, dont des demoiselles du Mékong (grandes crevettes d'eau douce). Concerts de musique *latina*, jazz et soul.

☺ **Van's** – B1 - *5, St. 102 (près de la poste) - ✆ (023) 722 067 - www. vans-restaurant.com - 11h30-14h30, 17h-22h30 - 40/50 US$ - menus 20 US$ (déj.) et 35 US$ (dîner).* Une cuisine française gourmet servie dans le cadre somptueux de l'ancienne Banque d'Indochine, où se mêlent architecture 1900 et ajouts des années 1960. Élégante et classique, la carte privilégie les produits d'importation français (truffes, foie gras, morilles) et les viandes de bœuf ou d'agneau. Belle carte de vins et d'alcools. Au déjeuner, une clientèle d'affaires apprécie son ambiance feutrée.

La Résidence – B2 - *22, St. 214 - ✆ (023) 224 582 - www.la-residence-restaurant.com - 11h30-14h, 18h-22h, soir seult le w.-end - 50 US$ - menus 17 US$ (déj.) et 37 US$ (gourmet).* L'ancienne villa du prince Ranariddh, à deux pas du Palais royal, est devenue l'un des restaurants les plus chics de la capitale. La salle donne sur les magnifiques jardins tropicaux. Dans ce cadre d'exception, le chef japonais Takeshi Kamo, qui décline le foie gras en mille recettes innovantes, exerce son art aux côtés d'un maître pâtissier qui a fait ses armes à Genève ; la réputation des macarons, en vente au salon de thé, n'est plus à faire.

Quartier du Psar Thmey

BUDGET MOYEN

K'nyay-The Terrace – B3 - *Angle St. 95 et St. 348 - ✆ (023) 996 143 - ⊭ - http://theterraceon95.com - 8h-12h, 17h-22h - 8/12 US$.* Au 1er étage d'une maison d'époque coloniale qui abrite aussi une *guesthouse*, dans une salle cosy tout en vieux rose et vert d'eau ou sur la terrasse au mobilier de rotin, on savoure une cuisine végétarienne khmère et occidentale, saine et fraîche. Confectionne des pique-niques *vegan* (végétaliens) à emporter pour vos excursions.

Master Suki Soup – B2 - *Sorya Mall, angle St. 142 et St. 63 - ✆ (081) 288 882 - www.mastersukisoup.com - 10h-21h30 - env. 10 US$.* La plus belle vue sur la ville, au 9e et dernier étage d'un centre commercial : terrasse panoramique surplombant le bâtiment Art déco du marché central. Derrière ses allures aseptisées de *fast food*, il sert de savoureuses fondues asiatiques *(hot pots)*. Ses assortiments de champignons, raviolis, rouleaux aux algues, lamelles de viande, de seiche ou de méduse font les délices d'une clientèle essentiellement familiale.

The Sugar Palm – B2 - *13, St. 178 - ✆ (085) 646 873 - www.thesugarpalm.com - ▤ - 11h-15h, 18h-22h sf dim. - 12/15 US$.* Avec son mobilier de bois et ses tons clairs, la salle a su créer un cadre simple et plaisant, au 1er étage d'une maison coloniale qui a conservé son carrelage ancien. La carte propose une cuisine khmère de qualité, servie généreusement. Accueil en français et service attentif. Belle carte des vins.

POUR SE FAIRE PLAISIR

Romdeng – B2 - *74, St. 174 - ✆ (092) 219 565 - www.tree-alliance.org - 11h-21h30 - 14/18 US$.* Il est tenu par une ONG qui se charge de former aux métiers de la restauration des jeunes issus de milieux défavorisés. Vous y apprécierez une cuisine khmère originale et inventive. Au rang des classiques figurent les *amok* et les rouleaux de printemps au canard et au tamarin. Les plus audacieux tenteront les criquets, les vers à soie, voire les tarentules au citron vert ou les fourmis rouges. Pour un tour d'horizon des créations maison, choisissez le plateau d'assortiments. Piscine au fond d'une cour verdoyante.

UNE FOLIE

La Pergola – B2 - *28, St. 184 - ✆ (023) 215 151 - ▤ - 11h-23h - 40/50 US$.* Le restaurant de l'hôtel La Plantation est installé à l'étage, où il se partage entre une terrasse au mobilier sobre et une petite salle au cadre contemporain dépouillé. Il propose deux cartes très courtes, l'une de cuisine khmère et l'autre mettant en scène des plats occidentaux (produits d'importation) accommodés et présentés avec une belle inventivité.

BKK 1

PREMIER PRIX

Green Curry Noodle – C2 - *St. 9 (Ke Nou St.) - ✆ (017) 448 181 - ⊠ - 9h-21h - 5 000/10 000 riels.* À côté du Psar Kabko, une petite enseigne proprette de cuisine familiale, ouverte sur la rue, sert des curries rouges, verts ou au poisson et au lait de coco, des nouilles sautées et des brochettes. Le choix est restreint mais les arômes et les saveurs khmères sont au rendez-vous.

Noodles Dumplings Chinese Food – B2 - *555, bd Monivong - ✆ (092) 617 018 - ⊠ - 10h-15h - env. 15 000 riels.* Les nouilles de riz maison sont confectionnées sous vos yeux et cuisinées aux œufs, aux champignons ou aux légumes, sautées, en raviolis ou en soupes. Cette adresse populaire ultra-spécialisée est appréciée des nombreux expatriés qui vivent dans le quartier. Sélection de plats végétariens.

1

BUDGET MOYEN

Man Han Lou – B3 - *St. 466 - (023) 721 966 - [CB] - 11h-14h, 17h-22h - 8/12 US$.* Ce nouveau venu sur la scène culinaire phnompenhoise a ouvert ses portes fin 2015. Il prépare avant tout des *noodles* et des *dim sum*, bouchées vapeur farcies aux crevettes, au porc ou aux légumes, qu'il sert dans une salle vitrée à la décoration sans génie mais propre.

Gánh – B2 - *49, St. 294 - (015) 997 717 - [CB] - 10h-22h - 12/16 US$.* Ses abat-jour vert rizière, ses murs jaune orangé aux cloisons ajourées et son mobilier sobre apportent une agréable touche de fraîcheur. Carte illustrée de spécialités vietnamiennes : salades, rouleaux de printemps et nems, assortiments de dégustation, vermicelle de riz aux crevettes ou au bœuf… Tout est servi en petites portions, donnant l'occasion de multiplier les commandes et les découvertes culinaires. Service assez lent.

POUR SE FAIRE PLAISIR

Comme à la Maison – B2 - *13, St. 57 - (023) 360 801 - http://commealamaison-delicatessen.com - [CB] - 6h30-22h - 15/20 US$.* Ses deux espaces, une salle simple et fraîche et une terrasse couverte d'un auvent de palmes, encadrent une boulangerie-pâtisserie où l'on prépare baguettes, viennoiseries et glaces artisanales. L'établissement sert pour l'essentiel une cuisine occidentale d'influence française et propose des formules déjeuner. Un lieu de rencontre apprécié des expatriés.

UNE FOLIE

Malis – C2 - *136, bd Norodom - (023) 221 022 - www.malis-restaurant.com - [CB] - 11h-23h - env. 25 US$ - réserv. conseillée le soir.* Les tables sont impeccablement dressées dans une galerie en U autour d'un bassin planté de papyrus et bordé de jasmin, derrière la statue emblématique de Jayavarman VII, et dans la salle attenante. L'établissement a le vent en poupe depuis que son chef, Luu Meng, a été sacré meilleur chef d'Asie en 2014. Parti à la recherche des secrets de cuisine perdus dans le fond des campagnes khmères, il a remis au goût du jour des saveurs oubliées, proposant un choix impressionnant de plats savamment présentés.

Porkei Seafood – B2 - *344, bd Monivong, angle St. 288 - (023) 223 885 - [CB] - 10h-14h30, 16h-3h - 30/40 US$.* Il est spécialisé dans les poissons et les fruits de mer, des plus connus (langouste, crabe, ailerons de requin) aux plus improbables comme la gourde sautée aux palourdes, le *geoduck* (palourde royale) ou le concombre de mer. Longue carte de préparations insolites que les clients accompagnent d'un vin argentin ou, à la mode locale, d'un cognac. Cette salle impeccable, animée par un grand aquarium d'angle, attire surtout une clientèle asiatique fortunée.

Topaz – C3 - *182, bd Norodom - (023) 221 622 - www.topaz-restaurant.com - [CB] - 11h30-14h, 18h-22h30 - à partir de 50 US$.* Une décoration moderne, un fond sonore de jazz, une vaisselle élégante et un service attentif ont fait du lieu le gastro chic de Phnom Penh, où il est de bon ton de se montrer. La carte travaille des produits nobles (langouste, foie gras, caviar, morilles) tout en demeurant extrêmement classique dans ses préparations de cuisine internationale. Belle carte des vins, cave à cigares.

PETITE PAUSE

Rue 308 – C2-3 - *Dans le quartier BKK1, ruelle qui s'engage à l'angle du restaurant Malis.* Cette ruelle arborée, devenue le cœur d'un quartier de jeunes expatriés occidentaux, s'est remplie de restaurants de poche éphémères proposant crêpes, pizzas, tapas ou salades bio. Ces adresses bobo gentiment branchées, souvent italiennes ou françaises, se transforment en bars à la tombée du jour.

Tea Garden – B2 - *126, St. 19, entre St. 154 et St. 172 - ✆ (077) 589 548 - 7h-22h30.* Petits-déj. complets et formule de brunch jusqu'à 17h servis dans une salle aux coussins vert pomme et au mobilier en résine tressée, ou dans le patio à l'arrière, ombragé par de sveltes palmiers. Le soir, place au DID (*Dine in the Dark* - dîner dans le noir), une expérience visant à aiguiser le sens du goût.

Artillery – C2 - *St. 240 1/2, ruelle piétonne juste au nord du Wat Botum - ✆ (078) 985 530 - http://artillerycafe.com - lun. 7h30-17h, mar.-dim. 7h30-21h.* Petite restauration macrobiotique et *healthy food* dans cette maisonnette aux volets bleu ciel ou sur sa terrasse pavée de tomettes. Salades, omelettes, falafel, hoummous et plats « paléo » – entendez sans céréales, ni gluten, ni produits laitiers.

Le Bistrot – B2 - *218, St. 184, dans l'enceinte de l'Institut français - ✆ (023) 213 124 - http://institutfrancais-cambodge.com/category/le-bistrot - 8h-21h30 sf dim.* La cafétéria de l'Institut français. Jambon-beurre, crêpes, mousse au chocolat et quelques plats du jour simples. Organise des événements gastronomiques prenant pour thème le terroir hexagonal.

BOIRE UN VERRE

Elephant Bar – B1 - *Dans l'hôtel Raffles Le Royal - St. 92, angle bd Monivong - ✆ (023) 981 888 - www.raffles.com/phnom-penh/dining/elephant-bar - 12h-0h.* Une élégante salle à l'anglaise pour le bar d'un hôtel mythique au temps du Protectorat. Importante carte de cocktails dont le fameux « Femme fatale » : crème de fraise des bois, cognac et mousseux. Brunch le dim. de 12h à 15h *(65 US$).*

Frangipani Sky Bar – C2 - *27, St. 178 - ✆ (023) 220 422 - http://frangipanihotel.com - 14h-22h.* Au 8e et dernier étage de l'hôtel Frangipani. Cocktails, bière pression et petite restauration sur un toit-terrasse avec piscine *(ouverte aux non-résidents pour 7 US$)* et vue sur le Palais royal, le Musée national, la rivière et le Wat Ounalom, qui prennent de belles couleurs au coucher du soleil.

Foreign Correspondents Club (FCC) – C2 - *363, quai Sisowath - ✆ (023) 210 142 - http://fcccambodia.com - 6h-0h.* Ce club journalistique créé en 1993 rassemble expatriés et personnel des ONG dans une belle salle ventilée donnant sur la rivière, au 1er étage, et sur le toit-terrasse à partir de 16h. Expositions de photos, groupes musicaux, billard. Cher.

Space Hair Salon and Bar – C1 - *66, St. 136, en face de l'hôtel Queen Wood - ✆ (089) 963 066 - www.spacehairpp.com - 17h-1h.* Salon de coiffure en journée *(10h-15h)*, la petite salle se transforme en bar *gay friendly* dès la tombée du jour ; cocktails et bière pression, musique tendance. Attire une clientèle hétérogène plutôt branchée. Soirées disco des années 1980 le mardi.

Le Moon – C2 - *Angle St. 154 et quai Sisowath - ✆ (023) 214 747 - 17h-1h.* Du toit-terrasse de l'hôtel Amanjaya, vue unique sur le quai en contrebas et la confluence de la rivière Tonlé Sap et du Mékong. Belle carte de cocktails, vin au verre et bière pression.

Rustic Lounge – C2 - *Angle St. 19 et St. 178 - ✆ (017) 415 197 - mar.-dim. 11h-23h.* Le bar occupe l'entresol d'une superbe demeure, typique de l'architecture française des années 1910. La cuisine (burgers et pizzas) n'est, hélas, pas à la hauteur du cadre.

ACHATS

Marchés

Marché central (Psar Thmey) – B2 - *Délimité par les St. 53, 126, 136 et 67 - 8h-17h.* Un marché généraliste propre et aéré, dans l'un des plus beaux édifices de la capitale *(voir p. 139)*.

Marché russe (Psar Tuol Tom Pong) – B3 - *Délimité par les St. 440, 155, 450 et 163 - 7h-17h.* Beaucoup de choix en artisanat (bois, argent), cotonnades et soieries vendues au mètre ou en prêt-à-porter. Venez le matin : son toit de tôle ondulée rend la chaleur étouffante passé 12h. Son surnom de « marché russe » date des années 1980, quand le pays recevait l'aide du bloc soviétique et que les Russes constituaient la majorité des visiteurs étrangers à Phnom Penh.

Psar Orussey – B2 - *Entre les St. 166, 141, 182 et 111.* Sur 3 étages sans ascenseur ni climatisation, tous les biens de consommation imaginables importés du Vietnam et de Chine et à destination du marché local. Non touristique.

Artisanat d'art

Artisans d'Angkor – B1 - *12, St. 13 (face à la poste) - ✆ (099) 555 184 - 9h-18h.* Distribue les productions des ateliers de formation de Siem Reap *(voir p. 226)* : soieries, tissages, sculptures, laques et petite décoration, inspirés des motifs khmers traditionnels ou cherchant des lignes plus modernes. Des articles de qualité.

Mekong Arts – C2 - *33B, St. 178 - ✆ (012) 928 005 - 8h-21h.* Petite déco de table, laques, étoles de soie, bijoux et accessoires : des objets choisis.

Garden of Desire – C2 - *33, St. 178 - ✆ (012) 319 116 - http://gardenofdesire-asia.com - 9h-18h.* Des bijoux de créateur en argent et pierres semi-précieuses. Jolie boutique pleine d'originalité.

Textiles

Cam Arts – C2 - *9, bd Sothearos, au sud du Wat Ounalom - ✆ (092) 899 299 - 8h-17h, w.-end 9h-18h. Krama* en coton et foulards en soie unie ou à motifs.

Khmer Artisanry – C2 - *33, St. 178 - ✆ (023) 997 979 - www.khmerartisanry.com - 8h-21h.* Soieries et cotonnades tissées main, aux motifs traditionnels ou plus innovants.

Gastronomie

Starling Farm – C2 - *3, St. 178 (à deux pâtés de maisons du Musée national) - ✆ (023) 724 274 - www.starlingfarm.com - 8h-17h.* Poivre de Kampot bio (label Ecocert) et mélasse de palmier à sucre.

Librairies

Carnets d'Asie – B2 - *218, St. 184, dans l'enceinte de l'Institut français - ✆ (023) 210 421 - http://carnetsdasie-pp.com - 9h-19h sf dim.* Ouvrages en français sur l'Asie du Sud-Est en littérature, histoire, ethnographie, etc. Presse française.

Monument Books – B2 - *111, bd Norodom, entre St. 240 et St. 228 - ✆ (023) 217 617 - www.*

monument-books.com - 7h-20h30. Nombreux ouvrages traitant de l'histoire du Cambodge et d'Angkor. Petite section en français.

Bohr's Books – C2 - *5, bd Sothearos, face au Wat Ounalom - ✆ (012) 929 148 - 8h-20h.* Livres neufs et d'occasion avec un rayon de poche en français. Échange de livres.

EN SOIRÉE

Spectacles traditionnels

Plae Pakaa Traditional Dance Show – C2 - *Jardins du Musée national (voir p. 140) - ✆ (017) 998 570 - www.cambodian livingarts.org - tlj sf dim. à 19h - 15 US$.* Danses classiques et populaires, danse des *apsara* avec orchestre traditionnel.

Sovanna Phum Art – B3 en dir. - *166, St. 99, angle St. 484 - ✆ (012) 846 020 - http://sovanna phumtheatre.com - vend. et sam. à 19h - spectacle d'1h - 10 US$.* Marionnettes, danse traditionnelle, théâtre d'ombres. Vente de marionnettes.

ACTIVITÉS

Visite de la ville

KA Tours – *✆ (017) 369 743 - www.ka-tours.org - le dim. à 8h30.* Des étudiants en architecture guident ces sorties à pied ou en cyclo-pousse vers les plus belles demeures coloniales ou néo-khmères de la capitale.

Croisières fluviales

Au port de passagers *(quai Sisowath, au niveau des rues 106 à 98)* stationnent une dizaine de bateaux de bois proposant des sorties sur la rivière et des croisières au coucher du soleil.

Cambo Cruise – B1 - *Port de passagers - ✆ (092) 290 077 - www.cambocruise.com.* Croisières avec déj. *(12h30-16h30)* ou dîner *(17h30-20h)*, excursions à Koh Dach.

Phocea Mekong Cruises – B1 - *Port de passagers - ✆ (012) 221 348 - www.phoceamekong.com - réserv. obligatoire.* Plusieurs formules pour découvrir Oudong et la Bassac. Croisières au crépuscule.

Sunset Cruises – B1 - *Port de passagers - ✆ (012) 860 182.* Croisières « soleil couchant » sur la Bassac et le Mékong *(1h - 5 US$).* Dép. entre 17h et 18h selon la saison.

Bien-être/Détente

Seeing Hands – B1 - *12, St. 13, en face de la poste - ✆ (023) 666 77 88 - 7h-22h.* Massages pratiqués par des non-voyants qui trouvent ici une opportunité de réinsertion sociale.

Activités culturelles

Bophana Center – B2 - *64, St. 200, non loin de l'Institut français - ✆ (023) 992 174 - http://bophana.org - lun.-vend. 8h-12h, 14h-18h, sam. 14h-18h - entrée libre.* Centre audiovisuel cofondé par le cinéaste Rithy Panh. Conférences, expositions et projections de films et documentaires consacrés au Cambodge.

Institut français – B2 - *218, St. 184 - ✆ (023) 213 124 - http://institutfrancais-cambodge.com - mar.-vend. 9h-18h30, sam. 10h-18h30.* Cinéma adulte et jeunesse en lien ou non avec le Cambodge ; conférences, presse francophone à la médiathèque.

The Empire – C1 - *34, St. 130 - au 1er étage du restaurant - www.the-empire.org - séances à 16h, 18h30, 20h30 - 3,50 US$.* En VO, documentaires, classiques du cinéma américain et nouveautés sortant des programmations habituelles. *The Killing Fields* est projeté

1

chaque w.-end à 15h30. Programme affiché à l'extérieur.

The Flicks 2 – C1 - *90, St. 136, à côté du Happy Hotel - www.theflicks.asia - séances à 16h, 18h, 20h - 3,50 US$.* Documentaires, classiques, nouveautés, films pour enfants. Autres adresses : 39B, St. 95 et 8, St. 258, près du Wat Botun.

Plein air

Areyksat Equestrian Trail Rides – C2 - *Village d'Arey Ksat, de l'autre côté du fleuve - ✆ (077) 357 774 - www.areyksat equestriantrails-fr.sitew.org.* Randonnées à cheval dans la campagne, aux portes de la capitale. Francophone.

Phnom Tamao Wildlife Rescue Center (PTWRC) – C3 en dir. - *40 km au sud-ouest de la capitale par NH 2 (dir. Takeo) - ✆ (077) 357 774 - http://wildlifealliance.org - 9h-17h - 5 US$.* Accueille plus d'un millier d'animaux (éléphants, tigres, singes, etc.) rescapés du braconnage et tente de les réadapter à la vie sauvage.

AGENDA

CamboFest – *www.cambofest.com - 10 j. en mars.* Festival indépendant du film et de la vidéo.

Cambodian Cuisine Festival – *2 j. début avr.* La gastronomie des provinces cambodgiennes est à l'honneur au stade olympique. Sous le patronage d'une ONG française.

Fête du Sillon sacré – *Avr.-mai.* La cérémonie a lieu face au Palais royal et ouvre officiellement la saison des labours *(voir p. 58)*.

Tini Tinou International Circus Festival – *http://pharecircus.org - avr.-mai.* Représentations assurées par les artistes du cirque Phare *(voir p. 97)* et des troupes internationales.

Fête de l'Eau – *3 j. à la pleine lune d'oct.-nov.* Régates, feux d'artifice et concerts *(voir p. 61)*.

International Music Festival – *www.musicfestival-phnompenh.org - 5 j. en nov.* Concerts de musique classique européenne donnés en plusieurs endroits de la capitale au profit des jeunes talents cambodgiens.

Cambodia International Film Festival – *http://cambodia-iff.com - 6 j. début déc.* Courts et longs métrages, documentaires cambodgiens ou traitant du pays et une sélection étrangère, principalement asiatique. Plus de 80 films projetés dans la plupart des cinémas de Phnom Penh.

Oudong

Importants rassemblements de moines pour **Meak Bochea** *(pleine lune de janv.-fév.)* et **Visaka Bochea** *(pleine lune d'avr.-mai).* Cérémonies d'offrandes.

Kampong Cham

★★

Env. 120 000 habitants – Capitale de la province de Kampong Cham

Chef-lieu d'une région agricole, la modeste cité fluviale connut une période de commerce heureuse et prospère sous le Protectorat mais vit aujourd'hui dans l'ombre de Phnom Penh. Elle attire surtout une clientèle de voyageurs individuels qui aiment prendre tout leur temps pour découvrir et apprécier un autre Cambodge, loin des grands axes touristiques. Des vestiges coloniaux dans le centre, trois îles bucoliques sur le fleuve et, aux environs, une campagne riante à découvrir à scooter ou en bateau : Kampong Cham séduit par sa variété. La région s'enorgueillit discrètement de deux joyaux du patrimoine : un temple angkorien aux portes de la ville et l'une des dernières pagodes de bois du Cambodge.

NOS ADRESSES PAGE 170
Hébergement, restauration, achats, activités, etc.

SE REPÉRER

Carte de région C2 (p. 132-133).

À 125 km au nord-est de Phnom Penh, 132 km au sud-ouest de Kratie.

Voir aussi la rubrique « Arriver/partir » dans « Nos adresses ».

À NE PAS MANQUER

Le Wat Nokor Bachey ; de déc. à juin, le pont de bambou ; aux environs, le Wat Moha Leap.

ORGANISER SON TEMPS

Comptez 1,5 j. pour la ville et ses environs.

Se promener Carte de région p. 132-133

Flâner sur la berge du Mékong reste le meilleur moyen de prendre le pouls de la ville. Les **quais** ont été aménagés (2016) pour les piétons entre le pont de bambou, au sud de la ville, et le Wat Chroy Thma, une pagode moderne et active, au nord. Cette promenade s'étire de part et d'autre du **pont Kizuna** (ou pont de l'Amitié), terminé en 2001 avec l'aide du Japon pour désenclaver les provinces de l'Est ; sa construction a contribué à rapprocher Kampong Cham de la capitale et à la sortir de sa torpeur. En contrebas du quai, au niveau du pont, des terrains de *petang* informels voient se disputer des parties de boules animées en fin d'après-midi. Vers le sud, quelques maisons khmères traditionnelles en bois font face au fleuve. Vers le nord, juste après l'hôtel Mariya, tournez à gauche pour gagner le **Psar Thom** (« grand marché ») ; il occupe une ancienne halle datant du Protectorat, et sa récente extension (2016) accueille les étals de frais. Les rues qui l'entourent sont bordées de **maisons de commerce★★** chinoises *(voir encadré p. 231)* édifiées dans la première moitié du 20ᵉ s. Leurs façades jaune pâle et leurs hautes fenêtres arrondies, agrémentées de pilastres et de chapiteaux à l'antique, donnent à la ville un cachet désuet, anachronique dans le bruit de la circulation. Kampong Cham, dont on apprécie ce côté vivant parfois un peu brouillon, souffre toutefois d'un certain laisser-aller en termes d'entretien.

Sur la rive est, au bout du pont Kizuna, se dresse l'ancien **phare★** (French Tower) construit par les Français dans les années 1920. Les trois niveaux crénelés de cette tour de brique carrée, crépie de rouge, évoquent la silhouette

d'un minaret. À l'intérieur, une échelle métallique grimpe jusqu'à la corniche : joli panorama sur le fleuve, la ville et la campagne environnante, surtout au coucher du soleil *(attention au vertige)*.
Le nom de la capitale provinciale, « le port des Chams », renvoie à l'histoire de son peuplement par les descendants du royaume du Champa, fuyant l'Annam lors de sa conquête par les Viets, au 19e s. Les Chams ont été décimés durant le génocide khmer rouge. Des petites communautés se sont reconstituées, vivant autour de leurs mosquées au sud de la ville, sur les îles du Mékong et dans les hameaux alentour, où elles perpétuent une tradition de tissage du coton.

★★ Koh Paen et le pont de bambou C2

2 km au sud du centre-ville - accès par le pont de bambou en saison sèche, bac en saison des pluies (embarcadère en face du Wat Day Doh) - 1 US$/pers. AR.
Les îles du Mékong constituent un joli but d'excursion à vélo. En saison sèche, vous gagnerez Koh Paen par l'étonnant **pont de bambou★★**, refait chaque année fin novembre : il est emporté par les eaux en juin, quand le débit du fleuve forcit. Avec 950 m de long, l'éphémère ouvrage d'art est le plus long pont de bambou d'Asie. Le cliquetis des lattes sous les roues des scooters est cependant amené à disparaître : on a commencé la construction d'un pont en béton, dont l'achèvement (2018) devrait s'accompagner de l'électrification qu'attendent les 25 000 personnes vivant sur les trois îles.
En attendant l'arrivée de la modernité, vous profiterez des paysages bucoliques de Koh Paen au fil de la route de 12 km qui la traverse du nord au sud. En saison sèche, elle se poursuit à travers les rizières et les champs de tabac, de sésame ou de maïs jusqu'à **Kok Sotin★**, l'île du sud, où une importante communauté cham vit à l'ombre des kapokiers, des manguiers et des jacquiers. Un bac, opérationnel toute l'année, permet de gagner **Koh Thmei** à l'est.

À proximité Carte de région p. 132-133

Autour de Kampong Cham s'étend une campagne agricole active et attrayante. Outre les grandes plantations d'anacardiers (noix de cajou) et surtout d'hévéas, héritage du Protectorat français, les routes secondaires traversent des vergers (ramboutans, durians, papayes, jacquiers, pamplemousses, noix d'arec, coco) et des champs de piments, sésame, arachide et tabac, l'un des ressorts de l'économie régionale : Kampong Cham exporte une bonne partie de sa production de tabac au Vietnam. Dans les rizières se dresse la haute et svelte silhouette des palmiers à sucre ; quelques grimpeurs récoltent la sève entre décembre et mars *(voir encadré p. 122)*, mais la tradition accuse une nette perte de vitesse. C'est l'excursion vers le sud qui recèle les paysages les plus charmants.

À L'OUEST C2

Sortez de Kampong Cham par la NH 7, dir. Phnom Penh.

★★ Wat Nokor Bachey C2

3,5 km à l'ouest de Kampong Cham (fléché à gauche de la route) - 7h-18h - 2 US$ (billet valable également pour le Phnom Pros).
L'ensemble offre un parfait exemple de la réappropriation des lieux saints au fil des siècles. Sa **pagode** moderne (19e s.), aux toitures emboîtées de tuiles oranges, vertes et bleues, s'appuie sur les ruines d'un **temple angkorien** consacré au bouddhisme mahayana et bâti à la fin du règne de Jayavarman VII (12e-13e s.), peut-être sur les vestiges d'un sanctuaire **brahmanique** inachevé du 10e s. Une vue aérienne révèle les contours de l'immense complexe de

Scooter sur le pont de bambou.
P. Tisserand/Michelin

1

Banteay Prey Nokor qui le prolongeait au nord-est, aujourd'hui envahi par les marécages.

Tout en grès gris-noir et latérite sombre, le Wat Nokor Bachey adopte la structure caractéristique des temples du 12e s. : **quatre enceintes concentriques** convergent vers une tour centrale. Avec 1,5 km de pourtour, l'**enceinte extérieure**, partiellement éboulée, délimitait une vaste cité dont les constructions ont disparu. Comme souvent, l'accès par la **porte orientale**, passant entre les plans d'eau sacrés qu'ombragent de vénérables banians, est le plus spectaculaire. Au bout de l'allée bordée par des *naga*, deux *dvarapala* gardent le *gopura*. L'espace compris entre la 2e et la 3e enceinte accueille les bâtiments monastiques actuels. L'**enceinte intérieure**, une galerie voûtée en latérite, est percée de quatre **gopura★★** de grès représentatifs du style développé par Jayavarman VII : sur un plan en croix, leurs fausses fenêtres à balustres sont encadrées par des **devata**, plus rustiques que celles que l'on voit à Angkor, mais toutes singularisées par leur gestuelle – main posée sur le nombril pour l'une, tenant une fleur de lotus ou un miroir pour l'autre... – et les motifs ou le drapé de leur *sampot*. Les **frontons** de ces édifices, bien conservés, montrent de très belles scènes bouddhiques.

La **tour centrale★★** reprend le plan en croix qui commande toute l'organisation du complexe. Son stupa en forme de cloche est un ajout du 16e s., tout comme les remarquables frontons des quatre côtés. Sa partie est, imbriquée dans le **sala** de la pagode, sert d'autel aux bonzes ; elle est comme cernée de **fresques★★** aux couleurs éclatantes contant la vie du Bouddha et les *jataka* – retour dans le Cambodge du 20e s., tandis que l'édicule situé juste au sud du *sala*, dans la 1re enceinte, témoigne d'un culte shivaïte bien antérieur.

Phnom Pros et Phnom Srey (collines des Hommes et des Femmes)

8 km au nord-ouest de Kampong Cham. Un oiseau mythique doré signale à droite la route d'accès au Phnom Pros, carrossable jusqu'au sommet - 7h-17h - 2 US$ (même billet que le Wat Nokor Bachey).

Une colonie de macaques vit au sommet du Phnom Pros (env. 30 m), parmi les stupas funéraires qui entourent une pagode contemporaine en ciment nu *(attention aux lunettes de soleil et aux appareils photo)*. Le lieu de culte est aussi un **lieu de mémoire** : la pagode servit de camp de détention et de torture sous les Khmers rouges ; transformées en camps d'extermination *(killing fields)*, les terres situées entre les deux collines ont révélé plusieurs fosses communes. Le 20 mai, une journée du Souvenir rend hommage aux victimes du génocide.

Derrière la colline, le **Wat Phnom Pros★** apparaît au bout d'une haie de divinités féminines ailées. Parmi les statues bouddhiques populaires aux couleurs pastel, moulées en ciment, surgissent les reconstitutions modernes d'un temple angkorien et d'une bibliothèque ; à la base de celle-ci, un cordon de *deva* et d'*asura* (dieux et démons) tirent sur le corps de Vasuki, le roi des *naga*, pour baratter la mer de Lait. Une tour à quatre visages, autre élément fétiche du style du Bayon, domine la scène.

Une petite route conduit au pied du Phnom Srey, à 500 m à l'est. Accès au sommet par un escalier de 300 marches.

Du sommet du **Phnom Srey**, occupé par un petit sanctuaire, la **vue★** porte sur les champs de canne, de tabac et de manioc jusqu'au Mékong à l'est.

De retour sur la NH 7, tournez à droite, dir. Phnom Penh.

★ Cheung Kok

À 500 m de l'oiseau doré du Phnom Pros, un panneau indique AMICA sur la gauche : suivez la piste sur env. 1,5 km.

Soutenu par l'ONG Amica *(Assistance Médiation Internationale - www.amica-web.com)*, ce village modèle revivifie les techniques ancestrales d'artisanat dans de nombreux domaines : culture du mûrier et tissage de la soie, tressage des palmes et des feuilles de bananier, travail du bambou et de la noix de coco, tissage des *krama* de coton, mais aussi élevage (basse-cour, buffles d'eau et bœufs), riziculture et collecte du sucre de palme. Un petit plan du village propose un parcours fléché, avec panneaux explicatifs en anglais, parmi les maisons de bois traditionnelles et leurs jardinets soignés.

Wat Moha Leap, intérieur du *vihear*.

P. Tisserand/Michelin

DEMANDE EN MARIAGE : L'ÉPINEUSE QUESTION

La légendaire reine Srey Ayuthea, dont aucun homme n'osait demander la main, finit par choisir elle-même son époux. De ce jour, la requête revint traditionnellement aux femmes. Situation embarrassante tant elles craignaient de perdre la face si elles se voyaient refusées… Les femmes *(srey)* lancèrent donc aux hommes *(pros)* un défi : chacun des deux sexes ferait équipe pour édifier en une nuit la colline la plus haute ; à ceux qui perdraient incomberait officiellement cette tâche délicate. Les femmes, usant d'un stratagème pour faire croire aux hommes que le jour était levé, les laissèrent s'endormir et, poursuivant le travail, remportèrent le défi. À preuve, la colline des femmes est deux fois plus haute que celle des hommes.

AU SUD C3

Franchissez le pont Kizuna, poursuivez sur 2 km et prenez à droite pour rejoindre la berge du fleuve puis de la petite rivière Tonlé Touch, que vous suivrez sur 16 km. Accès par la route (pistes en bon état et peu circulantes) possible en saison sèche uniquement. De juil. à déc., des bateaux desservent les hameaux bordant le Mékong (45mn pour le Wat Moha Leap).

Dès que la route s'éloigne de la NH 7, elle serpente parmi les champs de maïs et les rizières, traversant de charmants hameaux aux maisons de bois juchées sur pilotis. À l'ombre de ces demeures, on vaque aux tâches quotidiennes, on somnole dans un hamac, on parque les bœufs blancs et les charrettes. La plupart sont récentes (1990 à 2015) : l'ornement au faîte de la toiture indique leur date de construction.

1

★★★ Wat Moha Leap

20 km au sud-est de Kampong Cham, sur l'autre rive. Évitez de donner de l'argent aux enfants qui jouent les guides et ouvrent les volets de la pagode. Pensez à les refermer après votre passage : le soleil endommage les peintures.

Édifiée au 19e s. ou au début du 20e s. au bord de la rivière Tonlé Touch, dans un cadre paisible, le Wat Moha Leap est l'une des **dernières pagodes de bois** du Cambodge. L'édifice fut utilisé par les Khmers rouges comme hôpital, ce qui le sauva de la destruction. Aujourd'hui désaffectée, la pagode est surtout animée par les enfants de l'école primaire installée à côté, qui accourent à la vue d'un *barang* (étranger).

La petite porte de gauche, sur la façade est du *vihear*, est généralement ouverte. À l'intérieur, d'élégants **piliers de teck**★★ soutiennent la toiture. Ils portent une ravissante ornementation au pochoir, détachant ses dorures sur un fond laqué de noir : têtes de *kala* stylisées, *naga* entrelacés, *kinnari* (musiciennes célestes, mi-femme mi-oiseau), motifs floraux et compositions géométriques…

Au **plafond**, des créatures célestes et des êtres mythiques volettent sur le fond bleu d'un ciel idéal, autour de cercles rouges symbolisant la roue du *dharma*, l'enseignement bouddhique, dont les huit rayons figurent les préceptes du Noble Sentier octuple *(voir p. 371)*. À la base du toit de la nef court une **frise**★★★ de 14 scènes bouddhiques exquises, d'une grande finesse d'exécution, qui comptent parmi les dernières peintures anciennes (19e s). au Cambodge. L'autel en carrelage bleu ciel jure sur l'ensemble ; il a été refait après la chute d'une poutre qui l'a endommagé en 2012.

En sortant, levez les yeux vers les **pignons**★★ triangulaires richement ornés, à l'ouest et surtout à l'est du sanctuaire.

Prey Chung Kran

9 km au sud-ouest du Wat Moha Leap.

Vous verrez les femmes travailler au rouet, mettre à sécher les écheveaux fraîchement teints ou tisser entre les pilotis de leur demeure. Le petit village est spécialisé dans le tissage de **krama** aux carreaux blancs et mauves, que l'on vend au marché du bourg situé à la sortie du village, après le pont.

Rebroussez chemin jusqu'au Wat Moha Leap. Pour rentrer à Kampong Cham, vous pouvez prendre le bac à Chi He (passez le pont de Chi He, à 2,5 km du Wat Moha Leap, et tournez à droite au carrefour : l'embarcadère est à 300 m) et débarquer sur l'île de Koh Sotin, au niveau de la mosquée, puis traverser les deux îles jusqu'au pont de bambou (env. 14 km).

AU NORD C2

Sortez de Kampong Cham en longeant le Mékong vers le nord.

★ Phnom Hanchey

22 km au nord de Kampong Cham, sur la même rive - accès libre. Routes d'accès jusqu'au sommet au sud et au nord de la colline, escalier (env. 300 marches) à l'est.

La colline, sanctuaire bouddhique actif, apparaît comme un hymne à la statuaire de ciment moulé. Vous y croiserez tout un **bestiaire** local (crocodiles, bœufs) ou « exotique » (girafes, dromadaire, dinosaure), un catalogue des figures hindo-bouddhiques et des fruits tropicaux de 2 m de haut – l'occasion d'identifier les fruits sur les marchés, la plupart étant étiquetés en anglais. En fin de semaine, les familles cambodgiennes viennent pique-niquer sur les tables installées au sommet, profitant de la **vue★★** sur le Mékong et ses îles.

Le complexe religieux contemporain s'est construit au-dessus d'un ancien temple brahmanique des 7e-8e s., dont il reste quelques vestiges : une tour de brique passablement endommagée, le **Kok Lvea**, au sud du *vihear*; et, côté nord, un édicule carré qui montre d'intéressants **linteaux★**. Sur le flanc est de la colline, le **Kok Preah Theat**, petit sanctuaire carré de latérite abritant un *yoni* et orné de têtes de *makara*, ouvre face au fleuve.

Au pied du **Wat Krouch Saeuch**, la pagode moderne située dans le village, à 2 km au sud du Phnom Hanchey, vous trouverez un bac pour rejoindre l'île de **Koh Krabei**, non touristique.

NOS ADRESSES À KAMPONG CHAM

INFORMATIONS UTILES

Banques/Change

BIDC – *Bd Monivong.* Distributeur, bureau Western Union.

ABA Bank – *Bd Monivong.* Distributeur, change.

ARRIVER/PARTIR

En bus

Pas de gare routière centralisée. Les bus partent du bureau des compagnies, sur le bd Monivong (Sorya, Reaksmey) et sur la route de Phnom Penh (Capitol), près de la station-service. Chacune assure 1 ou 2 dép./j. pour Phnom Penh *(2h30)*, Siem Reap *(5h)*, Kratie *(3h)* et Banlung *(7h)*.

En minivan

Départs tôt le matin, dès qu'ils sont pleins, de l'esplanade située derrière le marché et face à la station Caltex, à l'entrée du pont Kizuna. Desservent les mêmes destinations que les bus, aux mêmes tarifs.

En taxi collectif

Ceux pour Phnom Penh stationnent derrière le marché. Ceux pour Kratie se trouvent face à la station Caltex, avant le pont (route de Phnom Penh).

TRANSPORTS

Les environs de Kampong Cham ne sont pas desservis par les transports en commun.

Vélo/Scooter

Location de deux-roues dans les *guesthouses* face au fleuve, notamment Mekong Crossing et Mekong Sunrise. Comptez 5 US$/j. pour un scooter et 1 US$/j. pour un vélo.

HÉBERGEMENT

L'offre hôtelière reste limitée à Kampong Cham et manque de charme. La majorité des établissements font face au Mékong, à gauche du pont en arrivant de Phnom Penh. Tous disposent du wifi et de l'eau chaude.

PREMIER PRIX

Mekong Crossing – *Riverside Rd - (087) 881 788 - 11 ch. - 7/15 US$ - réserv. conseillée.* Sur 2 étages sans ascenseur, les chambres sont de deux types : climatisées avec vue sur le Mékong, ou avec ventilateur mais sans vue. Sa terrasse de restaurant en angle, face au fleuve, sert de QG aux voyageurs occidentaux. Location de deux-roues.

Moon River – *Riverside Rd (012) 788 973 - - 14 ch. - 7/15 US$.* Des chambres simples mais d'un entretien sommaire, avec ou sans fenêtre. Seules deux d'entre elles, les 110 et 111, donnent sur le Mékong ; elles sont mieux meublées et plus spacieuses que celles ouvrant sur le corridor.

Mekong – *Riverside Rd - (042) 941 536 - - 71 ch. - 8/15 US$ - 2,50 US$.* Il a surtout l'avantage de conserver des disponibilités quand ses voisins, de capacité moindre, affichent complet. Toutes avec balcon, les chambres climatisées donnent sur le fleuve, celles avec ventilateur s'alignant sur l'arrière. Sur 2 étages sans ascenseur, cet hôtel pour groupes aux immenses halls vides manque toutefois de charme et la propreté laisse à désirer. Wifi à la réception.

Reasmey Cheanich – *Dans la rue sans nom s'engageant entre les banques ABA et BIDC du bd Monivong - (012) 358 716 - - 24 ch. - 8/16 US$.* À 10mn à pied du fleuve, au calme dans un quartier résidentiel récent. Ses chambres blanches, carrelées, assurent l'un des meilleurs rapports qualité-prix de la ville et comptent parmi les plus propres ; le fait que l'hôtel soit récent (fin 2014) n'y est peut-être pas étranger. Les 4 chambres VIP du 3[e] étage *(35 US$)* possèdent une terrasse fleurie dotée d'une immense baignoire. Ascenseur, accueil souriant en anglais, location de deux-roues. Une bonne adresse pour la ville.

BUDGET MOYEN

Mariya – *Riverside Rd - (042) 641 1144 - - 15 ch. - 15/20 US$.* Au nord de la promenade, cet édifice de 2 étages sans ascenseur aligne des chambres sans génie, au mobilier vieillissant et à l'entretien laxiste. Rien d'extraordinaire mais certaines chambres donnent sur le Mékong et le Wat Chroy Thma. Pas d'anglais.

Monorom VIP – *Riverside Rd - (092) 777 102 - www.monoromviphotel.com - - 51 ch. - 15/30 US$.* Sur 5 étages avec ascenseur. Les chambres les plus chères, celles qui donnent sur le fleuve, sont un hymne au kitsch à l'asiatique avec leur mobilier de bois alambiqué, leurs rideaux à pompons et leur carrelage à dorures dans les sdb. Plus sobrement meublées, celles du rdc ont des fenêtres aveugles mais l'ensemble est relativement bien tenu.

Koh Paen

PREMIER PRIX

Mekong Bamboo Hut – *Fléché à droite après le pont de bambou - ✆ (015) 905 620 - http://mekong bamboohut.olympe.in - ✕ - 24 places - 4/6 US$ - fermé en saison des pluies.* Ici, on dort dans des hamacs avec moustiquaire ou sur des matelas doubles posés à même le sol des *sala*, paillotes de bois et de bambou ouvertes à tous les vents. On ne peut plus basique, l'endroit conviendra aux amoureux d'espaces verts et de vie en plein air. Nombreuses activités ludiques et sportives (kayak, pétanque, golf, jeux de société…) et ambiance conviviale – les hôtes dînent ensemble à la table commune. Location de vélos et scooters, informations en français sur la région.

RESTAURATION

Les terrasses des 4 ou 5 *guesthouses* qui se côtoient face au fleuve proposent toutes une carte de petite restauration « à l'occidentale » (burgers et pancakes, pâtes bolognaise et carbonara, *fish and chips*) et quelques plats de cuisine asiatique standardisés. Les restaurants cambodgiens sont situés dans les rues en retrait; ils sont souvent dépourvus de carte et l'on n'y parle pas l'anglais.

PREMIER PRIX

Marché de jour – *Psar Thom - - 7h-18h - 5 000 riels.* À l'entrée du marché côté nord, quelques cuisines chinoises et musulmanes basiques officient sous les bâches en plastique. Cadre et choix rudimentaires.

Marché de nuit – *Au nord de la ville, derrière la gare des minivans, à 50 m du Psar Thom - - 18h-22h - 5 000 riels.* Les stands bordant l'esplanade en plein air, derrière les étals de prêt-à-porter, servent soupes de nouilles, œufs durs, jus de fruits et *milkshakes*.

Cham Pei Sor – *Riverside Rd, 100 m en aval du pont Kizuna - ✆ (086) 466 663 - - 14h-22h - 5/8 US$.* Salle blanche ouverte sur la rue, face au fleuve. Barbecue et *suki soup* sont les spécialités maison : vous mettrez à cuire sur le gril placé au centre de la table calamars et crevettes ou, pour tenter quelques gourmandises plus locales, abats de bœuf.

River Grass – *À 50 m en amont du pont de bambou - ✆ (011) 922 522 - - 6h-23h - 6/8 US$.* La plus belle vue sur le fleuve, vous l'aurez de sa terrasse tout en longueur, dominant la berge. Vous choisirez vos assortiments sur une carte en khmer, mais illustrée, pour composer votre *suki soup* ou votre barbecue. Propose aussi quelques plats occidentaux. Très bon rapport qualité-prix. Pas d'anglais.

BUDGET MOYEN

Au bout du monde – *Face au Daly Hotel, dans la parallèle à Riverside Rd - ✆ (017) 997 709 - www.guesthouseleboutdumonde.sitew.org - - 7h-22h - 8/10 US$.* L'ardoise, volontairement restreinte à une sélection de plats du jour et desserts, propose des recettes simples mais goûteuses de cuisine traditionnelle française – le chef vient des Saintes-Maries-de-la-Mer – et cambodgienne – un ancien élève de *Smile* réalise les recettes de son pays. À savourer sur fond de flamenco. Petite carte des vins, bière pression. Accueil chaleureux. Dispose aussi de quelques chambres basiques *(6/8 US$)*.

Smile – *Riverside Rd - ✆ (017) 997 709 - ⊠ - 6h-22h - 8/10 US$.* Géré par une ONG, ce restaurant-école forme les jeunes Cambodgiens aux métiers de la restauration, dans un double but éducatif et social. La carte ne s'aventure guère au-delà des standards internationaux – sandwiches, burgers, pâtes et salades – mais sert une cuisine garantie sans MSG, dans un cadre clair et plaisant à la déco de bambou.

Hao An – *70, bd Monivong, angle Chas St. - ✆ (042) 941 234 - ⊠ - 8h-21h - env. 10 US$.* Dans un imposant bâtiment d'angle, une salle ventilée haute de plafond, aux tables de bois massif, accueille ce restaurant de cuisine chinoise apprécié par les habitants de Kampong Cham. Chacun y trouvera nourriture à son palais : outre les *suki soup*, la carte affiche plus de 200 plats. En terrasse, quelques tables d'aluminium sont séparées du trottoir par une rangée de plantes vertes. Carte des vins.

PETITE PAUSE

Srey Chen – *Riverside Rd - ✆ (092) 505 996 - 10h-21h.* Pour une pause sucrée ou un repas léger, des glaces et des *milkshakes*, des thés et du *shabu-shabu*, une soupe à la mode japonaise dont vous surveillez vous-même la cuisson. Cours de yoga le merc. de 19h à 20h.

Front de rivière – *Face au pont de bambou.* Chaises de plastique et fauteuils pliants s'alignent face au Mékong jusqu'en soirée. Le temps de siroter une noix de coco ou un soda, on y prend place pour suivre la vie du fleuve et de la berge : scooters sur le pont de bambou, pêcheurs sur leurs barques, troupeaux de zébus venus se rafraîchir… Également des soupes et des sandwiches pour les petites faims.

BOIRE UN VERRE

River Grass – *À 50 m en amont du pont de bambou - ✆ (011) 922 522 - ⊠ - 6h-23h.* Sur la terrasse du restaurant, une série de chaises hautes s'alignent devant un long comptoir, en surplomb de petits jardins communautaires que l'on remet en culture dès que le niveau des eaux baisse. Un endroit plaisant pour prendre un verre en fin d'après-midi.

ACHATS

AMICA – *À l'entrée du village de Cheung Kok (voir p. 168) - ✆ (069) 555 115 - http://amica-web.com/Eng/Cheungkok.html.* Artisanat en bambou, feuille de bananier ou noix de coco, confiseries à base de sucre de palme, tissages de coton et de soie : tout est réalisé dans le hameau.

ACTIVITÉS

Malis Massage – *De la guesthouse Mekong Crossing, tournez le dos à la rivière et remontez jusqu'à l'angle (à droite) - ✆ (042) 555 5112 - 10h-21h.* Massages traditionnels khmers. À ne pas confondre avec les nombreux « salons de massage » bordant les KTV (karaokés), dans les rues alentour.

AGENDA

Water Festival – *Nov.* Régates sur le Mékong et feux d'artifice.

1

Autour de Kampong Chhnang ★

550 000 habitants (province) – Capitale de la province de Kampong Chhnang

La petite capitale provinciale vit de la riziculture, pratiquée à grande échelle dans ses plaines inondées, de la pêche et des poteries fabriquées dans la campagne environnante (« chhnang » signifie pot de terre). Elle s'est établie à l'endroit indécis où les frontières se diluent entre l'eau et la terre ferme, où le Tonlé Sap n'est plus ni tout à fait un lac, ni encore une rivière. Une population amphibie y a développé un mode de vie original, remorquant ses maisons sur les eaux au rythme de la crue annuelle et de la décrue. Étape sur la route des ferries reliant chaque jour Phnom Penh à Siem Reap, Kampong Chhnang vous fera découvrir, avec ses villages flottants, un monde d'une grande poésie malgré son extrême pauvreté.

NOS ADRESSES PAGE 176
Hébergement, restauration, etc.

S'INFORMER

Tourist Information Center (TIC) – *St. 53 - ✆ (026) 770 063 - www. tourismcambodia.com - lun.-vend. 7h30-11h, 14h-17h.* Plan de la ville.

SE REPÉRER

Carte de région B2 (p. 132-133).

À 91 km au nord-ouest de Phnom Penh, 198 km au sud-est de Battambang.

Voir aussi la rubrique « Arriver/partir » dans « Nos adresses ».

À NE PAS MANQUER

Un tour en barque vers les villages flottants, en particulier celui de Kampong Luong.

ORGANISER SON TEMPS

Vous pouvez visiter Kampong Chhnang en excursion (1 j.) depuis Phnom Penh mais il vaut mieux y faire étape pour profiter de la belle lumière du petit matin et du crépuscule sur les eaux.

Kampong Chhnang Carte de région p. 132-133

La ville elle-même de Kampong Chhnang s'est établie dans l'intérieur des terres, à l'abri des grandes inondations qui se produisent parfois au plus fort de la saison des pluies, en août-septembre. Au **centre**, quelques bâtisses coloniales et un grand marché lui confèrent cet air typique des chefs-lieux de province du Cambodge, mais l'ensemble reste assez morne. Le petit **port** *(kampong)* s'est développé à 3 km de là, sur le Tonlé Sap. Au long de la berge, ses maisons sur pilotis donnent la mesure de la variation du niveau des eaux, qui peuvent monter ou descendre de 8 m d'un bout à l'autre de l'année *(voir aussi « Tonlé Sap, la mer intérieure », p. 238)*. C'est de là que vous embarquerez pour la visite des villages flottants.

★ Villages flottants de Kandal et de Chong Kos B2

Bateaux : les prix se négocient autour de 20 US$ (jusqu'à 3 pers.) pour une sortie de 2h.

Ces deux villages flottants, ancrés à quelques centaines de mètres à l'ouest de l'embarcadère, se font face, Chong Kos sur la berge de gauche, Kandal sur celle de droite. Ils ont été déplacés ici en 2015 pour « faciliter les visites

Le village flottant de Kampong Luong, partie vietnamienne.
P. Tisserand/Michelin

1

touristiques ». Kandal, le plus important des deux, rassemble un millier de familles et s'étire sur plus de 2 km. Les maisons, posées sur leurs plates-formes flottantes, sont soigneusement disposées en allées rigoureuses. Murs de bambous et tôle ondulée pour les plus humbles, façades de bois peintes en bleu ou en vert pâle pour les plus aisées, elles sont parfois égayées par un bougainvillier ou quelques orchidées en pots. Elles hébergent des familles vietnamiennes et chams qui vivent dans des conditions précaires. Certaines entretiennent un jardinet flottant, et l'arrière, où sont accrochées les batteries de casseroles, fait office de cuisine à l'air libre. Les villages bénéficient depuis peu d'un raccordement électrique rudimentaire – avec tous les risques que cela comporte. Le bateau effectue un aller-retour sur l'« allée centrale », qu'il partage avec les barques des vendeuses de fruits et légumes, et passe devant quelques épiceries et l'école ; en semaine, on entend par les fenêtres ouvertes les enfants répéter les leçons.

Kampong Leang B2

Ferry à 8h30, 11h, 13h et 17h, retour à 11h, 13h et 16h - 1 000 riels - 30 à 60mn de traversée selon la saison.

Le ferry module son parcours en fonction du niveau des eaux, slalomant entre les dizaines d'îlots qui émergent à la saison sèche. À Kampong Leang, gros village sur pilotis, les *tuk-tuk* vous proposeront une excursion dans la campagne environnante *(boucle d'env. 40 km)*. Au programme, trois petits sites préangkoriens (7e-8e s.) en brique, très ruinés, et, pour les plus courageux, l'ascension du Phnom Neang Kong Rei *(escalier puis sentier)* d'où une **vue★★** sur la plaine inondable récompense l'effort.

Ondong Rossey B2

5 km à l'ouest de Kampong Chhnang.

Dans un **paysage★★** de rizières et de palmiers à sucre, le hameau d'Ondong Rossey s'est établi au pied du Phnom Krang Dey Meas, d'où est extraite l'argile utilisée pour les poteries *(chhnang)* depuis le 13e s. Toujours fabriquée dans les maisons-ateliers dispersées le long de la route, cette poterie rouge rustique, ni peinte, ni vernie, est façonnée sans tour, à l'aide de moules métalliques. Elle conserve une vocation essentiellement utilitaire – braseros, bols et pots, plats de cuisson pour les œufs ou, côté décoratif, statuettes animales. Accueillants, les artisans vous laisseront suivre tout le processus d'élaboration. Les ateliers connaissent un regain d'activité une fois les moissons terminées, quand les travaux des champs demandent moins de main-d'œuvre.

Excursion Carte de région p. 132-133

★★ Kampong Luong A1

5 km au nord de Krakor (80 km au nord-ouest de Kampong Chhnang, dir. Battambang). Bateau pour les villages flottants : 10 US$/h. jusqu'à 3 pers. Tuk-tuk *et* motodop *à la station-service de Krakor pour gagner la berge (6 US$ AR). Hébergement simple possible à Krakor (voir ci-contre).*

Moins touristique que les villages les plus proches de Kampong Chhnang, Kampong Luong adopte une physionomie plus informelle et plus vivante. Des marchandes passent de maison en maison sur leurs esquifs chargés de fruits ou de marmites, des cuisines populaires mobiles croisant le « bateau scolaire » qui emmène les enfants à l'école ; des embouteillages de barques se créent parfois entre les demeures, en bois pour les plus coquettes, posées sur des barils de récupération ou, plus rarement, sur des fonds de coques de bateau. Comptant quelque 10 000 âmes, Kampong Luong réunit deux communautés qui composent l'un des villages flottants les plus importants du lac. Le **« quartier » vietnamien★★**, le plus pittoresque, s'ancre autour de son église catholique, de son école, où le bateau fait une brève halte, et de sa pagode annamite. La **partie khmère★**, moins soignée, possède sa propre pagode et son école, mais aussi une boulangerie, une fabrique de glace, un marché aux poissons et même une station-service flottante.

Quand le niveau des eaux commence à baisser, en novembre, les éléments du village sont remorqués un à un vers le centre du lac, pour redéménager dans le sens inverse en juin ou juillet, après les premières grosses pluies. L'excursion la plus longue *(3h)* explore également la **forêt inondée** voisine, caractéristique des écosystèmes du Tonlé Sap.

NOS ADRESSES À KAMPONG CHHNANG

INFORMATIONS UTILES

Banques/Change

Banques avec distributeur et service de change autour de la gare routière.

ARRIVER/PARTIR

En bus

Gare routière – *En centre-ville, à 100 m du marché et 300 m des principales* guesthouses. Arrêt des bus Phnom Penh-Battambang (5 US$ pour l'une ou l'autre destination). Les taxis collectifs stationnent devant ; comptez 2,5 US$ pour Krakor (Kampong Luong).

En bateau

Embarcadère – *3 km au nord de la ville.* Les bateaux en provenance de Siem Reap et ceux qui viennent de Phnom Penh *(45 US$ - 4 à 6h - réserv. la veille)* se croisent ici à 10h.

HÉBERGEMENT

Vous trouverez plusieurs *guesthouses* dans le quartier résidentiel situé au sud-ouest du rond-point de l'Indépendance. Toutes offrent le wifi.

PREMIER PRIX

Garden Guesthouse – *St. Monbarang - (012) 550 633 - - 28 ch. - 8/15 US$ - 3 US$.* Une adresse charmante, tant pour son accueil souriant et ses judicieux conseils que pour son jardin arboré de manguiers et de jacquiers. De plain-pied, les chambres sont calmes et propres, décorées avec fraîcheur. Location de vélos et scooters, laverie, billets de bus/bateau à prix coûtant.

Chanthea Borint – *Prison St., à 100 m au sud-ouest du rond-point de l'Indépendance - (012) 762 988 - - 30 ch. - 8/15 US$ - 3,50 US$.* Sur 2 étages, en face d'une école primaire, des chambres sommaires, pourvues d'un frigo mais d'une propreté laissant à désirer. Une solution de dépannage si la Garden Guesthouse affiche complet. Celles du 2e étage offrent plus de calme.

BUDGET MOYEN

Sovann Phum – *NH 5, à 100 m au sud du rond-point de l'Indépendance - (012) 812 459 - - 30 ch. - 15 US$.* Toutes identiques, sur 3 étages sans ascenseur, ses chambres carrelées et bien tenues assurent un confort assez standard. L'hôtel prévoit de doubler sa capacité en 2016, avec des chambres de catégorie supérieure, et d'ouvrir une piscine.

Krakor et Kampong Luong

Deux *homestays* basiques (ni eau courante, ni électricité en journée) permettent de passer la nuit dans le village flottant. Rens. sur place.

PREMIER PRIX

Paris Guesthouse – *NH 5, en face de la station-service Tela - Krakor - (011) 911 444 - P - 12 ch. - 7/13 US$.* À l'arrêt des bus Phnom Penh-Battambang, au croisement du chemin pour Kampong Luong, cet hôtel simple constitue la solution la plus pratique pour ceux qui souhaitent profiter de la lumière du petit matin sur le lac. Chambres basiques, d'une propreté approximative. Le marché, juste en face, permet de se restaurer jusqu'à 18h30. Pas d'anglais.

RESTAURATION

PREMIER PRIX

Van Soleap – *St. Monbarang - (089) 614 098 - - 7h-21h - env. 10 000 riels.* Une honnête cuisine sino-khmère servie sur des tables en bois ou en ciment, sous un toit de paille et bambou : riz et nouilles sautés ou en soupe avec légumes, poulet, porc ou bœuf.

Soksan – *Sur le parvis de la gare routière, en face de la banque ACLEDA - (068) 886 8878 - - 7h-20h - env. 10 000 riels.* Rien de renversant dans sa carte de nouilles et plats sautés mais, devant le manque de choix en ville, l'adresse peut se révéler pratique.

Gold Fish – *St. Monbarang - (088) 887 0587 - - 7h-15h, 18h-21h - env. 10 000 riels.* La carte est en khmer, tout comme l'enseigne, mais vous ne pourrez manquer cette grande salle ouverte sur la rue. Ses tables de bois massif s'agencent sous un toit de tôle. Vous y trouverez la même cuisine que chez ses confrères, dans un cadre un peu plus soigné toutefois.

1

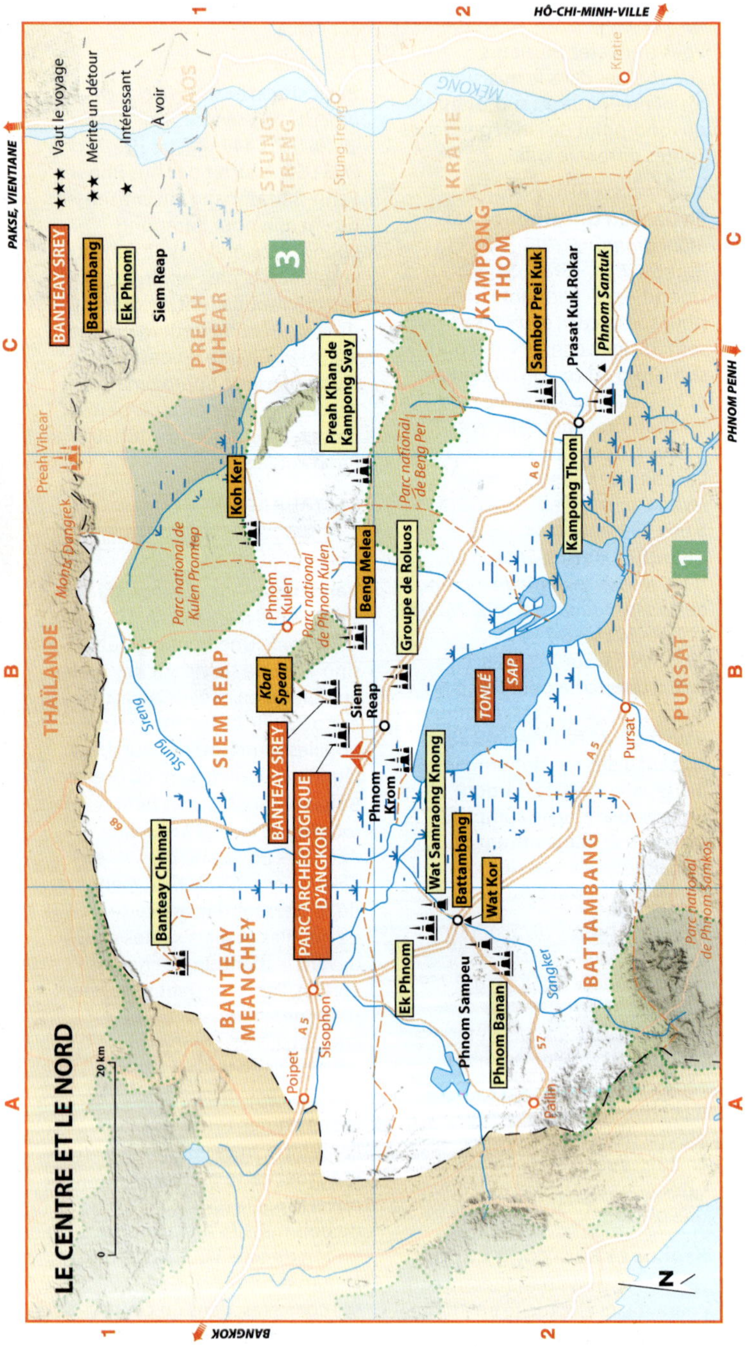
LE CENTRE ET LE NORD
0
20 km
BANTEAY SREY ★★★ Vaut le voyage
Battambang ★★ Mérite un détour
Ek Phnom ★ Intéressant
Siem Reap À voir
PAKSE, VIENTIANE
HÔ-CHI-MINH-VILLE
PHNOM PENH
BANGKOK
THAÏLANDE
LAOS
Monts Dangrek
Preah Vihear
PREAH VIHEAR
STUNG TRENG
Stung Treng
MÉKONG
KRATIE
Kratie
KAMPONG THOM
Kampong Thom
Sambor Prei Kuk
Prasat Kuk Rokar
Phnom Santuk
Preah Khan de Kampong Svay
Parc national de Beng Per
Koh Ker
Parc national de Kulen Promtep
Phnom Kulen
Parc national de Phnom Kulen
Beng Melea
Groupe de Roluos
Kbal Spean
SIEM REAP
Siem Reap
Stung Sreng
BANTEAY SREY
PARC ARCHÉOLOGIQUE D'ANGKOR
Phnom Krom
TONLÉ SAP
Wat Samraong Knong
Battambang
Wat Kor
Banteay Chhmar
BANTEAY MEANCHEY
Sisophon
Poipet
Ek Phnom
Phnom Sampeu
Phnom Banan
Sangker
Pailin
BATTAMBANG
Parc national de Phnom Samkos
PURSAT
Pursat
A 5
A 6
57
68
1
3
A
B
C
1
2
N

Le Centre et le Nord 2

Le parc archéologique d'Angkor

★★★

(Siem Reap)

190 000 habitants (Siem Reap) – Province de Siem Reap

Rarement un empire aura laissé à la postérité des vestiges aussi spectaculaires que celui-ci. Angkor Wat, son emblème absolu, ne représente qu'une infime partie des temples qu'en quatre siècles de gloire, les souverains khmers ont éparpillés sur plus de 400 km². S'en détachent une vingtaine de sanctuaires majeurs, tous très différents les uns des autres : énigmatiques visages de pierre du Bayon, ruines romantiques de Ta Prohm ou dentelle de grès rose de Banteay Srey, imposantes pyramides ou dédale de galeries et de patios, parfois illustrés de cycles épiques en bas-relief, tous célèbrent à leur manière le culte des dieux hindous et du Bouddha. Trois jours ne seront pas de trop pour une première approche de la plus grande cité du monde ancien, classée au Patrimoine mondial de l'Unesco en 1992 et que vous visiterez au départ de Siem Reap – mais ils suffiront à vous donner l'envie d'y revenir.

NOS ADRESSES PAGE 215
Hébergement, restauration, achats, activités, etc.

S'INFORMER

Office de tourisme – B3 - *Bd Sivatha, angle av. Pokambor - Siem Reap - (063) 669 600 - http://siemreaptourism.gov.kh - 24h/24.* Plans de la ville et du parc archéologique. Réserv. de billets de bus et bateau, d'excursions, location de voiture, etc. Bon anglais. Autres antennes : NH 6 C2 et route des temples C1 en dir.

SE REPÉRER

Carte de région B1-2 (p. 178) – plan d'Angkor Wat p. 189 – plan d'Angkor Thom p. 193 – plan du parc archéologique p. 198-199 – plan de Siem Reap p. 216-217.

À 320 km au nord-ouest de Phnom Penh, 172 km au nord-est de Battambang, 202 km au nord-ouest de Kampong Thom.

Voir aussi la rubrique « Arriver/partir » dans « Nos adresses ».

À NE PAS MANQUER

Angkor Wat ; le complexe d'Angkor Thom ; Ta Prohm ; Preah Khan ; Banteay Srey ; une excursion à Beng Melea.

ORGANISER SON TEMPS

Nov.-fév. est la meilleure saison du point de vue du climat, mais aussi la période la plus touristique. Il fait très chaud entre mars et mai (40°). De juin à oct., il pleut tlj, généralement l'apr.-midi (routes boueuses rendant difficile l'accès aux temples éloignés). Le site est bondé pour les fêtes de fin d'année occidentale et chinoise : il est alors indispensable de réserver son hôtel. Faites vos visites dès l'ouverture et en fin d'apr.-midi pour éviter les grosses chaleurs, mais allez voir les sites les plus prestigieux à l'heure du déj. (moins de monde). *Voir aussi encadré « 3 jours dans le parc », p. 186.*

AVEC LES ENFANTS

Un spectacle au cirque Phare ; Angkor Silk Farm ; les papillons du Banteay Srey Butterfly Centre.

★★★ Parc archéologique d'Angkor Plan du site p. 198

7 km au nord de Siem Reap - 5h30-17h30 - pass valable 1 j. (20 US$), 3 j. (40 US$, à utiliser dans la semaine suivant l'achat) ou 7 j. (60 US$, à utiliser dans le mois) en vente exclusivement à la billetterie située à l'entrée principale du parc, sur l'av. Charles-de-Gaulle. Contrôle des billets à chaque temple. Boissons et snacks en vente un peu partout sur le site - quelques restaurants simples, notamment près de Sras Srang (route de Banteay Samre). Pour la visite, voir aussi « Transports », dans « Nos adresses à Siem Reap », p. 218.

Le parc archéologique d'Angkor, témoin de la splendeur de l'empire khmer entre le 9e et le 13e s., couvre plus de 400 km^2. On pense qu'à son apogée, la **plus grande cité du monde ancien** s'étendait sur 1 000 km^2 et abritait 750 000 personnes. Ici, durant quatre siècles, chaque souverain fit construire son propre **temple d'État**, symbole de son règne et de son pouvoir : le roi, souverain universel *(çakravartin - voir « Histoire », p. 84)*, gouvernait au nom d'un dieu sous la protection duquel il plaçait sa capitale ; le temple-montagne édifié en l'honneur de Shiva, de Vishnou – plus tard de Bouddha – était une image miniature et symbolique du mont Meru, le séjour des dieux dans la cosmogonie hindo-bouddhique *(voir encadré p. 80)*.

Hindouiste à l'origine, Angkor a embrassé le **bouddhisme mahayana** sous le règne de Jayavarman VII, le fondateur d'Angkor Thom et du Bayon, qui le décrète religion d'État au 13e s. *(voir « Histoire », p. 106)*. Après un bref retour de l'hindouisme à la fin du siècle, la cité se convertit plus tard au bouddhisme theravada – mais plus aucune grande fondation ne voit alors le jour.

Il ne reste rien des demeures et des palais de la grande cité : tous les bâtiments séculiers, construits en bois, ont disparu avec le temps. Celles des dieux, édifiées en **pierre** (latérite, brique et grès), sont les seules à être parvenues jusqu'à nous. Mais c'est à tort que l'on a parfois l'impression de visiter une cité religieuse : tout un peuple œuvrait sous la houlette des rois, serviteurs au palais, religieux dans les monastères, paysans dans les immenses rizières, commerçants sur les marchés – les bas-reliefs du Bayon nous parlent de ces petites gens d'Angkor. Les ruines glorieuses que nous voyons aujourd'hui ne sont que le **cœur religieux** de capitales successives, construites les unes à côté des autres.

Un vaste projet d'investigation aérienne faisant appel à la **technologie LiDAR** (*Light Detection and Ranging*, télédétection par laser), conduit en 2012 par des équipes internationales d'archéologues, a apporté des éclairages nouveaux. Le survol en hélicoptère de secteurs couverts par la jungle, en particulier au-dessus des zones d'Angkor, de Phnom Kulen et de Koh Ker, a révélé l'existence d'un **plan urbain** dont on ignorait tout, mettant en évidence un réseau de routes et de canaux aujourd'hui masqués par la végétation ou les constructions récentes. De quoi relancer l'enthousiasme des chercheurs sur la civilisation disparue d'Angkor…

Passé le premier choc esthétique, vous apprendrez à distinguer les différents **styles artistiques** *(voir « Art et architecture », p. 81)* qui ont accompagné les grandes périodes de construction, à identifier temples-montagnes et temples à plat, à décrypter les **motifs iconographiques** récurrents, tantôt brahmaniques *(voir « Mythes et divinités hindoues à Angkor », p. 182)*, tantôt bouddhiques, sur les frontons et les linteaux.

Pour une lecture détaillée des frontons et des bas-reliefs, consultez l'excellent Angkor, cité khmère, *de Claude Jacques et Michael Freeman (éd. Olizane), en vente sur le site et dans les librairies de Siem Reap. Dans certains temples, les jumelles sont appréciables pour en savourer tout le détail.*

Mythes et divinités hindoues à Angkor

Religion dominante du 1er au 14e s., l'hindouisme, ou brahmanisme au sens de « religion des brahmanes », a nourri l'iconographie des capitales successives de l'empire khmer. Shiva fut longtemps la divinité préférée des souverains, cédant parfois la primauté à Vishnou, notamment au 12e s. Le bouddhisme s'installa plus tard, au 13e s. pour celui du Grand Véhicule, et au 16e s. pour celui du Petit Véhicule *(voir encadré p. 372)*.

BRAHMA, VISHNOU, SHIVA : LA TRIMURTI

Indra, seigneur du Ciel et roi des dieux, partage le panthéon hindou avec trois divinités majeures, réunies en une trinité, la **Trimurti** : Brahma qui créa l'univers, Vishnou qui en assure la continuité, et Shiva qui préside à sa dissolution. Chacun se reconnaît à l'animal qui lui sert de monture (ou *vahana*, véhicule), aux attributs qu'il porte ou tient à la main, à son épouse ou parèdre (*shakti*, principe féminin, énergie ou complément), parfois assise à ses côtés, et à ses avatars (incarnations successives).

Brahma le créateur, représenté sous la forme d'un homme à quatre visages, est assis sur une fleur de lotus et tient à la main le livre des Veda (textes sacrés) et un vase à eau. Sa monture est une oie *(hamsa)*. Sarasvati, son épouse, est la déesse du Savoir.

Vishnou, le conservateur, est souvent coiffé d'une tiare cylindrique et a pour attributs le disque (arme de jet), la conque, la massue et le lotus. Son véhicule, l'oiseau **Garuda** (aigle ou vautour), adopte une forme partiellement humaine. Les linteaux des temples montrent parfois Vishnou couché sur le **serpent Ananta**, qui représente l'Océan cosmique et l'éternité ; de son nombril sort une fleur de lotus sur laquelle est assis Brahma. Ses principaux avatars sont le poisson (Matsya), la tortue (**Kurma**), le sanglier (Varaha), Rama, demi-dieu héros du *Ramayana (Reamker ; voir encadré p. 96)*, **Krishna** et le Bouddha ; ce sont autant de formes que prend Vishnou pour sauver la Terre à chaque fois qu'un danger la menace. **Lakshmi**, l'épouse de Vishnou, est la déesse de l'Abondance et de la Fortune.

Shiva est à la fois le dieu de la destruction et de la régénération cyclique des choses. Il possède parfois trois ou cinq têtes et se tient assis en méditation, vêtu d'une peau de tigre. Son visage, sur lequel descend l'eau sacrée du Gange, est doté d'un troisième œil, ses cheveux sont remontés en chignon et ornés du croissant de lune. Il porte un serpent et un trident, parfois une hache ou un rosaire, et a pour monture le **taureau Nandi**. Chaste compagne de Shiva, **Uma**, plus connue en Inde sous le nom de **Parvati**, est représentée assise sur le genou de son époux ou trône à son côté sur le mont Kailash.

Harihara montre une image composite : sa moitié gauche est Hari (Vishnou), la droite, Hara (Shiva), et il tient dans chaque main un attribut propre à chacun de ces dieux.

LE LINGAM DE SHIVA : UN RÉSUMÉ DE LA TRIMURTI

Quand il est vénéré en tant que dieu régénérateur, Shiva est figuré de façon métaphorique par le **lingam** (emblème phallique), seul ou dressé sur un **yoni** (stylisation de l'organe génital féminin) qui lui sert de socle ou de piédestal. Le lingam est un symbole solaire, le *yoni*, un symbole de terre : leur union assure

Vishnou et Lakshmi sur Ananta, fronton d'un édifice de Preah Khan, Angkor.
P. Tisserand/Michelin

la renaissance de l'univers. Le *yoni* est traditionnellement tourné vers le nord, direction associée à Shiva dans certains temples khmers.

Image de **fertilité** et de force vitale, le lingam revêt une importance capitale dans une civilisation agricole comme celle des anciens Khmers. Dans sa représentation la plus élaborée, il renvoie à l'ensemble de la Trimurti et apparaît comme un **condensé de l'univers**. Sa base carrée évoque Brahma aux quatre visages et les quatre points cardinaux ; au milieu, une section octogonale symbolise Vishnou, qui possède huit bras, et les directions intercardinales ; son sommet arrondi figure Shiva lui-même et l'infini du cosmos. On trouve parfois des *mukhalinga*, lingam à visage *(mukha)*, en particulier dans l'art préangkorien.

UN PANTHÉON PROLIFIQUE

Les dieux de la Trimurti sont les plus fréquemment représentés dans les temples angkoriens. D'autres divinités mineures du panthéon brahmanique sont également identifiables sans difficulté. Fils de Shiva et de Uma/Parvati, le dieu à tête d'éléphant **Ganesh** a pour monture le rat, gourmand et rusé comme lui ; dieu de la Sagesse, il est réputé abattre tous les obstacles. **Lakshmi**, l'épouse de Vishnou, fait partie des créatures nées lors du barattage de la mer de Lait *(voir plus loin)* ; assise sur une fleur de lotus, elle est encadrée par deux éléphants qui l'arrosent de leur trompe. Un avatar de Vishnou revient régulièrement dans l'iconographie des temples : le roi divin **Rama** (7e avatar), portant son arc et son carquois ; il est accompagné d'**Hanuman**, le général de l'armée des singes, qui l'aida à délivrer son épouse Sita, prisonnière du démon Ravana, roi de Lanka, dans l'épopée du *Reamker* ; parfait dévot, fidèle serviteur de Rama, cet homme à tête et queue de singe n'a que deux bras et tient une massue et un rocher.

Indra, roi des dieux, maître de la Foudre et divinité de la Guerre, apparaît parfois juché sur l'éléphant à trois têtes **Airavata** (Erawan). **Surya**, dieu du Soleil, dirige un char tiré par des chevaux. Connaisseur des mondes occultes, **Varuna**, qui siège au zénith et voit toutes choses, a pour monture un crocodile ou un *makara (voir plus loin)*. Assis sur un buffle, **Yama** aux 18 bras juge les morts, tandis que le dieu de la Guerre **Skanda** (ou Muruga, ou Karttikeya), autre fils de Shiva et de Parvati, représenté comme un adolescent à six têtes tenant un arc et une flèche, est accompagné d'un paon. **Agni**, le feu, est assis sur un bouc ou un bélier, tout comme **Kubera**, qui incarne la Richesse. **Durga** l'« inaccessible », la tueuse de démons *(asura)* pourvue de huit ou dix bras portant trident, arc, hache, etc., chevauche un tigre ou un lion. **Krishna** est le 8e avatar de Vishnou ; ce jeune bouvier joue de la flûte en compagnie de son amante Radha, flirtant et dansant avec les *gopi* (bergères) dans des scènes symbolisant l'union de l'âme et de la divinité, et accomplissant maints exploits ; il est aussi montré comme un adolescent dansant sur la tête du démon-serpent qu'il vient de tuer.

LE BARATTAGE DE LA MER DE LAIT

Mythe fondateur dans la cosmogonie hindoue, cet affrontement au sommet symbolise la lutte du Bien et du Mal pour régner sur le monde des humains. Les **deva** (dieux) et les **asura** (démons) doivent baratter la mer de Lait, l'Océan cosmique, pour en extraire l'**amrita**, l'élixir d'immortalité. Pour ce faire, il leur faut mettre en mouvement le mont Mandara et lui imprimer un mouvement de rotation constante. *Deva* et *asura* s'emparent alors du **serpent Vasuki**, le roi des *naga*, l'enroulent autour de la montagne et, les premiers tirant la queue, les autres la tête, font pivoter la montagne dans un mouvement de va-et-vient qui baratte la mer. Leur alliance est temporaire : chacun des deux camps espère s'emparer de l'*amrita* et être le premier à en boire. **Vishnou**, au centre du combat, contrôle l'affrontement. Il prend pied sur la **tortue Kurma**, l'un de ses avatars, qui sert de socle au mont Mandara et l'empêche de verser dans la mer. Après moult péripéties et avec le secours de Vishnou, les *deva* remportent la victoire et boivent l'*amrita* ; ayant conquis l'immortalité, ils précipitent les *asura* dans les enfers.

APSARA ET DEVATA, IMAGES DE LA GRÂCE DIVINE

Le barattage de la mer de Lait, qui dure mille ans, donne naissance à d'autres créatures fantastiques, comme l'éléphant à trois têtes **Airavata**, la **lune** qui orne la chevelure de Shiva, la conque que Vishnou tient à la main ou encore les **apsara**. Le *Mahabharata (voir plus loin)* et le *Reamker* évoquent ces nymphes aquatiques d'une incomparable beauté, dont les formes généreuses font perdre tout discernement aux ascètes les plus austères. Les dieux font appel à leur irrésistible séduction pour affaiblir les sages dont les pouvoirs, obtenus par la méditation, pourraient mettre en danger leur suprématie. On les voit généralement en compagnie de musiciens. Souvent représentées les seins nus sur les bas-reliefs d'Angkor, portant bijoux et riches parures, les *apsara* adoptent les postures déhanchées des danseuses royales. Elles ne doivent pas être confondues avec les **devata** *(voir encadré p. 190)*, divinités féminines mineures, bien plus nombreuses sur les murs d'Angkor ; ces créatures célestes à la pose plus hiératique sont représentées de face.

KALA, MAKARA, DVARAPALA : LES GARDIENS DES PORTES ET DES PONTS

Sculpté sur les linteaux qui surmontent les portes des sanctuaires, le **kala** ou **reahu** apparaît sous la forme d'une tête monstrueuse crachant des guirlandes de fleurs, privée de mâchoire inférieure. Le *kala* ayant un jour demandé à Shiva de lui sacrifier une victime, le dieu invita la vorace créature à se manger elle-même, ce qu'elle s'empressa de faire jusqu'à ce qu'il ne lui reste plus que le haut de la tête et les mains. Shiva eut alors l'idée d'en faire le **gardien des temples**, afin de rappeler à tous son propre pouvoir. Plus tard, le *kala* tenta de subtiliser l'*amrita*, le nectar d'immortalité. Surpris par le Soleil et la Lune en train de boire cette ambroisie, il n'eut de cesse de vouloir les avaler pour se venger. Mais n'ayant plus de corps, il lui était impossible d'ingurgiter les deux astres, qui réapparurent régulièrement. Seule conséquence de ses tentatives : les éclipses. Depuis, le *kala* symbolise le temps qui « avale » les heures et les minutes.

Créature mythologique aquatique ornant elle aussi les linteaux et les frontons des temples khmers, le **makara** (« dragon de mer » en sanskrit) est un animal fantastique composite : l'avant de son corps est celui d'un éléphant ou d'un crocodile crachant parfois un lion ou un serpent, l'arrière celui d'un serpent ou une queue de poisson… ou de paon. Comme les **naga** (« serpent » en sanskrit), les *makara* vivent au fond des lacs, des mers et des rivières ; ils contrôlent l'énergie venue des eaux (dont la pluie) et, en tant que tels, apparaissent eux aussi sur les rampes bordant les ponts ou les balustrades encadrant les *sras* (étangs, bassins sacrés) et les *baray* (grandes retenues d'eau). Figures essentielles dans un monde qui tire sa subsistance des rizières, *makara* et *naga* sont également liés au thème de la fécondité (renaissance cyclique).

Gardien commun aux temples hindous et bouddhiques, le **dvarapala** (du sanskrit *dvara*, porte, et *pala*, gardien), mi-homme, mi-démon ayant fait acte d'allégeance à un dieu, tient un gourdin ou une lance. Il porte parfois la main sur le cœur en signe de loyauté. Chaque divinité a son propre *dvarapala*, auquel elle prête ses traits. Généralement représenté debout, flanquant les portes sous forme de statue en ronde-bosse ou de bas-relief, ce fidèle serviteur arbore l'un des attributs du maître qu'il protège : la conque et le *tilak* (pastille rouge) sur le front s'il sert Vishnou, le trident s'il obéit à Shiva. Tandis que les *dvarapala* veillent à la porte du temple proprement dit, les **dikpala** ou **lokapala** sont affectés à la surveillance des huit directions de l'espace (cardinales et intercardinales).

LE MAHABHARATA ET LA BATAILLE DES PANDAVA

Dans l'hindouisme, la très riche vie des dieux se mêle intimement à celle des humains. Le récit de leurs actions a donné naissance aux grandes sagas mythico-historiques fondatrices, elles aussi présentes dans le programme iconographique d'Angkor. Antérieur au *Ramayana* (*Reamker* au Cambodge), le **Mahabharata**, récit épique versifié en sanskrit, aurait été élaboré avant le début de notre ère. Il raconte la querelle de succession qui, il y a 4 200 ans de cela, opposa dix-huit ans durant les cinq frères Pandava, soutenus par les dieux (dont Krishna), et leurs cousins les Kaurava, aidés par les *asura*. Dans le récit du combat final, la **bataille de Kurukshetra**, Krishna sert de cocher à Arjuna, le troisième des frères Pandava, et lui révèle son message : en toute occasion, il faut agir en se confiant à Dieu, en conformité avec son *dharma* (loi morale) personnel et de manière désintéressée (détachée des conséquences de l'action). Cette digression philosophique constitue la *Bhagavad Gita*, qui fait partie des livres révélés de l'hindouisme.

À LA BONNE HEURE : 3 JOURS DANS LE PARC D'ANGKOR

Les temples les plus fréquentés sont – dans cet ordre – Angkor Wat, Bayon, Ta Prohm, Banteay Srey, Ta Som et Beng Melea. En règle générale, le site est plus calme l'après-midi. L'idéal est de circuler à scooter afin de pouvoir librement revenir sur vos pas et découvrir les temples en fonction de leur éclairage ou aux heures de moindre affluence. Visitez les sites les plus prestigieux entre 6h30 et 8h30 (les groupes arrivent pour le lever du soleil mais retournent à leur hôtel pour le petit-déjeuner). Passé 8h30, programmez la visite des sites moins visités. Décalez vos horaires de déjeuner et revenez sur les sites majeurs entre 12h30 et 14h, l'heure la plus creuse ; pour certains (Ta Prohm sous le couvert des arbres, les bas-reliefs d'Angkor Wat, le mur sud du Bayon), c'est d'ailleurs le meilleur moment pour les photos.

Jour 1 – Lever du soleil : Angkor Wat (moins de monde à la porte est). Avant 8h30 : 1re approche du site. 9h : Victory Gate. 10h-12h : Prasat Kravan, Baksei Chamkrong. 12h30-14h : Angkor Wat, niveau supérieur et galerie extérieure. Apr.-midi : Musée national. Coucher du soleil : Phnom Krom.

Jour 2 – Lever du soleil : Sras Srang. Avant 8h30 : Preah Khan. 9h-12h : Neak Pean Baphuon. 12h30-14h : Bayon. Apr.-midi : fin de la visite d'Angkor Thom, Thommanon, Ta Keo. Coucher du soleil : Phimeanakas ou Prasat Bei.

Jour 3 – Lever du soleil : Mebon oriental. Avant 10h : Banteay Srey. 9h-11h : Kbal Spean. 12h30-14h : Ta Prohm et/ou Ta Som. Apr.-midi : Banteay Samre, Banteay Kdei. Coucher du soleil : Pre Rup.

★★★ ANGKOR WAT B2

Passé la billetterie principale, poursuivez sur 3,5 km et tournez à gauche à la bifurcation (à droite pour l'entrée est) puis longez les douves – Comptez env. 3h à répartir en plusieurs visites.

Bon à savoir – Le temple est tous les jours pris d'assaut par les visiteurs. Vous y serez plus au calme entre 6h30 et 8h puis entre 12h et 14h. Les reliefs de la galerie extérieure étant toujours à l'ombre, l'heure du déjeuner est celle qui vous réservera la meilleure luminosité. La majorité des visiteurs entrent par la chaussée occidentale (meilleure lumière sur la façade principale entre 16h30 et 17h). Certes moins spectaculaire, l'entrée par l'est offre plus de sérénité.

Majestueux, unique, irréel, le plus impressionnant des temples-montagnes du parc archéologique fut le temple d'État du roi **Suryavarman II** (1113-1150). Sa construction, au début du 12e s., prit trente ans. Vu de l'extrémité de la chaussée ouest, par un savant jeu d'optique, le temple semble composé d'un seul tenant. Il consiste en réalité en **trois niveaux**, séparés par des cours intérieures pavées, creusées de bassins sacrés et ponctuées d'édicules de grès. Les **douves** larges de 200 m qui le ceinturent, dessinant un carré de 1 300 m sur 1 500 m de côté, symbolisent l'Océan primordial sur lequel s'étend le continent mythique Jambudvipa, au cœur duquel se dressent les cinq sommets du mont Meru (les cinq tours du temple), la montagne sacrée où séjournent les dieux. La majesté de l'ensemble, l'harmonie des proportions, la finesse des détails, la richesse de l'ornementation historiée : tout concourt à en faire un monument d'exception.

★★ Entrée ouest et chaussée de grès (Sandstone Causeway)

Au moment de sa construction, Angkor Wat est dédié au **culte de Vishnou**, divinité associée à l'ouest. On y a vu l'explication de l'orientation inhabituelle

du complexe – l'immense majorité des temples khmers ouvre vers l'est. L'ouest étant par ailleurs une direction liée à la mort, certains historiens en ont déduit que le temple avait peut-être vocation à servir de mausolée à son fondateur – mais cette conception plus bouddhique qu'hindoue semble anachronique.
La longue chaussée de grès qui franchit les douves, reliant symboliquement le monde des mortels (à l'extérieur) et celui des dieux (mont Meru), est bordée de **balustrades★★** en forme de corps de *naga*, dont les sept têtes accueillent le visiteur à l'entrée occidentale. Inconnu en Inde, l'usage du **naga** – symbole de fertilité et de puissance – comme élément architectural lié aux plans d'eau est une invention angkorienne, amplement reprise par la suite.
Au-delà des douves, la chaussée aboutit à un **gopura** à triple porte dont les **frontons★★**, sculptés en bas-relief, illustrent des épisodes de la vie mythique de Vishnou et de ses avatars prestigieux, Rama et Krishna. De petites **apsara★**, danseuses au corps déhanché et aux gestes gracieux, sont gravées à l'intérieur. Dans la galerie, à droite du porche principal, se dresse une haute statue de **Vishnou à huit bras★**. Drapée d'une toge orange, elle reçoit les prières et les dévotions des moines, belle synthèse de l'alternance des cultes que connut le temple, converti au bouddhisme theravada au 14e s.
La chaussée se prolonge derrière le *gopura*. Elle est encadrée de **deux « bibliothèques »** (édifices dont on ignore en fait la fonction exacte) puis de **deux bassins** carrés où fleurissent les lotus. Celui de gauche, où se mire le temple-montagne, fait le bonheur des photographes au lever et au coucher du soleil. Plus à l'écart, côté nord et côté sud, deux **pagodes** bouddhiques sont toujours actives. Les moines qui y vivent se mêlent parfois aux touristes dans les galeries du temple, notamment en début et en fin de journée, quand ils viennent réciter les *sutra* devant les petits autels installés çà et là dans le complexe.

2

★★★ Galerie extérieure (1er niveau)

Prenez à droite. Les bas-reliefs se lisent dans le sens inverse des aiguilles d'une montre, en partant de la moitié sud du mur ouest – Comptez au moins 1h.
Des histoires de la mythologie hindoue glorifiant Vishnou et ses avatars, Rama, Krishna et la tortue Kurma *(voir p. 182)*, alternent avec les hauts faits d'arme du roi bâtisseur, Suryavarman II. S'il est parfois difficile d'appréhender chaque tableau dans son ensemble, il faut s'approcher pour mieux apprécier le détail d'une scène, la physionomie d'un personnage, les ornements d'une parade : chaque panneau foisonne de notes truculentes.
★★ **Bataille de Kurukshetra** – *Mur ouest, partie sud*. Ce bas-relief relate un épisode crucial du **Mahabharata** *(voir p. 185)*. Le clan des Kaurava *(à gauche)* dispute au clan des Pandava *(à droite)*, leurs cousins, le trône d'Hastinapura, en Inde. La bataille, relativement ordonnée aux extrémités de ce panneau de 50 m de longueur, se fait de plus en plus âpre et confuse au centre.
★★★ **Armée de Suryavarman II** – *Mur sud, partie ouest*. Glorifiant le souverain bâtisseur, il retrace sur 90 m de longueur ses grandes batailles contre les Chams. Le roi et ses généraux, montés sur des éléphants, occupent le centre du panneau. On les reconnaît aux parasols qui les surmontent, insignes de rang. Des frises de fantassins et de cavaliers s'affrontent à leurs pieds : leurs costumes permettent d'identifier les troupes khmères, leurs alliés siamois, et les ennemis chams. Une procession religieuse dirigée par des brahmanes fait suite aux défilés militaires.
★★★ **Ciel et enfers : le jugement de Yama** – *Mur sud, partie est*. Cette composition, structurée en deux parties, montre dans sa moitié supérieure les

37 niveaux des cieux, où tout n'est qu'ordre, calme et retenue, et dans sa moitié inférieure les 32 strates des enfers, dans une avalanche de châtiments et de souffrances. Dieu des Morts et juge suprême aux 18 bras, Yama, assis sur son buffle, dirige les défunts vers l'un des niveaux infernaux en fonction de la gravité de leurs crimes. Corps démembrés, fouettés, plongés dans les flammes, le détail des supplices est aussi saisissant que l'imagination des artistes en la matière. La dernière partie du bas-relief est endommagée.

★★★ **Barattage de la mer de Lait** – *Mur est, partie sud*. L'un des fleurons de l'iconographie angkorienne, le bas-relief de 50 m de long décrit la bataille entre les dieux et les démons pour fabriquer l'*amrita*, le nectar d'immortalité *(voir p. 184)*. Les *asura* ou démons *(à gauche)*, yeux en billes et bouche lippue aux commissures tombantes, sont conduits par Ravana, roi de Lanka, à la tête du *nagaraja* (roi des serpents) Vasuki. Les *deva* aux traits nobles et doux, à la coiffe conique, sont quant à eux encouragés par Hanuman, à la queue du serpent *(droite de la scène)* – il s'agit d'un ajout local à la légende, le général de l'armée des singes n'étant pas présent dans la version hindoue du mythe. Des nuées d'*aspara* volettent au-dessus de la scène. Au centre des combattants se tient Vishnou, que sa coiffe et ses traits rattachent au camp des forces du Bien. Autour de la tortue Kurma, sous les pieds de Vishnou, les poissons et les crocodiles apparaissent coupés en morceaux, signe de la vive agitation de l'Océan cosmique soumis au barattage.

★ **Victoire de Vishnou sur les démons** – *Mur est, partie nord*. Prolongeant la saga des exploits de Vishnou, divinité tutélaire du temple, ce panneau manque de relief et de lisibilité par rapport aux précédents. Il s'agit sans doute d'un ajout postérieur.

Victoire de Krishna sur Bana – *Mur nord, partie est*. L'avatar de Vishnou combat à son tour les *asura* venus soutenir le démon Bana (ou Banasura), sectateur de Shiva mais qu'une querelle oppose à ce dernier. D'imposantes figures de **garuda**, monture de Vishnou, ponctuent la scène de la bataille. Ce relief a été laissé inachevé, peut-être en raison de la mort prématurée de son commanditaire.

★★ **Batailles des dieux et des démons** – *Mur nord, partie ouest*. Une vingtaine de divinités hindoues et la monture qui caractérise chacune d'elles dominent le combat. On reconnaît entre autres Kubera, le dieu de la Richesse, sur un démon *yaksha*; Agni, le dieu du Feu, sur un rhinocéros; Skanda, l'un des dieux de la Guerre, sur un paon; Indra, le roi des dieux, sur l'éléphant tricéphale Airavata; Vishnou sur l'oiseau Garuda; Yama, le dieu des Morts, sur un char conduit par un buffle; Shiva sur le taureau Nandi; Brahma sur l'oie Hamsa; Surya, le dieu du Soleil, sur son char tiré par sept chevaux; Varuna, le dieu des Eaux, sur un *naga* à cinq têtes.

★★★ **Bataille de Lanka (Ramayana)** – *Mur ouest, partie nord*. Mi-homme, mi-démon, le guerrier Rakshasa affronte l'armée des singes qui combat sous la conduite d'Hanuman, son général, pour le compte du demi-dieu Rama. La bataille mythique de Lanka a pour but d'arracher Sita, l'épouse de Rama, aux griffes de Ravana, le roi de Lanka, qui la retient prisonnière; elle fait l'objet du grand récit épique du *Ramayana* (*Reamker* dans l'empire khmer; *voir p. 96*). La confusion qui se dégage d'une vue d'ensemble rend compte de celle des combats; approchez-vous du panneau pour savourer la minutie des détails, réalistes et souvent pleins de piquant : un singe mord son adversaire, un combattant en empoigne un autre par les cheveux, un homme pleure son compagnon blessé…

Ayant effectué le tour complet de la galerie extérieure, traversez la cour, où quatre bassins désormais à sec soulignent la symétrie du lieu, pour emprunter les escaliers montant au 2e niveau.

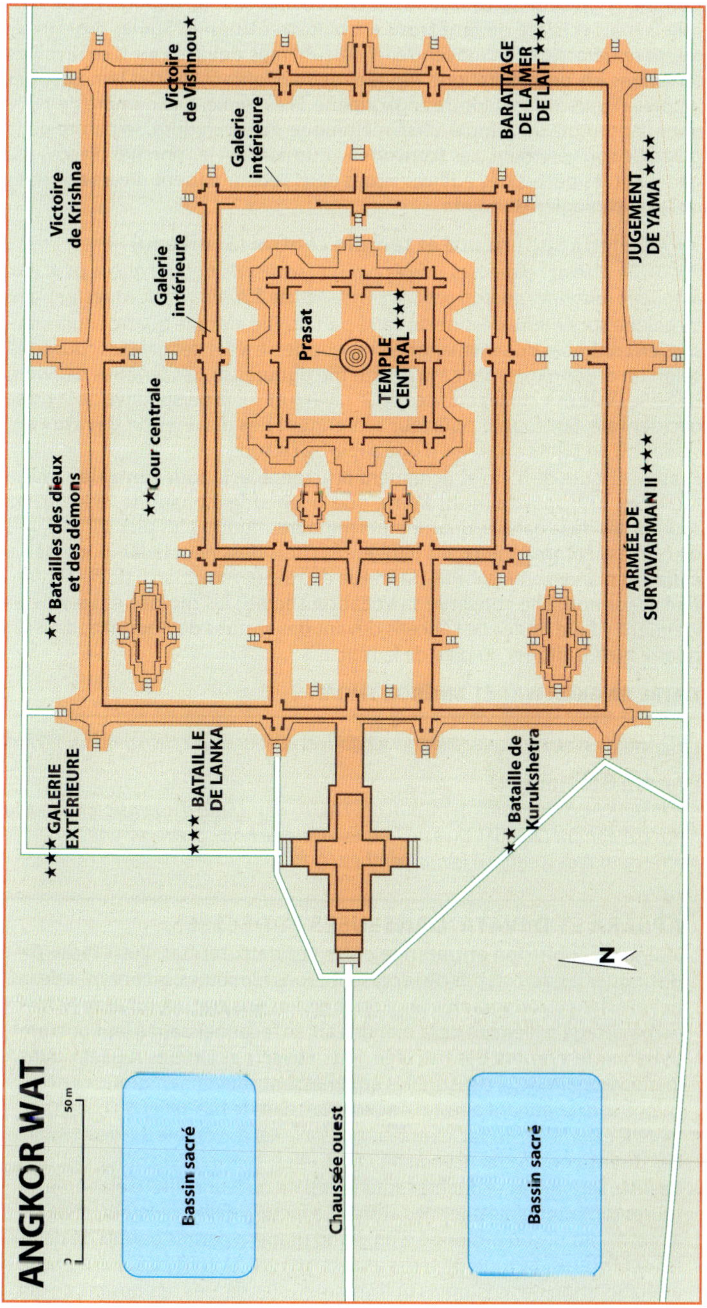
ANGKOR WAT
50 m
Bassin sacré
Chaussée ouest
Bassin sacré
★★★ GALERIE EXTÉRIEURE
★★★ BATAILLE DE LANKA
★★ Bataille de Kurukshetra
★★ Batailles des dieux et des démons
★★ Cour centrale
Victoire de Krishna
Galerie intérieure
Prasat
TEMPLE CENTRAL ★★★
Galerie intérieure
Victoire de Vishnou ★
BARATTAGE DE LA MER DE LAIT ★★★
JUGEMENT DE YAMA ★★★
ARMÉE DE SURYAVARMAN II ★★★

★★ Galerie intérieure et cour centrale (2e niveau)

Comme le précédent, ce niveau est ceint d'une galerie, dépourvue de bas-reliefs mais éclairée de **fenêtres★★** à balustres tournés. Sur les murs extérieurs se détachent en moyen-relief de sublimes **devata★★★**. Ces divinités féminines à la pose hiératique, figurées debout, offrent l'un des témoignages les plus exquis de la sculpture angkorienne. Elles seraient au nombre de 1 800 dans l'ensemble du temple, chacune unique par sa coiffure, sa parure ou le plissé de son vêtement. Les **frontons★★** surmontant les porches d'accès à la galerie et les portes des édifices situés dans la cour narrent divers épisodes de la mythologie vishnouïte.

★★★ Galerie supérieure et temple central (3e niveau)

7h40-17h sf fêtes religieuses - accès par un escalier de bois (la queue peut être longue en raison des quotas) - en haut, visite limitée à 30mn - tenue correcte exigée.

La galerie supérieure dessine un carré parfait. Elle entoure quatre cours creusées en contrebas du sanctuaire central, que desservent des galeries couvertes, selon un ordonnancement à la géométrie rigoureuse. Ses fenêtres délivrent de belles **vues★★** sur les édifices du 2e niveau et sur la perspective de l'entrée occidentale. Sur tout le pourtour se tiennent des dizaines de **devata★★★**, seules ou en petits groupes, d'une superbe facture.

Prasat – Haute de 65 m et richement ornementée, la **tour centrale** symbolise le pic principal du **mont Meru**, que la légende dit haut de 750 000 km. Aux angles de la galerie, quatre tours mineures figurent les pics secondaires de ce massif montagneux ; les différentes cours dessinent le Jambudvipa. La **cella**, au plan en croix, abritait la statue du roi Suryavarman II déifié et identifié à Vishnou. Elle conserve sa vocation sacrée ; les moines et les fidèles viennent y faire brûler de l'encens devant des statues de Bouddha, dans les quatre niches situées au pied de la tour.

ENTRE ANGKOR WAT ET ANGKOR THOM B2

D'Angkor Wat, continuez à longer les douves et poursuivez plein nord sur 1,5 km.

Phnom Bakheng

Sur la gauche de la route - dernier accès 17h30 - env. 15mn d'ascension, à pied ou à dos d'éléphant (20 US$), puis par des escaliers de bois - prévoyez une lampe de poche pour redescendre à la nuit tombée.

APSARA ET DEVATA, DANSEUSES ET DÉESSES

Malgré la confusion entretenue entre ces deux termes, il est facile de distinguer les deux types de représentations féminines, archétypes de la beauté dans l'iconographie angkorienne. Les **apsara**, nymphes nées lors du barattage millénaire de la mer de Lait, se reconnaissent à leur posture dynamique, comme désarticulée, bras ouverts et jambes repliées dans le mouvement de la danse. Elles apparaissent souvent en groupes nombreux, sous le *gopura* ouest d'Angkor Wat, dans le bas-relief du barattage *(galerie extérieure)* ou sur les linteaux de l'aile est du temple de Preah Khan. Les **devata** ou *tevada* (*tevoda* au Laos), elles, sont représentées debout, de face, sereines et souriantes sous leur tiare ou leur coiffure élaborée, et toutes différentes les unes des autres. La facture de leur *sampot*, plein ou à motifs, simple ou prolongé d'un grand drapé, a parfois permis de dater les sculptures. L'étude de leurs atours, parure et coiffe a servi de base à l'élaboration des costumes utilisés pour… les danses des *apsara*, ce qui n'a fait qu'entretenir l'ambiguïté.

La porte sud d'Angkor Thom, dont l'accès est bordé de *deva* et d'*asura*.
P. Tisserand/Michelin

Au sommet d'une colline *(phnom)*, ce temple-montagne dédié à Shiva fut la première construction monumentale sur le site, quand **Yasovarman Ier** abandonna Hariharalaya *(groupe de Roluos, voir p. 208)* pour établir la capitale de son royaume à Angkor (fin 9e s.-début 10e s.). Il en fit son temple d'État. En cours de restauration, celui-ci ne se visite pas mais attire une foule considérable pour le **coucher du soleil**. 2

★ Baksei Chamkrong

200 m plus loin, sur la route principale, à gauche.

Peu visitée, cette élégante tour de brique isolée rosit à mesure que le soleil monte dans le ciel. Elle séduit par l'harmonie de ses proportions. Dédié à Shiva, le sanctuaire s'élève au sommet d'une pyramide étagée en quatre terrasses, la dernière servant de plate-forme pour le surhausser. Indra juché sur l'éléphant Airavata occupe le centre du **linteau★★** principal ; un *naga*, terminé à ses extrémités par des figures d'éléphants, se déploie à l'horizontale au-dessus de rinceaux végétaux. Imitant le travail du bois par sa finesse et sa sophistication, l'œuvre rappelle les linteaux de Preah Ko *(groupe de Roluos)*. Les **inscriptions** gravées sur les jambages de la porte racontent le mariage de Kambu et de la nymphe Merä *(voir encadré p. 103)* ; elles ont livré la date précise de l'édifice, consacré en l'an 948.

Au nord de Baksei Chamkrong se dressent les trois tours de brique alignées du **Prasat Bei**, une petite structure en ruine, au calme au bord des douves d'Angkor Thom, où stationnent quelques barques aux proues en tête d'oiseau sacré.

★★★ ANGKOR THOM B1 (plan détaillé du site p. suivante)

2 km au nord d'Angkor Wat – Comptez 1/2 journée.

C'est l'autre joyau du parc archéologique, la réalisation magistrale du **roi bâtisseur** de l'empire khmer par excellence, **Jayavarman VII** (1181-1218). Après avoir évincé les envahisseurs chams qui avaient mis à sac la cité, le roi se lança dans une entreprise colossale de grands travaux, couvrant le territoire

de chantiers gigantesques, temples, hôpitaux, pavillons de repos, etc. Angkor Thom, la « Grande Capitale », construite à la fin du 12e s., marque le point d'orgue de sa brillante carrière.
Un mur d'enceinte continu et de larges douves délimitent la nouvelle cité, dessinant un **quadrilatère d'env. 3,2 km** de côté (13 km de pourtour). Il englobe des structures préexistantes (Baphuon, Phimeanakas), auxquelles Jayavarman VII ajoute de nouveaux édifices, dont l'étonnant sanctuaire du Bayon, destiné à devenir son temple d'État.
Selon le même schéma concentrique qu'à Angkor Wat, Angkor Thom reproduit l'univers à l'échelle terrestre, des douves (Océan cosmique) au *prasat* central (mont Meru). Si la représentation du monde ne change pas, l'abandon (temporaire) de l'hindouisme et la conversion de l'empire au **bouddhisme du Grand Véhicule** *(voir encadré p. 372)* constituent l'autre nouveauté fondamentale du règne de Jayavarman VII.

Enceinte

Venant d'Angkor Wat, vous arrivez par la porte sud.
Cinq **gopura★★★**, portes monumentales d'env. 20 m de hauteur, percent l'enceinte d'Angkor Thom : quatre regardent les points cardinaux ; le dernier, la **porte de la Victoire**, s'ouvre dans le mur oriental, dans l'axe exact du palais royal. Image emblématique du site, chacun de ces *gopura* est surmonté de quatre **visages géants** formés de blocs de grès assemblés. Portraits de Jayavarman VII, représentations d'Avalokiteshvara (bodhisattva de la Compassion et figure majeure du bouddhisme mahayana), ou synthèse des deux, ces visages vont devenir la signature du roi bâtisseur et se retrouvent sur plusieurs temples du parc archéologique. Des groupes d'**éléphants** dont les trompes cueillent des brassées de lotus, autre symbole fort du bouddhisme, soutiennent les *gopura*.
Les **chaussées d'accès** menant à chacune des portes sont bordées de statues colossales de *deva* et d'*asura* qui tirent le corps du *nagaraja*, chacun de leur côté de l'allée ; la tour centrale du Bayon sert de pivot symbolique à ce **barattage de la mer de Lait★★★** *(voir p. 184)* en trois dimensions. La porte sud est la plus intéressante : la plupart des dieux et des démons y ont conservé leur tête *(répliques pour celles qui ont disparu)*. Autre innovation dans l'art angkorien, ces barattages sont l'une des marques les plus aisément reconnaissables du style de Jayavarman VII, ou **style du Bayon**. Aux portes nord et surtout ouest, les balustrades sont endommagées, mais les lieux sont moins touristiques.

★★★ Bayon

Marquant le centre d'Angkor Thom, c'est le premier grand complexe rencontré après avoir franchi la porte sud (1,5 km).
À la croisée des chemins venant des quatre *gopura* cardinaux, la tour centrale du **temple-montagne** s'entourait de 54 tours de moindre élévation (37 sont encore debout), ornées de têtes de pierre géantes aux traits empreints de sérénité, sur lesquels flotte un sourire mystérieux : l'ensemble témoigne d'une profonde originalité. Maintes fois remanié, le temple du Bayon laisse toutefois une impression générale de confusion dans son foisonnement et se prête mal à une vue générale. La lumière dure des tropiques rend les contrastes difficiles à distinguer sur sa pierre sombre : il faut s'en approcher et regarder chaque détail pour en apprécier la richesse structurelle et ornementale.
Dans l'axe de ceux du mur d'enceinte, quatre *gopura* donnent accès au temple. Des **apsara★★** gravées en faible relief ornent les piliers de leurs avant-corps hypostyles, désormais privés de leur toiture. De captivants bas-reliefs courent sur les murs des deux galeries concentriques.

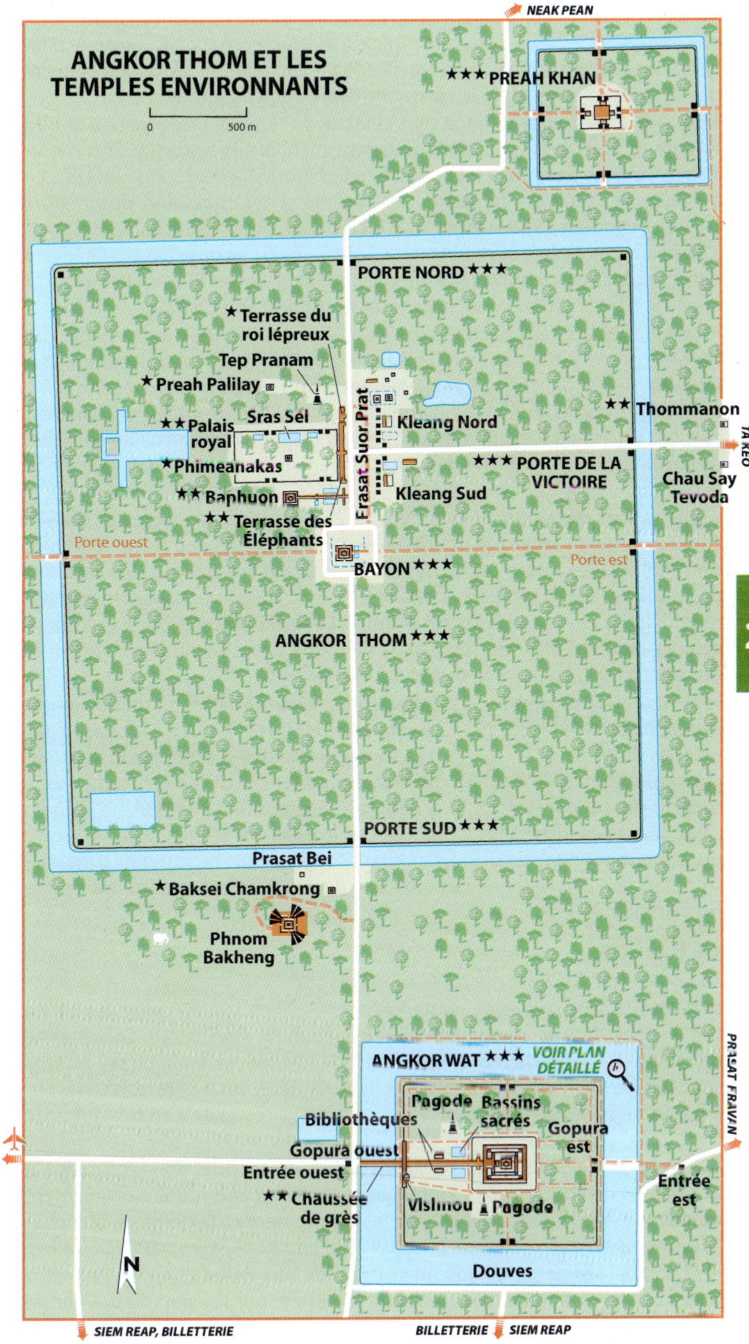
ANGKOR THOM ET LES TEMPLES ENVIRONNANTS
0
500 m
NEAK PEAN
★★★ PREAH KHAN
PORTE NORD ★★★
★ Terrasse du roi lépreux
Tep Pranam
★ Preah Palilay
★★ Palais royal
Sras Sei
★ Phimeanakas
★★ Baphuon
★★ Terrasse des Éléphants
Prasat Suor Prat
Kleang Nord
Kleang Sud
★★★ PORTE DE LA VICTOIRE
★★ Thommanon
Chau Say Tevoda
TA KEO
Porte ouest
Porte est
BAYON ★★★
ANGKOR THOM ★★★
PORTE SUD ★★★
Prasat Bei
★ Baksei Chamkrong
Phnom Bakheng
ANGKOR WAT ★★★
VOIR PLAN DÉTAILLÉ
Pagode
Bassins sacrés
Bibliothèques
Gopura ouest
Gopura est
Entrée ouest
★★ Chaussée de grès
Vishnou
Pagode
Entrée est
Douves
PRASAT KRAVAN
N
SIEM REAP, BILLETTERIE
BILLETTERIE
SIEM REAP

★★★ **Bas-reliefs de la galerie extérieure** – *Les murs sud et est, exceptionnels, bénéficient du meilleur éclairage vers 11h ou midi. Inachevés (mort du commanditaire durant les travaux ?) ou endommagés, les murs nord et ouest sont plus difficiles à lire.* Les illustrations de cette galerie mêlent relation historique (registre du milieu) et moments de la vie quotidienne (registre inférieur).

Mur sud. C'est le bas-relief le plus célèbre du temple. Une féroce **bataille navale** oppose l'armée khmère de Jayavarman VII aux soldats chams : abordages, vaincus jetés aux crocodiles, le relief fourmille de détails narratifs. En dessous, des tailleurs de pierre, des cuisiniers, des chasseurs, des joueurs d'échecs vaquent à leurs tâches sous les arbres, dans les branchages desquels s'ébattent des singes et des oiseaux. Tout ce **petit peuple** de pierre éclaira considérablement le travail des chercheurs sur la vie des Khmers d'antan. Sur la partie gauche du mur, longue procession à dos d'éléphant.

Mur est. Des scènes anecdotiques – un éléphant mange des feuillages, un homme porte son enfant sur les épaules, des paysans conduisent un char à bœufs... – rendent très vivant le panneau, qui montre une procession guerrière de fantassins, de cavaliers et de généraux montés sur leurs éléphants; certains personnages aux cheveux tirés en chignon ont une allure chinoise. La partie droite du mur *(en rénovation)* fait entrer le spectateur dans le vif de la bataille.

★ **Bas-reliefs de la galerie intérieure** – Plus tardifs, ils auraient été réalisés sous le règne de Jayavarman VIII (1243-1295), qui fit revenir l'empire à l'hindouisme. Ils présentent plutôt des divinités et des scènes religieuses ou des épisodes de la mythologie. Les reliefs les mieux conservés ornent le **mur est** (parade militaire, légende du roi lépreux). Le **mur nord** est consacré à Shiva, celui de l'**ouest** à Vishnou, représenté dans une scène de barattage de la mer de Lait. Ces deux dieux coexistent sur le **mur sud**.

★★★ **Niveau supérieur** – *Accès par des marches de bois - très touristique : venez avant 8h ou entre 12h30 et 14h.* Les **tours à visages** jaillissent à la croisée des galeries du niveau d'en dessous et sur le porche des *gopura*, scandant la circumambulation. À la hauteur de leurs doux sourires, une plate-forme fait le tour du **prasat central**. Celui-ci adoptait sans doute, à l'origine, un plan en croix; les ajouts successifs de chapelles radiales en ont arrondi le profil jusqu'à le rendre quasiment circulaire. Sur les murs du sanctuaire, toujours consacré, se détachent des reliefs de **devata**★, d'une facture cependant moins fine qu'à Angkor Wat.

★★ Baphuon

Au nord-ouest du Bayon.

Une longue allée surélevée, soutenue par des piliers cylindriques, dessert ce temple massif de grès noir, nouvelle stylisation du mont Meru. Construit au milieu du 11e s. par **Udayadityavarman II** (1050-1066), le Baphuon se présente comme une pyramide à degrés de 35 m de hauteur, formée de trois terrasses. Il fut édifié comme temple shivaïte avant d'être reconverti au bouddhisme theravada.

Au milieu de la façade sud, des escaliers de bois assez raides donnent accès à la **2e terrasse** qu'entoure un déambulatoire couvert d'une voûte, partiellement reconstitué. Vous verrez sur les pierres des numéros à la peinture blanche : ils ont servi à réassembler le « puzzle » du monument *(voir encadré ci-contre)*. Aux points cardinaux, les *gopura* s'ornent de **bas-reliefs**★★★ narratifs aux lignes claires et simples, d'un réalisme saisissant, qui se lisent du bas vers le haut et retracent l'épopée du *Reamker*. À ne pas manquer, parmi ceux de la 2e terrasse : sur le **porche sud**, des scènes du quotidien, des ermites (dont l'un,

BAPHUON, UN PUZZLE GÉANT
Le temple a toujours menacé de s'effondrer, en dépit de multiples tentatives de consolidation depuis le début du 20e s. Il a finalement fait l'objet d'une reconstruction intégrale par **anastylose**. Démonté pierre à pierre au début des années 1970, il devait être remonté à l'identique quand l'arrivée des Khmers rouges mit un terme au travail des archéologues. Las, dans les années sombres, les plans numérotant et cataloguant les 300 000 pièces déposées au sol furent détruits… Reprise dans les années 1990 sous la direction de l'EFEO, après un renforcement des assises, la reconstitution du Baphuon ne s'acheva qu'en 2011. Il reste bon nombre de blocs de grès soigneusement alignés sous les arbres, tout autour du temple : ils donnent une idée de ce qu'a pu être ce travail aussi minutieux que colossal.

poursuivi par un tigre, se réfugie dans un arbre), et l'enfance de Krishna, ainsi qu'un combat entre les singes et les démons *(Reamker)* ; sur le **porche est**, la bataille de Kurukshetra et l'affrontement d'Arjuna et de Shiva (extraits du *Mahabharata*) ainsi que Sita délivrée *(Reamker)* ; sur le **porche nord**, la bataille de Lanka ; sur le **porche ouest**, des musiciens et des scènes de combat, ainsi que de magnifiques chevaux.

Une nouvelle volée de marches grimpe à la **3e terrasse**, puis au templion qui la surmonte, dont seul le soubassement de latérite aux parements de grès à motifs végétaux a été reconstitué. De là, belle **vue★** sur la chaussée d'accès. *Redescendez par la façade nord et, sur la 1re terrasse, tournez à gauche.* Au 16e s., l'édifice a connu un important remaniement visant à transformer le mur ouest de la 2e terrasse en un immense **bouddha couché★★** de plus de 60 m de long. Inachevée, l'œuvre laisse apparaître son squelette, un impressionnant assemblage de blocs de grès dont la silhouette épouse la structure du temple.

2

★★ Palais royal

Immédiatement au nord du Baphuon.

Le complexe dit du palais royal comprend plusieurs édifices datant du règne de Jayavarman V (968-1000). Jayavarman VII les a réaménagés pour les intégrer dans sa nouvelle cité. Le palais proprement dit, construit en matériaux périssables, a disparu.

★★ **Terrasse des Éléphants** – C'est un ajout de Jayavarman VII. Elle marque la limite orientale de la plate-forme sur laquelle se tenait le palais. Sur 300 m de longueur, tout au long de la terrasse, défilent des cortèges de pachydermes de 2,50 m de haut, sculptés en bas-relief ; au centre, des **garuda** en posture d'atlantes soutiennent l'escalier principal. La façade se termine au nord avec un groupe sculpté de chevaux. **Six éléphants**, précédés de couples de lions puis de *naga* polycéphales, gardent l'escalier central, leurs trompes cueillant des brassées de fleurs de lotus ; ils font face à leurs homologues de la porte de la Victoire, à 1,5 km de là. D'autres têtes d'éléphants, toujours groupées par trois, encadrent les quatre autres escaliers qui desservent la terrasse.

★ **Phimeanakas** – *Sur la terrasse des Éléphants.* Construit vers l'an 1000, c'est l'édifice le plus ancien d'Angkor Thom. Ce temple pyramide à trois niveaux, mêlant latérite et grès, est gardé par un mur d'enceinte. Quoique d'une taille imposante, il est dépourvu d'ornements sculptés, en dehors des éléphants (très endommagés) aux angles des terrasses et des lions sur les escaliers. Belle **vue★** depuis le sommet *(accès par des escaliers de bois côté ouest)*. Au nord de l'édifice s'ouvre un grand bassin rectangulaire, le **Sras Srey**.

Prasat Suor Prat – *En face de la terrasse des Éléphants.* On ignore la fonction exacte et même la date de construction de ces 12 tours de brique. Très peu visités, le **Kleang Nord** et le **Kleang Sud**, sont contemporains du Phimeanakas (fin 10e-début 11e s., règne de Jayavarman V) ; ces deux édifices de grès situés derrière les deux groupes de tours auraient servi d'entrepôts *(kleang)* ou, plus vraisemblablement, de salle de réception ou de structure d'accueil pour des visiteurs de haut rang.

★ Terrasse du Roi lépreux

Immédiatement au nord de la terrasse des Éléphants.

Superbes *naga* à neuf têtes, rois et concubines, démons et créatures de la mythologie hindoue : une pléiade de personnages, superposés sur six rangs, ornent le devant de la terrasse. Un étroit passage se faufile par-derrière, révélant un autre **mur★★** au décor similaire, mis au jour par des fouilles archéologiques dans les années 1990.

La statue du Roi lépreux *(original au Musée national de Phnom Penh)* est assise « à la javanaise » sur la terrasse : genou droit levé et jambe gauche repliée. On ne parvient pas à la rattacher à un personnage historique atteint de lèpre ; peut-être se réfère-t-elle à un prince venu de l'Inde, mythique fondateur d'Angkor ; peut-être doit-elle simplement son nom à l'état dans lequel elle a été retrouvée, rongée par les lichens. Certains chercheurs l'ont identifiée comme une représentation de **Yama**, juge des morts, et en ont déduit que la terrasse servait aux crémations.

★ Preah Palilay

Immédiatement au nord de la terrasse du Roi lépreux, tournez à gauche.

Une pagode moderne s'est construite sur la plate-forme d'un édifice angkorien arasé, le **Tep Pranam**. Elle abrite un monumental bouddha prenant la terre à témoin, édifié au 16e s. à l'aide de blocs de grès « empruntés » aux temples voisins ; la tête a été refaite ultérieurement. Sous le couvert des arbres, des estrades couvertes accueillent parfois des orchestres traditionnels de *pin peat* *(voir p. 94)*. Une centaine de mètres plus loin, le **Preah Palilay** montre des frontons dont l'iconographie, essentiellement bouddhique, conserve encore des traces d'hindouisme (Indra sur l'éléphant Airavata).

▶ *Sortez par la porte de la Victoire pour enchaîner sur le Petit Circuit.*

★★★ PETIT CIRCUIT BC1

▶ *Boucle de 23 km depuis l'entrée principale. Au départ du Bayon, circuit* 1 *tracé en vert sur le plan du site (p. 198-199) – Comptez 1/2 journée à vélo, à scooter ou en* tuk-tuk *(voir « Transports », p. 153).*

★★ Thommanon C1

À l'extérieur d'Angkor Thom, peu après la porte de la Victoire.

En quittant Angkor Thom à l'est, la route passe entre le **Thommanon** *(à gauche)* et le **Chau Say Tevoda** *(à droite)*, deux édifices de culte brahmanique très similaires par leur structure. Tous deux datent du règne de Suryavarman II (début 12e s.), le fondateur d'Angkor Wat, temple dont ils annoncent quelques caractéristiques : profil des tours de grès et de la bibliothèque latérale, *devata* entourant le pied du *prang* central, remarquables **frontons★★** historiés. Le premier construit et le mieux conservé, le Thommanon bénéficie d'un bon éclairage en milieu d'après-midi. Flanqué d'un *mandapa* (antichambre), son sanctuaire dessine un plan en croix allongé, d'un seul tenant avec le *gopura* de l'est, tandis qu'un passage l'isole du *gopura* ouest. Au sud de l'ensemble se dresse une bibliothèque.

Tours à visages du Bayon, à Angkor Thom.
P. Tissérand/Michelin

★ Ta Keo C1

Sur la gauche après le pont de bois.

La construction du **temple d'État de Jayavarman V** (968-1000), initiée à la fin du 10e s., fut poursuivie par ses successeurs Udayadityavarman Ier et Suryavarman Ier. Laissé inachevé, dépourvu d'ornementation (hormis sur le *gopura* est), ce temple de 22 m de hauteur et 120 m de côté à la base, fait de blocs de latérite et de grès en gros appareil, revêt un **charme brut**. Une galerie déambulatoire percée de fenêtres incomplètes fait le tour de la 2e terrasse. Surélevée sur sa propre plate-forme, au sommet de la pyramide, la tour centrale couronne un sanctuaire au plan cruciforme, jadis dédié à **Shiva**. Parfait exemple du **temple-montagne** figurant les cinq pics du mont Meru, elle marque le centre d'un quinconce, quatre autres tours se dressant aux angles de la terrasse. Le temple est en cours de restauration sous la direction d'une équipe d'archéologues chinois.

★★★ Ta Prohm C1

À visiter très tôt (nombreux groupes dès 8h) ou en toute fin d'apr.-midi pour plus de calme. Meilleure lumière en fin de matinée, peu de monde entre 12h30 et 13h30.

Jayavarman VII, le bâtisseur d'Angkor Thom, fonda en l'honneur de sa mère ce grand et beau **monastère bouddhique** (milieu 12e s.-début 13e s.) qui abritait en son temps un centre d'enseignement renommé. Une tour à visages caractéristique du **style du Bayon** surmonte le porche d'entrée *(gopura)* ouest; les trois autres *gopura* n'ont pas résisté au passage des siècles et des saisons. À l'est et à l'ouest, deux larges allées franchissent la 2e enceinte, les anciennes douves puis une 3e enceinte pour arriver au cœur du temple. Quoique largement éboulés, ses édifices ont conservé quelques figures de **devata**★★ et de superbes **linteaux**★★ de grès dont le programme iconographique mêle les sujets bouddhiques et brahmaniques.

Ta Prohm dégage une atmosphère éminemment romantique. Le site a bénéficié d'une restauration très particulière, visant à consolider discrètement les

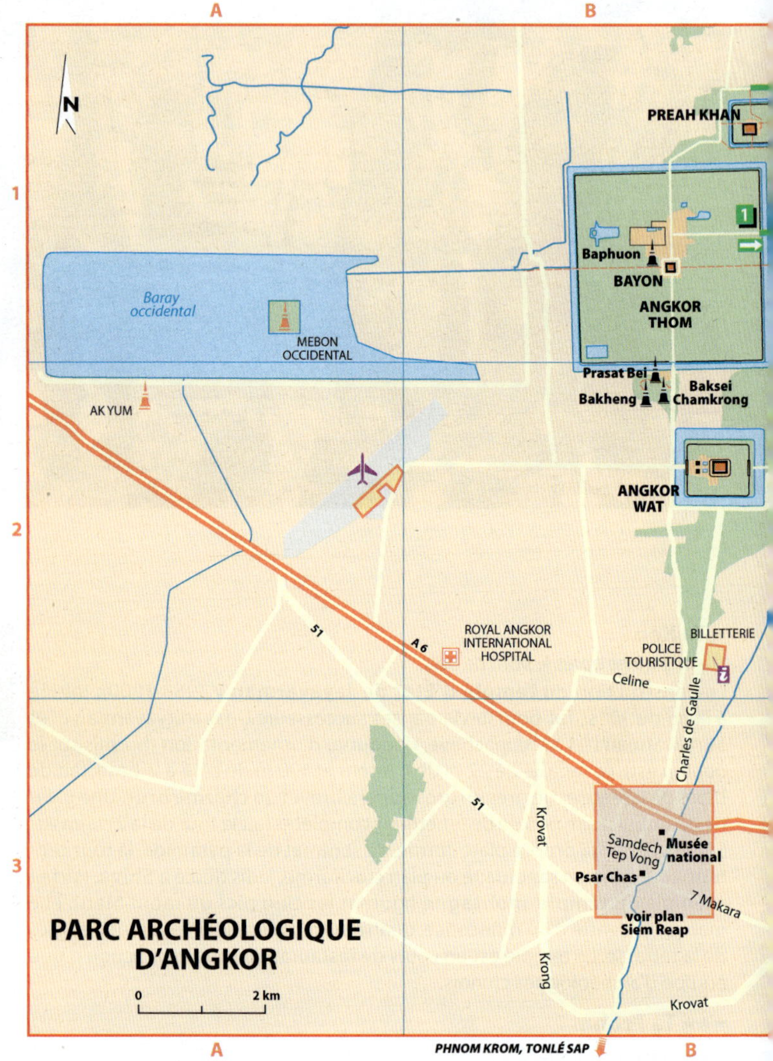

édifices sans altérer l'impression laissée lors de leur découverte : celle d'un **temple repris par la jungle**. Les marbrures vert-de-gris des lichens et les aplats plus soutenus des mousses moirent de jeux de couleurs les façades de grès gris sombre. Çà et là, des pans de murs sculptés de *devata* émergent d'un éboulis ; majestueux, les tecks et les ébéniers centenaires ombragent le site ; des kapokiers (fromagers) chevauchent les murs de latérite, les racines aériennes des figuiers étrangleurs (un ficus épiphyte) disjoignent les blocs de grès des sanctuaires ou s'immiscent dans les galeries voûtées… Les plans affichés sur le site indiquent les arbres les plus photogéniques ; on fait la queue pour s'y faire prendre en photo.

L'Archeological Survey of India a entamé la restauration de la 3e enceinte, une **galerie péristyle★** couverte jalonnée de mandorles vides (elles contenaient

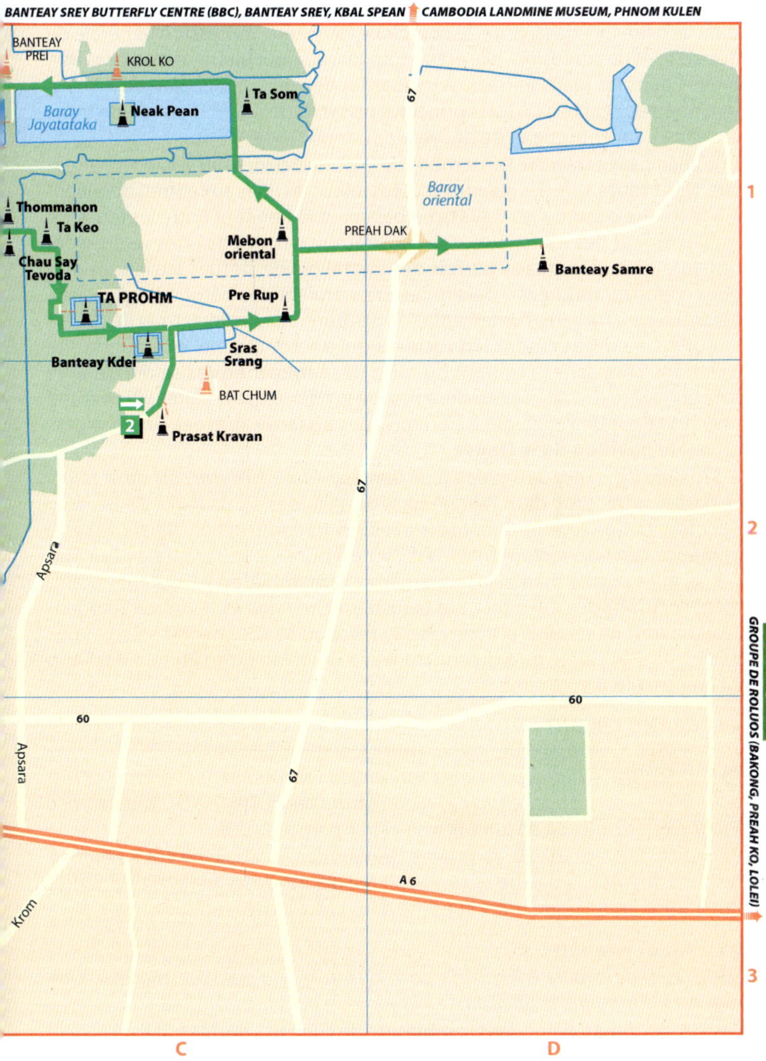

sans doute des statues de Bouddha victimes de l'iconoclasme). La partie nord-est du sanctuaire est elle aussi en cours de réfection, au détriment, déploreront certains, du charme sylvestre du site.

★★ Banteay Kdei C1

2 km au sud-est de Ta Prohm - la restauration en cours n'empêche pas la visite.

Ce grand complexe monastique bouddhique fait partie des « temples à plat ». Il rappelle par sa structure celui de Ta Prohm, mais en moins touristique. Actif sous le règne de Jayavarman VII (fin 12e s.-début 13e s.), son constructeur, il reprend le **style du Bayon** et son architecture caractéristique de grès aux blocs massifs, à l'appareillage grossier. Quatre tours à visages sur les *gopura*, ici soutenues par des *garuda* en atlantes, ponctuent l'enceinte extérieure en ses points cardinaux.

Difficile à lire lors de la visite, le complexe laisse une impression générale de disparate et de confusion ; elle est surtout due à l'ajout ultérieur d'édifices non prévus dans les plans initiaux. À y regarder de plus près, le plan du monastère obéit en réalité à de forts principes de symétrie, à l'intérieur d'une triple enceinte concentrique et de douves.

Une allée pavée traverse l'ensemble, de la porte occidentale à la porte orientale. **Neuf tours**, que des galeries voûtées relient les unes aux autres, dominent le sanctuaire central. Des **devata** en bas-relief se tiennent entre les fenêtres, sur l'extérieur des murs. Aux croisées stratégiques des galeries se dressent des autels bouddhiques – parfois des fragments de statues anciennes drapées d'étoffes orangées – devant lesquels brûlent des bâtonnets d'encens. Bouddhique à l'origine, l'ornementation des frontons, des linteaux et des piliers a souffert du **mouvement iconoclaste** qui a accompagné le retour du site à l'hindouisme dans le courant du 13e s. Des **bibliothèques** se dressent de part et d'autre de l'allée centrale, à l'est de la *cella*. Entre le sanctuaire central et la porte est de l'enceinte extérieure, des **apsara★** gravées sur les piliers ornent le **pavillon de la Danse**.

★ **Sras Srang** – *Face à l'entrée est de Banteay Kdei, de l'autre côté de la route.* Le bassin sacré, situé dans l'alignement du saint des saints *(cella)* de Banteay Kdei, fonctionne comme un tout avec celui-ci. La construction initiale de cette immense retenue rectangulaire est contemporaine du temple de Pre Rup (10e s.) mais Jayavarman VII a fait remanier l'ensemble, en y ajoutant notamment l'**esplanade** côté ouest. Ses balustrades en *naga* et ses lions regardant l'eau en font un endroit pittoresque au lever ou au coucher du soleil – vous y serez plus au calme qu'à qu'Angkor Wat à l'aube ou qu'au Phnom Bakheng au crépuscule.

★★★ GRAND CIRCUIT CD1-2

Boucle d'env. 40 km depuis l'entrée principale. Contournez Angkor Wat par l'est pour suivre le circuit tracé en vert 2 *sur le plan du site (p. 198-199) – Comptez mini 1 journée, à scooter ou en* tuk-tuk *(voir « Transports », p. 153).*

Ponctuée de pièces d'eau, de rizières, de mares où se rafraîchissent les buffles, de pans de forêt, la balade se révèle pleine d'agréments, malgré une surfréquentation touristique préoccupante dans certains des temples.

★★ Prasat Kravan C2

Sur la droite de la route, à 3 km de la porte orientale d'Angkor Wat - meilleur éclairage vers 12h, quand le soleil passe à la verticale des tours.

Les inscriptions gravées dans l'embrasure de l'une des portes ont livré la date de cet alignement de cinq tours de brique dédiées à Vishnou : il a été consacré en l'an 921 (règne de Harshavarman Ier, 910-923). Seule la tour centrale, dont deux *dvarapala* gardent la porte est, a conservé ses faux étages supérieurs. L'intérieur renferme, autour d'un *yoni*, trois superbes **bas-reliefs★★★** de grande taille travaillés dans la brique ; ce sont les seuls de ce genre sur l'ensemble du site archéologique. Un Vishnou à quatre bras « parcourant l'Océan » se détache sur le mur de gauche, disque et lotus dans les mains droites, conque et masse dans les mains gauches ; sur le mur d'en face, le dieu, juché sur l'aigle Garuda, porte les mêmes attributs. Entre les deux, sur le mur du fond, Vishnou en pied, pourvu de huit bras, est entouré de 89 adorateurs debout, mains jointes. La dernière tour de droite contient quant à elle des **reliefs★★★** figurant Lakshmi, parèdre et *shakti* (énergie féminine) de Vishnou.

L'ensemble du site a fait l'objet d'une importante restauration : vous reconnaîtrez les briques nouvelles à leur signe « CA » (Conservation Angkor).

★★ Pre Rup C1

3,5 km à l'est de Prasat Kravan. Dépassez Sras Srang et, à la bifurcation, prenez à droite. À voir en milieu de matinée ou en fin d'après-midi.

Le sanctuaire, juché sur trois terrasses de latérite dont la dernière s'enjolive de parements de grès, offre un point de vue apprécié pour le **coucher du soleil** sur la forêt et les rizières alentour. Cinq tours en quinconce au sommet de la haute plate-forme composent ce **temple-montagne** consacré à Shiva, temple d'État de **Rajendravarman II** (944-968). Postérieur d'une dizaine d'années au Mebon oriental voisin, dont vous apercevez la tour centrale au nord parmi les arbres, c'est le 2e grand temple à avoir été construit sur le site après que la capitale de l'empire a quitté Koh Ker *(voir p. 211)* pour revenir à Angkor. Ouvrant à l'est, les tours sont toutes dotées de trois **fausses portes★** ouvragées surmontées de **linteaux★★** en bon état de conservation. Les tours d'angle sont dédiées respectivement à Shiva (nord-est), à sa parèdre et *shakti* Uma (nord-ouest), à Vishnou (sud-est) et à son épouse Lakshmi (sud-ouest) ; le prasat central abrite quant à lui le lingam, forme immatérielle de Shiva. Des **dvarapala★** en bas-relief gardent les portes, vraies et fausses, des sanctuaires du centre et de l'est, tandis que celles des tours occidentales – les tours dédiées aux parèdres – sont flanquées de **devata**.

Cinq des six tours-sanctuaires de brique alignées entre le mur d'enceinte oriental et la 1re terrasse sont encore debout, parées de leurs faux étages. Elles conservent (porte est) de très beaux **linteaux à motifs floraux** organisés autour d'un médaillon central montrant un personnage ou une divinité (souvent détruit ou volé).

★★ Banteay Samre D1

À la bifurcation, quittez le Grand Circuit et prenez à droite. La route traverse ce qui fut le baray *oriental, depuis longtemps asséché. Dépassez le village de Preah Dak et poursuivez sur env. 2 km ; le temple est fléché à droite.*

Moins visité que les autres temples car légèrement excentré, ce très beau **sanctuaire vishnouïte** fut construit au milieu du 12e s., durant le règne de Suryavarman II (1113-1150) ; il adopte le **style d'Angkor Wat**, dont ce roi est l'auteur. Le temple était jadis relié au grand *baray* oriental par une chaussée de 350 m. Celle-ci se prolongeait de l'autre côté, vers l'est ; là, gardée par des lions, elle a conservé une plate-forme aux **balustrades en naga** au-dessus des douves. Parmi les autres éléments dénotant une familiarité de style avec Angkor Wat, outre l'harmonie des proportions, prêtez attention à l'allure générale du **prasat central** et des édifices de grès, à leurs fenêtres à balustres, aux deux « bibliothèques » de part et d'autre de l'allée d'accès, ainsi qu'à la galerie qui entoure le sanctuaire, percée de *gopura* cardinaux. Différence fondamentale cependant, Banteay Samre ouvre à l'est, selon le schéma traditionnel des temples khmers. Le complexe se distingue aussi par les hauts murs qui le fortifient (*banteay* signifie citadelle), une **double enceinte** qui ménage un étroit passage entre ses parois, aveugles vers l'extérieur, percées de fenêtres vers le sanctuaire.

L'espace entre l'enceinte de fortification et la galerie intérieure, aujourd'hui une pelouse, était sans doute à l'époque un **fossé rempli d'eau** : une jolie manière d'appuyer le symbolisme d'une résidence des dieux occupant le centre du continent Jambudvipa (le pavage circonscrit par la galerie), entouré par l'Océan cosmique.

Les **linteaux** et les **frontons** des *gopura* et des principaux édifices ont conservé de remarquables **bas-reliefs★★★** de grès relatant les épisodes majeurs de la vie de Vishnou et de deux de ses avatars : Krishna (*gopura* est), et Rama, évoqué par de nombreuses scènes du *Reamker.*

2

Dans les années 1930, le temple a été démonté et remonté pierre à pierre sous la direction de l'architecte et archéologue Maurice Glaize : cette reconstruction par **anastylose** *(voir encadré p. 195)* a demandé neuf ans d'effort. Près d'un siècle plus tard, le résultat reste remarquable.

Mebon oriental C1

Rebroussez chemin pour reprendre le Grand Circuit sur votre droite.

Très similaire au temple de Pre Rup qu'il précède de peu (milieu du 10e s.), lui aussi construit par Rajendravarman II et dédié à Shiva, ce temple-montagne occupait un îlot au centre du grand *baray* oriental – d'où les vestiges de débarcadères au pied de chacun des *gopura*. Son édification marque la volonté de rendre à Angkor son rang de capitale et de souligner la continuité de la lignée royale, après l'épisode de Koh Ker *(voir encadré p. 212)*.

Moins élevé que Pre Rup, en mauvais état, le Mebon oriental a néanmoins conservé aux angles des terrasses d'intéressantes statues d'**éléphants★** *(restaurées)*, gardiens des directions intermédiaires, et quelques beaux **linteaux★** répétant et déclinant la même composition : une divinité, un personnage mythique ou un animal fantastique en médaillon central est entouré d'entrelacs floraux où s'ébattent danseurs ou créatures célestes.

★★ Ta Som C1

Poursuivez vers le nord la route du Grand Circuit. Meilleur éclairage en milieu de journée ; vous croiserez (un peu) moins de monde à l'heure du déjeuner.

Ce petit site plein de charme, sorte de modèle réduit de Ta Prohm, a fait l'objet d'une restauration *a minima*, limitée à la stabilisation des édifices. Sur l'enceinte extérieure, la 1re des trois enceintes concentriques, les **gopura★★** surmontés de tours à visages identifient au style du Bayon ce monastère construit à la fin du 12e s. par **Jayavarman VII**. Une succession de portiques conduit au *gopura* de la 3e enceinte, qui circonscrit le **sanctuaire★★★** central. Celui-ci s'organise autour d'une *cella* au plan en croix, que couronne le *prasat* (tour centrale). De la *cella* partent quatre galeries voûtées ; elles divisent l'espace en quatre cours intérieures dans lesquelles *(1re cour à droite, 2e cour à gauche)* des **frontons★★** reconstitués, posés à même le sol, montrent de saints personnages bouddhiques, mains jointes, debout ou agenouillés sur des fleurs de lotus épanouies, protégés par des ombrelles *(fronton du* gopura *nord)*. Ces éléments d'iconographie liés à la religion du **Grand Véhicule** côtoient des motifs plus consensuels, tels les *kala* et les arabesques végétales des linteaux de grès rose, ou ouvertement **brahmaniques**, comme le lingam dont subsiste le piédestal dans la *cella* et les *yoni* dans les quatre sanctuaires qui la regardent, et qui constituent les *gopura* de la 3e enceinte. Les piédroits des portes sont creusés de niches vides ; leurs statuettes ont été détruites au moment de la crise iconoclaste qui suivit un changement de dominance religieuse. La galerie qui entoure le sanctuaire est ornée de **dvarapala★★** autour des portes secondaires *(mur oriental en particulier)* et de **devata★★** au pied des tours des *gopura* ; chacune de ces divinités féminines revêt une posture, un costume et une coiffure bien à elle.

En sortant de la 3e enceinte par l'est, poursuivez jusqu'au **gopura★★** de l'enceinte extérieure. Enserré dans les racines aériennes d'un figuier étrangleur, il attire en nombre les amateurs de *selfies*.

★★ Neak Pean (Enroulement de serpents) C1

Accès par une passerelle de bois.

Laissant voir au loin la **forêt inondée**, une longue passerelle de bois relie à la terre ferme cet îlot artificiel et son sanctuaire, profondément original : sa tour

Le *gopura* oriental de Ta Som, enserré dans les racines d'un figuier étrangleur.
P. Tisserand/Michelin

pointe au milieu d'un bassin carré ; aux points cardinaux s'ouvrent quatre bassins plus petits. L'ensemble dessine une **fleur de lotus** schématisée au centre du **Jayatataka**, le *baray* de Preah Khan *(voir p. 205)*. Les anneaux concentriques qui forment la base de la tour figurent des serpents enroulés, dont les têtes sortent de l'eau. À l'est, le **cheval Balaha**, une représentation du bodhisattva Avalokiteshvara, surgit des eaux pour sauver des marins de la noyade (ou des démons) et les emmener vers le Jambudvipa, au centre de l'univers (la tour) : on voit les jambes de l'un d'eux, qui s'agrippe au cou de l'animal ; les autres apparaissent lorsque baisse le niveau des eaux.

Le bassin central, dont les eaux posséderaient des vertus miraculeuses, serait en outre une image du **lac Anavatapta**, dans l'Himalaya, d'où naissent quatre fleuves sacrés. Quatre chapelles, devant chacun des petits bassins, multiplient les références symboliques, montrant respectivement une figure d'homme (est, terre, Gange), de lion (sud, feu, Indus), de cheval (ouest, air, Oxus) et d'éléphant (nord, eau, Tarim).

Le Neak Pean, qui fonctionnait en relation avec le monastère voisin de Preah Khan, est une œuvre de Jayavarman VII. Comme toutes les fondations du roi bâtisseur, il fut remanié par Jayavarman VIII, d'où une cohabitation d'images bouddhiques et brahmaniques.

★★★ Preah Khan (Épée sacrée) B1

Très visité par les groupes : venez avant 8h30 ou en toute fin d'après-midi.

Ce vaste **complexe monastique bouddhique** (fin du 12e s.) apparaît comme le pendant du temple de Ta Prohm : son fondateur, Jayavarman VII, l'avait dédié à son père, comme il avait dédié à sa mère le monastère de Ta Prohm. Le souverain y installa ses quartiers en attendant que s'achève la construction d'Angkor Thom et en fit un important centre d'enseignement ; on estime qu'à son apogée, Preah Khan abrita entre ses murs jusqu'à 10 000 moines, enseignants, disciples et servants, vivant et travaillant dans des structures de bois aujourd'hui disparues entre le sanctuaire et l'enceinte extérieure.

LES « BARAY », DES RÉSERVOIRS AMBIVALENTS

Communs à plusieurs pays hindouistes et bouddhistes d'Asie sujets au régime des moussons (Inde et Sri Lanka notamment), de grands réservoirs entourés de digues permettent de stocker les eaux de pluie tout en limitant les effets dévastateurs des crues, puis d'en assurer la redistribution en saison sèche. Ceux de l'empire khmer, de dimensions colossales, revêtent un caractère ambigu et l'on s'interroge toujours sur leur fonction réelle : représentation cosmogonique de l'Océan primordial *(voir p. 86)* ? signe extérieur de puissance d'un souverain de droit divin ? retenues destinées à permettre la culture du riz y compris en saison sèche ? ou un peu des trois à la fois ? On a longtemps pensé que les *baray* d'Angkor, construits entre les 9e et 12e s., avaient pour but d'irriguer les rizières afin d'assurer une récolte annuelle supplémentaire pour nourrir l'immense population de la « cité hydraulique », son clergé comme les innombrables travailleurs attachés à la construction des temples. Des investigations récentes laissent pourtant dubitatif : aucune trace d'un quelconque réseau de redistribution de l'eau (aqueducs, canaux), aucune archive (stèles épigraphiques, bas-reliefs) pour faire mention de tel ou tel corps de métier lié à l'irrigation… Au point que l'on se demande parfois si les *baray* d'Angkor ont un jour eu cette finalité pragmatique qu'on leur prêtait. Les chercheurs ont en revanche prouvé, à l'aide de carottages, que des périodes d'intense sécheresse avaient frappé la région vers les 14e et 15e s. : un facteur qui s'est sans doute ajouté aux aléas politiques et religieux pour précipiter la chute de l'empire *(voir « Histoire », p. 106)*.

Comme dans toutes les constructions dues à Jayavarman VII, le **style du Bayon** s'affiche dans les **tours-gopura** de l'enceinte extérieure, dont les visages géants regardent les quatre directions, et dans les scènes de barattage représentées par les **balustrades** des allées d'accès ; comme au Bayon, le *prasat* central de Preah Khan est le pivot symbolique autour duquel s'enroule le corps du serpent, matérialisé au franchissement des douves. Il manque hélas souvent les têtes des *asura* et des *deva* : vous les retrouverez au musée *(voir p. 214)*. Une série de bornes de pierre *(sema)* jalonnent les chaussées.

Preah Khan multiplie les galeries, les passages voûtés et les patios sur un plan d'ensemble cruciforme. D'une structure plus élaborée que Ta Prohm et Banteay Kdei, il se veut un microcosme de l'univers : trois enceintes concentriques enserrent le *prasat* qui surmonte la *cella*, d'où des galeries rayonnent en direction des points cardinaux. À ce plan limpide se sont ajoutés, sous le règne des successeurs de Jayavarman VII, des édifices nouveaux qui ont complexifié le plan d'ensemble, rendant sa lecture moins évidente. À la croisée des galeries axiales, au cœur du sanctuaire, la **cella★★** était initialement vouée au culte d'Avalokiteshvara, que Jayavarman VII avait fait représenter sous les traits de son père. La statue a disparu dans les bouleversements religieux du 13e s. et un **stupa** campaniforme (en forme de cloche) l'a remplacée au 16e s.

Le complexe, bouddhiste au moment de sa fondation, a été reconsacré au brahmanisme quand celui-ci redevint la religion dominante dans la capitale angkorienne au 13e s. Un temple dédié à Shiva se tient au nord du sanctuaire, un autre, consacré à Vishnou, prolonge la galerie ouest. La conversion s'est accompagnée de vandalisme : les statues de Bouddha ont été endommagées ou détruites, certaines ont été « retaillées » pour prendre le visage de divinités de la Trimurti ou se voir ajouter des attributs hindous, comme le montrent nettement les reliefs gravés de l'aile sud.

Malgré les pillages, le monastère a conservé bon nombre de bas-reliefs retraçant des scènes de la mythologie brahmanique. Vous verrez notamment un superbe **Vishnou reposant sur le serpent Ananta★★** *(fronton ouest, dans une galerie située à main gauche quand on se dirige vers le stupa central par la galerie nord)*; le serpent prend ici l'allure d'un *makara* (monstre marin - *voir p. 184*) doté de pattes entre lesquelles poissons et tortues évoquent l'Océan cosmique sur lequel flotte Vishnou.

Grande galerie occidentale – Elle conserve, de part et d'autre des porches, de belles sculptures de **dvarapala★★**. Elle aboutit au temple de Vishnou qui, comme à Angkor Wat, regarde vers le couchant; deux hautes **statues★★** en ronde-bosse du dieu, privées de leur tête, gardent ce temple.

Grande galerie orientale – Elle conduit au **pavillon de la Danse**, orné de plusieurs linteaux où évoluent des cortèges d'**apsara★★★**. Un bâtiment sur deux niveaux (entrepôt? plate-forme pour assister aux cérémonies?), isolé au nord-est du sanctuaire, retient l'attention : il est porté par 32 **colonnes** au large fût cylindrique – on retrouve ce type de colonnes rondes pour soutenir les chaussées, comme au Baphuon ou à Beng Melea, mais jamais dans les temples proprement dits. L'édifice est sans doute un ajout tardif.

Troisième enceinte – La galerie couverte qui circonscrit le sanctuaire présente, au niveau de la porte orientale, des murs rosis par les lichens; des *devata* se tiennent debout entre les fausses fenêtres, tandis que les racines d'un fromager coulent le long de la paroi, formant une composition pittoresque.

Embarcadère royal – Dans le prolongement de l'allée est, passez le *gopura* et l'enceinte extérieure, que soutiennent sur tout son pourtour 62 **garuda★★** en atlantes, puis la scène du barattage au-dessus des douves et l'allée de *sema*; vous arrivez à la terrasse de l'embarcadère d'où le souverain appareillait pour rejoindre le sanctuaire de Neak Pean *(voir p. 202)*. Remis en eau en 2012, l'immense Jayatataka, construit au milieu du 13e s., fut le dernier grand *baray* d'Angkor et mesure 900 m de large sur 3,5 km de long. Il offre une scène photogénique en fin d'après-midi, avec quelques barques de pêcheurs circulant au loin sur fond de forêt inondée.

2

Les temples extérieurs Carte de région p. 178

Comptez une petite demi-journée pour le nord du parc, et 2h pour le groupe de Roluos. Vous trouverez de quoi vous restaurer à proximité des principaux temples.

★★ AU NORD DU PARC ARCHÉOLOGIQUE D1 en dir.

Sur la route de Banteay Samre, tournez à gauche en arrivant au village carrefour de Preah Dak. Banteay Srey et Kbal Spean se visitent avec le pass du parc archéologique.

La route file plein nord à travers les rizières. Elle traverse des hameaux aux maisons de bois sur pilotis qui vous donneront un aperçu de la vie rurale cambodgienne, sans commune mesure avec celle de Siem Reap.

★ Banteay Srey Butterfly Centre (BBC)

Sanday Village - 7 km au nord de Preah Dak - ✆ (097) 852 7852 - www.angkorbutterfly.com - 9h-16h30 - 5 US$, enfants 2 US$.

Dans cette petite **serre à papillons** volettent 300 à 500 spécimens appartenant à une trentaine d'espèces tropicales, un chiffre qui peut doubler au début et à la fin de la saison des pluies. Elle est remplie de fleurs adaptées à leur alimentation. Une visite guidée *(20mn)* en anglais vous détaillera le cycle de vie des lépidoptères et vous montrera chrysalides et chenilles. Ce projet communautaire implique une douzaine de familles vivant entre Sanday et Kulen et chargées de collecter les papillons.

Cambodia Landmine Museum

3 km au nord du BBC - ✆ (015) 674 163 - www.cambodialandminemuseum.org - 7h30-17h30 - 5 US$ - audioguide en français.

Entre les UXO (Unexploded Ordnances, munitions toujours susceptibles de détoner) et les mines antipersonnel, le sol du Cambodge reste truffé d'engins de mort qui mutilent et tuent encore chaque année. Quatre salles dressent un état des lieux : histoire et origine des guerres dans le Cambodge du 20e s., travail des équipes de déminage, explications techniques sur les modèles des bombes et des mines infestant le Cambodge. Géré par une ONG, le petit musée œuvre en faveur des victimes. Sa boutique vend des bijoux fabriqués à partir d'UXO.

★★★ Banteay Srey (citadelle des Femmes)

37 km au nord de Siem Reap - 5h30-17h30 - meilleur éclairage entre 10h30 et 14h - très fréquenté (groupes) entre 10h et 16h.

Découvert tardivement (1914) par des géographes français, Banteay Srey a inauguré la restauration des monuments angkoriens par anastylose *(voir encadré p. 195)* et a été entièrement reconstruit selon cette technique entre 1931 et 1936.

Il est l'un des rares édifices d'Angkor à n'avoir pas été construits à l'initiative d'un souverain : c'était le temple privé d'un conseiller du roi Rajendravarman II (944-968), versé dans l'étude et la philanthropie, et futur conseiller spirituel de Jayavarman V. De dimensions plus modestes que la plupart des sanctuaires angkoriens, celui-ci, daté de 967, les surpasse tous par la délicatesse exceptionnelle de ses **bas-reliefs**, unanimement reconnus comme l'un des chefs-d'œuvre de l'art classique khmer. Le sanctuaire a été taillé dans le grès rose, une pierre au grain très fin qui a permis ces **broderies de pierre**, façonnées avec une minutie proche de l'ébénisterie. Son véritable nom, Banteay Serai,

Le sanctuaire principal de Banteay Srey.
P. Tisserand/Michelin

« la citadelle de la Victoire », aurait été déformé en « citadelle des Femmes *(srey)* » pour cette unique raison.

Le temple est dédié à **Shiva**. **Indra**, le roi des dieux monté sur l'éléphant tricéphale, accueille les fidèles au sommet du 1er *gopura*, au début de la longue allée qui dessert le sanctuaire. Celle-ci, jalonnée de *sema* (bornes de pierre), passe entre deux édifices allongés : celui du sud *(à gauche)* était dédié à Shiva, celui du nord *(à droite)*, à Vishnou, représenté sur un superbe fronton.

Au bout, franchissant l'enceinte, le 2e *gopura* montre en médaillon central **Lakshmi** encadrée par deux éléphants qui l'arrosent, trompe levée. Puis apparaît le sanctuaire, aux proportions parfaites, posé au milieu d'un **bassin** où il se reflète, dans une image d'une rare harmonie. Au sol, les vestiges d'une statue de Nandi font face à la *cella* consacrée à sa divinité, Shiva. Une nouvelle figure d'Indra, cette fois dansant sur le col d'Airavata, orne le fronton central du sanctuaire.

Les trois *prasat* (tours) du sanctuaire, les deux bibliothèques sud et nord (respectivement liées à Shiva et à Vishnou par leur iconographie), le *gopura* à l'arrière s'ornent tous de **linteaux** et de **frontons** admirablement sculptés. Ils mettent en scène alternativement la vie des dieux, le *Reamker* *(voir p. 96)* et le *Mahabharata* *(voir p. 185)*. Des **makara** (monstres aquatiques), de la gueule desquels sortent parfois d'autres *makara*, et des *naga* polycéphales forment l'encadrement des frontons. **À ne pas manquer :** une scène du *Mahabharata* dans la forêt de Khandava *(bibliothèque nord, fronton est)* ; une saisissante scène de bataille du *Reamker* dont la vivacité de mouvement contraste avec la minutie du décor floral du linteau *(gopura ouest)* ; Shiva et Uma assis sur le taureau Nandi *(sanctuaire sud, fronton est)* ; le démon Ravana (roi de Lanka, *Reamker*) tente d'ébranler le mont Kailash, demeure de Shiva *(bibliothèque sud, fronton est)*. Assis sur la plate-forme, des **singes** en ronde-bosse *(répliques)* gardent le sanctuaire principal, côté sud.

2

★★ Kbal Spean (rivière aux Mille Lingam)

13 km au nord-est de Banteay Srey - dernière entrée 15h - pass du parc archéologique requis. Accès par un sentier pentu accidenté à travers rochers et jungle (1,5 km - 45mn AS - difficulté modérée - glissant par endroits après les pluies) : prenez de bonnes chaussures fermées.

Communément appelée « rivière aux Mille Lingam », Kbal Spean se traduit plus exactement par « tête de pont », en référence à un pont naturel formé par la roche. Ce site **atypique** et plein de charme est dépourvu de temple : ici, le sacré imprègne la rivière, la montagne et la forêt. Plusieurs séries de lingam et de *yoni* de diverses tailles, sculptés dans le lit de la rivière sur env. 200 m de longueur, renvoient au culte de **Shiva**, le seigneur de la Montagne, comme **dieu régénérateur** *(voir p. 182)* : descendant des monts Kulen, où le roi Jayavarman II s'était fait sacrer souverain universel au 9e s. *(voir p. 101)*, le cours d'eau se charge symboliquement de pouvoirs accrus de fertilité en passant sur les sculptures. Ainsi sanctifiée, l'eau va irriguer la vaste plaine d'Angkor, assurant la renaissance des rizières et, par là, la pérennité de la capitale. Kbal Spean est en cela liée aux fondements mythiques et symboliques de la **cité hydraulique** *(voir encadré p. 204)*.

L'endroit a été aménagé au 11e s., peut être par des ermites vivant près des monts sacrés. Sur les berges, les blocs rocheux ont été sculptés de bas-reliefs. Plusieurs représentent **Vishnou couché sur le serpent Ananta**, flottant sur l'Océan cosmique, parfois en compagnie de sa parèdre Lakshmi ; de son nombril sort une fleur de lotus sur laquelle est assis Brahma. Le **dieu de la Création** apparaît lui-même sur d'autres rochers. Certains de ces reliefs, vandalisés, ont été remplacés par des répliques. C'est en milieu de **saison sèche** *(janv.-mars)*,

quand les eaux ne sont plus que de quelques centimètres au-dessus des milliers de lingam, que vous apprécierez toute la magie du lieu.
Découvert tardivement (1969) par Jean Boulbet, un chercheur de l'EFEO, Kbal Spean est longtemps resté inaccessible, la zone ayant été lourdement minée durant la période khmère rouge. Elle est aujourd'hui classée parc naturel. Du Phnom Kulen, on extrayait jadis le **grès** destiné à la construction des temples d'Angkor; cette pierre est désormais réservée à la restauration des monuments du site.

★ GROUPE DE ROLUOS D3 en dir.

13 km à l'est de Siem Reap par la NH 6, dir. Phnom Penh - fait partie du parc archéologique (mêmes horaires, même pass*).*
C'est le matin que vous aurez la plus belle lumière à Preah Ko et à Lolei, tournés vers l'est. Bakong offre un bon point de vue au lever du soleil. Moins fréquenté que le reste du parc archéologique, cet ensemble de **trois temples** forme le groupe de Roluos, du nom du village actuel, en périphérie de Siem Reap. Il rassemble les vestiges d'**Hariharalaya**, capitale du roi **Jayavarman II** (802-835), considéré comme le **fondateur** de l'empire angkorien, et porte les prémices de son auguste voisine, qui verra le jour un siècle plus tard. Ses monuments, les premières constructions durables et de grande taille dans la région, obéissent au rite brahmanique : Harihara est une fusion des dieux hindous Shiva et Vishnou *(voir p. 103)*. **Indravarman Ier** (877-889), neveu de Jayavarman II, fit bâtir Preah Ko, inaugurant la tradition des temples dédiés aux lignées d'ancêtres, puis Bakong, son temple d'État. Son fils **Yasovarman Ier** (889-910) est à l'origine de Lolei; dernier roi d'Hariharalaya, il transféra plus tard la capitale à Angkor dont il fonda le premier temple d'envergure, Phnom Bakheng, en l'an 905.

Preah Ko (Taureau sacré)

Fléché à droite de la nationale 6.
Ce **temple shivaïte**, que l'on doit à Indravarman Ier (877-889), est le plus ancien du groupe de Roluos. Il consiste en deux rangées de **trois tours en brique** chacune, sur un soubassement de faible hauteur. Les *prasat* de la 1re rangée sont dédiés à la fois aux **ancêtres** masculins et à la Trimurti, celui du centre étant consacré à Jayavarman II, son illustre prédécesseur, et à Shiva; son père et son grand-père étaient honorés dans les tours latérales; les *prasat* alignés à l'arrière rendent hommage à la lignée féminine – leurs épouses. Leur font face trois statues de taureau *(ko)* Nandi, la monture de Shiva.
Si exceptionnels qu'ils donnèrent leur nom au **style de Preah Ko**, les **linteaux★★** finement travaillés déclinent des figures de *kala*, monstres gardiens du temple, de la gueule desquels sort un *naga* aux têtes multiples. De petits personnages, guerriers, cavaliers, divinités, évoluent parmi les guirlandes végétales. Chacune des tours ouvre à l'est; sur les autres côtés, des fausses portes conservent parfois des fragments d'une ancienne décoration en **stuc**. On y retrouve le motif protecteur du *kala* et, debout dans les niches creusées de part et d'autre des portes, des *dvarapala* – remplacés par des *devata* dans les *prasat* des épouses.

★★ Bakong

De Preak Ko, continuez plein sud sur 500 m et tournez à droite pour gagner l'entrée ouest.
Ce majestueux **temple pyramidal** à cinq niveaux (15 m de hauteur, 30 avec la tour) a fait l'objet d'une anastylose sous la direction de Maurice Glaize en 1936-1937. Temple d'État d'Indravarman Ier, entouré de deux rangs de douves, il

fut construit en l'an 881 en gros blocs de grès noir et marquait le centre d'Hariharalaya. L'un des premiers d'un genre qui allait faire florès dans l'empire, le Bakong donna le coup d'envoi de la construction des temples-montagnes à grande échelle qui, en plaçant le mont Meru au cœur de la capitale, faisaient d'Angkor le centre du monde *(voir p. 80)*.

Une balustrade bordée de **naga à sept têtes**, autre élément amené à connaître une florissante prospérité dans les siècles suivants, franchit les douves. Des **lions** assis par paires rythment l'ascension par les quatre escaliers latéraux ; leur taille va décroissant avec les étages, tout comme le nombre de marches et la hauteur des terrasses, de manière à souligner l'**effet de perspective**. Les trois premières terrasses ont conservé certains des **éléphants** (endommagés) qui, comme au Mebon oriental, veillaient à ses angles. Sur la 4e terrasse s'égrènent 12 petits sanctuaires, probablement dédiés à des divinités protectrices. Une tour **en épi de maïs★★**, ajout plus tardif (fin du 11e s. ?), couronne l'édifice ; sa silhouette originale servit de modèle à Vann Molyvann pour le monument de l'Indépendance, à Phnom Penh.

Au niveau du sol, huit tours de brique, certaines ruinées, d'autres en cours de restauration, entourent la pyramide. Fait rarissime, quelques-unes ont conservé leur armature de bois, ainsi que des **linteaux★** dont le dessin, variation sur le motif du *kala*, rappelle ceux de Preah Ko.

★★ **Wat Bakong** – *Au pied de la pyramide, côté est.* Cette pagode (1938) recèle un rare cycle de **fresques** peintes dans les années 1940. Les traditionnelles scènes de la vie du Bouddha sont ponctuées d'images évoquant le Protectorat et la guerre : Occidentaux portant moustache, bataille aérienne, soldats armés de mitraillettes. La soigneuse restauration effectuée en 2011 a rendu aux fresques la délicate harmonie de leurs couleurs et souligne la finesse du trait.

2

Lolei

De l'autre côté de la NH 6.

Lolei, édifié en 889, est le dernier temple d'envergure construit dans le secteur de Roluos avant que son auteur, **Yasovarman Ier**, ne déplace la capitale à Angkor *(voir « Phnom Bakheng », p. 190)*. Constitué de quatre tours de brique en mauvais état, le temple occupait jadis une île au centre de l'immense **baray Indratataka**, aujourd'hui asséché. Ce *baray*, le premier bassin de grande ampleur (3,8 km de long sur 880 m de large) de la période angkorienne, avait été construit par Yasovarman Ier au tout début de son règne ; des projets sont à l'étude pour le remettre en eau, dans le cadre d'un vaste plan de prévention des crues.

Le **linteau★** de l'édifice central reprend la composition de ceux de Preah Ko – un *naga* dont les têtes multiples regardent au nord et au sud et des rinceaux de feuillages où évoluent des créatures célestes –, avec un éléphant à trois têtes en guise de motif central. Érigée sur la même plate-forme, une pagode contemporaine perpétue la vocation sacrée des lieux.

PHNOM KROM B3 en dir.

13 km au sud-ouest de Siem Reap - 7h-19h - pass *du parc archéologique.*

Accessible par un escalier ou une route pentue que les *tuk-tuk* rechignent à emprunter, le temple couronne une colline (137 m) et offre une **vue★★** panoramique sur la plaine et le Tonlé Sap, particulièrement appréciable au coucher du soleil. Il a été construit à la fin du 9e s., sous le règne de Yasovarman Ier *(voir ci-dessus)*. Trois tours de grès alignées face à l'est – celle de Shiva au centre, celle de Vishnou à droite et celle de Brahma à gauche, côté Tonlé Sap – y font face à quatre structures plus petites, sanctuaires de leurs montures.

Excursions Carte de région p. 178

Au calme loin des foules, les temples les plus éloignés donnent une tout autre vision de la splendeur khmère. Si elle décourage bon nombre de visiteurs (et heureusement), la longue route à entreprendre livre sur les **campagnes** du Cambodge des aperçus dont on ignore tout à Siem Reap. Elle traverse des paysages bucoliques, où la silhouette des palmiers à sucre se découpe sur l'horizon des rizières, et des villages aux rythmes immuables ; elle passe ici devant un étang piqueté de nénuphars fuchsia ou de lotus, là devant une plantation de manguiers ou de papayers. Vous partagerez l'asphalte avec des charrettes aux roues de bois tirées par des paires de bœufs blancs et des triqueballes, ces véhicules « au long nez » emblématiques de la vie rurale cambodgienne, qui charrient des cargaisons de troncs. Autant d'instantanés qui donneront une autre couleur à votre visite des temples proprement dits. Mettez-vous en route dès l'aube pour avoir la meilleure lumière sur les paysages et circuler avant les heures chaudes.

LES TEMPLES DU NORD B1

Quittez Siem Reap par la NH 6, dir. Phnom Penh, et bifurquez à gauche au marché de Damdek (35 km). En partant tôt, vous pourrez combiner dans la même journée les visites de Beng Melea et de Koh Ker.

★★ **Beng Melea** (Bassin aux lotus)

63 km à l'est d'Angkor (1h) par une bonne route - 7h-18h - 5 US$ (hors pass *d'Angkor). Venez tôt ou en toute fin d'apr.-midi : la présence des groupes nuit à la magie du site (nombreux à partir de 9h ; les derniers repartent vers 16h30 pour assister au coucher du soleil ailleurs).*

Unique en son genre, ce petit temple carré, cerné de douves et **peu restauré**, n'a pas été entièrement dégagé de la **forêt**. Sa visite vous fera partager l'émotion que ressentirent les explorateurs du 19e s. : le chant des oiseaux et les bruissements de la forêt accompagnent la découverte, un enchevêtrement de lianes et de racines aériennes plongent dans des galeries aux toits voûtés, des figuiers étranglent les tours, des jeux d'ombre et de lumière redessinent les murs couverts de mousses dans l'exubérance végétale… La visite vaut pour l'**atmosphère** autant que pour l'intérêt historique et artistique du lieu. Beng Melea jouait un rôle stratégique dans l'empire, à la croisée des chemins menant à Angkor (ouest), Preah Vihear (nord-est) et Koh Ker (nord). Antérieur au temple d'Angkor Wat, on pense généralement qu'il fut construit sous le règne du même souverain, **Suryavarman II** (début du 12e s.) ; il était lui aussi consacré à Vishnou. De taille relativement modeste (1 km^2, la moitié d'Angkor Wat) et bien qu'il s'agisse d'un temple « à plat », il aurait servi de **prototype** au joyau de l'empire khmer, avec lequel il présente des similarités à échelle réduite : douves, sanctuaires de grès, galeries d'enceinte percées de fenêtres à balustres éclairant des cours intérieures, bas-reliefs des linteaux et des embrasures de portes, bibliothèques.

Des allées bordées de corps de *naga* en guise de balustrades *(partiellement reconstituées)* desservent les quatre côtés du temple. Des passerelles de bois conduisent aux ruines du sanctuaire central, effondré, qu'entourent trois enceintes concentriques. Dans la 2e, on escalade des murs éboulés et des amas de blocs de grès. Enjambant des linteaux à terre, on reconnaît tantôt une scène de barattage de la mer de Lait, tantôt un fragment de colonnette ouvragée ou un *dvarapala* couvert de mousse. Ce temple à l'atmosphère magique a servi de cadre au tournage de certaines scènes de *Tomb Raider* (Angelina Jolie dans le rôle de Lara Croft, 2001) et de *Deux frères* (Jean-Jacques Annaud, 2004).

Retour des champs dans la campagne de Siem Reap.
P. Tisserand/Michelin

★★ Koh Ker

60 km au nord-est de Beng Melea (123 km au nord-est de Siem Reap - 3h par une bonne route) - 7h-18h - 10 US$ (hors pass d'Angkor*) - ne pas s'écarter des sentiers balisés (zone encore partiellement minée).*

2

Quand on quitte la province de Siem Reap pour entrer dans celle de Preah Vihear, le paysage se fait plus domestiqué, laissant place aux plantations d'hévéas, aux bananeraies, aux cultures de choux, de pastèques et de manioc à grande échelle.

Très étendu (35 km^2), peu visité, le site de Koh Ker occupe une plaine plantée d'une jeune forêt de tecks et d'acacias. Il s'organise autour d'un ancien *baray* asséché et couvert par la végétation. Une large piste de latérite en fait le tour *(boucle de 12 km)*, desservant une trentaine de sanctuaires édifiés de part et d'autre. Les plus intéressants *(fléchés)* se trouvent sur la 1re partie de la boucle, côté ouest du *baray*.

★ **Prasat Pram** – *Sur la gauche.* Le petit groupe consiste en cinq *(pram)* structures, dont les linteaux ont été arrachés. Trois tours de brique, aux encadrements de porte en grès, ouvrant à l'est ; elles reprennent l'alignement classique des temples vénérant la triade Shiva (au centre), Vishnou et Brahma. Les *prasat* font face à deux sanctuaires, l'un en brique et l'autre en grès, destinés aux montures des dieux. La tour de droite disparait presque entre les **racines** d'un figuier étrangleur.

À la bifurcation, prenez la branche de gauche.

Prasat Chen – *Sur la gauche de la piste.* Ses trois tours se dressent sous le couvert des arbres, éventrées par le temps et les pillards. Celle du centre a conservé un linteau montrant l'oiseau mythique Garuda, monture de **Vishnou**, à qui est consacré le groupe. Des recherches récentes (2012) ont exhumé des **piédestaux**, visibles sous un abri, où il ne reste que les pieds et les chevilles de statues de grande taille : leur position a permis d'identifier avec certitude les statues de protagonistes du *Reamker* conservées dans divers musées américains prestigieux ou dans des collections privées. Six

KOH KER, ÉPHÉMÈRE CAPITALE

Koh Ker fut aménagée par **Jayavarman IV** (921-941), qui vivait déjà ici avant son couronnement. Elle fut la capitale de l'empire de **928 à 944**, date de la mort de son fils et successeur, Harshavarman II. La Cour réintégra ensuite Angkor *(voir « Mebon oriental », p. 202)*. On ignore les raisons exactes de ce transfert et l'histoire reste assez floue quant au profil de Jayavarman IV, que certains désignent comme un usurpateur. C'était un *çakravartin* (ou *devaraja*), souverain universel, l'incarnation terrestre du Seigneur des Trois Mondes (Shiva) sous le nom de Paramashivapada. Ce roi puissant mit en place un ambitieux programme de construction ; en quelques années, il parvint à mettre sur pied une cité contenant une quarantaine de temples et dotée d'un système hydraulique sophistiqué ; celui-ci s'articulait autour du *baray* Rahal, long de 1 200 m et large de 550 m. La ville s'appelait alors Chok Gargyar, cité de gloire, ou Lingapura, cité des lingam. Les routes de l'empire la reliaient aux grandes cités angkoriennes : Preah Vihear, Beng Melea, Vat Phu (Laos), Phimai (Thaïlande) et Angkor.

L'âge d'or de Koh Ker fut bref mais brillant. Ses artistes développèrent une sculpture d'une exceptionnelle qualité, aux personnages à taille réelle, d'une puissance du mouvement et d'une expressivité nouvelles. Le combat des singes conservé au musée de Phnom Penh *(voir p. 140)* en offre un superbe exemple. Mais, loin des regards, déserté lors des conflits du 20e s., le site fut abondamment pillé. Les expéditions françaises qui, dans les années 1880, suivirent les premières investigations menées par Étienne Aymonier et Lunet de Lajonquière firent envoyer des statues de Koh Ker au musée Guimet. Au 20e s., les pillages se multiplièrent au profit de collectionneurs privés, les statues furent tronçonnées sur leur piédestal, les figures des linteaux arrachées à la scie ou au burin – on voit sur place les traces de ces exactions.

statues, pour la plupart volées durant les années de conflit, ont ainsi été restituées au Cambodge entre 2013 et 2016 ; elles se trouvent désormais au Musée national de Phnom Penh. Des pourparlers sont en cours pour la restitution de nouvelles œuvres.

★★ **Prasat Thom** – *Sur la gauche - boissons et gargotes pour se restaurer.* Aujourd'hui très endommagé, c'était l'ensemble d'édifices le plus important de Koh Ker. Un *gopura* de brique, dans le mur d'enceinte oriental, donne sur une série de portiques soutenus par des étais de bois et desservant quelques édifices éboulés. Vous avancerez parmi les fragments de colonnes jonchant le sol, des vestiges de lingam et de *yoni* qui, avec une statue érodée de Nandi, rappellent que le temple était consacré à Shiva. Jusque-là cachées à la vue, les sept terrasses du **Prasat Prang**, une spectaculaire **pyramide à degrés** de 36 m de hauteur, aux proportions parfaites, surgissent au bout de l'allée. Il serait le plus haut de l'empire khmer. Accessible par un escalier de bois *(162 marches)* à l'angle nord-ouest, la dernière terrasse offre une **vue**★★ panoramique sur la plaine et les montagnes au loin. Sur cette ultime plate-forme, un sanctuaire abritait jadis le **lingam royal**, vénéré sous le nom de Tribhuvaneshvara, Seigneur des Trois Mondes, titre honorifique classique de Shiva. D'après la taille du piédestal, Henri Parmentier, qui étudia le site en 1921, estima que ce lingam devait mesurer 4,50 m de haut et 1,50 m de diamètre et, s'il était en grès, peser près de 24 tonnes.

Prasat Linga – *La piste continue brièvement vers le nord avant d'obliquer plein est, contournant l'ancien* baray. Séparés du temple pyramidal par le *baray*

Rahal, plusieurs sanctuaires abritant des **lingam colossaux** font face au Prasat Prang (d'où leur ouverture vers l'ouest). Posés sur des *yoni*, leur complément féminin, ils rappellent l'importance du culte voué à **Shiva** en tant que divinité régénératrice *(voir p. 182)* dans cette région rizicole. Parmi les édifices se succédant au long de la piste, le **Prasat Banteay Pirchan** (ou Pichean), l'un des plus pittoresques, montre le cas très rare d'un temple dédié à Brahma. Au sud, le **Prasat Domrei** a conservé l'un de ses huit lions de pierre et deux statues d'éléphant *(domrei)*.

LES TEMPLES DE L'OUEST A1

★ Banteay Chhmar

65 km au nord de Sisophon, 160 km au nord-ouest de Siem Reap - 5 US$.

Comme Koh Ker et comme Preah Khan de Kampong Svay *(voir p. 249)*, ce site de grande taille, difficile d'accès et peu visité, a souffert à plusieurs reprises au cours du 20e s. de pillages à grande échelle. En 1999, 50 m^2 de bas-reliefs ont ainsi été découpés et embarqués en camion à travers la jungle jusqu'en Thaïlande, pour y être revendus à de riches collectionneurs. Interceptées à une centaine de kilomètres de la frontière, les œuvres furent restituées au Cambodge. Mais bien d'autres voleurs ont réussi à passer entre les mailles du filet policier dans les décennies précédentes, et le site porte partout les cicatrices de leurs saccages.

Banteay Chhmar, édifié sous le règne de **Jayavarman VII**, entre la fin du 12e s. et le début du 13e s., présente des similarités avec les autres constructions de ce roi : il reprend le plan de Preah Khan et est précédé (à l'est) d'un immense *baray* de plus d'1,5 km de longueur ; au long des chaussées d'accès, des balustrades de *deva* et d'*asura*, lourdement vandalisées, miment le barattage de la mer de Lait ; enfin, plusieurs **tours à visages** géants *(voir p. 192)* se dressent autour du sanctuaire central *(*gopura *de la galerie intérieure)* et dans les neuf temples satellites gravitant autour du site. Banteay Chhmar et Preah Khan de Kampong Svay sont les deux seuls temples à posséder des visages de pierre en dehors de l'enceinte du parc archéologique d'Angkor.

Le site conserve surtout d'exceptionnels **bas-reliefs★★★** courant sur 500 m au long de la galerie extérieure. Combats, parades militaires, cérémonies religieuses, scènes de la vie quotidienne rappellent ceux illustrant les murs du Bayon *(voir p. 194)*. Sur la galerie est, vous retrouverez une **bataille navale** et la victoire sur l'armée des Chams ; dans les descriptions historiques, le souverain se reconnaît à son chignon piqué d'une épingle à l'effigie d'Avalokiteshvara, le bodhisattva de la Compassion. Point d'orgue de la visite, sur la galerie ouest, deux superbes représentations d'**Avalokiteshvara** sont toujours en place. L'une comporte 32 bras et 11 têtes, l'autre, 22 bras et 7 têtes. Sur les six autres Avalokiteshvara que comptait le mur, deux sont conservés au Musée national de Phnom Penh, deux ont été emportés en 1998 par les pillards, qui démantelèrent le mur pour s'en emparer. On ignore où se trouvent les deux derniers. Sur les différents édifices subsistent quelques frontons représentant des épisodes du *Reamker*.

Siem Reap Plan de ville p. 216-217

En l'absence d'infrastructures d'accueil dans le parc archéologique, Siem Reap, à 7 km au sud des temples, concentre les hôtels *(tous budgets)* et les restaurants destinés à recevoir les flots de touristes venus découvrir l'un des sites les plus visités au monde. En quelques décennies, la petite bourgade a poussé comme un champignon pour satisfaire un nombre toujours croissant d'admirateurs. Bars, boutiques, agences d'excursions : vous y trouverez tous les services possibles et imaginables.

★ Rive droite B3

Av. Pokambor, entre Pi Thnou St. (Hospital St. ou Market St.) et St. 11.

La rive ouest de la rivière Siem Reap, la plus pittoresque, a conservé quelques édifices coloniaux, en particulier autour du **Psar Chas★**, le très touristique « vieux marché » *(6h-20h - marchandage de rigueur)* situé face à la berge. Derrière commence le quartier de **Pub Street** *(St. 8)*, succession de restaurants, de boutiques branchées et de bars. Il s'anime en fin d'après-midi et monte en décibels à mesure que la soirée s'avance. **The Lane** et **West Alley**, piétonnières, offrent (un peu) plus de calme. Le **marché de nuit** *(angle bd Sivatha et Pub St. - à partir de 18h30)*, qui regorge de restaurants affichant une carte plus locale, se développe comme une extension de Pub Street.

Rive gauche C3

Elle accueille le paisible **Wat Bo★** *(en retrait de St. 22 - donation)*, la pagode la plus ancienne de Siem Reap (18e s.). Sous les frangipaniers et les cocotiers, les bâtiments réaménagés durant le Protectorat (arcades, carrelages) voisinent avec ceux où s'affiche le style siamois (toitures emboîtées aux tuiles vernissées) – Siem Reap resta sous domination siamoise jusqu'en 1907. Devant une forêt de stupas funéraires, l'élégant *vihear* est entouré d'une galerie péristyle typique de l'influence occidentale. Il abrite une série de **fresques★** anciennes (19e s. et début du 20e s.) figurant des *jataka* et surtout des épisodes du *Reamker*, les plus importants du Cambodge après ceux de la pagode d'Argent, à Phnom Penh *(voir p. 143)*. Les péripéties de la saga des singes à Lanka alternent avec des représentations réalistes de l'époque : scènes de marché et de vie quotidienne, ici un Chinois fumant une longue pipe à opium, là des soldats dans leurs accoutrements européens.

★★ Musée national d'Angkor C1

968, av. Charles-de-Gaulle - ✆ (063) 966 601 - www.angkornationalmuseum.com - 8h30-18h (oct.-mars 18h30) - 12 US$ - audioguide en français 3 US$ - photos interdites – Comptez 2h.

Sa visite vous aidera à mieux situer les principaux temples dans leur contexte historique et culturel. Ouvrant les collections, à l'étage, la **salle des Mille Bouddhas** comprend surtout des statues post-angkoriennes (14e-18e s.), plus caractéristiques de l'art siamois que khmer. La présentation de la **civilisation khmère** à proprement parler ne démarre qu'ensuite, avec une approche historique. Des explications en anglais dressent l'état des connaissances sur les royaumes indianisés du Funan (4e-6e s.) puis du Tchen-la (6e-8e s.) ; des **statues★★** de Vishnou retrouvées dans différents sites du pays (provinces de Kandal et de Kampong Speu, site de Sambor Prei Kuk) illustrent cette période préangkorienne.

Dans la 2e partie de la salle, statuaire et bas-reliefs évoquent les **religions et croyances** qu'illustrent les temples, à commencer par le brahmanisme : bonne présentation des principales **divinités hindoues★**, de leur légende, de leurs attributs et de leur *shakti* (parèdre ou complément féminin), et explication synthétique des dix styles architecturaux présents dans le parc archéologique. Elle se clôt avec l'avènement du bouddhisme mahayana.

Viennent ensuite les grands rois dont la gouvernance et les talents bâtisseurs ont marqué le site. Parmi les dix plus importants, on retiendra les noms de **Jayavarman II** (802-835) qui réunifia le Tchen-la d'eau et le Tchen-la de terre,

Yasovarman Ier (889-910) qui institua Angkor comme capitale, **Suryavarman II** (1113-1150) qui fit bâtir Angkor Wat, et **Jayavarman VII** (1181-1218), l'auteur du Bayon et d'Angkor Thom.

Redescendez au rez-de-chaussée. Une **statuaire★★** bouddhique et vishnouïte ouvre la salle consacrée à **Angkor Wat**, microcosme de l'univers brahmanique (maquette du site, projections, explications sur les phénomènes lumineux aux équinoxes). La salle dédiée à **Angkor Thom** souligne l'importance historique et symbolique du Bayon, maillon intermédiaire entre le monde des hommes et celui des dieux, autour du culte d'Avalokiteshvara (Lokeshvara). Elle conserve huit **têtes géantes★★★** de *deva* et d'*asura*, les protagonistes du barattage de la mer de Lait, ainsi qu'une statue de Jayavarman VII, dont est retracée la politique de grands travaux.

Suit une série d'**animaux mythiques★★**, montures et avatars des divinités hindoues (tortue Kurma, taureau Nandi, serpent Naga, éléphant, singe, oiseau Garuda…) puis une quinzaine de **stèles** gravées dont les inscriptions, en sanskrit ou en khmer ancien, ont aidé à reconstituer le fil de l'histoire angkorienne et ses lignées de souverains.

La **galerie des costumes★★★**, enfin, présente des divinités féminines et masculines vêtues de *sampot* tous différents par leur « étoffe » de pierre (pleins, à rayures ou à fleurs), leur plissé et la façon de les nouer. Étant rattachés à des sites précis et, partant, à des styles artistiques et à des époques, les divers types de costumes ont contribué à dater la statuaire angkorienne.

★ Angkor Silk Farm A1 en dir.

16 km à l'ouest de Siem Reap par la route de l'aéroport - district de Puok - ☏ (012) 222 404 - 8h-17h30 - entrée libre - navette gratuite affrétée par Artisans d'Angkor à 9h30 et 13h30 (réserv. la veille - voir p. 226) - visite guidée en français (env. 1h).

Cette magnanerie (ferme de culture du ver à soie) donne l'occasion de suivre tout le processus de la **sériciculture** *(voir p. 146)*, de l'élevage des vers au tissage en passant par le traitement des cocons, les plantations de mûriers et la teinture des étoffes. Les soieries réalisées sur place sont vendues dans la boutique attenante.

NOS ADRESSES À SIEM REAP

Plan de ville p. 216-217

INFORMATIONS UTILES

Banques/Change

Nombreuses banques avec distributeurs et service de change, notamment autour de Psar Chas B3 et sur le bd Sivatha B2-3.

Cambodia Asia Bank – B2 - *Angle bd Sivatha et NH 6 - 8h-20h.* Bureau Western Union.

Consulat

Consulat honoraire de France – C1 en dir. - *École française d'Extrême-Orient (EFEO) - rive est de la rivière, peu avant le Peace Café - ☏ (063) 964 099 - dominique.soutif@gmail.com.*

Poste

Cambodia Post – C2 - *Av. Pokambor (rive ouest), au sud du pont de la NH 6 - ☏ (063) 963 446 - 7h-17h30.* Service d'envoi de colis à l'étranger par EMS.

Santé/Urgences

Royal Angkor International Hospital – A1 en dir. - *Route de l'aéroport - ☏ (063) 761 888.* Service d'urgence 24h/24.

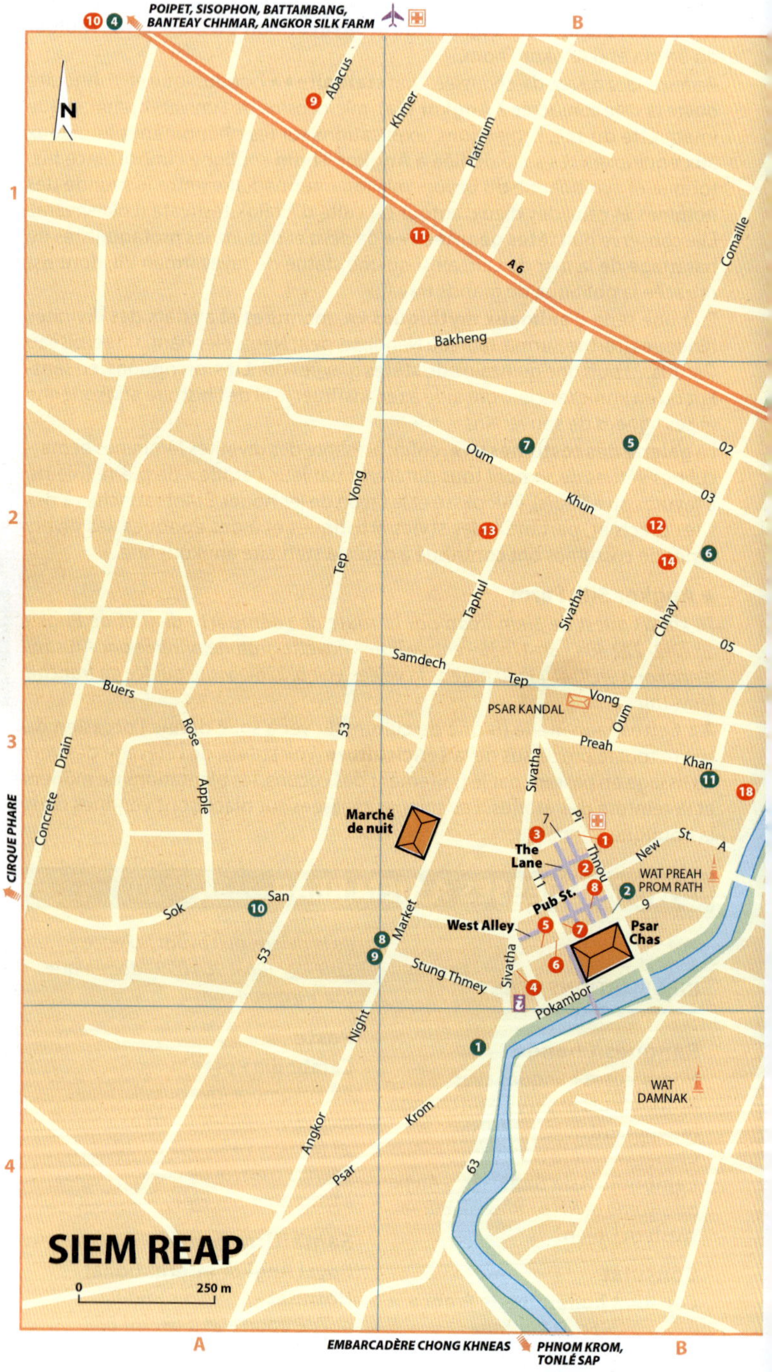
POIPET, SISOPHON, BATTAMBANG, BANTEAY CHHMAR, ANGKOR SILK FARM
SIEM REAP
0
250 m
CIRQUE PHARE
EMBARCADÈRE CHONG KHNEAS
PHNOM KROM, TONLÉ SAP
A
B
1
2
3
4
N
Abacus
Khmer
Platinum
Comaille
A 6
Bakheng
Oum
Khun
Tep
Vong
Taphul
Sivatha
Chhay
Samdech
PSAR KANDAL
Preah
Khan
Buers
Rose
Apple
Concrete
Drain
53
Marché de nuit
Pi
Thnou
The Lane
Pub St.
West Alley
Psar Chas
New
St.
WAT PREAH PROM RATH
Sok
San
Market
Stung Thmey
Pokambor
Night
Angkor
Krom
Psar
63
WAT DAMNAK
02
03
05
7
11
9

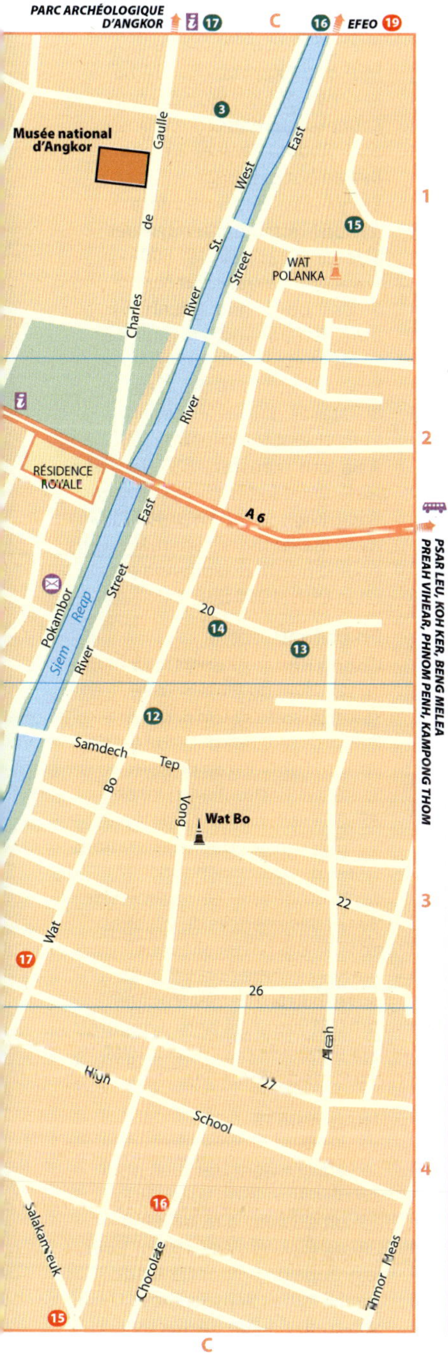

SE LOGER

Banyan Leaf.......... 7
Bayon Boutique.......... 8
Château d'Angkor La Résidence.......... 6
De Sarann Villa.......... 17
Diamond d'Angkor Boutique.......... 10
Frangipani Villa (The).......... 12
Golden Butterfly.......... 9
Golden Papaya Guesthouse.......... 11
Home Sweet Home.......... 14
Maison Polanka.......... 15
Mémoire d'Angkor.......... 5
Panary Angkor Boutique.......... 13
Popular Boutique.......... 1
Sakara Boutique Villa.......... 4
Santa Clara.......... 16
Velkommen Guesthouse.......... 3
Viva.......... 2

SE RESTAURER

Abacus.......... 9
Aha.......... 7
Atelier PoLanka (L').......... 5
Barrio.......... 17
Cambodian BBQ.......... 8
Chamkar House.......... 10
Chanrey Tree.......... 18
Georges Rhumerie.......... 15
Guru Mother Cafe.......... 14
Haven.......... 16
India Gate.......... 6
Malraux (Le).......... 3
Master Suki Soup.......... 12
Old House.......... 1
Ô Bistrot des Copains.......... 2
Red Crab Seafood.......... 11
Sugar Palm (The).......... 13
Terrasse des Éléphants.......... 4
Touich (The).......... 19

2

Sécurité

Tourist Police – C1 en dir. - *À l'entrée principale du parc archéologique - ✆ (012) 402 424.*

ARRIVER/PARTIR

En avion

Siem Reap International Airport (REP) – A1 en dir. - *À 6 km à l'ouest du centre-ville - ✆ (063) 761 261.* Vols internationaux pour Bangkok, Luang Prabang, Vientiane et la plupart des capitales du Sud-Est asiatique. Vols intérieurs fréquents pour Phnom Penh et Sihanoukville avec Cambodia Angkor Air *(www.cambodiaangkorair.com)*, Bassaka Air *(www.bassakaair.com)* et Bayon Airlines *(www.bayonairlines.com)*. Au comptoir situé à l'intérieur du terminal des arrivées, choisissez votre mode de transport pour gagner votre hôtel : taxi *(7 US$/pers.)*, *tuk-tuk (5 US$/pers.)* ou *motodop (2 US$/pers.)* si vous avez peu de bagages.

En bus

Chong Kov Sou Bus Station – C2 en dir. - *Sur la NH 6, env. 2 km à l'est du Psar Leu.* Env. 7h de trajet pour Phnom Penh, 3h pour Kampong Thom, 4h pour Battambang, 10h pour Sihanoukville. De la gare routière, comptez 2 US$ en *tuk-tuk* ou 4 US$ en taxi pour rejoindre le centre de Siem Reap. Pour quitter la ville, la plupart des compagnies passent chercher leurs passagers à leur hôtel.

Capitol Tours – B3 - *428, St. 9 - ✆ (063) 963 883 - www.capitoltourscambodia.com.* Nombreux bus pour Phnom Penh, 4 bus/j. pour Battambang et 7/j. pour Sihanoukville.

Giant Ibis Transport – B4 - *Bd Sivatha, face au rond-point situé près de la rivière - ✆ (063) 768 809 - www.giantibis.com.* 6 bus/j. pour Phnom Penh, dont 3 de nuit. Pour Sihanoukville et Kampot, changement à Phnom Penh.

Mekong Express – B3 - *14, bd Sivatha - ✆ (063) 963 662 - http://catmekongexpress.com.* 6 bus/j. pour Phnom Penh et 2/j. pour Battambang.

Sorya – B3 - *Bd Sivatha, face à l'hôtel-restaurant Terrasse des Éléphants - ✆ (092) 181 800 - www.ppsoryatransport.com.* 6 bus/j. pour Phnom Penh, 3/j. pour Battambang, 2/j. pour Kep, Kampot et Sihanoukville. Autres bus pour Stung Treng, Kratie et le Ratanakiri. Tous les départs s'effectuent tôt le matin.

Asia Van Transfer – B3 - *Dans une ruelle entre Samdech Tep Vong et Preah Khan St. - ✆ (063) 963 853 - www.asiavantransfer.com.* Minivans pour la frontière laotienne et Si Phan Don (4 000 Îles).

En bateau

Chong Khneas Ferry Dock – B4 en dir. - *Près du Phnom Krom - 15 km au sud de Siem Reap.* Embarcadère des bateaux de/pour Phnom Penh *(5 à 8h de trajet - 35 US$)* et Battambang *(5 à 6h - 25 US$ - voir aussi p. 227)*. Départ à 7h30 pour ces deux destinations. Billets des bateaux publics en vente auprès des compagnies de bus et des agences de voyages en ville, qui passeront vous prendre à votre hôtel. Bateau privé (billets à l'embarcadère) : 180 US$ jusqu'à 4 pers. avec arrêts à la demande près des villages flottants du Tonlé Sap.

TRANSPORTS

Le vélo convient très bien pour circuler en ville ou suivre le Petit Circuit *(23 km)* voire le Grand Circuit *(boucle d'env. 40 km)*. Pour le groupe de Roluos *(13 km de Siem Reap)* et Banteay Srey *(37 km)*, un scooter ou un *tuk-tuk* est préférable.

Vélo – 1 à 3 US$/j. selon la qualité du vélo. Nombreux points de location partout en ville et dans les hôtels. Vérifiez l'état des freins et des phares.
Scooter – 8 à 15 US$/j. (passeport ou permis de conduire en dépôt de garantie). Plusieurs boutiques en louent sur bd Sivatha, entre le Psar Kandal (marché central) et Hospital St. (Pi Thnou St.).
Tuk-tuk – Vous n'aurez pas à en chercher : ils vous aborderont en ville. Petit Circuit 15 US$, Grand Circuit 20 US$, attente sur chaque site comprise, avec dép. vers 8h et retour vers 17h. Suppl. de 6 US$ pour le groupe de Roluos et de 7 US$ pour Banteay Srey. Course en ville : 1 US$/pers.
Taxis – 20 à 30 US$ la journée dans le parc archéologique, 5 à 10 US$ de plus si votre parcours comprend des temples à l'extérieur du Grand Circuit.
Voiture avec chauffeur – Env. 30 US$/j. dans les limites du parc archéologique.

HÉBERGEMENT

Pléthorique, l'offre d'hébergement s'adresse à tous les budgets. À prestations équivalentes, les établissements affichent des tarifs plus attractifs sur la rive est (Wat Bo St.). Tous disposent du wifi.

PREMIER PRIX

Home Sweet Home – C2 - *St. 20 - ✆ (063) 760 279 - 50 ch. 6/15 US$.* Le QG des voyageurs à petit budget, auxquels il propose aussi restaurant, excursions, change, etc. Cette grande *guesthouse* rassemble sur 2 étages des chambres spacieuses, fonctionnelles et meublées *a minima*. Eau chaude en supplément, wifi au restaurant et dans certaines chambres. Laverie, location de vélos et supérette à proximité.

Golden Papaya Guesthouse – B3 - *Dans une ruelle partant de Preah Khan St. - ✆ (069) 677 786 - 25 ch. - 10/15 US$.* Au calme au fond d'une impasse, à quelques minutes à pied du cœur animé de la ville, cet hôtel aux murs vert pomme aligne ses chambres carrelées au long de coursives extérieures. Évitez néanmoins celles du rdc, franchement tristes. Restaurant au 3e et dernier étage (sans ascenseur). Location de vélos.

BUDGET MOYEN

Panary Angkor Boutique – C2 - *St. 20 - ✆ (012) 920 737 - www.panaryangkorboutique.com - 14 ch. - 15/30 US$.* Son jardin soigné, planté de bananiers et de palmiers, et sa situation au calme, en retrait des grands axes, jouent en faveur de cet établissement ouvert en 2014. Réparties sur 4 étages (sans ascenseur), ses chambres claires et spacieuses, certaines avec balcon, disposent toutes d'un coffre-fort et d'un mini-réfrigérateur. Location de vélos, navette gratuite depuis l'aéroport. Un bon rapport qualité-prix dans cette gamme.

Popular Boutique – B4 - *Psar Krom St. - ✆ (012) 720 772 - www.popularresidence.com - 40 ch. - 25 US$.* Décorées d'écharpes de soie et de reproductions des bas-reliefs d'Angkor Wat, ses chambres sont convenables, même si le ménage pourrait être plus poussé. Sa jolie piscine entourée de transats devant le restaurant est incontestablement un plus pour cet hôtel situé à 2mn à pied du vieux marché (Psar Chas).

Velkommen Guesthouse – C1 - *Dans une ruelle sans nom entre le Musée national et la rivière - ✆ (012) 477 270 - www.velkommenguesthouse.com - 18 ch. - 20/35 US$.*

2

Simples mais bien équipées, les chambres jouent l'harmonie des rouges et des gris. Principal avantage de cet établissement : sa situation, à 3 km de l'entrée du parc archéologique, idéale pour ceux qui visitent le site à vélo (à louer sur place). Bon anglais.

Viva – B3 - *Angle Pi Thnou St. (Hospital St.) et St. 9 - ✆ (077) 478 633 - www.vivahotelsiemreap.com - ▤ ✕ - 16 ch. - 25/40 US$ ☕.* Face au Psar Chas, au cœur de l'animation nocturne, ses chambres arborent une jolie décoration, sobre et soignée. Si les *standard* vous paraissent trop petites, sachez que la taille des pièces augmente sensiblement pour les *superior* et les *deluxe*. Réserv. indispensable compte tenu du succès de l'établissement.

Banyan Leaf – B2 - *Taphul Rd - ✆ (063) 967 968 - www.banyanleafhotel.com - ▤ ✕ 🏊 - 39 ch. - 35/45 US$ ☕.* Ses chambres aux tons paille et orangé ou vert tendre sont bien équipées et très convenables malgré leur simplicité. Pour un petit supplément, préférez les chambres d'angle, mieux meublées et dotées d'un balcon. Réduction pour les séjours longue durée. Accueil charmant.

POUR SE FAIRE PLAISIR

Golden Butterfly – A3 - *Au bout de Stung Thmey St. - ✆ (092) 646 439 - www.goldenbutterflyvilla.com - ▤ ✕ - 25 ch. - 35/48 US$.* Au fond d'une impasse, à côté du Bayon Boutique : impossible de manquer l'édifice, vermillon de la façade aux chambres. Sur 4 étages sans ascenseur, réparties en trois catégories de prix selon leur taille, les chambres affichent un bon rapport qualité-prix étant donné leur situation (Pub St. est à 7mn à pied). Certaines ont un balcon. Pas de petit-déj. mais 1h de massage offerte. Accueil attentif.

Sakara Boutique Villa – A1 en dir. - *Sala Kanseng Village, dans une ruelle à gauche d'Airport Rd (tourner au niveau de l'hôtel Angkor Home) - ✆ (063) 760 222 - www.sakaravilla.com - ▤ 🏊 - 5 ch. - 48/58 US$ ☕.* Au calme, à 20mn à pied du centre, cette villa accueille les voyageurs depuis 2013. De tailles différentes, certaines avec balcon, d'autres avec baignoire, toutes impeccables, les chambres disposent de tout le confort. Piscine dans un jardin planté de bananiers, de frangipaniers et d'orchidées, location de vélos.

The Frangipani Villa – C3 - *Wat Bo St. - ✆ (063) 963 030 - www.frangipanihotel.com - ▤ ✕ 🏊 - 87 ch. - 50/70 US$ ☕.* Ses deux bâtiments jumeaux ménagent d'agréables espaces communs. Le plus ancien accueille les chambres *standard*, le plus récent les catégories supérieures. Toutes spacieuses, elles diffèrent surtout par la vue offerte ; les plus belles, au 3e et dernier étage (avec ascenseur) jouissant d'une vue plongeante sur les toitures du Wat Bo. Jolie piscine dans une végétation exubérante, spa, agence d'excursions.

Bayon Boutique – B3 - *Au bout de Stung Thmey St. - ✆ (063) 969 456 - http://bayonboutique.com - ▤ ✕ 🏊 - 18 ch. - 70/90 US$ ☕.* Un petit pont japonais mène à la réception de cette bâtisse de 4 étages (sans ascenseur) nichée dans une impasse, face à une école primaire. Ici, le gris s'érige en principe décoratif, dans les parties communes comme dans le linge des chambres. Les *deluxe*, avec petit salon, balcon et 2 cabinets de toilette, présentent le meilleur rapport confort-prix. Projection de films sur le Cambodge ou sur Angkor tlj à 19h.

UNE FOLIE

Mémoire d'Angkor – B2 - *54, bd Sivatha - ✆ (063) 766 999 - www.memoiredangkor.com -* ▤ ✕ ⛱ *- 49 ch. - 90/120 US$* ☕. Une harmonie de rouges, de blancs et de gris sombres se répond des couloirs aux chambres, aux lignes modernes mais de taille inégale. Si les suites séduisent, avec leur balcon, leur baignoire à l'ancienne et leur balancelle, les *standard* s'avèrent plus quelconques. Petit-déj. buffet de qualité et bien garni, salle de gym, massages.

Diamond d'Angkor Boutique – A3 - *Sok San Rd - ✆ (063) 966 687 - www.diamondangkor.com -* ▤ ✕ ⛱ *- 19 ch. - 100/130 US$* ☕. Les prix varient considérablement d'une semaine à l'autre en fonction du taux d'occupation. De grandes baies vitrées ouvrant sur des balcons illuminent des chambres à la décoration moderne, tout en noir et blanc. Intéressantes formules incluant tours en *tuk-tuk* dans le parc archéologique et prêt d'un téléphone mobile. Personnel serviable.

Santa Clara – C1 en dir. - *105, River Rd West - ✆ (063) 765 801 - http://santaclaracambodia.com -* ▤ ⛱ ✕ *- 13 ch. - 110/130 US$* ☕. Ouvert en 2013. Sa décoration contemporaine laisse apparent le ciment des sols et des meubles encastrés. Les chambres, spacieuses, aux sdb immenses, mais un peu froides avec leur camaïeu de gris, s'étagent sur 2 niveaux devant une piscine qu'entourent bambous et strelitzias (oiseaux de paradis).

Château d'Angkor La Résidence – B2 - *Oum Chhay St. - ✆ (063) 966 060 - www.chateau-angkor.com -* ▤ ✕ ⛱ *- 28 ch. - 150 US$* ☕. Ses chambres immenses au dallage rétro deviennent de véritables petits appartements pour les familiales, dotées de deux pièces, d'un salon et d'une cuisine équipée avec lave-linge. Les viennoiseries de son excellent petit-déj. buffet remportent un franc succès. Jolie piscine dans un bout de jardin tropical, personnel serviable et bon accueil.

☺ **Maison Polanka** – C1 - *Rive est, juste au nord du Wat Polanka - ✆ (012) 499 810 - www.maisonpolanka.com -* ▤ ✕ ⛱ *- 5 ch. - 260/350 US$* ☕ *- 2 nuits mini.* Toutes différentes, les chambres occupent deux maisons traditionnelles en teck. L'une adopte une décoration moderne avec carrelage et lignes claires, les autres conservent un style à l'ancienne et sont meublées de bois. Atmosphère on ne peut plus paisible dans le grand jardin planté de cocotiers, rempli d'orchidées et d'oiseaux de paradis, où s'ouvre une belle piscine. L'hôtel n'est pas signalé : demandez à ce que l'on vienne vous chercher (navette gratuite depuis l'aéroport/la gare routière).

De Sarann Villa – C1 en dir. - *37, Trang Village - San Rd - ✆ (063) 900 050 - www.desarannvilla.com -* ▤ ⛱ *- 14 ch. - à partir de 250 US$* ☕. Véritables petits appartements avec cuisine et piscine privée sur la terrasse, les chambres, à la décoration unique et raffinée, se répartissent dans 4 villas. Personnel très présent et serviable, belle gamme de services offerts : minibar, massage, navette aéroport, téléphone mobile, mise à disposition d'une voiture pour les excursions…

RESTAURATION

PREMIER PRIX

India Gate – B3 - *342, St. 9 - ✆ (093) 270 713 - http://indiagatesiemreap.com -* ▤ 🚭 *- 9h30-22h30 -*

5/7 US$. On ne vient pas ici pour le cadre mais pour les talents du chef, d'origine indienne. Du *lassi* au poulet *tandoori* en passant par les *thali* (plateaux d'assortiments, au poulet, au mouton, au poisson ou végétariens), vous ferez un tour d'horizon de la tradition culinaire du sous-continent et terminerez par un *massala chai* (thé aux épices). Petite sélection de vins.

Guru Mother Cafe – B2 - *26, Oum Khun St. - ✆ (012) 785 397 - ▭ - 11h-14h30, 18h-22h sf dim. - 7/10 US$ - menu 5 US$*. Un restaurant de poche concoctant d'excellentes recettes japonaises et chinoises, essentiellement à base de porc (au gingembre, en soupe). Son menu, qui change chaque semaine, comporte 3 plats que l'on accompagne d'une bière pression ou d'un saké.

Old House – B3 - *Pi Thnou St., face à l'hôpital - ✆ (012) 493 948 - ▭ - 11h-22h - 8/10 US$ - menu 6,50 US$*. Dans cette salle sobre, avec parquet et tables de bois, on sert une cuisine apte à satisfaire tous les goûts : chinoise, malaise, italienne, khmère ou thaïe, elle réunit les spécialités les plus prisées par les voyageurs occidentaux, sa principale clientèle. Vin au verre.

BUDGET MOYEN

Master Suki Soup – B2 - *Oum Khun St. - ✆ (063) 663 322 - www.mastersukisoup.com - ▤ ▭ - 6h-21h30 - env. 10 US$*. Cette vaste cantine vietnamienne s'étage sur 2 niveaux. On y choisit des assortiments de seiche, crevettes, champignons, canard que l'on met à cuire sur les plaques chauffantes disposées au centre de chaque table et que l'on partage. Spécialisée dans cette formule familiale de *hot pot*, l'adresse rencontre un franc succès auprès d'une clientèle essentiellement cambodgienne. Sert également d'excellentes soupes *phò*.

Chamkar House – A1 en dir. - *Sala Kanseng Village, dans une ruelle sans nom s'engageant à gauche (sud) d'Airport Rd (tourner au niveau de l'hôtel Angkor Home) - ✆ (092) 733 150 - ▭ - 10h30-22h30, dim. 16h-22h30 - 10/14 US$*. Un régal pour les végétaliens : il prépare une cuisine *slow food* à savourer devant le petit jardin (*chamkar* en khmer) où poussent les plantes aromatiques. Quelques spécialités du pays, comme la soupe aux boulettes de riz et au gingembre, le curry d'aubergines à la citronnelle ou le melon d'hiver braisé, côtoient toute une gamme de soupes et salades. Vin au verre. Autre adresse dans le centre, près du vieux marché (Psar Chas).

Cambodian BBQ – B3 - *St. 8 - ✆ (063) 966 052 - ▭ - 11h-0h - 12/15 US$*. Ses deux menus de dégustation, pour 1 ou 2 pers., vous proposent d'essayer toutes sortes de viandes connues ou moins : crocodile, kangourou, serpent, requin, espadon… qu'un *phnom pleung* (montagne de feu) au centre de la table garde au chaud. Ces agapes sont servies avec nouilles, riz et légumes. Terrasse à l'étage.

Haven – C4 - *Rive est, Chocolate Rd (derrière le Wat Damnak, face à l'Angkor High School) - ✆ (078) 342 404 - www.haven-cambodia.com - ▭ - 11h30-15h, 17h30-22h sf dim. - 10/15 US$*. À 15mn à pied du Psar Chas, ce restaurant à vocation humanitaire occupe une maison traditionnelle dans un grand jardin tropical. Il sert d'école à une quinzaine d'apprentis cuisiniers dont vous goûterez les réalisations : brochettes, rouleaux de printemps, plats végétariens, *tempura* et autres recettes asiatiques ou occidentales, ainsi qu'*amok* et *lok lak*. Réservez ou venez tôt.

L'Atelier PoLanka – B3 - *St. 9 - (012) 929 731 - www.latelierpolanka.com - - 9h-21h30 - 15 US$.* Dans cette mini-salle à la décoration japonisante, on apprécie autant la jolie présentation des assiettes que leur contenu. Une carte de cuisine nipponne privilégie porc, poulet et nouilles sautées ; l'autre, de cuisine khmère, propose salade de papaye verte, poisson fumé à la mangue, poulet aux racines de lotus et les deux plats fétiches de la ville, le bœuf *lok lak* et l'*amok*. À partir de 14h, une formule *afternoon tea* pour découvrir trois desserts khmers. Petite salle en mezzanine.

Georges Rhumerie – C4 - *Georges Lane, à côté de l'hôtel Sarai - (096) 861 7448 - www.georges-cambodia.com - 17h30-22h30, fermé le dim. en basse saison - - 12/18 US$.* La chaleur de l'accueil autant que l'originalité des mets en font une adresse sortant de l'ordinaire. Dans une salle aux lignes et aux tons modernes, ou en terrasse dans le jardin, vous ferez honneur à une cuisine créole de qualité : rougaille saucisse aux 4 épices, boucané chasseur, poulet sauce blanche et, en dessert, le « gato d'Angkor », un fondant de patate douce et de mangue nappé d'un coulis aux fruits de la passion. Ses rhums arrangés, de fabrication locale ou importés, valent à eux seuls le détour. Vous les retrouverez au petit rayon boutique avec les confitures et les *chutneys* maison.

POUR SE FAIRE PLAISIR

Ô Bistrot des Copains – B3 - *170, Pi Thnou St. (Hospital St.) - (089) 970 643 - - 18h30-0h - 14/20 US$.* Ouvrant pour l'apéro (pastis, bien entendu !), il séduira les nostalgiques avec ses assiettes de charcuterie, sa salade au chèvre chaud ou son magret de canard. Quelques vins français servis au verre et bon nombre de tours Eiffel aux murs de cette salle tout en longueur.

The Sugar Palm – B2 - *Taphul Rd - (012) 818 143 - www.thesugarpalm.com - 11h30-15h, 17h30-22h sf dim. - 15/20 US$.* Cette grande et belle demeure de bois vous accueille à l'étage dans une salle ouverte, joliment aménagée, sous les ventilateurs de plafond. Un cadre plein de goût pour apprécier les classiques de la cuisine khmère : salade de mangue au poisson fumé, poisson de rivière macéré dans le jus de citron (façon mahi-mahi), *amok*, curries végétariens ou grenouilles au gingembre. Petite sélection de cocktails et carte de vins australiens et néo-zélandais.

The Touich – C1 en dir. - *Derrière le Wat Preah An Kau Sai (Wat Leu) - (012) 995 583 - http://the-touich-restaurant-bar.blogspot.com - - 8h-22h - 16/20 US$.* Excentré, dans un quartier paisible de la rive est, ce petit restaurant au toit de palme sert une cuisine familiale où vous retrouverez *amok* et *lok lak* ainsi que quelques préparations au *prahoc* (pâte de poisson fermenté). Plus convenus, le vivaneau en croûte de sel cuit à l'étouffée ou l'entrecote au poivre de Kampot côtoient une sélection de plats à l'occidentale.

Terrasse des Éléphants – B3 - *Bd Sivatha, angle St. 9 - (063) 965 570 - www.terrasse-des-elephants.com - 6h-22h - 18 US$ - menus 18 et 25 US$.* Une belle adresse, tant sur le plan gastronomique que pour le cadre, mélange heureux d'architecture coloniale et traditionnelle :

2

plafonds à moulures où tournent les ventilateurs, bas-reliefs d'éléphants et plantes vertes ornent plaisamment salles et terrasses. La carte, de cuisine khmère pour l'essentiel, propose 2 menus de dégustation à 6 ou 8 plats. Dans les étages, pour la partie hôtel, 17 chambres de luxe reprennent le style des temples khmers.

Red Crab Seafood – B1 - *82, NH 6 - ✆ (063) 966 599 -* ▤ *- 10h-14h, 17h-22h - 20/30 US$.* Qu'il soit rouge ou bleu, le crabe qui a donné son nom à cette maison est évidemment sa spécialité. Il vous sera servi vapeur, frit ou farci et facturé au kilo, tout comme les langoustes, le vivaneau *(snapper)*, le mérou *(grouper)*, le poisson-chat *(cotton fish)* ou la morue charbonnière *(snow fish)* que vous choisirez dans les viviers à l'entrée. Également des huîtres, crues ou cuites. Les plateaux tournants au centre des tables, à la mode chinoise, invitent à partager ces délices, très appréciées d'une clientèle asiatique aisée.

Chanrey Tree – B3 - *Av. Pokambor, près du Wat Preah Prom Rath - ✆ (063) 767 997 - www.chanrey tree.com - 11h-14h30, 18h-22h - 12/22 US$.* Fonctionnant en binôme avec le **Sokkhak River** mitoyen, il propose deux salles en rdc et une terrasse à l'étage, toutes d'architecture et de décoration contemporaines plutôt réussies. Vous pouvez piocher dans l'une ou l'autre des cartes – plus orientée poisson et cuisine cambodgienne chez le premier, plus occidentale (et plus chère) chez le second – et vous installer dans l'espace qui vous plaira le mieux. Jolie carte internationale de vins.

Barrio – C3 - *170, Wat Bo St. - ✆ (063) 965 237 - 11h-22h - env. 25 US$ - menu 9,50 US$.* L'ardoise affiche 2 menus d'appel (entrée + plat), l'un khmer et l'autre français. Quant à la carte, elle vante les plats phares du terroir hexagonal – tripes à la mode de Caen, confit de canard du Périgord, escargots de Bourgogne, etc. Ses 2 petites salles, où les ventilateurs de plafond ronronnent entre de grands lustres à pendeloques, et une terrasse abritée ouvrant sur les parterres de strelitzias, composent un curieux cadre tropico-européen.

Aha – B3 - *West Alley (ruelle piétonne entre Pub St. et St. 9) - ✆ (063) 965 501 - www.shintamani. com -* ▤ *- 17h30-22h30 - 20/30 US$.* Plusieurs formules, végétarienne, khmère, contemporaine, fruits de mer, etc. comprenant chacune 3 plats différents : c'est l'occasion de varier les saveurs autour d'un verre de vin, dans une salle au design inventif, avec ses vagues de bois et ses luminaires hérissés. Le reste de la carte privilégie les produits d'importation, d'où des prix assez élevés.

UNE FOLIE

Le Malraux – B3 - *St. 7, angle bd Sivatha - ✆ (063) 966 041 - www. le-malraux-siem-reap.fr - 12h-22h - 22/30 US$.* Salle aux murs de brique apparente ornés de vieilles réclames chinoises et françaises et de photos anciennes d'Angkor, terrasse où les cages à oiseaux et les lampes orange *vintage* pendent parmi les plantes vertes : l'originalité avec une touche rétro est de mise au Malraux. Le restaurant attire une clientèle d'expatriés nostalgiques de leur terroir. Carte des vins aux prix raisonnables.

Abacus – A1 - *Abacus Lane, au nord de la NH 6 (au niveau de la banque ACLEDA), en dir. de* *l'aéroport - ✆ (0123) 644 286 - http://abacuscafe.com - ▤ - 11h-22h - 28/44 US$.* La salle vitrée aux lignes contemporaines donne sur les palmiers d'une cour-jardin où sont disposées tables et chaises de teck. Carte de cuisine fusion internationale mariant les influences méditerranéennes et asiatiques. Quelques recettes inventives, comme cette soupe de pois cassés accompagnée de foie gras ou ce roquefort chaud nappé d'une sauce à la pomme. Belle carte des vins.

PETITE PAUSE

FCC – C2 - *Av. Pokambor, à côté de la résidence royale - ✆ (063) 760 283 - http://fcccambodia.com - 7h-0h.* Un beau bâtiment blanc années 1950 face à la rivière, ménageant un coin bar-salon à l'étage. Formules d'*afternoon tea* asiatique (salée) ou européenne (sucrée) de 14h à 16h30. Boutiques d'artisanat d'art de qualité au rdc.

The Soup Dragon – B3 - *St. 8, angle Pi Thnou St. (Hospital St.) - ✆ (063) 964 933 - ⌧ - 16h-2h.* Plus informelle que les autres établissements de Pub St., cette cantine vietnamienne sert à toute heure de copieux petits-déjeuners à la mode occidentale ou asiatique (*phò*, rouleaux de porc aux crevettes, etc.). Pour une pause rafraîchissante, jus de tamarin, de noix de kola, citronnade, thé au gingembre…

Tous les Jours – B3 - *Angle bd Sivatha et Stung Thmey St. (en face de la Terrasse des Éléphants) - ✆ (093) 360 222 - ▤ ⌧ - 7h-21h.* Croissants, pains aux raisins, chaussons aux pommes, friands à emporter ou à consommer sur place (salle et terrasse).

New Leaf – B3 - *306, St. 9, près du Wat Preah Prom Rath - ✆ (063) 766 016 - ⌧ -7h-22h.* Café-librairie-boutique soutenant des projets humanitaires. Vous pourrez y prendre une collation et, le lundi à 19h, assister à une projection cinématographique (documentaires, art et essai).

Blossom – B3 - *Preah Khan St., face à l'hôpital ophtalmologique - ✆ (017) 800 301 - ▤ -10h-17h sf dim.* Dans un cadre frais et design aux tons pastel et vert d'eau, des pâtisseries, des *milkshakes* et des *smoothies* et tout un choix de cafés et de thés parfumés (taro, ananas, durian…).

BOIRE UN VERRE

Bar Code – B3 - *New St. A, dans la ruelle à droite du Wat Preah Prom Rath - ✆ (063) 968 6161 - http://barcodesiemreap.com - ▤ - à partir de 17h.* Une adresse francophone conviviale, *gay friendly*, proposant tous les soirs un spectacle cabaret transformiste dans une petite salle cosy aux lumières tamisées.

Ivy – B3 - *Preah Khan St., entre le Psar Kandal et le Wat Preah Prom Rath - ✆ (012) 653 023 - www.ivy-guesthouse.com - 16h-23h.* Organise chaque soir des activités différentes, ouvertes aux non-résidents : grands *quizz* le jeu. au profit d'associations caritatives, tapas et cocktails le vend. Arrivez tôt, la formule a du succès.

The Red Piano – B3 - *Pub St., angle St. 11 - ✆ (063) 964 750 - www.redpianocambodia.com - 7h-0h30.* Bières belges et cocktails à siroter confortablement installé dans un fauteuil d'osier, au rdc d'un édifice colonial aux belles boiseries. Ce bar-restaurant était le QG d'Angelina Jolie lors du tournage de *Tomb Raider*. Tubes des années 1980-1990 à partir de 22h.

2

ACHATS

Marchés

Psar Chas (vieux marché) – B3 - *Av. Pokambor - 8h-21h.* Touristique.

Psar Kandal (marché central) – B3 - *Angle bd Sivatha et Samdech Tep Vong St. - 9h-21h.* Quartier commerçant où l'électronique côtoie les souvenirs et les fruits.

Psar Leu (nouveau marché) – C2 en dir. - *Rive est, au bord de la NH 6 (dir. Phnom Penh) - du lever au coucher du soleil.* Le plus vaste et le plus authentique des marchés de Siem Reap. Très populaire et très fréquenté, surtout le matin. Nombreuses cuisines ambulantes.

Artisanat

Artisans d'Angkor – B3 - *Stung Thmey St. - ✆ (063) 963 330 - www.artisansdangkor.com - 8h-18h.* Grand choix d'articles d'excellente qualité, à des prix assez élevés. Dans les ateliers, de jeunes Cambodgiens font leur apprentissage (tailleurs de pierre, ébénistes, peinture sur soie, travail de la laque et de l'argent).

Khmer Ceramics – C1 en dir. - *Av. Charles-de-Gaulle, au feu à droite juste après le Musée national - ✆ (063) 210 004 - www.khmerceramics.com - 8h-19h30.* Répliques de fours antiques et actuels à l'entrée de cet atelier-boutique où sont expliqués les modes de cuisson, de vitrification et de glaçurage. Vaisselle, services à thé, luminaires.

Angkor Artwork – C4 en dir. - *Salak Komroek Village, env. 800 m après le restaurant Georges Rhumerie - ✆ (012) 327 680 - www.angkorartwork.fr - 9h-17h30.* Marqueterie sur paille, bols, tableaux, statues à base de bois de manguier, de tamarin et d'hévéa laqués à la main : tout y est magnifique. Vous pourrez suivre le processus de fabrication de la laque dans l'atelier.

Jayav Art – C1 en dir. - *A25, av. Charles-de-Gaulle, route du parc archéologique, à gauche après l'hôtel Méridien - ✆ (089) 787 345 - 10h-18h30.* Créations originales en papier mâché à base de journaux recyclés, moulés et peints à la main avec des pigments naturels. Visite de l'atelier à l'étage.

Liqueurs et gourmandises

Starling Farm – B3 - *St. 7 - ✆ (089) 629 393 - www.starlingfarm.com - 9h-22h.* Poivres de Kampot vendus sous vide et présentés dans de jolis sachets, paniers tressés ou boîtes en feuilles de palmier à sucre.

Sombai – C4 en dir. - *Sombai Rd - ✆ (095) 810 890 - www.sombai.com - 9h-19h.* Infusions et liqueurs à base d'alcool de riz, version moderne des boissons médicinales. Atelier-boutique à la présentation soignée.

Coutellerie

The Knife Shop – B3 - *157, St. 7 - ✆ (011) 308 471 - www.depdep.com - 9h-22h.* Des couteaux à lame d'acier ou de carbone et au manche en bois précieux, corne ou peau de raie, faits main dans la région de Phnom Penh.

Librairie

D'S Books – B3 - *Pi Thnou St., après St. 7 - ✆ (089) 262 404 - 10h-22h.* Livres neufs ou d'occasion en anglais. Quelques ouvrages sur les temples d'Angkor.

EN SOIRÉE

Spectacles

Smile of Angkor – C1 en dir. - *Apsara Rd - ✆ (063) 655 0168 - www.smileofangkor.info - dîner-buffet à partir de 17h, spectacle à 19h15 - 38/48 US$ - spectacle 75mn - réserv.*

indispensable. Danseurs, acrobates et musiciens retracent l'histoire d'Angkor Wat. Un aperçu des principales danses khmères.

Koulen Performance – B2 - *50, bd Sivatha (entre St. 2 et St. 3, face à l'hôtel Mémoire d'Angkor) - ✆ (063) 964 924 - www.koulenrestaurant.com - 12 US$ (formule buffet+spectacle à 18h30) et 6 US$ (spectacle seul, 1h) à 19h30 - réserv. conseillée*. Danses des *apsara* dans de somptueux costumes.

Phare – A3 en dir. - *Svay Dangkom Village (suivez Sok San Rd vers l'ouest jusqu'au bout) - ✆ (092) 225 320 - www.pharecambodiancircus.org - 20h - 18/35 US$ selon la place (enf. 10/18 US$)*. Des spectacles de cirque de haute volée. *Voir encadré p. 97.*

Wat Bo – C3 - *Rive est, en retrait de St. 22 - lun. et sam. à 19h - 15 US$*. Spectacles de marionnettes traditionnelles. Rens. à l'office de tourisme.

Alliance Art Café – B4 - *High School Rd, à côté du Wat Damnak - ✆ (063) 964 940 - www.allianceangkor.com - 9h-22h*. Théâtre d'ombres et danses traditionnelles khmères accompagnent les dîners.

Beatocello – C1 en dir. - *Hôpital Jayavarman VII - route du parc archéologique - www.beat-richner.ch - sam. à 19h15*. Récital de violoncelle *(env. 1h30)* donné par un pédiatre suisse au profit de l'hôpital pour enfants.

ACTIVITÉS

Équitation

The Happy Ranch Horse Farm – A3 en dir. - *2 km à l'ouest de la ville, au bout de Sok San Rd à gauche - ✆ (012) 920 002 - www.thehappyranch.com*. Randonnées à cheval d'1/2 j. dans la campagne environnante. Poneys et calèches.

Croisière

Boat Association – B4 en dir. - *Embarcadère de Chong Khneas (5/7 US$ en* tuk-tuk*/taxi - voir p. 218)*. Excursions *(20 US$/pers.)* de 2h sur le Tonlé Sap à la découverte du village flottant de Chong Khneas, de son école, son marché, etc.

AGENDA

Fête de l'Eau – *Pleine lune de nov.-déc.* Régates sur la Siem Reap.

Angkor Wat International Half Marathon – *www.angkormarathon.org - déc.* Semi-marathon sur le site d'Angkor.

Cambodian Cuisine Festival – *2 j. début avr.* Organisé depuis 2013 par l'ONG Pour un sourire d'enfant.

Tini Tinou International Circus Festival – *http://pharecircus.org - avr.-mai*. Représentations assurées par les artistes du cirque Phare et d'autres troupes internationales.

2

Battambang

★★

200 000 habitants – Capitale de la province de Battambang (1 240 000 hab.)

Deuxième ville du pays en population, siège de nombreuses ONG et administrations gouvernementales, Battambang s'étire au long de la rivière Sangker. Ses pagodes et ses façades jaune pâle se souviennent du temps où elle fut siamoise, puis française, avant de redevenir cambodgienne. Pourtant, c'est bien dans la tradition khmère que Bat Dambang, la ville du « bâton qui disparaît », puise ses racines. Le plaisir d'un séjour dans cette paisible capitale provinciale, c'est aussi celui de sillonner à vélo sa riante campagne aux rizières vert tendre piquetées de pagodes, de hameaux aux maisons de bois et de collines que coiffe parfois un temple angkorien. Si Phnom Banan et Ek Phnom ne revêtent pas le caractère grandiose d'Angkor, ils offrent un calme et une sérénité appréciables. Plongée dans un Cambodge rural hors du temps.

NOS ADRESSES PAGE 240
Hébergement, restauration, achats, activités, etc.

S'INFORMER

Office de tourisme – A3 - *En face du Provincial Hall - ✆ (012) 534 177 - www.battambangtourism.org - 8h-11h, 14h-17h.* Plan de la ville. Accueil souriant.

SE REPÉRER

Carte de région A2 (p. 178) – plan de ville p. 230 – carte des alentours de Battambang p. 235.

À 294 km au nord-ouest de Phnom Penh et 172 km au sud-ouest de Siem Reap.

Voir aussi la rubrique « Arriver/partir » dans « Nos adresses ».

À NE PAS MANQUER

Les édifices coloniaux sur les berges de la Sangker ; une balade à vélo dans la campagne ; aux environs, les maisons anciennes de Wat Kor.

ORGANISER SON TEMPS

Comptez 2 j. pour la ville et ses environs. Privilégiez le petit matin et la fin d'apr.-midi pour découvrir la campagne : vous aurez une meilleure lumière et des températures plus fraîches.

AVEC LES ENFANTS

Le Bamboo Train ; un spectacle au cirque Phare.

Se promener Plan de ville p. 230

Au départ du marché central, puis en descendant la rivière par la rive ouest, circuit tracé en vert sur le plan de ville – Comptez 1/2 journée.

Si elle séduit par son cachet désuet, Battambang est pourtant une ville assez récente. Elle fut fondée en 1795 par les Siamois, qui occupaient alors tout l'ouest du Cambodge, et remaniée un peu plus d'un siècle plus tard, lorsqu'elle passa sous protectorat français (1907). Son vieux centre, sur la rive ouest, a gardé le plan simple et rigoureux tracé par l'administration coloniale dans les années 1910 : cinq rues parallèles à la rivière (baptisées rues 1, 2 et 3, entre lesquelles s'intercalent les rues 1,5 et 2,5), juste au sud du marché central ; la rive est a fait l'objet d'un développement plus récent. Les édifices de ce

L'ancienne maison du gouverneur, dans l'axe du pont piéton.
P. Tisserand/Michelin

quartier comptent parmi les témoignages les mieux préservés de l'architecture du Protectorat. Certains ont été restaurés, d'autres montrent des façades décrépies. Les plus beaux sont aujourd'hui occupés par les sièges de banques et d'antennes ministérielles. Réparties dans la ville, une dizaine de pagodes narrent dans de riches cycles picturaux la vie du Bouddha et ses vies antérieures, les *jataka*.

★★ Psar Nat (marché central) A1

St. 113, entre St. 1 (sur la rivière) et St. 3 - 5h-18h.

Surmonté par une tour-horloge carrée, le **bâtiment Art déco** jaune occupe l'emplacement de l'ancien marché en plein air, sur trois pâtés de maisons. Il fut dessiné en 1936 par l'architecte Jean Desbois, à qui l'on doit aussi le marché central de Phnom Penh et celui de Saïgon (Hô-Chi-Minh-Ville). Dans les deux parties du bâtiment se succèdent bijouteries, échoppes de barbiers et salons de beauté, vendeurs de poisson séché et de fruits exotiques. Au centre, quelques cuisines populaires allument sous les marmites dès le point du jour. Le ventre de Battambang déborde d'activité tôt le matin, quand les paysans arrivent des villages environnants pour vendre poisson frais et légumes.

Au nord du marché, deux féroces *dvarapala* rappellent ceux de Thaïlande. Ils gardent le porche rouge et or moderne du **Wat Pipetharam** *(St. 109, entre St. 2 et St. 3)*. Construit en 1888, quand la ville était siamoise, le *vihear* de cette pagode trahit ses origines dans ses toitures emboîtées, d'où descendent des *naga* et dont des *chofa* stylisés prolongent les angles.

Un petit **marché de nuit** s'installe vers 17h30 devant le Psar Nat, sur la rivière. Il montre cependant moins d'animation côté cuisine que celui établi plus bas dans la rue, au niveau de la poste.

★★ Carré colonial A1-2

Délimité par les St. 1 et 3, au nord par le Psar Nat, au sud par St. 121.

★ **Pagode chinoise** (Huai Bao Gu Miao) – *St. 1 - 150 m au sud du Psar Nat.*
Fondée dans les années 1860 ou 1870, c'est la seule rescapée des trois pagodes

chinoises que comptait la ville avant les Khmers rouges. La répression contre les minorités d'origine étrangère fut sans merci et beaucoup de Chinois ont fui le pays ou ont été exterminés. Peints sur les vantaux de porte, des *dvarapala* au regard sévère montent la garde devant une salle aux piliers et plafond

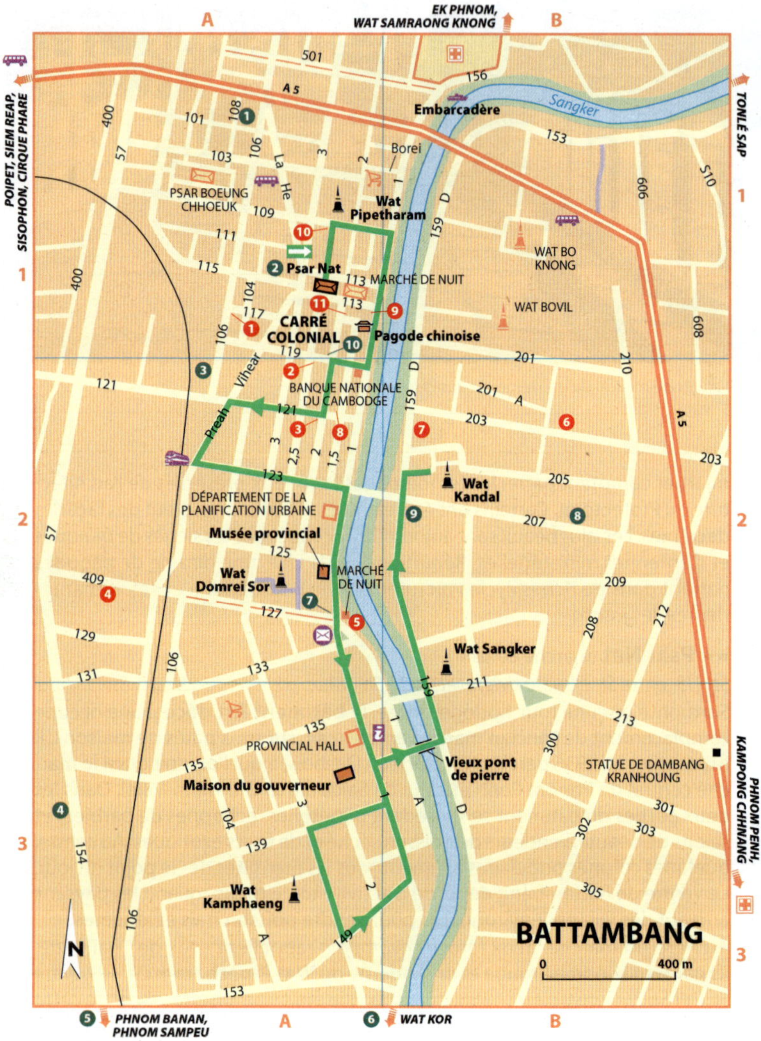

SE LOGER		SE RESTAURER	
Angkor Comfort	7	Bambu	6
Au Cabaret Vert	4	Battambang Town	3
Battambang Resort	5	Chinese Noodle	8
Bric-a-Brac	10	Cuisines de rue	10
Classy	9	HOC Café	1
Delux Villa	3	Jaan Bai	11
Emerald BB Battambang	8	Khmer Delight	2
Maisons Wat Kor	6	Khmer Foods	4
Royal	2	Khmer-Thaï Dishes	9
Shang Hai	1	Marché de nuit	5
		Villa (La)	7

LES MAISONS DE COMMERCE CHINOISES

Caractéristiques du paysage urbain de Battambang, les **maisons de commerce** furent construites par les immigrants chinois dans la première moitié du 20e s. Ces bâtiments sont nombreux entre les rues 1 et 2,5. Le rez-de-chaussée était dévolu aux activités de commerce (boutique et entrepôt), tandis que l'étage servait de bureau et de demeure au marchand et à sa famille. L'étage ménageait un surplomb, formant au-dessus du trottoir un auvent qui protégeait les promeneurs (et clients) du soleil et de la pluie. Des balcons de fer forgé, des balustrades et des décorations stuquées ajoutent aux édifices construits entre 1920 et 1950 une touche « à la française ». Les fenêtres arrondies sur le dessus et les portes en bois (il en existe encore même si elles se raréfient) sont elles aussi typiques.

rouges, restaurée à plusieurs reprises au cours du 20e s. et parée de fresques modernes. La pagode accueille toujours une communauté de fidèles.

Passé l'angle de la rue 1 et de la rue 119, une **demeure coloniale★** accueille aujourd'hui la Banque nationale du Cambodge. Sa façade mêle classicisme européen et éléments d'architecture traditionnelle khmère (frontons arrondis).

Détour par la rue 2,5 – Dans cette ruelle « branchée » se succèdent bars-galeries d'art et snacks à l'occidentale. Les maisons de commerce chinoises de la partie est (côté rivière) de la rue, construites dans la première moitié du 20e s., montrent des piliers carrés, des toits pentus et des murs de brique ; celles du trottoir d'en face, qui datent des années 1969 et 1970, sont en ciment et à toits plats, avec des colonnes cylindriques pour soutenir l'auvent.

Ancienne gare ferroviaire – *Au bout (ouest) de la rue 123.* De vieux bâtiments à l'abandon croulent derrière la gare qui, comme la ligne de chemin de fer entre Battambang et Phnom Penh, fut construite par les Français dans les années 1930. Fermée suite au manque d'entretien des voies, elle attend une remise en service régulièrement retardée.

▶ *Revenez vers la rivière et tournez à droite.* Plus bas, face au fleuve, une **villa coloniale française** restaurée accueille le département de la Planification urbaine et du Cadastre. *Continuez à descendre la berge vers le sud.*

★ Musée provincial de Battambang A2

St. 1, angle St. 125 - ✆ (016) 896 727 - 8h-11h, 14h-17h sf w.-end - 1 US$ - photos interdites.

Sa construction, en 1968, amputa la pagode de l'Éléphant blanc d'une partie de sa cour et la priva de son accès direct à la rivière Sangker. Typique de l'**architecture néo-khmère** des premières années de l'Indépendance, le bâtiment reprend sur une structure en béton les éléments décoratifs des maisons traditionnelles, dont le toit pentu à pignon ouvragé. Il héberge une collection de statues et de bas-reliefs angkoriens, des poteries, des fragments architecturaux (antéfixes, bornes) et une remarquable série de **linteaux★★** sculptés. **Têtes★** de *deva* et d'*asura*, statues du dieu à tête d'éléphant Ganesh, **dvarapala★** (dont une belle statue du style du Bayon, fin du 12e s.) voisinent avec des statues bouddhiques en grès. L'ensemble, vieillot, manque d'ordre et d'explications mais renferme quelques pièces intéressantes retrouvées sur les sites des alentours (Ek Phnom, Phnom Banan, Phnom Sneng) et jusqu'à Banteay Chhmar. Dans la salle de droite se tiennent des **bouddhas debout★** en bois, du 17e s.

Le pavillon adjacent accueille parfois des expositions sur le folklore local, ses légendes ou les artisanats et modes de vie traditionnels de la province.

2

★ **Wat Domrei Sor** (pagode de l'Éléphant blanc) A2

Derrière le musée, entre St. 2 et St. 3 - entrées sur St. 125 et St. 127.

Deux éléphants blancs gardent la porte est du *vihear* ; ils sont entourés d'autres statues illustrant des épisodes de la vie du Bouddha, tel ce « mort » au teint verdâtre, aux yeux pleins d'horreur, dont un vautour et un corbeau déchirent les entrailles. Le *vihear*, construit en 1904 à l'instigation de l'une des épouses du gouverneur siamois de la ville, porte sur ses murs extérieurs des bas-reliefs narrant le **Reamker**, la version khmère du *Ramayana*. On reconnaît sur le mur est l'enlèvement de Sita *(voir encadré p. 96)*. S'ensuit l'épique mêlée entre l'armée des singes et celle du roi de Lanka. Insolites parmi les représentations mythologiques, un engin à vapeur et un personnage botté font référence aux débuts de la période coloniale – des allusions que l'on retrouve sur les fresques bouddhiques de l'intérieur. Peu fréquente au Cambodge, la représentation du *Reamker* dans une pagode relève plutôt de la tradition artistique siamoise.

Quittez la pagode par la rue 127, tournez à gauche pour rejoindre la rue 1, puis à droite.

★ **Sala Khaet** (maison du Gouverneur) A3

Dans l'enceinte du Provincial Hall - angle St. 1 et St. 137 - 8h-17h (visite de l'extérieur uniquement).

Le complexe se trouvait jadis à l'intérieur de la forteresse siamoise *(kamphaeng - voir plus loin)*. En 1905, Lokmchas Katha Thorn Chhum, qui gouvernait la ville au nom du royaume de Siam, fit appel à un **architecte italien** pour se faire édifier une nouvelle demeure. La province de Battambang ayant été restituée au Cambodge en 1907, le gouverneur n'occupa jamais cette imposante bâtisse jaune pâle au toit de tuiles, et son homologue français, le Résident supérieur, la fit sienne. Légèrement en retrait, au sud-ouest du bâtiment, le **bungalow royal** accueille les membres de la famille royale en visite à Battambang. Il date des années 1960. Son architecte, Vann Molyvann, qui fut à l'origine du renouveau urbain de Phnom Penh à la même époque *(voir encadré p. 138)*, lui imprima la marque de fabrique du style néo-khmer : des thèmes traditionnels

La cour du Wat Domrei Sor.
P. Tisserand/Michelin

BAT DAMBANG, LE BÂTON DISPARU

Sur un rond-point au sud-est de Battambang trône la statue de **Dambang Kranhoung**, souverain légendaire de la cité. Elle rappelle l'histoire d'un bûcheron parti dans la forêt avec ses compagnons pour couper le bois nécessaire à la crémation du roi Sankhacakr, décédé en cette année 972. Chargé de préparer le déjeuner, l'homme coupe une branche de kapokier pour touiller le riz. Au contact du bois, le riz devient noir mais l'homme affamé, au lieu de le jeter, le mange avant de mettre à cuire une nouvelle marmite pour ses compagnons. Le repas terminé, il se sent devenir fort comme sept éléphants… D'une main, il arrache le tronc d'un palissandre *(kranhoung)* pour s'en faire un bâton *(dambang)*. Effrayés par ce prodige, ses compagnons s'inclinent devant lui, l'appellent Dambang Kranhoung et lui demandent de devenir leur roi. Prenant leur tête, le bûcheron se dirige vers le palais, massacre la famille royale et s'empare du trône. Mais un enfant échappe à la mort et se réfugie dans la forêt… tandis qu'un présage annonce à Dambang Kranhoung qu'il ne régnera que sept ans, sept mois et sept jours. Et sept ans plus tard en effet, Bramm Kil, le prince rescapé, vient défier le roi. L'ancien bûcheron tente de le tuer en lui jetant son bâton de palissandre, mais il manque sa cible et le bâton disparaît *(bat)* ou, selon une autre version, retombe au loin où il donne naissance à une rivière qui prendra le nom d'O Dambang. Reconnaissant sa défaite, le souverain rend son trône à Bramm Kil.

sur une structure de ciment et béton. Voyez notamment la réplique d'un bas-relief d'Angkor Wat montrant Suryavarman II chevauchant son éléphant de guerre sous les ombrelles royales.

La maison du Gouverneur fait face aux deux lions qui gardent le **vieux pont de pierre★** (Old Stone Bridge), premier pont édifié à Battambang par les Français (1916) et désormais réservé aux piétons.

En face du Provincial Hall, l'office de tourisme occupe une ancienne **villa coloniale** française.

Continuez à descendre la rue 1, tournez à droite dans la rue 139, puis à gauche dans la rue 3.

Wat Kamphaeng (pagode de la Forteresse) A3

St. 3, entre St. 139 et St. 149.

Le nom de la pagode évoque la **forteresse** *(kamphaeng)* édifiée dans les années 1830, sous la domination siamoise, et qui s'étendait sur tout le quartier. Dans ce quadrilatère de 500 m sur 700 m de côté, le gouverneur vivait avec ses femmes, ses danseuses et ses 56 éléphants, et entreposait les canons de son arsenal. La forteresse fut mise à bas par les Français en 1910.

Juste avant d'arriver à la pagode, vous verrez sur votre gauche, dans la cour d'une école primaire, un **stupa de 1840** : c'est le seul vestige du complexe religieux d'origine, fondé en 1837. Le percement d'une nouvelle artère, prolongation de la rue 3, a en effet entraîné la réinstallation des édifices légèrement plus à l'ouest, de l'autre côté de la rue, en 1926.

Revenez vers la maison du Gouverneur, traversez la rivière par le vieux pont de pierre et tournez à gauche.

Quelques dizaines de mètres plus haut, le **Wat Sangker** s'est doté en 2015 de porches copiant naïvement le style des *gopura* d'Angkor Thom ; les balustrades du mur d'enceinte reproduisent assez grossièrement le barattage de la mer de Lait.

Remontez le long de la rivière jusqu'au pont suivant et dépassez-le.

2

★ **Wat Kandal** (Pagode centrale) B2
St. 159 D, entre St. 207 et St. 203.
La pagode a conservé des bâtiments anciens (début du 20e s.) non dénués de caractère et un *vihear (souvent fermé)* présentant un beau **cycle de fresques★★** bouddhiques. Au fond du cimetière qui occupe l'arrière de l'ensemble monastique se dresse, sur pilotis au milieu d'un bassin, une **réplique de temple-montagne angkorien** construite en 1969, imposant mausolée d'un bienfaiteur de la ville et de son épouse.

Circuit conseillé Carte des alentours de Battambang

Au départ de Battambang, circuit en boucle d'env. 70 km tracé en vert sur la carte des alentours – Comptez 1 journée.
Faciles à parcourir à vélo, à moto ou en *tuk-tuk*, les environs immédiats de Battambang vous feront traverser une campagne verdoyante et pleine d'attraits, à l'ombre des cocotiers, des jacquiers et des papayers. Le cours tranquille de la Sangker irrigue des rizières et des champs d'ananas, des vergers d'orangers et de manguiers, et même quelques vignes : c'est à **Ksach Puoy**, sur la route de Phnom Banan, qu'est produit le seul vin rouge du Cambodge. Plusieurs hameaux et villages ont conservé leurs maisons traditionnelles en bois. Certains se sont spécialisés dans la fabrication des nouilles de riz, d'autres dans celle de l'odorant *prahoc* (pâte de poisson fermenté). Au bord des routes, on met à sécher sur de grandes claies des galettes de pâte de riz fines comme des feuilles de papier ; elles serviront à entourer les rouleaux de printemps et les nems. À la saison sèche *(nov.-fin avr.)*, on s'active sur les berges de la Sangker pour réparer ou construire les barques de bois des pêcheurs, qui serviront aussi à transporter fruits et légumes vers les marchés voisins.

MDR, LES RATS DÉMINEURS

La province de Battambang souffre encore lourdement de la présence de mines antipersonnel. APOPO, une ONG qui a longtemps œuvré en Afrique, a lancé ses équipes de rats démineurs *(Mine Detection Rats)* dans les campagnes khmères. Premier objectif, la K5 Belt, une bande de terre courant sur 700 km le long de la frontière avec la Thaïlande et qui a été lourdement minée par les forces vietnamiennes entre 1985 et 1989, pour empêcher les infiltrations de Khmers rouges réfugiés sur le sol thaïlandais. Les rats présentent des avantages certains dans la détection des explosifs : ils repèrent à l'odorat le TNT entrant dans la composition de la majorité des mines, évitant les « faux positifs » (morceaux de métal neutres) qui déclenchent les détecteurs classiques ; plus rapides que l'homme, ils peuvent couvrir en une heure 400 m², une superficie qui demande cinq jours avec des moyens classiques ; ils ont aussi sur le chien démineur l'avantage de ne pas dépendre du maître qui les a dressés ; enfin, leur poids plume leur permet de passer sur les mines sans les faire exploser. Seul bémol : s'ils trouvent de la nourriture en chemin, les rongeurs, distraits, deviennent insensibles à la récompense promise en cas de détection positive.
Depuis 1979, mines et UXO (bombes non désamorcées - *voir encadré p. 455*) ont tué plus de 40 000 personnes au Cambodge et en ont mutilé autant. Ils continuent à faire chaque année de nombreuses victimes – il resterait entre 4 et 6 millions de ces engins de mort dans le sol du pays. Au rythme actuel, il faut compter encore 10 à 20 ans pour espérer déminer le territoire, pour un coût annuel de 30 millions de dollars. Un chantier titanesque.

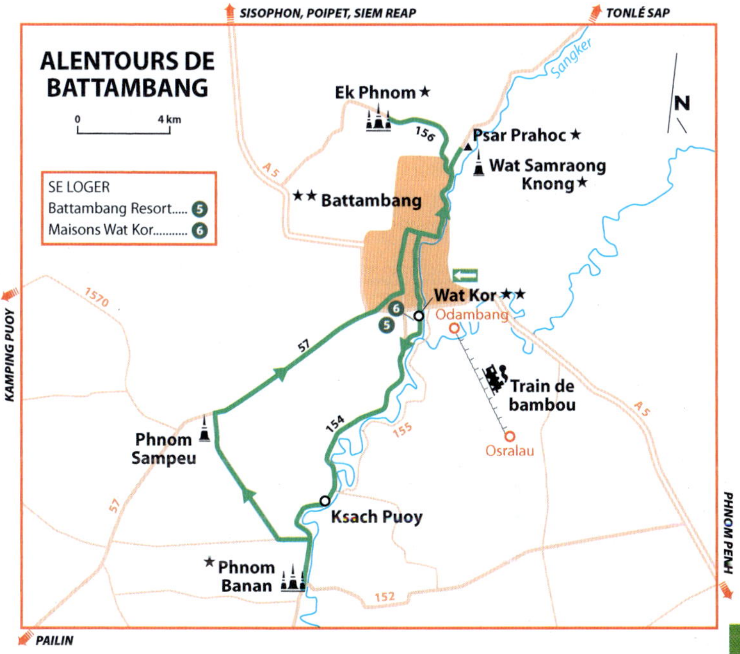

★★ Wat Kor

2 km au sud de Battambang, le long de la rivière.

Ce charmant petit village ombragé par les cocotiers, les sapotilliers et les kapokiers *(kor)* a conservé plusieurs très belles **maisons en bois**. Deux de ces demeures, datant respectivement de 1907 et de 1920, sont ouvertes à la visite *(8h30-17h - donation)*. Leurs propriétaires parlent français et vous en raconteront l'histoire, vous expliqueront les différents types de bois utilisés selon les parties de la maison, et vous éclaireront sur la distribution particulière de l'habitat traditionnel.

Traversez le village et longez la rivière par la route asphaltée.

★ Phnom Banan

18 km au sud de Wat Kor - 7h-17h30 - 3 US$ - billet valable pour Ek Phnom et Phnom Sampeu dans la même journée.

De sveltes *naga* en ciment forment les rampes d'un escalier de 358 marches *(20mn)* qui monte au *gopura* oriental du temple-montagne coiffant la colline, 105 m plus haut. Composé de cinq tours en quinconce *(voir p. 88)*, ce sanctuaire de latérite et de grès était dédié à Shiva quand il fut fondé au milieu du 11e s., sous le règne d'Udayadityavarman II (1050-1066). Il fut ensuite reconstruit au début du 13e s., peut être à l'initiative de Jayavarman VII (auteur du Bayon et d'Angkor Thom), et reconsacré au bouddhisme mahayana.

Quelques *yoni* et le piédestal d'un lingam témoignent du culte initial, et l'iconographie a conservé du temple d'origine les figures brahmaniques admises par le bouddhisme – *naga* aux angles des tours, *devata* sur le *prasat* central, *kala* sur les linteaux –, mais dans l'ornementation, les divinités hindoues ont été remplacées par des bouddhas. S'il reste des **linteaux**★ en plus ou moins bon état, le site a souffert de pillages dans les années 1980, époque où il servait de base militaire aux forces vietnamiennes. Des **devata** érodées ou décapitées entourent le sanctuaire central. Les touristes, peu nombreux, se mêlent aux fidèles venus déposer des offrandes au pied des statues drapées d'orange, dans la *cella*. Elles encadrent un grand bouddha, assis sous le capuchon déployé d'un *naga*.

Du parvis, derrière la tour ouest, le **panorama★★** s'étend sur la plaine jusqu'au Phnom Sampeu qui découpe sur l'horizon sa silhouette caractéristique.

Un ancien bassin sacré couvert de nénuphars s'étend au pied de l'escalier. Toujours active, la pagode voisine, le **Wat Banan**, daterait de la seconde moitié du 19e s.

Rebroussez chemin sur 2,5 km et tournez à gauche après l'école.

Phnom Sampeu (colline de la Jonque)

11 km au nord-ouest de Phnom Banan, sur la route de Pailin - 7h-17h30 - 3 US$ - billet valable pour Ek Phnom et Phnom Banan dans la même journée. Accès au sommet possible à moto mais pas en tuk-tuk. *Ne pas sortir des sentiers balisés.*

De toute la plaine, les regards convergent vers ce volumineux massif calcaire coiffé de quelques pagodons modernes. Sa silhouette, qui évoque de loin un sampan, lui a valu son nom. Vous atteindrez le sommet en suivant le sentier sinuant à flanc de colline *(env. 150 m de dénivelé - 10mn à scooter, 45mn à pied)*, plus agréable et moins rude que les 450 marches de l'escalier. De là, spectaculaire **panorama★★★** à 360° sur la plaine, fort prisé au coucher du soleil (attention aux macaques, qui peuvent se montrer agressifs si vous avez de la nourriture avec vous). Le site est nourri de légendes populaires dont la plus célèbre raconte les aventures de Reachkol, qui délaissa la jeune fille à laquelle il était promis pour une autre dont il était tombé amoureux, avant de se repentir, suscitant colères et vengeances avant un heureux dénouement.

Killing caves – *1re bifurcation à gauche, sous le porche rose surmonté d'une jonque*. Stratégique pour contrôler la plaine, Phnom Sampeu fut un bastion des Khmers rouges, qui exécutaient leurs victimes en les jetant du haut des falaises. Deux **grottes** qui s'ouvrent à mi-hauteur de la colline leur servirent de prison ; l'une d'elles a été transformée en mémorial. La colline fut le siège d'âpres combats contre les forces pro-gouvernementales jusqu'en 1997, date

NORRY, LE TRAIN DE BAMBOU

Une plate-forme de bambou posée sur quatre roues métalliques roule sur les traverses de la ligne de chemin de fer désaffectée, propulsée par un moteur installé à l'arrière : c'est le système rudimentaire et ingénieux des *norries*. Il s'est mis en place au lendemain des années khmères rouges, quand le pays a dû composer avec un réseau routier détruit et un dramatique manque de moyens de locomotion. Utilisant les voies ferrées existantes (600 km sur 2 lignes), plusieurs centaines de *norries* convoyaient bêtes, gens et marchandises dans tout le pays. Ils étaient alors mus à force d'homme. Une seule voie pour tous : lorsque deux *norries* se croisent, le moins chargé fait descendre ses passagers et met à terre ses colis, enlève la plate-forme des rails pour laisser passer son collègue, puis remonte l'ensemble et reprend sa course. Le transport des biens et des personnes étant devenu plus pratique par la route, les *norries* ne sont plus guère utilisés que pour de courtes distances par les villageois vivant non loin des voies, mais enthousiasment les touristes étrangers, qui forment désormais l'essentiel des passagers. Ils risquent cependant d'être définitivement remisés au garage si, comme c'est prévu, les trains reprennent du service sur la ligne Phnom Penh-Battambang. *Voir aussi p. 245.*

Séchage du poisson dans le village de Prek Tacheng.
P. Tisserand/Michelin

2

à laquelle les Khmers rouges se replièrent vers Samlot, Pailin et la frontière thaïlandaise.

En 2004, on a commencé à sculpter dans la falaise, au pied de la colline *(côté nord-est)*, un **bouddha** de 15 m de hauteur dont seule la tête est pour l'instant achevée. Un peu plus loin s'ouvrent deux autres grottes *(bat caves)* d'où des nuées de chauves-souris s'échappent en tourbillonnant à la tombée de la nuit.

Revenez vers Battambang que vous traverserez pour gagner le nord.

★ Ek Phnom

13 km au nord-est de Battambang - suivez la rivière vers le nord et bifurquez à gauche à Ta Krem (env. 8 km de la ville) - 7h-17h30 - 3 US$ - billet valable pour Phnom Banan et Phnom Sampeu dans la même journée.

Au nord de Battambang, la **route★** asphaltée longe la rivière Sangker, ombragée par les cocotiers, traversant des villages paisibles, dont certains spécialisés dans la confection des galettes de « papier de riz ». Arrivé à Ek Phnom, contournez la pagode moderne pour gagner le temple ancien, bâti sous le règne de Suryavarman Ier (1002-1050). La date de fondation (1027) a été retrouvée sur la porte est. Antérieur à celui de Phnom Banan (construit par le successeur de ce roi), le temple d'Ek Phnom était lui aussi dédié au culte brahmanique. Édifié sur une plate-forme basse en latérite, il a été sérieusement endommagé durant la période khmère rouge. En passant sous les étais de soutènement, vous parviendrez néanmoins à voir le **linteau★★** est du sanctuaire central, figurant le barattage de la mer de Lait ; notez Vishnou agrippé au pilier central. Ses *asura* ont hélas perdu leur tête, victimes des pilleurs d'antiquités.

Au-delà du mur d'enceinte, on devine le tracé des anciennes douves, désormais envahies par la végétation. À leur extrémité nord-est se tient un colossal **bouddha★** de brique moderne, esquissant le geste de l'argumentation.

Prenez plein est en suivant la rivière.

En voyant les étals de poissons qui sèchent en plein air au bord de la route, vous saurez que vous approchez du **Psar Prahoc★** *(village de Prek Tacheng)*, le marché où l'on prépare la saumure de poisson.

Tonlé Sap, la mer intérieure

UN IMMENSE CHÂTEAU D'EAU

Le Tonlé Sap – « grande rivière d'eau douce » en khmer –, immense réservoir naturel, a été classé **Réserve de biosphère** par l'Unesco. Il forme un écosystème original de forêt inondée, où vit une centaine d'espèces de poissons – dont le poisson-chat géant –, d'oiseaux aquatiques et de reptiles. Mi-lac, mi-rivière dont le cours s'inverse deux fois par an, le Tonlé Sap fait figure d'**exception géographique**. Le niveau de ses eaux fluctue de 8 m d'un bout à l'autre de l'année : c'est considérable. En période de mousson, il absorbe le trop-plein du Mékong ; lors des grandes crues, sa superficie peut être multipliée par 5 ou 6 et atteindre jusqu'à 16 000 km^2 (presque deux fois la Corse). De novembre à juin, à l'inverse, le lac déverse ses eaux dans le Mékong. Ce mode de fonctionnement à la manière de vases communicants en fait un dispositif tampon, à même d'atténuer l'impact des crues. La période symbolique et cruciale de **retournement des eaux** est marquée en novembre par la grande fête du Bon Om Teuk *(voir p. 61)*.

LE POIDS ÉCONOMIQUE

Le Tonlé Sap compte environ 170 **villages** adaptés à ce phénomène naturel peu commun (seuls trois autres « lacs-rivières » au monde fonctionnent ainsi), certains construits **sur pilotis** sur les berges, d'autres dits **flottants**, qui se déplacent au gré des courants, comme Chong Khneas *(près de Siem Reap)* ou Kampong Luong *(voir p. 176)*. Trois millions de personnes vivent sur le lac et sur son pourtour, appartenant surtout à des communautés d'origine chinoise ou vietnamienne. Seuls 5 % vivent de la pêche ; dans leur grande majorité, les villageois s'emploient aux travaux des champs (riz, maïs, cultures maraîchères) sur les terres riveraines, rendues particulièrement fertiles par les sédiments limoneux que dépose le fleuve lors du retrait des eaux. Très poissonneuses, celles-ci fournissent près des trois quarts de la production halieutique nationale : le lac joue donc un rôle fondamental dans un pays où le poisson représente l'essentiel des apports de protéines dans l'alimentation.

COUP D'ŒIL ANXIEUX SUR L'AVENIR

Si elle a d'abord permis des pêches miraculeuses, la mécanisation des procédés (filets aux mailles très serrées, voire filets électriques, bateaux à moteur), associée à la multiplication des opérateurs, s'est vite traduite par une diminution du nombre des prises et de leur taille. Depuis que le gouvernement a aboli les concessions privées en 2012, ouvrant à tous les portes du lac, le Tonlé Sap n'est plus exploité seulement par des pêcheries locales utilisant des techniques ancestrales ; la surpêche est devenue la norme, sans souci du renouvellement des espèces ni respect de leur écosystème. Entre autres sujets d'inquiétude, la destruction des zones de forêts inondées, où se nourrissent et se reproduisent les poissons, pour accroître les surfaces maraîchères compromet la pérennité des ressources. La construction de barrages en amont sur le Mékong *(voir p. 411)* pourrait jeter une nouvelle ombre au tableau en bloquant la migration annuelle de certaines espèces de poissons et en limitant les apports en sédiments. Un accord a été signé entre Cambodge, Vietnam, Thaïlande et Laos pour un juste usage des eaux du fleuve ; l'insistance du Laos, dépourvu de sources d'énergie, à installer des barrages sur son propre territoire reste la principale incertitude quant à la bonne mise en application de cet accord de coopération.

★ Wat Samraong Knong

8 km au sud-est d'Ek Phnom, sur la rive est de la Sangker.

Cette pagode paisible au jardin verdoyant serait l'une des plus anciennes de la région (début du 18e s. ?). Son gracieux *vihear* aux toitures emboîtées, soutenues par des piliers ronds, montre un grand **fronton★** de bois ouvragé. Près du cimetière, un stupa sans doute vieux de plusieurs siècles achève de tomber en ruine sous les assauts de la végétation.

La pagode servit de prison sous les Khmers rouges, qui établirent des camps de torture et d'exécution dans les alentours. Dix mille personnes au moins y laissèrent la vie. Au nord du mur d'enceinte a été érigé un mémorial aux victimes locales du génocide, le **puits des ombres** *(well of shadows)*. Au pied de la tour-ossuaire, des bas-reliefs rappellent à tous ces pages sombres de l'histoire : l'évacuation de Battambang le 24 avril 1975, l'édification du nouveau village, le travail forcé dans les rizières, les mariages de masse, la construction de la **retenue de Kamping Puoy** au cours de laquelle périrent des dizaines de milliers de personnes, victimes de dénutrition, de maladie, d'épuisement, de mauvais traitements ; cet ouvrage démesuré, toujours visible à 36 km à l'ouest de la ville, avait été conçu par les Khmers rouges pour irriguer toute la plaine de Battambang. Au-dessus, d'autres scènes épouvantables – évacuation des hôpitaux, confiscation des enfants à leurs parents, assassinats pour l'exemple, meurtres, tortures, voire cannibalisme – décrivent ce qui fut le quotidien des Cambodgiens de 1975 à 1979.

★★★ Tonlé Sap : en bateau vers Siem Reap

Carte de région AB2 (p. 178)

Traversée : 7 à 9h. L'excursion n'est vraiment intéressante qu'entre oct. et déc. ; le reste de l'année, les eaux étant trop basses, une bonne partie du trajet pour Siem Reap se fait en pick-up. Prévoyez crème solaire, eau et nourriture.

Le trajet en bateau entre Battambang et Siem Reap est plus intéressant que celui entre Phnom Penh et Siem Reap, où durant plusieurs heures, la traversée se déroule sans horizon, au milieu du Tonlé Sap. La descente de la **Sangker** vous livrera des aperçus de la vie sur les berges : elle longe des hameaux sur pilotis, devant lesquels on pêche au filet ou au carrelet depuis les barques, parfois des élevages de crocodiles ; les buffles d'eau paressent sur la rive, les villageois sarclent les parcelles maraîchères, les enfants chahutent au bord de l'eau, livrant des scènes charmantes dans la lumière du petit matin.

À l'embouchure de la rivière, le **sanctuaire ornithologique de Prek Toal★★** abrite plusieurs dizaines d'espèces d'échassiers et d'oiseaux aquatiques – marabouts, pélicans, ibis, cigognes, hérons, aigrettes, etc. – dont certaines classées comme menacées. C'est entre janvier et juin que les migrateurs y sont les plus nombreux.

Arrivé sur le lac, le bateau ne s'éloigne jamais vraiment des berges, desservant les **villages flottants**, souvent habités par des communautés d'origine vietnamienne *(voir p. 50)*. Bon nombre de vos compagnons de navigation seront des habitants de ces villages.

Vous passerez enfin devant **Chong Khneas**, très touristique car c'est le village flottant le plus proche de Siem Reap, et près d'une zone de **forêt inondée** et de **mangrove**, deux types d'écosystèmes spécifiques, essentiels à la vie sur les rives du Tonlé Sap.

NOS ADRESSES À BATTAMBANG

Plan de ville p. 230

INFORMATIONS UTILES

Banques/Change

Plusieurs banques avec distributeur près de la rivière, sur les deux rives. Autour du Psar Nat, de petites officines de change convertissent les euros. Bureau Western Union à la **Cambodia Asia Bank** – A1 - *72, St. 3.*

Poste

Cambodia Post – A2 - *St. 1.* Dans un ancien édifice colonial remanié. Bureau EMS Speed Post.

Santé

World Mate Emergency Hospital – B3 en dir. - *NH 5, à 1,5 km au sud-est du centre - ✆ (053) 952 822.* Service d'urgences.

ARRIVER/PARTIR

En bus

Gare routière – A1 en dir. - *Sur la NH 5, à 3 km à l'ouest du centre-ville.* La plupart des compagnies de bus ont leur siège en ville, sur La He St., près du Psar Boeung Chhoeuk, et leurs minibus assurent des navettes gratuites entre le centre et la gare routière. Départs fréquents pour Phnom Penh *(5-6h de trajet) via* Kampong Chhnang et pour Siem Reap *(3-4h).* Pour les villes de la côte sud et de l'Est, prévoir un changement à Phnom Penh.

En bateau

Siem Reap Ferry Dock (embarcadère) – B1 - *St. 1, juste après le New Stone Bridge.* De juil. à fév.-mars seult, meilleure saison oct.-déc. Dép. à 7h pour Siem Reap *(7 à 9h de trajet selon le niveau de l'eau - 21 US$).* Plus long que le bus pour rejoindre Siem Reap, mais une traversée superbe par d'étroits chenaux que bordent des zones humides abritant quantité d'oiseaux, et passant devant plusieurs villages flottants *(voir p. 239)*. Asseyez-vous loin du moteur.

TRANSPORTS

Location de deux-roues

Plusieurs loueurs sur St. 2,5. Comptez 6 US$/j. pour un scooter, 1 à 3 US$/j. pour un vélo, 5 US$/j. pour un VTT.

HÉBERGEMENT

PREMIER PRIX

Plusieurs hôtels « à la chinoise », bon marché et fonctionnels, autour des bureaux des compagnies de bus, entre la NH 5 et le Psar Boeung Chhoeuk. Tous ont le wifi.

Shang Hai – A1 - *St. 101, angle St. 108 - ✆ (092) 999 970 - - 28 ch. - 7/12 US$.* Avec ou sans fenêtre, ses chambres se répartissent sur 3 étages sans ascenseur. Grandes, propres, dépourvues de décoration et meublées *a minima* mais disposant d'une table et d'un réfrigérateur, elles constituent une bonne option dans la gamme des hôtels fonctionnels.

Royal – A1 - *St. 115 - ✆ (053) 952 522 - - 45 ch. - 7/15 US$.* Il bénéficie d'une situation centrale, juste derrière le Psar Nat, et propose des chambres spacieuses, simples et très convenables malgré leur absence de charme. La moitié d'entre elles disposent d'un balcon sur rue. Au 4e et dernier étage, le toit-terrasse a été aménagé en aire de détente avec jacuzzi, bar-restaurant et quelques hamacs.

BUDGET MOYEN

Angkor Comfort – A2 - *St. 127, angle St. 1 - ✆ (077) 306 410 - www.angkorcomforthotel.com - ▤ - 32 ch. - 15/25 US$*. Sur 4 étages avec ascenseur, dans un bâtiment d'angle kaki, ses chambres au mobilier kitsch, avec ou sans fenêtre, sont convenables mais sans génie. Éclairées par 4 fenêtres donnant sur le marché de nuit et la rivière, les *VIP rooms* (frigo, jacuzzi) valent la différence de prix.

Emerald BB Battambang – B2 - *St. 207, à 200 m de la rivière - ✆ (077) 474 788 - ▤ ✕ P - 56 ch. - 15/25 US$*. Un bâtiment flambant neuf de 6 étages avec ascenseur, au mobilier et à la décoration très kitsch. De taille variable mais toutes dotées d'un petit balcon, les chambres sont propres et d'un bon rapport qualité-prix, en particulier les *VIP*, qui disposent d'un coin salon et d'un jacuzzi.

POUR SE FAIRE PLAISIR

Classy – B2 - *Angle St. 207 et St. 159 D - ✆ (053) 952 555 - www.classyhotelspa.com - ▤ ⛱ ✕ - 128 ch. - 50/60 US$* ☕. Des chambres agréables, lumineuses, carrelées et sobrement décorées dans les tons crème. Les prix sont plus élevés pour celles situées entre le 6e et le 8e étage (ascenseur) : la vue sur la rivière et les toits des pagodes depuis leurs balcons justifie cette différence. Libre accès à la salle de gym, bar panoramique sur le toit-terrasse.

Delux Villa – A2 - *St. 106 - ✆ (093) 336 373 - www.deluxvilla.com - ▤ ✕ ⛱ - 14 ch. - 55/65 US$* ☕. Légèrement à l'écart du centre-ville (10mn à pied du Psar Nat), il cultive calme, charme et discrétion. Agréables, d'une propreté irréprochable, avec une grande sdb (baignoire), ses chambres occupent de petits pavillons mitoyens autour d'une belle piscine, sous les arbres du voyageur. Celles de l'étage, légèrement plus chères, disposent d'un balcon. Nombreux services (location de vélos et scooters, laverie, etc.).

Battambang Resort – A3 en dir. - *À 4 km au sud de la ville par St. 154, près de Wat Kor - ✆ (012) 510 100 - www.battambangresort.com - ▤ ✕ ⛱ - 10 ch. - 65/85 US$* ☕. Au milieu des champs, à env. 2 km de Wat Kor, cet établissement de charme propose des chambres aux lignes modernes avec vue sur le jardin, ou, plus grandes et plus intimistes, ouvrant sur l'étang aux nénuphars. Jolie piscine tout en rondeurs sous les palmiers à sucre et les bananiers. Le calme, la qualité du service, un personnel avenant sont autant d'atouts. *Tuk-tuk* gratuit pour se rendre en ville, vélos à disposition.

☺ **Au Cabaret Vert** – A3 - *655, St. 154, à 20mn à pied du Psar Nat - ✆ (053) 656 2000 - www.aucabaretvert.com - ▤ ✕ ⛱ - 10 ch. - 75 US$* ☕. Les chambres les plus agréables occupent six bungalows dont la terrasse privative ouvre vers une piscine « naturelle » (filtration de l'eau par les plantes). Carrelages à l'ancienne, murs chaulés, décoration simple et de bon goût y entretiennent une atmosphère sereine. Les chambres à l'arrière, communicantes, conviendront aux familles. Restaurant réputé de cuisine franco-cambodgienne avec des suggestions à la semaine. Échange de livres, vélos à disposition, massages.

UNE FOLIE

☺ **Maisons Wat Kor** – B3 en dir. - *St. 800, Wat Kor Village - ✆ (053) 666 9676 - www.maisonswatkor.com - ▤ ✕ ⛱ - 10 ch. - 94/106 US$* ☕. En rdc et à l'étage

2

dans 3 édifices donnant à la fois sur la piscine et sur un bassin fleuri de lotus, les chambres sont spacieuses, bien équipées, et leur sdb, quoique petite, est joliment agencée. Le parquet et le mobilier de bois y ajoutent une touche chaleureuse. Celles de l'étage, les plus agréables, partagent une terrasse commune s'ouvrant sur les bananiers et les papayers du vaste jardin tropical. Accueil en français.

Bric-a-Brac – A1 - *112, St. 2 - ✆ (077) 531 562 - http://bric-a-brac.asia - ▤ - 3 ch. - 125 US$ ☕.* Un établissement « concept » regroupant hébergement, bar et boutique de textiles asiatiques. Les chambres, dans les étages, sont meublées avec des articles chinés au cours de leurs voyages par les propriétaires, qui ont conservé la structure originale du bâtiment. Des idées créatives mais des tarifs surévalués au vu de l'exiguïté des chambres et des sdb. DVDthèque à disposition et beaucoup d'infos sur la région.

RESTAURATION

PREMIER PRIX

Marché de nuit – A2 - *St. 1, au niveau de la poste - ▭ - à partir de 18h - 10 000 riels.* Dès la tombée du jour, des cuisines populaires installent leurs tables pliantes et leurs chaises de plastique sur 200 m le long de la rivière. *Banh bao* (brioche vietnamienne farcie au porc), nouilles sautées, soupe de riz ou *sang hua*, une gourmandise locale (pâte de poisson cuite dans une feuille de bananier) : chacune a sa spécialité. Pas d'anglais.

Cuisines de rue – A1 - *St. 109, face à l'entrée sud du Wat Pipetharam - ▭ - 11h-20h - env. 10 000 riels.* Brochettes de poisson, de poulet et de porc grillent au barbecue sur le trottoir, à côté des marmites où mijotent des préparations traditionnelles, dont certaines à base d'abats de porc ou de bœuf. Ces plats du jour font ample usage de plantes aromatiques, de gingembre et de citronnelle. Pas d'anglais.

Chinese Noodle – A2 - *Angle St. 1,5 et St. 121 - ▭ - 6h30-19h30 - env. 10 000 riels.* En soupes, sautées, avec accompagnement de viande, de fruits de mer ou de légumes, ses nouilles fraîches font recette auprès d'une clientèle tant locale qu'étrangère. L'enseigne est en khmer uniquement mais vous ne pourrez manquer cette vaste cantine d'angle rafraîchie par des ventilateurs de plafond. Une pause déjeuner savoureuse.

Khmer Foods – A2 - *St. 409, derrière la voie ferrée - ✆ (012) 423 328 - ▭ - 10h-20h - env. 10 000 riels.* Dans une salle qui tient à moitié du garage, le restaurant ne paie pas de mine mais il est connu et fréquenté pour son excellente cuisine locale. En l'absence de menu, mieux vaut être accompagné d'un Cambodgien pour se faire expliquer les plats, sous peine d'être cantonné au duo *fried rice/fried noodles*, les seuls plats dont le personnel sache le nom en anglais. Service lent.

Battambang Town – A2 - *St. 121, angle St. 2 - ✆ (077) 547 766 - ▭ - 6h-20h - env. 15 000 riels.* Une vraie salle de restaurant – ce n'est pas fréquent dans le quartier – avec de belles tables de bois massif et des ventilateurs de plafond. Il s'est fait une spécialité de légumes sautés (poivron, brocoli, gingembre, basilic…) servis avec des viandes. On y retrouve aussi divers plats inspirés autant de la gastronomie chinoise que khmère, tels que canard rôti, soupe aux champignons, poisson au gingembre et à la citronnelle. Fréquentation locale essentiellement.

HOC Café – A1 - *Angle St. 117 et St. 106 - ☎ (012) 591 210 - 💳 - 7h-22h sf lun. - 3/6 US$.* Ouvert en 2015 et géré par une jeune ONG locale, le HOC *(Hope for Children)* propose un buffet pour le petit-déjeuner, puis des formules à prix fixe au déjeuner et au dîner : une entrée et un plat à choisir parmi les préparations du jour sur l'ardoise. S'y ajoute, le soir, une carte toute simple de recettes khmères et japonaises. Bio, la cuisine privilégie les légumes du jardin. Brunch le dim., accueil souriant.

Khmer-Thaï Dishes – A1 - *St. 113, angle St. 1 - 💳 - 7h-22h - env. 4/6 US$.* Face au Psar Nat, non loin de la rivière, une adresse pratique et centrale pour un déjeuner rapide. Sur la carte, illustrée, on retrouve *lok lak*, papaye verte, *tom yum* (soupe épicée au lait de coco, l'ingrédient favori du chef) et tout un ensemble de préparations thaïes et khmères. L'*amok* de poisson est servi dans une moitié de noix de coco.

BUDGET MOYEN

Khmer Delight – A2 - *St. 119 - ☎ (053) 953 195 - www.khmerdelight.com - 10h-22h - 10/12 US$.* Une petite salle se prolongeant en terrasse sur le trottoir et une carte fusion avec des recettes indiennes, coréennes, birmanes et indonésiennes. Pour ce qui est de la section cambodgienne, optez sans hésiter pour l'*amok* qui fait la renommée des lieux. En attendant votre plat, profitez de la presse anglophone mise à disposition. Carte des vins.

Bambu – B2 - *St. 203 (ou KO St.) - ☎ (053) 953 900 - www.bambuhotel.com - 10h-22h - 10/14 US$.* Ce restaurant d'hôtel a installé ses tables en extérieur, face à la piscine, et dans une agréable salle blanche ventilée aux carrelages anciens. La cuisine ne s'aventure guère au-delà des valeurs sûres : poulet aux noix de cajou, *lok lak* ou porc caramélisé côté oriental, burgers, spaghettis, steak-purée, *chili con carne* ou *fish and chips* côté occidental.

Jaan Bai – A1 - *St. 2, juste au sud du marché - ☎ (078) 263 144 - 💳 - 11h-22h sf lun. - 12/15 US$.* Le « bol de riz » *(jaan bai)* est considéré comme l'un des meilleurs restaurants du centre-ville. L'ONG Cambodian Children's Trust gère cette salle tout en longueur dont la sobriété met en valeur les tableaux d'artistes locaux exposés aux murs. Série des « petits plats » (snacks, salades) et des « grands plats » formule de dégustation pour deux, il y en a pour toutes les faims. Cuisine khmère élaborée avec des produits locaux de saison et garantie sans MSG. Quelques recettes *vegan* (végétaliennes). Pour un déjeuner authentiquement cambodgien, demandez le repas servi le midi au personnel.

POUR SE FAIRE PLAISIR

La Villa – B2 - *St. 159 D (rive est) - ☎ (053) 730 151 - www.lavilla-battambang.net - 11h30-15h, 18h-21h30 - 15/20 US$.* Ce restaurant d'hôtel propose une cuisine française et internationale, servie dans une agréable salle ventilée, éclairée par une belle verrière rétro et dont les murs jaune pâle font écho aux édifices coloniaux de la ville. La carte pioche aussi parmi les plats les plus emblématiques de la gastronomie asiatique. Petite terrasse au calme dans une arrière-cour.

PETITE PAUSE

Green Mango – B2 - *Rive est, face à la rivière (St. 159 D), à gauche du*

2

Wat Sangker - ✆ (017) 315 450 - http://greenmangocambodia.com - 7h-20h30 sf dim. Peinte en gris anthracite et vert… mangue, la petite salle du rdc se double d'une autre, plus lumineuse, à l'étage. Cet organisme dédié à l'éducation des jeunes filles défavorisées des campagnes voisines sert *smoothies*, salades, burgers et quelques plats cuisinés, le tout garanti sans MSG.

Maisons Wat Kor – B3 en dir. - *St. 800, à Wat Kor - 2 km au sud de la ville - ✆ (053) 666 9676 - www.maisonswatkor.com - 11h-22h.* Après la visite des maisons de bois voisines, l'endroit est parfait pour venir picorer une assiette de fruits de saison ou apprécier un cocktail sur la terrasse, aménagée à l'ombre des frangipaniers, face au bassin aux lotus. Restauration franco-khmère au déjeuner.

BOIRE UN VERRE

Vintage – A1 - *84, St. 2,5 - 11h-14h, 17h-23h.* Formules tapas et sushis pour accompagner une dizaine de crus servis au verre, blancs ou rouges, chiliens, argentins, espagnols, français, etc. Sa petite salle carrelée à l'ancienne se prolonge sur le trottoir. C'est aussi l'occasion de goûter au vin de palme.

Sky Bar – B2 - *Angle St. 207 et St. 159 D - ✆ (053) 952 555 - 17h-23h.* Au 10e étage de l'hôtel Classy, sa terrasse offre une vue à 360° sur les pagodes, les toits de tuiles émergeant entre les palmes, la rivière et les collines au loin. Idéal pour un cocktail au coucher du soleil.

Lotus Bar & Gallery – A1 - *St. 2,5 - à 50 m du Psar Nat - ✆ (092) 260 158 - 8h-23h.* Bière pression, vin au verre et cocktails dans une ancienne maison de commerce chinoise aux murs de briquette mis à nu. Galerie d'art à l'étage, projection de films cambodgiens le sam. à 19h.

ACHATS

Supermarché

Heng Chhay Ly Mart – A1 - *Borei St. entre St. 1 et St. 2 - ✆ (053) 655 5566 - 8h-22h.* Un large choix de produits d'importation, tant aux rayons alimentation et alcools qu'en cosmétique et en parapharmacie.

Vin

Prasat Phnom Banan Winery – A3 en dir. - *Village de Bat Sala, sur la route de Phnom Banan - ✆ (012) 665 238 - 8h-18h - 2 US$.* Visite de l'unique vignoble du pays et dégustation de crus locaux.

Librairie

Smiling Sky Bookshop – A1 - *St. 3, angle St. 117, près de l'hôtel Chaya - 8h-19h.* Petit rayon de livres de poche en français, neufs ou d'occasion, échange de livres. Vous y trouverez le guide très complet de Ray Zepp, *Around Battambang*, un incontournable pour tout comprendre de la ville et de ses environs.

Galerie d'art

Romcheik 5 Art Space – B2 - *Dans une ruelle parallèle à la St. 203, peu après l'hôtel King Fy - ✆ (095) 521 432 - 14h-17h - 2 US$.* Expo-vente de jeunes talents cambodgiens contemporains. L'étage conserve les meilleures œuvres des quatre artistes qui créèrent la galerie.

EN SOIRÉE

Phare - Battambang Circus – A1 en dir. - *Anh Chanh Village (env. 1 km au nord-ouest de la ville) - ✆ (077) 554 413 - www.phareps.org -*

jeu. et sam. à 19h - 14 US$. Jongleurs, acrobates et clowns se produisent sous un grand chapiteau, accompagnés par un groupe de musiciens. Ils ont été formés par l'ONG Phare Ponleu Selpak *(voir encadré p. 97)*, qui donne aux enfants de familles défavorisées un accès à la culture par le biais d'activités artistiques (musique, danse, dessin, théâtre, cirque).

ACTIVITÉS

Visites

Butterfly Tour – B3 en dir. - *St. 309 - ✆ (089) 297 070 - www.butterflytour.asia.* Orientés culture ou nature, des circuits à vélo d'1/2 j. *(env. 25 km - 17 US$)* pour découvrir l'architecture sino-franco-khmère de la ville ou les communautés rurales des environs. Tours *(6 pers. maxi)* accompagnés par des étudiants. Appelez : un *tuk-tuk* passera vous chercher à votre hôtel.

The Battambang Bike – A2 - *182, St. 2,5 - ✆ (095) 578 878 - www.battambangbike.com - 7h30-19h30 - réserv. la veille.* Circuits guidés à vélo d'1/2 j. *(26 km - 18 US$)* ou d'1 j. *(35 km - 28 US$)* pour découvrir les activités artisanales des villages environnants (papier de riz, nouilles khmères, pâte de poisson, *krolan*, etc.) et les sites touristiques (Ek Phnom, Phnom Banan, grottes aux chauves-souris, etc.).

Cours de cuisine

Nary Kitchen – A1 - *St. 111, au nord-ouest du Psar Nat - ✆ (012) 763 950 - www.narykitchen.com - réserv. la veille.* Propose chaque jour 2 sessions *(9h-12h et 15h30-18h30 - 10 US$)* qui commencent par un tour au marché voisin et au terme desquelles vous dégusterez vos préparations, *amok*, bœuf *lok lak*, rouleaux de printemps, etc. Cours en français ou en anglais.

Détente et bien-être

Apsara Spa – B2 - *Angle St. 207 et St. 159 D, dans l'hôtel Classy - ✆ (053) 952 555.* Forfaits piscine et salle de gym *(6h-21h)*, sauna, massage et spa *(14h-21h)*.

Seeing Hands Massage – A1 - *St. 115, angle St. 104 - ✆ (012) 484 712 - 9h-21h.* Massages traditionnels pratiqués par des non-voyants.

Plein air

Carte des alentours de Battambang p. 235

Green Orange Kayak – *Ksach Puoy - 8 km au sud de Battambang - ✆ (092) 215 258 - www.fedacambodia.org.* Descente de 11 km en kayak sur la rivière Sangker *(1/2 j. - 12 US$)*. Propose aussi des formules avec cours de cuisine et hébergement dans le village.

Bamboo Train – *Sur la rive est, à Odambang (4 km au sud de Battambang) - 6h-19h - 5 US$ le trajet d'1h AR.* Parcours d'env. 7 km entre Odambang et Osralau ; l'occasion d'une amusante balade dans la campagne. *Voir encadré p. 236.*

AGENDA

Tini Tinou International Circus Festival – *http://pharecircus.org - avr.-mai.* Les artistes du cirque Phare partagent les représentations avec d'autres troupes internationales.

Fête de l'Eau – *Sept.-oct.* Un mois avant les célébrations du Bon Om Teuk *(voir p. 61)*, des régates se déroulent sur la rivière Sangker pour sélectionner les équipes qui participeront aux festivités à Phnom Penh.

Kampong Thom

★

32 000 habitants – Capitale de la province de Kampong Thom (800 000 hab.)

Tous les voyageurs passent par Kampong Thom mais bien peu s'y arrêtent. À mi-route entre Phnom Penh et Siem Reap, la localité vit au rythme de son grand marché, sur les berges de la Stung Sen. Un tantinet endormie, un rien désorganisée, elle est typique de ces petites capitales de province cambodgiennes, seul centre urbain au milieu d'une campagne rizicole. Elle séduira ceux qui disposent d'un peu de temps et souhaitent aller à la rencontre d'un Cambodge plus authentique, plus serein, non touristique. Plusieurs temples anciens sont à voir aux alentours, à commencer par Sambor Prei Kuk, la capitale de l'antique royaume du Tchen-la. Les plus aventureux feront de Kampong Thom leur camp de base pour aller explorer les ruines de Preah Khan de Kampong Svay.

NOS ADRESSES PAGE 250
Hébergement, restauration, etc.

S'INFORMER

Office de tourisme – *St. 1 - (062) 210 408 - lun.-vend. 7h-11h30, 14h-17h30 - le w.-end, annexe près de la rivière, à gauche avant le pont.*

SE REPÉRER

Carte de région C2 (p. 178).

À 168 km au nord de Phnom Penh, 146 km au sud-est de Siem Reap.

Voir aussi la rubrique « Arriver/ partir » dans « Nos adresses ».

À NE PAS MANQUER

Le complexe préangkorien de Sambor Prei Kuk.

ORGANISER SON TEMPS

Comptez 1 j. pour la ville et ses environs immédiats, 2 j. avec une excursion à Preah Khan de Kampong Svay. Visitez Sambor Prei Kuk le matin et gardez Phnom Samtuk pour le coucher du soleil.

Se promener Carte de région C2 (p. 178)

Comptez 2h.

Seule agglomération de quelque importance dans cette province essentiellement rurale, la petite capitale vaque à son rythme tranquille sur la rive sud de la Stung Sen. La vie s'éveille dès l'aube autour du grand **marché**, installé à deux pas de la rivière *(stung)*, côté sud. Un artisanat local toujours vivace transforme les feuilles du palmier à sucre en chapeaux, ombrelles, éventails, nattes *(voir encadré p. 122)*. Côté papilles, le poisson séché et fumé est vendu ici en saucisses, et vous aurez l'occasion de goûter au *krolan* (du riz gluant mélangé avec de la noix de coco et des haricots, cuit dans des tubes de bambou).

Derrière le marché, l'ancienne **résidence du gouverneur** *(*Old French Building *- face à la Stung Sen, rive sud)* attend une hypothétique restauration, dans un jardin à l'abandon. Dans la ruelle à gauche, trois majestueux acajous hébergent une colonie de **roussettes**, des chauves-souris frugivores géantes qui prennent leur envol chaque soir au crépuscule.

★ **Wat Kampong Thom** (Wat Indrisamvora) – *De l'autre côté du pont (rive nord), à env. 600 m sur la gauche de la NH 6.* Soutenu par 44 colonnes et marqué par

Fresques du *vihear*, Wat Kampong Thom.
P. Tisseand/Michelin

la patine du temps, son *vihear* est couvert de fresques aux couleurs vives, retraçant les principaux épisodes de la vie du Bouddha. À l'arrière de cette jolie pagode se dresse une haute tour rouge hérissée de têtes de *naga* : elle sert de crématorium lors des cérémonies funéraires. 2

Musée – *Env. 1,5 km plus loin, sur la droite de la NH 6 - 7h-17h - donation.* Une salle rassemble des éléments d'architecture rapportés des temples de Sambor Prei Kuk et de Preah Khan de Kampong Svay : fûts de colonnettes en grès, pierres de seuil, antéfixes (ornements de toiture), lingam. On s'arrêtera surtout devant une dizaine de **linteaux★★** travaillés en bas-reliefs, dont l'un figure un superbe Krishna portant à bout de bras la montagne sacrée de Govardhan.

À proximité Carte de région C2 (p. 178)

★★ Sambor Prei Kuk

▶ *28 km au nord-est de Kampong Thom (1h) - 7h-18h - 3 US$ - l'endroit est théoriquement déminé depuis 2008, mais la prudence conseille de ne pas s'écarter des sentiers balisés.*

Les vestiges émergent sous le couvert de sous-bois qui respirent la sérénité. L'ensemble compte une cinquantaine de sanctuaires et tours en **brique** à soubassement de latérite, ornés de bas-reliefs. Certaines dégagées, d'autres envahies par la végétation, les structures se trouvent dans un état de conservation variable, mais globalement remarquable pour des monuments vieux de plus de 1 400 ans. Les monticules qui vallonnent le site çà et là dissimulent d'autres édifices, tombés en ruines et repris par la terre.

Sambor Prei Kuk est le plus important complexe architectural préangkorien au Cambodge. Bâtie au début du 7e s. par le roi Isanavarman Ier, la cité était la **capitale du royaume du Tchen-la** *(voir p. 103)* sous le nom d'**Isanapura** (ville d'Isana). Elle conserva un rôle considérable jusqu'au 9e s., et, même après l'établissement de la capitale de l'empire à Angkor, continua de fonctionner comme centre d'enseignement.

Les structures sont réparties en **trois groupes**, jadis entourés de murs d'enceinte. Encadrements de portes en grès, fausses portes, colonnettes octogonales, figures de divinités hindoues annoncent les styles qui s'épanouiront dans les siècles suivants à Angkor.

★★ **Prasat Sambor** – *Groupe nord.* Le groupe le plus vaste du site combine des éléments du 7e s. avec d'autres plus récents, datés du 10e s. Sa tour centrale, dont la réfection devrait s'achever en 2018, est entourée de quatre sanctuaires : cette disposition en **quinconce** renvoie symboliquement aux cinq pics du mont Meru *(voir p. 80)*. Dans les sanctuaires de l'est, vous verrez des répliques des statues qui y furent trouvées, une somptueuse Durga et une représentation d'Harihara, divinité mi-Vishnou, mi-Shiva *(originaux au musée de Phnom Penh)*. Notez la **forme octogonale** peu ordinaire du sanctuaire de l'angle sud-ouest, jadis dédié à Kalkin, une divinité à tête de cheval. Ses murs extérieurs sont ornés de merveilleux **palais volants** sculptés dans la brique *(voir encadré p. 82)*, aux fenêtres desquels apparaissent de petits personnages.

Prasat Tao – *Groupe central, à 450 m au sud-ouest du groupe nord.* De construction plus tardive, ce groupe daterait du règne de Jayavarman II (802-835). Les escaliers du sanctuaire principal sont gardés par des **lions**★★ sculptés en ronde-bosse, dressés sur leurs pattes avant et gueule ouverte. À l'angle nord-est du Prasat Tao, de gros blocs de latérite descendent en escalier : ils signalent l'emplacement d'un ancien bassin sacré, désormais à sec.

★ **Prasat Yeai Poeun** – *Groupe sud, à 200 m au sud-est du Prasat Tao.* Il rassemble 22 sanctuaires en brique, latérite et grès édifiés sous le règne d'Isanavarman Ier. Cinq d'entre eux adoptent un plan octogonal et plusieurs ont conservé de très belles représentations de palais volants. Comme le groupe nord, celui-ci suit une organisation concentrique : des murs de brique et des fossés entouraient le *prasat*, facilitant la hiérarchisation des constructions. Ainsi se succèdent, alignés dans l'axe oriental, le *gopura* et un *Nandi mandapa* (pavillon consacré à la monture de Shiva) renfermant un **dais de grès** de la plus belle facture. Dans ce dernier, rapportent les inscriptions, reposait une statue d'argent du taureau Nandi, qui dirigeait son regard vers le saint des

Lion de pierre gardant l'entrée du Prasat Tao.
P. Tisserand/Michelin

saints (la tour-sanctuaire), consacré au culte du lingam, le symbole phallique de Shiva *(voir p. 182)*.

Prasat Kuk Rokar

10 km au sud de Kampong Thom, sur la route de Phnom Santuk - à env. 8 km de la ville, prenez la piste de latérite qui s'engage à droite de la NH 6, sous un portique, et suivez-la jusqu'au bout.

Sa tour penchée, aujourd'hui située dans la cour d'une école primaire, est un *prasat* shivaïte de grès remontant à la fin du 11e s. (Suryavarman Ier). Victime de l'affaissement du terrain mais toujours entière, cette tour de 8 m de hauteur affiche une inclinaison de 12°. Les portes sud et nord montrent de beaux **linteaux★★**, l'un avec de fines guirlandes de fleurs entre des personnages chevauchant des animaux, l'autre avec une tête de *kala* se dévorant les mains *(voir p. 184)*.

★ Phnom Santuk

17 km au sud-est de Kampong Thom, sur la gauche de la NH 6 - 6h-18h - 2 US$ - attention aux singes (évitez d'emporter de la nourriture).

Une petite route *(2 km)* grimpe jusqu'au sommet de la colline sacrée, que les pèlerins les plus courageux choisissent d'atteindre par l'escalier de 809 marches. Parsemé de statues, dont certaines assez anciennes taillées à même la roche, de sanctuaires bouddhiques et de petits autels, le lieu offre surtout un **panorama★★** à 360° sur la plaine. Au long de la NH 6, les villages se sont spécialisés dans la taille de la pierre blanche extraite du massif de Santuk. Sous le burin des artisans, vous verrez des bouddhas émerger des gros blocs de grès, dans le crissement des disqueuses.

2

★ Preah Khan de Kampong Svay Carte de région B1

110 km au nord-est de Kampong Thom, 3h par une route en mauvais état (en saison des pluies, vérifiez auprès de votre loueur qu'elle est praticable sur toute la distance avant d'entreprendre le trajet). Excursion d'1 j. AR depuis Kampong Thom.

Le temple, également appelé **Prasat Bakan**, n'attire guère que les voyageurs avides de sortir des sentiers battus et les passionnés d'architecture antique. C'est pourtant l'un des **plus grands complexes angkoriens** : seule la vue d'avion permet de prendre pleinement la mesure de cet immense ensemble, dont les douves font près de 5 km de côté (1,5 km pour celles d'Angkor Wat). Mais, difficile d'accès, envahi par la végétation, il souffre d'un manque général d'entretien. Son *prasat* central s'est en outre effondré en 2003, après le passage de chasseurs de trésors peu méticuleux. Cela fait d'ailleurs longtemps que le site, qui pouvait s'enorgueillir d'une statuaire et de bas-reliefs (linteaux) d'une exceptionnelle beauté, est en butte aux **pillages** ; l'expédition conduite par le dessinateur **Louis Delaporte**, en 1870, a enrichi les collections du musée Guimet (Paris) de maintes statues prélevées ici.

Preah Khan de Kampong Svay présente une **orientation** nettement décalée (45°) par rapport à l'axe traditionnel est-ouest : les impératifs pratiques et les aléas de la topographie l'ont ici emporté sur les considérations mystiques. Le complexe remonte aux 11e et 12e s. La construction aurait été initiée durant le règne de Suryavarman Ier (1002-1050), hindouiste, et poursuivie sous celui de **Jayavarman VII** (1181-1218), défenseur du bouddhisme mahayana, d'où la coexistence des deux traditions religieuses dans l'ornementation. C'est de là que, avant son couronnement, sous le nom de général Jey Srey, le futur bâtisseur d'Angkor Thom aurait organisé la contre-offensive victorieuse contre les envahisseurs chams (1181).

Au temps de l'empire, des routes reliaient ce temple à Beng Melea et, de là, à Angkor. Il était précédé d'un immense **baray** aujourd'hui asséché, au centre duquel un îlot artificiel accueillait un petit temple, à la manière des Mebon oriental et occidental d'Angkor. À l'angle sud-est de cette ancienne retenue d'eau (3 km sur 800 m de large), le **Prasat Preah Domrei** conserve deux magnifiques statues d'**éléphants** *(domrei)* en ronde-bosse, aux angles de la terrasse supérieure ; leurs deux homologues se trouvent l'un au musée Guimet (Paris), où il a été rapporté par Louis Delaporte, l'autre au Musée national de Phnom Penh.

Deux fossés et quatre enceintes circonscrivent le complexe religieux, selon un schéma classique à l'époque de Jayavarman VII. Dans l'axe du temple, peu avant de franchir les douves (au nord-est), se dresse la **tour à visages** du Prasat Preah Stung, autre élément caractéristique des constructions initiées par ce roi. Le mur de la 3e enceinte montre une série de *devata* décapitées, triste souvenir du passage des chasseurs d'antiquités. Le *gopura* nord-est de la 2e enceinte, enserré dans les ramifications d'un figuier étrangleur, et les fenêtres à balustre ouvrant entre les racines contribuent à l'impression romantique que laisse à ses visiteurs ce temple isolé.

NOS ADRESSES À KAMPONG THOM

INFORMATIONS UTILES

Banques/Change

Canadia Bank – *NH 6, env. 300 m au sud du pont - lun.-vend. 8h-15h30, sam. 8h-11h30.* Distributeur.

ARRIVER/PARTIR

En bus

Tous les bus (env. 15/j.) effectuant la liaison Phnom Penh-Siem Reap font une brève halte à Kampong Thom, en face du marché et de l'hôtel Arunras. Beaucoup affichent complet en haute saison mais ils passent fréquemment, dans les deux sens. Env. 3-4h de trajet pour Phnom Penh comme pour Siem Reap.

TRANSPORTS

Pas de transports publics pour les environs. Pour **Sambor Prei Kuk**, comptez 15 US$ en *tuk-tuk* avec attente sur place.

Im Sokhom – *St. 3 - ✆ (012) 691 527 - 8h-18h.* Location de scooters et de vélos. Peut vous accompagner à Sambor Prei Kuk, Preah Khan de Kampong Svay mais aussi à Koh Ker, Beng Melea et Preah Vihear.

HÉBERGEMENT

PREMIER PRIX

Vimean Sovann Guest House – *St. 7 - ✆ (078) 220 333 -* - *28 ch. - 7/14 US$.* Bleu layette du sol aux tuiles, ce bâtiment de 4 étages (sans ascenseur) propose de vastes chambres impeccables, avec balcon donnant sur une rue calme. Le marché se trouve à 5mn à pied. Wifi et location de vélos. Un bon rapport qualité-prix.

Arunras – *Sereipheap St. - ✆ (062) 961 294 -* - *58 ch. - 8/15 US$.* Immanquable, pratique, ce grand bâtiment crème de 6 étages (ascenseur) fait face à l'arrêt des bus Phnom Penh-Siem Reap, peu avant le pont. Carrelées et spacieuses, les chambres ont toute la fonctionnalité des hôtels « à la chinoise ». Celles en façade bénéficient d'un beau balcon mais sont plus bruyantes. Le marché se trouve à 50 m. Wifi.

Kampong Thom Village – *562, NH 6 - ✆ (062) 962 311 - ▤ P - 29 ch. - 10/17 US$ - ☕ 3 US$.* Ses chambres sont relativement spacieuses et bien tenues, mais c'est bien là le seul atout de cet établissement de 3 étages, triste et sans charme, situé à 15mn à pied au sud du grand marché. Wifi.

POUR SE FAIRE PLAISIR

Sambor Village – *Democrat St. (Pratchea Thepatey) - ✆ (062) 961 391 - http://sambor village.asia - ▤ ✕ ⛱ P - 19 ch. - 55/90 US$ ☕.* L'ensemble respire le calme et le bon goût. Ses petits bungalows se nichent parmi les broméliacées et les oiseaux de paradis d'un jardin soigneusement entretenu. Chacun comporte deux chambres au sol de tomettes à l'ancienne et aux agréables sdb modernes. Tous disposent de leur propre petite terrasse. Prêts de vélos, balades en bateau au coucher du soleil, excursions dans les environs. Wifi.

RESTAURATION

PREMIER PRIX

Prum Bayon – *Democrat St., au niveau du marché - ✆ (012) 354 650 - ⊠ - 10h-18h30 - 2,50/5 US$.* Sa grande salle ouverte à l'angle de deux rues, rafraîchie par des brumisateurs, est réputée servir la meilleure cuisine khmère de la ville. Elle attire une clientèle locale nombreuse. La carte affiche un choix appréciable : poisson, porc, poulet, bœuf, servis en soupe ou avec du riz à volonté. Une excellente cuisine du jour.

Arunras – *Democrat St. - ✆ (012) 836 107 - ⊠ - 6h-21h30 - 7/10 US$.* De part et d'autre du hall de l'hôtel du même nom, c'est la halte déjeuner des bus marquant l'étape entre la capitale et Siem Reap. Une adresse pratique au service rapide, dans deux salles spacieuses et ventilées. Petite section de burgers et de sandwiches.

BUDGET MOYEN

Kampong Thom – *Quai Stung Sen, immédiatement à droite avant le pont - ✆ (012) 324 355 - ⊠ - 7h-21h -10/13 US$.* Quelques tables en terrasse devant une rangée de bananiers, entre lesquels on devine la rivière : le cadre est sympathique, et la carte cherche à satisfaire tous les goûts, y compris végétariens. Vous vous ferez expliquer la page de cuisine khmère, la seule à ne pas avoir été traduite en anglais. Profitez de l'occasion pour goûter au buffle d'eau, préparé au potiron ou au poivre. Sert aussi des petits-déj.

PETITE PAUSE

Po Ba Kor – *Democrat St., à 100 m du Sambor Village - 7h-21h.* On se déchausse pour prendre place sur les nattes d'une terrasse de bois aux tables basses, près desquelles se balancent des hamacs. Au bord de la rivière, une adresse informelle le temps d'un petit snack ou d'un lait de coco frais.

BOIRE UN VERRE

Les amateurs de karaoké trouveront sur le quai Stung Sen, à droite avant le pont, deux KTV (karaoké-télévision) qui s'animent dès la nuit tombée.

2

Le Nord-Est 3

Mahout sur son éléphant, dans le Mondolkiri.

O. Schubert/imageBROKER/age fotostock

LE NORD-EST

A
B
PAKSE
THAÏLANDE
PREAH VIHEAR
LAOS
1
Monts Dangrek
2625
Sra Em
13
Si Phan Don
64
62
2
PREAH VIHEAR
213
Mékong
Stung Treng
SIEM REAP
2
Stung Sen
62
3
Wat Sorsor Muoy Roi
A6
KAMPONG THOM
Stung Chinit
Phnom Sambok
Kampi
Kratie
Koh Trong
Wat Roka Kandal
BATTAMBANG
Tonle Sap
A6
KAMPONG CHAM
308
4
Chhlong
A5
71
KAMPONG CHHNANG
A7
A6
Kampong Cham
73
1
A
PHNOM PENH
B

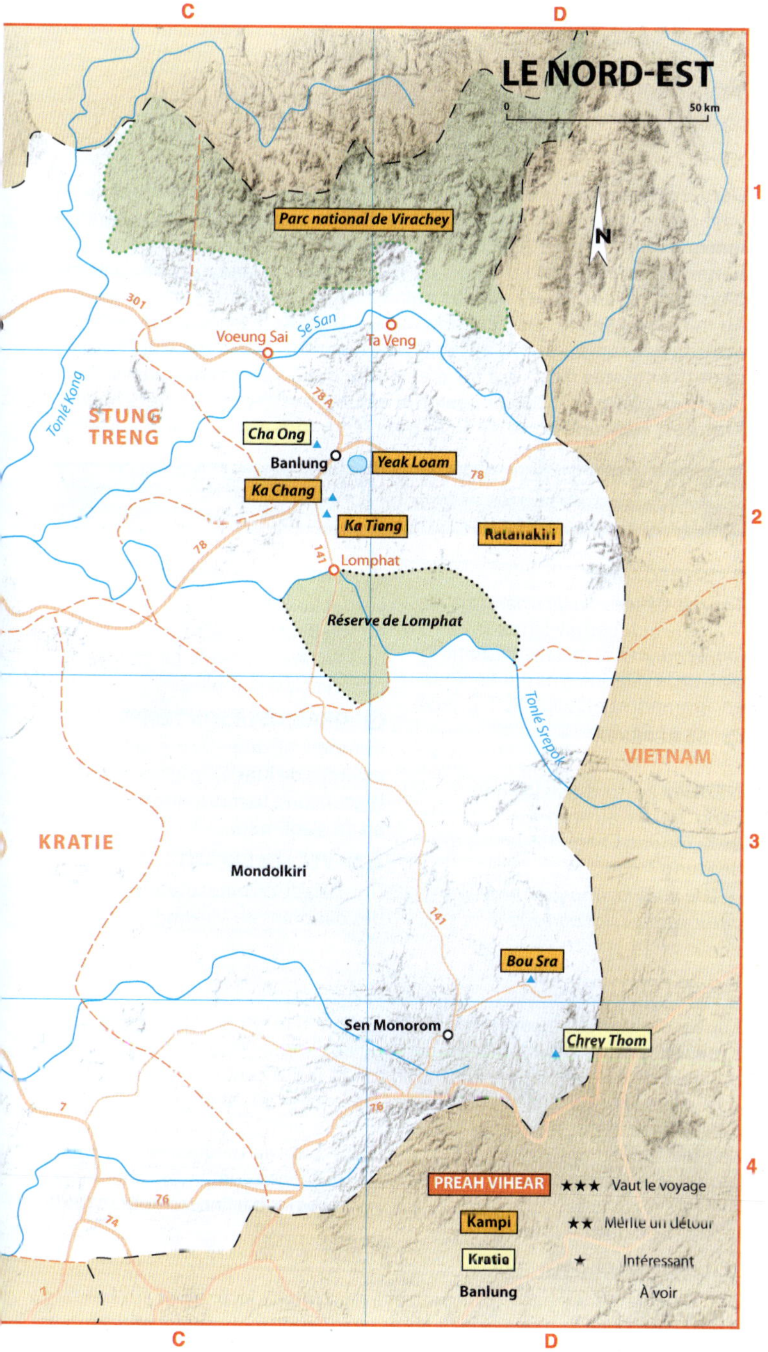

LE NORD-EST
0
50 km
N
C
D
1
2
3
4
Parc national de Virachey
301
Voeung Sai
Se San
Ta Veng
78 A
Tonlé Kong
STUNG TRENG
Cha Ong
Banlung
Yeak Loam
78
Ka Chang
Ka Tiang
Ratanakiri
141
Lomphat
Réserve de Lomphat
Tonlé Srepok
VIETNAM
KRATIE
Mondolkiri
141
Bou Sra
Sen Monorom
Chrey Thom
7
76
76
74
1
PREAH VIHEAR
★★★ Vaut le voyage
Kampi
★★ Mérite un détour
Kratie
★ Intéressant
Banlung
À voir

Kratie

★

38 000 habitants – Capitale de la province de Kratie (384 000 hab.)

Dernière étape sur le cours cambodgien du Mékong pour beaucoup de voyageurs faisant route vers le Laos, Kratie et sa province à la ruralité marquée livrent quelques tableaux champêtres au gré des rizières, des bananeraies et des plantations de cajou ou de sésame qui ponctuent le paysage. La modernité n'a pas encore frappé aux portes de la région. Au milieu du fleuve, en face de la ville, l'île de Koh Trong a conservé les attraits des campagnes d'antan. Plus en amont, la province est fière de sa petite colonie de dauphins d'eau douce qui s'ébattent dans les flots bruns du Mékong. Et pour ceux qui aiment quitter les sentiers battus, Kratie est aussi une porte d'entrée pour les grands espaces du Mondolkiri.

NOS ADRESSES PAGE 262
Hébergement, restauration, activités, etc.

S'INFORMER

Tourist Office – *Sur la rivière (sud de la promenade), au niveau de St. 12 - lun.-vend. 7h30-11h, 14h-17h.* Petit plan de la ville, infos basiques. Vous en apprendrez plus au CRDT *(p. 265)*.

SE REPÉRER

Carte de région B3-4 (p. 254-255).

À 270 km au nord-est de Phnom Penh, 190 km au nord-est de Kampong Cham, 135 km au sud de Stung Treng.

Voir aussi la rubrique « Arriver/ partir » dans « Nos adresses ».

À NE PAS MANQUER

Le Wat Roka Kandal ; le coucher du soleil sur le Mékong ; une sortie sur le fleuve pour observer les dauphins.

ORGANISER SON TEMPS

Comptez 1 j. pour découvrir les environs de Kratie. Programmez l'excursion à Kampi (dauphins) en fin d'apr.-midi.

AVEC LES ENFANTS

Une balade en bateau à la rencontre des dauphins du Mékong.

Se promener Carte de région B4 (p. 254-255)

Minuscule capitale provinciale établie sur la rive est du Mékong, **Krong Kracheh** (prononcez *kra-tchiè*), bourgade au charme désuet, se limite à une poignée de rues en damier autour de son **marché central★** *(5h-18h)*, cœur économique et social de la bourgade. Dès le lever du soleil, les marchandes s'installent à même le sol et déballent dans de grands paniers des montagnes de fruits et légumes, instantané de tout ce qu'offre cette région pauvre mais prodigue : choux et piments, tomates vertes et ananas, combavas, gingembre, mangues et bourgeons de bananier voisinent avec les bassines remplies d'œufs de caille ou de poissons-chats…

Balade architecturale

Autour de la grande halle, on reconnaît à leurs angles arrondis et aux balcons à balustres courant en façade les édifices typiques du mouvement **néo-khmer** *(voir p. 93)*. Sur l'un d'eux, des lettres à demi effacées signalent l'ancien dancing, que les Khmers rouges ont fait fermer. Plus au sud, plusieurs **bâtisses**

Façade ancienne dans le centre de Kratie.
P. Tisserand/Michelin

coloniales★ sont concentrées à la sortie de la ville, le long du Mékong et dans l'artère parallèle. Les bureaux du service provincial de la Santé *(Kratie Provincial Health Department)* occupent ainsi une belle villa des années 1920. Le manque de prospérité de la région expliquerait le nombre important de bâtiments datant du Protectorat (1863-1953) et du Sangkum Reastr Niyum (1953-1970) dans son chef-lieu, et leur relatif état de conservation. L'histoire joua aussi favorablement : tombée dès 1973 aux mains des Khmers rouges, puis l'une des premières à avoir été libérées par les forces vietnamiennes (déc. 1978), Kratie aurait subi moins de bombardements que les autres villes du pays. Malgré les campagnes de rénovation régulièrement entreprises, le manque de moyens se fait cependant sentir et ces édifices souffrent des dégradations dues au climat.

Dans la partie nord de Kratie, vous verrez plutôt des maisons reconstruites (la plupart datent des années 1990-2000) dans le style **traditionnel khmer**. En bois, peint ou laissé brut, et pourvues d'une véranda, elles se distinguent par des façades plus finement travaillées que dans les campagnes, mais l'organisation générale reste la même (pilotis et toits de tuiles).

Au bord du Mékong

La berge du fleuve *(Preah Suramarit St.)* a été aménagée en **promenade**, ombragée par de grands et vieux arbres – les amateurs de botanique apprécieront de trouver leur nom indiqué sur les troncs. Vers 17h30, les aficionados de l'aérobic investissent le quai à grand renfort de sono, et les contemplatifs s'installent sur les bancs pour admirer les somptueux **couchers de soleil** rouges dont s'enorgueillit Kratie. À ce point de son parcours, le niveau du Mékong fluctue considérablement d'un bout à l'autre de l'année. En saison sèche, le lit du fleuve se transforme en une immense **plage** de sable blanc, et on peut parfois même gagner Koh Trong à pied sec. Tout trafic fluvial, vers Kampong Cham et Phnom Penh en aval ou vers Stung Treng en amont, devient alors impossible.

★ Koh Trong

Bac au pied du restaurant Jasmine Boat, au bout de St. 7 (rue du marché) - 4h-18h - 1 000 riels. Location de vélos (2 US$) à la sortie de l'embarcadère. Le CRD Tours (voir p. 265) peut organiser des séjours chez l'habitant.

Cette grande île sur le Mékong, en face de Kratie, se visite à vélo. Une piste partiellement asphaltée en fait le tour en 9 km, à l'ombre des manguiers et des bosquets de bambous géants. Vous la partagerez avec quelques scooters et charrettes à cheval ou à bœufs, les seuls véhicules circulant sur Koh Trong. Pédalant entre les rizières, les champs de tomates ou de pastèques et les plantations de **pamplemoussiers** qui occupent tout le centre de l'île, vous aurez quelques aperçus d'un Cambodge rural et traditionnel. Trois modestes pagodes, dont une vietnamienne au sud, rythment la vie des hameaux et des champs. Au sud de l'île, un village flottant abrite une petite communauté cham de près de 4 000 personnes, qui vit de la **pêche au carrelet** et du tressage de paniers et de nasses.

À proximité Carte de région B3-4 (p. 254-255)

La circulation est assez soutenue et passablement anarchique sur la route longeant le fleuve : soyez prudent.

VERS LE SUD B4

★★ Wat Roka Kandal

2 km au sud de Kratie, par la route de Chhlong ou par la piste bordant le fleuve - le cas échéant, adressez-vous à la pagode moderne, de l'autre côté de la route, pour vous faire ouvrir - 7h-18h - donation.

Cette charmante pagode sur les bords du Mékong, qui compte parmi les plus anciennes encore debout au Cambodge, aurait été fondée au début du 19e s. Elle a été restaurée en 2002 par le CCC (Cambodian Craft Cooperation) avec l'aide d'une association allemande. Ces travaux n'ont hélas pas pu sauver la frise

LES DAUPHINS DE L'IRRAWADDY

Ces cétacés d'eau douce de taille modeste (2,50 m pour les plus grands) se déplacent en petits groupes et peuvent vivre jusqu'à 30 ans. Dépourvus de bec, ils ressemblent plutôt à des orques miniatures, avec leur curieuse tête arrondie. Ils se nourrissent de crustacés, de petits mollusques et de poissons, dont ils apprécient aussi les œufs. Dénommés dauphins de l'Irrawaddy (nom du grand fleuve qui traverse la Birmanie du nord au sud), ils se rencontrent du Bangladesh à l'Indonésie. Une petite centaine d'entre eux peuplent encore les eaux du Mékong, de part et d'autre des chutes de Khone Pha Peng, à la frontière entre le Laos et le Cambodge. Mais leur nombre diminue chaque année, au point que l'espèce est aujourd'hui considérée comme menacée. L'utilisation de filets de pêche, légale au Laos, est particulièrement montrée du doigt. Le trafic fluvial, le dragage des fonds pour exploiter le sable, qui endommagent les écosystèmes, sont également mis en cause. La plus grande crainte vient cependant du projet de construction du barrage de Don Sahong (Si Phan Don, Laos) qui, bloquant la migration des poissons et bouleversant l'habitat naturel des dauphins, priverait ceux-ci d'une bonne partie de leur alimentation ; il risque de porter un coup fatal à l'espèce, particulièrement sensible aux bouleversements de son environnement.

de fresques qui courait au sommet des murs, trop endommagée et dont il ne reste plus que deux panneaux. Mais la nef a conservé sa charpente, aux poutres parfois ouvragées en bas-relief et dorées à la feuille, ainsi que ses 30 élégants piliers de bois; sur un fond de laque noir, des motifs géométriques au pochoir représentent des *kala* stylisés et des *naga* entrelacés, figures protectrices.

Les **pignons** de la pagode ont été maintenus en place. Sculptés avec beaucoup de finesse, ils montrent un personnage à quatre bras, peut-être un bodhisattva (être de sagesse du bouddhisme mahayana), parmi des arabesques de feuillage; symbole de la connaissance, celui-ci tient à la main une épée pour pourfendre l'ignorance, tandis que deux singes font acte d'allégeance à ses pieds. Dans les jardins du *wat* sont exposés sacs et paniers en osier et en rotin; les profits de leur vente vont aux femmes de la région.

★ Chhlong

31 km au sud de Kratie.

La route traverse plusieurs **villages** d'agriculteurs et de pêcheurs dont les maisons de bois sont haut perchées sur pilotis, à la fois pour échapper à la montée des eaux en saison des pluies et pour fournir au bétail un abri ombragé. Chhlong, gros bourg pittoresque et peu visité, a conservé plusieurs édifices du Protectorat dont les façades jaunes décrépites surplombent le marché, face au fleuve. Sur la piste longeant le Mékong, l'ancienne **maison du Gouverneur★** *(700 m au sud du marché - ne se visite pas)*, un temps convertie en hôtel de charme, attend aujourd'hui un repreneur.

VERS LE NORD B3

★★ Phnom Sambok

11 km au nord de Kratie par la route longeant le Mékong - accès par un escalier de 360 marches - motos et scooters pourront grimper jusqu'au 1er palier par une piste à gauche avant l'escalier.

Env. 1 km avant la bifurcation *(fléchée)* pour Phnom Sambok, on traverse le village de **Thma Kreae**, réputé pour ses **krolan** *(voir p. 73)* vendus au bord de la route.

L'unique colline de la plaine de Kratie culmine à 127 m d'altitude. Elle accueille un centre de méditation Vipassana. Ombragé par une forêt de tecks, l'escalier d'accès est bordé sur toute sa longueur par un cortège de disciples en robe brune, bol à aumône en main ou à l'épaule. Le 1er palier *(160 marches)* regroupe les structures consacrées à l'enseignement du *dharma*, la loi bouddhique. Ne manquez pas l'édicule situé sur le parvis, dont les **fresques★** mettent en garde les pécheurs sur les horribles châtiments qui les attendent en enfer. Sur le 2e palier, le « sub-Bodhgaya » (du nom de la ville indienne où Siddharta Gautama aurait atteint l'Éveil, devenant ainsi Bouddha *-70 marches)*, vous reprendrez votre souffle en suivant le chemin qui contourne la colline; il est ponctué de monumentales statues de ciment illustrant la vie et l'enseignement du Bouddha. Au terme de la dernière volée d'escaliers *(130 marches)*, un pagodon coiffe la colline. Le sanctuaire est couvert de fresques aux couleurs vives, dont un panneau revient sur le thème des châtiments infernaux. La plate-forme ménage une **vue★** panoramique sur le Mékong et la plaine.

★★ Kampi

15 km au nord de Kratie - 6h-17h - 9 US$/pers. avec 1h de bateau, 7 US$ à partir de 2 pers.

Sur les 90 **dauphins d'eau douce** *(voir encadré ci-contre)* qui peuplent encore la partie cambodgienne du Mékong, entre 20 et 30 individus vivent

Pêche au carrelet sur le Mékong.
P. Tisserand/Michelin

en face de Kampi. Ils y demeurent toute l'année mais il est difficile de les approcher, car ils prennent le large au bruit des embarcations. C'est en fin de saison sèche *(mars-juin)*, le matin entre 7h et 8h ou au **crépuscule**, moteur coupé et bateau immobile, que vous aurez le plus de chance d'en apercevoir. L'excursion vous fera passer parmi les innombrables îlots qui émergent au milieu du fleuve, dans un très joli cadre. Les plus sportifs pourront aller à la rencontre des dauphins en **kayak**, puis redescendre le Mékong jusqu'à Kratie *(voir « Activités », p. 265)*.

★ **Wat Sorsor Muoy Roi** (pagode aux Cent Colonnes)

Sambor - 36 km au nord de Kratie.

Sur les bords du Mékong, le Wat Sorsor Muoy Roi a été reconstruit en 1997, avec des matériaux modernes, sur le modèle de la pagode d'origine – une construction en bois détruite par les Khmers rouges. Ses 96 sveltes colonnes (dont 12 à l'intérieur du *vihear*) sont des copies en ciment des piliers d'origine ; seuls trois sont encore en bois. À l'intérieur, de belles **fresques** modernes relatent les riches heures de la vie du Bouddha. Dans un petit pavillon à l'arrière du *vihear*, d'autres peintures retracent en images une légende locale mettant aux prises un moine et un crocodile.

Dans l'enceinte de la pagode, le **Mekong Turtle Conservation Centre** *(8h30-16h30 - ✆ (012) 712 071 - www.mekongturtle.com - 4 US$)* se consacre à la protection des tortues de Cantor *(Pelochelys cantorii)*, une espèce menacée de tortues à carapace molle qui vivent dans le fleuve.

Env. 300 m derrière la pagode, le petit **Wat Kaok** a quant a lui conservé ses piliers de bois (24 à l'intérieur du sanctuaire, 28 à l'extérieur).

Le Mondolkiri Carte de région D3-4 (p. 254-255)

Son nom vient du sanskrit et signifie littéralement « montagne *(giri)* du mandala »). Le Mondolkiri, la province la plus vaste et la moins peuplée du Cambodge, marque la frontière avec le Vietnam. Cette région rurale à 90 % est peuplée d'une dizaine de minorités ethniques regroupées sous le nom de

Khmers Leu (« Khmers d'en haut » ou tribus montagnardes; *voir p. 52*) et de communautés chams, de confession musulmane. Elle est longtemps restée difficile d'accès. Toute récente (2009), la construction d'une route asphaltée reliant **Sen Monorom**, sa capitale, à Phnom Penh *(370 km, 5-6h)* a commencé à la désenclaver.

Le Mondolkiri reste malgré cela souvent boudé par les voyageurs, qui préfèrent se tourner vers le Ratanakiri, dont les paysages sont moins endommagés. Jadis vallonnée et verdoyante, cette **région d'altitude**, qui culmine à 1 078 m au Phnom Nam Lier, a en effet pâti d'un déboisement particulièrement agressif. Les forêts primaires, par ailleurs convoitées pour les essences précieuses qu'elles recelaient, ont disparu du paysage – et avec elles tout un pan d'une flore et d'une faune d'une extrême diversité. Au niveau humain, les populations locales, composées à 80 % par les minorités ethniques, ont été les premières à faire les frais d'une **déforestation** sauvage qui se poursuit de nos jours *(voir p. 270)*. Manquant de ressources matérielles, d'éducation et de représentation légale ou politique, ces communautés n'ont aucun moyen de s'opposer à l'expansion des immenses domaines agricoles ou miniers (plantations d'hévéas et, plus récemment, de café et de poivre) qui, au nom de la raison économique, grignotent chaque année un peu plus leurs terres ancestrales, et souvent sacrées pour ces peuples animistes.

SEN MONOROM D3

200 km à l'est de Kratie - 270 km au nord-est de Kampong Cham par une excellente route.

La petite capitale provinciale *(env. 7 000 hab.)* exhale une atmosphère de ville-frontière : le Vietnam est à env. 15 km à vol d'oiseau. Le boom que connaît la ville contribue à cette ambiance un peu *Far East*; depuis la construction par des compagnies chinoises de grand-routes la reliant directement à Phnom Penh (2009), Kampong Cham (2013) et Banlung (2014), Sen Monorom connaît une croissance rapide. Sans surprise, le prix du terrain a monté en flèche en quelques années, et les dernières maisons traditionnelles bunongs cèdent la place à des édifices de béton d'une esthétique standardisée dans toute l'Asie du Sud-Est. Au long de sa rue principale s'alignent quelques boutiques et

3

LES LARMES DES BUNONGS FACE AU MONDE MODERNE

Les Phnongs, ou Bunongs, communauté animiste de chasseurs-cueilleurs, constituent l'ethnie la plus importante du Mondolkiri. Déplacés et affectés aux travaux des champs sous le régime des Khmers rouges, ils n'ont regagné leurs territoires qu'à la fin du conflit. L'absence de tout titre de propriété a facilité leur expulsion quand des CFE (concessions) ont été accordées à de grands exploitants agricoles sur leurs terres ancestrales. Tirant depuis toujours leurs moyens de subsistance de la forêt, les Bunongs sont doublement victimes du déboisement généralisé du Mondolkiri. La modernité les a contraints à se muer en agriculteurs, cultivant la banane, le riz et la noix de cajou, souvent pour le compte de groupes industriels. Les Bunongs ont toujours entretenu un lien privilégié avec les éléphants, les domestiquant pour les faire travailler en forêt; le documentaire de Daniel Ferguson, *Les Derniers Hommes éléphants* (2015), raconte ce mode de vie en voie de disparition. Il est désormais interdit de capturer des éléphants, une activité ancestrale, ce qui porte un coup de plus à leur économie domestique.

restaurants, ainsi qu'une poignée de petits hôtels au confort simple. N'oubliez pas que les soirées et les nuits sont fraîches à Sen Monorom : la bourgade est posée sur un plateau, à 800 m d'altitude.

AUTOUR DE SEN MONOROM D3-4

Dans la rue principale de Sen Monorom, plusieurs agences organisent des excursions dans les environs. Au programme : cascades et plantations de café, villages bunongs où subsistent quelques maisons traditionnelles et observation des éléphants (la balade sur le dos des pachydermes, dénoncée à cor et à cri par les associations de protection, est en train de passer de mode).

★★ **Cascades de Bou Sra** – *Env. 32 km au nord-est de Sen Monorom - 2,5 US$ - inaccessible en saison des pluies.* Très fréquentées en fin de semaine et durant les vacances cambodgiennes, les trois chutes d'eau de Bou Sra comptent parmi les plus spectaculaires du Mondolkiri. Des escaliers relient entre eux les bassins de baignade et les cascades, que survole une tyrolienne.

★ **Cascade de Chrey Thom** – *20 km au sud-est de Sen Monorom.* En eau toute l'année, elle chute de 15 m de haut dans un vaste bassin aux eaux souvent très fraîches, ombragé par de grands arbres.

NOS ADRESSES À KRATIE ET À SEN MONOROM

INFORMATIONS UTILES

Banques/Change

Distributeur et change dans les banques de Kratie. Plusieurs officines de change autour du marché.

ACLEDA – *Angle Main St. et St. 2.*

Canadia Bank – *Pr. Suramarit St. (quai du Mékong), angle St. 4.*

ARRIVER/PARTIR

En bus

Gare routière de Kratie – *Au nord du marché, angle Main St. et St. 7.* Dép. à 7h15, 9h30 et 11h30 pour Phnom Penh *(6h de trajet - 8 US$) via* Kampong Cham *(4h - 5 US$).* Minibus tôt le matin pour Banlung *(4h - 8 US$)* et bus à 13h. Dép. à 8h pour Sen Monorom *(4h - 8 US$)* et à 13h30 pour Stung Treng *(3h - 7 US$).*

Gare routière de Sen Monorom – *Rue principale* - Bus pour Phnom Penh *(9-10h de trajet - 12 US$)* et pour Kratie *(4h - 8 US$).* Les départs se font surtout tôt le matin.

TRANSPORTS

Vélo/Moto – Location de scooters *(6 US$/j.)* et vélos *(1 US$/j.)* dans la plupart des *guesthouses*, face au fleuve.

Bateau – De Kratie, on peut rejoindre Stung Treng en *speed boat* privé. Une option coûteuse *(env. 200 US$)* et longue *(au moins 1 j.).*

HÉBERGEMENT

Kratie

Limitée, l'offre hôtelière se borne à une poignée de *guesthouses* à l'entretien rudimentaire autour du marché et face à la rivière, auxquelles s'ajoutent 2 hôtels de plus grande capacité, ciblant une clientèle de groupes, au nord de la promenade.

PREMIER PRIX

Heng Heng 2 – *Preah Suramarit St., entre St. 10 et St. 11 - ☎ (072) 971 405 -* *- 20 ch. - 7/15 US$.* Sur 2 étages sans ascenseur, à 100 m du marché, ce petit hôtel chinois s'avère mieux entretenu que les *guesthouses* du quartier. Ses chambres, toutes simples, partagent une terrasse plein ouest avec vue imprenable sur le Mékong. Wifi, eau chaude et personnel souriant, anglophone. Location de scooters. À ne pas confondre avec son homonyme, à 15 m, qui ne dispose pas du wifi.

BUDGET MOYEN

River Dolphin – *À 2 km du marché, dir. Banlung, à gauche 150 m après le pont - (070) 210 570 - www.riverdolphinhotel.com - 28 ch. - 30/40 US$ - 5 US$.* Ouvert en 2015, il possède l'unique piscine de la ville. Au calme dans la campagne, il propose des chambres simples, à la décoration kitsch et pourvues d'un mini-réfrigérateur. Vue sur Phnom Sambok depuis le balcon. *Tuk-tuk* gratuit pour se rendre en ville. Wifi, location de scooters.

Mekong Dolphin – *Preah Suramarit St. - (072) 666 6666 - www.mekongdolphinhotel.com - 69 ch. - 30/50 US$.* Cet édifice blanc de 7 étages (ascenseur), ouvert en 2015 au nord de la promenade, fait face au fleuve. Carrelées, affichant une décoration sobre dans les tons brun et beige, les chambres sont meublées de bois et de rotin. Celles des étages supérieurs bénéficient d'une vue superbe sur le Mékong au couchant. Si l'hôtel n'est pas plein, on vous attribuera une VIP, plus spacieuse mais située juste au-dessus du hall sonore, et donc bruyante en fin de semaine et dotée d'une moins jolie vue. Libre accès à la salle de gym, wifi.

Koh Trong

L'île située en face de Kratie propose des *homestays* (logement chez l'habitant) basiques pour une immersion dans la vie rurale cambodgienne. Ni TV, ni air conditionné, et seules les adresses disposant d'un générateur ont l'électricité le soir. Rens. au CRD Tours *(voir p. 265)*. Les deux établissements ci-dessous louent des vélos.

BUDGET MOYEN

Arun Mekong Guesthouse – *Extrémité nord-est de l'île, à 2 km du débarcadère - (017) 663 014 - https://arunmekong.wordpress.com - 7 ch. - 22/33 US$.* Une halte rustique en pleine nature, à deux pas du Mékong. Au rdc, 2 chambres en dur, au sol de tomettes, disposent d'une sdb privée. À l'étage, 3 chambres en bois, très simples et meublées dans le style traditionnel khmer, partagent une sdb commune et une grande terrasse. Également 2 bungalows dans un vaste jardin planté de manguiers. Électricité 18h-22h, ni eau chaude, ni wifi.

POUR SE FAIRE PLAISIR

Rajabori Villas Resort – *Extrémité nord-est de l'île, à 2 km du débarcadère - (012) 770 150 - www.rajabori-kratie.com - 10 ch. - 60/100 US$.* Calme, luxe et sérénité pour l'adresse de charme de la région. Dispersés dans un grand jardin arboré, fleuri d'oiseaux de paradis, de bougainvillées et de plantes rares, ses bungalows sur pilotis sont en bois précieux – sdb comprises ! Chaque chambre est décorée de gravures anciennes sur les temples angkoriens ou sur l'imagerie bouddhique, et dispose d'une terrasse privative. Restaurant réputé, électricité de 17h à 7h.

Sen Monorom

PREMIER PRIX

Nature Lodge – *Env. 2 km du centre - www.naturelodgecambodia.com - (073) 690 0042 - 30 ch. - 15 US$.* Des petits

3

bungalows de bois éparpillés en pleine nature et une vue splendide sur les montagnes environnantes. Le soir, les voyageurs se rassemblent autour de la cheminée. Eau chaude.

UNE FOLIE

Mayura Hill – *Env. 1,5 km du centre - www.mayurahillresort.com - (077) 980 980 - - 14 ch. - 100/120 US$.* Ce *resort* au jardin bien entretenu, le plus luxueux établissement de la ville, propose des villas aux chambres spacieuses, confortables et joliment aménagées, disposant d'une cuisine. Navette gratuite pour le centre, gym, wifi.

RESTAURATION

Kratie

PREMIER PRIX

Riverside Kratie Inn – *Preah Suramarit St., angle St. 6 - (012) 242 914 - - 11h-14h30, 18h-20h30 - 4 US$.* Une cuisine familiale (*fried rice*, *lok lak*, plats sautés et soupe vietnamienne) dans un cadre un brin plus soigné qu'à l'ordinaire, avec tables de bois massif dans une salle ouverte sur la rue : le fleuve coule juste en face. Menu en anglais, mais le personnel ne parle que le khmer.

Red Sun Falling – *Preah Suramarit St., entre St. 7 et St. 8 - (011) 465 606 - - 7h-21h - 6/8 US$.* Ses formules de petits-déj., ses riz sautés, ses omelettes et ses salades attirent les voyageurs occidentaux, qui en ont fait l'un de leurs points de rendez-vous favoris. Le *Jasmine Boat* situé en face lui bouche hélas toute vue sur le Mékong.

Heng Heng – *Preah Suramarit St., angle St. 10 - (088) 439 3204 - - 6h-19h30 - 6/8 US$.* Une exposition-vente assez kitsch de sculptures en bois précieux, allant du bouddha ventripotent à la tête de cerf, tient lieu de décor. La carte en anglais se limite aux plats sautés dans toutes leurs déclinaisons possibles. Mais elle ne représente pas la totalité de la cuisine sino-khmère servie ici : regardez discrètement l'assiette de vos voisins pour faire votre choix, même si cela ne figure pas à la carte. L'adresse est appréciée par les Cambodgiens de passage à Kratie. Anglais basique.

BUDGET MOYEN

Le Tonle – *St. 3 - (072) 210 505 - - http://letonle.org - 7h-20h30 - 8/10 US$.* Dans une ruelle calme perpendiculaire au fleuve, ce restaurant-école à vocation sociale sert ses clients sur une petite terrasse bien tenue. Le personnel, qui parle un bon anglais, vous proposera des spécialités locales pleines de fraîcheur : salade de mangues vertes ou de pamplemousse à la noix de coco, soupe de poisson, et autres recettes faisant appel à l'huile de sésame, aux liserons d'eau *(morning glory)* et aux champignons. La carte, éclectique, comporte aussi quelques plats occidentaux. Vin au verre. Propose également 9 chambres *(10/15 US$).*

POUR SE FAIRE PLAISIR

Jasmine Boat – *Preah Suramarit St., au bout de St. 7 - (096) 331 1998 - www.jasmine-boat.com - - 6h-22h - 15/25 US$.* Face à l'île de Koh Trong, c'est le seul restaurant installé sur le Mékong. Sa cuisine propose les recettes les plus élaborées de la ville : côtes d'agneau sauce au vin, poulet à la mangue et aux noix de cajou, bœuf braisé à l'ananas ou au *kai-lan* (brocoli chinois). Chers, les plats de viande doubleront votre addition. Petite carte des vins.

Sen Monorom

BUDGET MOYEN

Sovannkiri – *St. 76, face au marché - ✆ (097) 474 4528 - ⊠ - 8h-21h30 - 8/10 US$*. Tenue par un couple australo-khmer, l'adresse rassemble une clientèle de voyageurs à petit budget, avide de retrouver une nourriture occidentale ou de découvrir quelques plats locaux. Dispose également de quelques chambres *(8 US$)*.

PETITE PAUSE

Tokae – *St. 10, angle Main St. (face au marché) - Kratie - ✆ (097) 297 2118*. Sa fresque bleu marine et orange représente un tokay, ce gecko géant dont le cri porte bonheur. Un bon endroit pour le petit-déj. : assis à l'angle du marché, vous aurez un poste d'observation idéal, quand les marchandes déballent à même le sol leurs fruits et leurs légumes.

BOIRE UN VERRE

Jasmine Boat – *Preah Suramarit St., au bout de St. 7 - ✆ (096) 331 1998 - www.jasmine-boat.com - ⊠ - 6h-22h*. Son long comptoir surplombant le Mékong est assurément le meilleur *spot* au coucher du soleil. *Happy hour* 16h-18h.

ACTIVITÉS

Kratie

CRD Tours – *St. 3 - ✆ (099) 834 353 - www.crdtours.org - lun.-vend. 9h-12h, 14h-18h*. Cette petite agence a été fondée par une ONG visant à développer les ressources locales. Elle organise différents circuits pour découvrir Kratie et ses environs (observation des dauphins, îles de Koh Trong et de Koh Phdao, pagodes…) et des excursions à vélo jusqu'à Stung Treng *(3 j.)*.

Sorya Kayaking Adventures – *Preah Suramarit St., à côté de la Canadia Bank - ✆ (090) 241 148 - www.soryakayaking.com - 7h-21h sf dim*. Descente du Mékong en kayak depuis Kampi pour observer les dauphins, avec halte dans une forêt inondée *(1/2 j.)*. Assez physique en raison des forts courants.

Sen Monorom

Certaines agences tentent de lutter contre les abus liés à l'exploitation commerciale des éléphants. Elles proposent plutôt des « *ethical elephant tours* », qui excluent la monte et privilégient l'observation des animaux dans leur milieu naturel. Pour les trekkings, avant de choisir un prestataire, sachez poser les bonnes questions *(voir p. 275)*.

Mondulkiri Elephant & Wildlife Sanctuary – *NH 76, au sud du grand marché - ✆ (097) 659 1101 - www.mondulkirisanctuary.org*. Programmes à la journée combinant trekking et observation d'éléphants.

Elephant Valley Project – *✆ (099) 696 041 - www.elephantvalleyproject.org*. Observation des pachydermes dans la forêt et participation aux activités quotidiennes sur la base du volontariat : entretenir les enclos, nourrir les animaux, leur donner des soins ou le bain, etc.

AGENDA

Mekong River Festival – *2 j. mi-mars - Kratie*. Organisé depuis 2015, il a pour objectif de promouvoir le développement durable face aux menaces environnementales qui pèsent sur le Mékong. Stands d'information et conférences *(en anglais)*.

Le Ratanakiri

★★

183 000 habitants – Province du Ratanakiri (capitale : Banlung)

Encadrée par le Mékong à l'ouest, le Vietnam à l'est, le Laos au nord et le Mondolkiri au sud, la province du Ratanakiri est devenue la destination écotouristique du Cambodge, malgré les vives inquiétudes suscitées par la déforestation. Sur ses « terres rouges » fertiles, la forêt cède le pas devant le développement des plantations d'hévéas, d'anacardiers et de palmiers à huile. Ici, ni temples, ni vestiges architecturaux, mais un programme nature enchaînant cascades et lac de cratère, randonnées dans les parcs nationaux et découverte du mode de vie des minorités ethniques. Sa capitale, Banlung, sera le point de départ de vos excursions.

NOS ADRESSES PAGE 273
Hébergement, restauration, activités, etc.

S'INFORMER

En l'absence de bureau officiel d'information touristique, rens. dans les nombreuses agences d'excursions de Banlung *(voir p. 274)*.

SE REPÉRER

Carte de région CD1-2 (p. 254-255) – carte de Banlung et ses environs p. 268.

Banlung est à 250 km au nord-est de Kratie, 150 km à l'est de Stung Treng.

Voir aussi la rubrique « Arriver/partir » dans « Nos adresses ».

À NE PAS MANQUER

Le lac de cratère de Yeak Loam ; une randonnée aux abords du parc de Virachey.

ORGANISER SON TEMPS

Comptez 1 j. pour la découverte des environs de Banlung, 3 à 5 j. pour un trekking.

Banlung Carte de Banlung et ses environs p. 268

Cette ville nouvelle sans charme s'est développée ces toutes dernières années, avec l'élargissement des routes la reliant à Kratie et à Stung Treng, sur le Mékong. La vie tourne autour du marché central. Offrant un cadre plus paisible, à 1 km au nord de la ville, le lac **Boeung Kan Seng** a vu s'installer sur son pourtour plusieurs hôtels et restaurants *(voir p. 275)*.

Psar Banlung – *À deux blocs au sud du grand rond-point.* Établi dans une halle moderne, ce gros marché bourdonne d'activité. Tôt le matin, les villageois viennent y vendre bananes et miel de la région. L'ensemble souffre toutefois d'un certain manque d'entretien et les allées deviennent vite boueuses quand il a plu.

★ **Wat Rahtanaram** – *1 km à l'ouest de Banlung, dir. Stung Treng, à droite de la route.* La piste qui s'engage derrière le *vihear* monte au sommet du Phnom Eisan. Avant d'arriver aux antennes radio, elle passe devant un **grand bouddha couché** couleur or, ombragé par deux beaux **sal**★, les arbres « aux boulets de canon » *(Couroupita guianensis)*, surnom de ses fruits ronds gros comme des calebasses. Leurs spectaculaires fleurs rouge rosé sont un régal pour l'œil comme pour l'odorat. On les appelle au Cambodge « arbres du Bouddha » : la reine Maya aurait donné naissance au prince Siddharta sous les branches d'un *sal*.

Reconstitution de maisons traditionnelles de l'ethnie kroeung, au bord du lac Yeak Loam.
P. Tisserand/Michelin

À proximité Carte de Banlung et ses environs p. 268

Le vert des plantations et le rouge des pistes de latérite donnent ses couleurs contrastées au Ratanakiri, la montagne *(giri)* aux pierres précieuses (*rotna* en sanskrit). Le cœur de la province balance entre sa volonté d'un développement écotouristique à long terme et la manne que représente l'**exploitation des ressources naturelles** : mines de zircon et de grenats, interminables plantations d'hévéas (caoutchouc naturel) et d'anacardiers (noix de cajou). L'équilibre semble impossible à trouver et l'intérêt économique immédiat l'emporte, au prix d'une déforestation alarmante qui, si elle touche tout le pays, est particulièrement sensible dans le Ratanakiri *(voir p. 270)*. Comme dans le Mondolkiri voisin, une dizaine de **minorités ethniques** vivent sur les hauts plateaux de la province. Rassemblées sous le nom d'hommes des hautes terres, ou Khmers Leu, elles partagent des valeurs sociales et religieuses comme le matriarcat et l'animisme *(voir aussi encadré p. 272)*.

★★ Cascades

Si la plupart sont en eau toute l'année, c'est de juillet à octobre (saison des pluies) que les cascades sont les plus impressionnantes, dans leur écrin de jungle luxuriante. Toutes attirent beaucoup de familles le week-end, qui aiment à pique-niquer sur leurs bords ; en semaine, en revanche, vous y serez sans doute seuls.

★ **Cha Ong** – *Prenez la route de Stung Treng sur 2,6 km et tournez à droite ; puis piste sur 5,5 km (fléché) - 2 000 riels.* La piste traverse des plantations d'hévéas et quelques hameaux aux maisons de bois entre lesquels courent des hardes de porcelets noirs. La plus haute des cascades de la région (18 m) chute parmi les grands arbres et les bambous. Vous pouvez vous faufiler derrière : un amas de blocs de basalte forme un passage entre l'eau et la falaise *(prudence : rochers glissants)*. D'accès malaisé et de petite taille, les bassins qu'elle alimente ne sont pas les plus propices à la baignade. L'endroit ne vaut pas le détour en saison sèche.

3

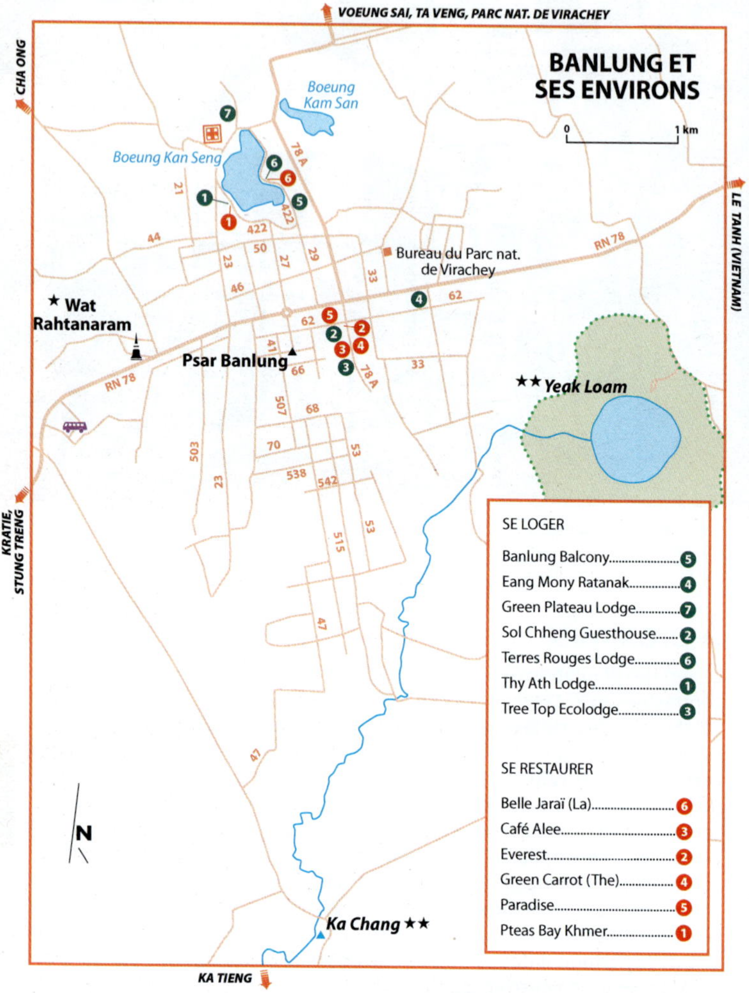

★★ **Ka Chang** – *Au niveau de la bifurcation pour les cascades de Cha Ong, tournez à gauche ; la route asphaltée se transforme peu à peu en une large piste que vous suivrez sur 5 km (fléché) - 3 000 riels, moto 1 500 riels.* La piste file entre les plantations d'hévéas, d'anacardiers et les champs de manioc. Passé un petit pont de bois, à droite, vous arrivez à cette cascade enfouie dans un coin de forêt. Elle chute de 10 m de haut dans un grand bassin qu'entoure une paroi de basalte où s'accrochent les fougères, avant de s'enfoncer dans le sous-bois. En eau toute l'année, elle attire de nombreux baigneurs en fin de semaine. Trois éléphants attendent sur le parvis pour des balades dans la forêt avoisinante *(3 US$/h/pers.)*.

★★ **Ka Tieng** – *De Ka Chang, rebroussez chemin sur quelques centaines de mètres et bifurquez à gauche sur 4 km (fléché) - 2 000 riels.* Cette cascade n'est pas très haute (7 à 8 m) mais, nichée dans une végétation luxuriante, c'est sans conteste la plus belle des environs de Banlung, et celle qui se prête le mieux à une pause baignade. Des bosquets de bambous géants ombragent l'ample piscine naturelle qui s'ouvre au pied de la jolie chute. Un pont suspendu en bois franchit le cours d'eau devant la cascade.

★★ Yeak Loam

5 km au sud-est de Banlung par la route conduisant au Vietnam - 7h-18h - 2 US$.
Ce lac de cratère, d'un diamètre d'env. 800 m et profond de 50 m, s'est formé il y a 700 000 ans. L'endroit, magnifique, est toujours considéré comme sacré par la **minorité tampoun** qui vit dans la région ; celle-ci affirme qu'un puissant génie habite au fond des eaux.
Un chemin aménagé dans une belle **forêt tropicale dense** fait le tour du lac *(2,5 km - 40mn de marche facile)* ; il est ponctué de quatre jetées en bois d'où les enfants s'amusent à plonger. En fin d'après-midi, au moment de l'inversion thermique (quand la chaleur du jour fait place à la fraîcheur du soir), la brume qui s'élève du lac lui confère une atmosphère mystérieuse prenante. Prenez le sentier vers la droite ; au bout de 400 m, un petit **centre culturel** *(8h-17h30 - 2 000 riels)* expose un ensemble de gongs cérémoniels tampouns, des articles de vannerie et des tissages traditionnels. Des panneaux en anglais résument quelques-unes des légendes locales et présentent les sept principaux groupes ethniques vivant au Ratanakiri. Devant, un petit kiosque de bois vend les tissages en coton réalisés par ces derniers.
Yeak Loam fait partie des sorties favorites des familles de Banlung le week-end. Si vous voulez trouver une place à l'une des tables de pique-nique installées au bord du lac, venez plutôt en semaine.

Excursion Carte de région CD1 (p. 254-255)

Pour des raisons évidentes de sécurité *(voir « Randonnée », p. 32, et « Activités », p. 275)*, les sorties dans la forêt autour de Banlung ne peuvent se faire que dans le cadre d'excursions organisées. Certaines agences inscrivent aussi à leur programme la visite des **mines** d'où l'on extrait des grenats et des zircons, dans des conditions d'exploitation dignes du 19e s. Souvent de simples trous de 10 à 15 m de profondeur, dont la localisation varie en fonction des découvertes de gisements, elles n'offrent rien de spectaculaire.

★★ Parc national de Virachey

50 km au nord de Banlung, au-delà de la rivière Se San, par Voeung Sai - Virachey National Park Eco-Tourism Information Center - (075) 974 013 en sem., (077) 965 196 le w.-end - http://viracheyecotourism.blogspot.com - 13 US$/j. Bonne forme physique requise ; chaussures fermées et vêtements couvrants indispensables, lampe torche pour la nuit, ainsi qu'une provision d'eau en quantité suffisante.

Bon à savoir – Seules les excursions réservées directement auprès des autorités du parc donnent accès à l'intérieur de la zone protégée. Les randonnées organisées par les prestataires privés se déroulent dans la zone tampon, celle qui entoure le parc. Avant le départ du trek, il est vivement conseillé d'accompagner votre guide au marché de Banlung pour choisir avec lui ce qui figurera au menu de vos repas.

Ce parc, le plus grand du pays (3 325 km²), se prête à des excursions de 2 à 8 j., avec nuit dans les villages ou en hamac-moustiquaire en pleine forêt. De Banlung, il faut compter au moins 2h30 pour atteindre l'orée de la zone protégée ; après un trajet d'approche à moto puis en barque sur la **rivière Se San**, on arrive au village où commence réellement la randonnée. En conséquence, seules les sorties de 4j./3 nuits ou plus permettent vraiment de s'enfoncer au

3

Des forêts convoitées

UNE TRADITION FORESTIÈRE

Les ressources forestières du Cambodge, exploitées au niveau local depuis toujours, ont fait l'objet d'un plan de développement concerté de la part des autorités coloniales françaises. Le bois était alors utilisé pour la construction des navires, des ponts, des charpentes, pour les poteaux télégraphiques, les étais de mines, les traverses de voies ferrées… L'exploitation forestière à l'échelle industrielle débute véritablement dans les années 1920 mais reste limitée par les difficiles conditions d'accès aux ressources. Tractées par des éléphants ou chargées sur des triqueballes que tirent des attelages de dix ou douze buffles, les énormes billes de bois débitées sont acheminées vers le **Mékong** d'où elles descendent jusqu'aux scieries, en aval. En raison des facilités de transport offertes par le fleuve, la région de Kampong Cham concentre alors la plus forte densité d'exploitations forestières, qui trouvent leurs débouchés commerciaux à Saïgon – la métropole était fournie en bois par ses colonies africaines.

Le commerce du bois a été l'un des **moteurs du développement** des infrastructures routières et ferroviaires dans le pays : il faut s'avancer toujours plus loin dans la forêt pour parvenir aux **essences précieuses**, ébène blanc et noir, teck centenaire, bois-de-fer (gaïac), palissandre (bois de rose), acajou, que l'on ne trouve plus en bordure des cours d'eau.

Les concessions coloniales gardent l'esprit de l'administration des Eaux et Forêts : elles s'efforcent de gérer ces ressources en préservant leur potentiel de renouvellement pour l'avenir. Un souci de **gestion planifiée** qui se perd peu à peu au lendemain de l'Indépendance, quand les coupes sauvages deviennent monnaie courante. Lorsque la Chine suspend son aide à la République populaire du Kampuchéa en 1986, les Khmers rouges et les différents mouvements de guérilla se lancent dans une exploitation radicale des forêts pour se financer ; la Thaïlande est en effet grande demandeuse de bois précieux venu des pays voisins depuis qu'elle en a interdit l'abattage sur son propre sol.

DE LA SUREXPLOITATION DES RESSOURCES…

Face à l'ampleur du désastre écologique entraîné par la déforestation, incriminée dans des inondations catastrophiques, le Cambodge décide en 1992 de mettre en place un moratoire sur les **exportations de bois**. Cette décision, entérinée par une résolution de l'ONU en 1993, reste sans grand effet dans la pratique. En 1995, le gouvernement y déroge en accordant des concessions d'exploitation à plusieurs compagnies étrangères, pour une superficie globale de 2,2 millions d'ha. D'exception en exception, le Cambodge devient en 2005 le 3e pays présentant le taux de déforestation le plus élevé au monde. De nos jours, il continue à perdre sa forêt à une vitesse alarmante, maintenant sa place en tête de ce triste classement aux côtés du Paraguay et de la Malaisie : les **images satellite** prises entre 1973 et 2014 montrent que le couvert forestier est tombé en 40 ans des trois quarts à moins de la moitié (47 %) du territoire, dont 7 % ont disparu en seulement 10 ans, entre 2002 et 2012.

… À LA VENTE À LA DÉCOUPE DU PAYS

Officiellement, il est désormais interdit d'exploiter le palissandre *(hongmu)*, essence protégée par la Convention internationale de 2013. Mais la loi se laisse aisément contourner, et les raisons d'accorder une **CFE** (concession foncière économique) sont multiples : faire place à un projet de barrage ou d'infrastructure (route, nouvelle voie ferrée), mettre en valeur des terres agricoles par de grandes plantations (hévéas, canne à sucre, noix de cajou, arbres à papier), exploiter des gisements miniers prometteurs... Lorsque le gouvernement accorde une CFE, il autorise du même coup l'exploitant à déboiser la zone, sans véritable précision restrictive. En l'absence de contrôles, les coupes excèdent bien souvent les limites des terrains concédés et les arbres abattus sont « recyclés », entrant ainsi dans un circuit de distribution officiel ou nourrissant les marchés parallèles de la contrebande. Au lieu d'être détruits, les chargements illégaux de bois font l'objet d'une saisie... avant d'être revendus à une compagnie qui détient le monopole de leur commercialisation. L'essentiel de ce trafic est aux mains de compagnies chinoises, promptes à satisfaire un florissant marché intérieur très demandeur de meubles à l'ancienne en bois précieux.

UNE PROTECTION TOUTE THÉORIQUE

En 2013, les CFE couvraient une superficie de 2,6 millions d'ha, soit 14 % du territoire national, dont l'essentiel (80 %) situé à l'intérieur de **parcs nationaux**. Et les surfaces replantées n'ont pas augmenté au Cambodge depuis 1990, la politique de reboisement en vigueur dans les pays voisins ne faisant guère d'émules ici. La déforestation est d'autant plus dramatique qu'elle affecte des **forêts primaires**, riches d'arbres pluricentenaires et d'une biodiversité exceptionnelle. Les secteurs les plus touchés se situent dans les provinces de Kampong Cham, Kampong Thom et Stung Treng. Si le Ratanakiri occupe le devant de la scène médiatique, les autres régions ne sont pas épargnées : Pailin dans l'ouest, le Mondolkiri dans l'est, montrent des paysages à la peau nue. Les **réserves naturelles**, théoriquement protégées, n'y échappent pas non plus : réserve de faune de Beng Per (nord-est du Tonlé Sap), réserve naturelle de Kulen Promtep (au nord), conservatoire de la biodiversité de Seima (à l'est), sanctuaire de vie sauvage de Snuol (près de Kratie), parc national de Virachey (Ratanakiri), forêt de Prey Lang (entre Kampong Thom et Preah Vihear).

UNE OPPOSITION DE MOINS EN MOINS SILENCIEUSE

La disparition de la forêt, c'est aussi celle de l'habitat naturel d'un certain nombre d'**espèces**, directement menacées d'extinction : c'est le cas des éléphants sauvages *(voir encadré p. 480)*, des gaurs, des panthères et des léopards, des ours, des gibbons. Les conséquences sur le **climat** (modification du régime des pluies, inondations et sécheresses dramatiques) affectent la population paysanne dans l'ensemble du pays. Quant aux communautés locales, dépossédées de la forêt dont elles tiraient leurs moyens de subsistance, souvent expropriées sans réelle compensation, elles paient un lourd tribut à cette politique économique peu soucieuse d'écologie – et n'ont pas voix au chapitre.

Devant l'ampleur du phénomène, surtout depuis 2012, plusieurs ONG, des instances internationales et une partie grandissante de la société civile cambodgienne ont exprimé leur vive inquiétude. L'abattage, légal ou illégal, reste un sujet hautement sensible au Cambodge : plusieurs journalistes ou défenseurs de l'environnement ont été assassinés, comme Chut Wuthy ou Hang Serei Oudom, dont les dénonciations mettaient inévitablement en cause des personnes haut placées. De son coté, *Global Witness*, observateur indépendant des forêts, a subi pressions et menaces jusqu'à son expulsion du pays. Face à ces vagues de protestations, le gouvernement a néanmoins fait machine arrière sur quelques projets, notamment dans la région de Stung Treng, et décidé de réduire à 50 ans (au lieu de 99 ans) la durée des concessions.

DES CIMETIÈRES ANIMISTES

Les Tampouns, les Jaraïs, les Braus, les Kachocs et les Kroeungs, parmi les peuples les plus représentés au Ratanakiri, se sont établis dans des villages et des hameaux à l'est de Banlung et le long de la rivière Se San. La répression contre les minorités sous les Khmers rouges, puis la modernisation rapide ces dernières années ont entraîné leur acculturation : les maisons traditionnelles de bambou (jaraïs) ou de paille (braus) ont aujourd'hui quasiment disparu au profit d'une architecture de bois cambodgienne standardisée. Quant aux costumes identifiant chaque ethnie, on ne les porte plus guère que pour les fêtes majeures. Les **cimetières**, en revanche, maintiennent les rites animistes. Ils conservent en grand nombre d'émouvantes **statues funéraires** en bois à l'effigie des disparus ; les tombes, semblables à des maisons miniatures, rassemblent les objets familiers du mort et ses outils de travail. La famille y apporte des offrandes, nourriture et présents, durant tout le temps nécessaire à l'esprit du défunt pour s'éloigner du village – la sépulture est ensuite laissée à l'abandon. Il existe plusieurs types de cimetières selon la cause du décès : les personnes décédées de mort naturelle ne sont pas inhumées à côté des accidentés ou des suicidés, par exemple. Certaines **coutumes musicales** ont elles aussi perduré, notamment chez les Jaraïs, société matriarcale dont on retrouve les membres du Vietnam au Laos ; les gongs et les instruments en bambou sont encore utilisés, en particulier lors des cérémonies rituelles.

plus profond de la jungle, loin des dernières terres habitées et cultivées. Le bivouac a généralement lieu dans l'un des hameaux qui occupent les franges périphériques, dans des communautés appartenant à l'**ethnie Brau** (littéralement les « gens des bois ») ; celles-ci vivent de pêche, de chasse en forêt et pratiquent l'agriculture sur brûlis (riz, café, maïs). Un de ses membres se joindra à votre groupe pour seconder votre guide dans la jungle.
La randonnée proprement dite comprend des pauses baignade (cascades, petits cours d'eau) et alterne passages dans la forêt dense et traversée de vastes prairies humides. C'est au petit matin et en fin d'après-midi que vous avez le plus de chances d'observer la **faune** locale : singes langur, cochons sauvages, cerfs (sambars et muntjacs), gibbons, oiseaux (calaos) ou, plus difficiles à apercevoir, ours et gaurs, une variété de bœufs sauvages en danger d'extinction. Les treks les plus longs suivent en partie la **piste Hô-Chi-Minh**, qui traverse une partie du parc ; elle était utilisée par l'armée de libération vietnamienne pour acheminer armes et ravitaillement entre le nord et le sud du Vietnam *(secteur potentiellement miné : suivez scrupuleusement les recommandations de votre guide)*.
Le parc de Virachey, comme celui de Bokor, fait partie des deux parcs du Cambodge déclarés « zone protégée » par l'ASEAN. Cela ne l'empêche pas de souffrir d'abattages massifs, légaux ou non. Plusieurs concessions foncières économiques ont en effet été accordées, dans les limites du parc, à des entreprises privées d'exploitation minière.

NOS ADRESSES À BANLUNG

Carte de la ville et ses alentours p. 268

INFORMATIONS UTILES

Banques/Change

Officines de change autour du marché ainsi qu'à côté du grand rond-point (dollars et euros).

ACLEDA – *Sur la route principale, à l'est du rond-point situé face au marché.* Distributeur.

Canadia – *À l'est du marché.* Distributeur.

Santé

Banlung Hospital – *Rive ouest du lac Kan Seng - ✆ (017) 449 244.*

ARRIVER/PARTIR

En bus

Gare routière – *À 2,5 km à l'ouest de la ville, sur la route principale.* Excentrée, elle est peu utilisée. Dans la pratique, les minivans partent du marché et du grand rond-point. Ils desservent Phnom Penh *(12h de trajet - 12 US$ - départ très tôt)*, Kratie *(4h - 7,50 US$)*, Stung Treng *(3h - 5 US$)*.

TRANSPORTS

Vélo/Moto

La plupart des *guesthouses* proposent scooters et vélos.

Chean Duch – *À côté du restaurant Everest - ✆ (099) 661 249 - 7h-19h.* Loue scooters *(5/6 US$/j.)* et motos plus puissantes *(15 US$/j.)*.

HÉBERGEMENT

Vous aurez le choix entre des établissements petit budget sommaires, autour du marché, et quelques hôtels de standing moyen sur le pourtour du lac *(boeung)* Kan Seng, à 1,5 km au nord du centre.

PREMIER PRIX

Banlung Balcony – *À l'orée du lac Kan Seng, côté est - ✆ (097) 809 7036 - http://balconyguesthouse.net - 12 ch. - 8/9 US$.* Cette spacieuse villa des années 1970 abrite un ensemble de chambres simples, vieillissantes mais non dépourvues de cachet. Les plus belles se trouvent au 1er étage, dans la partie en bois de la structure. Les voyageurs se retrouvent au coucher du soleil sur sa grande terrasse ou au petit restaurant, dans la cour. Location de deux-roues, guides à la journée et tours en *tuk-tuk* dans les environs. Wifi au restaurant.

BUDGET MOYEN

Tree Top Ecolodge – *Au bout de la St. 78 A, dans la partie est de la ville - ✆ (012) 490 333 - www.treetop-ecolodge.com - 12 bung. - 12/15 US$ - réserv. obligatoire.* Tous dotés d'une terrasse, ses bungalows de bois avec sdb aux murs de galets sont reliés entre eux par un labyrinthe de passerelles et d'escaliers. Ils s'étagent sur les flancs d'une ravine, parmi les anacardiers, les bananiers et les jacquiers, près de la belle terrasse du restaurant (vue dégagée plein ouest), ou, pour les plus chères, au calme en bas du terrain. Wifi au restaurant.

Sol Chheng Guesthouse – *St. 62, à côté du restaurant Everest - ✆ (075) 974 444 - www.solchheng.com - 40 ch. - 15/20 US$.* Une moquette de gazon synthétique recouvre les escaliers de la grosse bâtisse de 2 étages. Quoique d'un goût contestable, les efforts de décoration sont sensibles dans ses chambres au papier peint, avec mini-frigo. Demandez plutôt celles « côté jardin » *(garden view)*, les autres donnant sur une rue sans grâce

3

ou sur un corridor obscur. Des fauteuils de massage vous attendent dans le hall. Location de deux-roues, wifi.

Thy Ath Lodge – *Rive ouest du lac Kan Seng, à 20mn à pied du marché - ✆ (097) 406 2222 - thy.ath.lodge@gmail.com* - ▤ ✕ 🅿 - *20 ch. - 15/25 US$*. Des chambres carrelées, spacieuses, bien meublées et disposant d'un mini-réfrigérateur. Les plus belles bénéficient d'un balcon avec vue sur le lac au 2e étage. Également 4 grands bungalows destinés aux familles au rdc, avec coin cuisine mais sans vue. Accueil souriant, anglais sommaire, wifi, petite supérette à l'entrée.

Eang Mony Ratanak – *Route de Yeak Loam, à 1,5 km du rond-point - ✆ (097) 915 7176 - www.eangmonyratanak.com* - ▤ 🅿 - *80 ch. - 15/25 US$*. Cette grosse bâtisse crème en bord de route, impersonnelle mais bien entretenue, distribue ses chambres sur 5 étages avec ascenseur. Elle vaut surtout pour ses immenses *VIP rooms*, bien meublées, certaines avec coin salon et bureau. Wifi, anglais basique, véhicule préférable.

Green Plateau Lodge – *À 500 m au nord-ouest du lac Kan Seng - ✆ (011) 856 242 - www.greenplateaulodge.blogspot.com* - ▤ 🅿 - *7 ch. - 30/45 US$*. Une petite structure au calme, ouverte en 2015. Ses chambres occupent 2 bâtiments au fond d'un jardin soigné, fleuri d'hibiscus, de belles-de-nuit et de parterres d'impatiences. Celles de l'étage, spacieuses, au sol de tomettes et aux murs lambrissés, sont bien meublées et joliment décorées. Films et lecteur de DVD dans les chambres, wifi, accueil en anglais. Un bon rapport qualité-prix mais pas de vue sur le lac.

POUR SE FAIRE PLAISIR

Terres Rouges Lodge – *Rive est du lac Kan Seng - ✆ (012) 770 650 - www.terresrougescollection.com* - ▤ ✕ 🅿 - *25 ch. - 65/100 US$*. Sans doute la plus belle adresse de Banlung. Son jardin soigné, fleuri et arboré, s'orne de statues jaraïs traditionnelles. Les chambres occupent des bungalows répartis autour de la piscine. Spacieuses, décorées d'antiquités régionales, meublées à l'ancienne, elles offrent toutefois des sdb décevantes et l'on attendrait un entretien plus soigné pour un établissement de ce standing. Spa, massages, boutique et wifi.

RESTAURATION

PREMIER PRIX

Everest – *St. 62 - ✆ (010) 378 825* - *7h-21h - 6 US$*. Oubliez le cadre, qui n'a rien de folichon, et concentrez -vous sur votre assiette : un Indien dynamique vous concoctera les classiques de son pays d'origine : *massala* de poisson ou de poulet, *samossa* (beignets), *dâl* (purée de lentilles), poulet *vindaloo* (mariné dans une sauce au vin) ou *korma* (sauce épicée au yaourt). En dessert, *lassi* à la mangue accompagné d'un véritable *chai massala* (thé parfumé aux épices). Pas d'alcool.

The Green Carrot – *St. 78 A, angle St. 62 - ✆ (098) 909 453* - *7h-22h - 6/8 US$*. Sa petite terrasse sur rue sert une cuisine adaptée aux papilles occidentales : pâtes, hamburgers, pizzas et le traditionnel poulet aux noix de cajou, spécialité de Banlung. Service lent malgré la petite taille de l'établissement, pas d'anglais.

BUDGET MOYEN

Pteas Bay Khmer – *Rive ouest du lac Kan Seng - ✆ (097) 916 7221 - 7h-21h - 8/10 US$*. Sa carte de cuisine internationale, assez simple, présente quelques plats de chevreuil et un savoureux porc à l'ananas et au lait de coco, ainsi que des soupes *tom yum*. Les portions sont copieuses et la terrasse de bois, qui fait face au lac, rend le lieu fort agréable. Bière pression.

Café Alee – *St. 78 A - (089) 473 767 - - 7h-21h30 - 8/10 US$*. Sa terrasse de bois domine les bananiers qui poussent sur les flancs de la ravine. Elle est le rendez-vous des voyageurs occidentaux qui se retrouvent ici autour d'une cuisine internationale sans surprise : pâtes, burgers, pizzas et petite boulangerie maison. Vin au verre.

POUR SE FAIRE PLAISIR

Paradise – *St. 62 - (075) 633 4888 - - 10h-13h, 16h-22h - 15/20 US$*. L'un des rares vrais restaurants au centre de Banlung. Il affiche une carte de cuisine purement asiatique, en anglais et illustrée. Une belle sélection de soupes cambodgiennes, vietnamiennes et laotiennes voisine avec des préparations de canard et des plats au *wok*, cuisinés au gingembre, à l'ananas ou aux champignons et servis dans une grande salle propre aux murs et aux plafonds lambrissés. Pas de vin : les habitués accompagnent les mets de whisky, à la chinoise.

La Belle Jaraï – *Restaurant du Terres Rouges Lodge - (075) 974 051 - 11h-14h, 18h-21h - 15/23 US$*. Andouillette, coq au vin et onglet pour la partie française ; spaghettis et pizzas pour le coin italien ; porc sauté au poivre vert, bœuf *lok lak*, *amok* et poulet aux noix de cajou pour la carte khmère. Sa vaste terrasse de bois, rafraîchie par les ventilateurs de plafond, délivre une superbe vue sur le lac : un cocktail au coucher du soleil y est un must. Carte des vins et apéritifs français.

ACTIVITÉS

Entre le grand rond-point et la rue 78 A, une demi-douzaine d'agences d'excursions proposent toutes les mêmes treks aux abords du parc national et dans les communautés villageoises avoisinantes, avec, en option, les mines de zircon, les cimetières jaraïs ou du rafting. Avant de faire votre choix, discutez longuement avec les opérateurs et posez-leur quelques questions : portage, temps de marche par jour, composition et variété des repas (qui manquent souvent de fruits), ravitaillement d'eau… Comparez les tarifs, dégressifs si vous vous joignez à d'autres randonneurs *(35 à 50 US$/j./pers. selon le programme choisi)*. Les trekkings ont lieu toute l'année, avec option rafting sur des radeaux de bambou en saison des pluies. Chaleur plus intense en saison sèche mais moustiques et sangsues se raréfient.

Randonnées

Highland Tours – *St. 62, face au restaurant Paradise - (097) 658 3841 - https://highlandtourbanlung.wordpress.com - 8h-19h*. Trekkings de 1 à 5 j. avec nuit en hamac dans la jungle ou en *homestay*. Réputation de sérieux.

Lucky Tours – *St. 514, angle St. 29 - (097) 333 4626 - http://luckytours4u.blogspot.com - 7h-19h*. Formules d'excursions de 1 à 10 j avec nuit en hamac dans la jungle ou en *homestay* dans les villages des minorités kroeungs. Guide francophone possible.

Virachey National Park Headquarters – *St. 33, angle St. 46 - lun.-vend. 8h30-11h, 14h-17h*. Pour explorer l'intérieur du parc national. Moins réactif que les agences privées, il propose aussi des programmes moins variés, se limitant à la marche en forêt.

3

Preah Vihear

★★★

Provinces de Preah Vihear (180 000 hab.) et de Stung Treng (130 000 hab.)

Perché sur sa montagne, objet de bien des querelles au fil des siècles, le temple de Preah Vihear évoque la grandeur angkorienne aux marches septentrionales de l'empire. Ses ruines séduisent autant les amateurs d'architecture que ceux qui préfèrent les balades en pleine nature, avec un zeste de sentiment d'exploration et de mysticisme religieux. Depuis qu'une nouvelle route s'est ouverte en 2015, Stung Treng est devenu un bon point de départ pour une excursion vers ce temple isolé, que l'on découvrait jusque-là au départ de Siem Reap. La petite ville sera aussi la dernière étape cambodgienne des voyageurs qui poursuivent leur périple vers le Laos.

NOS ADRESSES PAGE 280
Hébergement, restauration, achats, etc.

SE REPÉRER

Carte de région B2, A1 (p. 254-255).

Stung Treng est à 135 km au nord de Kratie, 60 km au sud de la frontière laotienne. Preah Vihear est à 180 km au nord-ouest de Stung Treng, 170 km au nord-est de Siem Reap.

Voir aussi la rubrique « Arriver/partir » dans « Nos adresses ».

À NE PAS MANQUER

Une excursion au temple de Preah Vihear.

ORGANISER SON TEMPS

Si vous poursuivez vers le Laos, sachez que la frontière ferme à 17h.

Stung Treng Carte de région B2 (p. 254-255)

Tout au nord du pays, sur le Mékong, Stung Treng *(19 000 hab.)* est la dernière agglomération avant la **frontière laotienne** – toute la province fut d'ailleurs rattachée au Laos au début du Protectorat, de 1893 à 1904. La ville n'a jamais été touristique, même si elle reçoit un peu plus de voyageurs depuis qu'une nouvelle route la met à 5h de Siem Reap et permet de gagner directement Preah Vihear. Dépourvue d'attraits particuliers, n'offrant guère d'activités, elle reste néanmoins une étape agréable, au confluent de la Sekong et du Mékong. Flâner sur la **promenade** aménagée en surplomb de la rivière vous donnera l'occasion de savourer l'atmosphère paisible d'une petite ville cambodgienne typique, avec ses *reumork* débordant de vaisselle, de paniers ou de plantes vertes, ses vestiges décatis d'architecture coloniale et ses pagodes aux couleurs vives, chargées de réminiscences hindoues. Au bout de quelques centaines de mètres, vous apercevez le Mékong. Toute la journée, la promenade est investie par des cuisines ambulantes qui vendent poisson séché, noix de coco fraîches, brochettes de bananes au barbecue, chapelets de saucisses… Les Cambodgiens aiment à y faire une petite pause, notamment pour goûter la spécialité locale : le **nhem**, pâte de poisson épicée et cuite dans une feuille de bananier. Tout près se tient le grand et beau **marché central★**, qui rassemble toutes les productions régionales – piment, ail, gingembre –, mais aussi des cotonnades cambodgiennes, thaïes et laos, tissées à la machine.

Entrée du *gopura* 3, à Preah Vihear.
JTB Photo/JTB Photo Communications, Inc./age fotostock

★ **Wat Sra Keo Munivan** – *1 km à l'est du centre en longeant la rivière Sekong.* Construit de manière à faire face à la rivière, le *vihear* adopte une orientation nord-sud inhabituelle. C'est un édifice à deux niveaux, entouré par une véranda à fines colonnes. À l'extérieur, les murs sont couverts de délicates **fresques** aux teintes passées. Dans un ensemble harmonieux de bleus, vert pâle et jaune sable, les dix derniers *jataka* courent au long du 1er niveau, tandis que les épisodes de la vie du Bouddha se succèdent à l'étage. Les plus belles peintures anciennes, étudiées et décrites par l'historienne Madeleine Giteau (1918-2005), sont celles qui couvrent l'intérieur du sanctuaire ; elles datent des années 1940, et des personnages européens (avec bottes et chapeau) s'y sont glissés parmi ceux de la saga bouddhique. Mais il faut s'armer de beaucoup de patience pour trouver le vénérable qui détient la clé – et espérer que les travaux de rénovation dont aurait besoin le *vihear* ne signeront pas la destruction des peintures. En revanche, le *sala*, le bâtiment qui se tient sur le côté du *vihear*, est généralement ouvert. En haut des murs court une **frise peinte sur bois**★★ qui daterait du début du Protectorat et narre le *jataka* de Vessantara *(voir p. 384)*. La représentation des palais aux perspectives naïves est typique de l'art lao-siamois, tandis que le traitement des paysages s'inscrit dans la tradition chinoise.

★★★ Preah Vihear Carte de région A1 (p. 254-255)

Env. 180 km au nord-ouest de Stung Treng par une bonne route - 7h-18h - 10 US$ - passeport obligatoire. En taxi, comptez 125 US$, puis 20 US$ pour l'ascension de la colline (7 km) à moto ou en 4x4.

Bon à savoir – Si vous faites l'excursion depuis Siem Reap, sachez que l'office de tourisme *(voir p. 180)* affrète 1 ou 2 fois/sem. une navette pour Preah Vihear. Coût : 65 US$, entrée du site et ascension comprises - excursion d'1 j., avec 3 à 4h sur place.

La visite de Preah Vihear vaut autant pour le cadre, la marche d'approche dans la forêt et la vue, que pour les vestiges architecturaux, qui ont conservé de

3

remarquables bas-reliefs. Le **site★★★** est grandiose : le temple a été construit en bordure de falaise, sur le plus haut plateau de la **chaîne des Dangrek**. Le sanctuaire proprement dit occupe la pointe sud d'un éperon rocheux qui domine la plaine à env. 600 m d'altitude.

En raison de sa situation stratégique, l'endroit fut l'un des derniers bastions tenus par les Khmers rouges, qui n'ont quitté les lieux qu'en 1998. Le Cambodge et la Thaïlande s'en sont par ailleurs disputé la propriété de 1954 à 2013, date de son attribution définitive au Cambodge *(voir « Le temple de Preah Vihear, au cœur des rivalités », p. 107)*. Les édifices ont terriblement souffert de ces décennies de conflit, d'autant qu'elles se sont accompagnées de pillages d'envergure. Leurs vestiges demeurent néanmoins exceptionnels, rehaussés par la majesté du cadre. Preah Vihear a été inscrit par l'Unesco sur la liste du Patrimoine mondial en 2008.

La **configuration géographique** a contribué à faire des monts Dangrek un alias du mythique mont Meru (ou Kailash ; *voir encadré p. 80*). Vus de la plaine, trois massifs rocheux se suivent dans un **axe nord-sud** – la triade Brahma, Vishnou, **Shiva**. Ce dernier, à qui le temple est consacré, résidait sur le promontoire central, qui est aussi le plus élevé. Il y était honoré sous le titre de Çikhareshvara, « le seigneur des Cimes ».

Épousant le relief, le complexe religieux se dessine tout en longueur. Il se présente comme une **enfilade de plates-formes étagées** que l'on traverse du nord *(gopura 5)* au sud *(gopura 1)* sur 800 m de longueur, gravissant lentement une pente de 120 m de dénivelé pour atteindre la *cella* – point culminant du temple ou sommet du Kailash – qui abritait le lingam. La succession des *gopura* et des allées processionnelles dissimule le sanctuaire à la vue du pèlerin jusqu'au dernier moment. Preah Vihear est en cela très différent des temples d'Angkor, au plan plus large, horizontal (temples à plat) ou vertical (temples-montagnes) mais jamais intermédiaire, et orienté est-ouest.

Le temple a été bâti au 9e s. ; c'était alors un ermitage, relié au Vat Phu (Laos), autre montagne sacrée de culte shivaïte. Il fut par la suite maintes fois agrandi et restauré. C'est à Suryavarman Ier (1002-1050 - *voir aussi « Phnom Chisor »,*

Allée processionnelle gardée par des lions, à Preah Vihear.
A. Pistolesi/age fotostock

p. 149) que l'on doit sa configuration définitive et à Suryavarman II (1113-1150 - *voir aussi « Angkor Wat », p. 186*) les derniers embellissements. La plupart des structures sont faites en grès, extrait d'une carrière proche.

Gopura 5 – *Nord*. Des **lions** montent la garde au pied du large escalier de grès *(160 marches)* qui monte en pente douce, pour déboucher sur une chaussée bordée par deux fiers **naga à sept têtes★★**. Au bout, le *gopura* adopte un plan cruciforme classique, ouvrant aux quatre directions cardinales. Jadis couvert d'une toiture en matériaux périssables, il est réduit à son ossature. Seuls subsistent le pignon est, avec son encadrement aux pointes qui rebiquent, caractéristique de Preah Vihear, les piliers aux chapiteaux carrés et les poutres de grès transversales. Des figures élaborées de **kala**, institué gardien des temples par Shiva *(voir p. 184)*, ornent les linteaux et les frontons *(côtés est et sud)* ; on les retrouvera sur la plupart des bas-reliefs du temple. À gauche *(est)*, un sentier mène à un ancien **réservoir★★** ; il faisait partie d'un vaste système hydraulique comportant six bassins destinés à stocker l'eau de pluie pour pallier l'absence de sources naturelles sur ces hauteurs.

Gopura 4 – Une allée processionnelle flanquée de bornes de pierre *(sema)*, longue d'env. 240 m, monte au *gopura* suivant, de plan cruciforme également, et qui masque la suite du temple. Côté sud, un superbe **barattage de la mer de Lait★★** *(fronton)* surmonte un Vishnou couché sur le serpent Ananta et flottant sur l'Océan cosmique *(linteau)*. Côté est, le fronton représente Krishna soumettant le *naga* malfaisant Kaliya.

Gopura 3 – Il se dresse au bout d'une chaussée d'env. 150 m, bordée de *sema*, et à l'est de laquelle a été creusé un petit **bassin** orné d'une tête de lion. Il a conservé plusieurs **bas-reliefs** admirables : côté nord, divers exploits de Krishna (combattant le taureau Arishta, mettant à mort le cheval Kesin). Côté sud, Yama, juge des morts, sur son buffle *(fronton)* ; Rama revenant avec Sita dans sa ville d'Ayodhya *(épisode du* Reamker*, linteau)* ; Shiva et Uma assis sur le taureau Nandi, sous un arbre déployant une somptueuse ramure ; plusieurs de ces saynètes prennent appui sur la tête d'un *kala*. Côté nord, un combat au corps à corps oppose Shiva et Arjuna *(épisode du* Mahabharata*, linteau)*. Symétriques, deux édifices en U flanquent le *gopura*, précédant deux autres bâtiments longs (palais ?). À gauche, une tour isolée, sans doute laissée inachevée, a été phagocytée par un arbre.

Gopura 2 – Au terme d'une nouvelle chaussée jalonnée de bornes et de *naga*, ce *gopura* sert de point d'amorce à deux galeries extérieures (est et ouest), délimitant des cours et aboutissant à deux « bibliothèques ». Il a été transformé en sanctuaire bouddhique.

Gopura 1 et cella – Il commande une galerie rectangulaire qui cerne le sanctuaire, l'isolant du reste du monde. Au fond, la *cella* est précédée d'un *mandapa* (antichambre) dont le fronton principal représente **Shiva dansant** (ou *nataraja*, roi de la Danse) sur la tête d'un éléphant, au-dessus d'un *kala*. Quoique assez érodé, il fait partie des reliefs les plus importants du site. La danse cosmique de Shiva a été interprétée comme un symbole de la destruction des forces du mal – l'éléphant terrassé à ses pieds était un démon. La tour principale du sanctuaire s'est effondrée.

Pour quitter le temple, revenez sur vos pas et empruntez à l'est du *gopura* 5 le nouvel **escalier** *(env. 2 000 marches - 1,4 km de long - 400 m de dénivelé sur le flanc est du promontoire)*. Installé en 2013, après l'achèvement des campagnes de déminage, il contourne la falaise en passant sous le couvert arboré et tantôt suit, tantôt rejoint l'ancienne chaussée empierrée du 10e s.

3

NOS ADRESSES À STUNG TRENG ET À PREAH VIHEAR

INFORMATIONS UTILES

Banques/Change

Canadia Bank – *Angle nord-est du marché, face au restaurant Ponika's Palace - Stung Treng*. Distributeur et change.

Si vous vous rendez au Laos – Autour du marché de Stung Treng, plusieurs officines vous fourniront des **kips** contre vos dollars (contrairement au Cambodge, les dollars ne sont pas acceptés dans les commerces ni dans les hôtels au Laos) ou vos derniers riels (que vous ne pourrez plus convertir passé la frontière). Comparez les taux.

Frontière

Laos – Le visa de 30 j. s'obtient à la frontière *(8h-17h30 - 30 US$ et 1 photo d'identité)* et se règle en dollars : gardez l'appoint sur vous (pas de distributeur à la frontière).

Thaïlande – Aucun passage possible sur toute la frontière nord du Cambodge.

ARRIVER/PARTIR

Pas de transport public de/vers la frontière laotienne. Les minivans qui stationnent au nord du marché de Stung Treng, côté rivière, partent quand ils ont suffisamment de passagers, généralement à 12h30, parfois aussi à 9h. En taxi privé, comptez 50 US$ pour la frontière. Dans l'autre sens : tôt le matin, taxis collectifs pour Phnom Penh *via* Kratie.

En bus

Sorya – *Face au marché, côté ouest* - Départs pour Phnom Penh *via* Kratie et Kampong Cham à 6h45 et 11h30. Bus pour Pakse et Vientiane (Laos) à 14h, mais, venant de Phnom Penh, il peut arriver avec du retard.

Mr. Heng – *Au pied du restaurant-guesthouse Sampheap, face à la rivière* - ✆ *(088) 514 5651* - Minivans confortables pour le Laos : Si Phan Don *(12-15 US$ incluant le ferry pour les îles)*, Pakse *(5h - 15 US$)* et Vientiane. Départs à 8h, 10h et 12h30 pour Sra Em, à 25 km du temple de Preah Vihear *(2h30 - 7 US$)* et Siem Reap *(5h - 12,50 US$)*. Loue des scooters.

HÉBERGEMENT

Stung Treng

Stung Treng est une ville de transit et non de séjour. L'hébergement se limite à quelques *guesthouses* fonctionnelles autour du marché.

PREMIER PRIX

Apsara – *Face au marché, à 100 m de la rivière* - ✆ *(012) 939 162 - - 28 ch. - 8/13 US$*. Sur 3 étages sans ascenseur, il bénéficie d'une situation centrale et commode. Ses chambres, fonctionnelles et plus propres que la moyenne, ne sont pas très grandes mais, pour 7 US$ de plus, vous pouvez prétendre à l'une des trois vastes *VIP rooms*. Épicerie ouverte tard le soir dans la rue adjacente. Wifi, pas d'anglais.

BUDGET MOYEN

Golden River – *Sur la rivière Sekong, à 100 m à l'est du marché* - ✆ *(012) 980 678 - www.goldenriverhotel.com - P - 54 ch. - 15/25 US$*. Sur 3 étages avec ascenseur, ses chambres sont propres et agréables malgré leur absence de décoration. Certaines ont vue sur la rivière, d'autres, un peu moins chères, donnent sur l'arrière. Toutes disposent d'un mini-frigo et d'un bureau, et les plus belles comportent un coin salon au mobilier de bois. Wifi, personnel parlant anglais.

À proximité de Preah Vihear

Hébergement basique (ni eau chaude, ni anglais) et restauration simple dans les quelques *guesthouses* de **Sra Em** *(25 km du temple)*, autour du rond-point.

UNE FOLIE

Preah Vihear Boutique – *Sra Em - (088) 346 0501 - http://preahvihearhotels.com - - 32 ch. - 100 US$*. Le meilleur établissement de la localité, même si les prestations ne sont pas à la hauteur des tarifs pratiqués. La construction de 2 étages se trouve au milieu d'une campagne luxuriante. Ses chambres, spacieuses, bénéficient d'une bonne literie mais pourraient faire un effort sur la déco, rudimentaire. Wifi, location de vélos.

RESTAURATION

Stung Treng

PREMIER PRIX

Marché – *8h-21h - - 5 000 riels.* Tout l'angle sud-ouest du marché central est occupé par des cantines populaires fonctionnant à la marmite, sans carte. Préférez celles situées à la périphérie : avec les braseros, la chaleur se fait vite étouffante sous les tôles ondulées. Choix plus important que sur les marchés des autres villes, et cadre plus avenant et plus propre.

Saigon – *St. 14, deux blocs à l'est du marché (2e rue en retrait de la rivière) - (099) 926 528 - - 6h-21h - 7 000/10 000 riels.* Entre cages à oiseaux et orchidées sous la tonnelle, cette adresse familiale au cadre soigné sert des spécialités de soupes vietnamiennes. Petite carte en anglais mais on ne parle ici que le khmer et le vietnamien. Vend du café et du miel produits localement.

Sampheap – *Face à la rivière, au nord du marché - (092) 621 776 - - 6h-20h30 - 8 000/12 000 riels.* Son ample salle d'angle ouverte sur la rue assure un service rapide aux voyageurs faisant une halte déjeuner avant de poursuivre leur route vers le Laos, Siem Reap ou Phnom Penh. Soupes, riz et nouilles sautées. *Guesthouse* à l'étage.

Ponika's Palace – *St. 61, entre le marché et la rivière - (088) 357 0751 - - 6h30-22h - 6/8 US$.* À la fois restaurant, point d'info touristique, revendeur de billets de bus et loueur de vélos et scooters, c'est le rendez-vous favori des voyageurs en provenance ou à destination du Laos. Sert des petits-déj à l'occidentale et une cuisine cambodgienne, indienne et internationale (pizzas, pâtes, burgers et salades).

PETITE PAUSE

Guitar Milk – *Dans une ruelle non asphaltée, à 1,5 km au sud-est du marché de Stung Treng - (011) 211 039 - 9h-21h.* Son estrade de bois occupe un jardin de bric et de broc. On prend place sur des nattes de bambou, devant des tables basses, pour siroter des jus de fruits naturels (tamarin, passion, goyave), des thés et de la bière lao. En fin d'après-midi, on va prendre un cocktail « sur la plage », quelques mètres de sable clair devant une toile dépeignant la mer, sur fond sonore de déferlements de vagues. Un endroit improbable, jeune et sympathique. Wifi.

ACHATS

Mekong Blue – *Sre Po Village - 4 km à l'ouest de Stung Treng - (012) 609 730 - www.mekongblue.com - 7h30-11h30, 14h-17h sf dim.* Articles en soie tissés sur place. Visite des ateliers *(15-20mn).*

LA CÔTE SUD
0
30 km
N
GOLFE DE THAÏLANDE
(GOLFE DU SIAM)
THAÏLANDE
VIETNAM
KOH KONG
KAMPOT
TAKEO
KANDAL
PHNOM PENH
TRAT, BANGKOK
BATTAMBANG
SIEM REAP
SVAY RIENG
Koh Kong
Tatai
Chi Phat
Andoung Teuk
Areng
CHAÎNE DES CARDAMOMES
Parc national de Botum Sakor
Parc national du Kirirom
Parc national d'Aural
Phnom Aural 1813
Kampong Speu
Parc national de Phnom Bokor
Plateau de Bokor
Prek Treng
Kbal Chhay
Sihanoukville
Otres
Sokha
Koh Rong
Koh Rong Sanloem
Parc national de Ream
Phu Quoc (Vietnam)
Kampot
Trey Koh
Marais salants
Koh Tonsay
Kep
Angkaul
Kampong Trach
Anlong Pring
Prek Chak
Ha Tien
Chhuk
Takeo
Tonlé Sap
Tonlé Bassac
MÉKONG
Kampot ★★ Mérite un détour
Kampong Trach ★ Intéressant
Sihanoukville À voir

La côte sud 4

Kampot

★★

630 000 habitants (province) – Province de Kampot

C'est la nouvelle destination tendance au Cambodge, plébiscitée par ceux qui fuient les hordes touristiques de Sihanoukville et de Siem Reap. Kampot a en effet l'immense atout de ne posséder ni plage, ni temple majeur. Du coup, boudée par les groupes, elle n'attire que les voyageurs individuels qui savent apprécier le charme fou de sa campagne, les jeux de lumière sur ses marais salants, la nostalgie brumeuse du plateau de Bokor et les balades en kayak sur la rivière ou dans les canaux sillonnant les mangroves. La ville elle-même a conservé un bel ensemble de maisons de commerce chinoises autour de son vieux marché, souvenirs du Protectorat. Kampot, un secret bien gardé mais qui ne le restera sans doute plus très longtemps : dépêchez-vous d'en profiter !

NOS ADRESSES PAGE 293
Hébergement, restauration, achats, activités, etc.

S'INFORMER

Tourist Information Center – B1 - *St. 735 - à l'entrée du vieux pont - ✆ (012) 462 286 - 8h-18h.* Plan de la ville, organisation d'excursions.

SE REPÉRER

Carte de région C2 (p. 282) – plan de ville p. 286 - carte des alentours de Kampot p. 290.

À 150 km au sud-ouest de Phnom Penh, 30 km au nord-ouest de Kep, 100 km à l'est de Sihanoukville.

Voir aussi la rubrique « Arriver/ partir » dans « Nos adresses ».

À NE PAS MANQUER

La procession des barques de pêcheurs avant le crépuscule ; dans les environs, le plateau de Bokor et les marais salants.

ORGANISER SON TEMPS

Comptez 2 demi-journées (l'une pour la ville, l'autre pour le plateau de Bokor), et 1 j. pour les environs.

Se promener Plan de ville p. 286

Au départ du vieux marché, circuit tracé en vert sur le plan de ville – Comptez 1/2 journée.

La ville s'est établie sur les berges de la rivière Prek Teuk Chhou, à l'endroit où celle-ci se divise en deux bras qui, enserrant l'île de Trey Koh, rejoignent la mer 5 km en aval. Pleine de cachet, elle conserve quelques restes de ses années de prospérité, quand les salines et les poivrières faisaient florès. De nombreux expatriés européens se sont installés dans les belles demeures du centre colonial. Au nord, le quartier cambodgien s'est développé autour du nouveau marché ; la communauté musulmane vit plutôt au sud, en face de l'île de Trey Koh.

★ **Vieux marché** (Psar Kronat) B1

Face à la rivière, entre les St. 724 et St. 724 A.

Il a été construit par les Français dans les années 1920, puis restructuré dans les années 1960 par l'architecte Roger Colne pour être transformé en hall d'exposition. Depuis une rénovation récente (2013), il n'accueille plus que deux

En fin d'après-midi, les barques de pêche descendent la Prek Teuk Chhou et filent vers la mer.
P. Tisserand/Michelin

rangées de boutiques « modernes », agences immobilières ou d'excursions, cybercafés… Cœur de ville sous le Protectorat, il marque aujourd'hui le centre du quartier touristique, où l'**architecture★★** des années 1910-1930 est la mieux préservée. Certains édifices ont été restaurés, parfois transformés en hôtels, d'autres restent à l'abandon. Beaucoup sont d'anciennes maisons de commerce chinoises, comme à Battambang *(voir encadré p. 231)*. C'est là que se concentrent les restaurants et les bars à l'occidentale, dont la plupart possèdent une succursale à Kep.
Côté rivière se dresse l'ancienne **criée** (1925), dont la façade triangulaire fait écho à celle du marché ; elle devrait prochainement être convertie en restaurant et salle de concert.

★★ Berges de la rivière B1-2

St. 735 ou Riverside Rd.
Le bord de la rivière a été aménagé en promenade, sous les casuarinas et les ficus. Il faut venir s'y balader en toute fin d'après-midi, quand la lente procession des **barques de pêche** descend la Prek Teuk Chhou et prend la direction de la pleine mer : un spectacle à ne pas manquer.
Au niveau du marché français, le pittoresque **vieux pont** aux armatures métalliques *(fermé à la circulation)* a remplacé en 1925 un ancien ouvrage d'art en bois. Il a été doublé en 2008 par le nouveau pont, construit en amont, qui draine désormais l'ensemble du trafic. En aval, plusieurs belles **villas coloniales★** des années 1920 font face à la rivière : voyez entre autres le bâtiment de la Croix-Rouge, la maison du Sida, la Banque nationale et l'ancienne demeure du gouverneur, qui accueille le musée depuis fin 2015.

Musée provincial B2

St. 735 - mar., jeu. 15h-18h, w.-end 8h-11h, 15h-18h - 2 US$.
Des reproductions de cartes postales anciennes, accompagnées de textes en français, assurent une présentation historique succincte de la région à l'époque préangkorienne, puis sous le Protectorat et depuis l'Indépendance. Côté

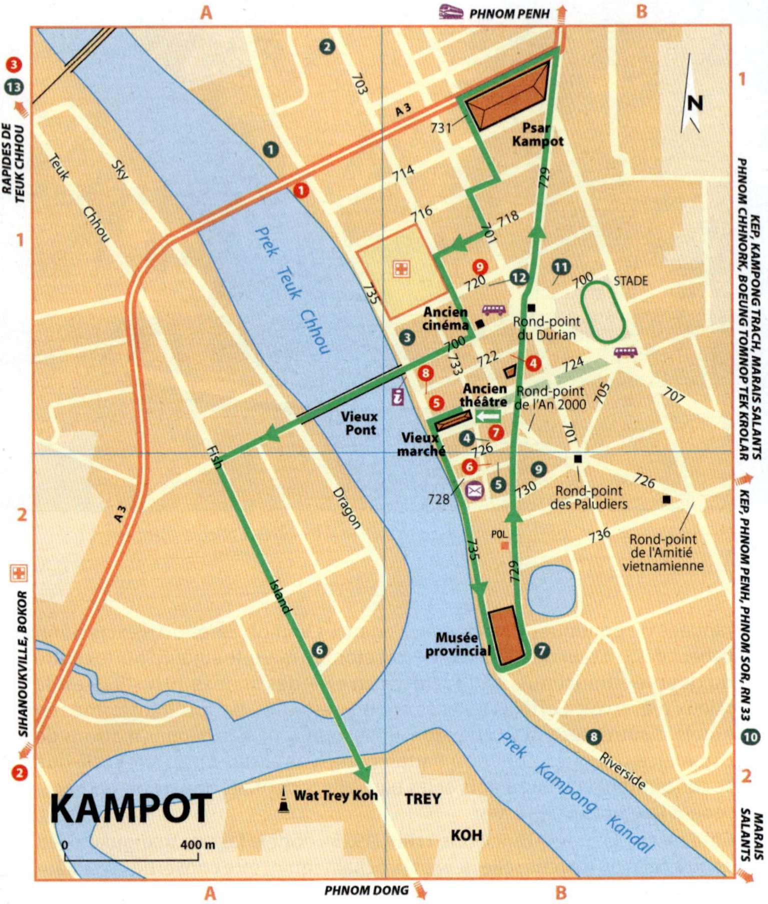

SE LOGER

- Apsara Guesthouse ... 9
- Bandini's ... 2
- Columns (The) ... 5
- Greenhouse ... 13
- Java Bleue (La) ... 4
- Kampot Manor ... 6
- Kampot Riverside ... 3
- Mea Culpa ... 7
- Natural Bungalows ... 1
- Sebana Guesthouse ... 11
- Sen Monorom Guesthouse ... 12
- Starling Ridge ... 10
- Two Moons ... 8

SE RESTAURER

- Auberge du Soleil ... 6
- Chez Aline ... 7
- Cuisines de rue ... 9
- Ecran Noodle ... 8
- Nataya ... 2
- Ri Trei Oyster ... 4
- Say Sabok ... 5
- Ta Eou ... 1
- Tertúlia ... 3

statuaire antique, les maigres collections se limitent à trois statuettes endommagées et deux groupes *lingam-yoni*. L'ensemble est bien décevant au regard de la richesse archéologique de la province de Kampot, qui fit partie des royaumes du Funan et du Tchen-la.

En contournant le musée, vous passez devant l'étang aux lotus, le rond-point de l'An 2000, puis l'ancien théâtre désaffecté (St. 729, non loin du restaurant Ri Trei Oyster).

Le **rond-point du Durian** sera un point de repère constant dans la ville. La statue centrale célèbre ce gros fruit odorant, dont la province est grande productrice, et les autres fruits cultivés dans les vergers des environs : mangoustans, ananas, mangues, ramboutans, etc.

★ Psar Kampot B1

5 blocs au nord du rond-point du Durian - tlj lever-coucher du soleil.
Venez-y le matin, quand il bourdonne d'animation, d'autant que passé midi la chaleur devient étouffante sous le toit de tôle ondulée. Il occupe tout un pâté de maisons et offre l'image d'un gros marché de province typique. Cochons de lait dans des paniers d'osier, crabes, crevettes et poissons frétillants dans les bassines d'aluminium, nénuphars et jacinthes d'eau, fruits et légumes tropicaux sont vendus par secteurs. Vous y retrouverez les spécialités de la province de Kampot : sacs de sel et de poivre, et des montagnes de durians.
Regagnez la rivière en coupant par les ruelles.
Arrivé dans la rue allant du rond-point du Durian à la Prek Teuk Chhou, vous verrez à droite la **façade Art déco** de l'ancien cinéma.

★★ Trey Koh AB2

Au sud de Kampot, reliée à la rive ouest par un pont métallique.
L'île constitue un joli but d'excursion à vélo, à entreprendre à la fraîche, tôt le matin ou en fin d'après-midi. Au nord, juste après le pont métallique *(à droite)*, l'atmosphère paisible du **Wat Trey Koh** et ses petits bancs installés sous les arbres, face à la rivière, invitent à faire une pause. La pagode rassemble la communauté bouddhiste de l'île. Plusieurs hameaux aux maisons sur pilotis se sont construits sur les berges ; ils sont habités par des Chams, qui vivent essentiellement de la pêche et se retrouvent autour de la **mosquée Trapeang Pring**, dans la partie ouest de l'île.
Dominé par la silhouette des cocotiers et des palmiers à sucre, le centre de Trey Koh a conservé son caractère rural. Les buffles d'eau et les charrettes à bœufs disputent la piste sablonneuse aux livreurs à moto. Le nord et l'ouest sont occupés par des rizières, tandis que des **marais salants**, ponctués de baraques de bois servant d'entrepôts, couvrent la partie sud-est.
À l'extrémité sud-ouest, la petite éminence de **Phnom Dong** (colline du Cocotier) dispense de belles **vues★** sur l'île vietnamienne de Phu Quoc et sur les collines de Bokor.

4

★★ Plateau de Bokor Carte des alentours de Kampot p. 290

32 km au nord-ouest de Kampot - 1 US$. La route d'accès (2 000 riels pour une moto), en parfait état, grimpe à plus de 1 000 m d'altitude en 21 km.
Ce plateau constitue le prolongement sud-est des monts de l'Éléphant et de la chaîne des Cardamomes. Après quelques kilomètres de lacets sur la route qui monte à l'assaut du massif, un **belvédère** délivre une superbe **vue★★** plein est sur Kampot, les salines de l'île de Trey Koh, et, au loin, les montagnes du parc national de Kep. Au sommet, une statue de **Lok Yeay Mao** (2010) assise en méditation accueille le visiteur. Vénérée comme protectrice des voyageurs et des pêcheurs, cette divinité populaire d'origine brahmanique a été récupérée par le bouddhisme.
Laissant à droite le nouveau casino, la route passe devant les vestiges de la station climatique établie sous le Protectorat, petit bout de métropole sous les tropiques, au destin en dents de scie *(voir p. 288)*. Souvent, de lourds nuages gris s'accrochent aux vastes étendues battues par le vent, baignant Bokor dans une atmosphère fantomatique. Par temps clair en revanche, d'amples **panoramas** embrassent le golfe de Thaïlande.

Les destinées du plateau de Bokor

Ce plateau situé à 1 085 m d'altitude n'a cessé d'inspirer les projets les plus ambitieux et les plus utopiques.

LE RÊVE DU PROTECTORAT

Dans les années 1910, la fraîcheur qui règne sur le plateau de Bokor donne au résident français de Kampot, François Baudoin, l'idée d'y établir une **station climatique** d'altitude, comme celle de Dalat au Vietnam, où ses compatriotes pourraient fuir la moiteur et les fièvres de la côte. Des milliers de prisonniers sont employés à la construction d'une route d'accès percée dans la jungle – 880 y laissent la vie – et, au début des années 1920, la station ouvre ses portes. Elle fonctionne comme une vraie **petite ville** française, avec son église, sa mairie, sa poste et une génératrice d'électricité ; elle prône l'autarcie, cultivant petits pois, fraises, haricots verts… Le **Bokor Palace Hotel** (1925) est construit à l'image de ceux de la Riviera française. De Saïgon à Bangkok, tous les moyens sont mis en œuvre pour faire sa publicité. Mais les touristes boudent ce plateau brumeux, venteux et glacé six mois par an, et le succès n'est pas à la hauteur des espérances. Durant la guerre d'Indochine, l'hôtel est reconverti en hôpital ; puis le plateau est abandonné.

LE CASINO DE LA DEUXIÈME CHANCE

En 1962, dans la période d'effervescence qui suit l'indépendance, le roi Norodom Sihanouk s'entiche de Bokor. Il s'y fait construire une villa et y installe un nouvel hôtel doté d'un **casino**. Bokor renoue avec des heures de faste, de luxe et de démesure. Le monde des affaires s'y presse, les apparatchiks du régime y côtoient les joueurs chinois et vietnamiens. Mais la route d'accès au plateau se dégrade, on rechigne de plus en plus à l'emprunter et, deux ans plus tard, le casino est transféré à **Kep**, en bord de mer.

LES HEURES SOMBRES

Dès 1972, les **Khmers rouges** s'emparent du plateau. Ils minent les accès pour en faire une place forte qu'ils conserveront jusqu'en 1990. Pendant vingt ans, Bokor est le théâtre d'assassinats sans nombre, puis d'âpres combats contre les forces vietnamiennes. En 1992, l'ONU envoie un contingent militaire pour déminer le site et y implanter un émetteur radio. Le plateau, à nouveau laissé à l'abandon, fera pendant dix ans les délices des âmes romantiques, qu'envoûte son atmosphère de **ville fantôme** noyée dans la brume. Sihanouk, cinéphile éclairé, y avait tourné *La Rose de Bokor* en 1969 ; en 2002, le plateau sert de cadre au bien nommé *City of Ghosts*, avec Gérard Depardieu.

LA RENAISSANCE

Bokor renoue avec ses rêves de grandeur en 2012 : après quatre années de travaux, le groupe Sokha Hotels y ouvre le Thansur Bokor Highland Resort – 600 chambres et une pléiade de restaurants gravitant autour d'un nouveau casino. Ce n'est que le début d'un projet pharaonique de la compagnie Sokimex (ex-gestionnaire du site d'Angkor) qui a obtenu une concession d'exploitation de 99 ans sur le site : elle envisage d'implanter là une ville de 100 000 habitants et des résidences secondaires de luxe, un champ d'éoliennes pour les alimenter, un parc à thème et des téléphériques – au prix de coupes claires déboisant « légalement » 10 % de la forêt du parc national voisin.

L'ancienne église de Bokor.
P. Tisserand/Michelin

À flanc de coteau, l'**église** est l'un des rares édifices catholiques à n'avoir pas été détruits par les Khmers rouges (seules quatre d'entre elles ont subsisté dans le pays). À l'inverse des églises occidentales, le portail ouvre à l'est, de façon que le chevet soit tourné vers Jérusalem. Derrière, un sentier rejoint une plate-forme d'où vous aurez une **vue★** sur le golfe et le plateau. La poste, qui se trouvait un peu plus loin, a été démolie.

En poursuivant la route, vous arrivez au **Bokor Palace Hotel**. Il a conservé une partie de ses carrelages anciens, mais le reste de l'édifice, coquille vide, n'est plus que l'ombre de sa splendeur d'antan. Les bâtiments sont cependant en cours de réfection, laissant envisager un possible projet d'avenir. De la terrasse – d'où, rapporte la rumeur, plusieurs malchanceux ruinés au jeu mirent fin à leurs jours –, **vue★★★** sur l'île de Phu Quoc, l'église et le réservoir.

La route dessert ensuite l'ancienne **mairie** *(rénovée dans les années 2010)*, qui servit un temps de résidence au roi Sisowath Monivong, mort à Bokor en 1941.

Tout au bout, le **palais noir**, résidence d'été de Norodom Sihanouk, date des années 1960, tout comme le pavillon des gardes qui lui fait face, aujourd'hui à l'état de ruines. En contrebas, devant le lac réservoir, l'ancien casino construit par Sihanouk sert de logement au personnel du groupe Sokha.

Rebroussez chemin et tournez à gauche au niveau du casino.

Le charmant **Wat Sampeu Pram** (temple des Cinq Jonques), jolie petite pagode aux toitures emboîtées sur des murs de grosses pierres, fut construit par le roi Monivong en 1924, sur un promontoire dominant la mer. À l'intérieur, les *jataka* traditionnels sont figurés en bas-reliefs peints.

Pour gagner les **cascades de Popokvil** *(Popokvil Waterfalls - 2 000 riels)*, vous pouvez soit poursuivre la route au-delà du Wat Sampeu Pram *(fléchage 100 Rice Fields)*, soit revenir au poste de controle et prendre à gauche sur 5 km. Une cassure rocheuse dans le lit de la rivière a donné naissance à ces chutes, tombant sur de gros blocs de grès noir *(baignade possible)*. Spectaculaires en saison des pluies *(juin-oct.)*, elles attirent beaucoup de touristes cambodgiens. Passez l'esplanade du grand restaurant pour accéder aux cascades.

Au-delà s'étend le **parc national de Bokor**, ou Preah Monivong National Park (140 000 ha), qui se poursuit jusque sur les monts de l'Éléphant (Domrei Mountains) et borde le parc national du Kirirom au nord. L'observation de vie sauvage (daims, pangolins, nombreuses espèces d'oiseaux, dont des calaos) y est encore possible *(randonnées : voir « Activités », p. 299)*, même si les tigres, les éléphants, les ours noirs et les gibbons qui le peuplaient jadis ont disparu, victimes du braconnage ou chassés par la destruction de la forêt. La construction de la nouvelle route Sihanoukville-Phnom Penh, qui sépare les deux

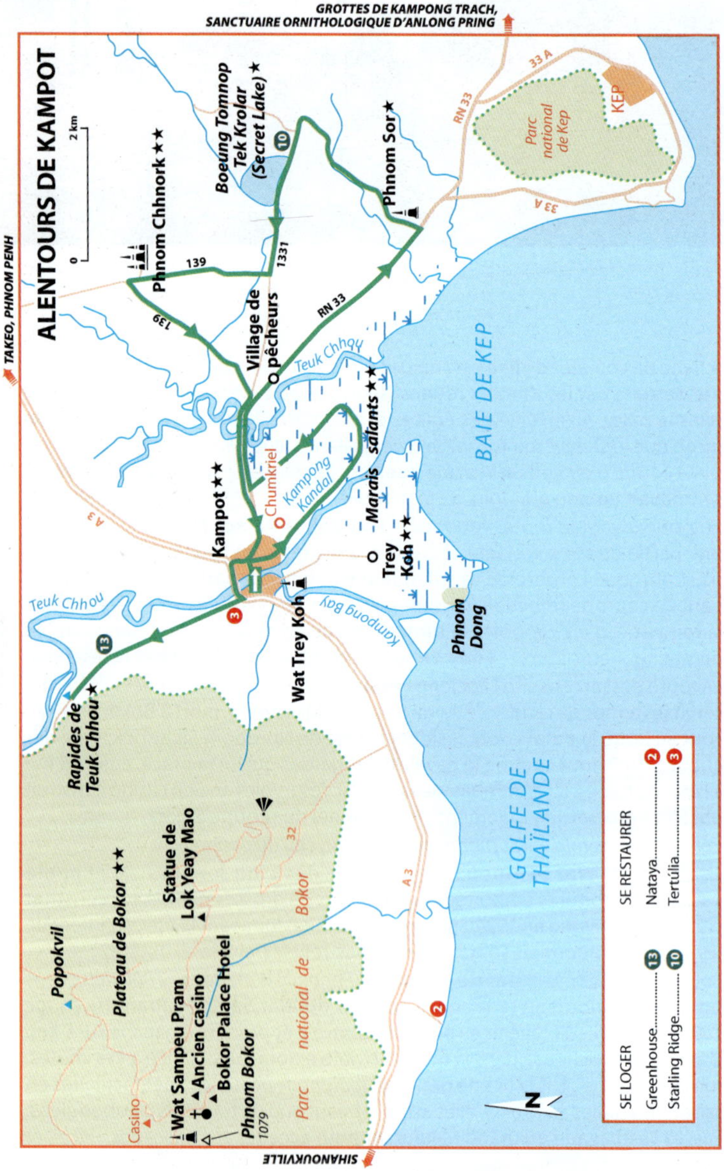

parcs depuis une dizaine d'années, a facilité l'accès à ces espaces préservés et en a précipité la dégradation : mise à feu par les braconniers pour traquer les animaux, abattage illégal du bois précieux (ébène, palissandre)... Sauf sur les versants les plus abrupts et les plus inaccessibles, la forêt primaire, faite d'arbres colossaux et souvent centenaires, a quasiment disparu pour laisser place à une forêt jeune (secondaire), sans grand intérêt. Le parc est aujourd'hui menacé par les projets d'expansion du groupe Sokha, dans le cadre de la concession foncière économique (CFE) qui lui a été accordée.

Circuit conseillé Carte des alentours de Kampot p. 290

Circuit d'env. 65 km tracé en vert sur la carte des alentours de Kampot – Comptez 1 journée. Sortez de la ville au sud par la route longeant la rivière.

La campagne environnant Kampot, particulièrement riante en tout début de saison sèche, quand elle est encore verdoyante, séduit par la variété de ses paysages : rizières et marais salants, mangroves le long des multiples cours d'eau, grottes dans l'intérieur des terres, plantations de poivre, champs d'ananas ou vergers de durians... Dans les villages aux maisons de bois et les hameaux de pêcheurs, vous croiserez une population généralement accueillante, mais pas toujours habituée à la présence d'étrangers. L'Idéal est d'y circuler à moto ou à scooter ; à défaut, les *tuk-tuk* pourront vous la faire découvrir.

★★ Marais salants

Chumkriel, à 2 km à l'est de Kampot.

Enserré entre deux rivières, le lieu-dit **Chumkriel** est couvert d'immenses étendues de marais salants. L'exploitation du sel a été introduite ici dans les années 1930 par des immigrants sino-vietnamiens, qui ont apporté leurs propres techniques. Les arpents, délimités par des œillets (diguettes de terre), sont remplis d'eau de mer à l'aide de pompes. Lorsque arrive la saison sèche *(déc.-mai)*, les paludiers ratissent les terres imbibées d'eau pour rassembler les cristaux et monter les dépôts de sel en petits tas coniques. Par la suite, palanche sur l'épaule, ils vont entreposer la récolte dans les longues bâtisses de bois, que dessert un quadrillage de pistes de latérite. En début de matinée et en fin d'après-midi, quand les eaux des bassins font miroir, l'endroit devient particulièrement photogénique. Ces salines ont connu un développement florissant jusque dans les années 1960. Aujourd'hui, le secteur emploie encore environ 5 000 personnes mais peine à écouler sa production, face à la concurrence du sel de Thaïlande, de meilleure qualité et moins cher, qui représente 60 % de la consommation nationale. Au niveau de la NH 33, un petit **centre interprétatif** *(7h-17h30 - 2 US$)* explique le processus d'exploitation, film à l'appui : le sel récolté est enrichi d'iode puis mis dans des sacs de 50 kg et livré dans tout le pays.

Revenez sur la NH 33 et tournez à droite (dir. Kep) jusqu'au panneau « Fishing Village », à droite de la route.

Village de pêcheurs

Trapaing Sangke Community Fisheries - env. 4,5 km après les marais salants.

Divers projets communautaires écotouristiques (pêche responsable, reforestation, protection des habitats naturels) impliquant les populations locales animent quelques-uns des villages côtiers. Au premier plan des préoccupations figurent la restauration de la **mangrove**, son entretien et la sensibilisation des habitants à l'importance de cet écosystème. Vous y verrez des pépinières de palétuviers, pour la partie « éco » du projet, et pour sa dimension « touristique », vous pourrez prendre part à des excursions en barque dans

4

BLANC, ROUGE OU NOIR : L'OR VERT DE KAMPOT

Pratiquée dans la région depuis le 13e s. au moins, la culture du poivre bénéficie à Kampot d'une heureuse conjonction de facteurs : un sol riche en minéraux et un microclimat chaud et humide, avec de fréquentes précipitations. Elle prend son essor à la fin du 19e s., en venant combler le vide laissé par la disparition des poivrières des Indes néerlandaises (Sumatra), qui dominaient alors la production mondiale et que les sultans d'Aceh ont fait détruire pour porter un coup aux intérêts économiques hollandais. Saisissant l'opportunité, les colons français modernisent les techniques de culture et s'emparent du marché – avec un succès commercial limité toutefois par une politique douanière visant à favoriser le Vietnam. Éradiquée par les Khmers rouges au profit des rizières, la culture du poivre ne retrouve sa vitalité qu'à partir de 2010, avec l'attribution d'un **label IGP** (Indication Géographique Protégée).

La cueillette a lieu entre octobre et février, selon le type de poivre que l'on souhaite obtenir. Le **poivre vert**, cueilli au tout début du processus de maturation et non traité, ne s'exporte pas et ne peut donc être apprécié que sur place. Séchées au soleil, les baies, au bout d'une semaine, vont fermenter et leur péricarpe va se flétrir et durcir pour donner le **poivre noir**. Le **poivre blanc**, préalablement plongé dans l'eau bouillante durant 48h, est débarrassé de son péricarpe, d'où l'aspect lisse des grains. Le **poivre rouge**, quant à lui, est récolté à pleine maturité, grain à grain, puis séché à l'abri du soleil; le faible volume de la récolte et la longueur du mûrissement, qui le rend vulnérable aux maladies, expliquent son prix élevé.

Visite d'une plantation de poivre : voir p. 299.

la mangrove ou en kayak sur la rivière. Quelques bungalows de bambou très sommaires attendent ceux qui veulent passer la nuit sur place.

Reprenez la dir. de Kep et poursuivez durant 6,5 km, puis piste à gauche (1 km).

★ Phnom Sor (Montagne blanche)

15 km à l'est de Kampot.

La colline de Phnom Sor (ou Phnom Sorsir, ou Phnom Sarsear) est coiffée d'une pagode qu'entourent plusieurs petites grottes. En haut des escaliers à gauche, la **grotte de l'Éléphant blanc** doit son nom aux formes évocatrices qu'ont prises les concrétions calcaires en se solidifiant sur la paroi. De l'autre côté de la pagode s'ouvre la **grotte aux Chauves-souris** *(Bat Cave)*. Le sentier grimpe ensuite jusqu'à un stupa coloré; juché sur une plate-forme parmi les frangipaniers et les flamboyants, il délivre une belle **vue★** sur le massif montagneux de Bokor au loin.

De retour sur la NH 33, revenez dir. Kampot sur 1,5 km, puis belle piste à droite filant plein nord vers le lac; à la bifurcation (4 km), prenez à droite.

★ Secret Lake (Boeung Tomnop Tek Krolar)

Env. 14 km à l'est de Kampot.

Ce grand lac artificiel a été creusé entre deux collines à l'époque des Khmers rouges. Il demeure relativement peu fréquenté, sauf en fin de semaine où les familles de Kampot aiment à venir pique-niquer sur ses rives et y pratiquer le tubing ou le pédalo. Quelques petits cafés-restaurants se sont installés sur sa berge nord. Les collines situées à l'est du lac abritent des poivrières, dont celle de Starling Ridge *(voir p. 299)*.

Revenez jusqu'à la bifurcation; continuez tout droit (en laissant à gauche la piste venant de Phnom Sor) durant 1,3 km, puis à droite sur 4,5 km.

★★ Phnom Chhnork

13 km au nord-est de Kampot - 7h-17h - 1 US$. Prenez une lampe de poche.
Au sommet de l'escalier à gauche s'ouvre la grotte principale, dans laquelle un sanctuaire a été construit entre le 4e et le 7e s. (les éléments manquent pour le dater avec plus de précision). C'est le plus beau des quelques **temples troglodytes du Funan** *(voir « Histoire », p. 102)* découverts dans la région. De volumineuses stalactites se sont formées autour de ce petit édifice de brique. L'une d'elles en a traversé la voûte, pour se terminer à l'aplomb d'un lingam grossièrement taillé, dressé sur un *yoni*. Des fragments de bas-reliefs subsistent sur le pourtour du fronton. Cette grotte ouvrant à l'ouest, c'est en milieu d'après-midi que vous aurez la meilleure luminosité d'ensemble. Avec un guide (des enfants vous proposeront leurs services), vous pourrez ressortir en passant par la salle des stalactites et des chauves-souris. Plusieurs autres grottes creusent cet imposant massif calcaire (800 m de longueur sur 700 m).
Revenez à Kampot, passez le nouveau pont et prenez la 2e à droite (fléché).

★ Rapides de Teuk Chhou

10 km au nord de Kampot en remontant la rivière, sur la rive ouest - 7h-17h - 1 US$.
Ils courent sur le lit rocheux de la rivière, à quelques centaines de mètres en aval du barrage construit en 2011. Gargotes et hamacs sous des paillotes témoignent du succès de l'endroit auprès de la population locale, surtout en fin de semaine. La baignade est possible jusqu'en novembre. Vous serez plus tranquille un peu en contrebas de ce secteur : des pierres plates au milieu de la rivière permettent de poser sa serviette et de nager dans les bassins, où l'eau est un peu plus profonde. Les jeunes Cambodgiens apprécient le coin pour pêcher au harpon.

NOS ADRESSES À KAMPOT

Plan de ville p. 286

INFORMATIONS UTILES

Banques/Change

Nombreux distributeurs dans le quartier touristique. Plusieurs officines de change autour du grand marché et près du rond-point du Durian.
ABA Bank – B1 - *Riverside Rd (St. 735) - lun.-vend. 8h-16h, sam. 8h-11h.* Change et distributeur.

Poste

Cambodia Post – B2 - *St. 735.*

Santé

Sonja Kill Memorial Hospital – A2 en dir. - *NH 3, dir. Bokor, à env. 8 km de Kampot - ✆ (077) 666 752 - www.skmh.org - 24/7.* Consultations et urgences.

ARRIVER/PARTIR

En bus

Gare routière – B1 - *St. 724, angle St. 707.* Les compagnies Rith Mony, Capitol, Sorya et Giant Ibis assurent chacune 2 dép./j. pour Phnom Penh *(4-5h - 5/6 US$)* et Sihanoukville *(2h - 5 US$).* Minivans Anna Tours pour Kep, Phnom Penh et le Vietnam. Autres destinations : changer à Phnom Penh. La plupart des départs se font entre 7h et 9h. Autre compagnie de bus près du rond-point du Durian, angle St. 700 et St. 703.
Taxis collectifs – B1 - *Rond-point du Durian et gare routière.* Liaisons avec Phnom Penh *(5 US$).* Partent quand ils sont pleins. Plus fréquents tôt le matin.

4

En train

Circulent du vend. au dim. entre Phnom Penh et Sihanoukville avec arrêt à Kampot. Dép. vers 12h dans les 2 sens *(5h de trajet - 4 US$)*.

TRANSPORTS

Vélo/Moto

Plusieurs loueurs dans les deux rues longeant le vieux marché. Comptez 5 US$/j. pour un scooter.

Bateau

Crab Shuttle – *Achat des tickets en plusieurs points signalés autour du vieux marché - ✆ (088) 829 6644.* Navette tlj à 9h30 entre Kampot et Kep *via* Koh Tonsay *(2h30 de trajet - 9,50 US$)*. Parfait pour explorer Kep à la journée.

HÉBERGEMENT

Les hôtels petit budget, plutôt fréquentés par une clientèle cambodgienne, se concentrent entre la gare routière et le rond-point du Durian. Le quartier du vieux marché rassemble les hébergements tournés vers les touristes occidentaux. Pour un séjour au vert, les berges de la rivière en direction de Teuk Chhou ont vu fleurir quelques adresses sympathiques, mais il vaut mieux être motorisé. Toutes ont le wifi.

PREMIER PRIX

Sen Monorom Guesthouse – B1 - *St. 720, derrière la station-service - ✆ (033) 932 846 -* P *- 25 ch. - 6/15 US$.* À 5mn à pied du vieux marché, cette *guesthouse* mauve et blanche récente répartit ses chambres sur 2 étages sans ascenseur. Elle propose des chambres spacieuses et raisonnablement entretenues, certaines donnant sur le couloir, d'autres sur rue ou sur la terrasse en coursive. Anglais basique. Une adresse pratique, où l'on peut rentrer sa moto pour la nuit. Plusieurs cuisines de rue alentour.

Apsara Guesthouse – B2 - *St. 730 - ✆ (077) 646 016 - - 20 ch. - 7/15 US$.* Ses chambres carrelées, très propres et récemment refaites à neuf, occupent une tour de 3 étages sans ascenseur. Vous aurez le choix entre celles avec ventilateur et eau froide et celles disposant de l'eau chaude, de la climatisation et d'un mini-frigo. Du toit-terrasse, vue à 360° sur les toits de la ville et la rivière.

Sebana Guesthouse – B1 - *St. 700, en face du stade - ✆ (013) 590 522 - www.sebanaguesthouse.com -* ✕ P *- 20 ch. - 8/20 US$ - 2 US$.* L'adresse, tenue par un jeune couple francophone, a ouvert fin 2014. De taille variable mais toutes avec sdb, carrelées et très bien entretenues, les chambres occupent 2 étages dans une maison particulière récente. La terrasse commune au 1er étage offre une vue dégagée sur l'esplanade du stade « olympique ».

Bandini's – A1 - *St. 703 - ✆ (087) 923 623 - www.bandinis kampot.com -* ✕ *- 4 ch. - 12/14 US$.* Elle aussi tenue par un couple de jeunes Français, cette *guesthouse* s'est ouverte en 2015 dans un quartier calme, à 5mn à pied du centre. Ses chambres carrelées, toutes simples, très propres et pourvues d'eau chaude, occupent un bâtiment en dur. Trois paillotes ont été dressées sur la pelouse pour lire tranquillement. Vélos à disposition, accueil souriant. Ceux qui n'y résident pas pourront quand même venir y faire un tour pour profiter de sa belle librairie-bibliothèque (en français) et de son petit bar.

BUDGET MOYEN

Greenhouse – A1 en dir. - *7 km au nord de Kampot, sur la route* *des rapides de Teuk Chhou - ✆ (088) 886 3071 - www.greenhousekampot.com -* 🖥 ✉ ✕ *- 12 ch. - 20/30 US$.* Ses bungalows de bois aux murs de bambou tressé, avec terrasse privative, sont répartis dans un grand jardin bien entretenu ; les plus beaux sont construits au bord de la rivière, que surplombe la magnifique terrasse du bar-restaurant. Beau choix d'activités et de services : *paddle*, kayak, location de VTT et de motos, sorties en bateau dans la mangrove. Pas d'enfants de moins de 12 ans. Beaucoup de succès, réserv. conseillée.

Mea Culpa – B2 - *St. 729, derrière le musée - ✆ (012) 504 769 - www.meaculpakampot.com -* 🖥 ✉ ✕ *- 11 ch. - 25/30 US$.* À 10mn à pied du vieux marché, il profite d'une situation au calme, dans un grand jardin planté de manguiers et d'orchidées. Bien tenues, ses chambres se répartissent sur 2 niveaux, dans 2 bâtiments distincts. Vélos à disposition, pizzas au feu de bois.

Kampot Manor – A2 - *Route de Trey Koh, juste avant le pont métallique - ✆ (093) 631 904 - www.kampotmanor.com -* 🖥 ✉ ✕ *- 7 ch. - 25/40 US$* ☕. Cette grosse bâtisse située sur la rive ouest propose des chambres carrelées, lumineuses, peintes dans des tons jaune-orangé, bien entretenues et confortables. De la grande terrasse commune, vous pourrez suivre le défilé des bateaux de pêche au crépuscule, tandis que le balcon opposé offre un poste d'observation pour le lever du soleil. Beau jardin planté de manguiers et de goyaviers, corbeille de fruits et boissons à disposition, vélos gratuits.

Two Moons – B2 - *St. 735 - ✆ (033) 932 857 - www.twomoonshotel.com -* 🖥 ✕ 🏊 *- 20 ch. - 25/50 US$.* À 15mn à pied du vieux marché, face à la rivière et à l'île de Trey Koh, il séduit par le bel espace commun aménagé entre la petite piscine en haricot et les deux terrasses ombragées de ses cafétérias. La plupart des chambres occupent un bâtiment vert pomme de 3 étages (sans ascenseur) ; les plus économiques se partagent deux bungalows de bois. Décorées sobrement, bien tenues, toutes les chambres ont un mini-frigo. Jeux de société et vélos à disposition, accueil anglophone.

POUR SE FAIRE PLAISIR

Kampot Riverside – B1 - *St. 735 - ✆ (012) 351 764 - www.kampotriversidehotel.com -* 🖥 ✉ *- 13 ch. - 39/55 US$* ☕. Trois grandes chambres donnent sur la rivière ; les autres, sur les côtés du bâtiment (3 étages sans ascenseur), n'ont pas de vue mais sont plus calmes. Toutes sont équipées d'un mini-frigo, d'un coffre-fort et ont l'eau chaude. En fin d'après-midi, on se retrouve sur le balcon-coursive pour regarder passer les barques de pêcheurs qui filent vers la mer.

La Java Bleue – B1 - *St. 726, angle St. 733 - ✆ (013) 900 016 - http://lajavableuekampot.com -* 🖥 ✕ *- 6 ch. - 45/60 US$.* La façade jaune de cette ancienne maison de commerce chinoise, impeccablement restaurée en 2016, est l'une des plus belles de la rue. Parfaitement située, c'est l'adresse de charme du quartier. Toutes différentes, joliment décorées, les chambres jouent sur les thématiques nostalgie : ruines angkoriennes dans la jungle, souvenirs d'Indochine, expéditions sur le Mékong… L'une d'elles dispose d'une belle terrasse, une autre est aménagée en duplex.

Natural Bungalows – A1 - *St. 735, en amont du nouveau pont - ☏ (033) 641 1888 -* ▤ ✕ 🅿 - *24 ch. - 45/70 US$.* Dans un espace arboré, plusieurs petites structures abritent des chambres sur 2 niveaux. Si les *standard* sont assez quelconques, les *deluxe*, à peine plus chères, font montre d'une certaine originalité avec leur décor de galets et de poutres jusque dans les sdb. Celles de l'étage, dotées d'une terrasse, ménagent plus d'intimité. Sympathique restaurant les pieds dans la rivière, avec des paillotes individuelles sur ponton de bois. Location de vélos et de scooters, infos touristiques, accueil prévenant.

The Columns – B2 - *St. 728, angle St. 729 - ☏ (033) 932 070 - www.the-columns.com -* ▤ ✕ - *17 ch. - 55/80 US$* ☕. La maison aux volets bleus, typique de l'architecture du Protectorat à Kampot, date des années 1920. Sur 2 étages (sans ascenseur) s'alignent des chambres à la décoration moderne minimaliste, dans les tons gris et kaki pâle. Agréables, tout confort, elles manquent cependant d'espace et affichent des tarifs légèrement surévalués. Service professionnel.

Autour de Kampot

UNE FOLIE

Starling Ridge – B2 en dir. - *5 km à l'est du Secret Lake - ☏ (023) 724 274 - www.starlingridge.com -* ▤ ✕ 🏊 🅿 - *16 ch. - 95/150 US$* ☕. À mi-chemin entre Kampot et Kep, en pleine nature, ses bungalows sur pilotis en bois ou en dur (plus onéreux) s'étagent à flanc de colline, dans une plantation de poivriers *(voir p. 299)*. La plupart sont un peu exigus mais l'adresse propose plusieurs activités qui vous inciteront à sortir : tours à vélo, tennis, volley, spa. *Tuk-tuk* à la demande pour rejoindre les villes *(15 km)*. Une piscine à débordement jouxte le restaurant, en haut de la colline, et offre un superbe panorama sur la plaine.

RESTAURATION

PREMIER PRIX

Cuisines de rue – B1 - *St. 720, entre St. 701 et St. 703 -* 💳̸ *- 11h-21h - env. 10 000 riels.* Deux gargotes populaires, installées côte à côte, proposent des *samlor* (soupes) et des plats cuisinés qui changent chaque jour et sont servis avec une assiette de riz : lamelles de bœuf aux herbes sauce coco, poulet ou poisson à l'ananas, poulet au gingembre, crevettes aux champignons… Également des grillades de poulet, de poisson et de groin de porc. Pas d'anglais.

Ri Trei Oyster – B1 - *Angle St. 722 et St. 729 - ☏ (098) 682 929 -* 💳̸ *- 6h-23h - 10 000/20 000 riels.* Pas d'enseigne en anglais pour ce restaurant de cuisine et de fréquentation 100 % locales. Si les coquillages et les huîtres au barbecue vous semblent trop osés, rabattez-vous sur les seiches et les crevettes, plus classiques. Pour les plats de viande (bœuf surtout), c'est vous qui veillerez à la cuisson sur la plaque chauffante installée à votre table.

Ecran Noodle – B1 - *Face à la rivière, entre le vieux pont et le vieux marché - ☏ (010) 249 411 -* 💳̸ *- 11h-20h sf mar. - 10 000/20 000 riels.* Vous le repérerez aux lampions chinois rouge et or pendus dans l'arbre devant la terrasse. Servies en soupe, en raviolis, sautées ou fourrées aux légumes ou au porc, les nouilles sont faites maison : un employé roule, tord et effile la pâte sur le plan de travail à l'entrée de la petite salle, avant de la couper en *noodles*. Le restaurant sert également du canard à la pékinoise.

BUDGET MOYEN

Say Sabok – B1 - *Face à la rivière, entre le vieux pont et le vieux marché - (077) 446 475 - - 11h-22h sf lun. - fermé juin-nov. - 8/10 US$*. Cuisine franco-asiatique simple : *bobun, amok, lok lak*, curries cambodgiens, petite sélection de plats végétariens et un coin « comme à la maison » pour les nostalgiques. Vin au verre.

Auberge du Soleil – B2 - *23, St. 728 - (088) 882 0245 - www.auberge-du-soleil.com - - 7h-23h sf lun. matin - 12/15 US$*. Cette belle maison de commerce chinoise, à l'angle de la rue, abrite un restaurant de tradition helvétique : fondue bourguignonne ou au fromage, raclette, filet de bœuf au poivre de Kampot, carpaccios et tartares. Également quelques plats d'inspiration thaïe et du vin au verre. La salle n'est pas folichonne ; en revanche, fauteuils d'osier et tables de bois installés sur le trottoir offrent un poste d'observation idéal pour suivre l'animation de la rue. Propose aussi 3 chambres *(30/50 US$)*.

Ta Eou – A1 - *St. 735, à l'angle du nouveau pont - (012) 820 832 - - 10h-15h, 17h-22h - 12/15 US$*. Pris d'assaut en fin de semaine par la clientèle phnompenhoise descendue respirer l'air de la côte, il sert une cuisine sino-khmère réputée, en salle ou sur une terrasse ombragée par un auvent. Ne manquez pas son assiette de crabe au poivre vert, superbe. Au coucher du soleil, on vient siroter un verre sur une plate-forme de bois donnant sur la rivière.

POUR SE FAIRE PLAISIR

Chez Aline – B1 - *St. 726 - (088) 762 1412 - - 9h-14h, 17h30-21h30 sf dim. - 15/22 US$*. Une dizaine de tables seulement mais une cuisine française de haute volée, préparée par un vrai chef, qui n'utilise que des produits frais et de qualité. À l'ardoise, le tournedos aux morilles, une excellente andouillette et le boudin aux mangues reviennent régulièrement parmi les suggestions du jour. Les portions sont généreuses, la vaisselle soignée, le cadre simple et agréable, dans une maison ancienne ou en terrasse sous les manguiers : une adresse à ne pas manquer. Petite section d'épicerie fine et glacier.

Tertúlia – A1 en dir. - *Sur la route des rapides de Teuk Chhou, 200 m après le nouveau pont - (089) 850 358 - - 17h-22h sf lun. - 16/20 US$*. Ce restaurant de cuisine portugaise – c'est rare au Cambodge – est installé dans une courette, sous les manguiers et les bananiers. Apprécié pour sa qualité et son originalité, il est considéré comme l'un des meilleurs de Kampot. Le chef, originaire de l'Algarve, prépare boudin noir, salade de poulpe, coquillages au vin blanc, *cataplana* de fruits de mer ou de barracuda à partir de produits du marché. Côté cave, *vinho verde*, crus du Douro et porto viennent directement du pays.

Autour de Kampot

POUR SE FAIRE PLAISIR

Nataya – A2 en dir. - *Prek Ampil, à 19 km à l'ouest de Kampot - (033) 690 2011 - www.natayaresort.com - P - 11h-22h - 20/25 US$*. Parfait pour déjeuner au retour de Bokor, il offre un cadre plaisant, dans les jardins d'un hôtel : les tables sont dressées devant la mer, à l'ombre des casuarinas et des cocotiers, avec vue sur l'île de Phu Quoc. Carte cambodgienne assez classique de viandes et fruits de mer, avec quelques plats plus créatifs comme l'*amok* de crabe ou les chips de poisson fumé à la mangue verte. Destiné à une clientèle locale aisée, l'endroit est apprécié pour les mariages et les séminaires d'entreprise.

PETITE PAUSE

Epic Arts Cafe – B1 - *Angle St. 724 et St. 703 - ✆ (092) 922 069 - http://epicarts.org.uk - 7h-16h.* Jus de fruits frais, *milkshakes* et petits-déj. (omelettes, cakes). À l'étage, une galerie expose des objets fabriqués par les élèves de plusieurs ONG s'occupant de réinsertion sociale. Clientèle majoritairement anglo-saxonne.

L'Épi d'or – B1 - *Angle St. 724 et St. 729 - ✆ (093) 800 110 - ▤ - 7h-19h.* Boulangerie artisanale : croissants, chouquettes, pains aux olives et baguettes. Salle et tables en terrasse pour un petit-déj. à la française.

Tiki Guesthouse – A1 - *St. 735, juste en amont du nouveau pont - ✆ (096) 795 6409 - 7h30-0h.* Galettes et crêpes bretonnes à savourer sous l'auvent de palme ou, au coucher du soleil, sur le ponton de bois s'avançant sur la rivière. Soirées barbecue 2 fois/sem., concerts le vend. Atmosphère francophone jeune et décontractée. Propose aussi quelques chambres sommaires.

BarACA – B1 - *St. 726 - ✆ (011) 290 434 - www.baraca.org - 17h-0h.* Tapas, *panini*, hoummous et snacks servis dans une salle tout en longueur ou sur le trottoir, face aux maisons de commerce chinoises de la rue, à 100 m de la rivière. Petite sélection de cocktails. Propose aussi 3 chambres *(12/20 US$).*

BOIRE UN VERRE

Le Comptoir de Kampot – B2 - *St. 733, face à l'Auberge du Soleil - ✆ (085) 264 239 - 12h-0h (15h-0h en basse saison).* Bar à vin francophone. Assiettes de fromage et/ou de charcuterie accompagnent un bon cru servi au verre *(2 US$).* Ambiance jazz, conviviale et chaleureuse.

Rikitikitavi – B2 - *Face à la rivière, angle St. 728 - ✆ (012) 235 102 - www.rikitikitavi-kampot.com - 7h-0h.* Un bar jeune et moderne, des fauteuils de rotin sur une terrasse de bois, au 1er étage, et surtout un excellent point de vue pour le coucher du soleil, les yeux sur la rivière. Propose aussi 7 chambres *(env. 50 US$).*

ACHATS

Sokh San – B1 - *Rond-point du Durian - ✆ (012) 918 726 - 8h-22h.* Mini-supermarché vendant des produits d'importation (alimentation, pharmacie, alcools…) à des tarifs raisonnables.

E Che Ngov Heng – A2 - *Derrière le Wat Trey Koh, sur l'île - ✆ (012) 272 223 - 8h-20h.* Depuis 1996. Vend le poivre (en *pickles* ou sous vide) produit dans la plantation familiale, sur le Phnom Vul, et diverses sauces de poisson, de soja, d'huître et de piments fabriquées et vieillies sur place.

Kepler's Kampot Books – B1 - *St. 724, vieux marché - ✆ (097) 777 4493 - 8h-19h.* Achat, vente et échange de livres, avec un petit rayon en français, cartes postales et un coin artisanat.

EN SOIRÉE

Ecran Movie House – B1 - *St. 724, face au vieux marché -*

✆ *(093) 249 411*. Films et documentaires sur le Cambodge les lun., merc. et sam. à 16h et 19h, nouveautés et classiques à 19h30 sf mar. et dim. dans une salle confortable et climatisée, et projection libre : vous choisissez parmi les 1 600 titres disponibles.

ACTIVITÉS

Agences d'excursions – B1 - *Autour du vieux marché*. Sorties à la journée sur le plateau de Bokor, balades à vélo ou à moto dans les villages environnants, canoë-kayak sur la rivière pour explorer la mangrove et visite des plantations de poivre. Programmes et tarifs identiques de l'une à l'autre (si vous ne voulez pas vous joindre à un groupe, sachez que les *tuk-tuk* assurent les mêmes visites), réserv. des billets de bus et de bateau.

Parc national de Bokor – A2 en dir. - Randonnées possibles toute l'année. Guide indispensable (les sentiers ne sont pas tracés, l'endroit n'est pas totalement déminé et braconniers et trafiquants de bois y sévissent parfois) : adressez-vous aux rangers du parc, stationnés près du lac réservoir de Bokor.

Climbodia – B2 en dir. - *NH 33 dir. Kep, au niveau du Phnom Kbal Romeas - ✆ (095) 581 951 - www.climbodia.com*. Petite structure créée par un Belge passionné par les sports d'escalade. Propose varappe, spéléologie et via ferrata.

Supasia – A1 en dir. - *Kampong Kreang - env. 5 km au nord de Kampot - ✆ (093) 980 550 - www.supasia.org*. Descente de la Prek Teuk Chhou *(2h30)* en planche à rame *(stand up paddle board)*, découverte de la mangrove, kayak.

Starling Plantation – B2 en dir. - *5 km à l'est du Secret Lake - ✆ (023) 724 274 - www.starlingridge.com - 8h-17h*. Cette plantation produit depuis 2007 du poivre bio en faisant appel aux méthodes de culture traditionnelles. La visite permet de suivre le processus d'exploitation et explique les différents types de grains *(voir encadré p. 292)*, leur séchage et leur conditionnement. Boutique.

AGENDA

Sea Festival – *2 j. mi-déc. Se tient alternativement à Kep, Kampot et Koh Kong*. Marché de nuit avec stands de dégustation. Populaire.

The Kampot Writers and Readers Festival – *3 j. en nov. - http://kampotwritersfestival.com*. Inauguré en 2015 et destiné à promouvoir l'alphabétisation, il rassemble écrivains (anglophones) et musiciens pour des concerts gratuits et des conférences.

4

Kep

★

5 000 habitants – Province de Kep

La petite station balnéaire connaît depuis quelques années un engouement croissant auprès des Phnompenhois : maintenant qu'une bonne route les met à 3h de la côte, ils en ont fait l'une de leurs destinations de week-end favorites. Kep renoue ainsi avec la vogue qu'elle a connue au milieu du 20e s., quand on l'appelait « la Riviera cambodgienne », tout en échappant au tourisme de masse. Les plaisirs de la plage s'y doublent de ceux de la table : le crabe, l'icône de Kep, se marie divinement au poivre vert de Kampot, cultivé tout près. Un petit parc national, les grottes qui creusent les massifs calcaires alentour, et Koh Tonsay, l'île du Lapin, sont autant de buts pour de brèves excursions.

NOS ADRESSES PAGE 304
Hébergement, restauration, activités, etc.

S'INFORMER

Tourist Information Center – A2 - *Derrière le rond-point, près de la plage - lun.-vend. 8h-12h, 14h-17h.* Souvent fermé ; adressez-vous aux nombreuses agences privées situées sur Beach Square, à 100 m de là.

SE REPÉRER

Carte de région C2 (p. 282) – plan de ville p. 302.

À 150 km au sud de Phnom Penh (4-5h en bus, 3h en voiture).
À 30 km au sud-est de Kampot, 20 km au nord-ouest de la frontière vietnamienne (Ha Tien).

Voir aussi la rubrique « Arriver/ partir » dans « Nos adresses ».

À NE PAS MANQUER

Une assiette de fruits de mer ou de… crabe au marché aux crabes ; un moment de farniente à Koh Tonsay.

ORGANISER SON TEMPS

Comptez 1 j. pour le parc national et les environs de Kep, 1 autre pour l'île de Koh Tonsay. Évitez les fins de semaine et les vacances cambodgiennes.

AVEC LES ENFANTS

Les papillons de la Butterfly Farm ; les poissons du Kep Oceanarium.

Kep Plan de ville p. 302

Ses étals de poisson frais, sa petite plage populeuse où se balancent des barques de bois, son marché aux crabes, ses villas anciennes : Kep (Krong Kaeb en khmer) offre un visage contrasté, entre vie laborieuse tournée vers la mer, insouciance au bord de l'eau et souvenir d'une page d'histoire presque effacée. Sa vocation balnéaire remonte aux années 1910 : les Français y avaient alors établi une station sanitaire maritime baptisée Kep-sur-Mer, pendant côtier à la station climatique d'altitude de Bokor *(voir p. 287)*.

Les vestiges architecturaux de cette période sont rares : ils ont été supplantés par les nombreuses **villas** construites dans les années 1960, dont plusieurs sous la houlette de **Vann Molyvann** *(voir p. 93)* ou de ses élèves. Comme Bokor, Kep, « la Perle de la côte d'Agate », connut en effet une deuxième heure de gloire au début de l'Indépendance, attirant la jet-set internationale. Dépouillées de tout (huisseries, carrelages) et laissées à l'état de squelette par les années de

En attendant le retour de la pêche, au marché aux crabes de Kep.
P. Tisserand/Michelin

guerre, quelques dizaines de ces villas dressent encore leur ossature nue en face de l'océan, dans la rue en retrait (parallèle à la plage) et dans celles qui remontent vers le parc national. Vous pourrez souvent les explorer moyennant un bakchich *(1 US$)* au gardien ; portez des chaussures fermées et faites attention aux serpents.

★★ Marché aux crabes A2

Bord de mer (côte ouest), au sud du rond-point de Vishnou.

Sur ce sympathique marché populaire, des montagnes de crevettes séchées côtoient des sacs débordant de poivre. Les barques accostent directement au pied du marché pour monnayer le produit de leur pêche ; les crabes, encore frétillants, sont placés dans des nasses que les vendeuses gardent immergées jusqu'à l'arrivée des chalands. Poissons, crabes et crevettes se retrouvent à l'étal des cuisinières, en brochettes ou sautés au wok, pour le plus grand plaisir des estivants venus de la capitale *(voir « Restauration », p. 306)*. En face du marché se dressent les vestiges de l'une des villas néo-khmères qui évoquent la gloire de Kep sous le Sangkum Reastr Niyum (1955-1970).

▲ Plage de Kep A2

À l'extrémité sud de la péninsule.

Ses quelques centaines de mètres de sable clair forment le seul endroit où l'on puisse se baigner : le reste de la péninsule est bordé de mangrove et de rochers noirs. Calme et plaisante *(sauf périodes de vacances, week-ends et fêtes locales)*, la plage a été refaite avec du sable blanc apporté de la rivière de Kampot.

★ Parc national de Kep A1-2

Entrée officielle : après les bungalows du Bout du Monde et le Veranda Natural Resort ; accès alternatif derrière le Kep Lodge, à l'ouest - 7h-17h30 - 1 US$. Prévoyez des chaussures fermées pour emprunter les sentiers de traverse.

Le parc couvre une superficie d'environ 50 km² et culmine à 286 m d'altitude. Un sentier balisé de 8 km (en boucle), de niveau facile, permet d'en faire le tour en 2 ou 3h à pied. Il est ponctué de quelques curiosités comme le Stone Horse (un roc en forme de cheval), le monastère des nonnes, le Little Buddha (un ficus abritant une statuette entre ses racines aériennes). Des sentiers de traverse plus escarpés, bien balisés par les soins du café Led Zep et de l'association Squirrels, grimpent sous le couvert forestier et conduisent à un ensemble de **points de vue★★**, dont le **Sunset Rock** qui, à 182 m d'altitude, offre un endroit apprécié en fin d'après-midi. De là, le regard porte jusqu'aux collines de Bokor et aux îles de Koh Tonsay et de Phu Quoc (Vietnam).

SE LOGER

- Blue Kep Bungalow 2
- Botanica Guesthouse 1
- Bout du Monde (Le) 8
- Casa Kep 6
- Knai Bang Chatt 3
- Reaksmey 4
- Saravoan 5
- Vanna Hill Resort 7

SE RESTAURER

- Breezes 5
- Democrat (The) 4
- Marché aux crabes 2
- Sailing Club 1
- So Kheang 3

À proximité Carte de région p. 282

Un réseau dense de pistes de latérite permet de circuler à moto ou à vélo dans la plaine qui s'étend à l'est et au nord du parc national. En vous dirigeant vers la frontière – Prek Chak n'est qu'à 25 km de Kep et, dans les campagnes, la proximité du Vietnam se fait sentir –, vous traverserez des **marais salants★**, actifs en saison sèche ; Kep est, avec Kampot, le principal producteur de sel du pays. Passé ce secteur, on retrouve des paysages de rizières, ponctués de bananiers, d'eucalyptus, de cocotiers et de palmiers à sucre. Les buffles d'eau paressent dans les mares et les fossés. De beaux bœufs blancs font tinter leur collier de grelots en laiton en tirant les charrettes de foin jusqu'aux villages. Dans la cour des maisons de bois, on étale le riz pour le mettre à sécher. Vers le nord, au-delà de la voie ferrée, le paysage se vallonne, et des plantations de poivre couvrent les flancs des collines (du côté de Phnom Voar).

★ Plage d'Angkaul C2

10 km à l'est de Kep par les pistes passant entre les salines et la mer, ou 25 km par la NH 33 dir. Prek Chak/Ha Tien (Vietnam), à droite au rond-point des Paludiers.

Cette étroite bande de sable clair, surnommée la « plage secrète », est bordée à ses extrémités par des hameaux de pêcheurs dont les barques colorées se balancent à l'ombre des cocotiers. Le cadre est joli mais la mer peu profonde et la plage gagnerait à être débarrassée des détritus. Prévoyez des provisions : vous ne trouverez ni restaurant ni boutique sur place.

★ Grottes de Kampong Trach C2

26 km au nord-est de Kep (37 km au sud-est de Kampot) - 7h-17h - 1 US$ - guide inutile si vous avez votre propre lampe de poche.

Entre la petite ville de Kampong Trach et la voie ferrée, des massifs karstiques se dressent au milieu de la plaine. Ils sont percés de grottes dont plusieurs, propices à la méditation, ont été transformées en autels bouddhiques. La cavité principale se trouve dans l'enceinte du **Wat Kiriseila**. Au fond de la cour, un passage dans la roche débouche au centre d'un espace circulaire à ciel ouvert, ancienne grotte dont le plafond s'est effondré il y a des millions d'années ; les arbres ont repris possession des lieux, et un grand bouddha couché attire les fidèles.

Pour gagner la **swimming cave**, revenez jusqu'à la billetterie et prenez à droite pour contourner le massif sur env. 1 km. À l'intérieur se trouve un petit lac naturel où l'on se baigne de juil. à mi-déc. L'escalier qui part à sa droite monte jusqu'à une autre grotte (chauves-souris) d'où l'on domine la plaine.

Quelques kilomètres au nord, sur la route de Phnom Penh, la grotte du **Phnom Khchang** (commune de Kantor Khang Cheung) abrite un petit sanctuaire de brique remontant à la fin du royaume du Funan (7e s.).

La colline de **Phnom Saley**, à 7 km des grottes de Kampong Trach sur la route de Kep, offre de son sommet *(330 marches)* une belle **vue★** sur la campagne

★ Sanctuaire des grues d'Anlong Pring (Anlong Pring Sanctuary) C2

De Kampong Trach, prenez la NH 33 vers l'est et laissez à gauche la bifurcation pour Phnom Penh ; prenez à droite une large piste de latérite sur 8 km jusqu'à la pagode de Thmer Doeuk : la réserve se trouve à 1,5 km à l'est (fléché) - munissez-vous de jumelles - guérite en cours d'installation (accès payant à prévoir).

Les **grues antigones** (Anlong Sarus Crane), dont certaines peuvent atteindre 1,80 m d'envergure, se rassemblent entre décembre et avril dans les prairies inondées, assez loin de la route. Elles viennent se nourrir de racines et de petits crustacés avant de repartir vers le nord-est pour se reproduire. La réserve a été créée en 2016 pour protéger cette espèce menacée.

★★ **Au large : Koh Tonsay** (île du Lapin) C2

25mn de traversée depuis Kep. Départ à 9h, retour vers 16h (voir ci-dessous). Plus séduisantes que celles de la côte continentale, les **plages** de l'île, ombragées par les cocotiers, sont les plus agréables de la région. Leurs eaux claires et poissonneuses se prêtent mieux à la baignade et au snorkeling. L'île accueille une poignée de restaurants (poisson frais et crustacés) et d'hébergements (*guesthouses* basiques) tenus par quelques familles de pêcheurs reconverties dans le tourisme.

NOS ADRESSES À KEP

Plan de ville p. 302

INFORMATIONS UTILES

Banques/Change – Distributeur à Kep Beach, à côté de la pharmacie, et bureaux de change au marché aux crabes.

Frontière vietnamienne – **Prek Chak** *(24 km est de Kep)* est la dernière ville cambodgienne avant la frontière vietnamienne. De l'autre côté se trouve **Ha Tien** *(env. 8 km)*, d'où partent des bus pour Can Tho. Vous devrez être en possession d'un visa acheté au préalable *(voir p. 315)*.

ARRIVER/PARTIR

Taxis collectifs et *tuk-tuk* font la navette entre Kampot et Kep.

Gare routière – A2 - *Près de Kep Beach*. Les compagnies Sorya et Capitol assurent des départs pour Phnom Penh *(4h - 6,50 US$)* et pour Sihanoukville *(2h - 5 US$)*. La plupart font un stop à Kampot.

TRANSPORTS

Tuk-tuk et *motodop* stationnent à Kep Beach et près du Crab Market.

Vélo/Scooter

Les loueurs sont concentrés autour de la gare routière. Beaucoup d'hôtels louent des vélos et des scooters. Avantage de passer par le vôtre : vous n'aurez pas à laisser votre passeport en garantie.

Bateau

Embarcadère (Boat Pier) – B2 - *2 km à l'est de Kep Beach*. Liaisons avec Koh Tonsay (Rabbit Island) : dép. à 9h, retour à 16h *(25mn - 7 US$ AR)* ; achat des billets sur place. Autres horaires : bateau privé *(6 places - 25 US$ AR)*.

Crab Shuttle – B2 - *Achat des billets au café La Baraka (près du Crab Market) et à l'embarcadère public*. Navette tlj entre Kep et Kampot *via* Koh Tonsay *(dép. à 15h30 - 2h30 de trajet)*.

HÉBERGEMENT

Une poignée de *guesthouses* petit budget, assez sommaires, occupe la place située en face de Kep Beach. Les établissements de charme sont pour leur part disséminés le long de la route côtière et sur les flancs du parc national. La plupart disposent d'un restaurant de cuisine occidentale et asiatique, et toutes ont le wifi. Entre Noël et le Nouvel An, ainsi que pour les fêtes et vacances cambodgiennes, il est indispensable de réserver.

PREMIER PRIX

Reaksmey – A2 - *Juste avant le marché aux crabes en venant du rond-point de Vishnou - ☏ (067) 674 787 - www.reaksmeykrongkepguesthouse.com* - 26 ch. - 10/25 US$. La grosse bâtisse blanche au toit de tuiles, moderne et impersonnelle, vaut surtout pour sa situation, face à la mer (attention cependant : rochers et absence de plage rendent la baignade impossible sur cette côte) et à côté des restaurants du marché aux crabes. Ses chambres carrelées, simplissimes et bien tenues, disposent d'un mini-frigo pour les plus chères (vue sur mer) et de l'eau chaude pour celles qui sont climatisées.

BUDGET MOYEN

Casa Kep – A2 - *Rd 33 A, à 400 m de l'office de tourisme - (098) 643 617 - www.casakep.com - - 4 ch. - 15/22 US$. Réserv. conseillée - 5 US$ en sus pour la climatisation.* Tranquillité et convivialité règnent dans cette maison particulière, où l'on vient plutôt pour des séjours prolongés. L'adresse compte 2 chambres spacieuses et lumineuses dans une ancienne villa des années 1960, dont l'une avec une immense terrasse à l'étage, et 2 bungalows avec cuisine à l'arrière du jardin. Location de vélos et de motos.

Botanica Guesthouse – A1 - *Rd 33 A - au nord de Kep, à 3,5 km de la plage - (097) 899 8614 - www.kep-botanica.com - - 8 ch. - 20/30 US$.* Ses bungalows en dur, tous dotés d'une terrasse avec hamac, se nichent parmi la végétation exubérante d'un jardin soigné ; balisiers, bananiers et palmiers les isolent les uns des autres, dans un souci de respecter l'intimité de chacun. Vélos à disposition, billard, location de scooters. Accueil francophone.

Blue Kep Bungalow – A1 - *5, Pepper St. - (097) 622 9146 - www.blue-kep.com - - 5 ch. - 25/30 US$.* Une adresse au calme, à l'écart de la route, ouverte en 2014 par un couple français. Les bungalows, en dur, sont meublés de rotin et établis dans un jardin planté de papayers, de jacquiers et de caïmitiers (pomme de lait). Terrain de pétanque et billard, location de motos. Accueil chaleureux, service attentionné et personnalisé.

POUR SE FAIRE PLAISIR

Saravoan – A2 - *Immédiatement à l'ouest de Kep Beach - (036) 639 3909 - www.saravoanhotel-kep.com - - 16 ch. - 40/50 US$.* Toutes les chambres donnent sur la mer par de grandes baies vitrées ; celles situées aux 1er et 2e étages disposent d'une terrasse. Déco en gris et blanc, mobilier en osier, sol de ciment brut et murs de galets : leur cadre sobre et apaisant en fait une halte agréable. Et vous n'avez qu'à traverser la rue pour être sur la plage. Attention, le bar du rdc est bruyant en fin de semaine.

Le Bout du Monde – A2 - *Par l'allée partant du rond-point de Vishnou en dir. du parc national - (011) 964 181- www.leboutdumondekep.com - - 8 ch. - 45/60 US$. Réserv. indispensable.* Il fut l'un des premiers hébergements à ouvrir à Kep, dès les années 1990. Bambous, arbres du voyageur et bougainvillées créent une atmosphère de petite jungle autour des bungalows de bois dont la terrasse donne sur la mer au loin. Ni climatisation, ni télévision dans cet *ecolodge* fonctionnant à l'énergie solaire. Le jardin de plantes médicinales et la piscine à filtration naturelle participent du même esprit.

Vanna Hill Resort – A2 - *Par l'allée partant du rond-point de Vishnou en dir. du parc national - (036) 675 5038 - www.vannahillresort.com - - 21 ch. 30/70 US$.* Il assure un calme absolu, au pied du parc national. Ses bungalows en dur, spacieux et confortablement meublés, s'étagent à flanc de colline,

4

dans un jardin aéré et fleuri. Ils dominent une grande et belle piscine aux eaux bleu sombre. Tous disposent d'une terrasse privative avec hamac.

UNE FOLIE

Knai Bang Chatt – A2 - *Rd 33 A, côté mer, au nord du marché aux crabes - (078) 888 556 - www. knaibangchatt.com - - 18 ch. - 250/280 US$*. Les chambres occupent trois bâtiments construits dans les années 1960 par Vann Molyvann et ses élèves, ainsi que deux structures plus récentes, à l'arrière. Le cadre est idyllique, l'entretien parfait et la plage agréable, même si, hélas, le fond rocheux ne se prête pas à la baignade. L'adresse de luxe à Kep.

RESTAURATION

PREMIER PRIX

Marché aux crabes – A2 - *Crab Market - - 6h-18h - 10 000/20 000 riels*. Faites votre choix parmi les brochettes de seiche, les crevettes géantes et les poissons grillant sur les barbecues, ou optez pour le crabe au poivre vert rissolé dans un wok, et installez-vous sous les parasols, dans la partie découverte du marché, où chaises et tables de plastique font face à la mer. Vous pouvez aussi acheter vous-même vos crabes *(5 US$/kg)* et demander à les faire bouillir sur les braseros pour les emporter.

So Kheang – A2 - *Au Crab Market - - 8h-20h - 5/8 US$*. Semblable à la dizaine de restaurants-terrasses « les pieds dans l'eau » qui prolongent le bâtiment du marché, il sert poissons et fruits de mer cuisinés au poivre, à la citronnelle, en *tom yum*, etc. Cette adresse populaire est toujours très fréquentée : c'est une garantie de fraîcheur.

BUDGET MOYEN

The Democrat – A2 - *Au Crab Market - (097) 367 7745 - www. thedemocratcambodia.com - - 11h-22h30 - 10/12 US$*. Il propose la même formule que son voisin, le So Kheang – une salle et une petite terrasse en bois s'avançant sur la mer – mais porte un peu plus d'attention au décor. Outre la spécialité locale de crabes, il sert de beaux plateaux de fruits de mer pour 2 pers. Organise aussi des cours de cuisine pour apprendre à accommoder vous-même le crabe, soit au poivre vert, soit en *amok* ou en croquettes. Carte de cocktails, bon anglais.

Breezes – B2 - *Rd 33 A, à 200 m de l'hôtel Rock Royal - (097) 724 3324 - - 12h-21h30 (ferme 1 j./sem. en basse saison) - 10/15 US$*. Ses spécialités de poisson cru rencontrent un succès grandissant, tant auprès de la clientèle asiatique que des touristes occidentaux. Ceviche, tartare et carpaccio sont préparés à base de bar tropical *(sea salmon)* ou de barracuda selon la pêche du jour. Calamars et crevettes complètent la carte, mais vous n'y trouverez pas de crabe : une manière pour ce jeune couple suisse de protester contre la surpêche de l'espèce au large de Kep. Assortiments de tapas et *amok* servis en terrasse ou sous les gazebos dressés en bord de plage, face à la mer ; l'endroit est également plaisant pour prendre un verre en fin d'après-midi.

UNE FOLIE

Sailing Club – A2 - *Côté mer, en face de l'hôtel Knai Bang Chatt dont il dépend - (036) 210 310 - www. knaibangchatt.com - 11h-22h - 25/33 US$*. Un cadre tout simple et de bon goût, avec décoration de bambou et bois flotté, dans un bungalow bleu pâle. Les convives s'installent là ou en extérieur, les pieds dans le sable sous les pandanus et les badamiers, pour faire honneur à une cuisine soignée : cuisses de grenouille au gingembre, épaule de porc marinée, crabe farci ou rouleaux de printemps au calamar, cassolette de crustacés au poivre vert, etc. Petite carte des vins.

PETITE PAUSE

Led Zep Cafe – A2 - *À l'entrée du parc national - ✆ (088) 952 5358 - 10h-18h.* Pour une pause sandwich et jus de fruits frais avec l'une des plus belles vues sur Kep. Petite exposition photo sur l'histoire de la ville. Fournit un plan des sentiers du parc.

La Baraka – A2 - *Au Crab Market - ✆ (097) 461 2543 - 9h30h-23h.* Son *rooftop*, en fait une terrasse surélevée et bien ventilée, le distingue des restaurants voisins. On vient y prendre un cocktail au crépuscule, en grignotant des tapas, du calamar en escabèche ou une cassolette de fruits de mer.

BOIRE UN VERRE

Chez Bebe – B2 en dir. - *2e rue à droite après le Kep Market - ✆ (070) 340 790 - 17h-4h sf mar.* Une baraque en bois bleu délavé, une étagère de bouteilles faisant office de décoration sur la façade et quelques tables hautes sous les manguiers, devant la rizière : c'est le rendez-vous pour un apéritif informel, dans une ambiance jazz et reggae. L'une des rares adresses à fermer aussi tard à Kep.

Sailing Club – A2 - *Voir « Restaurants », ci-contre - ✆ (036) 210 310 - www.knaibangchatt.com - 11h-22h.* Sa terrasse s'avançant sur la mer, devant le ponton, est idéale pour un verre au coucher du soleil.

ACTIVITÉS

Sothy's Pepper Farm – A1 en dir. - *NH 33, à gauche au signe « School » - ✆ (088) 951 3505 - http://mykampotpepper.asia - 8h-17h.* Visite guidée en français d'une poivrière : les processus de sélection, la récolte et le conditionnement des différents poivres. Boutique.

Les Copains d'abord – *✆ (097) 623 6176 - http://lescopainsdabordakep.com* - Tours en bateau de 1 à 3 j. avec bivouac sur une île, pêche et barbecue ; le plus long va jusqu'au parc national de Ream. Croisières au coucher du soleil le mardi.

Sailing Club – A2 - *Voir « Restaurants », ci-contre - ✆ (036) 210 310 - www.knaibangchatt.com - 11h-22h - 25/33 US$.* Hobby cats, *paddle boards*, planche à voile, kayak et cours de voile.

Kep Oceanarium – B2 - *Embarcadère pour Koh Tonsay - 7h-19h - donation.* Quelques aquariums dans une petite salle vous familiariseront avec la faune marine que vous découvrirez lors de vos plongées.

Butterfly Farm – A2 - *Sur le sentier du Jasmine Valley Resort, dans le parc national - ✆ (088) 466 0202 - 8h-17h - donation.* Vaut surtout pendant la saison des pluies, quand les papillons sont les plus nombreux.

AGENDA

Sea Festival – *Déc. Se déroule alternativement à Kep, Kampot et Koh Kong.* Compétitions nautiques, concerts et petite foire artisanale.

4

Les plages de Sihanoukville

★★

109 000 habitants – Capitale de la province de Kampong Som

C'est LA destination plage du Cambodge, et traditionnellement une étape de fin de séjour, pour quelques jours de farniente avant de regagner l'Europe. La ville elle-même, grosse agglomération industrielle créée au lendemain de l'indépendance, est sans doute l'une des moins agréables du pays. Devant le boom du tourisme de masse asiatique, elle s'est transformée en un gigantesque chantier, et les hôtels de plusieurs centaines de chambres y poussent comme des champignons, privatisant, hélas, de plus en plus souvent le rivage. Les casinos, puissant pôle d'attraction pour cette nouvelle clientèle, s'y multiplient aussi. Mais en posant sa serviette sur les plages les plus éloignées, au nord ou au sud de la ville, on peut encore s'en convaincre : oui, décidément, Sihanoukville possède de superbes plages.

NOS ADRESSES PAGE 315
Hébergement, restauration, achats, activités, etc.

S'INFORMER

Tourist Office – B1 - *Angle St. 109 et St. 114 ☏ (016) 570 567 - lun.-vend. 8h-11h30, 14h-17h.* Peu efficace, pas d'anglais. Brochures gratuites avec bonnes cartes et infos pratiques à la réception des grands hôtels.

SE REPÉRER

Carte de région B2 (p. 282) – plan de ville p. 310-311.

À 220 km au sud-ouest de Phnom Penh, 100 km à l'ouest de Kampot.

Voir aussi la rubrique « Arriver/partir » dans « Nos adresses ».

À NE PAS MANQUER

Les plages d'Otres et de Prek Treng.

ORGANISER SON TEMPS

Meilleure saison nov.-fév. : peu de pluies et températures clémentes.

SÉCURITÉ

Vérifiez les consignes du ministère des Affaires étrangères de votre pays. *Voir aussi « Sécurité », p. 315.*

Sihanoukville Plan de ville p. 310-311

Destination balnéaire dans l'imaginaire occidental, Sihanoukville est surtout, pour le pays, une cité industrielle dont l'activité économique est liée à son **port autonome**. Celui-ci a été construit entre 1955 et 1960, dans le cadre d'un partenariat entre la France et le Cambodge : le pays vient alors d'accéder à l'indépendance et, n'étant plus lié à Saïgon pour son commerce maritime, décide de se doter de son propre port en eaux profondes. Le roi **Norodom Sihanouk** en a lancé l'initiative, et la ville, baptisée **Kampong Som** à l'origine, porte désormais son nom (Krong Preah Sihanouk en khmer). Dans l'euphorie du Sangkum Reastr Niyum et d'une élection triomphale, Sihanouk caresse aussi le rêve de transformer la ville en une cité balnéaire, et fait construire villas et hôtels, dont l'Independence Hotel est alors le fleuron. Après la chute du régime khmer rouge, quand l'**Apronuc** (Autorité provisoire des Nations unies au Cambodge) envoie des Casques bleus superviser le processus de paix à la suite des accords de Paris (1991), Sihanoukville devient le camp de base du contingent militaire français durant un an et demi (1992-1993).

Plage de Sihanoukville.
A. Selinger/World Pictures/age fotostock

De nos jours, Sihanoukville se partage toujours entre ses activités industrielles et touristiques. Elle traîne derrière elle une réputation déplorable – drogue, insécurité, mafias, délinquance, tourisme sexuel et pédophilie, mais aussi saleté (la gestion des déchets demeure un problème) et qualité d'accueil discutable.

★ **Église St-Michel** (St Michael Church) B1

Mittapheap Kampuchea Soviet Rd - après la gare routière sur la droite dir. NH 4.
La petite église triangulaire a été construite en brique, béton et tuiles en 1962 par **Vann Molyvann** *(voir p. 93)*. C'est l'une des quatre églises du Cambodge à avoir été épargnées par les Khmers rouges – peut-être parce que sa forme atypique ne l'identifiait pas à sa fonction. Elle a été rouverte au culte au début des années 1990. La courbe de l'encadrement d'autel évoque une voile tandis que, de l'extérieur, les bas-côtés adoptent la forme d'un bateau, rappelant que saint Michel est ici vénéré comme le patron des marins.

Wat Krom (Wat Utynieng) A1

Santepheap St., entre Victory Hill et Independence Beach.
Le parvis de cette pagode récente accueille quantité de statues dorées : un bouddha couché entrant dans le nirvana ; un prince (Siddharta) monté sur son cheval, que Channa, le serviteur, retient par la queue pour empêcher son maître d'abandonner le palais ; Siddharta coupant sa chevelure en signe de renoncement au monde ; une haie de disciples, bol à aumône à la main, devant la balustrade… Au fond de la cour, deux **lions chinois**▲ gardent l'escalier.

Wat Leu (Wat Chotynieng) B1

Au sommet d'une colline, derrière le mont Sihanouk où se trouve l'université.
Établi sur les hauteurs de Sihanoukville, il offre une belle **vue**▲▲ d'ensemble sur l'agglomération, la baie et les îles au loin. Le toit-terrasse du bâtiment situé au sud du *vihear* constitue un poste d'observation parfait pour le coucher du soleil, que l'on suit à travers les branches d'un kapokier. De nombreux macaques ont élu domicile sur le parvis arboré de la pagode.

LA CÔTE SUD

SE LOGER

- Don Bosco Guesthouse ... 7
- Chochi Garden ... 10
- Fitness Resort Sihanoukville ... 11
- Green House (The) ... 8
- Invito Cambodia ... 9
- Monkey Maya ... 12
- Secret Garden (The) ... 5
- Sunset Lounge ... 1
- Tamu ... 4
- Ubuntu ... 3
- Villa Naia ... 6
- Wildside Villas Otres ... 2

SE RESTAURER

- Chhe Meas ... 1
- Chhouk Meas ... 6
- Dao of Life ... 3
- Five Men ... 4
- Lemongrass ... 7
- Manoha ... 9
- Mlop Chrey ... 2
- Mlop Mean ... 5
- Marché de nuit ... 12
- Nyam ... 11
- Sandan ... 8
- Starfish Bakery & Cafe (The) ... 13
- Susaday ... 10

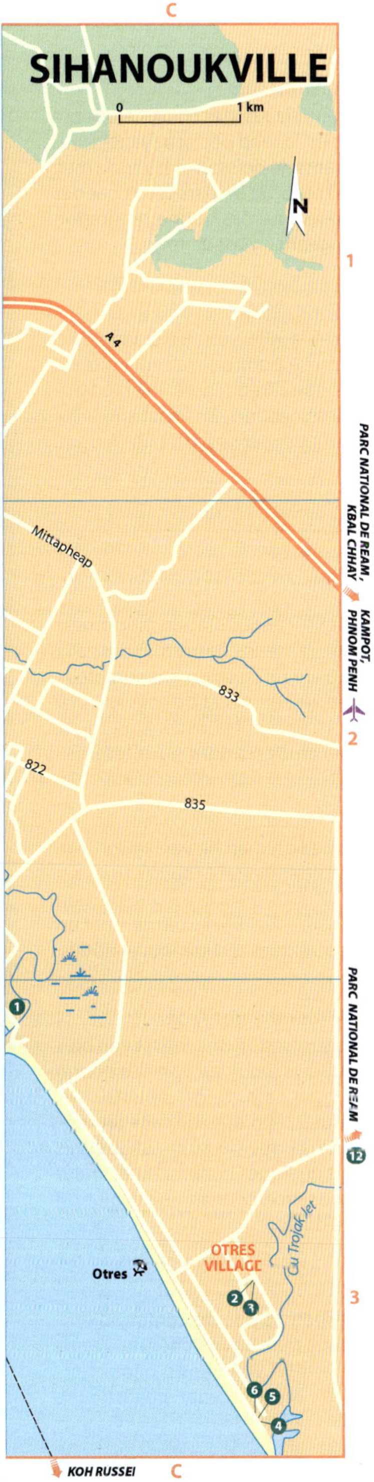

★★ Les plages

Elles se succèdent sur env. 15 km du nord au sud de la ville. Évitez celles du centre, surpeuplées, sales et bruyantes, d'autant que les gargotes installées à touche-touche laissent une maigre bande de sable large d'à peine 1 m pour poser sa serviette. Pour la baignade, les eaux des plages éloignées sont plus propres. N'emportez rien de précieux avec vous *(voir « Sécurité », p. 315)*.

VERS LE NORD-OUEST

★★ Sokha Beach A2

Toute l'anse, fermée au nord par le cap la séparant d'Independence Beach, est privatisée par le Sokha Resort Hotel. Ceux qui n'y résident pas peuvent profiter de ses 1,5 km de sable blanc, propres et tranquilles, moyennant un droit d'accès (5 US$/j.) incluant l'accès à la piscine de l'établissement et à sa salle de gym. À l'extrémité sud-est, la plage a conservé une partie publique, jolie mais un peu trop proche de la route.

★ Independence Beach A2

3,5 km à l'ouest du rond-point des Lions. Aménagée (transats et parasols) et facile d'accès, c'est la plage la plus tranquille en centre-ville. Dans sa partie centrale, restaurants et bars occupent une zone ombragée, à même le sable. Au nord, au-delà du ponton, commence la plage privée de l'hôtel Independence ; au sud, un nouveau projet d'hôtel bloque l'accès à la plage.

Hawaï Beach A1

2,5 km au nord d'Independance Beach. Cette minuscule plage (env. 100 m de long), ombragée par les casuarinas et les badamiers et fermée au sud par une avancée rocheuse, séduit plus la clientèle cambodgienne qu'européenne. Tranquille en semaine, elle accueille deux restaurants (pas de gargotes). Un pont la relie à **Koh Puos**, l'île aux Serpents, où un projet immobilier russe d'envergure est en cours de développement ; pour l'occasion, l'île a pris le nom de Koh Morakot (Émeraude), plus flatteur.

Victory Beach A1

Entre Victory Monument au sud et le port industriel au nord.
Elle est essentiellement fréquentée par une clientèle russe et chinoise, adepte des casinos tout proches. Le manque d'entretien la rend peu attrayante pour la baignade, mais on y trouve de bons restaurants de poisson et fruits de mer. Juste derrière, la petite colline de **Victory Hill** regorge de bars tenus par des expatriés ; ce quartier de vie nocturne sulfureuse n'a pas bonne réputation (drogue, prostitution) et, plus qu'ailleurs, la vigilance y est de mise.

★★ Prek Treng Beach B1 en dir.

Hun Sen Drive, 4 km au nord du port.
Elle bénéficie de son éloignement par rapport à la ville. Vous y trouverez des eaux limpides et 1 km de sable blanc, assez large pour que la proximité de la route n'y soit pas gênante. Calme, propre et peu fréquentée, la plage dispose d'abris ombragés par les casuarinas et les cocotiers. En fin de semaine, les familles cambodgiennes viennent pique-niquer sur sa partie nord, où se balancent quelques hamacs.

VERS LE SUD-EST

Serendipity Beach B2

400 m au sud-ouest du rond-point des Lions.
Assez calme en matinée, cette plage pâtit de sa surfréquentation (nombreux hôtels pour groupes dans les rues derrière) et de l'absence de gestion des eaux usées, qui la rend impropre à la baignade. La vie nocturne y bat son plein. En journée, c'est le royaume des boutiques de vêtements et de souvenirs, et des gargotes de plage, qui servent toutes poissons grillés, frites et burgers. Le ponton de Serendipity est aussi le principal **embarcadère pour les îles**.

Ochheuteal Beach B2

Dans le prolongement de Serendipity Beach, vers le sud.
Elle est de plus en plus tranquille à mesure que l'on marche vers le sud-est. Passé le premier kilomètre, où le sable disparaît littéralement sous les transats, les parasols et les stands de pizzas et de sandwiches, on arrive à une portion de plage aux eaux limpides, quasiment déserte sur 2 km. Elle se termine par un promontoire rocheux boisé, où sont installés quelques restaurants et hôtels.

★★ Otres Beach C3

Dans le prolongement de Ochheuteal Beach, de l'autre côté du pont.
C'est la plus belle plage de Sihanoukville : une succession de terrasses en bois avec hamacs, des loueurs d'équipement nautique *(body surf, paddle board)* laissent bientôt la place à 3 km de plage déserte, baignée par une eau turquoise. Plébiscitée par les voyageurs individuels, la plage fait face au sud-ouest et offre des couchers de soleil sublimes. Une nouvelle route longe Otres depuis 2011 ; à son extrémité se sont construits quelques hébergements haut de gamme *(voir p. 317)*. L'endroit, en pleine croissance, connaît une évolution rapide – pour le pire ou le meilleur : l'avenir le dira.

Otres Village (Otres River) C3

À env. 500 m à l'intérieur des terres.
Le « village », où habitent plus d'Européens expatriés que de Cambodgiens, cultive une atmosphère « bobo cool ». De nov. à mai, un marché très vivant bat son plein chaque semaine *(sam. à partir de 16h)* : vêtements, bijoux fantaisie et, en soirée, stands culinaires et concerts *live* (rock, jazz, acoustique), sur le modèle des *bush markets* australiens.

À proximité Carte de région p. 282

Cascade Kbal Chhay B2

17 km au nord-est de Sihanoukville. Suivez la NH 4 en dir. de l'aéroport ; 5,5 km après la Cambrew Beer Factory, prenez à gauche la piste de latérite (indiqué) et poursuivez tout droit sur 8,5 km.

L'excursion ne vaut le déplacement qu'en saison des pluies. Une série de petites chutes ponctue alors la rivière Prek Tuk Sap, à l'endroit où le cours d'eau franchit un passage de roches basaltiques, et l'on peut se baigner dans des piscines naturelles. La cascade est un but de sortie familiale en fin de semaine ; des terrasses de bois avec hamacs bordent les chutes de part et d'autre de la rivière.

★ Parc national de Ream B2

25 km au sud-est de la ville, derrière l'aéroport - accès libre.

Traversé par la rivière Prey Nup qui court jusqu'à l'océan, il couvre 21 000 ha de forêt et de mangrove. Son avenir, comme celui de beaucoup de parcs nationaux au Cambodge, est incertain. En 2016, plusieurs compagnies chinoises ont en effet signé des accords avec le gouvernement pour y créer un *resort* de 3 300 ha comprenant des villas, des hôtels et des commerces, le Golden Silver Gulf.

C'est à **Prey Nup** (ou Prey Nob), sur la façade orientale du parc de Ream, où **Marguerite Duras** a passé une partie de son enfance, que se situe l'intrigue d'*Un barrage contre le Pacifique*, récit du vain combat de la mère de l'auteur pour protéger ses rizières. Entre 1998 et 2008, l'AFD (Agence française pour le développement) a remis en état les polders et les digues empêchant l'eau salée d'envahir les cultures.

Côté **plages**, si les plus proches de l'entrée sont décevantes (étroites et jonchées de détritus), vous trouverez de superbes étendues désertes 5 km plus loin, en empruntant la piste après le dépôt de carburant *(flèches Monkey Maya)*. **Prek Chak★★★** aligne 2 km de sable blanc devant des eaux turquoise ; les aigles pêcheurs y seront sans doute votre seule compagnie *(emportez eau et provisions)*.

Les îles Carte de région B2 (p. 282)

4

Au large de Sihanoukville, une trentaine d'îles émergent dans les eaux du **golfe de Thaïlande**, pour la plupart inhabitées et couvertes de forêt pluviale, frangées par des récifs coralliens. Depuis une dizaine d'années, les investisseurs ont compris l'énorme potentiel touristique de cet archipel vierge, à 1h de vol seulement de la Chine et de Singapour, et font assaut d'arguments pour obtenir du gouvernement cambodgien des **concessions** de longue durée sur les îles. Il s'agit majoritairement de compagnies étrangères, et toutes ont pour objectif d'y créer des *resorts* haut de gamme de grande capacité, avec casinos, golfs, condominiums, centres commerciaux, voire aéroport. Cible ouvertement visée : la clientèle asiatique, nombreuse et… dépensière. Certaines îles sont d'ores et déjà de gigantesques chantiers, d'autres voient leur avenir suspendu à de gros projets de développement en négociation pour les années à venir. Les choses changent très vite : renseignez-vous avant de prendre le bateau pour une île de rêve…

★ **Koh Rong** – *45mn de mer de Sihanoukville.* La plus grande des îles de l'archipel (78 km^2) regorge de *guesthouses*, de resorts et de restaurants, de centres de plongée et de sports nautiques. Elle attire les fêtards et les noctambules : musique sur la plage de jour comme de nuit, *happy hour* dans tous les bars, dont certains, animés par des DJs, restent ouverts 24h/24. Suite à des abus,

Rivage de l'île de Koh Rong.
A. Pistolesi/age fotostock

les *Full moon parties* ont été interdites en 2015 mais il est question de revenir sur cette décision. L'île, encore en bonne partie couverte de forêt (des épisodes de la série TV *Survivor* y ont été tournés), a été achetée par un homme d'affaires cambodgien qui prévoit d'y installer aéroport international, marina, condominiums et terrains de golf.

★★ **Koh Rong Sanloem** – *45-60mn de mer de Sihanoukville.* Avec 24 km², c'est la deuxième île en taille de l'archipel. Ses longues plages de sable blanc, peu fréquentées, invitent au farniente et à la détente ; peu d'activités y sont proposées, en dehors du snorkeling et du *paddle board*. L'île accueille une douzaine de structures d'hébergement qui mettent l'accent sur le tourisme durable et la préservation des ressources naturelles.

Koh Thmei – *50mn de mer du village de pêcheurs de Koh Kchhang, à 40 km au sud-est de Sihanoukville.* Cette île de 28 km² se trouve dans les eaux du parc national de Ream et séduit les amoureux de la nature. On vient y faire des randonnées dans la forêt pour observer singes, iguanes, civettes (chats musqués) et toutes sortes d'oiseaux, du snorkeling sur le récif et du kayak de mer à la rencontre des dauphins, sous l'œil des aigles pêcheurs. On peut passer la nuit dans les bungalows de bambou basiques du **Koh Thmei Resort** *(✆ (097) 737 0400)*, l'unique hébergement pour l'instant, qui se charge du transport. Mais il faudra bientôt parler au passé de ce coin d'éden tropical : un investisseur malais a obtenu une concession de 99 ans et s'est lancé dans la construction d'un *resort* de 2000 ha, prévu pour 2017 ; un pont devrait prochainement relier l'île au continent. La compagnie s'est engagée à respecter et protéger au moins 40 % de l'île… à suivre.

Koh Ta Kiev – *1h de mer de Sihanoukville.* Proche elle aussi du parc national de Ream, cette île de 10 km² déploie ses belles anses de sable blanc à l'ombre des casuarinas. Elle est parcourue de sentiers balisés reliant le village de pêcheurs, sur la côte est, une poignée d'hébergements situés sur la côte ouest, une plage naturiste au sud, et quelques autres plages. Elle n'est pas non plus épargnée par les projets d'avenir comportant casino, golf et *resort*, ici aux mains d'entreprises russes, chinoises et françaises.

NOS ADRESSES À SIHANOUKVILLE

Plan de ville p. 310-311

INFORMATIONS UTILES

Banques/Change
Nombreuses banques sur Ekareach St. B1, toutes avec distributeur ; certaines ouvrent jusqu'à 20h.

Consulats
Consulat honoraire de France – *lchuniaud@hotmail.fr - ✆ (071) 803 7483.*
Consulat du Vietnam – A1 - *310, Ekareach St. - ✆ (034) 933 466 - lun.-vend. 8h-12h, 14h-16h, sam. 8h-12h.* Délivre les visas sans attente. Les ressortissants français bénéficient d'une exemption de visa pour un séjour de 15 j. maxi s'ils arrivent par avion.

Poste
Cambodia Post – A1 - *Ekareach St. (près de Victory Hill) - ✆ (034) 933 526.*

Santé
Sihanoukville International Clinic – B2 - *85, Ekareach St. - ✆ (092) 911 911.* Service d'urgence 24h/24. Personnel anglophone.

Sécurité
À Sihanoukville plus qu'ailleurs, une vigilance de tous les instants sera votre meilleure alliée.
Les **plages** sont le terrain de prédilection des pickpockets, et souvent de bandes d'enfants redoutablement habiles : il est impératif de garder vos affaires sous surveillance constante. Cadenassez votre **moto** avec votre propre chaîne (vols fréquents) et utilisez les coffres-forts mis à votre disposition dans la plupart des hôtels. *Voir aussi les conseils généraux p. 33.*
Tourist Police – B2 - *Ekareach St. - ✆ (011) 683 302.* Autres postes à l'entrée d'Ochheuteal Beach et à l'angle de Serendipity Rd et Ochheuteal St.

ARRIVER/PARTIR

En avion
Sihanoukville International Airport (KOS) – C2 en dir. - *18 km au sud-est de la ville - www. cambodia-airports.aero.* Vols internationaux pour la plupart des capitales asiatiques. Vols intérieurs pour Phnom Penh avec Cambodia Angkor Air et Cambodia Bayon Airlines. 2 liaisons/j. avec Siem Reap. Une navette rejoint le centre-ville et les plages pour 6 US$/pers. En taxi, comptez 20 US$.

En bus
Gare routière – A1 - *3 km au nord du centre-ville, 1 km de Victoria Hill.* Les bus arrivent à la gare routière, mais les départs s'effectuent souvent depuis l'agence de la compagnie, en ville *(Ekareach St.).* Départs fréquents pour Phnom Penh *(5-6h)* avec Capitol et Sorya, entre autres compagnies. Liaisons avec Kampot *(2h)* et Krong Koh Kong *(4-5h).* Des minivans rejoignent Kep *(2h30 - 8 US$).*
Capitol Tours – B1 - *169, Ekareach St. - ✆ (034) 934 042 - www.capitol tourscambodia.com.* Env. 12 dép./j. pour Phnom Penh. Pick-up gratuit à votre hôtel.
Rith Mony – B1 - *Ekareach St. - ✆ (034) 933 618.* Liaisons avec Phnom Penh, Battambang, Siem Reap, Kratie, Krong Koh Kong et la Thaïlande.
Sorya Transport – B1 - *Ekareach St. - ✆ (092) 181 808 - www.ppsorya transport.com.* Env. 10 dép./j. pour Phnom Penh, 3 dép./j. pour Battambang et Siem Reap.

En train
Le trafic passager reprend à petite vitesse depuis avril 2016. Du vend. au dim. de/vers Phnom Penh : dép. à 7h dans les 2 sens *(8h30 de trajet - 7 US$)* avec un arrêt à Kampot *(5h - 4 US$).*

TRANSPORTS

Tuk-tuk

Comptez 4 US$ de la gare routière au centre-ville, 6 US$ pour les plages (8 US$ pour Otres). Les *tuk-tuk* qui stationnent près des plages pratiquent des tarifs élevés : faites quelques dizaines de mètres à pied, les prix chuteront de moitié. Avoir une idée de la distance à parcourir facilite la négociation, à effectuer toujours *avant* la course.

Moto/Scooter

Location de scooters *(env. 5-6 US$/j.)* à Serendipity Beach, sur Ekareach St. en centre-ville, Victory Hill et, d'une manière générale, dans les quartiers où se concentrent les *guesthouses*.

Bateau

Des ferries publics relient Sihanoukville *(embarcadère à Serendipity Beach)* et les îles de Koh Rong et Koh Rong Sanloem. Dép. à 8h et 14h *(sf saison des pluies - 2h30 de trajet - 15 US$ AR)*. Des *speed boats* desservent aussi ces 2 îles *(45mn - 20 US$ AR)*.

HÉBERGEMENT

Centre-ville

BUDGET MOYEN

Don Bosco Guesthouse – B1 - *Phum 1 - Sangkat 2 - ✆ (087) 919 834 - www.donbosco guesthouse.com - ▤ ⌿ - 12 ch. - 15/25 US$*. À la fois proche du centre-ville et à l'écart du quartier le plus touristique, l'établissement est géré par une association œuvrant pour l'insertion socio-professionnelle des jeunes du quartier. Simples et spacieuses, ses chambres sont pourvues d'un petit réfrigérateur. Deux chambres doubles au rdc sont prévues pour les familles. Autre adresse, de standing plus élevé (piscine et restaurant), au siège de l'école hôtelière, mais plus loin, à 3,5 km au sud-est du centre.

The Green House – B1 - *Ohmuoy St. - ✆ (034) 934 946 - ▤ ⌿ - 27 ch. - 15/20 US$ ☕*. La grande bâtisse de 4 étages, aux murs et au toit verts, se trouve à 200 m du Psar Leu, le marché principal. En centre-ville mais à l'écart des plages, elle propose des chambres carrelées et spacieuses, quoique sans charme. Dispose aussi de chambres familiales. Pas d'anglais.

Chochi Garden – B2 - *Serendipity Beach Rd - ✆ (026) 274 7674 - ▤ ⌿ - 25 ch. - 15/25 US$*. Ouverte en 2014, cette *guesthouse* bénéficie d'une situation pratique, près de l'embarcadère pour les îles, et d'un jardin bien entretenu, planté d'essences tropicales (cocotiers, papayers, manguiers, caïmitiers). Elle propose plusieurs types de chambres, simples, propres et relativement spacieuses ; celles du rdc sont les plus agréables. Au fond du jardin, 2 bungalows en bois. Accueil en français. Le petit-déj., à la carte, se prend au bar jouxtant la réception.

Invito Cambodia – B2 - *Serendipity Beach Rd - ✆ (070) 387 791 - ▤ ⌿ ✕ - 15 ch. - 15/25 US$*. Un hôtel aux chambres simples et sans génie, sur 3 étages sans ascenseur, proche de l'embarcadère. Seules les chambres climatisées ont l'eau chaude. Celles qui sont proches de la terrasse-coursive reçoivent le wifi. Également des dortoirs pour les petits budgets et des chambres avec sdb commune. En dépannage si le Chochi affiche complet. Le bar-restaurant du rdc sert des pizzas au feu de bois.

Fitness Resort Sihanoukville – A1 - *Kamakor St. - ✆ (097) 947 7431 - http://fitness-sihanoukville.com - ⌿ - 12 ch. - 25/35 US$ ☕ - 3 nuits* *mini*. Des séjours orientés sport et remise en forme *(voir aussi « Activités », p. 321)*. Chambres confortables et accueillantes dans le bâtiment principal ; les 4 de l'étage, plus calmes, partagent une bibliothèque en français et une terrasse commune avec billard. Dans le grand jardin arboré où l'on pratique les sports se trouvent 5 bungalows de bois et bambou en duplex, un peu plus chers mais d'un excellent rapport qualité-prix.

Ochheuteal Beach

BUDGET MOYEN

Sunset Lounge – C3 - *À l'extrémité sud d'Ochheuteal Beach - (097) 731 0486 - www.sunset lounge-guesthouse.com* - *16 ch. - 32/48 US$*. La moitié des chambres s'alignent dans un bâtiment de plain-pied, les autres occupent des bungalows au mobilier de rotin, avec terrasse privative en bois ouvrant sur une grande pelouse plantée de jeunes arbres. L'ensemble est parfaitement entretenu, simple et propre. Piscine en prévision. Le petit-déj. (en sus) se prend au restaurant de plage, de l'autre côté de la rue.

Otres 2 et Otres Village

Pour un séjour haut de gamme au calme, une dizaine d'hôtels se sont ouverts depuis 2012 au bout de la route, en face d'Otres 2, la plage la mieux préservée de Sihanoukville *(9 km du rond-point des Lions)*. Ils disposent tous d'un restaurant sur la plage. Otres Village, à 2 km de là, respire une ambiance plus « baba cool » et regroupe de nombreuses *guesthouses* tenues par des Occidentaux.

BUDGET MOYEN

Wildside Villas Otres – C3 - *Otres Village - (071) 295 3264 - www. wildsidevillas-otres.com* - *- 6 ch. - 20/40 US$ - 6 US$ (buffet)*. Située à 10mn à pied de la plage, l'adresse est originale : reliés entre eux par des passerelles, les bungalows, 6 petites structures en bois, entourent le bar à cocktails central. Les chambres surmontent les sdb, construites en dur au rdc, autour de la micro-piscine. Ensemble bien entretenu, faisant appel à des matériaux de qualité, et bonne literie. Accueil francophone. Peut se révéler bruyant le sam. soir, jour du marché d'Otres, situé à 100 m.

POUR SE FAIRE PLAISIR

Ubuntu – C3 - *Otres Village - (080) 223 234* - *- 6 ch. - 45 US$*. Ouvert début 2016, il se compose de 3 bungalows doubles à l'usage des familles. Leur architecture en dôme s'inspire des maisons des Hobbits, dans la saga du *Seigneur des Anneaux*. Chacun comprend 2 chambres partageant une sdb. Un bâtiment adjacent accueille aussi 3 chambres à petit budget avec sdb commune. Accès à la mini-piscine du Wildside mitoyen, et la plage est à 10mn à pied. Francophone.

UNE FOLIE

The Secret Garden – C3 - *Otres 2 - (097) 649 5131 - www.secretgardenotres.com* - *- 11 ch. - 90/105 US$*. C'est l'un des premiers hôtels construits sur Otres 2, en 2011. Ses 7 bungalows doubles sont répartis dans un vaste jardin fleuri et arboré. Tout confort, la plupart disposent d'une sdb à la balinaise (douche extérieure), sur la terrasse privative. Ensemble bien entretenu, accueil charmant.

Villa Naia – C3 - *Otres 2 - (095) 592 015 - www.naia cambodia.com* - *- 32 ch. - 90/120 US$*. Sur 4 étages

4

avec ascenseur, cet hôtel ouvert fin 2015 propose des chambres spacieuses et lumineuses, décorées avec goût et simplicité, la plupart avec balcon ou terrasse et vue sur mer. À chaque étage, des chambres communicantes sont destinées aux familles, clientèle de prédilection de cet établissement (piscine enfants et aire de jeux). Les innombrables coursives laissent une agréable sensation d'espace.

Tamu – C3 - *Otres 2 - ✆ (088) 901 7451 - www.tamu cambodia.com - ▤ ✕ ⛱ - 15 ch. - 110/170 US$ ☕. Réserv. indispensable.* Comme la plupart des établissements de ce secteur, il adopte une architecture épurée, faite d'espaces cubiques et de lignes claires, d'une sobriété de bon aloi. Les chambres occupent 2 bâtiments en vis-à-vis, de part et d'autre de la piscine, donnant de plain-pied sur cette dernière. Elles sont de taille variable et les plus belles bénéficient d'une douche extérieure à la balinaise. La suite de 68 m², au 1er étage, possède un balcon ouvrant plein ouest sur la mer.

Parc national de Ream

POUR SE FAIRE PLAISIR

Monkey Maya – C3 en dir. - *Plage de Prek Chak - à 4 km du dépôt de carburant par une piste (fléché) - ✆ (078) 760 853 - http://monkey mayaream.com - ✕ - 5 ch. et 1 dortoir - 45 US$.* Sur la belle plage de Prek Chak (du nom d'un palmier de mangrove poussant en abondance au bord de l'eau), isolés entre jungle et océan, ses bungalows de bois sur pilotis disposent tous d'une terrasse face à la mer. Inaugurés mi-2015, ils combleront les amateurs de nature et de solitude. Au programme : baignade et promenades sur les sentiers forestiers, les seules activités possibles ici. Un dortoir de 16 lits est prévu pour les petits budgets. Électricité de 18h à minuit seult, pas de wifi. Navette bateau tlj pour Otres *(6 US$).*

Sur les îles

UNE FOLIE

Song Saa – *Koh Ouen (35mn de la côte en* speed boat*) - ✆ (023) 989 012 - http://song saa.com - ▤ ✕ ⛱ - 27 ch. - 800/1 400 US$/pers. en pension complète - 2 nuits mini.* Dépaysement garanti et formule « tout inclus » version grand luxe sur cette île privée. Villas avec piscine privée, dîners romantiques aux chandelles, excursions en bateau, kayak, voilier, yoga, spa…

RESTAURATION

Autour de Serendipity, où se concentre le tourisme de masse, le trio burgers-pizzas-*fast food* l'emporte haut la main. Les restaurants qui s'en démarquent, rapidement victimes de leur succès, peinent à répondre à la demande et à assurer une cuisine de qualité sur le long terme. Sur les plages d'Otres 1 et 2, les restaurants sont le plus souvent intégrés aux hôtels.

Centre-ville

PREMIER PRIX

Marché de nuit – B2 - *Rond-point des Lions - 17h30-22h - 5 US$.* Une vingtaine de gargotes et cuisines de rue alignent leurs fourneaux et leurs marmites dès la tombée du jour. Chacune a ses spécialités : poisson frit, poulet au gingembre, pattes de crabe, grillons et sauterelles… Tables et chaises de plastique : l'endroit est populaire et informel.

Mlop Mean – B2 - *À l'ouest du rond-point des Lions - ✆ (081) 869 000 - - 11h-21h30 -*

5 US$. Difficile à trouver, dans un dédale de rues sans nom : demandez aux chauffeurs de *tuk-tuk* puis aux habitants du quartier, il est très connu sur place. Spécialités de poissons et fruits de mer, crabe, crevettes, langouste, seiche, coquillages… Les chaises de plastique rose et rouge égaient une salle à la cambodgienne, vaste et couverte d'un auvent de tôle. Pour tous les plats de la carte, la petite portion est à 10 000 riels, la grande à 15 000. Service absent, pas d'anglais, mais tout est délicieux.

Chhouk Meas – B2 - *En face du Mlop Mean (voir ci-dessus) - (077) 898 1914 - 11h 21h30 - 5 US$*. L'enseigne est en khmer, tout comme les détails de la carte, mais les illustrations vous aideront à faire votre choix : poisson, crabe, crevettes, huîtres, canard, etc., préparés en curry, sautés à l'ail, en soupe ou en *tom yum*. Pour les tarifs, c'est simple : tous les plats sont à 3 US$. Service avenant mais pas d'anglais. Une adresse populaire et une cuisine savoureuse sous un toit de tôle ondulée.

BUDGET MOYEN

Nyam – B2 - *23 Tola St. - (092) 995 074 - 17h-22h - env. 10 US$*. Plus soignée que la majorité des très nombreux restaurants du secteur, sa petite salle aux murs et nappes bordeaux et aux tables de bois noir se prolonge en terrasse sur la rue. On y sert des plats de cuisine cambodgienne en petites et grandes portions. Façon tapas, la formule permet de goûter à un peu de tout selon son appétit. Quelques bouteilles de vin.

Manoha – B2 - *Serendipity Beach Rd, face à l'hôtel Chochi Garden - (034) 657 2666 - 24h/24 - 8/10 US$*. Meublée de bambou, cette micro-salle ouverte sur la rue sert jour et nuit une cuisine internationale, destinée à la clientèle étrangère de ce quartier très touristique. Une adresse pratique plus que gastronomique. Formules de petit-déjeuner.

Chhe Meas – A1 - *Victory Beach, derrière le casino - (016) 834 949 - 11h-22h - 10 US$*. Une grande salle sous un auvent, face à la mer et à l'île de Puos, et, sur la vaste esplanade de tomettes où poussent manguiers et frangipaniers, cinq petits kiosques plus intimes. La carte de cuisine sino-khmère est kilométrique, mais l'on vient surtout ici pour les fruits de mer : crabe, crevettes de Koh Kong, langoustes et calamar, servis en soupe, sautés ou vapeur, font la renommée de l'établissement. Pas d'anglais, non touristique.

Five Men – A2 - *Mithona St. - (012) 913 346 - 14h-22h - 10/12 US$*. Cette adresse récente (2014) rencontre déjà beaucoup de succès, tant auprès des Cambodgiens que des touristes avertis. Installé dans une sorte de hangar amélioré, transformé en une salle spacieuse aux murs de brique, il sert des plats originaux ou rares dans le pays (langue-de-bœuf, fourmis grillées), et d'autres plus classiques, comme les grenouilles ou les assiettes de barbecue (crevettes, calamars, abats de bœuf). C'est aussi une microbrasserie : bières artisanales brunes et blondes brassées avec des houblons venant de Hollande et d'Allemagne.

The Starfish Bakery & Cafe – B2 - *St. 208, près du supermarché Samudera - (012) 952 011 - www.starfishcambodia.org - 7h-17h30 - 8/10 US$*. Pour une pause déjeuner saine et légère (sandwiches, salades et gâteaux)

4

dans un patio verdoyant. Formules de petit-déj. À la fois café et boutique d'artisanat, cette fondation facilite l'accès aux soins pour les Cambodgiens nécessiteux.

Dao of Life – A1 - *375, Ekareach St., face au consulat vietnamien - ✆ (097) 706 1144 - 💳 - 12h-21h sf lun. - 10/14 US$.* Burgers, salades et couscous en formules strictement végétariennes, plats de pâtes sans gluten et glaces maison *vegan* : la maison vante une cuisine saine, que l'on savoure avec un jus de légumes *detox*. L'adresse, qui a fait toute sa déco, son mobilier et sa vaisselle avec des matériaux recyclés, sert aussi de bourse aux échanges. Soirée cinéma sur le toit-terrasse le merc., cours de yoga gratuits à 18h.

Susaday – B2 - *Ochheuteal Beach St. - ✆ (092) 742 750 - 💳 - 7h30-21h30 - 12/15 US$.* Tenu depuis 10 ans par une famille de Français, il s'est spécialisé dans les pavés de bœuf (sauce roquefort, marchand de vin ou poivre de Kampot) et les préparations de barracuda. À midi, installé sous les paillotes de la plage, essayez le carpaccio de barracuda. En soirée, seul l'espace de l'autre côté de la route – une dizaine de tables sous de grands ventilateurs – est ouvert. Plats du jour, quelques bouteilles de vin à des tarifs raisonnables, accueil avenant. Loue également 6 petites chambres *(12 US$).*

Mlop Chrey – A1 - *Victory Beach, à côté du casino - ✆ (034) 666 2333 - 💳 - 11h-22h - 15 US$.* Sa terrasse, hélas bétonnée, finit au bord des vagues. Parmi les mets les plus appréciés de ce restaurant, spécialisé dans les produits de la mer et fréquenté par les Cambodgiens aisés, vous trouverez le crabe rouge, la langouste au gingembre ou à l'ail, le poisson en croûte de sel, les palourdes, etc., toujours joliment présentés. Vous pourrez aussi goûter à la cyprée tigrée (coquillage porcelaine) ou à la soupe aux algues. Enseigne en khmer, pas d'anglais.

Sandan – B2 - *Sokha Beach Rd, à 100 m du rond-point des Lions - ✆ (034) 452 4000 - http://mloptapang.org - 💳 - 11h-22h30 - 15 US$.* Moins aventurier côté création culinaire que le Romdeng, son grand frère phnompenhois, il s'est adapté aux goûts de sa clientèle internationale. Sur la jolie carte de cuisine khmère, on retrouve les ingrédients traditionnels, poivre de Kampot, liseron d'eau, citronnelle, tamarin et riz au jasmin. Tous les plats sont proposés en portion ou demi-portion. Petite sélection de vins.

UNE FOLIE

Lemongrass – A2 - *Sokha Beach Resort - ✆ (034) 935 999 - www.sokhahotels.com - 11h-23h - 30/40 US$.* Il comporte 2 salles, l'une face à l'impressionnant cellier à vin, l'autre ouverte sur la mer, à la sobre décoration de bambou. Une cuisine internationale avec des accents italiens, une petite sélection de tapas et une belle offre japonaise se partagent la carte de ce restaurant huppé. Les amateurs de sushis et makis s'attableront autour du comptoir en U pour admirer la dextérité des chefs cuisiniers.

BOIRE UN VERRE

The Deck – A2 - *Sokha Beach Resort - ✆ (012) 913 346 - www.sokhahotels.com - 11h-23h.* Au centre de la plage privatisée de Sokha, c'est le bar du restaurant Lemongrass. Son ponton s'avançant dans la mer offre un cadre idyllique pour un cocktail au coucher du soleil.

Pub Street – B2 - *1re perpendiculaire à gauche après le rond-point des Lions, sur la route d'Otres Beach - à partir de 17h.* L'impasse rassemble une dizaine de bars à l'anglo-saxonne. Billard, retransmissions sportives sur écran géant, musique *live* et déferlement de décibels à mesure que la soirée s'avance.

The Big Easy – B2 - *Serendipity Beach Rd - ✆ (011) 519 886 - 8h-1h.* Billard, baby-foot et sports sur grand écran les soirs de match, dans une ambiance jeune et festive. *Happy hour* et tapas, musique *live* et soirées à thème en semaine.

ACHATS

Mr Heinz – A2 - *219, Ekareach St., presque en face de la station Caltex - ✆ (097) 894 7502 - 9h-18h.* Vente et échange de livres d'occasion, dont un rayon assez fourni en français. Loue également des vélos.

Casablanca Books – B2 - *Serendipity Beach St., dans l'hôtel Mick&Craig's, près du rond-point des Lions - ✆ (012) 727 740 - 7h-22h.* Petit rayon de livres d'occasion en français et guides de voyage.

Syn Absinthe Distillery – C3 - *Otres Village, en face de la* guesthouse *Hacienda - ✆ (097) 569 7614 - http://synabsinthe.com - 14h-2h.* Visite guidée en anglais à 15h *(1h - 3 US$)* : éclairages sur le processus de fabrication et l'histoire de l'absinthe, suivis d'une dégustation.

ACTIVITÉS

Plongée

Scuba Nation – B2 - *Serendipity Beach St., à côté de l'hôtel Chochi Garden - ✆ (034) 933 700 - www.divecambodia.com.* Cours de plongée, PADI, snorkeling, sorties vers les îles au large de Sihanoukville, notamment vers Koh Tang. Pour des plongées plus profondes et une meilleure visibilité, sorties à Koh Prins *(48h, bivouac sur le bateau, réservé aux plongeurs qualifiés).*

Voile

Sailsihanoukville – C3 - *Queenco, Palm Beach, Otres 1 - ✆ (088) 816 6100 - www.sailsihanoukville.com* - Location de catamarans pour 1 à 6 pers. Les débutants pourront se faire expliquer le maniement des voiles avant de se lancer à l'aventure.

Yachting Cambodia – A1 - *Victory Beach - ✆ (015) 815 515 - www.yachtingcambodia.com* - Sur un 37 pieds de luxe, croisières au coucher du soleil ou charters à la journée, avec un capitaine francophone.

Équitation

Liberty Ranch – C3 - *Route d'Otres, entre le village et la pagode - ✆ (097) 257 0187 - www.libertyranch-sihanoukville.com.* Toutes sortes de randonnées à cheval, sur la plage et dans la campagne.

Multisport

Fitness Resort Sihanoukville – A1 - *Kamakor St. - ✆ (097) 947 7431 - http://fitness-sihanoukville.com.* Aérobic, boxe thaïe, stretching, yoga, musculation, MMA *(mixed martial arts), self-defense* : à la journée ou en sessions de plusieurs jours avec coaching en français *(5 US$/j.).*

AGENDA

Sihanoukville Half Marathon – *www.sihanoukville-marathon.org - mars.* Boucle de 21 km et course de 10 km au départ d'Ochheuteal Beach.

4

Autour de Koh Kong

34 000 habitants – Capitale de la province de Koh Kong

Koh Kong est à la fois le nom d'une province, aux confins occidentaux du pays, de sa modeste capitale (Krong Koh Kong) et de l'île au large, à 2h de mer. Longtemps restée difficile d'accès, elle demeura très tard un bastion de la guérilla khmère rouge, qui s'y est accrochée jusqu'en 1998. Près de la frontière se sont implantés ces dernières années de grands casinos, qui attirent en nombre les joueurs thaïlandais – les jeux d'argent sont prohibés dans leur pays. Aujourd'hui, Koh Kong est surtout le point de passage des voyageurs qui viennent de Thaïlande ou qui s'y rendent par voie terrestre, et de ceux qui cherchent des alternatives à un tourisme conventionnel, pour des activités nature et découverte, à commencer par les excursions dans le massif des Cardamomes.

NOS ADRESSES PAGE 324
Hébergement, restauration, activités, etc.

SE REPÉRER

Carte de région B1 (p. 282).

À 234 km au nord-ouest de Sihanoukville, à 10 km au sud-est de la frontière thaïlandaise.

Voir aussi la rubrique « Arriver/partir » dans « Nos adresses ».

À NE PAS MANQUER

Une baignade à la cascade de Tatai ; une randonnée dans le massif des Cardamomes.

ORGANISER SON TEMPS

Meilleure saison pour les randonnées en forêt : déc.- mars ; pour la baignade en mer et le snorkeling : nov. et mai assurent à la fois plus de calme et une bonne visibilité sous l'eau. Traversez la frontière de préférence le matin.

SÉCURITÉ

Le secteur des Cardamomes n'est pas déminé : toute randonnée doit impérativement se faire avec un guide local expérimenté.

Krong Koh Kong

La ville *(krong)*, peu attrayante en soi, sera votre point de départ pour des excursions dans les environs ou vers **Chi Phat**, une communauté villageoise qui organise des randonnées de plusieurs jours dans le **massif des Cardamomes** *(voir « Activités », p. 325)*.

Un pont de 1,9 km, le plus long du pays, traverse depuis 2002 la rivière Koh Pao, qui sépare Koh Kong de la Thaïlande. Construit grâce au financement de cette dernière, il dessert la **Koh Kong Special Economic Zone** où se sont installées des usines d'assemblage de voitures, large bassin d'emploi qui contribue au boom économique de la région.

À proximité Carte de région p. 282

La province de Koh Kong conserve l'une des dernières grandes **forêts pluviales** du Cambodge, et, grâce à sa difficulté d'accès jusqu'à ces dernières années, l'une des mieux préservées. Elle compte aussi d'importantes zones de **mangrove** où se multiplient les fermes d'élevage de crevettes. Cascades et descente de rivière, kayak dans la mangrove, randonnées en forêt sont au

Coucher de soleil sur la jetée du port de Koh Kong.
A. Pistolesi/hemis.fr

programme des agences d'excursions de Krong Koh Kong, attirant les amateurs d'écotourisme loin des sentiers battus.

★★ Cascade de Tatai B1

20 km au sud-est de Krong Koh Kong - accès par la route, ou en bateau en remontant la rivière Tatai - 2 US$.

Enfouies dans la forêt, ces larges chutes ne sont pas très hautes (6 m) mais constituent un endroit plein de charme, avec leurs piscines naturelles étagées et la rivière cascadant sur de gros blocs de basalte noir, au milieu d'une végétation luxuriante. Elles attirent beaucoup de monde en fin de semaine et l'on peut s'y baigner en saison sèche. Prudence en saison des pluies, en revanche : Tatai devient encore plus spectaculaire, mais le fort courant rend la baignade dangereuse.

★ Île de Koh Kong B1

22 km au sud de Krong Koh Kong (2h de traversée).

Peu peuplée, la plus grande des îles cambodgiennes mesure 20 km de long sur 6 km de large. Sa forêt tropicale et les plages de sable blanc de sa façade occidentale séduiront les voyageurs à l'esprit aventureux et peu soucieux de confort. L'île a longtemps été préservée car il était interdit d'y passer la nuit. Ce relatif isolement ne saurait durer : comme sur les îles au large de Sihanoukville, des projets d'investissement à grande échelle, qui prévoient des centres commerciaux et des *resorts* de plusieurs milliers de chambres, sont en train de se mettre en place.

4

NOS ADRESSES À KOH KONG

INFORMATIONS UTILES

Banques/Change

ACLEDA – *St. 48, à côté de l'hôpital - 7h30-15h30.* Distributeur.

Canadia Bank – *Sur le front de mer - 8h30-15h30.* Distributeur.

Visa

Frontière avec la Thaïlande (Had Lek) ouv. 7h-17h. Visa : *voir la rubrique « Thaïlande », dans « Sur place de A à Z », p. 35.*

ARRIVER/PARTIR

En bus

Gare routière – *St. 3.* Plusieurs départs le matin pour Phnom Penh *(6h - 12 US$)* et Sihanoukville *(4/5h - 8 US$)* avec arrêt à **Andoung Teuk**, point d'accès à Chi Phat. Minivan direct pour Kampot *(dép. 8h30 - 14 US$).*

TRANSPORTS

Taxis

Des taxis collectifs partent tôt le matin pour Phnom Penh et Sihanoukville *(10 US$/pers.).*

Location de deux-roues

Scooters *(6 US$/j.)* et VTT *(2,50 US$/j.)* se louent en ville auprès des agences d'excursions et des *guesthouses*.

HÉBERGEMENT

La construction des casinos, attirant un nombre considérable de joueurs venus de Thaïlande, s'est traduite par l'émergence de pléthore d'hébergements bon marché dans le centre.
Il est possible de passer la nuit sur l'île de Koh Kong, mais la médiocrité des infrastructures et l'omniprésence des mouches de sable ne rendent guère le séjour plaisant.

PREMIER PRIX

99 Guesthouse – *135, St. 6, non loin de l'hôpital - ✆ (035) 660 0999 - - 45 ch. - 10/15 US$.* L'établissement, récent, est bien situé, près de la rue principale. Il propose des chambres assez vastes, bien entretenues et propres. Le personnel, très serviable, vous aidera pour organiser vos activités sur place ou pour préparer la suite de votre voyage. Wifi, service de laverie, location de vélos. Accueil francophone.

BUDGET MOYEN

Thmorda Garden Riverside Resort – *À 3 km, de l'autre côté du pont menant à la frontière, sur la droite - ✆ (035) 690 0324 - - 12 ch. - 35 US$.* Les chambres, simples et d'un entretien approximatif, n'ont rien d'extraordinaire. On vient surtout ici pour le cadre, en bordure de la rivière où l'on peut se baigner. Pour se relaxer ou admirer le coucher du soleil, on s'installe sous les paillotes de bambou tressé, reliées par des passerelles et garnies de plantes vertes. Kayaks à disposition, navette gratuite pour la gare routière, wifi, spa.

POUR SE FAIRE PLAISIR

Rainbow Lodge – *En amont de la rivière, à Tatai - ✆ (012) 160 2585 - www.rainbowlodgecambodia.com - - 7 bung. - 80 US$/2 pers. en pension complète.* Les bungalows disséminés dans la nature offrent une belle vue sur la rivière et les monts Cardamomes dans le lointain. Ils plairont aux voyageurs désireux d'entreprendre des activités nature dans les environs : randonnées, kayak jusqu'à la cascade de Tatai. Wifi dans les parties communes.

RESTAURATION

PREMIER PRIX

Crab Shack – *Env. 6 km après le pont en dir. de la frontière (fléché) - ✆ (097) 990 2045 - - 12h-21h - 5/8 US$.* Petite adresse familiale sur la plage. Les pieds dans l'eau sous les casuarinas, vous ferez honneur à la spécialité maison, le crabe. Poissons frais, crevettes et calamars sont servis avec du riz.

BUDGET MOYEN

Fat Sam's – *St. 3, au niveau du rond-point - ✆ (097) 737 0707 - - 9h-21h30 sf dim. matin - 8/12 US$.* Une clientèle d'habitués, surtout des expatriés, s'y retrouve lors des matches, diffusés sur écran géant. Le reste du temps, l'ambiance musicale nostalgique des années 1960 prédomine. Plats occidentaux et asiatiques servis en portions généreuses, ainsi qu'une sélection d'assiettes végétariennes.

POUR SE FAIRE PLAISIR

Café Laurent – *Sur le front de rivière - ✆ (016) 373 737 - 11h-23h - 15/18 US$.* L'établissement ne manque pas de charme, avec sa terrasse en surplomb de la rivière. La carte s'adapte à tous les goûts : plats chinois, thaïs, occidentaux, pizzas, avec une prédilection pour les produits de la mer. Belle sélection de desserts et petit choix de vins.

ACTIVITÉS

Ritthy Koh Kong Eco Adventure Tours – *Au centre, sur le front de rivière - ✆ (097) 555 2789 - http://kohkongecoadventure.com.* Une agence renommée dont les programmes embrassent toutes les activités possibles dans la région. Excursions vers l'île de Koh Kong, randonnées à la journée dans la forêt des Cardamomes, kayak vers Tatai, VTT, etc.

Chi Phat Community Based Ecotourism – *Dans le village de Chi Phat, à 17 km au nord d'Andoung Teuk (100 km à l'est de Koh Kong) - ✆ (092) 720 925 - http://chi-phat.org.* Spécialisée dans la découverte des Cardamomes, cette association écotouristique à vocation sociale fournit guide local (précisez que vous souhaitez un accompagnateur anglophone) pour les randonnées et les bivouacs en forêt, ou *homestay* (hébergement chez l'habitant). Au programme, observation d'oiseaux, VTT, kayaking et rencontres avec les communautés autochtones.

ORGANISER SON VOYAGE AU LAOS

Tuk-tuk et scooter dans les rues de Luang Prabang.
P. Tisserand/Michelin

Suggestions d'itinéraires

12 JOURS	LES INCONTOURNABLES DU LAOS
Programme	**Jour 1** : arrivée à l'aéroport de Luang Prabang *(p. 481)*. **Jour 2** : aumône des moines le matin *(p. 470)*, visite des pagodes *(p. 468)* l'apr.-midi. **Jour 3** : excursion à la cascade de Kuang Si *(p. 480)* ; visite du Palais royal *(p. 471)*. **Jour 4** : trajet pour Phonsavan *(p. 458)*. **Jour 5** : plaine des Jarres *(p. 453)* ; vol pour Vientiane *(p. 435)*. **Jour 6** : visite du That Luang *(p. 432)*, du Vat Si Saket *(p. 428)* et du Ho Pra Keo *(p. 430)* ; dîner sur le Mékong au marché de nuit Sithana Neua *(p. 439)* ; bus de nuit pour Thakhek *(p. 510)*. **Jour 7** : excursion à la grotte de Tham Konglor *(p. 509)*. **Jour 8** : bus tôt le matin pour Pakse *(p. 533)*. **Jour 9** : escapade au plateau des Bolaven *(p. 527)*. **Jour 10** : croisière fluviale vers le temple de Vat Phu *(p. 525)*. **Jour 11** : route ou bateau vers les Quatre Mille Îles *(p. 530)* ; étape à Don Khone *(p. 536)*. **Jour 12** : chutes de Khone Pha Peng *(p. 532)* le matin et retour à Vientiane ou continuation vers le Cambodge *(p. 533)*.
Transport	Vol intérieur Phonsavan-Vientiane. Bus ou minivan entre les autres villes. Bateau entre Pakse et Si Phan Don (Quatre Mille Îles).
Conseils	Avec 2 j. de plus, vous pouvez prévoir une étape supplémentaire à Vang Vieng, entre Phonsavan et Vientiane.
10 JOURS	**LE LAOS VERT**
Programme	**Jour 1** : de Vientiane, vol pour Luang Nam Tha *(p. 497)*. **Jour 2** : randonnée dans le parc national de Nam Ha *(p. 497)*. **Jour 3** : bus tôt le matin pour Houay Xay *(p. 498)* ; coucher de soleil au Vat Chomkao Manilat *(p. 493)*. **Jour 4** : croisière sur le Mékong en *slow boat* *(p. 498)* ou sur une embarcation plus luxueuse *(p. 501)* jusqu'à Pakbeng *(p. 492)*. **Jour 5** : poursuite de la descente du fleuve ; halte aux grottes de Pak Ou *(p. 481)* ; arrivée à Luang Prabang en fin d'apr.-midi *(p. 482)*. **Jour 6** : découverte des pagodes de la ville *(p. 465)* et balade sur la rive droite *(p. 477)* ; spectacle de *Pralak Pralam* en soirée *(p. 490)*. **Jour 7** : excursion aux cascades de Kuang Si *(p. 480)* ; vol pour Pakse *(p. 533)*. **Jour 8** : au départ de Pakse, croisière fluviale vers Champasak et le temple khmer de Vat Phu *(p. 534)*. **Jour 9** : navigation vers les Quatre Mille Îles *(p. 530)* ; excursion aux chutes de Khone Pha Peng *(p. 532)*. **Jour 10** : retour vers Pakse *(p. 522)* par la route ou continuation vers le Cambodge *(p. 533)*.
Transport	Vols intérieurs Vientiane-Luang Nam Tha et Vientiane-Pakse. Bateau entre Houay Xay et Luang Prabang puis entre Pakse et Si Phan Don (Quatre Mille Îles).
Conseils	Gardez un coupe-vent et un lainage avec vous sur le bateau. En haute saison, réservez vos billets bien à l'avance.

18 JOURS	DU SUD AU NORD : LAOS GRANDS VOYAGEURS
Un grand tour pour découvrir le meilleur du Laos	**Jour 1** : de Siem Reap *(p. 218)*, trajet vers la frontière laotienne ; nuit à Don Khone *(p. 536)*. **Jour 2** : découverte de Don Det à vélo, excursion aux chutes de Khone Pha Peng *(p. 532)*. **Jour 3** : bus pour Champasak *(p. 534)* ; l'apr.-midi, visite du temple khmer de Vat Phu *(p. 525)* ; nuit à Pakse *(p. 534)*. **Jour 4** : virée à moto de cascade en cascade sur le plateau des Bolaven *(p. 527)*. **Jour 5** : bus tôt le matin pour Savannakhet *(p. 518)* ; l'apr.-midi, flânerie dans le vieux centre colonial *(p. 513)*. **Jour 6** : autour de Savannakhet, échappée à moto vers le That Ing Hang *(p. 516)*, le monastère Vat Taleo Kao *(p. 517)* et la bibliothèque de bois du Hotray Pidok *(p. 517)*. **Jour 7** : bus pour Thakhek *(p. 510)* ; balade jusqu'au Vat Si Khottabong *(p. 506)*. **Jour 8** : tour à moto vers les grottes des alentours de Thakhek *(p. 507)*. **Jour 9** : départ tôt le matin pour Vientiane ; en fin d'apr.-midi, visite du That Luang *(p. 432)*. **Jour 10** : circuit à pied dans la ville *(p. 422)* ; l'apr.-midi, excursion au Buddha Park *(p. 434)*. **Jour 11** : bus pour Vang Vieng *(p. 449)* ; tour à vélo parmi les paysages karstiques des environs *(p. 446)*. **Jour 12** : descente de la Nam Song en kayak *(p. 445)* ou journée *tubing (p. 451)*. **Jour 13** : bus le matin pour Phonsavan *(p. 458)*. **Jour 14** : visite de la plaine des Jarres *(p. 453)*. **Jour 15** : bus tôt le matin pour Luang Prabang *(p. 482)* ; spectacle au Théâtre national *(p. 490)*. **Jour 16** : découverte des pagodes de l'ancienne capitale religieuse, classée à l'Unesco *(p. 464)*. **Jour 17** : excursion sur la rive droite du Mékong *(p. 477)* le matin ; visite des villages d'artisans *(p. 478)* l'apr.-midi. **Jour 18** : de Luang Prabang, vol retour vers la Thaïlande ou le Cambodge, ou continuation par le Mékong vers Houay Xay *(p. 493)*.
Transport	Bus pour les longues distances. Location de moto ou de scooter pour explorer les environs.
Conseils	D'une ville à l'autre, prenez le premier bus du matin. Avec 1 j. de plus, vous pouvez pousser jusqu'au centre de protection des éléphants de Sayabouri *(p. 491)*, au départ de Luang Prabang ou de Vientiane.

Combiné Cambodge/Laos : voir p. 12.

Types de séjour

CÔTÉ CULTURE	
Sites archéologiques	Le temple khmer de Vat Phu *(p. 525)* ; la plaine des Jarres *(p. 453)*.
Architecture coloniale	Les centres historiques de Vientiane *(p. 422)*, de Pakse *(p. 522)*, de Savannakhet *(p. 513)* et de Luang Prabang *(p. 469)*.
Musées	Les musées nationaux de Vientiane *(p. 427)* et de Luang Prabang *(p. 471)*.
Pagodes	Les pagodes de Luang Prabang *(p. 465)* et celles de Vientiane *(p. 425)* ; dans les environs de Savannakhet, le That Ing Hang *(p. 516)*, le Vat Taleo Kao et la bibliothèque du Hotray Pidok *(p. 517)*.
SPORT ET NATURE	
Randonnée	Le parc national de Nam Ha *(p. 497)* et les villages autour d'Oudomxay *(p. 496)*, les alentours de Vang Vieng *(p. 446)*.
Grottes et cascades	La grotte de Konglor *(p. 509)* et celles des massifs karstiques de Thakhek *(p. 507)* et de Vang Vieng *(p. 446)*, les cascades autour de Luang Prabang *(p. 479)* et celles du plateau des Bolaven *(p. 527)*, les chutes de Khone Pha Peng *(p. 532)*.
Échappées à deux-roues	À scooter ou à moto, le plateau des Bolaven *(p. 527)*, « The Loop » autour de Thakhek *(p. 509)*, les cascades à Luang Prabang *(p. 479)*. À vélo, les alentours de Vang Vieng *(p. 446)*.
EN FAMILLE	
Culture	Le musée des Dinosaures à Savannakhet *(p. 514)* ; les statues géantes du Buddha Park près de Vientiane *(p. 434)*.
Animaux	Les ours du Bear Rescue Centre et les papillons du Butterfly Park, près des chutes de Kuang Si *(p. 480)*, dans les environs de Luang Prabang ; l'observation des éléphants à Sayabouri ou près de Luang Prabang *(p. 491)*.

Aller au Laos

Nom officiel : République démocratique populaire lao
Capitale : Vientiane
Superficie : 236 800 km^2
Population : 7,1 millions d'habitants *(estimation 2014)*
Langue officielle : le lao
Monnaie : le kip (LAK)
1 € = 9 200 kips
1 US$ = 8 100 kips
1 baht = 220 kips

Bon à savoir – Certaines rubriques de ce chapitre sont communes avec la section « Organiser son voyage au Cambodge ». Des renvois de pages vous sont indiqués le cas échéant.

En avion

Il n'y a pas de liaisons directes entre l'Europe ou l'Amérique du Nord et le Laos. Il vous faudra **transiter** par Bangkok, Hanoï ou Phnom Penh selon la compagnie aérienne retenue. Outre le prix, vérifiez toujours itinéraire, temps de vol et durée des escales avant de faire votre choix.

Le **prix** d'un billet Paris-Vientiane varie entre 700 et 1 000 € AR. Effectuez vos **réservations** le plus à l'avance possible afin de bénéficier des meilleurs tarifs : au moins 6 mois avant le départ en été ou pour un séjour autour de Noël.

Vientiane et **Luang Prabang** sont les principales portes d'entrée dans le pays. Autres aéroports internationaux à Pakse et à Savannakhet. Des compagnies *low cost* effectuent des liaisons avec le Laos depuis la Thaïlande.

LIGNES RÉGULIÈRES

Air France – ✆ 36 54 - www.airfrance.fr. Au départ de Paris, vol pour Vientiane tlj avec escale à Hanoï.

Thai Airways – www.thaiairways.fr. La compagnie thaïlandaise, réputée pour la qualité de son service, assure 1 vol/j. entre Paris et Vientiane avec escale à Bangkok.

Qatar Airways – www.qatarairways.com. Depuis Montréal, 1 vol/j. *via* Doha et Bangkok *(26h de trajet)*.

Vietnam Airlines – ✆ 01 44 55 39 90 - www.vietnamairlines.com. Vols pour Vientiane *via* Hanoï ou Hô-Chi-Minh-Ville *(16 à 25h de trajet)*, où l'attente peut être longue.

Comparateurs de vols : *Voir « Cambodge », p. 16.*

Avec un voyagiste

Voir « Cambodge », p. 17.

SPÉCIALISTES DU LAOS

Asiatica – ✆ 0 805 470 600 - http://voyagelaos.asiatica.com. Circuits de randonnée assez courts et séjours chez l'habitant.

Routes du Laos – Ban Visoun - Unit 07 - Luang Prabang - www.routes-du-laos.com.

Avant de partir

Météo

Soumis aux moussons, le Laos connaît, comme le Cambodge, deux saisons distinctes : une **saison des pluies** de mai à oct., et une **saison sèche** de nov. à avril, la plus agréable pour voyager. De janv. à mars, les températures peuvent se révéler fraîches, voire froides, surtout dans le Nord et sur les plateaux d'altitude (plaine des Jarres, Bolaven).

Voir aussi « Deux saisons bien distinctes » dans « Nature et paysages », p. 409. Vêtements et accessoires à mettre dans votre valise : voir « Cambodge », p. 18.

Adresses utiles

Pour les centres culturels, librairies spécialisées et bibliothèques sur l'Asie, voir « Cambodge », p. 18.

Pour les voyagistes spécialisés, voir « Aller au Laos », p. 331.

Il n'y a pas de représentation touristique du Laos en Europe ni au Canada. *Offices de tourisme au Laos : voir « Sur place de A à Z », p. 339.*

REPRÉSENTATIONS DIPLOMATIQUES DU LAOS

En France

Ambassade – 74, av. Raymond-Poincaré - 75116 Paris - 01 45 53 02 98 - www.ambalaos-france.com - lun.-vend. 9h-12h, 14h30-17h30 - service des visas 9h-12h.

En Belgique

Ambassade – Av. de la Brabançonne 19 - B1000 Bruxelles - (32) 2 740 09 50 - www.ambalao.be - lun.-vend. 9h-12h, 14h-16h.

Au Canada

Pas de représentation. S'adresser à l'ambassade du Laos à Washington (2222 S St. NW, Washington DC, www.laoembassy.com).

Au Luxembourg

Consulat – 50 bd J.-F. Kennedy - L-4170 Esch-sur-Alzette (Esch-Uelzecht) - (352) 54 58 56.

En Suisse

Ambassade (section consulaire) – Rte de Colovrex 14bis - 1218 Le Grand Saconnex - (41) 798 24 41.

Consulat – Bahnhofstrasse 52 - Schwyz CH6430 - (41) 810 16 59.

Représentations diplomatiques étrangères à Vientiane : voir « Ambassades », dans « Sur place de A à Z », p. 337.

SITES INTERNET

Pour les sites généraux sur l'Asie du Sud-Est, voir « Cambodge », p. 19.

www.tourismlaos.org – Site officiel de l'office du tourisme laotien.

www.laos-guide-999.com – Infos pratiques sur le pays *(en anglais).*

www.ecotourismlaos.com – Parcs naturels et tourisme vert au Laos *(en anglais).*

http://cpalaos.cabiddu.net – Cartes postales anciennes du Laos.

http://treasuresoflaos.blogspot.com – Blog généraliste suivant l'actualité *(en anglais).*

Formalités

Les conditions de voyage peuvent évoluer : assurez-vous des formalités en vigueur au moment de votre départ auprès de la représentation diplomatique du Laos dans votre pays.

PASSEPORT ET VISA

Les ressortissants de l'Union européenne et du Canada obtiendront automatiquement un **visa de 30 jours** *(VOA, visa on arrival - 30 US$)* à leur arrivée aux aéroports internationaux de Vientiane, Luang Prabang, Pakse et Savannakhet, ainsi qu'aux principaux postes-frontières terrestres.

Ils doivent être en possession d'un billet d'avion retour et d'un **passeport** valide au moins 6 mois après la date du retour. Les enfants, quel que soit leur âge, doivent eux aussi être munis d'un passeport individuel.

Prolongation de visa *(visa extension)* sur place : *voir « Immigration », p. 338.*

ASSURANCES

Voir « Cambodge », p. 20.

DOUANES

La législation autorise l'**importation** de 200 cigarettes et de 1 l d'alcool. Toute somme d'argent supérieure à 2 500 US$ doit être déclarée. Sont interdits à l'importation stupéfiants,

SERVICES OU ARTICLES	PRIX MOYEN	ÉQUIVALENT EN EUROS
Une chambre double dans une *guesthouse*	70-90 000 kips	7,50-10 €
Une chambre double dans un hôtel simple	100-250 000 kips	11-27,50 €
Une chambre double dans un hôtel de catégorie moyenne	300-500 000 kips	33-55 €
Une chambre double dans un hôtel de catégorie supérieure	600 000 kips et plus	66 € et plus
Une soupe au marché	15 000 kips	1,65 €
Un repas dans un restaurant classique	180 000 kips	20 €
Un repas dans un restaurant gastronomique	300 000 kips	33 €
Une location de scooter	50-70 000 kips	6-8 €
Un litre d'essence	7-8 000 kips	0,80-0,95 €
Un billet de bus Vientiane/Luang Prabang (air cond.)	110 000 kips	12 €
Un trajet Vientiane/Luang Prabang en minivan ou bus couchettes	150 000 kips	16,50 €
Un trajet aéroport de Vientiane/centre-ville en taxi	50-60 000 kips	5,50-6,60 €
Une heure de massage	50-100 000 kips	5,50-11 €
Un service de laverie (kg)	8-15 000 kips	0,95-1,65 €
Une bouteille d'eau minérale	5 000 kips	0,55 €
Un café	5 000 kips	0,55 €
Une bière	10 000 kips	1,10 €
Un mètre de soie unie	90 000 kips	10 €
Une carte postale	5-8 000 kips	0,55-0,95 €

livres et films pornographiques. Toute **exportation** de statues de Bouddha est prohibée. L'exportation de devises locales est strictement interdite.

PERMIS DE CONDUIRE

Vous pourrez louer un véhicule sur présentation d'un permis de conduire **international** (vous devrez aussi montrer votre permis national) et d'une carte de crédit. Pour obtenir un permis de conduire international, adressez-vous à la préfecture de police de votre lieu de résidence. Le permis n'est pas exigé pour louer une moto.
Voir aussi « Voiture », dans « Sur place de A à Z », p. 342.

SANTÉ

Voir « Cambodge », p. 21 et 32, ainsi que la rubrique « Santé » dans « Sur place de A à Z », p. 339.

Argent

Euros et dollars sont acceptés dans les banques et les bureaux de change. Assurez-vous de disposer de **dollars** (billets en excellent état) pour régler votre visa à l'aéroport ou au poste-frontière.
Pour connaître le taux de change en vigueur : www.xe.com/fr.
Voir aussi « Argent » dans « Sur place de A à Z », p. 337.

CHANGE ET CARTES DE CRÉDIT

Vous ne pourrez pas vous procurer de **kips** avant votre départ : vous changerez vos devises ou retirerez des kips sur place.
Voir la rubrique « Argent » dans « Sur place de A à Z », p. 337.
Les principales **cartes bancaires internationales** sont acceptées dans les hôtels, les restaurants et les boutiques d'un certain standing. Les retraits dans les **distributeurs** automatiques *(ATM)* sont plafonnés.
Voir aussi « Banques » dans « Sur place de A à Z », p. 337.
Pour faire opposition en cas de perte ou de vol : voir p. 337.
Chèques de voyage – *Voir Cambodge, p. 22.*

Décalage horaire

Le Laos vit à la même heure que le Cambodge : *voir p. 23.*

Téléphoner au Laos

Depuis la France, la Belgique et la Suisse, composez le 00 + 856 + n° du correspondant sans le 0 initial. Du Canada, composez le 011 + 856 + n° du correspondant sans le 0 initial.
Pour téléphoner depuis le Laos ou à l'intérieur du pays, voir « Téléphone », dans « Sur place de A à Z », p. 341.

Calculez votre budget quotidien
Les prix sont, dans l'ensemble, plus élevés à Vientiane et à Luang Prabang que dans le reste du pays. Les tarifs des hôtels et de certaines excursions doublent au moment des vacances de Noël, du Nouvel An chinois *(fin janv.-début fév.)* et de Pimai (Nouvel An lao, *mi-avr.*). Les budgets indiqués ci-dessous s'entendent **par jour et par personne**. Les tarifs sont légèrement plus élevés au Laos qu'au Cambodge. À prestations équivalentes *(voir encadré p. 23)* :
Petit budget : env. **20 €/j./pers.**
Budget moyen : de **30** à **50 €/j./pers.**
Budget plus large : à partir de **70 €/j./pers.**
Voir aussi le tableau des prix ci-contre.

NOS CATÉGORIES DE PRIX		
	Hébergement	**Restauration**
Premier prix	moins de 200 000 kips (22 €)	moins de 50 000 kips (5,50 €)
Budget moyen	de 200 000 à 450 000 kips (de 22 à 50 €)	de 50 000 à 100 000 kips (de 5,50 à 11 €)
Pour se faire plaisir	de 450 000 à 900 000 kips (de 50 à 99 €)	de 100 000 à 200 000 kips (de 11 à 22 €)
Une folie	plus de 900 000 kips (99 €)	plus de 200 000 kips (22 €)

Se loger

Catégories d'hôtels et sélection de nos adresses : voir Cambodge, p. 23.

En basse saison, dans les régions touristiques, les prix baissent de 20 à 30 %. En haute et très haute saison (ou *peak season* : Noël, Nouvel An chinois, Pimai), il est vivement conseillé de **réserver** votre hébergement, en particulier à Vientiane et à Luang Prabang, ainsi que vos billets d'avion si vous prenez des vols intérieurs.

Comme au Cambodge, vous aurez le choix entre des **guesthouses**, des hôtels de **catégorie moyenne** fonctionnels et sans charme attirant plutôt une clientèle locale, et des hôtels de **catégorie supérieure** plus habitués à une clientèle occidentale.

Les *guesthouses* varient du tout au tout, entre celles qui se sont orientées vers l'accueil des voyageurs étrangers et proposent de multiples services, et les petites adresses familiales où l'on ne parle souvent pas anglais.

Les chambres avec ventilateur et celles avec **air conditionné** sont souvent identiques ; la climatisation fait doubler le prix de la nuit.

À Vientiane et à Luang Prabang, les chambres sont plus chères qu'ailleurs.

Dans les campagnes, vous logerez en **homestay**, chez l'habitant, dont vous partagerez les repas et les conditions de vie souvent rudimentaires. Une expérience sympathique, même si la barrière de la langue limite souvent les échanges.

Se restaurer

Catégories de restaurants et sélection de nos adresses : voir aussi Cambodge, p. 25.

CUISINE POPULAIRE

Le système des « marmites » si répandu au Cambodge est plus rare ici. Les cuisines de rue servent plutôt des **soupes** (de nouilles ou de riz, au porc, au bœuf, au poulet ou au canard), des saucisses et de mystérieuses préparations enveloppées dans des feuilles de bananier : petits pâtés de porc, hachis de poulet ou de poisson aux herbes ou riz gluant à la banane, certains sont salés, d'autres sucrés.

Pour combler rapidement une **petite faim**, vous trouverez aussi aux étals de rue des nems, des *dim sum* (bouchées vapeur) et des *mantou* (pains chinois farcis au porc) ; et toujours, partout, du **riz gluant** dans de grands paniers ou dans des tubes de bambou.

Dans les villes du Sud et du Centre, où la communauté **vietnamienne** est importante, de petits restaurants familiaux servent *phò*, crêpes et omelettes.

Les cuisines de rue ont leurs **horaires**. Certaines sont du matin (6h30-13h), d'autres assurent le déjeuner (11h30-13h30) ou servent l'après-midi (jusqu'à 19h) mais

Cuisine de rue à Luang Prabang.
P. Tisserand/Michelin

les meilleurs plats arrivent vite à épuisement : allez-y tôt. Le soir, vous vous rabattrez sur les **marchés de nuit** (16h30-21h), qui cuisinent grillades, brochettes et sucreries, à manger sur place ou, plus souvent, à emporter. À Vientiane, il y en a un dans chaque quartier.

AU RESTAURANT

Les restaurants laotiens pratiquent *grosso modo* les mêmes **horaires** que leurs voisins du Cambodge *(voir p. 26)* mais beaucoup ferment le dimanche. Hormis dans ceux des quartiers touristiques, il vous sera parfois difficile de vous faire comprendre en **anglais**.
Certains se sont **spécialisés** dans une viande (le poulet, le porc ou le canard) ou un type de plat et n'ont pas de carte : vous pointerez du doigt en vitrine la préparation qui vous tente. Dans les autres, la **carte** est généralement en anglais, parfois en français dans les établissements de catégorie supérieure, et souvent illustrée. Légumes, viandes et poissons sont proposés sautés *(fried)*, vapeur *(steamed)* ou frits *(deep fried)*.
Dans les restaurants de *hot pot* ou *sin dat*, la **fondue laotienne**, vous êtes invité à cuire vous-même des assortiments de viande ou de poisson et de légumes sur une plaque chauffante ou dans la marmite de bouillon que le serveur viendra installer au centre de la table.
Enfin, il peut être utile de savoir demander votre plat *« bo pet »* **(non pimenté)** ou *« bo sai peng noua »* (**sans MSG** ; *voir p. 26*).
Voir aussi « Gastronomie », p. 366.

Sur place de A à Z

ACHATS

Voir aussi « Souvenirs », p. 340.
Les **commerces** sont ouv. tlj, en général de 10h à 18h, parfois avec une pause pour le déjeuner. Dans les villes, quelques épiceries restent ouvertes jusqu'à 21h.

Expédier ses achats en Europe – Comptez entre 25 et 30 US$/kg selon que le colis est envoyé par air ou par mer. Adressez-vous au comptoir EMS dans les bureaux de poste ou aux agences DHL et Fedex, présentes dans les grandes villes.

AMBASSADES ET CONSULATS

France – Av. Setthathirath - Vientiane - ✆ (+856) 212 674 00 - www.ambafrance-laos.org.

Consulat honoraire de Belgique – Vat Xieng Ngeun 04/35 - Vientiane - ✆ (+856) 212 141 50 - consulaos@hotmail.com - lun.-sam. sur RV.

Canada – Dans les locaux de l'ambassade australienne - Km 4, Thadeua Rd - Vientiane - ✆ (+856) 213 538 34 - VNTNE@international.gc.ca - mar.-jeu. 13h-14h.

Suisse – 10/2 Manthaturath Rd - ACE Consultancy Co - Vientiane - ✆ (+856) 212 641 60 - vientiane@honrep.ch.

Le **Luxembourg** n'a pas de représentation au Laos.

ARGENT

Voir aussi « Argent », dans « Avant de partir », p. 334, et « Banques », plus loin.
Les euros et les dollars peuvent être changés dans les banques et les bureaux de change. Présentez des billets en parfait état.

Au quotidien, vos transactions se feront en **kips** (LAK ; billets de 1 000, 2 000, 5 000, 10 000, 20 000, 50 000 et 100 000 kips). Dans les villes frontalières, le **baht** thaïlandais est couramment accepté. À titre indicatif, en 2016, **10 000 kips = 1,17 €**.

Vous pourrez **changer de l'argent** dès votre arrivée à l'aéroport (Vientiane, Luang Prabang, Pakse, Savannakhet) et auprès des changeurs dans les villes frontières. Vous trouverez des banques et des bureaux de change dans toutes les villes. Notez qu'il vous sera très difficile de changer le solde de vos kips à l'extérieur du Laos.

Cartes de crédit

Voir Cambodge p. 29.
Opposition – Serveur vocal en France, valable pour tous les types de cartes : ✆ (+33) 442 60 53 03. **MasterCard Laos** – ✆ 1 636 722 7111 (PCV). **Visa Laos** : ✆ 1 303 967 1096 (PCV). *Voir aussi p. 29.*

BANQUES

Voir aussi « Argent », dans « Avant de partir », p. 334, et plus haut.
Horaires – Lun.-vend. 8h30-15h30. À Vientiane et à Luang Prabang, les bureaux de change sont ouv. tlj de 8h30 à 18h.

Distributeurs – Ils délivrent 1 million de kips maxi par transaction, avec une commission de 2,50 US$ à laquelle s'ajoutent les frais prélevés par votre banque.

CONTREFAÇON

Voir p. 29.

COUVRE-FEU

Un couvre-feu est en vigueur dans tout le pays à partir de 23h (minuit à Vientiane).

CROISIÈRES SUR LE MÉKONG

Voir « Bateau », p. 342.

DROGUE, ÉLECTRICITÉ, ENFANTS

Voir Cambodge p. 29.

IMMIGRATION (BUREAUX DE L')

Obtention d'un visa de 30 j. à l'arrivée au Laos : *voir p. 332.*
Séjour supérieur à 30 jours – Vous pouvez faire prolonger votre visa *(visa extension)* pour une durée supplémentaire de 1 à 30 j. auprès des bureaux de l'immigration de Vientiane, Pakse, Luang Prabang, Thakhek et Savannakhet. Coût : 20 000 kips/j. + 30 000 kips de frais de dossier. Présentez votre passeport et remettez une photo d'identité. Prolongation renouvelable une fois seulement. En cas de dépassement de la durée de validité du visa *(over stay)*, pénalité de 10 US$/j.

INTERNET

Dans les villes, tous les hôtels disposent du wifi, au moins à la réception, le plus souvent dans les chambres. Le débit des connexions internet est cependant assez lent.

JOURS FÉRIÉS

1er janv. – Nouvel An.
6 janv. – Anniversaire de la création du Pathet Lao.
20 janv. – Journée de l'Armée.
22 mars – Journée du PPRL (Parti populaire révolutionnaire lao).
13-15 avr. – Boun Pimai (Nouvel An).
1er mai – Fête du Travail.
12 oct. – Commémoration de la Libération.
2 déc. – Fête nationale (fondation de la République démocratique populaire lao en 1975).
Sans être officiellement fériées, les fêtes religieuses les plus importantes (Makha Bousa, Visakha Bousa, Boun Khao Salak) se traduisent par un fort ralentissement de l'activité. Pendant les 3 jours du Nouvel An chinois, beaucoup de commerces et de restaurants baissent le rideau. *Voir aussi « Agenda », p. 344.*

LAVERIES, MARCHANDAGE

Voir Cambodge p. 30.

MÉDIAS

Journaux – La presse est étroitement contrôlée par le gouvernement et l'autocensure est de mise. **Le Rénovateur** (www.lerenovateur.org.la), un hebdomadaire en français, est taxé de propagande par les opposants politiques. Les journalistes du **Vientiane Times** (www.vientianetimes.org.la), quotidien de langue anglaise, sont des fonctionnaires du ministère de l'Information et de la Culture.
Télévision – La chaîne officielle, **Lao National Television**, diffuse chaque jour un court flash d'infos en anglais. La majorité des programmes sont transmis par les chaînes thaïlandaises.

MOTO

Certaines régions se prêtent particulièrement à une découverte à scooter ou à moto : Thakhek et ses grottes, le plateau des Bolaven (Pakse), la plaine des Jarres (Phonsavan), les environs de Savannakhet, de Luang Prabang et de Vang Vieng. On trouve des loueurs dans toutes ces villes. Selon le lieu et le modèle choisi, comptez entre 40 000 et 110 000 kips/j. pour un scooter ou un cyclomoteur semi-automatique.
Recommandations : *voir Cambodge, p. 31.*

MUSÉES ET MONUMENTS

En règle générale, ils sont ouverts tlj de 8h à 16h ou 17h. Certains ferment leurs portes le w.-end. Le tarif varie de 5 000 à 10 000 kips, plus dans les sites prestigieux (Vat Phu, Luang Prabang).

OFFICES DE TOURISME

Dans la plupart des villes, un bureau d'information touristique *(lun.-vend. 8h-11h30, 13h30-16h)* fournit gracieusement une petite documentation locale. N'en attendez pas des miracles. Leurs brochures avec photos pourront vous aider à demander votre chemin dans les campagnes, où l'on ne parle pas anglais.
Coordonnées des centres d'information touristique au début de chaque chapitre de visite, dans la rubrique « S'informer ».

PAGODES

Les *vat* (pagodes) sont pour la plupart ouv. de 5h à 20h. Le *sim* (sanctuaire) reste parfois fermé dans la journée ; il ouvre ses portes pour les **prières** de l'aube et du crépuscule. L'accès aux pagodes est généralement libre, sauf pour celles qui font office de **musées** (Vientiane, Luang Prabang). Quand vous avez apprécié la visite ou qu'un moine vous a accompagné, vous pouvez glisser une **obole** dans la boîte de donation placée à cet effet à l'entrée du *sim* ou devant l'autel. Prévoyez une **tenue** correcte (épaules couvertes, jupe ou pantalon descendant au moins aux genoux). On se **déchausse** au pied des escaliers menant à chacun des édifices du complexe et l'on ôte son chapeau avant d'entrer dans le *sim*.

PLAGES

En saison sèche, la baisse du niveau des eaux dégage quelques arpents de plage sur les bords du Mékong, en particulier à Si Phan Don. Hormis cela, vous n'aurez guère l'occasion de poser votre serviette sur le sable : le Cambodge *(voir p. 31)* s'y prête mieux.

POSTE

Les bureaux de poste sont ouv. lun.-vend. 8h-12h et 13h-17h. En ville, la plupart hébergent un service EMS pour les **envois de colis** *(340 000 kips/kg)*. Un **timbre** pour une carte postale à destination de l'Europe vous coûtera 13 000 kips.

RANDONNÉE

Voir aussi « Types de séjour », p. 330.
Les parcs naturels et réserves protégées, au nombre d'une vingtaine au Laos *(voir p. 415)*, se prêtent au trekking, à condition de passer par une agence locale d'excursions : sentiers non balisés, risques non négligeables de se perdre, sols contaminés par les UXO *(voir « Sécurité », plus loin)* dans certaines régions imposent la présence d'un guide expérimenté.
Meilleure saison – De nov. à mars, saison sèche mais températures encore clémentes. Évitez la saison des pluies *(juin-oct.)* : les chemins deviennent boueux et vous serez victime des sangsues.
Guide – Prenez le temps de discuter avec celui qui vous accompagnera. Il doit posséder un niveau d'anglais ou de français correct, connaître les villages dans lesquels il vous emmène et servir d'interprète avec les minorités ethniques habitant dans la région.
À emporter – Prenez le strict minimum, car vous le porterez vous-même : de bonnes chaussures de marche, une lotion antimoustiques, des lunettes de soleil, une lampe de poche, une gourde d'eau, des barres énergétiques, un chapeau, une crème solaire, des tenues légères et couvrantes et un vêtement de pluie.

SANTÉ

Comme au Cambodge, les risques les plus courants sont liés au soleil,

à l'hygiène alimentaire, aux piqûres de moustiques et aux morsures de serpents. Les recommandations sont les mêmes : *voir p. 32.*
Le paludisme et la dengue sévissent de façon endémique le long de la frontière thaïe. Dans les campagnes, ne vous approchez pas des animaux en raison des cas de rage.
Pour les vaccinations et la trousse de pharmacie : voir aussi « Santé », p. 21.

Services médicaux

Les infrastructures sanitaires au Laos suffiront pour des problèmes mineurs. En cas de souci plus grave, se diriger vers les hôpitaux d'Udon Thani ou de Bangkok, en Thaïlande.
Centre médical français Simuang – Th. Kouvieng - Vientiane - (021) 214 150 - lun.-vend. 8h30-12h, 13h30-19h, w.-end 9h-12h, 13h30-17h.
Aek Hospital – 555/5 Th. Posri - Amphur Muang - Udon Thani - Thaïlande - (+66) 423 410 33 - www.aekudon.com.

Urgences

Gardez sur vous le n° d'assistance communiqué par votre assurance. Il n'y a pas de numéro d'urgence national. **Police** – 191. **Pompiers** – 190 (faites-vous aider d'une personne parlant lao).

SÉCURITÉ

La délinquance touche peu le Laos. Si vous ne laissez pas vos affaires personnelles sans surveillance et que, d'une manière générale, vous suivez les règles de bon sens que vous respectez chez vous, il ne vous arrivera rien. Le seul véritable danger vient des **UXO** *(voir encadré p. 455)*, les munitions non désamorcées enfouies dans le sol. Les campagnes autour de la plaine des Jarres et le long de la frontière vietnamienne sont les plus touchées. Dans ces régions, ne sortez *jamais* des sentiers battus sans être accompagné par un guide local ; ailleurs, restez vigilant et renseignez-vous. En **voiture** ou à **moto** (port du casque obligatoire), soyez très prudent en raison du risque élevé d'accidents.

SOUVENIRS

Voir aussi « Achats », p. 337.
Antiquités – Leur exportation est soumise à une autorisation préalable du ministère de l'Information.
Bijoux d'argent – Les minorités ethniques du Nord fabriquent de lourds colliers et bracelets, des parures de tête ciselées et dentelées, des bagues.
Papier d'écorce de mûrier – Le *saa* sert à confectionner des ombrelles, des abat-jour, des lanternes et des objets décoratifs. Les bandelettes d'écorce sont bouillies, malaxées et écrasées pour donner une pâte qui sera étalée sur des tamis de séchage. On y ajoute parfois des feuilles et des fleurs. Un dernier ponçage donne au papier un aspect fin et souple, les fleurs conservant leur éclat. Près de Luang Prabang, des villages en ont fait leur spécialité *(voir p. 479)*.
Sculpture sur bois – Le teck, le bois de rose, le bois tigré, blond ou zébré qui poussent dans les forêts du Laos alimentent un artisanat d'ébénisterie : statues et sculptures bouddhiques sur panneaux, éléphants, masques rituels (dans le Nord), ustensiles de cuisine, etc.
Textiles – Soieries, cotonnades et *sin* brodés, la grande spécialité artisanale du Laos, sont vendus sur tous les marchés. *Voir « Tissages et broderies », p. 363.*

SPORTS ET LOISIRS

Voir aussi « Types de séjour », p. 330, et « Randonnées », p. 339.
Le **kayak** et le **tubing** se pratiquent à Vang Vieng et sur les rivières souterraines, comme dans les grottes autour de Thakhek. Le **VTT** a le vent

en poupe à Vang Vieng, Luang Nam Tha et autour de Luang Prabang.

TABAC

Voir Cambodge, p. 34.

TAXI

À Vientiane et à Luang Prabang, des taxis desservent l'aéroport. Ailleurs, les taxis au sens où nous l'entendons en Europe n'existent pas. On utilise les **taxis collectifs (songteo)** qui stationnent en général près du marché central. Ils partent quand ils sont pleins, suivent un parcours fixe et s'arrêtent à la demande pour charger ou déposer les passagers.

TÉLÉPHONE

Voir aussi Cambodge, p. 35. Pour les appels depuis l'étranger, voir « Téléphoner au Laos », dans « Avant de partir », p. 334.
Les numéros fixes ont 9 chiffres, code régional inclus. Ce code, qui figure entre parenthèses dans ce guide, ne doit être composé que si vous appelez un n° situé dans une autre ville ou province.
Appels internationaux – Du Laos vers l'étranger, procédez comme au Cambodge : *voir p. 35*. Comptez 2 000 kips/mn pour un appel vers l'Europe depuis un portable.
Téléphone portable – Leur n° commence par 020, suivi de 8 chiffres. Tarification plus élevée que pour les lignes fixes. Vous pourrez utiliser votre propre appareil avec une **carte sim** *(20 000 kips - en vente dans les épiceries, comme les recharges de crédit)* qui vous donnera un numéro laotien. Principaux fournisseurs de services 3G : **ETL** et **Unitel**.

THAÏLANDE

Les étrangers ne sont pas autorisés à franchir le **Mékong** en bateau pour passer en Thaïlande : ils doivent emprunter les **ponts de l'Amitié** où sont installés les services de l'Immigration. Obtention de **visa** pour la Thaïlande : *voir Cambodge, p. 35.*

TRANSPORTS

Voir aussi les rubriques « Moto », p. 338, et « Voiture », p. 342.
Dans les localités touristiques, on peut acheter billets de bus, de minivan et de bateau auprès des agences d'excursions et des *guesthouses*. Le tarif, majoré d'env. 10 %, inclut la prise en charge depuis votre hôtel.

Bus

Les départs s'effectuent en général le **matin**, entre 7h et 10h. Comptez env. 15 000 kips/h de trajet. Les bus sont modernes, confortables et relativement ponctuels. Vous achèterez votre **billet** à la gare routière 1h avant le départ, sauf lors des fêtes que les Laotiens vont passer en famille dans leur village *(voir p. 344)*, où il vaut mieux réserver 1 ou 2 j. à l'avance.
Des **bus de nuit** couvrent les trajets longue distance (plus de 7h de trajet : Vientiane-Luang Prabang, Vientiane-Pakse, Vang Vieng-Phonsavan, etc.). Ils sont confortables (sièges inclinables, climatisation, toilettes à bord) mais vous vous priverez du paysage.
Les **gares routières** se trouvent généralement entre 3 et 10 km à l'extérieur de la ville. Vous y trouverez toujours un *tuk-tuk* pour rejoindre le centre ; négociez les tarifs, qui ont tendance à doubler pour les *falang* (étrangers, Blancs).

Minivan

Plus rapides que les bus, ils relient toutes les localités touristiques. Ce sera votre principal mode de transport si vous passez par une agence d'excursions. Tarif identique à celui du bus mais vous voyagerez plus souvent avec d'autres touristes qu'avec des Laotiens.

Bateau

Liaisons régulières par ferry public sur le haut Mékong entre Luang Prabang et Houay Xay *via* Pakbeng *(voir p. 482 et p. 498)*. Des **croisières** sont organisées entre ces deux villes, ainsi qu'entre Pakse et Si Phan Don *(voir p. 501)*.

Train

Le seul tronçon ferroviaire, à ce jour, relie la gare de Thanaleng, à 20 km à l'est de Vientiane, à la frontière thaïlandaise, d'où le train continue vers Nong Khai et Bangkok. Les passagers arrivant de Thaïlande peuvent obtenir un visa à la gare. Une ligne de chemin de fer est prévue dans les années à venir entre Vientiane et Boten (frontière chinoise) *via* Vang Vieng, Luang Prabang et Luang Nam Tha.

Avion

Pour les vols internationaux, voir « Aller au Laos », p. 331.

Trois compagnies laotiennes assurent les liaisons intérieures.

Lao Airlines – www.laoairlines.com. Dessert Vientiane, Luang Prabang, Pakse, Savannakhet, Oudomxay, Luang Nam Tha et Xieng Khouang (Phonsavan).

Lao Central – http://flylaocentral.com. Vols Vientiane-Luang Prabang.

Lao Skyway – www.laoskyway.com. Vols entre Vientiane et Oudomxay, Luang Nam Tha.

US ET COUTUMES

Salutations, croyances et interdits, sourire et modération, respect du Bouddha : les règles de courtoisie et de savoir-vivre au Laos sont sensiblement les mêmes qu'au Cambodge : *voir p. 37.*

Les relations sexuelles hors mariage entre étrangers et Laotiens sont interdites par la loi. Toute infraction peut conduire à une forte amende et/ou à une peine de prison.

Vêtements – Une tenue correcte (bras et jambes couverts) est souhaitée pour visiter les pagodes et exigée pour le Palais royal (Luang Prabang). Mesdames, gardez dans votre sac un *sin*, le *sarong* traditionnel lao, dont le port est obligatoire pour la visite de certaines pagodes et grottes sacrées. À défaut, vous pourrez en louer un sur place *(2 000/5 000 kips)*.

Chaussures – Comme au Cambodge, on se déchausse à l'entrée des pagodes, des maisons particulières, voire de certains musées et hôtels.

Photo – Il est strictement interdit de photographier tout ce qui a trait à l'armée, casernes et militaires en treillis compris.

VÉLO

Loueurs dans la majorité des villes touristiques *(entre 10 000 et 30 000 kips/j.)*. Le vélo est idéal pour visiter les environs de Vang Vieng, les îles de Si Phan Don et la péninsule de Luang Prabang. À éviter à Vientiane en raison de la circulation.

VOITURE

Permis de conduire : voir p. 334.

Vous pourrez louer un véhicule avec ou sans chauffeur. Comptez 70 à 75 US$/j., assurance comprise, pour 200 km/j. Les indemnités du chauffeur se montent à 20 US$/j. (de 8h à 17h). Vérifiez que l'**assurance** couvre les détenteurs d'un permis étranger et pas seulement laotien. Une caution en liquide vous sera parfois demandée.

Les **routes** laotiennes sont convenablement entretenues sur les grands axes, hormis quelques portions dans le nord et le centre du pays. Soyez prudent au volant : **panneaux** de signalisation et feux tricolores ne sont pas toujours respectés. Comme au Cambodge *(voir p. 39)* la **priorité** revient souvent au véhicule le plus gros. Sauf dans les campagnes les plus reculées, les **stations-service** sont présentes partout.

VOUS ALLEZ A L'AEROPORT ?
Avec ViaMichelin
profitez aussi des informations en temps réel...
AÉROPORT ROISSY-CHARLES-DE-GAULLE
490 m
70
51
pendant
170 m
10:17
13.2 km
Document non contractuel
Faisons bonne route ensemble...
• Trafic en temps réel
• Guidage GPS
• Alertes communautaires
Application téléchargeable gratuitement sur :
DISPONIBLE SUR Google play
Disponible dans l'App Store
MICHELIN
Une meilleure façon d'avancer

Mémo

Agenda

Voir aussi « Traditions et art de vivre », dans la partie « Comprendre », p. 356 et, ville par ville, la rubrique « Agenda » des pages « Nos adresses à… ».

JANVIER-FÉVRIER (3e MOIS LUNAIRE)

Boun Makha Bousa – *Pleine lune de janv.-fév.* Commémore le sermon délivré par le Bouddha à 1 250 moines ayant atteint l'Éveil.
Festival du Vat Phu – *Durant Makha Bousa.* Courses d'éléphants, combats de buffles, de coqs, musiques et danses traditionnelles.
Nouvel An chinois/Têt – *Fin janv.-mi-fév.* Pétards, lampions rouges et banquets accueillent l'animal tutélaire de la nouvelle année.
Festival des Éléphants – *3 j. en fév., à Sayabouri. Voir p. 491.*

FÉVRIER-MARS (4e MOIS LUNAIRE)

Boun Pha Vet – *Date variable.* Processions, offrandes et sermons accompagnent les ordinations dans toutes les pagodes du pays.
La Vientianale – *3 j. en mars, à Vientiane.* Projections de courts métrages produits dans une trentaine de pays.

AVRIL-MAI (6e MOIS LUNAIRE)

Boun Pimai (fête de l'Eau, Nouvel An lao) – *13-15 avr.* Elle annonce la saison des pluies. *Voir p. 358.*
Boun Visakha Bousa – *Pleine lune d'avr.-mai.* Commémore la naissance, l'illumination et la mort de Bouddha.
Boun Bang Fay (fête des Fusées) – *À l'occasion du Visakha Bousa.* On invoque les *phi* (esprits) au son du gong et des tambours et on lance des fusées pour faire venir la pluie.

JUILLET-AOÛT-SEPTEMBRE (9e ET 10e MOIS LUNAIRES)

Boun Khao Phansa – *Pleine lune de juil.* La commémoration du 1er sermon de Bouddha marque le début du carême bouddhique.
Régates de Luang Prabang – *Pleine lune d'août-sept.* Cette course de pirogues a traditionnellement lieu un mois avant celle de Vientiane.
Boun Khao Padabdin (fête des Ancêtres) – *Nouvelle lune d'août-sept.* Marque la 1re partie de la fête des Morts. *Voir p. 359.*

SEPTEMBRE-OCTOBRE (11e MOIS LUNAIRE)

Boun Khao Salak (fête des Morts) – *Pleine lune de sept.-oct.* Dédiée à la mémoire des ancêtres, c'est l'une des cérémonies les plus importantes de l'année. *Voir p. 359.*

OCTOBRE-NOVEMBRE (12e MOIS LUNAIRE)

Boun Ok Phansa (fête des Lumières) – *Pleine lune d'oct.-nov.* Marque la fin de la saison des pluies et du carême bouddhique.
Boun Souang Heua (régates) – *Le lendemain de la fin du carême bouddhique.* Courses de pirogues en hommage aux génies aquatiques.
Boun That Luang – *Pleine lune d'oct.-nov.* À Vientiane, grand pèlerinage au That Luang.

DÉCEMBRE

Festival du film de Luang Prabang – *1re quinz. de déc.* Films réalisés en Asie du Sud-Est.

Bibliographie

SOCIÉTÉ

Mémoire du Laos, Couteau Geneviève, Soukha, 2010. Carnets de voyage (1968-1973) illustrés sur les mœurs et les coutumes.

Au Laos, la répression silencieuse, Gindroz Anne-Sophie, AsieInfo Publishing, 2016. Témoignage de la directrice d'une ONG suisse expulsée pour avoir exposé la face cachée du développement économique.

Sabaï dii Vientiane ! 99 clefs du bien-être au Laos, Treutenaere Michel, Le Pays de Dinan, 2013. L'identité culturelle lao en 99 tableaux et citations littéraires.

HISTOIRE ET ARCHÉOLOGIE

Histoire du pays lao - De la préhistoire à la république, Collectif, L'Harmattan, 2006. Un ouvrage très précis sur une histoire qui manque de sources écrites.

Luang Prabang et autres sites du Laos, Heywood Denise, Olizane, 2014. L'architecture religieuse et coloniale du Laos. Très complet et richement illustré.

Mémoires du Laos, Lorrillard Michel, Magellan & Cie, 2015. Le patient travail des archéologues au début du 20e s. Photos d'époque.

La Route n° 9 - Témoignage sur le goulag laotien, Mithouna, L'Harmattan, 2001. La prise du pouvoir par le Pathet Lao en 1975 et l'internement des officiers de l'armée régulière en camps de rééducation.

LITTÉRATURE ET RÉCITS DE VOYAGE

Contes et légendes du Laos, Amarine Karine, You Feng, 2007.

Au Laos et au Siam - Voyage sur le Mékong, Bassene Marthe, eForge, 2015. De l'île de Khone à Luang Prabang, récit d'une remontée du Mékong en 1909.

Le Radeau de bambou, Bounmy, InLibroVeritas, 2011. Un éléphant sauve la vie d'un bébé. Ruralité et mœurs laotiennes au quotidien, autour de l'animal fétiche du pays. Du même auteur, *Une mémoire d'éléphant*, Les Éditions du Net, 2015.

Mékong dérives, Bouveret Nelly, L'Harmattan, 2009. De la Chine à la Thaïlande, la descente du fleuve mythique.

Le Laos de Kèo, Mignot Fabrice, L'Harmattan, 2001. Une jeune paysanne est aidée par un *falang*, un Français. Le roman raconte le quotidien des petites gens.

Le Garçon de Vientiane, Miné Éric, Soukha, 2011. La corruption, les ONG, le tourisme sexuel, la scène gay laotienne sont évoqués au gré du récit d'une passion amoureuse.

Au royaume du Million d'éléphants, Pavie Auguste, L'Harmattan, 2000. Retrace une expédition d'exploration sur le haut Mékong à la fin du 19e s.

Mékong, Pourtier Jean-Antoine, Kailash, 1994. Affairisme et jalousies sous le Protectorat : les travers de la vie coloniale. Roman.

Filmographie

Sabaidee Luang Prabang, Deenan Sakchai, 2008. Le premier film laotien depuis 1975. *En anglais.*

Plai Tang (À l'horizon), Keola Anysay, 2012. Sous forme de *thriller* et de fiction, un portrait acide et sans concession des hautes sphères et de leurs dérives. *En anglais.*

L'Homme qui cache la forêt, Martin Jean-Philippe, 2010. Préserver la forêt tropicale du Laos face aux menaces du déboisement : un défi et une urgence.

The Rocket, Mordaunt Kim, 2013. Film australien primé à de nombreuses reprises. Dans le nord du Laos, le drame d'une famille exclue de ses terres, les expropriations consécutives aux constructions de barrages, les UXO de la dernière guerre, les traditions du Laos, la fête des Fusées… *En anglais.*

COMPRENDRE LE LAOS

Fresques bouddhiques sur les murs du Vat Mixay, à Vientiane.
P. Tisserand/Michelin

Le Laos aujourd'hui

Avec 7,1 millions d'habitants, le Laos fait figure de Petit Poucet face à ses voisins vietnamien et thaïlandais, sans même mentionner le géant chinois. Pays jeune, par l'âge de sa population, par sa présence toute récente sur la scène internationale, il reste fortement imprégné de ses traditions rurales. Même sa capitale, Vientiane, paraît bien paisible à qui connaît la frénésie des métropoles asiatiques. Mais les chantiers s'y multiplient, comme partout dans le pays : le Laos communiste entend bien profiter du dynamisme économique de ses puissants voisins. Il s'est ouvert aux vents extérieurs et affronte les défis de la modernisation et du développement, non sans contradictions. Dans les hauteurs, loin, bien loin de cette agitation, les peuples des montagnes perpétuent une vie hors du temps, préservant farouchement leurs identités multiples. Aperçus d'un pays en mutation.

Un pays rural

Le Laos affiche la **densité** de population la plus faible de la région, avec à peine 28 habitants au km².

La **croissance démographique**, de 1,8 %, demeure toutefois soutenue. C'est un pays jeune, l'âge moyen se situant autour de 21 ans.

Les taux de mortalité maternelle et infantile encore élevés donnent la mesure des progrès sanitaires qu'il reste à réaliser. Et, fin 2015, le bilan dressé par la Banque mondiale par rapport aux Objectifs du millénaire pour le développement (OMD) soulignait combien la République démocratique populaire laotienne devait encore faire des efforts en matière de **développement humain**. Elle estimait ainsi que près de la moitié des enfants de moins de cinq ans souffraient de retard de croissance en raison de la malnutrition. L'espérance de vie à la naissance est aujourd'hui de 68 ans.

Les deux tiers des habitants vivent dans les **campagnes** et, dans ce pays essentiellement montagneux, le territoire est très inégalement et très partiellement occupé. La population se concentre dans les plaines et les vallées fertiles, le long du Mékong et de ses affluents.

Conséquence de la croissance économique et des mutations en cours, l'**urbanisation** augmente à un rythme approchant les 5 % par an. Cependant, un même déséquilibre prévaut entre les **villes**. Avec 90 000 habitants, Pakse, la 2e ville du pays, apparaît bien modeste par rapport à la capitale, Vientiane, où vivent près de 12 % des Laotiens. La capitale a connu un essor continu depuis le début des années 2000, passant de 250 000 à quelque 800 000 habitants. Elle n'en garde pas moins des allures provinciales. Bien que les immeubles y poussent rapidement, que les chantiers d'infrastructures de transport s'y multiplient et que le béton gagne du terrain sur les rizières

Rassemblement des élèves pour l'hymne national.
P. Tisserand/Michelin

avoisinantes, elle n'a pas (encore ?) renoncé à sa nonchalance pour la frénésie des grandes métropoles asiatiques.

Le défi de l'éducation

Si le Laos a enregistré quelques bons points en la matière, la modernisation et le développement du système éducatif restent l'un des grands chantiers du futur.

Le taux d'**alphabétisation** est aujourd'hui de 73 %. Le pays revient de loin : il a vu fuir ses élites intellectuelles et ses classes moyennes urbaines après l'arrivée au pouvoir des communistes ; ses écoles furent transformées en centres de propagande. Les meilleurs étudiants s'en allaient poursuivre leur formation à l'étranger, dans les pays frères du bloc communiste.

De gros efforts ont été consentis et le gouvernement consacre un peu plus de 12 % de ses dépenses à l'éducation. Mais les disparités en matière de scolarisation demeurent importantes : il est bien plus difficile pour les petits villageois que pour les citadins d'aller au-delà des cinq années d'école primaire. Les inégalités entre groupes ethniques, mal mesurées, relèvent pour leur part d'un complexe héritage culturel et historique, autant que de la marginalisation politique et économique des populations minoritaires.

Après les trois ans de collège puis les trois ans de lycée, les plus chanceux peuvent espérer accéder à l'unique université nationale, située à Vientiane. Dans ce contexte, les familles envoient encore fréquemment les jeunes garçons étudier à la pagode locale, qui offre une opportunité d'ascension sociale hors du milieu urbain.

À l'heure de l'ouverture du Laos vers le reste du monde, l'apprentissage d'une langue étrangère est devenu une priorité pour beaucoup *(voir le chapitre « Culture », p. 393)*.

Un canevas complexe de peuples

À l'image des tissus élaborés que brodent les femmes des peuples montagnards *(voir « Tissages et broderies », p. 364)*, la population laotienne forme un ensemble complexe, résultant de la situation géopolitique du pays, ancien carrefour des pistes caravanières reliant le Yunnan chinois aux plaines et deltas de la péninsule indochinoise.

UNE HIÉRARCHIE TERRITORIALE

Le Laos recense environ **130 ethnies**, définies par leur appartenance linguistique *(voir « Culture », p. 393)*, leurs différences culturelles et économiques, mais aussi les territoires où elles se sont installées. Les Laos Loum, le groupe principal, rassemble env. 65 % de la population totale du pays. Les 35 % restants sont constitués d'une myriade de groupes ethniques moins importants en nombre, grossièrement rassemblés dans les deux « catégories » des Laos Theung et des Laos Soung. Parmi les ethnies ultra-minoritaires que comptent ces deux groupes, une soixantaine comportent moins de 5 000 individus.

Les Laos Loum

Les « **Laos des basses terres** » constituent le groupe dominant, tant en termes de poids démographique que sur les plans politique et culturel. Appartenant au groupe linguistique tai, dont les membres ont migré depuis la Chine à partir du 1er millénaire, ils sont principalement installés dans les plaines du Mékong, où ils pratiquent la riziculture irriguée. La majorité sont des **Laos**. Parmi les autres sous-groupes figurent les **Phuans** et les **Phutais**. Les différences entre les sous-groupes sont si subtiles qu'eux-mêmes se reconnaissent volontiers comme faisant partie des Laos Loum. Tous pratiquent le bouddhisme theravada.

Les Laos Theung

Les « **Laos des versants** » **(ou des plateaux)** habitent pour la plupart entre 300 et 1 000 m d'altitude. Ils sont parfois désignés sous le terme lao de *kha*, qui signifie « sauvage » ou « esclave » – ce qui en dit long sur leur statut au sein de la société laotienne. De langue austro-asiatique, principalement môn-khmère, ils représentent env. un quart de la population totale. Les **Khmus** forment le groupe minoritaire le plus important parmi ceux que rassemblent les Laos Theung.

Les Laos Soung

Les « **Laos des sommets** », pour la plupart cantonnés sur les plus hautes terres, forment environ un cinquième de la population. Parmi eux, les **Hmongs** constituent le groupe minoritaire le plus nombreux. Les **Akhas** *(voir encadré p. 497)* font également partie du groupe des Laos Soung.

UN MODE DE VIE À PART

Les peuples montagnards, jaloux de leurs **traditions**, de leur langue, et souvent de leur indépendance, partagent des traits communs, dont l'animisme, qui se conjugue en général avec le culte des ancêtres, et une organisation communautaire, égalitariste. Pauvres parmi les pauvres, ils pratiquent l'**agriculture** sur brûlis, cultivent du riz, du maïs ou du pavot dans la partie laotienne du Triangle d'or, élèvent quelques buffles, cochons et volailles, et complètent leur alimentation des produits de la pêche et de la chasse. Ils se déplacent périodiquement, de village en

LE DESTIN TRAGIQUE DES HMONGS

Recrutés par l'armée française durant la guerre d'Indochine, les Hmongs, ou **Méos**, furent employés contre le Viêt Cong, à partir de 1962, par les Américains, qui leur retirèrent tout soutien en 1975. Considérés comme des traîtres par le gouvernement communiste laotien, ils furent 300 000 à fuir vers la Thaïlande dans la décennie suivante. Quelque 100 000 d'entre eux trouvèrent ensuite refuge aux États-Unis, une dizaine de milliers furent accueillis par la France, qui en installa environ 2 000 en Guyane. N'étant pas reconnus comme réfugiés politiques en Thaïlande, ils y ont été cantonnés dans des camps, dont les ONG ont dénoncé de manière récurrente les conditions sanitaires. Sur le territoire laotien, le « conflit hmong » s'est poursuivi. Tandis que des milliers de Hmongs étaient expédiés dans des camps de rééducation, environ 30 000 personnes se réfugiaient dans les jungles reculées, notamment dans la zone de Xaysomboun, pour constituer une guérilla armée. Encore aujourd'hui, cette minorité doit faire face à des discriminations et reste marginalisée.

village, en fonction de l'épuisement des sols. Ils ne participent que très peu à l'économie de marché, n'ayant à troquer, le plus souvent, que les somptueux tissus brodés longuement par les femmes.
Leur mode de vie, coupé de l'éducation et de la langue officielle, est cependant de plus en plus inconciliable avec la modernité prônée par le pouvoir en place. Signe de leur **acculturation croissante**, ils sont de plus en plus rares à porter le costume spécifique à leur ethnie. Si, dans certains hameaux reculés des montagnes du Nord, les femmes revêtent encore au quotidien leurs tenues colorées, leurs coiffes élaborées et leurs bijoux en argent, la plupart réservent désormais ces atours aux jours de fête et aux grandes célébrations.

Un régime de parti unique

Depuis 1975, le Laos est une république démocratique populaire dirigée par le **Parti populaire révolutionnaire lao** (PPRL), issu du Front patriotique lao, ou Pathet Lao *(voir « Histoire », p. 401)*. Seul parti légal, le PPRL conjugue aujourd'hui idéologie communiste et économie de marché. Il gouverne le pays à travers son bureau politique et le comité central. Le **secrétaire général du parti** est de fait le président de la République, même s'il est formellement élu pour 5 ans par l'Assemblée nationale, dont le mandat est de même durée.
Le suffrage universel a été introduit pour les députés en 1989. Dans le cadre de l'Assemblée populaire suprême, ces derniers ont été chargés de préparer une Constitution pour le pays, qui n'en avait plus depuis 1975. Après l'adoption du texte (1991), l'Assemblée populaire suprême a été remplacée par une **Assemblée nationale**, organe législatif qui approuve les lois soumises par le gouvernement, lequel peut néanmoins gouverner par décrets. Chef de l'État, le président de la République nomme le gouvernement, l'organe exécutif.
Le 1er février 2016, le 10e Congrès du PPRL, rassemblé pour renouveler le comité central et le bureau politique, a choisi un nouveau secrétaire général : **Bougnang Vorachit**, âgé de 78 ans, a succédé à Choummaly Souriya Sayasone, au pouvoir depuis 2006.

LE POIDS DES PROVINCES

Le Parti populaire révolutionnaire lao a changé de cap en 1982. En même temps qu'il décollectivisait l'économie, il a mis en œuvre une **réforme administrative**, redonnant aux anciennes provinces, districts et communautés villageoises la place qu'ils avaient avant le Protectorat. Les provinces, maillons forts du dispositif, ont obtenu une large autonomie en matière de recrutement du personnel, de gestion financière et de développement.

Depuis 1988, les responsables des provinces, des districts et des municipalités sont élus au suffrage universel. Bien implantées aux trois échelons administratifs, les organisations nationales, quoique soumises au parti unique, peuvent intervenir directement dans la vie économique, sociale, culturelle et religieuse de la communauté.

UNE SOCIÉTÉ CIVILE ABSENTE

Dans un pays où l'opposition politique n'a pas d'existence légale, où les syndicats et les médias sont étroitement contrôlés par le Parti, l'émergence d'une société civile est difficile. De nombreux observateurs s'accordent à dire que les restrictions à la liberté d'expression (notamment sur internet) et à la libre action des ONG locales se sont accrues ces dernières années. La disparition en 2012 de **Sombath Somphone**, figure emblématique de la société civile laotienne, n'a jamais fait l'objet d'une enquête crédible malgré les pressions internationales. Les tensions s'expriment sporadiquement par des actes de violence.

Quelle économie ?

Avec un revenu annuel de 1 600 US$/hab., le Laos fait partie des **pays les moins avancés** et s'est donné pour ambition de sortir de cette catégorie à l'horizon 2020. Il semble en situation d'y parvenir. Au cours de la période 2005-2015, il a connu une croissance économique de 7 % en moyenne. Le gouvernement a rempli l'un des grands Objectifs du millénaire pour le développement (OMD), à savoir réduire de moitié le taux de pauvreté, passé de 46 % en 1992 à 23 % en 2012.

En même temps qu'elles prenaient le virage de la libéralisation économique, les autorités ont œuvré à une meilleure intégration régionale et internationale. En 1997, le Laos est ainsi entré dans l'**ASEAN** (Association des nations de l'Asie du Sud-Est). Celle-ci prévoit à terme l'établissement d'une communauté économique asiatique (AEC) entre ses dix membres pour faire contrepoids aux ambitions commerciales chinoises.

La **libéralisation** de l'économie, dont les premières étapes ont été l'adoption d'un nouveau Code des investissements en 1988 et l'ouverture au tourisme en 1990 – avant l'ouverture symbolique d'une Bourse à Vientiane en 2010 – a permis au Laos d'attirer les investisseurs étrangers. Thaïlandais et Chinois en premier lieu, mais aussi Français, Japonais et Australiens s'efforcent de tirer un meilleur profit des importantes ressources naturelles du pays. Le développement des infrastructures de transport permet peu à peu au Laos de surmonter le handicap de l'enclavement. Sa **position géographique** stratégique devient dès lors un atout : le pays se tient à la croisée des chemins entre la Thaïlande, puissance économique régionale, le Vietnam, même si son influence au Laos a marqué un recul, et la Chine, dont la présence s'affirme depuis 1990. Le défi consiste à ne pas tomber dans une dépendance excessive

Le centre commercial Talat Sao Mall a remplacé l'ancien « marché du matin » de Vientiane.
P. Tisserand/Michelin

vis-à-vis de l'une ou l'autre des puissances régionales voisines, et d'orienter la croissance vers un développement soutenable pour l'environnement et profitable à tous les habitants.

DES CHINOIS ENTREPRENANTS

La Chine a désormais détrôné le Vietnam au rang de premier investisseur étranger au Laos. Elle en a profité pour revitaliser les liens avec la communauté chinoise implantée de longue date sur le sol laotien, tout en encourageant financièrement l'installation de **nouveaux migrants**. Après la signature d'un accord de coopération en 1997, l'emprise de la Chine sur le développement économique des **provinces du Nord** est devenue particulièrement sensible. Implantation d'entreprises, octroi de concessions agricoles ou minières, investissements publics : la Chine contrôle désormais de vastes pans de l'économie laotienne, tant dans le domaine des services que dans l'exploitation des richesses naturelles. Elle supervise entre autres la construction de barrages, de routes et de ponts, profitant de son expertise en la matière et utilisant ses propres équipes sur les chantiers.

UNE ÉCONOMIE TRÈS AGRICOLE

Bien que la part de l'agriculture dans le PIB ait diminué, elle en représente encore le quart et emploie plus des trois quarts de la population active. Les **terres cultivées** ne couvrent pourtant que 10 % de la superficie du pays, un taux plus faible que dans les pays voisins. En cause, une géographie montagneuse, mais aussi la contamination des sols par les UXO, les munitions non explosées laissées par les conflits du 20e s. *(voir encadré p. 455)*.

Le libre accès à la terre, après la période de collectivisation, et l'amélioration des infrastructures hydrauliques ont permis d'augmenter la production de **riz**,

Rizières dans la région de Luang Prabang.
P. Tisserand/Michelin

qui occupe 72% des surfaces agricoles et satisfait principalement les besoins nationaux. Le tabac, l'arachide et surtout le **café** *(voir encadré p. 528)*, dont la culture a été introduite sur le plateau des Bolaven par la colonisation française, sont les premières productions commerciales – si l'on ne tient pas compte de celle de l'opium dans le Triangle d'or : le Laos en serait le 3e producteur mondial, après l'Afghanistan et la Birmanie. La création d'une **zone économique spéciale** (SEZ) dans cette région du nord-ouest est présentée comme une alternative à l'économie de la drogue ; les plantations de bananiers à grande échelle s'y sont rapidement développées, ainsi que les hôtels, autour d'un casino géant.
Le maïs et la patate douce sont des **cultures de subsistance**. Les Laotiens élèvent également poissons et buffles pour leurs besoins.

RICHESSES NATURELLES

L'**exportation de bois** a longtemps été l'une des principales sources de devises. Malgré les restrictions sur l'abattage, les ventes illégales de bois précieux se poursuivent, à destination de la Thaïlande, du Vietnam et de la Chine. La déforestation apparaît préoccupante. Les organisations de défense de l'environnement s'alarment aussi des conséquences des grands projets d'infrastructures, barrages et chantiers ferroviaires *(voir plus loin)*, qui s'accompagnent de la destruction de milliers d'hectares de forêt.

La manne hydroélectrique

L'électricité est devenue la principale source de devises. Le **Mékong** est la grande richesse du Laos, qui possède là un immense potentiel énergétique, bien plus considérable que celui de la Thaïlande et du Vietnam. La construction de **barrages** et de **centrales hydroélectriques** *(voir p. 411)* est massivement financée par les investisseurs internationaux. L'essentiel de la production est exporté vers les puissances voisines, Thaïlande en tête ; seule une minorité de la population y a accès.

Ressources minières

Les investissements étrangers sont également orientés massivement vers l'extraction des ressources minières. Le sous-sol laotien recèle de l'étain, du gypse, du cuivre, de l'or, du fer, du zinc et de la potasse.

La Chine a récemment obtenu cinq concessions de **potasse**, un fertilisant dont son agriculture fait grand usage, en échange d'un prêt pour le nouveau chemin de fer devant relier la frontière chinoise à Vientiane. L'exploitation des vastes réserves situées dans la **plaine de Vientiane** fait cependant craindre des expropriations massives dans cette région rizicole ainsi qu'une contamination des eaux par le sel.

LE BOOM DES TRANSPORTS

L'inauguration en 1994 d'un premier **pont de l'Amitié**, construit en aval de Vientiane, à la hauteur de Nong Khai, en partenariat avec la Thaïlande et avec l'aide de l'Australie, a signé un rééquilibrage des relations économiques (et diplomatiques) du Laos, auparavant lié au Vietnam par des « relations spéciales ».

L'aménagement de nouveaux points de franchissement du Mékong et d'axes autoroutiers ainsi que le développement du **réseau ferroviaire** participent de la stratégie d'intégration régionale du gouvernement.

Une ligne de 500 km financée par la Chine devrait ainsi relier Boten, à la frontière septentrionale, à Vientiane dans les années qui viennent ; ce tronçon s'inscrit dans l'ambitieux projet chinois de liaison ferrée entre Kunming, capitale de la province du Yunnan, et Singapour.

Ces projets alourdissent toutefois la dette nationale (44,8 % du PIB) et renforcent la dépendance du Laos vis-à-vis de ses deux grands partenaires commerciaux, la Thaïlande – avec laquelle s'effectuent plus de la moitié des échanges commerciaux – et la Chine. Ces deux pays ont notamment financé la **voie rapide** (l'autoroute 3) reliant le Yunnan au nord de la Thaïlande.

LE PARI DU TOURISME DURABLE

Tandis que l'industrie manufacturière demeure embryonnaire, le secteur du tourisme se développe plus rapidement : le Laos a enregistré une hausse constante du nombre de visiteurs depuis les 10 dernières années, pour dépasser en 2016 un total de 4 millions de voyageurs. Redoutant que l'ouverture du pays aux visiteurs étrangers ne s'accompagne d'un essor de la prostitution et de l'économie de la drogue, le pouvoir s'est, dans un premier temps, efforcé de favoriser un tourisme « haut de gamme ».

Il affirme aujourd'hui son ambition de promouvoir un tourisme durable, respectueux des traditions et de l'environnement.

La clientèle en provenance des pays asiatiques, Chine, Corée du Sud et Thaïlande en tête, demeure majoritaire, puisqu'elle compose désormais plus de 90% des arrivées.

Forme assez particulière de tourisme, plusieurs **casinos** ont vu le jour dans les zones économiques spéciales qui se sont multipliées dans les territoires frontaliers *(voir aussi encadré p. 496)*. Ils procurent des revenus non négligeables au gouvernement laotien, qui possède près d'un tiers des parts dans ces entreprises.

Traditions et art de vivre

Tous les « boun » (fêtes) sont bons pour se retrouver en famille ou aller à la pagode, pour acquérir des « mérites » et améliorer son karma. Petites ou grandes, profanes ou religieuses, liées aux saisons des champs ou aux jours sacrés du calendrier bouddhique, les fêtes donnent lieu à des rassemblements joyeux et sonores. Plus prosaïquement, les rituels saisonniers seront l'occasion de se lancer dans une partie endiablée de « kato » et, pour les minorités des montagnes, de revêtir leurs costumes traditionnels, dont les tissus richement brodés font la fierté de l'artisanat local.

Fêtes et festivals

Comme le Cambodge, le Laos vit au rythme d'un calendrier luni-solaire basé sur un cycle mensuel de 29,53 jours *(voir p. 56)*. Les quatre états de la lune – pleine et nouvelle lunes, premier et dernier croissants – sont considérés comme des jours fastes.

Entre janvier et février, les villes du Sud (Vientiane, Thakhek, Savannakhet, Pakse) célèbrent le Nouvel An chinois et le Têt.

Le calendrier républicain a ajouté des jours fériés *(voir p. 338)* à un agenda déjà bien rempli de fêtes bouddhiques et populaires.

LES FÊTES BOUDDHIQUES

Voir aussi « Mémo », p. 344.

Comme les fêtes religieuses suivent le calendrier lunaire, leurs dates changent d'une année sur l'autre. Trois d'entre elles, célébrées dans tout le pays, marquent les temps forts de l'année.

Durant **Boun Pha Vet**, les familles se réunissent à la pagode pour écouter l'histoire du **prince Vessantara** *(voir p. 384)*, avant-dernière incarnation du Bouddha, qui a su renoncer à tous ses biens. Processions, offrandes et festivités diverses accompagnent les nombreuses prises de robe qui se font pour l'occasion. Cette fête qui dure trois jours se célèbre habituellement en février ou mars ; dans les faits, chaque village choisit la date qui lui convient le mieux durant la saison sèche.

Plus tard dans l'année, à la pleine lune d'avril-mai, des retraites aux flambeaux ponctuées de chants célèbrent **Boun Visakha Bousa**, qui commémore la naissance, l'illumination et la mort de Bouddha.

Le **carême bouddhique** *(Phansa)* dure trois mois et donne lieu à deux cérémonies : Boun Khao Phansa en marque le début *(pleine lune de juil.)*, correspondant à l'entrée en retraite des moines et aux premières pluies. Pour Boun Ok Phansa, à la fin du carême *(pleine lune d'oct.-nov.)*, des processions se forment autour des pagodes et annoncent la **fête des**

Vêtements de fête à l'occasion de Pimai, le Nouvel An lao.
E. Lafforgue/age fotostock

Lumières *(Boun Lay Heua Fay)*. On invoque à cette occasion les *naga* protecteurs et on se débarrasse des esprits malfaisants qui se sont réfugiés chez les humains pendant la saison des pluies. À la tombée de la nuit, les fidèles abandonnent au fil de l'eau de petites embarcations en feuille de bananier, illuminées et chargées de friandises, censées attirer tous les mauvais génies pour les emporter vers d'autres cieux. La fête est particulièrement pittoresque à Luang Prabang, quand le cortège illuminé quitte le Vat Xieng Thong pour descendre vers le fleuve.

AU RYTHME DES SAISONS

En harmonie avec son mode de vie rural, rythmé par les travaux des champs, le peuple laotien prie et fait des offrandes dans les temples pour garantir la fertilité des terres et l'abondance des récoltes.

La **fête du Riz grillé** *(Boun Khao Ti - pleine lune de janv.-fév.)* célèbre la deuxième récolte annuelle de riz. Les femmes offrent alors aux bonzes des brochettes de riz gluant trempé dans de l'œuf et de la graisse et grillées au feu de bois.

En mars, **Boun Khoun Khao** célèbre les moissons et les récoltes.

Pendant la **fête des Fusées** *(Boun Bang Fay - en avr.-mai)*, on invoque les *phi* (esprits) au son du gong et des tambours. Cette manifestation païenne, qui s'accompagne de danses traditionnelles et de processions, s'achève par des lancers de fusées en bambou, censées taquiner les nuages pour déclencher les pluies.

LES FÊTES LES PLUS IMPORTANTES

Boun Pimai, le Nouvel An lao

Sabaidi Pimai ! Bonne année ! Les festivités de la nouvelle année solaire, ou **fête de l'Eau**, durent trois jours, entre le 13 et le 16 avril. Elles célèbrent la fin des récoltes et le renouveau de la nature, qui commence à reverdir sous les premières ondées. Divers rituels se succèdent, placés sous le signe de la purification, et l'on nettoie la maison de fond en comble. Le 1er jour voit le départ du génie qui a veillé sur l'année écoulée. Le jour intercalaire est chômé. Le 3e jour, on accueille le génie en charge de l'année qui commence.

Bien que n'étant pas une fête religieuse, Boun Pimai s'inscrit dans le cérémonial bouddhique. Les fidèles gagnent les pagodes pour arroser d'eau lustrale les statues de Bouddha. Dans les rues, les passants s'aspergent copieusement. Chacun est tenu de participer à ces réjouissances qui se déroulent dans une atmosphère bon enfant ; celui qui s'en irriterait se désignerait d'office comme la cible d'aspersions supplémentaires.

Le dernier jour, chacun cherche à racheter par des actes méritoires les fautes commises durant les douze mois écoulés. On achète au

LA LÉGENDE DE PHU NHEU ET NHA NHEU

La liane qui avait donné trois courges *(voir encadré p. 395)* réservait d'autres surprises. Elle poussa, poussa, poussa, si bien que ses feuilles finirent par masquer le ciel. Et les hommes moururent les uns après les autres, faute de lumière et de chaleur… Il fallait la couper, mais qui allait s'en charger ? Phu Nheu et Nha Nheu offrirent de s'atteler à cette tâche. Ils s'attaquèrent au monstre végétal qui finit par tomber sur eux et les tua. Mais la terre était sauvée et avait retrouvé la lumière du soleil… Depuis, pendant les fêtes de Boun Pimai, on danse en l'honneur de Phu Nheu et Nha Nheu, les ancêtres qui se sont sacrifiés pour que leurs descendants puissent cultiver la terre.

Fête des Lumières devant le That Luang, Vientiane.
topten22photo/iStock

marché des oiseaux et des poissons pour les remettre en liberté. Dans l'après-midi, on élève dans la cour des pagodes et sur les berges des rivières des *that*, monticules de sable piquetés de banderoles à l'effigie des animaux du zodiaque. Les familles demandent au ciel de leur accorder bonheur, prospérité et une longévité équivalente au décompte des grains de sable.

Le Nouvel An hmong

Célébré à la mi-décembre, il dure plusieurs jours et rassemble un grand nombre de participants, revêtus pour l'occasion du costume spécifique à leur ethnie. Des sacrifices de buffles, des danses, des chants et des jeux ponctuent les festivités. L'un des plus célèbres est un jeu de ballon qui met face à face les jeunes gens et les jeunes filles à marier. Chez les Hmongs, le chamanisme continue de jouer un rôle clé dans les rituels. Dans les villages respectueux de la tradition, l'enceinte est momentanément délimitée par un fil de coton blanc, qui laisse un espace libre uniquement au niveau de la porte d'entrée. L'étranger de passage ne doit franchir ni le fil, ni la porte ; s'il passe outre, il doit, en guise d'« amende », acheter un porc qui sera sacrifié à sa place.

La fête des Morts

Elle donne lieu à deux cérémonies consécutives. La première, **Boun Khao Padabdin** *(nouvelle lune d'août-sept.)* est une sorte de « mi-carême » bouddhique. Les bonzes reçoivent solennellement l'aumône des fidèles. Ce jour-là, le roi des Enfers autorise les âmes damnées à revenir sur Terre pour recueillir une part des mérites que leur ont transférés leurs proches *(voir Cambodge, p. 77)*.

À la pleine lune qui suit, la fête de **Boun Khao Salak** se déroule avec le même cérémonial. Les fidèles, chargés d'offrandes, se rendent en masse dans les pagodes. Sur des plateaux sont disposés les sept mets que préféraient les ancêtres. Chaque famille a à cœur de donner le meilleur en ce jour et les bonzes se voient littéralement submergés de dons les plus divers : bonbons,

Le baci, ou le rappel des âmes

Moment fort de la sociabilité laotienne, la cérémonie du *baci* ou **soukhouan** s'organise spontanément pour célébrer tout événement, heureux ou triste, qui jalonne la vie : une hospitalisation, une convalescence, un mariage, une naissance, un départ en voyage, une pendaison de crémaillère ou tout simplement la visite d'un ami. Elle donne l'occasion de formuler des vœux de bonheur et de bénir ses proches, tout en procurant de l'énergie physique et mentale à ses organisateurs ou à une personne que l'on veut particulièrement honorer.

RASSEMBLER LES 32 ÂMES

La pratique du *baci*, antérieure à l'arrivée du bouddhisme, semble s'inspirer des pratiques rituelles des Lao-Tais, originellement installés sur le cours supérieur du Mékong, et plus précisément au Yunnan. Sa fonction se rapporte au concept de **khouan**, dérivé du mot chinois *hun*, « âme ». Selon les croyances primitives, l'être humain est constitué dès sa naissance de 32 *khouan*, présentes dans chacune des parties du corps. Ce sont des énergies protectrices et des forces vitales indispensables. Le moindre événement (maladie, accident, changement de domicile, voyage, etc.) peut provoquer leur fuite dans la nature, où elles risquent de se faire avaler par des *phi*, des esprits *(voir p. 375)*. Il convient donc d'organiser un *baci* pour les rappeler dans l'enveloppe corporelle et restaurer l'harmonie des énergies de la personne. Lors de la cérémonie, ces âmes errantes sont invitées à rejoindre le centre temporaire de l'univers, c'est-à-dire l'hôte honoré et le **phakhouan**, le plateau des offrandes. Les organisateurs doivent préalablement convier des participants importants, tels que des parents, des amis, des voisins et surtout le *mophone* (officiant).

LE PLATEAU RITUEL

Le *phakhouan* joue un rôle essentiel dans la célébration du *baci*. Il s'agit d'un haut plateau apprêté avec soin, autour duquel va prendre place l'assistance. Il est garni d'un bouquet pyramidal, le **makbeng**, constitué de feuilles de bananier pliées selon l'art traditionnel lao et piquetées de fleurs, voire de billets de banque. Le tout est entouré de fils de coton blanc pour conjurer le mauvais sort et lier les âmes. Tout autour sont disposées des coupelles contenant du riz gluant, de l'alcool, des œufs, du riz, du poulet, des gâteaux, des fruits, des bougies, de l'encens et d'autres fils de coton. Cet élégant plateau, censé rappeler puis nourrir les âmes vagabondes, met les forces invisibles en communication avec le monde des vivants.

Quand tout le monde a pris place, l'officiant allume les deux bougies couronnant le sommet du *makbeng*. Il récite les prières rituelles pour rappeler les âmes égarées des instigateurs de la cérémonie et les inviter à venir consommer les offrandes. « *Revenez donc, les âmes !* » s'écrie-t-il et aussitôt les participants lancent des grains de riz en direction de leurs hôtes en répétant ces mêmes mots. Des fils de coton sont ensuite noués aux poignets de tous, afin de retenir les 32 âmes. Il est bon de les conserver au moins trois jours, voire d'attendre qu'ils se défassent d'eux-mêmes. À la cérémonie proprement dite succède un banquet où l'on mange, danse et s'amuse jusqu'à une heure avancée.

Au sein de la diaspora, exilée aux quatre coins de la planète, la cérémonie du *baci* joue le rôle d'un ciment social qui assure la cohésion de la communauté et conforte son identité.

encens, stylos, produits de toilette, fruits, argent pour payer les cartes téléphoniques des portables… Chacun a écrit sur de petits bouts de papier quelques mots à la mémoire des ancêtres. Ils sont rassemblés dans une coupelle d'argent puis lus par les moines à l'assistance qui s'en amuse. La nourriture est ensuite partagée lors du banquet, organisé sur place, qui clôt les festivités.

Les courses de pirogues

Dès la sortie du carême, en octobre, des **régates** (Boun Souang Heua) se déroulent sur le Mékong, dans les provinces de Vientiane, Savannakhet et Champasak. Ces courses célèbrent la fin de la saison des pluies et rendent hommage aux divinités qui habitent le fleuve. Elles donnent lieu à des réjouissances le long des berges : musique traditionnelle, chants, danses… La veille du grand jour, participants et organisateurs font le tour des sanctuaires pour déposer des offrandes et demander aux esprits la permission de concourir. Composées chacune de cinquante rameurs, les équipes s'affrontent sur l'eau dans un brouhaha de clameurs et de chants. Le restant de l'année, les pirogues sont entreposées sous un abri, dans la cour d'une pagode.
Les régates de **Luang Prabang** se déroulent sur la Nam Khan un mois et demi plus tôt, en août ou septembre. À cette époque, les eaux du Mékong et de la Nam Khan, son affluent, atteignent leur niveau maximal. La course est précédée d'une cérémonie religieuse destinée à mettre fin à la crue et à permettre le retour des activités agricoles sur les berges. Elle est suivie d'une série d'offrandes aux *naga*, les génies protecteurs qui, selon les anciennes croyances animistes, résident dans les rapides, les confluences et les grottes.

La fête du Vat Phu

Coïncidant avec la fête bouddhique de **Makha Bousa** *(voir p. 344)*, qui commémore un sermon donné par Bouddha à ses premiers adeptes, elle se déroule à la pleine lune de janvier-février. Les fidèles affluent des quatre coins du Laos et même des pays voisins pour y assister. Durant trois jours, processions, chants liturgiques, spectacles son et lumière, danses folkloriques et diverses attractions (jeux, combats animaliers, concours de pétanque, etc.) mêlent le religieux au profane. L'hommage à la pleine lune, le dernier jour, donne lieu à une retraite aux flambeaux dans les ruines du temple, éclairées par une kyrielle de bougies.

Les grands moments de la vie

La vie quotidienne des Laotiens tourne autour de la cellule familiale que domine la figure de la mère. Tout se fait en famille : le travail, les alliances, les grands et les petits moments de la vie, tous réglés par des rites codifiés comme le *baci* *(voir ci-contre)*.

LA NAISSANCE

Chaque génération accueille le nouveau-né avec des vœux, évoquant les ancêtres et les valeurs familiales afin que l'enfant porte en lui l'héritage sacré de sa lignée. Pendant sa grossesse, la future maman se rend régulièrement à la pagode pour prier, et quand le terme approche, elle ne consomme plus que du riz gluant, du sel et du gingembre. Traditionnellement, l'accouchement se déroulait à domicile selon une méthode très particulière : on fixait au plafond une longue corde à laquelle la femme se tenait. Elle était massée par l'accoucheur qui récitait des

formules magiques pour chasser les démons, tout en humidifiant son corps de gouttelettes d'eau. C'est cette image au symbolisme fort que l'on retrouve dans les fresques des pagodes lorsqu'est évoquée la venue au monde du Bouddha : la reine Maya, sa mère, lève la main pour tenir une branche d'arbre.
À la naissance de l'enfant, on noue des **fils de coton** noirs et rouges autour de son cou et de celui de sa mère afin de chasser les esprits malfaisants. Pendant 30 jours, la mère et l'enfant restent confinés à la maison, entourés de talismans. La première sortie est célébrée par un *baci*.

LES FIANÇAILLES ET LE MARIAGE

Avant de conclure les fiançailles, chacune des deux parties mène son enquête sur la probité et la droiture des jeunes gens, les moyens financiers des parents, etc. Après avoir satisfait à ces premières formalités, les entremetteurs du *phou bao* (fiancé) offrent aux parents de la *phou sao* (fiancée) deux vases remplis de **présents** tels que cigarettes, bétel, billets, bijoux… Les fiancés ne peuvent pas sortir seuls sans le consentement parental. Toute infidélité contractuelle est passible du remboursement de la totalité des dépenses engagées. Les frais du mariage, notamment le paiement d'une dot aux beaux-parents, sont supportés par le marié.
Chacune des deux familles prépare un *phakhouan* *(voir p. 360)* richement garni. Les futurs époux portent le **costume traditionnel** : *sampot* de soie et chemise blanche pour lui, *sin* de soie colorée, écharpe de soie et bijoux en or pour elle. Précédé par deux femmes portant le *phakhouan*, le cortège nuptial s'ébranle vers le domicile de la promise. En tête marche le marié, accompagné d'un garçon d'honneur qui porte une bouteille d'alcool et un verre. Viennent ensuite des chanteurs, des danseurs et des musiciens.
Arrivé à destination, ce petit monde est d'abord reçu par les gardiennes de la maison, qui s'enquièrent des motifs de la visite. Le garçon d'honneur offre de l'alcool, le futur époux distribue de l'argent puis se fait laver les pieds par un enfant. Le cortège peut maintenant gagner la salle où va se dérouler le *baci* nuptial, officié par un moine. Après les dernières bénédictions, la mère du marié offre des bracelets en or à sa belle-fille pour lui souhaiter la bienvenue dans sa nouvelle famille. Les nouveaux époux procèdent à l'échange d'un demi-œuf dur puis boivent une gorgée d'alcool dans un verre commun afin de manifester publiquement leur union et leur volonté de tout partager. Des fils de coton sont noués autour de leurs poignets en gage de fidélité. Après avoir offert à leurs parents des fleurs et des bougies pour se faire pardonner leur départ du cocon familial, ils

LE DOUBLE VISAGE DU PHI NYAK

Le *phi nyak*, esprit malfaisant, est un motif récurrent, aussi expressif qu'énigmatique. Sa petite tête crénelée possède des yeux et des boucles d'oreille, et ses bras évoquent un serpent venimeux. Il apparaît sur diverses étoffes, quel que soit l'usage. Figuré sur un objet du quotidien, ce symbole maléfique devient protecteur et assure la prospérité de son utilisateur. À l'inverse du bestiaire bénéfique – l'oiseau ou l'éléphant notamment –, le *phi nyak* revêt une double nature : bien disposé envers les humains qui le traitent correctement, il devient destructeur dans le cas inverse.

Atelier de tissage dans les villages d'artisans des environs de Luang Prabang.
P. Tissérand/Michelin

sont conduits dans la chambre nuptiale par cinq mères de famille qui y déposent les *phakhouan*. Le banquet pour les invités peut maintenant débuter ; il se déroule dans la maison de la mariée ou dans un grand restaurant.

LE DÉPART VERS L'AU-DELÀ

Le départ d'un être cher est vécu non comme une perte définitive, mais comme le passage dans une autre existence. Le défunt reste présent dans le cœur des vivants, sous la forme d'une conscience flottante. Au Laos comme au Cambodge *(voir p. 64)*, la mort est perçue comme une sorte de « présence-absence », une **dualité** qui conditionne le rituel mis en place autour du défunt : on utilise de l'eau froide et tiède pour la toilette du cadavre, on l'habille de deux vêtements, l'un à l'endroit, l'autre à l'envers, on dépose des objets personnels à l'intérieur du cercueil et un *yod mouk*, un nécessaire de **voyage pour l'au-delà**, à l'extérieur. Celui-ci contient des bougies, du riz, de l'argent, du tabac, du sel, un petit couteau et un briquet, enveloppés dans un tissu blanc. Un plateau garni de nourriture, des fleurs et un portrait du défunt sont déposés devant le cercueil, avec des bougies.
La cérémonie funèbre se déroule de la même manière qu'au Cambodge. Un petit *baci* est organisé dans la maison du défunt pour garantir l'harmonie familiale, mise à mal par le deuil ; une « cérémonie de ramassage des os » a lieu trois jours après la crémation. Les cendres sont dispersées cérémonieusement dans les cours d'eau. Au bout de cent jours, une nouvelle fête est organisée pour honorer la mémoire du défunt.

Tissages et broderies

Plus d'une centaine d'ethnies habitent le Laos, et leurs coutumes ont donné naissance à un artisanat qui fait la part belle aux textiles. *Ikat*, brocarts, broderies… leur richesse est telle qu'elle fait régulièrement l'objet d'ouvrages consacrés uniquement à ce sujet.

SYMBOLIQUE DES MOTIFS

Les Laotiens n'écrivent pas leur histoire : ils la tissent, fil après fil, dans des motifs d'une grande complexité qui se transmettent de mère en fille. Si leur sens originel s'est parfois perdu, il n'en reste pas moins vrai que la culture lao se trouve documentée dans les dessins à connotation religieuse et mythologique brochant les **sin**, ces longues jupes que toute Laotienne possède dans sa garde-robe.

La forme du *sin* est immuable, mais, tout au moins pour ceux qui sont toujours confectionnés selon les techniques ancestrales, chaque modèle est unique. La tisserande se sert d'une **symbolique** ésotérique pour conter son propre vécu et ses aspirations personnelles. Les **motifs** appartiennent au monde animé aussi bien qu'inanimé : le crabe symbolise la débrouillardise, le serpent la fertilité, le papillon la beauté, l'oiseau la réussite, etc. Un dicton campagnard prétend qu'un homme voulant prendre femme commence par évaluer la prétendante d'après son talent de tisserande ; ou alors, il s'est tout simplement laissé séduire par le récit personnel tissé sur son *sin*…

Des motifs inspirés de la nature ou de la vie quotidienne incarnent les **ancêtres** défunts ou illustrent des récits mythologiques. On y décrypte la figure du **siho**, animal fantastique mi-lion, mi-éléphant, et du **naga**, serpent mythique qui fut aussi le premier protecteur du Bouddha.

Les étoffes traditionnelles trouvent une utilisation au quotidien, aussi bien pour les vêtements (fiançailles, mariage, décès) que pour le linge de maison ou la décoration : étoles, nappe, dessus-de-lit, décorations pour les moustiquaires…

L'iconographie de ces pièces est tellement riche de sens que leur usage peut attirer la chance ou la malchance. Le **drap mortuaire** que l'on dépose sur le catafalque présente des motifs géométriques et des rayures dans les tons rouge et violet. Chacun se le procure dès son plus jeune âge, car il n'est pas concevable de se marier sans être en possession d'un tel objet. Hors de question, en revanche, de le dérouler avant la date du décès, faute de quoi les *phi* (esprits) se montreraient contrariés.

LE SAVOIR-FAIRE DES MINORITÉS

L'artisanat local produit trois types d'étoffes : les **ikat** *(voir encadré ci-dessous)*, les **chok**, sorte de brocart chatoyant d'une grande complexité de motifs, et la **tapisserie** qui présente une surface lisse.

Les modèles varient selon les groupes ethniques. Les **Lao-Tais** développent un savoir-faire hors pair, incorporant dans leurs

L'IKAT ET SES TECHNIQUES

La technique de l'*ikat* est basée sur la longue et patiente mise en réserve d'une partie des fils de trame et de chaîne, dont les portions restées nues sont imprégnées de teinture. La ligature des fils (par groupes) délimite le motif en masquant les portions qui ne doivent pas être mises en couleur. Dans le cas d'un motif multicolore, la ligature se fait et se refait au fil des teintures. La technique de l'*ikat* recourt à trois procédés : les fils de chaîne sont teints en réserve et la trame est unie ; les fils de chaîne sont unis et la trame est teinte en réserve ; les fils de chaîne et les fils de trame sont teints en réserve (double *ikat*). Le dessin final s'obtient par juxtaposition : le motif apparaîtra au moment du tissage.

ikat, jacquards et brocarts les magnifiques motifs traditionnels qu'ils ont importés au Laos. Les autres ethnies tisserandes du Laos fabriquent des étoffes plus simples, comme la toile à rayures ou à carreaux. Les **Khmus** tissent le coton pour produire des vêtements. Le batik, les armures de chanvre et les applications de galons brodés sont la grande spécialité des **Hmongs**. Autrefois, on usait uniquement de teintures naturelles, comme cela reste le cas pour les cotonnades indigo réalisées par les Hmongs.
On trouve une grande diversité de tissus du côté de **Luang Prabang**, du fait des nombreuses ethnies qui habitent les collines environnantes. Leurs créations ont inondé le marché de nuit, où elles voisinent avec des productions plus commerciales aux figures géométriques élémentaires ou représentant éléphants et épopées bouddhiques copiées à partir des peintures des temples qui n'appartiennent pas véritablement au patrimoine textile lao, plus enclin à l'abstraction.

Sport et bien-être

Un bout de jardin, une cour désaffectée suffisent pour organiser une partie de *kato* ou de foot. Dans les grandes villes, les habitants pratiquent le tai-chi et l'aérobic sur les berges du Mékong au petit matin et au crépuscule. La popularité du **badminton** s'est accrue depuis que Khan Bob Malaythong, star américaine d'origine laotienne, s'est fait remarquer aux J. O. de 2008. Officiellement interdits depuis les années 1990, comme tous les jeux d'argent, les **combats de coqs et de buffles** restent l'activité favorite du week-end et des grandes fêtes religieuses, ouvrant d'âpres paris au sein d'une assistance possédée par le démon du jeu. Quant à la **pétanque**, elle jouit au Laos d'une faveur comparable à celle qu'elle connaît au Cambodge *(voir p. 69)*.

LE KATO

À mi-chemin entre le volley-ball et le football, ce jeu populaire peut s'improviser sur n'importe quel terrain vague, avec un filet de badminton et une petite balle de rotin. Il requiert la participation d'au moins trois joueurs. Les règles interdisent de toucher la balle avec la main : ce sport d'adresse se pratique uniquement avec les pieds, obligeant à des démonstrations de souplesse, d'agilité, de précision et force pirouettes qui lui donnent un tour spectaculaire. Des tournois de *kato* sont organisés lors des grandes fêtes, notamment pendant la fête des Fusées *(voir p. 344)*.

MUAY LAO, LA BOXE LAO

Cet art martial laotien s'apparente à la boxe thaïe *(muay thaï)*. Tous les coups sont permis, utilisant les poings, les genoux, les coudes et les pieds. Dans toute l'Asie, les boxeurs professionnels locaux *(nakmuays)* sont réputés plus courageux, tenaces et déterminés que leurs homologues thaïs.

LE MASSAGE LAO

Pratiqué depuis toujours à des fins thérapeutiques, le massage traditionnel est considéré comme un facteur de prévention de la maladie. Les techniques choisies, relaxantes ou dynamisantes, font circuler les énergies et apaisent les tensions. La séance s'achève par un sauna aux herbes, dont les vapeurs aromatiques relaxent le corps et l'esprit. Cette expérience peut notamment être tentée à Luang Prabang, dans les locaux de la Croix-Rouge, réputée pour son savoir-faire *(voir p. 490)*.

Gastronomie

Moins connue que sa voisine thaïe, la cuisine du Laos lui ressemble pourtant beaucoup. Fraîche et épicée, cette gastronomie du terroir affectionne le goût puissant et subtil à la fois des ingrédients naturels. Dans des préparations simples mais structurées se tisse, en filigrane, l'évocation des torrents, des forêts, toute une alchimie secrète que les recettes évoquent à leur manière.

Une cuisine nature

Des plats familiaux de tous les jours aux recettes les plus élaborées, les plantes aromatiques et les racines, gingembre et galanga, citronnelle et cardamome, coriandre, basilic, roselle, menthe, sont de toutes les préparations culinaires. L'huile de noix de coco reste la matière grasse de prédilection. Mais le trait le plus marquant de la cuisine lao réside dans l'omniprésence du riz gluant et du piment.

Si quelques habitudes alimentaires proviennent de la Thaïlande, le Protectorat français a quant à lui légué la baguette *(khao tji)* et le sandwich *(kao tji pate)*.

Riz gluant et nouilles de riz

En lao, « manger » se dit **kin khao**, littéralement « manger du riz ». Les Laotiens sont probablement les plus gros consommateurs de riz gluant *(khao niao)* de toute l'Asie. Il en existe deux variétés, une rouge et une blanche, qui sont cuites à la vapeur dans des paniers de bambou tressés d'une contenance variable, allant de la portion individuelle aux modèles familiaux.

Le riz gluant peut se transformer en gâteaux, en galettes de riz séchées et en alcool. Grillé à sec et réduit en poudre, il entre dans la confection du **laab** *(voir plus loin)*.

Servi avec du **padek** (saumure de poisson) et une assiette de légumes crus, le riz gluant se mange en boulettes que l'on trempe dans les plats.

Les **vermicelles de riz** sont servis dans un bouillon épicé, agrémenté de morceaux de viande, d'aromates, de feuilles et de piments. Les **nouilles de riz**, sautées ou en sauce, constituent un plat à part entière. Elles donnent sa consistance au **khao poun**, un bouillon de lait de coco très populaire où mijotent des morceaux de porc ou de poisson, des vermicelles, des pousses de bambou ou des bourgeons de bananier émincés et divers aromates. Autre soupe fort prisée le matin, le **khao biak sen** incorpore du poulet et du gingembre.

Plantes et légumes

Les légumes crus tels que concombre, salade, chou chinois, etc. garnissent un certain nombre de plats. Parmi les **légumes verts** *(phak)* se rangent les tiges, les feuilles de salade verte, les feuilles comestibles et les plantes aromatiques dont les Laotiens font ample usage pour parfumer un bouillon ou un plat en sauce. À cela il faut ajouter les **tubercules, graines et racines**

À l'étal d'un marché de rue.
R. Tissarand/Michelin

que l'on collecte en abondance dans la forêt, dans les champs et dans les mares, prodigues en lotus et en liserons d'eau. Papayer, bananier, bambou et palmier fournissent la matière première des salades et des soupes tandis que champignons et graines de lotus ou de sésame servent à agrémenter les plats. Potirons, haricots, choux et aubergines se cultivent dans les jardins ou sur les berges après la décrue. Ils se préparent à la vapeur *(nung)*, à l'eau *(tom)*, mijotés *(o)* ou sont simplement ébouillantés *(louak)*.

Les condiments

La **sauce d'huitre,** au goût sucre-salé, parfume les viandes, les légumes et les nouilles sautées. Le **cheo bong**, à base d'ail, de gingembre et de crevettes séchées, a une saveur particulièrement tenace. Comme le *prahoc* cambodgien *(voir p. 73)*, le **padek** est une saumure de poisson mélangée à du piment, des fines herbes et de la sauce soja. Il est en quelque sorte la carte d'identité de la cuisine laotienne et s'utilise dans toutes les préparations. Le *kapi*, une pâte de crevette en saumure, le *kieou*, préparation de piment rouge, d'herbes et d'ail et le *nam pa*, sauce de poisson fermenté, s'emploient aussi beaucoup.

Principaux plats

Les soupes

En guise de petit-déjeuner, les Laotiens consomment un **phò**, bouillon parfumé où l'on plonge des nouilles, des boulettes de viande et de menus morceaux de poulet ou de porc, puis des pousses de soja et des feuilles de coriandre pour ajouter une touche de fraîcheur. Chacun l'accommode à son goût d'épices, de sauce soja ou de *padek*. On y ajoute des piments et des éclats de cacahuète pour relever le goût
Dans le **keng no mai**, le fumet des champignons, du riz gluant et des pousses de bambou se mêle à l'odeur mentholée des feuilles de *yah nang*, une plante aux vertus médicinales.

Les salades

Très consistant, le **nem lao**, une salade de riz frit tout en saveurs, se déguste avec des feuilles de salade, de la menthe et de la coriandre. La **salade de papaye verte** *(tam mak hong)*, orgueil de la table laotienne, est agrémentée d'ail pilé, de feuilles de combava (ce citron vert à la peau bosselée que vous verrez sur les marchés) coupées en fines lanières, de coriandre, de cacahuètes grillées, le tout rehaussé d'un savant mélange de piment, de sauce de poisson, de pâtes de crevette et de crabe, afin d'obtenir un bouquet acide avec un léger goût de saumure. La **salade de poulet et de coriandre hachés** *(laab kai)* se déguste avec du riz gluant. Chaque région a ses propres recettes, les salades d'algues de rivière séchées *(thao)* et de cresson étant les grandes spécialités de Luang Prabang.

Le poisson

Le Mékong et ses affluents procurent diverses espèces de **poissons d'eau douce** *(pa)*, notamment des silures, des têtes-de-serpent et du poisson-chat, qui se retrouvent sur les étals de tous les marchés. Ils sont cuisinés en soupe, en tartare, grillés ou cuits à la vapeur.

Les viandes

Bœuf *(neua)*, porc *(mou)* et canard *(pét)* sont préparés de la même façon que le poisson : en ragoût, grillés, tartare, en sauce ou **cuits à la vapeur** *(mok)*. Comme l'*amok* thaï ou cambodgien, le **mok**, préparé avec du lait de coco, de la citronnelle et un peu de *padek*, est cuit en papillote dans une feuille de bananier. On accommode de cette manière les divers types de viandes, et non seulement le poisson. Le **mok de canard farci** *(mok pét)* fait partie des trésors gastronomiques. Les **sin savanh** et **sin heng** sont de fines tranches de bœuf, préalablement séchées au soleil et marinées dans une sauce sucrée, assaisonnée de sel et de poivre. Plutôt considérées comme un amuse-gueule, elles peuvent aussi se consommer frites. Une variante, la **fondue laotienne** *(sin dat)*, consiste à griller sur une

Brochettes sur un marché de nuit, à Vientiane.
P. Tisserand/Michelin

plaque chauffante des lamelles de viande, tout en faisant cuire dans un bouillon légumes et herbes ; on trempe ensuite les aliments dans une sauce pimentée.

Incontournables, les **grillades** (canard, poulet, travers de porc, poisson et calamar) se dégustent dans n'importe quel marché de nuit ou petite gargote spécialisée.

Le **porc,** assaisonné de citronnelle, de galanga et autres épices, entre dans la composition des **saucisses** *say houa* et *say kork*, qui peuvent aussi se servir en salade *(koy mou)*. Dans le **som mou**, grande spécialité charcutière du Laos, il se mêle à du riz gluant, du piment, de l'ail et de la couenne, le tout roulé dans une feuille de bananier.

Les spécialités reines

Les plats les plus gourmands occupent une place de choix sur la table de fête. Le **o lam** est un ragoût de bœuf ou de poulet, plutôt relevé, parfumé à l'aneth et poivré par l'écorce de sakham, servi avec des aubergines et des champignons gluants.

Le **laab** – « chance » en lao – est le plat national. Il s'agit d'une sorte de tartare de poisson ou de viande, pilé au mortier, mariné dans un jus de citron vert et mêlé à divers condiments dont le piment. Il se mange avec des boulettes de riz gluant et de la salade verte. Une variante, le *laab leuad*, se prépare avec du sang de canard ou de porc, de la viande, des tripes cuites, des herbes, du piment, du sel, du citron et divers condiments. Réservé aux grandes occasions, le poulet grillé parfumé *(kai ping)* a préalablement été découpé en petits morceaux qui doivent mariner dans un mélange de sel, de poivre et de citronnelle.

Les douceurs

Le **riz gluant sucré** sert de base aux desserts les plus courants. Cuit au lait de coco dans un tronc de bambou évidé, il est proposé avec de petites bananes parfumées ou des patates douces. Le *khao tom*, constitué des mêmes ingrédients additionnés d'une banane, se cuit en papillote dans une feuille de bananier. On le confectionne surtout pour les cérémonies religieuses ou le *baci*. Fondant et onctueux, le **flan à la noix de coco** *(khaonom mokeng)*, garni d'échalote frite, se mange nature ou accompagné de riz gluant à la noix de coco. En saison, il ne faut pas manquer le *khao niamak muang*, un pudding fait de riz gluant, de mangue et de lait de coco.

Les boissons

À toute heure vous verrez les Laotiens siroter du **thé vert** ou du **café**, parfois coupé avec du riz torréfié, servi fort et très sucré, plus souvent glacé que chaud, parfois avec du lait concentré.

La Beerlao, la **bière** nationale, est sur toutes les tables à la moindre réjouissance. Cette bière blonde produite à base de riz a un goût malté et légèrement sucré. Sa version brune (Beerlao Dark), moins consommée, est de bonne qualité. D'une belle couleur ambrée, la Lao Bia, à base de fleur de palmier, fait penser au caramel par son goût.

Sur les berges du Mékong, vous humerez peut-être l'odeur piquante du **lao lao**, l'alcool de riz, en plein processus de macération. Les villageois font tremper et cuire le riz dans de grands tonneaux avant de le filtrer et de le verser dans de grandes jarres noires au ventre dodu, mêlé à des farines végétales issues de la forêt. Après fermentation, le liquide passe dans un alambic pour être filtré, puis versé dans une jarre de conservation. Lors des fêtes, on boit également le *lao hai*, un alcool en jarre, dont le goût rappelle celui du saké.

Religion

Dans l'aube naissante, des silhouettes drapées de toges orange s'avancent silencieusement en file indienne, un bol de bois à la main ou suspendu à l'épaule : tous les matins, les moines s'en vont ainsi quêter le riz de leur repas. Le bouddhisme imprègne chaque heure du quotidien. La ferveur qui l'inspire montre sa noblesse dans les ors des pagodes, mais aussi dans le rituel des offrandes qui resserrent les liens des fidèles autour d'un même idéal : veiller sur son karma pour le rendre meilleur. Le Laos est pluriel et, avant de faire siennes les convictions du bouddhisme theravada, il professait l'animisme, qui continue d'imprégner les us et les coutumes. Les peuples des hauts plateaux vénèrent les « phi » (esprits), tandis que les Hmongs montrent des penchants pour le christianisme.

Le bouddhisme

Les Laotiens, comme les Cambodgiens, professent le **bouddhisme theravada** ou du « Petit Véhicule ». Les épisodes marquants de la vie du Bouddha, répétés dans chaque pagode, aident les fidèles à assimiler les concepts d'une philosophie de vie abstraite en l'illustrant.

LA VIE DE BOUDDHA

Siddharta Gautama naît en Inde au 6e s. av. J.-C., dans une famille princière de la caste des Shakya. La reine Maya avait vu en songe un éléphant blanc, annonciateur de sa grossesse. Elle donne naissance à l'enfant dans un jardin, debout, entourée de ses servantes, tenant d'une main la branche d'un **arbre sal**.

Fils de roi, Siddharta est lui-même appelé à devenir *çakravartin* (souverain universel). Il vit entre les murs du palais, ignorant tout du monde extérieur et de ses souffrances ; il y épouse Yasodhara dont il a un fils, Rahula. Un jour, lors d'une promenade aux abords du palais, il fait **quatre rencontres** décisives : il croise successivement un malade et un vieil homme, voit un cadavre et rencontre un moine mendiant. C'est la découverte des grands maux de l'humanité – et du seul moyen d'échapper à la souffrance qu'ils engendrent.

Il a alors 29 ans et décide de **renoncer au monde**. Il quitte nuitamment le palais, où il laisse sa femme et son fils endormis, pour entamer sa quête spirituelle.

Commence une longue période où Siddharta, devenu moine à son tour, mène une **vie d'ascèse**, passant ses jours à méditer au pied d'un arbre. Sept ans s'écoulent ainsi. Ne trouvant ni la paix de l'esprit, ni l'apaisement de sa souffrance, Siddharta abandonne ces rudes pratiques et continue sa recherche spirituelle sans les excès de l'ascèse. Ayant trouvé cette **voie du Milieu**, ou voie moyenne, il atteint l'**Éveil**, ou illumination, au pied d'un banian : il est devenu Bouddha.

L'Éveillé passe la suite de son existence à révéler la vérité et à **enseigner à ses disciples**, toujours plus nombreux, la voie de la délivrance, celle qui permet d'éviter

Quête matinale des bonzes dans les rues de Luang Prabang.
P. Tisserand/Michelin

la souffrance et conduit au **nirvana**, mettant fin au *samsara*, le cycle infini des renaissances.

Il meurt à l'âge de 80 ans, après plus de 40 ans passés à diffuser son enseignement. Ce dernier épisode, symbolisé par le bouddha couché présent dans toutes les pagodes, est celui du *mahaparinirvana*, la **Grande Extinction**.

LES PRINCIPES FONDATEURS

Pour la doctrine bouddhique, l'existence peut se résumer à trois notions fondamentales. L'**impersonnalité** envisage la vie comme une succession d'états, sans relation de causalité : l'individu ne peut changer son cours. L'**impermanence** rappelle que toute chose est éphémère et appelée à muter. L'**insatisfaction** de l'homme est à l'origine de sa souffrance. La pratique de la **méditation** permet d'atteindre l'**Éveil** et de se délivrer de la souffrance par la connaissance des rouages de l'existence.

Conscient de la difficulté à partager son expérience, le Bouddha met en mouvement la **roue du dharma** (doctrine bouddhique). Il explique à ses cinq premiers disciples comment, après avoir expérimenté les extrêmes, d'abord dans sa jeunesse luxueuse puis dans ses années d'ascèse, il a choisi cette **voie du Milieu**, la seule qui puisse conduire à la tranquillité et à la connaissance suprême.

Il poursuit par l'enseignement des **Quatre Nobles Vérités** : toute existence est souffrance ; cette souffrance a une origine ; elle peut prendre fin, à condition de suivre le bon chemin.

Cette voie que Bouddha propose d'emprunter est celle du **Noble Sentier octuple** (vision parfaite, émotion parfaite, parole parfaite, action parfaite, moyens d'existence parfaits, effort parfait, prise de conscience parfaite et méditation parfaite), qui associe le cheminement intellectuel et le travail sur soi. La « vision parfaite » implique une perception claire de la nature intrinsèque des choses, tandis que les autres aspects du Noble Sentier octuple

LES BRANCHES DU BOUDDHISME

Le **Petit Véhicule (hinayana)** se fonde sur les enseignements premiers du Bouddha, le Maître qui a montré la voie pour se libérer de la souffrance. Seuls les religieux parviennent à l'Éveil ; les laïcs doivent enchaîner les actes méritoires dans leurs vies successives pour espérer échapper au *samsara* (cycle des renaissances). Seule branche du hinayana à avoir survécu, le **theravada** se confond pratiquement avec lui. Cette école considère la recherche de l'Éveil comme une démarche individuelle ; elle est la plus fidèle à l'enseignement du Bouddha. C'est la forme du bouddhisme adoptée par l'Inde du Sud, le Sri Lanka, la Birmanie, la Thaïlande, le Laos et le Cambodge.

Le **Grand Véhicule (mahayana)** résulte de concepts bouddhiques réformés, qui mettent l'accent sur la compassion. Le **bodhisattva**, être éveillé qui retarde son entrée dans le nirvana pour guider ses prochains, y est préféré à l'**arhant**, le sage du Petit Véhicule, qui devient automatiquement un bouddha une fois parvenu à l'Éveil. Selon le mahayana, l'Éveil est accessible aussi bien aux laïcs qu'aux moines. Apparu en Inde au 1er s. av. J.-C., ce courant s'est répandu en Chine, au Tibet, en Mongolie, en Corée et au Japon.

Le **Véhicule de Diamant (vajrayana)**, dit aussi bouddhisme tantrique, est apparu au Tibet au 8e s. Basé sur l'enseignement du Bouddha, il recourt à diverses méthodes de développement spirituel, sollicitant l'esprit, la parole et le corps pour parvenir à l'Éveil. Il se fonde sur une série de textes ésotériques, les *tantra*, transmis par le lama (maître) à ses disciples.

se rapportent à la transformation entière et complète de l'être.

UNE PHILOSOPHIE DE VIE

Le Bouddha ne se prétend pas prophète : il se contente de **montrer la voie** de la délivrance par la pratique de la méditation. Il n'est qu'un maître parmi d'autres, qui fait part de son expérience personnelle pour devenir un être éveillé.

Du jaïnisme, qui se développe à la même époque dans le nord de l'Inde, le Bouddha a repris les notions de **non-violence** et de recherche du salut par des actes de compassion. Du brahmanisme, il a gardé les idées de **karma**, la loi de cause à effet, et de **samsara**, le cycle des renaissances (incarnations).

Sa doctrine s'est longtemps transmise sur le mode oral, avant d'être consignée dans les textes du **canon bouddhique**, le *Tipitaka (voir plus loin)*.

En l'absence d'une orthodoxie officielle, le bouddhisme s'est ramifié en trois tendances *(voir encadré ci-dessus)*. D'une grande tolérance, il s'est progressivement implanté dans les pays voisins de l'Inde en y prenant des formes locales, respectueuses des us et coutumes autochtones.

L'ÉCOLE DU THERAVADA

Cette école des « Anciens » s'appuie sur un canon rédigé en pali, le **Tipitaka** (« Triple Corbeille »), qui établit une compilation de textes reprenant les paroles du Bouddha et les divise en trois **« corbeilles »** : discipline, discours, dogmatique.

Les **Trois Joyaux** – le Maître (Bouddha), son enseignement (le *dharma*), et sa communauté spirituelle (le *sangha*) – constituent les **Trois Refuges** au sein desquels les fidèles trouvent protection, encadrement et directives spirituelles.

Plutôt conservatrice, l'école du theravada axe son enseignement sur la nécessité de renoncer au monde et à toute forme de vie matérielle pour atteindre la sagesse. Les renonçants vivent en reclus dans des monastères et consacrent leur temps à la méditation. Le theravada concerne aussi bien les moines que les laïcs : les enseignements sont communs, et les résultats obtenus complémentaires. Chacun œuvre pour son propre salut, la force de l'exemplarité agissant sur l'ensemble de la communauté.
Le theravada ne fait pas de la vie monastique une règle absolue ; les monastères ne pourraient de toute façon pas exister sans le soutien des laïcs, qui fournissent aux bonzes nourriture, vêtements, etc. C'est même le rôle de la communauté laïque : pourvoir aux besoins des moines pour qu'ils puissent s'adonner en toute quiétude à l'idéal du renoncement.

Bouddha au Laos

Demeuré religion d'État jusqu'à l'institution de la république, en 1975, le bouddhisme est pratiqué par environ 60 % de la population.

DES VALEURS ET UN OBJECTIF

Référent spirituel, social et comportemental, le bouddhisme guide les fidèles tout au long de leur vie. Ses valeurs fondamentales, la sagesse, la compassion, la paix ou la solidarité, conditionnent la vie en société. Chacun se sent le maillon d'une chaîne qui le relie au **sangha**, la grande communauté bouddhique.
Pour espérer atteindre le nirvana, il faudrait délaisser les plaisirs du monde et adopter la vie ascétique des moines. Dans leur majorité, les fidèles sont plus enclins à fournir les efforts qui allégeront leur **karma** en réduisant le nombre de leurs réincarnations, plutôt que de suivre les voies du détachement.

UNE IMPLICATION AU QUOTIDIEN

Même s'il n'impose aucune pratique autre que le travail sur soi par la méditation, le bouddhisme theravada imprègne chaque moment de la vie de tous les jours.

Procession matinale

Dès 5h, on termine la préparation du riz qui sera offert aux moines marchant en procession pour le **tak bat** *(voir p. 470)*, la quête quotidienne. Dans chaque ville, les habitants se lèvent avant le soleil pour satisfaire au rituel. Déchaussé, agenouillé sur des nattes, chacun se tient prêt à déposer la nourriture dans les bols à aumône. C'est à Luang Prabang, ville de forte tradition monastique où des centaines de bonzes défilent chaque matin dans les rues, que ces processions se font les plus spectaculaires.

Détour par la pagode

Les fidèles se rendent à la pagode à leur convenance pour y faire des **offrandes**, prier, méditer, demander des conseils ou écouter les moines réciter des **sutra** (textes bouddhiques). Il n'y a pas d'obligation à fréquenter assidûment les lieux de culte mais le poids des traditions et des usages sociaux joue : les visites y sont régulières, on accomplit volontiers ses dévotions au vu et au su de tout le *sangha*.

Des actions méritoires

Accomplir une bonne action permet d'acquérir un **mérite** personnel. Le mérite *(boun kousonh)* et la fête *(boun)* ont partie liée. Organiser des célébrations répond à un triple objectif : s'assurer un *boun kousonh* ; en faire bénéficier les parents disparus ; agir pour le bien de la société en réunissant le cercle amical autour d'un *baci* *(voir p. 360)*, point d'orgue des civilités laotiennes. Contribuer à une œuvre charitable, partir en pèlerinage, enseigner les préceptes du Bouddha, respecter les aînés sont autant d'actions valorisantes susceptibles d'améliorer le *karma*. Elles ont en outre des répercussions positives immédiates dans la société. La construction d'une pagode, acte particulièrement méritoire, vaut au donateur un titre de prestige consigné sur les murs de l'édifice.

SON ORGANISATION SOCIALE

Le Laos compterait quelque 22 000 moines. Les femmes sont bien moins nombreuses : on ne recense dans le pays que 450 nonnes, crâne rasé elles aussi, mais portant une toge blanche. Les bonzes appartiennent à deux ordres, le **Thammayudh** et le **Mahanikai**, comme au Cambodge *(voir p. 75)*. Les communautés monastiques de Vientiane se réclament plutôt du Thammayudh, qui met davantage l'accent sur la discipline personnelle.

Une journée bien réglée

Un emploi du temps immuable règle la vie des bonzes. À 4h, la cloche sonne le réveil, auquel succède un temps de méditation. Vers 6h30, les moines sortent pour le *tak bat*, la quête. De retour vers 7h ou 8h, ils mangent puis se réunissent pour réciter les *sutra*. À 10h, le gong annonce la venue des fidèles apportant le déjeuner. Ce repas doit être pris avant midi, les bonzes devant ensuite jeûner jusqu'au lendemain. En milieu d'après-midi, ils se livrent à divers travaux de nettoyage dans la pagode et, vers 18 h, ils se réunissent pour une dernière prière avant l'extinction des feux, vers 21h.

La retraite monastique

Plus de la moitié de la gent masculine effectue un passage de trois mois au monastère avant l'âge adulte. La plupart y retournent à des moments clés de l'existence pour de courtes retraites.
Par piété filiale, un garçonnet peut prendre l'habit durant quelques jours, après un décès dans sa

Maître et élève au *vat*.
P. Tisserand/Michelin

famille par exemple. Avant de se marier, le jeune homme effectue une retraite où il est tenu de respecter les **préceptes de base** valables au quotidien pour tous les bouddhistes – ne pas tuer, voler ni mentir, ne pas céder à la colère ni à la cupidité, maîtriser ses sens, s'abstenir de consommer de l'alcool ou des drogues – auxquels s'ajoutent quelques **règles spécifiques** fondamentales pour les bonzes : s'abstenir de toute pratique sexuelle, ne pas consommer de nourriture après le passage du soleil au zénith, renoncer à s'apprêter et à se distraire, ne pas s'asseoir sur un siège honorifique (position qui flatterait l'orgueil). Selon les communautés monastiques, le nombre des règles à suivre par les bonzes comme par les résidents de passage peut excéder largement cette dizaine de commandements élémentaires.

Histoires de clocher

Dans les campagnes, plus attachées à la tradition religieuse, la **vie sociale s'organise autour du vat**, la pagode. Chaque village comporte au moins un *vat*, qu'il est méritoire d'entretenir. Les villageois s'y réunissent pour assister aux cérémonies, prière, prise de robe, etc., ou pour partager un moment de convivialité lors des festivités. La présence d'écoles primaires dans l'enceinte de certains *vat* rappelle que les enfants étaient éduqués par les moines avant que le système laïque ne mette en place ses propres établissements. Comme les bonzes, les villageois vivent au son quotidien du **gong** qui annonce les offrandes matinales, celles de la mi-journée, et clôt le travail dans les champs.

UNE PRATIQUE EN DÉCLIN ?

Le bouddhisme laotien connaît un certain déclin depuis les années 1980. Pourtant, lorsque le pays s'est ouvert au monde en 1989, les autorités ont cherché à protéger l'identité laotienne en brandissant le bouddhisme comme étendard. En 1992, un stupa a même remplacé le marteau et la faucille sur l'emblème national, tandis qu'une politique de grands travaux était lancée pour restaurer les pagodes.
Mais l'ouverture au monde aidant, la société laotienne se montre moins friande de spiritualité que jadis ; en témoignent le statut de bonze, en perte de prestige, et le nombre élevé de novices qui préfèrent revenir à la vie laïque après avoir étudié au monastère. D'autre part, bien que la liberté du culte soit inscrite dans la Constitution, le contrôle de l'État s'exerce constamment. Les instances bouddhiques doivent se plier à la ligne gouvernementale, qui interfère dans le domaine du religieux. Le Grand Vénérable qui siège à la tête de la communauté monastique réside à Vientiane où il est chargé par les autorités de superviser les activités du bureau central des affaires bouddhiques.

Le culte des « phi »

Les minorités ethniques des hauts plateaux vénèrent les *phi*, les esprits, survivance d'une pratique animiste encore très répandue au Laos. Le culte des ancêtres et celui des génies font bon ménage avec les croyances officielles là où le bouddhisme s'est répandu. Les Laotiens, volontiers superstitieux, considèrent que le corps possède **32 khouan** (âmes) ayant une fâcheuse tendance à s'échapper ; aussi faut-il les rappeler par une cérémonie spécifique, le **baci** *(voir p. 360)*. Il est courant également de consulter un devin.

DES ALIMENTS AUX VERTUS SURPRENANTES

Certains aliments jouent un rôle essentiel dans les rituels pour honorer ou contenir les *phi*. C'est ainsi que l'œuf cru décide du lieu de la crémation. Il est jeté à l'endroit choisi ; s'il reste entier, le lieu est déjà « habité » ; s'il se brise, la cérémonie funèbre peut s'y dérouler : l'esprit de Mae Thorani, déesse de la Terre, a parlé ! L'œuf dur est offert aux jeunes mariés comme un symbole d'union durant leur vie de couple. Le buffle tient une place importante dans les rituels chamaniques : on offre son foie, son sang, sa queue, ses pattes et sa tête aux esprits pour demander la guérison d'un malade.

Phi des villes et phi des champs

Ces esprits et génies forment un **panthéon hiérarchisé**. Ses divinités célestes, les **phi ten**, appelées aussi *phi fa* (ou *tevoda* quand elles s'assimilent au panthéon hindou), s'occupent de la bonne marche du monde en prenant soin des hommes. Les **huit directions** – quatre cardinales et quatre intercardinales – sont protégées par des **lokapala**, personnages reconnus par le bouddhisme.

D'autres *phi* cohabitent avec les humains ; ils séjournent dans les arbres, les montagnes, les cavernes, à l'embouchure des rivières ou dans les rapides, etc.

Chaque localité possède son **génie gardien**, Phi Muang dans les villes et Phi Ban dans les villages. Phi Ta Hek protège les rizières, Phi Vat la pagode, tandis que Phi Huan, lié au culte des ancêtres, veille sur la maisonnée. Toutes ces divinités locales ont charge de protéger un territoire défini et d'assurer la prospérité matérielle de ses habitants. En revanche, elles n'interviennent pas sur le plan de la moralité.

Les villageois leur dressent une **maisonnette** au pied d'un arbre, devant leur propre demeure, et y déposent chaque jour des offrandes, riz gluant, encens ou boissons. Selon les régions et les ethnies, les cultes peuvent comporter des sacrifices et des libations. Sur le plateau des Bolaven, on immole des buffles en leur honneur à la pleine lune de janv.-fév. Un *boun* est célébré pour eux en mai-juin, avant les pluies. Comme au Cambodge *(voir p. 59)*, la fête des Morts est censée réconforter les âmes errantes.

Mauvais esprits

Les **esprits malins** incarnent tout ce qui a échoué dans le cosmos. Ils errent dans les endroits solitaires et inexplorés tels que les forêts et les grottes. Ils s'attaquent aux humains la nuit et durant les événements éprouvants de la vie, comme l'enfantement ou l'agonie. Ils peuvent revêtir la forme d'un spectre *(phi lok)*, d'un vampire *(phi phong)*, ou d'âmes errantes *(phi phetou)*, tragique destin qui est le lot des personnes décédées de mort violente ou inexpliquée.

Les *phi pob* sont des **esprits nuisibles** susceptibles de voler l'âme des humains, de s'introduire dans leurs entrailles et de corrompre leurs fonctions vitales. Mieux vaut les éviter ou, à défaut, tenter de se concilier leurs bonnes grâces ou de les tromper par un subterfuge. Un proverbe local dit que « les personnes rassasiées disent du bien de nous, et les esprits rassasiés nous protègent bien ». Les Laotiens estiment donc nécessaire d'entretenir les **autels** et de les garnir de nourriture en quantité suffisante. Dans le sud du pays, on leur présente des plateaux d'offrandes salées, tandis que dans la région de Luang Prabang, on préfère leur donner des plateaux d'offrandes sucrées.

Les autres religions

Si le bouddhisme reste la religion la plus suivie et la plus tolérée, des efforts ont été consentis par l'État en faveur de la pluralité religieuse depuis les années 2000.

LE TAM GIAO

Cette « triple religion » trouve ses adeptes dans les communautés chinoise et vietnamienne, importantes au Laos. Le terme, d'origine vietnamienne, signifie littéralement « Trois Enseignements ». Il conjugue des éléments propres au **bouddhisme mahayana** *(voir p. 372)*, au **taoïsme** et au **confucianisme**.

Là où seul Shakyamuni, le Bouddha historique, trône dans les pagodes bouddhiques, il s'entoure, dans les pagodes sino-vietnamiennes, de deux autres figures majeures du mahayana : Amithaba, le Bouddha du passé, et Maitreya, le Bouddha à venir. Le bouddhisme du Grand Véhicule se distingue par son orientation plus pragmatique, tournée vers l'action plutôt que vers l'introspection. Autre différence majeure avec celui du Petit Véhicule, il fait du salut une affaire collective.

Du taoïsme, le tam giao reprend les notions d'**harmonie avec la nature** et de fusion avec le reste de l'univers : c'est le **dao** (la Voie), dont le yin et le yang sont les deux aspects complémentaires. Le dao, qui régit l'ordre naturel et l'unité fondamentale, organise l'univers selon la théorie des cinq éléments (bois, feu, terre, métal et eau), auxquels s'associent cinq couleurs (bleu, rouge, jaune, blanc et noir), cinq directions (est, ouest, nord, sud et centre), etc.

Des enseignements de **Confucius**, le tam giao tire ses aspects de **doctrine morale**. Les préceptes du vieux maître chinois régissent la vie sociale et politique. Ils attribuent à chacun sa place dans la société, la famille, etc. Ils enseignent les vertus et dictent les devoirs, en mettant l'accent sur la piété filiale, le respect des ancêtres et des institutions, la loyauté ou encore la dignité.

LE CHRISTIANISME

Au nombre de 150 000, les chrétiens représentent moins de 2 % de la population. L'Église catholique, l'Église évangélique lao et l'Église adventiste du Septième Jour rassemblent les membres de la communauté. Introduit en Indochine par les Français au 17e s., le christianisme n'a pas rencontré une grande audience au Laos, bien que le quart de la population hmong y ait adhéré. De son côté, l'État continue de se montrer suspicieux envers une religion associée au **colonialisme**. Le clergé, qui n'a jamais caché son opposition au communisme, est placé sous étroite surveillance. Le nombre de lieux de culte en activité est limité, et dans les campagnes, des églises peuvent être fermées sans préavis, sur décision des autorités locales.

LE BAHAÏSME ET L'ISLAM

Ces deux religions sont pratiquées par moins de 1 % de la population. La **foi bahaï** s'est exportée au Laos en 1950 par l'entremise d'un homme d'affaires iranien. Elle prône l'union de tous les peuples du monde dans une cause universelle et une croyance commune.

L'**islam** compte peu d'adeptes, et la plupart sont des immigrés venus d'Inde et du Pakistan. Les Chams *(voir p. 51)*, qui se sont réfugiés au Laos pour fuir les persécutions des Khmers rouges, forment un mouvement non prosélyte dénommé « Société musulmane lao ».

Art et architecture

Exclusivement religieux, le patrimoine artistique du Laos porte la trace des alliances et des métissages qui ont jalonné son histoire. Des influences tour à tour siamoises, khmères, birmanes ou chinoises se devinent ici dans la courbe d'un « that », une tour-reliquaire, là dans la puissance d'un temple de pierre, là encore dans l'ornementation d'une porte de pagode ou d'une fresque. Au 14e s., le royaume du Million d'éléphants a su élaborer une architecture originale. En l'honneur du Bouddha se construisent alors des structures fragiles et irréelles, dont les toitures savantes semblent caresser le sol, dont les dentelles de bois et de stucs saturées de dorures retiennent le regard. Les plus belles réalisations s'admirent à Luang Prabang, classée au Patrimoine mondial de l'Unesco en 1995. D'une rare délicatesse, ses monuments témoignent du savoir-faire des artisans laotiens.

Mystère des origines

Les traces de présence humaine au Laos remontent à la nuit des temps. Dans la province de Houa Phan (nord-est), le massif de Pa Hang est criblé d'abris-sous-roche et de cavités. La découverte en 2009 de fragments de crâne dans la grotte de Tham Pa Ling a relancé le débat sur la colonisation du Sud-Est asiatique par Homo sapiens, présent sur le sol de la région depuis plus de 50 000 ans.

LES ÂGES PRÉHISTORIQUES

Dans la province de Houa Phan, le long d'une crête isolée et autour du site archéologique du **Sao Hin Tang**, ont été dénombrés quelque 1 700 mégalithes (stèles et disques de pierre) que l'on estime remonter à env. 1000 av. J.-C. Sur les hauts plateaux du Xieng Khouang s'étend le site énigmatique de la **plaine des Jarres** : taillées dans des blocs de grès, plusieurs centaines de jarres colossales, dépourvues de décorations comme d'inscriptions, s'éparpillent par groupes sur une zone très étendue. Certaines ont conservé un disque de pierre qui a pu servir de couvercle. Les archéologues avancent avec beaucoup de prudence une possible datation comprise entre 2000 av. J.-C. et 500 apr. J.-C., mais ne savent pas à quelle peuplade les attribuer. S'agissait-il d'urnes funéraires, de cuves pour stocker le grain et les liquides ? Avaient-elles même toutes un usage identique ? Le mystère n'est pas élucidé *(voir p. 454)*. D'une manière générale, l'absence de contexte archéologique précis, la difficulté d'accès aux sites et la dangerosité de terrains encore lourdement minés rend difficile l'investigation au Laos.

L'HÉRITAGE KHMER

Les Khmers, qui dominèrent le sud du Laos entre le 10e et le 14e s., ont légué dans la province de Champasak l'exceptionnel sanctuaire shivaïte de **Vat Phu**, s'adossant à une montagne sacrée. La présence d'une source au pied de la falaise a probablement déterminé

Détail des portes du Vat Mai, à Luang Prabang.
P. Tisserand/Michelin

le choix de l'emplacement.
À cet ensemble religieux s'associe une cité préangkorienne datée du 5e s., aujourd'hui réduite à ses fondations, qui fut probablement la capitale du **Tchen-la de terre** *(voir p. 103)*. Des inscriptions découvertes sur le site prouvent que le roi Mahendravarman y résida à la fin du 6e s., avant son installation à Sambor Prei Kuk (Cambodge). Lorsque la capitale de l'empire khmer s'établit définitivement à Angkor, ses souverains successifs continuèrent d'embellir le sanctuaire ancestral de Vat Phu, dont l'importance religieuse a perduré jusqu'à nos jours.

L'architecture bouddhique

L'adoption du bouddhisme theravada au 14e s. s'accompagna de la construction de nombreux monastères. En dépit des contacts répétés avec les arts des pays riverains, le Siam (Thaïlande) notamment, les édifices laotiens témoignent d'une réelle originalité, tant dans l'architecture que dans la décoration. Le sacré joue un rôle essentiel dans la cité : la pagode n'est pas seulement un lieu de prière, mais aussi l'endroit où le don se concrétise et se transmue en mérite *(voir p. 76)*.

UN PATRIMOINE QUI A SOUFFERT

On ne sait quasiment rien des premières pagodes construites sous le règne de **Fa Ngum** (1353-1373), mais les traces des fondations montrent que leur taille était modeste. C'est à partir du 16e s., sous les règnes de Visoun (1500-1520), Phothisarath Ier (1520-1547) et Setthathirath (1548-1571), que leur plan devient plus complexe, intégrant à l'intérieur de l'enceinte monastique toute une série de bâtiments qui deviennent, pour certains, un lieu d'échange entre les bonzes et la population. À **Luang Prabang**, la construction du Vat Visounarat, destiné à abriter le Pra Bang, en 1513 *(voir p. 382)*, est suivie par d'autres (Vat Mai, Vat

Pak Khan, Vat That Luang, etc.) qui caractérisent le premier art. Au 16e s., les guerres qui ravagent le royaume de Lan Na (nord de la Thaïlande) poussent quelques citoyens siamois à s'installer à Luang Prabang. Leur influence s'étend au domaine artistique, qui développe une architecture en bois plus raffinée. Le *sim* (sanctuaire) se couvre alors d'une toiture en tuiles plus complexe, symbolisant les trois mondes de la cosmologie bouddhique. Le **Vat Xieng Thong**, attribué au règne de Setthathirath, peut être considéré comme le chef-d'œuvre de la période classique. Au 18e s., la ville de Luang Prabang comptait **65 pagodes**. La plupart furent détruites en 1887, mais 35 d'entre elles ont pu être restituées selon le modèle original, bien que la brique et le plâtre aient remplacé le bois.

À **Vientiane** se construisent plutôt des pagodes dans le **goût siamois**, dont le Ho Pra Keo (16e s.), qui hébergeait l'un des deux palladiums du royaume *(voir encadré p. 382).* Après la désagrégation du royaume du Lan Xang, **Anouvong** (1805-1828), le dernier souverain du royaume de Vientiane, entreprend la construction d'un nouveau palais et d'une pagode, le **Vat Si Saket** (1819-1824), seule structure ayant survécu au sac dévastateur de 1828. Il s'occupe aussi de reconstruire le **Pra That Luang** auquel il adjoint un cloître, et de rénover le Ho Pra Keo dans lequel un nouveau bouddha de jade remplace celui dérobé par les Siamois.

DANS L'ENCEINTE DE LA PAGODE

La pagode *(vat)*, lieu de résidence de la communauté monastique, obéit à une organisation très précise. Au milieu de la cour se dresse le sanctuaire ou **sim** (salle d'ordination), le bâtiment le plus grand et le mieux décoré, qui fait aussi office de salle d'assemblée. C'est une structure rectangulaire, qui, sauf exception notable, s'ouvre à l'est par un porche et se prolonge parfois à l'ouest par un second porche, dont l'entrée est réservée aux moines. L'intérieur, simple ou couvert de fresques, abrite les images du Bouddha. On y conserve aussi un **mobilier religieux**

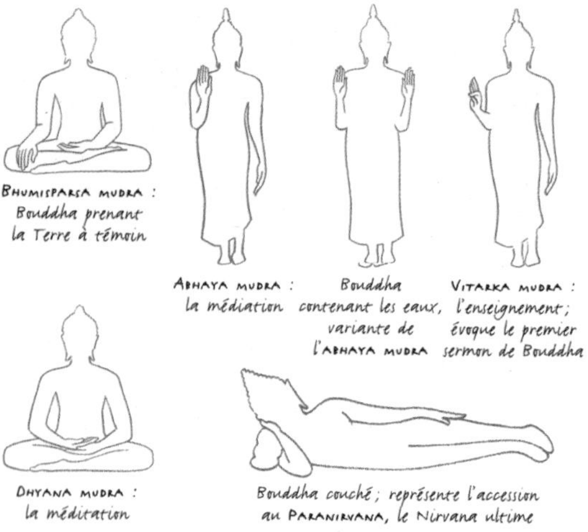

H. Choimet/Michelin

Quelques-unes des *mudra* les plus communes au Laos.

Les images du Bouddha

Bien que fortement influencée par les canons khmer et siamois, la statuaire laotienne s'est finalement créé un style bien à elle. Les artistes ont surtout cherché à représenter le Bouddha sous une **forme idéalisée**, décrite dans les textes saints.

UN CORPS STYLISÉ À L'EXTRÊME

Le corps, long et mince, aux proportions parfaites, est drapé d'une robe monastique qui découvre l'épaule. Une chevelure bouclée souligne l'ovale étiré du visage, aux arcades sourcilières curvilignes et au front dépourvu d'*urna*, le signe divin. Le regard est méditatif, une touche de nacre soulignant l'œil. L'oreille, très graphique, s'allonge, déformée par les pendants que portait Siddharta dans sa jeunesse princière. Au sommet du crâne, la protubérance de l'*usnisa* est présentée comme un chignon terminé en flamme ou en pointe exagérément haute.

MUDRA

Les représentations du Bouddha obéissent à une codification rigoureuse des postures *(asana)* et de la gestuelle des mains *(mudra)*. Assis ou debout pour prêcher, le Bouddha est figuré couché au moment de la Grande Extinction *(parinirvana)*. Au nombre d'une cinquantaine, les *mudra* fonctionnent comme des symboles des grandes actions de l'Éveillé. Voici celles que l'on retrouve le plus souvent au Laos :

Bhumisparsa mudra : **prise de la terre à témoin**. Symbole de la victoire sur Mara, c'est la *mudra* la plus courante. Assis, main droite sur le genou, les doigts touchant la terre, le Bouddha désigne la terre *(bhumi)* comme étant le témoin de son Éveil quand Mara, l'esprit du Mal, nie la réalité de celui-ci.

Dhyana mudra : **méditation**. Cette représentation, fréquente également, montre le Bouddha assis, main droite dans la main gauche au niveau du nombril, paumes vers le haut et pouces joints, paupières closes.

Dharmachakra mudra : **mise en branle de la roue de la loi**. Elle correspond au premier sermon délivré par le Bouddha à ses cinq disciples. On le voit debout ou assis, paume droite tournée vers l'extérieur et paume gauche vers le corps, pouce et index faisant cercle à hauteur de poitrine.

Vitarka mudra : **enseignement et argumentation**. Elle symbolise le prêche. Debout ou assis, le Bouddha porte la main droite au niveau de l'épaule, pouce formant un cercle avec l'index, doigts tendus ; la main gauche esquisse parfois le même geste au niveau de la taille ou repose à plat.

Abhaya mudra : **protection et absence de crainte**. Debout ou assis, main droite à hauteur d'épaule et tournée vers l'extérieur. Par ce geste, le Bouddha arrête un éléphant furieux qui menaçait de le tuer. Lorsque les deux paumes sont placées ainsi, il est dit « calmant l'océan » (lors d'une tempête).

Mettakaruna mudra : **bienveillance et compassion**. Debout, bras le long du corps, légèrement écartés, il est également désigné au Laos comme le geste du Bouddha « appelant la pluie ».

Une autre attitude fréquente est celle de la **contemplation de l'arbre de l'Éveil**. Bras tendus vers le bas, croisés au niveau des poignets, mains sur les cuisses, ce Bouddha, que vénèrent les natifs du dimanche, se tient sous le banian dans la cour des pagodes. Spécifique au Laos, le **Bouddha mendiant** *(oum bat)*, porte le bol à aumône à deux mains.

souvent finement ouvragé, en bois laqué et doré : des porte-luminaires, des chaises de procession, le *hang lin*, le conduit en forme de *naga* servant à ondoyer les statues de Bouddha durant les fêtes de Pimai.

Autour du sim

Les autres bâtiments entourent le *sim*, l'esplanade qui précède le sanctuaire devant rester vide. Selon son importance et sa richesse, le monastère comportera des abris à **tambour** et à **cloche**, situés à l'entrée, des **chapelles** voûtées contenant des autels, des salles de réunion et de méditation, des **that** (stupa), un **abri à pirogues** (elles servent lors des régates annuelles). Chaque pagode a aussi son **génie** tutélaire à qui l'on a dressé un autel sous l'**arbre de la Bodhi**, le banian sous le feuillage duquel le Bouddha aurait atteint l'Éveil. Les manuscrits et textes sacrés sont conservés dans des coffres précieux à l'intérieur de la **bibliothèque** *(ho trai)*. Les moines reçoivent les offrandes dans la **sala**, une structure ouverte sur trois côtés, qui sert aussi de lieu de rencontre avec les fidèles. Les **kuti**, bâtiments conventuels en bois ou en dur, désignent les logements et le réfectoire de la communauté monastique.

Le that

Le *that*, monument funéraire, est un stupa reliquaire dont la silhouette même commémore la vie du Bouddha : sa base carrée désigne le monde terrestre où il vécut, la partie arrondie qui la surmonte, tel un bol à aumône renversé, symbolise sa vie monastique, la flèche serait son bâton de pèlerin, tandis que l'ombrelle au sommet, pointant vers le ciel, souligne la dignité de l'Éveillé.

Le *that* peut revêtir une forme hémisphérique, en cloche ou en bulbe, cette dernière étant la plus répandue au Laos. Le plus célèbre, le That Luang, se trouve à Vientiane.

UNE INCROYABLE RICHESSE ORNEMENTALE

Une riche parure habille les sanctuaires, en stuc sur les murs, en bois ouvragé sur les portes et les volets. Des disciples en prière et des animaux, réalistes ou mythiques, sont représentés au milieu d'entrelacs végétaux aux courbes tourmentées. Dragon, *naga*, éléphants, oiseaux : tout un bestiaire mythologique protège les pagodes en écartant d'elles les mauvais esprits.

LES DEUX PALLADIUMS LAOTIENS

Deux statues particulièrement sacrées étaient considérées comme les palladiums du royaume du Million d'éléphants, à la fois ses emblèmes et les garants de sa pérennité. À Vientiane, le Ho Pra Keo abritait depuis 1560 une statue de jadéite, dite du **bouddha d'Émeraude**, que les rois du Lan Xang avaient ravie aux Siamois et que ceux-ci leur reprirent en 1778 *(voir encadré p. 430)*. Le second palladium, le **Pra Bang**, aurait été remis à Fa Ngum par son beau-père khmer, en 1359, pour l'aider à propager le bouddhisme theravada dans son royaume. Selon la légende, le bronze de cette statue, couverte de feuilles d'or, aurait été coulé au Sri Lanka entre le 1er et le 9e s. Tout comme les reliques, les tribulations d'images sacrées, dont beaucoup proviennent de Ceylan, pays d'où s'est diffusé le theravada, font référence aux traditions cultuelles qui ont accompagné l'introduction du bouddhisme au Laos. La statue n'était pas vénérée pour elle-même : elle représentait pour les fidèles la présence matérielle du divin.

Le superbe avant-corps du Vat That, à Luang Prabang.
R. Tirrerand/Michelin

Toitures

Simples ou multiples, leurs toitures incurvées qui descendent très bas vers le sol, d'une suprême élégance, sont sans doute la caractéristique la plus connue des pagodes du Laos. C'est surtout à Luang Prabang qu'on les verra. Dans certains sanctuaires, les toitures « multi-pans » se recouvrent en donnant un effet d'**emboîtement** ; d'autres présentent une ou deux lignes de cassure qui, en créant des **ruptures de pente**, soulignent cette allure évasée. Elles prennent appui sur des piliers de taille égale ou décroissante – cela se voit surtout lorsque l'édifice comporte un porche. Ces différences ont servi de base pour tenter de classer les pagodes selon un style, une époque ou une région – une tâche rendue fort complexe par les multiples remaniements intervenus dans les deux derniers siècles et le mélange de caractéristiques architecturales diverses dans un même édifice.

Prolongeant les extrémités des pans de la toiture, les **épis de faîtage** prennent la forme de **chofa**, des dragons ou des *naga* stylisés. Au centre, le **dok so fa**, cet ornement métallique triangulaire affectant la forme d'une pyramide, symbolise l'univers.

Lorsqu'une **galerie** (ou véranda) entoure le sanctuaire, ses piliers sont surmontés de figures mythologiques protectrices, oiseaux ou *naga*, qui soutiennent la toiture.

Stucs et boiseries

À l'extérieur comme à l'intérieur du sanctuaire *(sim)*, les scènes de la vie du Bouddha se développent parmi une multitude de motifs stylisés, empruntés au monde végétal et animalier. Les créatures mythiques comme Airavata, l'**éléphant à trois têtes**, les **naga**, serpents sacrés et protecteurs, ou les **kinnari**, femmes-oiseaux symboles d'amour, de grâce et de séduction, donnent une symbolique supplémentaire. La blancheur des murs met en valeur la décoration en bois sculpté et les dorures. Les décors végétaux évoquant la liane ou l'arbre

Le jataka de Vessantara

Les fresques des pagodes racontent les histoires préférées des fidèles : les moments clés de la vie du Bouddha *(voir p. 370)*, mais aussi de celle du **prince Vessantara**, avant-dernière incarnation *(jataka)* du Maître. On en retrouve le récit en images un peu partout, autant au Laos qu'au Cambodge. Il est structuré en une quinzaine de tableaux peints à l'intérieur ou à l'extérieur du *sim*. Chaque *jataka* vante une vertu bouddhique : celui de Vessantara figure la générosité absolue, qu'illustre chacun des épisodes de sa vie légendaire.

L'EXIL

L'histoire peinte commence par les vœux que formule la future mère du prince Vessantara, ses **épousailles** avec Sri Sousay, le roi de Pasesay, puis la naissance de son fils.

Un jour qu'il distribue les aumônes, le jeune prince fait cadeau de son **éléphant** blanc, l'animal sacré du royaume. Le peuple, mécontent, demande au roi d'exiler son fils. Celui-ci organise une dernière grande cérémonie d'offrandes avant de quitter la ville avec son épouse **Matri** et leurs deux enfants, **Jali et Kanha**. En chemin, il se défait de son char et de ses **chevaux**. Il arrive dans la ville de Jetarat.

DANS LA FORÊT HIMABHALA

La petite famille continue son périple vers la montagne Aransara Kiri, dans la forêt Himabhala, où Vessantara et Matri entament une vie d'ascèse. Dans le même temps, cédant aux instances de sa femme, un cruel **brahmane**, **Jujaka**, a quitté sa maison pour se mettre en quête de serviteurs. Il rencontre un **chasseur**, que le roi de Jetarat a chargé de protéger Vessantara, puis un **ermite**, qui lui indiquent où se trouve le prince.

LES ENFANTS

Matri, rendue inquiète par un **rêve prémonitoire**, supplie son époux de prendre soin des enfants pendant qu'elle va chercher des fruits dans la forêt. Jujaka attend que Matri s'éloigne puis aborde le prince et lui demande de lui **donner ses enfants**. Malgré les prières de sa femme, Vessantara cède à la requête du brahmane. Jali et Kanha, entendant l'arrangement, se cachent parmi les **lotus d'un étang**. Mais leur père les découvre et leur enjoint de suivre le brahmane, qui les traîne avec lui dans la forêt. Quand Matri, inquiète, veut rentrer, **trois tigres** lui barrent le passage. Puis le **dieu Indra** prend l'apparence d'un vieux brahmane et demande au prince Vessantara de lui **donner Matri**. Le prince accepte, mais le dieu la lui rend, les bénit tous les deux et promet d'exaucer leurs vœux.

Jujaka chemine dans la forêt pour retourner chez lui. Chaque nuit, quand il suspend son hamac dans un arbre, **deux deva** prennent la forme des parents pour bercer et protéger les enfants.

LES RETROUVAILLES

Mais Jujaka se trompe de chemin et arrive par mégarde à Pasesay, où le **roi Sri Sousay**, reconnaissant ses petits-enfants, les reprend au brahmane. Le roi envoie à Vessantara une escorte pour le prier de rentrer au palais. Le prince retrouve sa famille, son père abdique, et Vessantara monte sur le **trône**.

dispensent des vertus bénéfiques. L'arbre de vie du Vat Xieng Thong, mosaïque en verre coloré sur fond rouge (1960), en est l'un des exemples les plus saisissants. Sur le **pignon** (partie supérieure triangulaire du mur de façade), au-dessus du porche du *sim*, un **fronton** porte une riche décoration de bois sculpté en bas-relief et doré : le Bouddha en majesté, juché sur l'éléphant mythique Airavata ou prêchant à ses disciples, s'y détache parmi des volutes végétales, ou **rinceaux** de feuillages. Entre les piliers formant l'**arcature** (l'ensemble des arches) du porche s'intercale un **lambrequin**, pièce d'ornement en bois sculpté dont la courbe centrale se termine en pointe, évoquant le motif du **naga**. Chefs-d'œuvre de minutie, les **vantaux** (battants) des portes, en bois sculpté et doré, figurent des scènes de la mythologie hindoue, de la légende bouddhique ou de la saga du *Pralak Pralam*, le *Ramayana* laotien *(voir p. 390)* ; on en retrouve d'autres scènes sur les volets des façades latérales du *sim*. Les **gardiens du sanctuaire** veillent de part et d'autre de la porte principale. Ce sont souvent des lions ou des *naga* flanquant la volée de marches, parfois des héros du *Pralak Pralam* ; à Luang Prabang, les personnages arborent parfois une barbe, témoignage d'une influence stylistique chinoise.

LE DÉCOR PEINT

Sur les colonnes, des **peintures au pochoir** sur fond rouge ou noir dessinent des motifs géométriques et des figures mythiques ou célestes. Les **fresques murales** forment des cycles narratifs puisant dans une thématique récurrente : la vie du Bouddha, ses dix dernières incarnations *(jataka)* et le *Pralak Pralam*. Les attitudes et les costumes des personnages sont figés dans un carcan stylistique immuable et répétitif. Les paysages portent la marque de l'**art pictural chinois**. Certaines peintures montrent néanmoins une fraîcheur d'inspiration qui s'apparente à l'art des manuscrits enluminés. Pleines de raffinement, celles du Vat Si Saket (Vientiane, début du 19e s.) et celles de Vat Pa Huak (Luang Prabang, 2e moitié du 19e s.), mêlant légendes bouddhiques et scènes du quotidien, comptent parmi les plus belles.

Les temps modernes

L'ARCHITECTURE COLONIALE

Durant le Protectorat (1893-1953), les Français entreprennent de remodeler l'**urbanisme** de plusieurs villes – Vientiane, Luang Prabang, Savannakhet, Thakhek, Pakse, Champasak – qui formaient alors des agglomérations de maisons sur pilotis, en bois ou en bambou, regroupées autour des temples et palais ruinés.

À Vientiane

La Résidence supérieure (1900) est le premier bâtiment à voir le jour dans l'ancienne enceinte du Palais royal de Vientiane. Plusieurs chantiers d'envergure sont menés dans la capitale durant les 30 dernières années de la présence française : le bureau de la Résidence (1915), qui abrite maintenant le ministère de la Culture, le lycée Auguste-Pavie (1920), qui fait désormais partie de la Faculté de médecine, le Commissariat (1925), devenu le Musée national lao, et la cathédrale du Sacré-Cœur (1928), toujours en service. Le long d'une voirie découpée en damier et bordée d'arbres se construisent des villas de deux niveaux, inspirées des modèles métropolitains mais adaptées au climat par l'ajout de vérandas, de balcons et de corridors qui favorisent la ventilation naturelle. L'usage de matériaux plus durables (briques, tuiles, stuc et enduit à la chaux) se répand. Cet habitat se dissémine essentiellement le long du quai Fa Ngum, de l'avenue Lan Xang, les « Champs-Élysées » de la capitale, et autour de l'ambassade de France (rue de la Mission).

À Luang Prabang

L'ancienne capitale du Lan Xang combine **deux trames urbaines**, l'une constituée par le tissu villageois traditionnel, la seconde d'origine coloniale, qui se fondent harmonieusement. Le style du Protectorat introduit des changements subtils dans l'habitat vernaculaire, auquel il emprunte des traits pour donner naissance à une architecture hybride.
La toiture à simple ou à double pignon, l'aile perpendiculaire et la véranda vont progressivement s'intégrer dans le plan des bâtisses françaises. Des villas sur pilotis, telles que le bâtiment de la Croix-Rouge, apparaissent entre les maisons traditionnelles en bois, aux niveaux inférieurs clos de murs maçonnés.
Près de 500 édifices ont fait l'objet d'un inventaire. Le **Palais royal** (1904-1909) construit pour le roi Sisavang Vong illustre parfaitement le mélange des genres : surplombée d'une flèche dorée, la toiture est typiquement lao, alors que les colonnes et les façades se rattachent au style Beaux-Arts.
Implantée en limite de voie, la **maison en compartiment** combine l'activité commerçante au rez-de-chaussée et le logement à l'étage. Caractérisée par l'étroitesse de sa façade, elle peut occasionnellement se réduire à un seul niveau mêlant habitat et commerce dans la même pièce. S'accolant le long d'une artère commerçante, les compartiments en rangée procèdent du même principe, mais ils disposent en plus d'un auvent qui facilite la circulation piétonne et l'aménagement des étals.

Dans le Sud

En dépit du manque d'entretien, les bâtiments des années 1910-1930 participent à l'atmosphère surannée des vieux centres historiques. Les rues de **Savannakhet** conservent autour de l'église Ste-Thérèse (1920) un bel ensemble d'architecture coloniale et de maisons à compartiment. L'immeuble de la Société chinoise domine le paysage urbain du vieux **Pakse**, redessiné par les Français en 1905. Le Champasak Palace, ancienne résidence du prince Boun Oum, qui a fui le pays en 1975, a été transformé en hôtel. À **Champasak**, quelques bâtiments décrépits et le rond-point de la Fontaine évoquent le charme d'antan.

DEPUIS L'INDÉPENDANCE

Bien qu'ayant apporté du sang neuf, la page coloniale n'a pas pour autant réussi à revitaliser les formes de l'art traditionnel ni à initier de nouveaux courants. Les débuts de la **période communiste** ont produit l'habituelle imagerie de propagande. À son actif, on signalera le **Palais présidentiel** (1973) de Vientiane, un mélange d'architecture locale et de style Beaux-Arts. Construit dans les années 1960, le **Patuxay**, emblématique réplique de l'arc de Triomphe, commémore l'indépendance du Laos. En dépit de la création d'une école des Arts appliqués (1941) et d'une école des Beaux-Arts (1960) dans la capitale, il n'existe pas de scène de l'art contemporain. Aucune exposition ne se tient et, en l'absence de galeries dédiées, les jeunes artistes n'ont guère moyen de se faire connaître du grand public.

Masques de théâtre utilisés pour les représentations du *Pralak Pralam*.
R. Tisserand/Michelin

Culture

Intimement liés, la musique, la danse et le théâtre implorent les dieux, ressuscitent les héros des sagas mythiques, accompagnent les rituels bouddhiques et les grandes heures de la vie profane. À Vientiane, à Luang Prabang ou à Champasak, les anciennes capitales royales, les arts des cours d'antan occupent toujours le devant de la scène. Brillants et symphoniques, ils ont tendance à laisser dans l'ombre la richesse d'un folklore qui puise à des sources plus humbles mais tout aussi colorées, qui parlent d'amour ou de travaux champêtres au son émouvant du « khène », et que l'on retrouve lors d'une fête de village ou dans un coin de campagne perdu. Plus haut dans les montagnes, là où le Laos révèle la diversité de ses peuples, chaque groupe ethnique cultive soigneusement sa différence.

Musique et danse

Tout est prétexte à danser et chanter : les mariages, le commencement des saisons, les récoltes…

LE REGISTRE CLASSIQUE

Les deux danses qui relèvent de l'art dramatique, le *khon* et le *nang keo*, sont exclusivement enseignées par les maîtres de ballet du Palais royal de Luang Prabang.

Très codifié, le **khon** interprète des scènes du *Praluk Pralum*, la version laotienne du *Ramayana* *(voir encadré p. 390)*. Les évolutions des danseurs sont accompagnées par un orchestre traditionnel, l'intrigue étant commentée par des chanteurs et des narrateurs. Chaque détail et chaque posture ont une signification en rapport avec le récit. La spécificité de la danse *khon*, ce sont les **masques** portés par les personnages. On en dénombre plus d'une centaine, différenciés par des détails (forme, couleurs, attributs) selon le rôle incarné. Leur confection procède d'un art considéré comme supérieur, qui donne lieu à une cérémonie de bénédiction chaque fois qu'une nouvelle création sort des ateliers. L'origine du **nang keo** remonte au 14e s., date à laquelle il aurait été apporté au Laos par Keo Lotfa, l'épouse khmère du roi Fa Ngum. La garde rapprochée de la reine était constituée d'amazones qui pratiquaient une danse identique à celle des *apsara* d'Angkor. Elles la nommèrent *nang keo* en l'honneur de leur maîtresse. Par la suite, le *nang keo* est devenu une danse sacrée implorant la protection des *tevoda* et des esprits sur le royaume. Patrimoine royal à part entière, il est dansé à l'occasion du Nouvel An lao et commémore à cette occasion la toute première unification du pays.

LE RÉPERTOIRE TRADITIONNEL

Il revisite les contes et légendes du Laos par le biais d'une gestuelle tout en délicatesse, proche du mime parfois. Ses thèmes de prédilection font la part belle à la nature et aux esprits qui l'habitent, telle la danse de *Dok Champa*, un éloge à la fleur de frangipanier, ou celle des bougies, qui s'exécute à la fin du carême bouddhique. Le volet musical est assuré par des chanteurs/narrateurs et des orchestres classiques. Le *sep nyai* se compose de gongs, cymbales, xylophones, flûtes et hautbois. Le *sep noi*, initialement dédié à la musique royale, y ajoute des tambours et des flûtes. L'orchestre *mahori* met en avant l'instrument emblématique, le *khène*.

LE REGISTRE FOLKLORIQUE

Les danses appelées **lam** ou *morlam* mêlent le religieux et les survivances animistes. Vivantes et populaires, elles se pratiquent dès que l'occasion se présente, lors des rites chamaniques, des fêtes saisonnières, etc. Elles donnent lieu aussi à des « joutes d'amour » entre hommes et femmes. L'improvisation musicale est sans limites et les *lam* peuvent durer des heures. Chaque région et chaque

Un orchestre traditionnel représenté sur les fresques du Vat Pa Huak, à Luang Prabang.
P. Tisserand/Michelin

LE KHÈNE, UN INSTRUMENT EMBLÉMATIQUE

Le *khène* est une sorte de flûte de Pan ou d'orgue à bouche, à anche libre, composée de huit à seize tubes de bambou de longueurs décroissantes. Partie intégrante de la culture laotienne, il accompagne les chants traditionnels et fait vibrer l'assistance dans n'importe quelle festivité. Le *mokhène* (joueur de *khène*) sait tirer de son instrument une variété de sons époustouflante. Soufflant et aspirant l'air, comme avec un harmonica, il peut lui prêter la voix douce et fluide d'une flûte, mimer la marche puissante et saccadée d'un troupeau de buffles ou imiter le roulis d'un train qui passe. Il peut improviser à l'infini, sur le mode intimiste avec un chanteur, ou « symphonique » au sein d'une formation de plusieurs dizaines de *khène*. S'il est enseigné dans les académies de musique, l'apprentissage du *khène* se transmet surtout dans le giron familial, au sein des villages.

ethnie possède ses propres chants et danses *lam*.

Le **lam vong**, particulièrement apprécié, se danse en groupe, porté par les vibrations envoûtantes du *khène*. C'est une ronde tournant dans le sens inverse des aiguilles d'une montre. Le garçon se tient à l'intérieur du cercle, la fille à l'extérieur, les deux partenaires ne devant surtout pas se toucher. Tous évoluent à petits pas marchés, souples, en jouant d'une savante gestuelle des doigts et en exécutant symétriquement les mêmes figures.

Littérature

La littérature laotienne est historiquement liée à celle des peuples thaïs. Elle compte un fonds important d'anciens récits bouddhiques et de contes et légendes souvent identiques à ceux de la Thaïlande et du Vietnam du Nord, auxquels s'ajoute la multitude de récits, parfois en vers, qui servent de trame à des interprétations chantées, au son des instruments traditionnels. Colonisation française, guerres, occupation japonaise, régime communiste ont étouffé la création littéraire contemporaine. Le peu de livres publiés est donc essentiellement le fait des Français du Protectorat ou de la diaspora laotienne.

LA LITTÉRATURE CLASSIQUE

Les « jataka »

Ces textes anciens issus de la littérature bouddhique racontent dans des styles variés les histoires, contes et légendes ayant trait aux vies antérieures de Bouddha. Certains, comme le *Mahanipata*, sont très populaires et régulièrement chantés par les bonzes dans les pagodes, après le carême. Les 50 récits formant le *Pannajatakam* sont un autre grand classique du genre. Daté du 17e s., Le *Sinjaya*, un roman composé de 2 500 vers, raconte les exploits du merveilleux prince Sinjaya, héros justicier, et de ses demi-frères, plutôt attirés par les *kinnari*, séduisantes femmes-oiseaux.

Romans et contes

Plus d'une dizaine de **romans versifiés** empruntent leur trame au fonds littéraire indien. Les plus connus, *Lin-Thong*, *Thao Be* et surtout *Pruluk Prulam*, sont des versions réduites et adaptées au goût local du *Ramayana*. Quelques romans en prose, comme *Campa-si-ton* ou le *Buddhasen*, valorisent l'esprit de chasteté bouddhique.

La **tradition orale** véhicule des centaines de contes mêlant le merveilleux et quelques thèmes fétiches comme l'amour, les travaux agricoles, etc., qui font l'objet de récitations improvisées, de chants et de danses dans les villages, au son des instruments traditionnels et du *khène* *(voir encadré p. 389)*.

LA LITTÉRATURE MODERNE

À la fin du 19e s., un courant littéraire naît autour d'une **vision idyllique du pays** : l'harmonie de la nature, la douceur de ses habitants et la beauté des *phu sao*, les femmes laotiennes, à la silhouette gracile et délicate. Cette image perdure de nos jours.
Maha Sila Viravongs (1905-1987), grande figure intellectuelle de l'époque, publie la première histoire du Laos. En 1944, **Pierre Somchine Nginn**, natif de Luang Prabang, signe *La Statuette merveilleuse*. Reconnu comme le père de la littérature moderne laotienne, il a également publié un recueil de poèmes, *Dok Champa* (Fleur de frangipanier), et s'est attelé à la traduction en français des grandes œuvres épiques : *Sinsay* (1965) et *L'Histoire de Chanthakhat* (1966). On lui doit aussi un recueil de chansons populaires. Ancien élève de Somchine Nginn, **Outhine Bounyavong** (1942-2000) s'est fait connaître sur la scène littéraire par un recueil de nouvelles, paru à l'étranger sous le titre de *Mother's Beloved*. Ses textes décrivent abondamment la vie rurale du Laos. Sa femme, **Douangdeuane Viravong**, autre figure éminente de la vie culturelle, a publié plusieurs recueils de poésies et de contes, tels que *Kam Pha Phi Noi* (Le Petit Orphelin et l'Esprit), sous le pseudonyme Dok Ked.

La page du colonialisme

Une littérature de voyage, celle d'**Auguste Pavie** notamment *(La Mission Pavie, La Conquête des cœurs, Les Contes du Cambodge et du Laos)*, contribue à mieux faire connaître le Laos sur la scène internationale. Dans *Sao Van Di* (1905), **Jean Ajalbert** met en scène des personnages laotiens convaincants et bien croqués. Dans les années 1930-1940, **Pierre Billotey** dans *Le Bonheur immobile*, **Jean-Antoine Pourtier** dans *Mékong* et **Louis-Charles Royer** dans *Kham la Laotienne* dénoncent l'esprit vil des colons, par opposition à la droiture et la douceur de vivre des Laotiens. **Charles Rochet**, alors directeur de l'éducation publique au Laos, crée un journal, le *Lao Nhay*, un théâtre national, et se lance dans diverses actions ayant pour but de rendre vivante l'identité lao. Il parvient ainsi à fédérer de jeunes auteurs et des comédiens dans la création de pièces. Dans les années 1950, les récits indochinois des écrivains voyageurs **Jean Hougron** et **Jean Lartéguy** documentent un Laos gangrené, dans lequel les villageois se montrent à la fois révoltés et soumis face à la corruption des « Blancs ».

La littérature contemporaine

Devenue quasi inexistante à partir des années 1970, la production enregistre une timide reprise avec l'ouverture du Laos au monde extérieur et l'influence bénéfique des grandes manifestations

LES PERSONNAGES DU PRALAK PRALAM

L'intrigue du *Pralak Pralam* est identique à celle du *Reamker* cambodgien *(voir p. 96)*. Seul le nom des personnages diffère. Le prince se nomme Pra Lam (Rama), son frère Pra Lak (Lakshmani) et la jolie princesse Sida (Sita). Elle est emportée sur l'île de Lanka par le roi jaloux Totsakan (Ravana), puis délivrée grâce à l'aide de Jatayu, roi des vautours et fils de Garuda, et d'Hanuman, chef de l'armée des singes.

La bibliothèque nationale de Vientiane.
P. Tisserand/Michelin

culturelles. Ainsi, depuis 1979, le Southeast Asian Writers Award (Prix des écrivains de l'Asie du Sud-Est) récompense chaque année les écrivains et poètes de cette région du monde. En 2010, **May Kham** publie un roman, *Le Journal d'une enfant survivante*, relatant son terrible parcours entre le Laos, les camps de la jungle thaïlandaise et la France, et dans lequel s'identifient de nombreux Laotiens.

Figure de proue du renouveau littéraire, **Khamseng Synonthong** a commencé à publier ses œuvres dans des magazines en 1999, sous le pseudonyme de **Sor Sinonthong**. Il est l'auteur de deux romans, dont *Fire Dub Bor Sing Seng*, qui se sont vu décerner un prix littéraire. Sous son nom de plume, Douangchampa, **Dara Kanlaya** est l'auteur d'une œuvre prolifique, comportant des nouvelles, des poèmes et plusieurs romans, traitant principalement de la lutte des femmes pour la reconnaissance de leurs droits dans la société contemporaine. Il n'en reste pas moins qu'en l'absence de maisons d'édition comme de soutien aux belles-lettres, la jeune génération se tourne vers le voisin thaïlandais, qui lui procure les romans à l'eau de rose et les magazines de mode dont elle raffole.

Un 7e art balbutiant

Le cinéma au Laos se résume, depuis 1975, à quatre ou cinq films de propagande, à peu près autant de salles de cinéma, sans compter l'invasion des productions thaïlandaises sur le petit écran. Mais depuis la sortie de la comédie sentimentale *Sabaidee Luang Prabang*, premier film entièrement réalisé avec des fonds privés et ayant obtenu la bénédiction du régime, une génération de jeunes réalisateurs reprend espoir. Ils ont créé la *Lao New Wave Cinema*, première société de production indépendante. Depuis 2013 ont ainsi pu s'afficher sur la toile laotienne un premier film d'horreur, *Chantaly*, réalisé par Mattie Do ; un premier thriller

ARTS DE LA SCÈNE

Comme dans tout le Sud-Est asiatique, les spectacles de **marionnettes** étaient originellement destinés à un public royal. Le *likay*, **opéra populaire** thaï, se joue occasionnellement lors des grandes festivités. Le décor de scène se compose de toiles de fond plutôt kitsch montrant une salle de palais, un jardin ou une forêt bucolique. Apparu au début du 20e s., le **théâtre populaire**, spectacle chanté, revisite les récits historiques ou légendaires. D'abord inspiré par le *likay*, il s'en est détaché pour prendre une expression plus locale. Bien que les costumes et la trame continuent de se rattacher à la tradition thaïe, la musique et les chœurs appartiennent au fonds culturel lao.

noir, *Paithang*, d'Anysay Keola ; un documentaire réalisé par Ellen Kuras et Thavisouk Phrasavath, *Nerakhoon, The Betrayal* ; le moyen métrage *Tuk Tuk*, de Kiyé Simon Luang, qui raconte les retrouvailles d'un jeune homme avec sa famille après 35 ans d'exil en France. Par ailleurs, deux festivals internationaux ont vu le jour : **La Vientianale** et le **Luang Prabang Festival**. Néanmoins, l'absence d'industrie cinématographique, le manque d'infrastructures pour le public et le rouleau compresseur thaïlandais menacent d'étouffer dans l'œuf ces timides balbutiements.

Un pays polyglotte

Le lao est à la fois la langue et l'écriture officielles du pays, aux termes de la Constitution du 15 août 1991. Au quotidien, les choses s'avèrent pourtant plus complexes, notamment en raison du nombre de peuples et d'ethnies aux origines variées qui cohabitent au Laos.

Le lao, langue officielle

Le lao est parlé par environ 60 % de la population. Appartenant à la famille des **langues tai-kadai** *(voir plus loin)*, il est très proche du thaï et les deux voisins se comprennent fort bien. L'alphabet comporte 34 consonnes et 27 voyelles. Comme le chinois, le lao est une **langue tonale**. Chaque syllabe forme un mot dont le sens diffère du tout au tout selon le ton qui lui est affecté. Ces tons sont au nombre de six : grave, médian, aigu, ascendant, aigu descendant et grave descendant. Il existe cependant divers mots polysyllabiques, légués par les vagues d'occupation étrangère, et un peu de vocabulaire emprunté au sanskrit, au pali, à l'anglais, voire au russe, qui apportent une tonalité exotique. La **grammaire** est pratiquement inexistante et c'est le contexte qui fait comprendre le genre, le nombre ou le temps verbal. Quant aux pronoms personnels, ils diffèrent selon que l'on s'adresse à un supérieur, à un égal ou à un subordonné.

Certains secteurs d'activité tels que l'administration et la justice ont partiellement conservé l'usage du français, vestige du Protectorat, tandis que l'anglais et le chinois prédominent dans le domaine commercial. L'affichage officiel se fait en lao, mais dans les productions publicitaires règne un joyeux mélange de lao, de français, de thaï, de vietnamien, d'anglais et de chinois.

La presse « d'information » officielle, particulièrement contrôlée par le gouvernement, comporte deux hebdomadaires en langue étrangère : *Le Rénovateur*, en français, et le *Vientiane Times*, en anglais.

Patchwork ethnolinguistique

Dans les faits, il y a au Laos autant de dialectes que d'ethnies – celles-ci, au nombre d'environ 130, regroupent en effet 40 % de la population. Les 14 plus importants sont parlés chacun par plus de 20 000 locuteurs ; les autres, qui peuvent parfois concerner moins de 100 locuteurs, rassemblent néanmoins à eux tous 23 % de la population. Certaines ethnies possèdent un dialecte écrit et oral, d'autres uniquement oral.

Ces langues se rattachent toutes à l'une des **quatre grandes familles** définies sur le sol laotien par les ethnologues et les linguistes.

Famille tai-kadai (lao-tai) – Cette famille linguistique, la plus importante, se subdivise en huit sous-familles, dont celle de langue lao représente plus de la moitié de la population du pays. Elle regroupe les parlers pratiqués dans les basses terres. Le lao, en usage dans la plaine de Vientiane avant de s'imposer comme la langue véhiculaire du pays, en fait partie. La proximité linguistique fait que ces sous-groupes se comprennent aisément.

Famille austro-asiatique (môn-khmère) – C'est celle qui présente la plus grande diversité, puisqu'elle compte 31 autres sous-familles réparties dans tout le pays et représentant près du quart de la population totale du Laos. L'ethnie **khmu**, dont les membres vivent en quasi-autarcie dans les montagnes du Nord, en est la principale composante.

Famille sino-tibétaine (tibéto-birmane) – Elle compte sept sous-familles au Laos et ne représente que 2,5 % de la population totale. Les **Akhas** *(voir encadré p. 497)* en forment la principale composante. Du point de vue linguistique, elle rassemble les parlers d'origine chinoise comme l'akha, le phunoi, le yu, etc.

Famille hmong-mien – Venue de Chine plus tardivement, au début du 19e siècle, cette famille ethnique est représentée au Laos par les **Hmongs** et les **Lu-Miens**, qui forment env. 7 % de la population totale. Les plus connus, les Hmongs, ont toujours été en butte à des persécutions en raison de leurs orientations idéologiques *(voir encadré p. 351)*. Le **miao** et le **yao** sont parlés dans les régions montagneuses, là où ont été relégués ces « peuples des montagnes ».

Atout langues étrangères

Environ 4 000 personnes parlent français au Laos. Ce sont souvent des personnes âgées, qui ont suivi leur scolarité au temps du Protectorat. Le français, resté jusque dans les années 2000 la première langue étrangère pratiquée dans le pays, est aujourd'hui détrôné par l'anglais. Même si beaucoup sont encore loin de pouvoir communiquer autrement qu'en lao, y compris dans les villes, un effort tout particulier a été fourni ces dernières années en faveur de l'apprentissage des langues étrangères. Le français et l'anglais ne sont enseignés que dans une minorité d'écoles primaires. L'apprentissage d'une 2e langue étrangère est devenu obligatoire en 2010, à partir de la première année de collège.

Ces langues subissent la forte concurrence du **mandarin**, en raison de la présence de plus en plus forte des investisseurs chinois au Laos. Le **thaï**, proche du lao, est, comme le vietnamien et le mandarin, parlé surtout dans les villes où sont établies des communautés d'immigrants, actifs dans le commerce et les affaires. C'est aussi la langue des programmes télévisés et radiodiffusés que suivent les Laotiens. Le thaï s'affirme ainsi comme la première langue « étrangère » parlée dans le pays.

Histoire

Pays secret, demeuré longtemps isolé, le Laos a été relégué bien malgré lui dans les coulisses de l'histoire régionale. Ses origines se diluent entre mythe et réalité historique, entre héros légendaires et rois rassemblant les peuples sous la bannière du bouddhisme. Le royaume du Million d'éléphants lutta longtemps et vaillamment pour résister aux convoitises qu'il suscitait chez ses voisins siamois, annamites, birmans et chinois, au point d'appeler la France à la rescousse contre ces voisins trop avides. Il s'en libéra au nom d'une idéologie communiste qui cherche aujourd'hui la juste voie sur une scène internationale aux aspirations très différentes.

Des origines obscures

Le Laos est au carrefour des migrations ethniques et la légende de la Courge *(voir encadré ci-contre)* illustre bien cette vague de peuplements issus principalement de la Chine méridionale.

UNE OCCUPATION TRÈS ANCIENNE

Les outils (pierres polies, haches) découverts dans diverses grottes aux alentours de Luang Prabang, Vientiane, Savannakhet et Saravan témoignent d'une occupation très ancienne du territoire : les premières traces d'occupation remonteraient à env. 400 000 ans. Dans les provinces du Nord-Est, des poteries et des objets en bronze appartenant à la **civilisation Dong Son** (2000-200 av. J.-C.) attestent des relations avec la Chine et le Vietnam, tandis que les stèles de Sao Hin Tang et la **plaine des Jarres** évoquent de mystérieuses civilisations mégalithiques (*voir p. 427 et p. 454*).

Peu avant notre ère, une expansion indienne dans le Sud-Est asiatique donne naissance aux **États indianisés**. Jusqu'au 13e s., le Laos est essentiellement habité par des populations austronésiennes et austro-asiatiques, qui subissent l'influence politique et culturelle des États môns puis de l'empire khmer. Ces peuplades sont les ancêtres des **Laos Theung** (« Laos d'en haut », *voir p. 350*), peuples montagnards vivant à moyenne altitude et appelés péjorativement les **Khas** (« sauvages »).

LE BERCEAU DE L'EMPIRE KHMER

Alors que le royaume indianisé du **Funan** *(voir p. 102)* se développe dans le delta du Mékong, le **royaume de Lin Yi** (le futur Champa), englobant le Vietnam central et le sud du Laos, apparaît sur la scène régionale au 4e s. Dans la portion laotienne, les Chams sont évincés par une population môn-khmère indianisée qui monte en puissance. Le premier noyau de son royaume, le **Tchen-la**, se constitue au 5e s. dans la région de **Vat Phu**, que les rois khmers considéreront toujours comme le berceau de leur empire.

Fa Ngum conduit ses armées pour unifier le royaume, en 1381.
P. Tisserand/Michelin

Au 6e s., au cœur de la Thaïlande, des populations môns fondent le **royaume de Dvaravati**. Centré autour de sa capitale, Nakhon Pathom, il diffuse le bouddhisme theravada dans toute sa zone d'influence. Une statue du Bouddha découverte dans la province de Champasak porte une inscription en môn datée du 7e s., qui semble prouver les liens du Dvaravati avec le Laos. Cette brillante civilisation, encore largement méconnue, a probablement décliné au 11e s., au moment de l'expansion de l'empire khmer.

Vers 1238 commence une longue période de **rébellions** contre le pouvoir d'Angkor, qui évolue de façon confuse. À la même époque, le **royaume de Sukhothai** étend sa domination vers l'est jusque dans le Muong Xua (région de Luang Prabang) et à Viang Chan (actuelle Vientiane).

LA LÉGENDE DE LA COURGE

Très populaire au Laos, cette légende dont il existe plusieurs variantes raconte à sa manière l'origine du peuple lao. Elle parle d'un temps où les hommes et les esprits vivaient dans la bonne entente et l'abondance. Les hommes avaient pour seule obligation de remercier les **Then** (forces supérieures) chaque fois qu'ils prenaient un repas. Pour les punir d'avoir manqué à ce devoir, les Then déclenchèrent un déluge qui submergea le monde. Seuls trois princes, les Khun, et leur famille survécurent en construisant un radeau. Le roi des Then eut pitié d'eux et fit redescendre le niveau des eaux. Il leur offrit aussi un buffle pour qu'ils puissent travailler la terre. Quand l'animal mourut, les Khun abandonnèrent son cadavre dans les champs. Une liane germa alors dans ses naseaux et se développa jusqu'à donner naissance à trois belles courges. Les Khun les fendirent, et il en sortit une foule de **Khas** et de **Tais**, les deux principales ethnies du Laos. Quant à la liane, elle continua à prospérer *(voir encadré p. 358)*.

LA LÉGENDE DE KHUN BOROM

Les manuels d'histoire lao enseignent que Khun Borom, chef de tribu déifié, unifia le peuple lao-tai et dirigea sa migration dans le Sud-Est asiatique. Descendu des cieux pour gouverner les hommes, ce héros légendaire se chargea d'instruire son peuple et d'organiser sa prospérité. Devenu vieux, il partagea ses biens entre ses sept fils qui, à sa mort, fondèrent autant de royaumes dans la péninsule indochinoise. Sur la terre laotienne, le Muong Xua échut à Khun Lo, devenu ainsi l'ancêtre du peuple lao, et le Muong Phuan à Khun Chet Chuong.

L'ARRIVÉE DES LAO-TAIS

Les **populations thaïes**, originaires de la Chine du Sud, appartiennent à un groupe ethnique composé de nombreuses branches se dispersant jusqu'à la partie orientale de l'Inde. Elles ont probablement entamé leur **lente migration** vers la moyenne vallée du Ménam au début de notre ère. Leur progression s'accélère au 13e s. lorsque les **Mongols**, alors maîtres de la Chine, cherchent à soumettre les provinces méridionales de l'empire.

C'est à peu près à cette époque que les **Lao-Tais** s'infiltrent au Laos par les vallées fluviales pour finalement fonder les royaumes de Muong Xua (région de Luang Prabang), de Muong Phuan (Xieng Khouang) et de Viang Chan (Vientiane). Ils sont dirigés par des **Chao**, de puissants seigneurs féodaux qui subissent l'influence des rois khmers. La marche épique du peuple lao-tai est contée en filigrane dans la légende de **Khun Borom** *(voir encadré ci-dessus)*, dont chaque souverain lao se proclame le descendant.

Vers la fin du 13e s., les ingérences de **Kubilai Khan** affaiblissent les États indianisés, ce qui va permettre aux principautés émergentes dans les plaines de l'actuelle Thaïlande de se rendre indépendantes : ainsi se forment le **royaume de Sukhothai** et celui du **Lan Na** (1262), avec Chiang Mai pour capitale.

Lan Xang, le royaume du Million d'éléphants

13e s.-début du 18e s.

FA NGUM UNIFIE LE ROYAUME

Durant le 13e s. et le début du 14e s., des princes laos gouvernent les divers royaumes sous la tutelle des Khmers puis des rois de Sukhothai (Thaïlande). Banni de la cour du Muong Xua, le prince Chao Fa Ngiao trouve refuge à Angkor où le roi khmer fait donner à son fils, **Fa Ngum** (1353-1373), une éducation bouddhique. Il lui offre même sa fille comme épouse dans le but de recouvrer son influence dans les provinces perdues, au nord de l'empire. Ayant obtenu de son beau-père une puissante armée, Fa Ngum entreprend la **reconquête**. Il soumet le Bassac (sud du Laos), puis le Xieng Khouang (nord-est) et finalement **Xieng Dong Xieng Thong** (future Luang Prabang) où il se fait couronner roi en 1353, après avoir poussé son oncle Fa Hieo au suicide.

La création du **Lan Xang Hom Khao**, le « royaume du Million d'éléphants et du Parasol blanc », est mentionnée dans les annales des puissances voisines. Fondateur du **premier État lao**, Fa Ngum est aussi l'artisan de la revitalisation du bouddhisme **theravada**, érigé en religion d'État. Son beau-père lui avait remis une statue du Bouddha en or, le **Pra Bang**, qui devient le palladium du royaume. Grand conquérant, il annexe petit à petit les autres provinces, dont Vientiane, et va jusqu'à défier les rois de Sukhothai et d'Ayutthaya. Lassés par sa fougue et son despotisme, ses ministres finissent par le destituer en 1373. Il meurt en exil peu après.

L'APOGÉE DU LAN XANG

Son fils **Samsenthai** (1372-1417) prend la succession de Fa Ngum. Très pieux, il place le **bouddhisme** au premier plan des préoccupations étatiques. De nombreuses **pagodes** se construisent sous son règne. À sa mort, le royaume se délite, miné par les rébellions locales.
La configuration géographique du royaume lui fournit un rempart naturel, mais maintient également l'existence de petits fiefs isolés, qui rechignent à se rassembler sous la même bannière.
En 1448, le roi du Dai Viet vient réclamer un tribut au roi du **Xieng Khouang** (nord-est), vassal du Lan Xang. Des affrontements éclatent, se soldant par l'annexion du petit royaume. En 1478, c'est au tour de **Xieng Dong Xieng Thong** de tomber dans l'escarcelle des Vietnamiens. Les relations entre les deux protagonistes se pacifient rapidement, et permettent au Lan Xang de retrouver la prospérité.
L'arrivée sur le trône de **Visoun** (1500-1520) coïncide avec l'épanouissement des **arts**, notamment la littérature sacrée. Protecteur du bouddhisme, le roi fait ériger Vat Visounarat pour abriter le Pra Bang, le palladium du royaume.
Son successeur, **Phothisarath** (1520-1547), émet un édit contre le **culte des phi**, par lequel il ordonne la destruction de tous leurs oratoires.
Lorsque le royaume d'Ayutthaya attaque celui du **Lan Na** (actuelle province de Chiang Mai, dans le nord de la Thaïlande), Phothisarath, qui est lié à ce dernier par des liens de sang puisque sa femme et sa mère sont des princesses de Chiang Mai, vole tout naturellement à son secours et l'annexe. Pour sceller des liens durables, il arrange l'union de son successeur avec une princesse du Lan Na.

LA MENACE BIRMANE

L'intronisation de **Setthathirath** (1548-1571) marque le début d'une longue période d'instabilité. Sous la pression birmane, le roi doit céder la couronne du Lan Na. Régnant d'abord depuis Luang Prabang, Setthathirath décide en 1560 de déménager sa capitale à 300 km plus au sud sur le Mékong, en un endroit jugé plus sûr.
Il s'installe à **Vientiane**, au carrefour des routes vers le Vietnam, l'empire khmer et le royaume d'Ayutthaya, et emporte avec lui le **Pra Keo** *(voir encadré p. 430)*, l'un des deux palladiums du royaume. Pour l'abriter dignement, il fait construire la pagode Ho Pra Keo. L'édification du **That Luang**, le nouvel emblème du pays, achève de donner à la toute jeune capitale un aspect monumental digne de son rang. Demeurée capitale religieuse, Xieng Dong Xieng Thong va désormais s'appeler **Luang Prabang** en l'honneur du Pra Bang, qui reste sous sa garde.
Pendant près d'un siècle, les **attaques birmanes** se succèdent. Vientiane est prise en 1563 puis à nouveau en 1569. La mort de Setthathirath, au cours d'une campagne militaire contre les Khas, plonge le pays dans l'**anarchie**. S'ensuit une période des plus troublées, entre 1571 et 1637, qui voit se succéder des roitelets maintenus en vassalité par la Birmanie.

L'ÉCLATEMENT DU LAN XANG

Le désordre politique prend fin avec l'avènement du roi **Souligna Vongsa** (1637-1694) ; un demi-siècle de **règne pacifique** lui permet de forger un État fort et centralisé, avec l'appui inconditionnel du clergé bouddhique. Des accords avec l'Annam fixent les frontières du Lan Xang. Il est convenu que les villages constitués de maisons sur pilotis, avec véranda, c'est-à-dire l'habitat lao typique, resteront sous l'autorité de Souligna Vongsa, les autres devenant vietnamiens. C'est à cette époque que les premiers **Européens**, des marchands hollandais et des jésuites en particulier, arrivent dans la capitale. Ils décrivent **Vientiane** comme un important centre religieux où les bonzes du Cambodge et du Siam viennent étudier.

La mort du grand souverain occasionne d'interminables querelles de succession qui se soldent par l'éclatement du Lan Xang en **trois royaumes** : celui de **Vientiane** (1707) étend sa souveraineté jusqu'au Xieng Khouang et devient vassal de l'Annam ; celui de **Luang Prabang** (1707 également) cherche l'appui de la Chine ; celui de **Champasak** (1713) noue des alliances avec le Siam et le Cambodge.

Le temps des invasions

1720-1886

Les luttes fratricides que se livrent les trois royaumes dissipent les derniers vestiges d'une conscience nationale. Elles font le jeu des puissances voisines, le Siam et la Birmanie, qui cherchent à s'approprier l'héritage du Lan Xang.

DES VOISINS ENCOMBRANTS

Luang Prabang est pillée par les **Birmans** en 1753 et 1774, incitant la ville à solliciter la protection du Siam. En 1778, c'est au tour de Vientiane d'être mise à sac, par les troupes siamoises cette fois, qui s'emparent du Pra Keo (bouddha d'Émeraude), l'un des deux palladiums laos *(voir encadrés p. 382 et p. 430)*, pour le rapporter dans leur capitale.

Peu à peu, les trois royaumes divisés perdent leur indépendance.

La statue de Chao Anouvong, dans le parc qui porte son nom, à Vientiane.
P. Tisserand/Michelin

En 1791, Bangkok impose sa suzeraineté à Vientiane et Luang Prabang. Intronisé par les Siamois, **Chao Anou** (Anouvong, 1805-1828), le roi de Vientiane, rêve secrètement de réunifier le pays comme Fa Ngum l'avait fait naguère, et de gagner la confiance du prince de Luang Prabang.
En 1826, il lève une armée et marche sur Bangkok. Mis en déroute, il est contraint de fuir et de se réfugier à la **cour de Hué** (Annam), qui lui avait proposé son appui. En guise d'avertissement, les Siamois mettent à sac Vientiane (1827). Deux ans plus tard, Chao Anou prend le commandement d'une armée vietnamienne pour délivrer sa capitale. En vain ! En 1830, les Siamois rasent la ville et déportent sa population vers leur pays.
Déchu de son trône, Chao Anou se réfugie au Xieng Khouang, dans le nord-est du pays. Trahi par le prince local, il est livré aux Siamois qui l'emprisonnent à Bangkok, où il meurt en captivité. En représailles, les **Annamites** annexent la principauté du Xieng Khouang et exécutent le prince félon. Face à la vindicte populaire, ils lui rendent son autonomie en 1855, contre l'engagement de verser un tribut.

TURBULENCES CHINOISES

Vers 1850, les **Hmongs**, venus du Yunnan, s'installent dans le nord-est du pays. Ils sont suivis en 1864 par les **Hos**, des bandes de **brigands chinois** organisées en « **pavillons** », qui sèment la terreur sur de vastes portions du territoire. Le sac de Luang Prabang par l'armée du Pavillon noir (1887) s'est ainsi soldé par des destructions dans la quasi-totalité des pagodes de la cité.
Sous le prétexte de nettoyer les franges frontalières de leur présence, le **Siam** cherche à étendre son hégémonie jusqu'aux limites du Tonkin. Invoquant le traité signé en 1884 avec la France, dans lequel elle accepte son protectorat, la cour de Hué demande à l'administration française de sauvegarder ses droits sur le Xieng Khouang. Elle obtient une réponse favorable, au grand dam des Siamois.

Le Protectorat français

1899-1953

Dès son établissement en Cochinchine (1862), la France commence à s'intéresser à la vallée du Mékong. Les Anglais ont, pour leur part, pris possession de la Birmanie, renforçant l'inquiétude du Siam quant à son hégémonie dans la région.

PAVIE DEVIENT VICE-CONSUL

En 1886, les autorités françaises avisent Bangkok de l'envoi à Luang Prabang d'un vice-consul chargé de défendre les droits hérités du Vietnam. Le poste est confié à **Auguste Pavie** qui arrive sur place au moment où les rebelles chinois du Pavillon noir attaquent la ville. Aidées par les Français, les troupes d'**Ounkham** (1868-1888), roi de Luang Prabang, les font reculer et les maintiennent à distance. Pour assurer la sécurité de son royaume, Ounkham demande à la France de lui accorder son **protectorat**.
Le Laos représente alors une entité disparate. Les royaumes de Vientiane, Champasak et Xieng Khouang ont disparu de la scène politique, seul celui de Luang Prabang fait encore figure d'État.
Les infiltrations incessantes du Siam dans le Xieng Khouang et le Khammouane poussent finalement la France à intervenir militairement en 1893. La signature d'un traité en **1893**, consolidé par un second en 1907, oblige le Siam à abandonner aux Français la jouissance des territoires situés sur la rive gauche du Mékong.

HENRI MOUHOT (1826-1861)

En 1858, Henri Mouhot s'embarque vers l'Indochine pour étudier la végétation de la péninsule. Après un bref séjour à Bangkok, le naturaliste se lance dans l'exploration de la basse vallée du Mékong, puis décide de traverser le plateau de Khorat (Thaïlande). Lors de sa 3e expédition, il découvre, ébloui, les temples d'Angkor enfouis dans de fascinantes forêts. En septembre 1860, il entreprend de parcourir le Laos, largement méconnu, espérant remonter le Mékong jusqu'aux confins de la Chine. Arrivé à Luang Prabang à dos d'éléphant, il est le premier Français à visiter la ville, qu'il qualifie de « petit paradis ». Mais sa mission dans les hautes vallées du Nord tourne court. Atteint de fièvres, l'auteur du *Voyage dans les royaumes de Siam, de Cambodge, de Laos* meurt près du village de Ban Phanom, sur la rivière Nam Khan *(voir p. 478)*, où un cénotaphe rappelle sa mémoire.

Pavie entreprend de réorganiser les provinces, réparties d'abord entre deux territoires, le haut et le bas Laos. **Paul Doumer**, gouverneur général de l'Indochine de 1897 à 1902, décide de réunifier le pays en 1899 et de le placer sous le contrôle d'un **résident supérieur** installé à Vientiane.

Toute une organisation administrative se met en place. Le Laos bénéficie du système monétaire et douanier en vigueur dans l'Indochine française. Il est divisé en **dix provinces**, l'une d'elles formant le royaume de Luang Prabang, gouverné symboliquement par son souverain ; les neuf autres sont administrées par des résidents qui accaparent tous les pouvoirs.

UNE COLONIE PEU RENTABLE

Entre 1901 et 1907, les autorités françaises doivent faire face à l'**insurrection** des peuplades montagnardes dans les **Bolaven**, puis à celle des **Hmongs** dans la province de Xieng Khouang entre 1914 et 1922. Les révoltes sont matées par la force. L'isolement du pays, le manque d'infrastructures, le peu de ressources naturelles font que la France n'éprouve pour le Laos qu'un intérêt médiocre. Quelques routes sont tracées, des écoles et des dispensaires se construisent, un chemin de fer est même à l'étude dans la province de Champasak, mais les investissements du Protectorat s'avèrent en définitive plus réduits que dans les pays voisins. Ici comme au Cambodge, les autorités coloniales confient les hauts postes du service public à des fonctionnaires vietnamiens.

La pacification se poursuit toutefois. La **réforme du système politique** aboutit, en 1923, à la création d'une assemblée consultative et d'une faculté de droit destinée à familiariser les fonctionnaires laos avec les rouages de l'administration. Une nouvelle élite se forge dans l'aristocratie de Vientiane, au sein de laquelle trois demi-frères, **Pethsarath**, **Souvanna Phouma** et **Souvanou Vong**, se distinguent. Formés dans les grandes écoles françaises, ils ont affiné leur patriotisme et leurs envies nationalistes.

LE COMBAT POUR L'INDÉPENDANCE

À l'aube de la Seconde Guerre mondiale, le Laos doit de nouveau faire face aux appétits de la **Thaïlande** (le nouveau nom du Siam), qui mène une politique nationaliste de rassemblement des peuples thaïs, et par extension de tous ceux d'origine lao-tai, en vertu de sa nouvelle Constitution. En 1940, elle profite de l'affaiblissement de la France et de l'appui japonais pour attaquer le Laos, qui doit lui abandonner les provinces du Sud. Les autres provinces sont rattachées au royaume de Luang Prabang et placées sous la protection de son souverain, **Sisavang Vong** (1904-1959).

Pethsarath se voit offrir les titres de vice-roi et de Premier ministre, mais les Français continuent de gouverner en sous-main. En mars 1945, les **Japonais** envahissent l'Indochine et éliminent l'administration française. Sous la pression de ses « libérateurs », Sisavang Vong proclame l'**indépendance** du Laos le 8 avril 1945.

Après la capitulation japonaise, Pethsarath tente d'empêcher le retour des Français. Il annonce la formation d'un **gouvernement Lao Issara** (Laos libre) dont il assume les fonctions de Premier ministre après avoir destitué Sisavang Vong. Le prince Souvanou Vong, soutenu par le Viet Minh (mouvement indépendantiste vietnamien), et Souvanna Phouma y font également leur entrée. Les provinces du Sud, rétrocédées par la Thaïlande, sont rattachées au nouvel État.

Mais la France refuse de reconnaître l'indépendance. Aidée par **Boun Oum**, le prince de Bassac (Champasak), elle parvient à vaincre l'armée Issara en 1946, contraignant le gouvernement indépendantiste à prendre le chemin de l'exil. Sisavang Vong est rétabli sur son trône.

La France accorde néanmoins au Laos réunifié l'**autonomie** au sein de la fédération indochinoise. Adoptée en 1946, une nouvelle Constitution fait du Laos une **monarchie parlementaire** au sein de laquelle les Français conservent des avantages considérables. Le 19 juillet 1949, Paris signe avec le Premier ministre, Boun Oum, une convention qui attribue au Laos le statut d'« État associé à l'Union française ». C'est un pas de plus vers l'indépendance de fait.

Jugeant satisfaisants les accords signés en 1949 avec la France, le gouvernement Lao Issara, réfugié à Bangkok, s'auto-dissout. Souvanna Phouma rentre au Laos où il est nommé Premier ministre d'un gouvernement d'union nationale en 1951. De son côté, **Souvanou Vong**, surnommé le « prince rouge », réunit un Congrès national du peuple lao (1950) au terme duquel se constituent le **Front uni du Laos libre** (Neo Lao Issara) et un gouvernement provisoire du **Pathet Lao** animé par la branche indépendantiste, qui affiche désormais ses penchants communistes. Souvanou Vong, qui en a pris la tête, réclame l'indépendance totale du pays. Bénéficiant de l'appui vietnamien, il s'établit à Samneua, dans la province de Houa Phan. Son influence va grandissant et, en 1953, il contrôle le plateau des Bolaven, la région de Luang Prabang et quasiment toutes les provinces du Nord-Est. En octobre 1953, la France reconnaît enfin la souveraineté du Laos et la légitimité du gouvernement royal de Vientiane.

La montée du communisme

1954 -1975

LA MONTÉE EN PUISSANCE DU PATHET LAO

Le 8 mai 1954, au lendemain de la défaite française de Diên Biên Phu (Vietnam), s'ouvre la **conférence de Genève** sur la cessation des hostilités et le rétablissement de la paix en Indochine. Des accords sont signés le 20 juillet 1954. Ils stipulent notamment l'intégration des unités combattantes du Pathet Lao dans l'armée royale et l'établissement d'une représentation officielle du Neo Lao Issara à Vientiane dans l'attente d'un règlement politique, qui doit intervenir à l'issue des élections générales.

LE REMPART AMÉRICAIN CONTRE LE COMMUNISME

De leur côté, les Américains, qui ont pris la suite des Français dans le conflit indochinois, refusent de ratifier ces accords, considérant qu'ils consacrent la victoire des mouvements communistes. La création de l'**Otase** (Organisation du traité de l'Asie du Sud-Est) survient immédiatement après les accords de Genève. Elle vise officiellement à créer un rempart contre l'expansion du communisme en Asie, et se propose d'inclure le Laos, le Cambodge et le Vietnam du Sud dans la zone de protection. Les États-Unis se réservent le droit d'intervenir militairement en cas d'attaque communiste. Le gouvernement de Souvanna Phouma démissionne en bloc. Les Américains imposent un Premier ministre dévoué à leurs intérêts, **Katay Don Sasorith**. En 1955, le Laos devient **membre de l'ONU**.

CONFLITS INTERNES

Afin de pouvoir participer aux élections, le gouvernement provisoire du Pathet Lao fonde en 1956 un parti politique, le **Front patriotique lao** (NLHS, Neo Lao Haksat), qui remplace le Front uni du Laos libre. Des élections se tiennent dans les dix provinces contrôlées par le gouvernement royal, mais la CIC (Commission internationale de contrôle) refuse de les reconnaître en raison de l'exclusion des candidats du NLHS. Redevenu Premier ministre, Souvanna Phouma signe un accord (1957) avec Souvanou Vong, qui devient membre du gouvernement. Les forces révolutionnaires sont intégrées dans l'armée royale. Les élections de 1958, marquées par le succès très net du NLHS, renforcent le processus de **réconciliation nationale**.

L'INTERVENTION AMÉRICAINE

En parallèle se constitue un Comité pour la défense des intérêts nationaux (CDIN), encouragé par les Américains et présidé par le général **Phoumi Nosavan**, hostile au NLHS et à Souvanna Phouma. L'injection massive de billets verts dans l'économie laotienne provoque une vague de spéculations et de corruption. Souvanna Phouma cède sa place à un gouvernement bénéficiant du soutien de Phoumi Nosavan, qui s'engage dans une farouche lutte anticommuniste largement soutenue par les Américains. Les affrontements se soldent en 1960 par un **coup d'État militaire** qui rend le pouvoir à Souvanna Phouma.
Phoumi Nosavan gagne Savannakhet où il forme un **gouvernement anticommuniste** avec l'appui du prince Boun Oum et de la CIA. L'affrontement militaire devient inévitable et il s'internationalise fin 1960, lorsque les troupes de Souvanna Phouma reçoivent l'aide de l'URSS, de la Chine et du Nord-Vietnam.
Les négociations entre partis rivaux s'enlisent. Un **gouvernement de coalition** est finalement mis sur pied avec Souvanna Phouma comme président, Boun Oum et Souvanou Vong comme vice-présidents. Le bloc communiste continue à soutenir le gouvernement de Souvanna Phouma, alors que les Américains et la Thaïlande apportent leur aide aux partisans de Phoumi Nosavan.

Un héros combattant pour la liberté du Laos.
P. Tisserand/Michelin

Les Américains, dans leur « guerre spéciale » contre le communisme, vont se servir du Laos pour mener à bien leurs opérations. Entre 1966 et 1975, les **bombardements aériens** s'intensifient sur la piste Hô-Chi-Minh qui traverse le nord-est du pays *(voir encadré p. 455)*, entraînant le déplacement de **700 000 réfugiés** dans la zone gouvernementale.

Un **accord de cessez-le-feu** intervient en 1973, mais il n'est pas respecté. Les maquisards du Pathet Lao gagnent toujours plus de terrain. En 1974, un gouvernement d'union nationale, intégrant Souvanou Vong, se forme sous la présidence de Souvanna Phouma. En 1975, la prise de Saïgon par le Vietnam du Nord et le retrait américain entérinent le sort du Laos. Le **Pathet Lao** assoit son emprise sur l'ensemble du territoire. Les responsables du parti anticommuniste s'exilent en Thaïlande et le dernier roi, **Sisavang Vatthana** (1959-1975), abdique pour laisser le pouvoir aux communistes.

Le règne du parti unique

1975-2016

UN RÉVEIL DIFFICILE

L'après-guerre dévoile un **bilan humain et écologique** catastrophique. Le conflit a fait 200 000 victimes. La pollution des points d'eau et les bombes à sous-munitions non explosées rendent inhabitables les régions du Nord-Est. La **République populaire démocratique du Laos** est proclamée fin 1975. Elle est présidée par Souvanou Vong, qui nomme Premier ministre le secrétaire général du parti, **Kaysone Phomvihane**. Le nouveau pouvoir impose un régime communiste strict, inspiré du modèle vietnamien. Entre 1975 et 1979, il met en place une politique d'épuration et de rééducation dirigée en priorité contre les hauts fonctionnaires et les intellectuels, contraints à l'exil ou envoyés au *samana*

Affiche électorale appelant à se rendre aux urnes.
P. Tisserand/Michelin

(camp de rééducation). L'exode est en marche, un dixième de la population quitte le pays. Le clergé bouddhique est mis sous tutelle, le commerce est nationalisé, les campagnes soumises à une politique de collectivisation agraire. Le **Parti populaire révolutionnaire lao** (PPRL), qui remplace le Neo Lao Haksat en 1979, est le seul parti politique autorisé dans le pays.

Une série de catastrophes naturelles, qui déstabilisent l'organisation des coopératives et provoquent de graves famines, fragilisent la jeune république. Les commerçants chinois et vietnamiens, qui assuraient le ravitaillement, quittent définitivement le pays. Des rébellions sévèrement réprimées, notamment celle des Hmongs *(voir encadré p. 351)*, agitent sporadiquement les provinces. Mais le gouvernement peut compter sur le soutien économique et militaire du Vietnam pour faire régner la paix à l'intérieur de ses frontières.

En 1978-1979, le conflit qui éclate entre le Vietnam et le Cambodge *(voir p. 112)* isole un peu plus le Laos sur la scène internationale.

UNE TIMIDE OUVERTURE

Dès 1979, le pays change de cap et montre des signes de **libéralisation** économique : la collectivisation agraire est suspendue et une réforme monétaire s'engage pour introduire les mécanismes de l'économie de marché. Le Laos retrouve rapidement son autosuffisance alimentaire.

En 1986, **Souvanou Vong**, malade, se retire de la scène politique. **Kaysone Phomvihane**, secrétaire général du Parti depuis 1955, Premier ministre depuis 1975, devient l'homme fort du régime.

La libéralisation se poursuit avec l'appui du FMI et de la Banque mondiale : loi sur les investissements étrangers (1989), privatisation des entreprises (1990), libre circulation des biens et des personnes, etc. Des élections parlementaires sont organisées en 1989 et, en 1991, l'Assemblée nationale adopte une **Constitution** qui accorde les pleins pouvoirs au PPRL et conforte son leader,

Kaysone Phomvihane, dans son rôle suprême. À sa mort, en 1992, **Nouhak Phoumsavanh** lui succède à la présidence (1992-1998), tandis que **Khamtay Siphandone**, nouvel homme fort du pays, prend la direction du Parti, qui réunit son 6e Congrès en 1996 sans modifier ses orientations.

Le Laos s'est néanmoins attaché à améliorer ses relations avec les États-Unis, la Chine et la Thaïlande. L'inauguration du premier **pont de l'Amitié** *(voir encadré p. 408)* en 1994 scelle le partenariat commercial entre les deux pays. En 1997, le Laos signe son adhésion à l'ASEAN (Association des nations de l'Asie du Sud-Est), dont il accueille le 10e sommet en 2004.

UN BILAN EN DEMI-TEINTE

En 1997, **Khamtay Siphandone** accède à la présidence. Le pays connaît une relative prospérité économique qui ne masque toutefois pas les disparités régionales et géographiques : les Hmongs continuent de se montrer hostiles et les inégalités sociales fragilisent la croissance.

En 1999, une marche pacifique réunit dans les rues de Vientiane un groupe d'étudiants réclamant plus de démocratie ; elle se solde par une vague d'arrestations. Fin 2000, le président chinois Jiang Zemin, en visite officielle au Laos, promet une aide économique substantielle. Dans le même temps, l'**ODA** (l'aide officielle au développement) contribue de façon importante au PNB laotien, assurant au pays un revenu conséquent ; ces aides étrangères financent 80 % des investissements publics. Le Laos souffre cependant de cette situation qui le met dans un état de dépendance par rapport à des nations étrangères, au rang desquelles figurent entre autres le Japon, l'Australie et l'Union européenne.

En 2001, **Bougnang Vorachit** devient Premier ministre, confirmant le rapprochement de Vientiane avec la Chine.

Lors du 7e Congrès du PPRL (2006), Khamtay Siphandone abandonne ses fonctions. Son remplacement par le général **Choummaly Sayasone** montre l'emprise grandissante de l'armée dans les affaires de l'État.

En 2011, le 9e Congrès annonce de nouvelles **priorités économiques**, calquées sur les modèles chinois et vietnamien, qui doivent assurer une croissance annuelle de 8 % et diminuer la pauvreté, toujours sous l'égide du parti unique. Le **sommet Asie-Europe** (ASEM) qui se tient à Vientiane en 2012 place le Laos sous le feu des projecteurs internationaux. La décision d'adhérer à l'**OMC** (Organisation mondiale du commerce) est ratifiée en 2013.

Chronologie

Les débuts

- **2000 av. J.-C.-500 apr. J.-C.** – Civilisation mégalithique dans le nord-est du pays (plaine des Jarres).
- **5e s.** – Émergence du royaume môn-khmer du Tchen-la.
- **6e-11e s.** – Hégémonie du royaume môn de Dvaravati.
- **10e-14e s.** – Hégémonie khmère sur le bas Laos.
- **10e s.** – Arrivée des premières populations lao-tais.
- **1238-1438** – Hégémonie du royaume de Sukhothai.
- **1287** – Offensive de Khubilai Khan dans le Sud-Est asiatique.

Le royaume du Lan Xang

- **1353-1373** – Règne de Fa Ngum, fondateur du royaume du Lan Xang.
- **1363** – Le bouddhisme theravada devient religion d'Etat.
- **1373-1416** – Règne de Samsenthai (Vientiane).

- **1478** – Le Dai Viet s'empare de Xieng Dong Xieng Thong (Luang Prabang).
- **1500-1520** – Règne de Visoun, protecteur du bouddhisme (Luang Prabang).
- **1520-1547** – Règne de Phothisarath, qui annexe le Lan Na.
- **1548-1571** – Règne de Setthathirath (Luang Prabang puis Vientiane).
- **1560** – Vientiane devient capitale.
- **1563 et 1569** – Vientiane tombe aux mains des Birmans.
- **1637-1694** – Règne de Souligna Vongsa ; âge d'or du Laos.
- **1694-1713** – Éclatement du Lan Xang en trois royaumes : Vientiane, Luang Prabang et Champasak.
- **1778** – Sac de Vientiane, le Pra Keo est emporté à Bangkok.
- **1805-1828** – Règne de Chao Anou.
- **1827** – Nouveau sac de Vientiane.

Le Protectorat français

- **1886** – Auguste Pavie est nommé vice-consul à Luang Prabang.
- **1893** – Début du Protectorat français au Laos.
- **1904-1959** – Règne de Sisavang Vong à Luang Prabang.
- **1941-1945** – Occupation japonaise.
- **1945** – Le premier mouvement indépendantiste, le Lao Issara, forme un gouvernement dissident.
- **1946** – Le Laos devient une monarchie parlementaire.
- **1949** – Le royaume obtient le statut d'État indépendant associé à l'Union française ; dissolution du Lao Issara.
- **1950** – Instauration du Pathet Lao.
- **1953** – Fin du Protectorat.
- **1954** – Accords de Genève.

La période communiste

- **1955** – Entrée du Laos à l'ONU.
- **1958** – Le Front patriotique lao remporte les élections, Souvanou Vong entre au gouvernement.
- **1960** – Coup d'État militaire ; internationalisation du conflit.
- **1964-1973** – Bombardements américains.
- **1974** – Gouvernement d'union nationale avec Souvanna Phouma et Souvanou Vong.
- **1975** – Proclamation de la République démocratique populaire lao ; abolition de la monarchie.
- **1979** – Le parti unique est baptisé Parti populaire révolutionnaire lao (PPRL) ; ouverture du Laos à l'économie de marché.
- **1984 et 1988** – Incidents frontaliers entre le Laos et la Thaïlande.
- **1986** – Souvanou Vong se retire de la scène politique.
- **1989-1990** – Poursuite de la libération économique.
- **1989** – Élections parlementaires.
- **1991** – Nouvelle Constitution.
- **1992** – Khamtay Siphandone prend la direction du Parti.
- **1994** – Premier pont de l'Amitié entre le Laos et la Thaïlande.
- **1995** – Mort de Souvanou Vong, le « prince rouge ».
- **1997** – Entrée du Laos dans l'ASEAN ; Khamtay Siphandone accède à la présidence.
- **2000** – Première visite officielle d'un président chinois.
- **2006** – Choummaly Sayasone devient secrétaire général.
- **2010** – Ouverture officielle de la Bourse de Vientiane.
- **2012** – Sommet de l'ASEM (Asia Europe Meeting) à Vientiane.
- **2013** – Le Laos adhère à l'OMC.
- **2016** – 10e Congrès du PPRL ; Bougnang Vorachit devient secrétaire général du Parti et président de la République.

Nature et paysages

Enclavé dans ses montagnes au cœur de la péninsule indochinoise, le Laos couvre une superficie de 236 800 km^2, soit près de la moitié de la France. Quoique dépourvu d'accès à la mer, ce petit pays s'enorgueillit d'une belle variété de paysages. Ses forêts tropicales regorgent de cascades et de rivières, ses paysages karstiques sont creusés de grottes spectaculaires au fond desquelles circulent des rivières souterraines ou se nichent des lacs aux eaux turquoise. Tantôt formant frontière, tantôt entrant dans les terres, le cours puissant du Mékong façonne le pays du nord au sud. S'ils restent difficiles d'accès, les parcs naturels préservent une faune et une flore unanimement saluées pour leur diversité, si prolifique que toutes les espèces n'ont pas encore été recensées.

Un pays montagneux

Les accidents du relief dessinent les frontières du Laos avec ses cinq voisins. Les montagnes du nord l'isolent de la **Chine**, tandis qu'au sud, derrière le plateau d'altitude des Bolaven, commence le **Cambodge**. Sur sa façade orientale, la longue chaîne annamitique forme une séparation naturelle avec le **Vietnam**. Côté ouest, le Mékong trace en partie les limites avec la **Thaïlande** et la **Birmanie**.

TERRES HAUTES, TERRES BASSES

Formé aux deux tiers de montagnes et de plateaux, le Laos possède un réseau hydrographique dense. Ces facteurs ont fortement influencé l'habitat, les migrations, les moyens de subsistance et les rites des populations, surtout concentrées dans la vallée du Mékong.

Les Laotiens montrent un attachement religieux à l'eau. Drainé par le grand fleuve et son affluent, la Nam Ou, le nord du pays est escarpé (1 000 à 2 000 m d'altitude). Ses reliefs, qui prolongent ceux de la Chine méridionale et du haut Tonkin, s'entrecroisent et sont difficilement pénétrables. Les hauts plateaux granitiques du **Xieng Khouang**, au nord-est de Vientiane, portent le mont **Phu Bia** (2 820 m), point culminant du pays. Ils sont accidentés par des plaines d'effondrement, comme la plaine des Jarres (1 200 m), où l'on trouve trace d'une occupation humaine préhistorique.

La **Cordillère annamitique** constitue une barrière densément boisée, s'étirant sur près de 1 100 km entre la province de Bolikhamxay et celle d'Attapeu, à l'extrémité sud du Laos. Contre cette chaîne s'adossent des plateaux gréseux s'abaissant graduellement vers l'ouest jusqu'à former de vastes plaines. Le **plateau des Bolaven** fait partie des « terres rouges d'Indochine », un surnom donné par les colons : doté d'un important domaine forestier et de nombreuses cascades, ce plateau situé à une altitude moyenne de 1 000 m fournit une terre propice à toutes sortes de productions agricoles, riz de montagne, thé et surtout **café**, introduit au début des années 1900 *(voir encadré p. 528)*.

Les régions basses sont constituées par les **plaines alluviales** de la vallée du Mékong, qui atteignent leur extension maximale dans la province de Savannakhet, le grenier à riz du Laos.

Les populations d'origine lao-tai vivaient généralement en bordure des **cours d'eau**, alors que les populations montagnardes se sont établies dans les **collines** d'altitude moyenne (500-1 000 m), où elles pratiquent la culture sur brûlis – un usage agricole ancien, responsable par endroits de la transformation de la végétation naturelle en de vastes étendues de savane.

LES MIRACLES DE L'ÉROSION

Le Laos possède des **massifs karstiques** parmi les plus grands et les plus beaux au monde.

Les plus connus se trouvent du côté de **Vang Vieng**, entre Luang Prabang et Ventiane. De spectaculaires pains de sucre, criblés de grottes, émergent d'une végétation tropicale luxuriante, traversée par le cours tumultueux de la Nam Song.

À l'est de Thakhek, le **plateau de Khammouane** mesure 80 km de long sur 50 km de large et repose sur un socle de grès, de schistes et de granite. Il offre en surface un étonnant relief karstique dont la formation a débuté il y a 400 millions d'années.

Le calcaire a subi l'érosion des eaux abondantes provenant de la chaîne annamitique.

Il en a résulté des **paysages ruiniformes** et des plissements abrupts qui forment des murailles déchiquetées et des pitons acérés, pouvant atteindre 700 m de hauteur.

En sous-sol, l'eau a creusé des **gouffres** profonds, des crevasses et des galeries où circulent de magnifiques rivières. Leurs nombreuses résurgences attirent les spéléologues qui trouvent ici de nouveaux terrains d'exploration. Les kayakistes suivent leur cours pour s'aventurer dans des **grottes** spectaculaires, comme celle de **Konglor** *(voir p. 509)* ou l'extraordinaire Khoun Xe (près de la frontière vietnamienne), deux percées de plus de 7 km de long dans lesquelles s'engouffrent respectivement les eaux de la Hin Boun et de la Xe Bang Fai.

LES PONTS DE L'AMITIÉ

Privé de fenêtre maritime, le Laos doit s'accommoder du Mékong pour négocier hors de ses frontières. Formant une démarcation naturelle avec la Thaïlande, le fleuve représente aussi un enjeu politique et social. Construits dans le cadre du processus d'ouverture, des « ponts de l'Amitié » facilitent désormais la circulation des biens et des hommes entre les deux rives. Le premier, inauguré en 1994, relie Vientiane et Nong Khai, le 2e (2007), Savannakhet et Mukdahan, le 3e (2011), Thakhek et Nakhon Phanom, le 4e (2013), Chiang Khong et Houay Xay. Un 5e pont est prévu pour 2017 entre Pak Sane (au sud de Vientiane) et Beung Khan côté thaï, et un 6e serait dans les cartons de la province de Saravan.

Le Mékong, axe de communication majeur du Laos.
P. Tisserand/Michelin

DEUX SAISONS BIEN DISTINCTES

Le Laos est soumis à un **climat tropical**, avec des écarts de température importants selon les régions et les altitudes. Comme ses voisins, il bénéficie du régime de la **mousson**, alternant une saison des pluies et une saison sèche. Entre mai et octobre, les vents du sud-ouest apportent des précipitations diluviennes (de 1 500 à 3 000 mm), parfois ininterrompues, qui rendent la végétation luxuriante et le sol particulièrement boueux. Les provinces du nord, plus montagneuses, sont moins exposées que celles du sud où règne un taux d'humidité maximal. Les températures journalières avoisinent les 30° dans les basses terres et les 25° dans les hauteurs. La **saison sèche** débute fin octobre. Même s'il affiche une moyenne de 15°, le thermomètre peut chuter jusqu'à 0° dans les provinces de Xieng Khouang (Phonsavan) et du nord entre la mi-décembre et la fin janvier. Il n'est pas rare alors de voir les hauts sommets enneigés. À cet hiver sec et frais succède, à partir de février, une période ensoleillée qui atteint son pic de chaleur (jusqu'à 38°) en mars et avril. Le niveau des fleuves est au plus bas durant cette période.

Au rythme de l'eau

Le réseau hydrographique totalise plus de 4 600 km de fleuves, rivières et cours d'eau qui ont longtemps été des voies de communication essentielles dans ce pays montagneux. Le transport fluvial recule aujourd'hui au profit de la route et le nombre de navettes régulières sur les cours d'eau diminue à mesure que se poursuit l'aménagement des infrastructures terrestres. La baisse saisonnière du niveau du Mékong et de ses affluents a toujours limité la navigation, qui est surtout possible pendant et après la saison des pluies. C'est aujourd'hui la construction de barrages de plus en plus nombreux *(voir p. 411)* qui renvoie au passé la circulation

Le Mékong, « mère des eaux »

Le plus grand fleuve du Sud-Est asiatique traverse six pays : Chine, Birmanie, Laos, Thaïlande, Cambodge puis Vietnam, où il rejoint la mer de Chine après un parcours d'environ 4 200 km. Longtemps resté à l'état sauvage, le Mékong et son formidable potentiel hydroélectrique attisent aujourd'hui bien des convoitises. Des travaux d'envergure, menés par la Chine et les pays d'aval, menacent d'en bouleverser le cycle naturel.

DU TIBET AU VIETNAM

D'abord appelé Za Qu, « Eau des rochers », le Mékong prend sa source au Tibet, à 4 875 m d'altitude. Dans son **parcours chinois** (env. 2 200 km), il dévale un dénivelé de 4 500 m en sillonnant des gorges sauvages et encaissées. Son cours capricieux lui vaut d'être nommé Lancang Jiang, « Fleuve tumultueux », dans la province du Yunnan. Puis il quitte la Chine et forme une frontière naturelle de 236 km de long entre le Laos et le pays shan (Birmanie), puis les confins nord de la Thaïlande. À hauteur de Pak Tha, il pénètre dans l'intérieur des terres laotiennes, qu'il parcourt sur une longueur de 1 865 km. Avant d'arriver à Vientiane, il dessine à nouveau la **frontière lao-thaïe**, et ce jusqu'à hauteur de Pakse. Après avoir franchi les spectaculaires chutes de Khone *(voir p. 532)*, le fleuve pénètre au **Cambodge** qu'il traverse du nord au sud en passant par les rapides de Sambor (entre Stung Treng et Kratie), les derniers à interdire la navigation. Au niveau de Phnom Penh, il forme une confluence avec les rivières Tonlé Sap et Bassac ; avec ce dernier, le Mékong va traverser le sud du **Vietnam** en y formant sur près de 220 km l'un des plus grands **deltas** au monde : cette zone de 40 000 km^2 est émaillée d'une multitude de canaux, de rizières et de marais qui génèrent une activité et une démographie considérables, fournissant leurs moyens de subsistance à près de 20 millions de personnes. En fin de parcours, le cours majestueux du grand fleuve se divise en neuf bras – *Song Cuu Long*, la « rivière aux neuf dragons » – qui entrent en mer de Chine méridionale.

DES ENJEUX CONSIDÉRABLES

Depuis des temps immémoriaux, le Mékong a toujours favorisé les **échanges** commerciaux, culturels et humains dans la péninsule. Avec un bassin couvrant près de 800 000 km^2, il fait vivre près de 70 millions de personnes qui dépendent directement de lui pour se nourrir (agriculture et pêche) et se déplacer. Au **Laos**, l'essentiel des terres cultivées s'étend à proximité de ses berges. Au **Cambodge**, le fleuve remplit le grand réservoir d'eau douce du Tonlé Sap *(voir p. 238)*, dont le rôle dans l'économie du pays est essentiel. Au **Vietnam**, là où il s'étale en un immense delta, se concentrent les plus vastes rizières du pays.

Pendant la mousson, les eaux charrient des **alluvions** gorgées de sables rouges. Du nord au sud, les cultures puisent leur sève dans ces sédiments, déposés sur les terres par des crues parfois dévastatrices. La fougue du grand fleuve inspire le respect, et pour mieux signifier leur rapport **sacré** à l'eau, les riverains dessinent des yeux protecteurs sur la coque de leurs embarcations.

Classé quatrième au monde par son débit, le Mékong est riche en **potentialités**. Alimenté par les neiges de l'Himalaya dans son cours supérieur, il s'élargit dans le bassin inférieur grâce aux pluies de la mousson. Les petits cours d'eau qui viennent s'y jeter apportent une quantité d'eau plus négligeable. En raison des conflits qui ont ravagé la région durant le 20e s., le lit du fleuve est longtemps resté vierge d'infrastructures hydrauliques. Aujourd'hui, la construction de barrages et les divers projets d'**aménagement de son cours** – destruction à l'explosif des rapides de moindre importance, dragage des bancs de sable, réfection des berges, etc. – mettent en péril les **écosystèmes** du fleuve. Depuis les années 2000, des sécheresses à répétition, attribuées au changement climatique qui raccourcirait la saison des pluies, affectent le Laos et la Thaïlande, et dans une moindre mesure le Cambodge. En 2010, les barrages chinois, au cœur des tensions régionales, ont occasionné une vague de protestations des pays situés en aval, qui les accusent d'intensifier ce phénomène climatique.

LA MULTIPLICATION DES BARRAGES

Aucune législation internationale ne régit les affaires des six pays qui se partagent les ressources du fleuve : chacun est donc libre de décider de sa politique énergétique. Dès les années 1990, la **Thaïlande** multiplie la construction de petits barrages sur les affluents, sans impact sur les pays d'aval. Dans le cadre de son ambitieuse politique d'industrialisation, et aussi pour affirmer sa prépondérance régionale, la **Chine** s'est lancée à son tour dans les grands travaux. Six grands barrages édifiés entre 2003 et 2012 sur le cours supérieur du Mékong sont d'ores et déjà opérationnels, d'autres devraient voir le jour d'ici à 2020. Mis en service en 2013, le barrage de Xiaowan alimente en électricité tout le Sud-Est chinois, Shanghai compris.
Dans le **bassin inférieur** du Mékong, seule la force hydraulique des affluents faisait jusque-là l'objet d'une exploitation industrielle. Le **Cambodge** a déposé deux grands projets. Le **Laos** entend bien tirer parti de sa géographie montagneuse, qui lui garantirait une rente foncière par un système de concessions. Il a planifié la construction de **neuf barrages** (dont Lat Sua, Pakbeng, Luang Prabang, Pak Lay, Sanakham, Pakchom, Ban Koum) sur le fleuve ; deux d'entre eux (Sayabouri et Don Sahong) bénéficient déjà d'une mise en chantier, malgré les controverses. Sur le plan technique, des entreprises thaïes, chinoises et malaises s'occupent d'en superviser la conception et l'exploitation. L'énergie produite sera exportée en quasi-totalité vers la Thaïlande, seuls 5 % étant destinés au marché local.

ÉTAT D'URGENCE

Le devenir du Mékong ne manque pas d'inquiéter. Les barrages chinois risquent de réduire d'un quart le débit du fleuve en aval. L'impact des ouvrages laotiens menace directement les migrations saisonnières des poissons et, en conséquence, l'activité des pêcheries. Au Cambodge, c'est le phénomène de renversement du cours du Tonlé Sap qui risque d'être affecté à terme, tandis que la zone submergée autour du grand lac verrait sa surface diminuer considérablement en l'absence de crues saisonnières suffisantes. Les fluctuations du niveau d'eau engendrent des tensions au sein des pays riverains, surtout pendant la saison sèche.
En 1995, la Thaïlande, le Laos, le Cambodge et le Vietnam ont instauré la **Commission du Mékong** (MRC) pour mettre en place une gestion commune du bassin inférieur du fleuve. Mais cet organisme, dont le rôle est consultatif, n'a aucun moyen d'action en cas de manquements des uns ou des autres. La Chine a toujours refusé d'y adhérer afin de protéger ses intérêts. Quant aux pays membres, ils n'hésitent pas à sacrifier leurs bonnes résolutions sur l'autel du développement économique pour mieux s'attribuer une part des revenus de l'or bleu.

par bateau *(voir « En bateau sur le Mékong », p. 494)*.

EN SUIVANT LE MÉKONG

Les deux tiers de la population et quasiment toute l'**activité économique** se concentrent dans la vallée du Mékong, dont les potagers, les vergers et les rizières inondables font la première **région agricole** du pays. Le grand fleuve *(voir aussi p. 410)* entame son parcours laotien à 365 m d'altitude. Après avoir sillonné des vallées étroites et franchi de nombreux rapides, son cours déjà grossi par plusieurs rivières (Nam Tha, Nam Beng, Nam Ou et Nam Khan) s'élargit en abordant la vallée de Vientiane. Bien que le relief accuse un rétrécissement momentané dans les karsts de Pak San et de Thakhek, son lit est navigable jusqu'aux rapides de Khemmarat, en aval de Savannakhet. En pénétrant dans la région des **4000 Îles** (Si Phan Don), gênées dans leur passage par les affleurements rocheux, les eaux se démultiplient en d'innombrables bras parsemés d'îlots et de bancs de sable. Sur une distance de 13 km, le dénivelé brutal occasionne une série de rapides précédant les spectaculaires **chutes de Khone Pha Peng**, le « Niagara de l'Asie » *(voir p. 532)*.

LA NAM OU, AUX PORTES DE LA CHINE

Prenant sa source dans la province de Phongsali (Nord-Est), la Nam Ou serpente dans des vallées encaissées jusqu'à Nong Khiaw puis fraie son chemin entre de hautes barres calcaires et un massif schisteux de moyenne altitude pour rejoindre le Mékong à Pak Ou, après un parcours de 448 km. Bien que de nombreux rapides accidentent son lit, la Nam Ou est une voie de pénétration historique dans le nord-est du pays.

FUTURE « PILE ÉLECTRIQUE » RÉGIONALE

Pour exploiter au mieux sa force hydraulique, le Laos a prévu d'établir sur le Mékong et ses affluents une cinquantaine de **barrages** dont 17 sont d'ores et déjà opérationnels. Sur le plateau des Bolaven, deux d'entre eux (Houay Ho, en service, et Xe Pian Xe Namnoy, en voie d'achèvement) s'inscrivent dans les vastes plans d'aménagement de la Sekong, le grand affluent du Sud. Entre autres conséquences, des pans entiers de forêts sont désormais classés zone interdite et leurs habitants ont été contraints de se déplacer vers la partie occidentale du plateau.
La **présence chinoise** grandissante dans les régions frontalières du Nord engendre diverses protestations. Dans la province de Bokeo, au nord-ouest de Pakbeng, l'usage intempestif de pesticides dans les plantations provoque des dégâts importants au niveau humain et environnemental.
Dans le district de Pha Oudom (province de Bokeo également), la construction d'un barrage par une entreprise chinoise a réduit d'un tiers le débit de la Nam Tha et causé l'évacuation de 10000 villageois.

Une biodiversité exceptionnelle

Grâce à la faible densité de la population (28 hab./km^2) et à la protection naturelle qu'offre son relief accidenté, le Laos bénéficie d'une enviable diversité d'écosystèmes. Ses forêts denses abritent des espèces animales que l'on croyait éteintes.

LA FLORE

La végétation se compose essentiellement de **forêts**. Aujourd'hui, elles recouvrent un peu moins de la moitié du pays,

La reconversion de l'éléphant au service du tourisme.
P. Tisserand/Michelin

contre 4/5e dans les années 1940. Quant aux espaces inviolés, ils ne représentent guère plus de 3 % du territoire. Les essences sont pour beaucoup des bois précieux comme le **palissandre** d'Asie, le **bois de rose**, le quinquina et surtout le **teck**. Les forêts du Nord sont dans l'ensemble bien préservées car difficilement pénétrables, mais c'est dans les provinces du Sud que se trouvent les plus belles. Un tiers sont des **forêts primaires** où les épaisses canopées des grands arbres ne laissent filtrer que très peu de lumière et abritent ainsi une vie foisonnante. La **cardamome**, plante vivace endémique, y pousse à l'état sauvage. Le manteau végétal varie en fonction de l'altitude et des pratiques d'essartage (culture sur brûlis).

Dans les basses terres

Divers types de forêts couvrent les régions basses, à moins de 600 m d'altitude. La **forêt dense dite « à diptérocarpacées »**, du nom des arbres de grande taille (40 à 50 m) qui la peuplent, reste verte tout au long de l'année. Elle est riche en essences variées qui vivent en semi-parasites sur les cimes, tandis que les strates inférieures sont couvertes d'arbrisseaux qui se mêlent à des lianes grimpantes. Sous la canopée poussent des **épiphytes**, ces plantes prenant les arbres pour supports, dont plusieurs espèces d'**orchidées** sauvages. Plus commune, de moindre densité, la **forêt mixte** comprend des essences à feuilles caduques. Dans certaines d'entre elles pousse du teck à l'état sauvage, en particulier dans les environs de Luang Prabang. Leur sous-bois, particulièrement touffu, foisonne de **bambous**.

En altitude

Les hauteurs (600-2 000 m) sont le royaume de **forêts denses sempervirentes** (toujours vertes) auxquelles se mêlent des **feuillus** et des **conifères** à partir de 2 000 m. Par endroits, elles se sont dégradées pour devenir des forêts claires, avec de belles futaies sur un sol couvert de graminées.

Dans les zones défrichées s'installe vite une végétation envahissante de type « brousse », qui s'impose parfois au point de constituer une forêt secondaire. C'est le cas, dans la province de Luang Prabang, de l'**arbre à benjoin**, qui donne une résine précieuse très prisée des industries médicinale et cosmétique. Là où les paysans pratiquent la culture sur brûlis s'installe une **savane arbustive** qui donne au relief un aspect dénudé.

Dans la plaine

Les cuvettes sont en partie occupées par des **rizières inondables**. Pendant la saison sèche, les berges des rivières, fertilisées par le limon, se transforment en **potagers** produisant des légumes mais aussi des cacahuètes. Les cocotiers, palmiers, frangipaniers, aréquiers et kapokiers voisinent avec des arbres **fruitiers** : bananiers, manguiers, papayers, tamariniers, etc.
Ils approvisionnent les marchés régionaux, où ils se partagent les étals à parts égales avec les fruits importés de Chine, de Thaïlande ou du Vietnam. Des programmes de développement rural tentent de réimplanter certaines cultures, l'**ananas** notamment.

Arbres en péril

La déforestation fait des ravages dans les forêts denses du sud et du sud-est du pays. La province d'Attapeu, au sud des Bolaven, paie le plus lourd tribut. Dans le Nord, près de la frontière chinoise, des pans entiers de forêts primaires disparaissent chaque année. En 2004, le gouvernement laotien a interdit l'exportation de bois brut et imposé un système de quotas d'abattage ; hélas, rien n'y fait, et la coupe illégale se poursuit à un rythme effréné. L'essartage (défrichement des forêts) pour développer la culture du **riz de pente** mais aussi le **maïs** et le **pavot** est une pratique courante. Liées à une demande croissante, les plantations d'**hévéas** après déforestation sont passées de 100 ha en 2003 à 300 000 ha actuellement.
Le regroupement des populations près des voies de communication diminue les surfaces cultivables. En conséquence, les temps de **jachère** sont passés de 18-25 ans à 5-9 ans, ce qui est insuffisant pour permettre à la forêt de se régénérer.

LA FAUNE

Une faune très riche évolue sous l'abondante couverture forestière. Outre les mammifères communs à l'Indochine comme le chien viverrin (chien raton-laveur), le cerf sambar, le banteng (bœuf de Java) ou la civette, entre autres, les forêts sont le domaine des singes (macaque à queue de cochon, rhinopithèque du Tonkin, langur, et l'adorable petit loris paresseux), des petits pandas et des pangolins. Moins sympathiques, cobra royal, vipère, varan noir, etc. enrichissent un important catalogue de **reptiles**. Quelques centaines d'éléphants domestiqués prêtent leur force dans les exploitations forestières *(voir encadré p. 480)*.
Des spécimens disparus dans le reste du Sud-Est asiatique sont encore présents sur le territoire laotien. C'est le cas du **rhinocéros** unicorne de Java et du rhinocéros de Sumatra dans les Bolaven, de l'**éléphant sauvage** dans les provinces de Champasak, Sayabouri et Attapeu, de l'**ours noir** dans la région de Luang Prabang. Le *saola*, la licorne d'Asie, a fait une réapparition remarquée dans les forêts du Sud, tandis que le *kha-nyou*, petit **rat de roche** appartenant à une race de rongeurs que l'on croyait éteinte depuis 11 millions d'années, a été repéré en 2005 dans la province de Khammouane.

Dans les parcs nationaux

Une vingtaine de sanctuaires de faune sont déclarés zones protégées dans l'ensemble du pays. Près de Vientiane, de vastes forêts émaillées de rivières et de cascades font du parc national de Phu Khao Khouay un paradis de la biodiversité. Plusieurs espèces menacées y ont élu domicile, dont des panthères et de rares éléphants sauvages. Le parc national de Xe Pian, dans le Sud, héberge une trentaine d'écosystèmes où vivent l'ours noir, le gaur (bison asiatique) et le gibbon à joues jaunes. Les hauteurs du parc national de Nakai-Nam Theun (province de Khammouane, à la frontière vietnamienne) foisonnent de rhododendrons. Des espèces animales y ont été redécouvertes récemment, notamment le megamuntjacus, un cervidé de grande taille, et le sanglier indochinois, mais aussi des **félins rares** tels que le chat doré d'Asie ou la panthère nébuleuse. Parmi les reliefs karstiques de la réserve de Hin Namno (province de Khammouane), vous verrez des singes rares comme le semnopithèque de François ou le douc, d'impressionnants oiseaux comme les calaos bicornes ou festonnés, et une quarantaine d'espèces de chauves-souris. Dans le Nord, le parc national de Nam Ha couvre un cinquième de la province de Luang Nam Tha. Dans cette nature intacte, constituée en partie de forêts primaires, vivent des tigres, des léopards, des gaurs, des gibbons et près de 300 espèces d'oiseaux, dont les faisans argentés et les pittas bleus.

Sur les arbres et dans les eaux

Quelque 400 espèces d'oiseaux sont répertoriées dans les zones vierges. En revanche, dans les zones habitées, la chasse intensive a anéanti une bonne partie de la population à plumes. Le parc national de Xe Pian, reconnu comme le meilleur site d'ornithologie du Laos, héberge des colonies d'ibis géants, d'ibis noirs, de grues antigones, de canards à ailes blanches et diverses espèces de vautours (vautour indien, vautour chaugoun et vautour royal). Dans les eaux du Mékong évolue le fameux **pabuk** (poisson-chat), un monstre pouvant mesurer jusqu'à 3 m et peser entre 200 et 300 kg. Il se pêche entre mars et mai, au moment où le niveau du fleuve est au plus bas, et remonte le fleuve pour se reproduire dans le Yunnan (Chine). Au sud des 4 000 Îles, la survie du **dauphin d'eau douce** *(voir encadré p. 258)* est menacée par la construction du barrage de Don Sahong (en face de Don Khone), qui risque aussi de bloquer une route de migration des poissons.

DÉCOUVRIR LE LAOS

Les chutes de Kuang Si, aux environs de Luang Prabang
P. Tisserand/Michelin

Vientiane et le centre 5

Sculptures monumentales du Buddha Park, aux environs de Vientiane.
P. Tisserand/Michelin

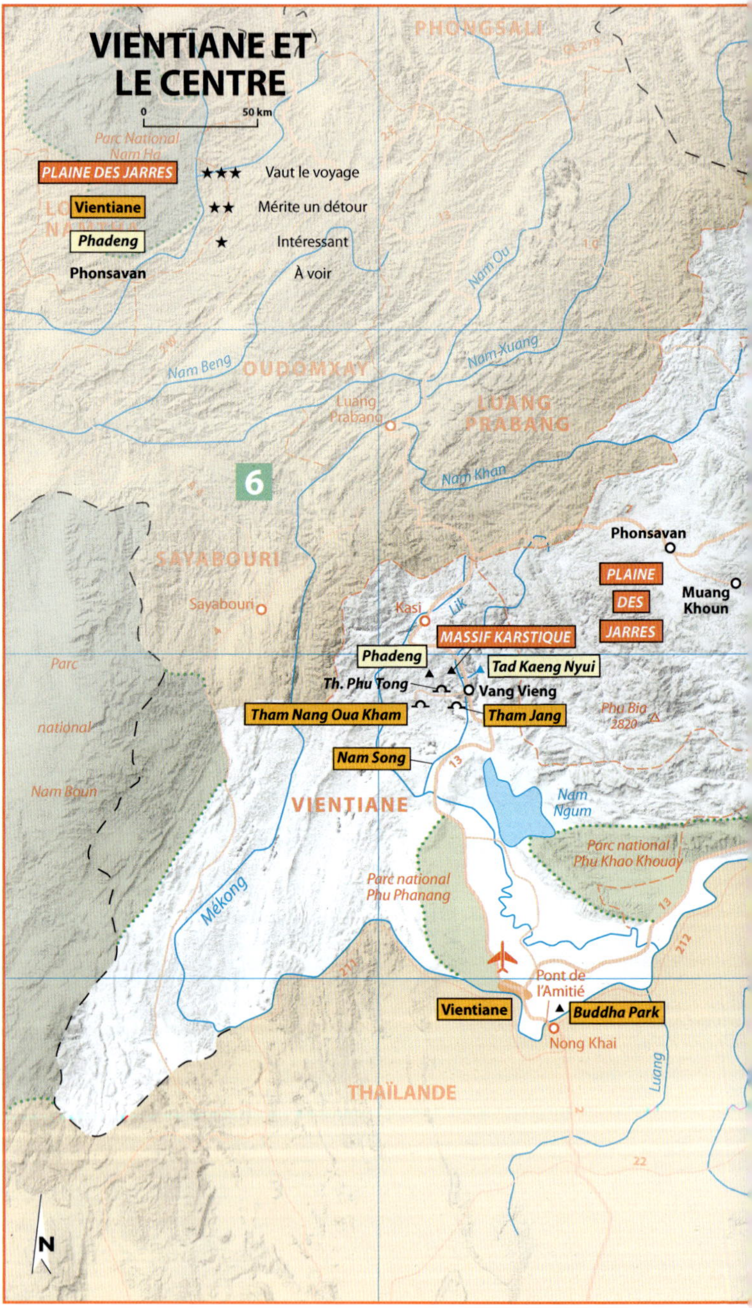
VIENTIANE ET LE CENTRE
0 50 km
PLAINE DES JARRES ★★★ Vaut le voyage
Vientiane ★★ Mérite un détour
Phadeng ★ Intéressant
Phonsavan À voir
A
B
1
2
3
4
PHONGSALI
Parc National Nam Ha
Nam Ou
Nam Beng
OUDOMXAY
Nam Xuang
Luang Prabang
LUANG PRABANG
Nam Khan
6
SAYABOURI
Sayabouri
Parc national Nam Boun
Phonsavan
PLAINE DES JARRES
Muang Khoun
Kasi
Lik
MASSIF KARSTIQUE
Phadeng
Tad Kaeng Nyui
Th. Phu Tong
Vang Vieng
Tham Nang Oua Kham
Tham Jang
Phu Bia 2820
Nam Song
VIENTIANE
Nam Ngum
Parc national Phu Khao Khouay
Parc national Phu Phanang
Mékong
Pont de l'Amitié
Vientiane
Buddha Park
Nong Khai
THAÏLANDE
Luang
N

C
D
1
2
3
4
HANOÏ
Song Da
QL 6
Parc national Nam Et-Phu Louey
Sam Neua
6A
Song Ma
6
Parc national Nam Xam
HOUA PHAN
Song Chu
QL 15
Muang Kham
VIETNAM
Nam Can
QL 1A
1 D
QL 7
Song Ca
Song Hieu
XIENG KHOUANG
MER DE CHINE MÉRIDIONALE
BOLIKHAMXAY
Parc national Nam Kading
QL 1A
Parc national Vu Quang
8
Mékong
Nam Kading
212
Songkhram
Parc national Nakai-Nam Theun
Parc national Phu Hin Boun
Xe Bang Fai
222
22
7
Nam Un
Nong Han
Xe Nou
223
C
D

Vientiane

★★

800 000 habitants – Préfecture de Vientiane

Lovée dans une boucle du Mékong face à la ville thaïlandaise de Nong Khai, la capitale du Laos est aussi sa seule vraie grande ville. Elle est sortie de sa torpeur en 2009 pour accueillir les 25es Jeux asiatiques. Depuis, entraînée par ses aspirations à la modernité, elle est devenue la vitrine d'un pays en mutation et le reflet de son relatif dynamisme économique. En témoignent les chantiers de construction qui émaillent tous les quartiers, souvent sous l'impulsion d'investisseurs chinois, et une « skyline » qui, si elle est loin de rivaliser avec celle de Bangkok, n'en cesse pas moins de grimper d'année en année. Les marchés traditionnels cèdent peu à peu devant les centres commerciaux climatisés et, dans leur quête matinale, les bonzes doivent désormais partager les trottoirs avec les rutilants 4x4 qui s'y garent. Beaucoup de voyageurs boudent Vientiane, estimant qu'elle a peu à offrir. C'est pourtant l'une des dernières capitales asiatiques qui se prêtent à la flânerie, sous les frangipaniers qui embaument ses rues.

NOS ADRESSES PAGE 435
Hébergement, restauration, achats, activités, etc.

S'INFORMER

Tourist Information Centre – D2 - *Th. Lan Xang (face à l'Institut français) - ✆ (021) 212 248 - www.tourismlaos.org - lun.-vend. 8h-12h30, 13h-16h.* Informations sur l'ensemble du pays. Service efficace, bon anglais.

SE REPÉRER

Carte de région B4 (p. 420-421) – plan de ville p. 424-425.

À 160 km au sud de Vang Vieng, 345 km au sud de Luang Prabang, 460 km au nord-ouest de Savannakhet.

Voir aussi la rubrique « Arriver/partir » dans « Nos adresses ».

À NE PAS MANQUER

Les stupas dorés du That Luang ; les pagodes-musées Vat Si Saket et Ho Pra Keo ; les sculptures du Buddha Park.

ORGANISER SON TEMPS

Comptez 2 j. pour tout voir. Les endroits les plus populaires, le That Luang et le Buddha Park, sont plus calmes en semaine.

AVEC LES ENFANTS

Les statues géantes du Buddha Park.

Le centre historique Plan de ville p. 424-425

Au départ du parc Chao Anouvong, face au fleuve, circuit tracé en vert sur le plan de ville – Comptez 1,5 jour.

Trois grands axes parallèles au Mékong structurent le centre historique de la capitale, l'ancienne Viang Chan : le quai **Fa Ngum**, qui rend hommage au fondateur du royaume du Million d'éléphants ; l'avenue **Setthathirath**, du nom du roi qui y installa le trône en 1560 ; et l'avenue **Samsenthai**, du nom du fils de Fa Ngum. Les édifices coloniaux s'y partagent le paysage urbain avec des bâtiments fonctionnels construits dans les années 1960. Derrière, au-delà du boulevard **Khun Bulom** qui faisait office de périphérique et où

Frangipaniers devant le Musée national de Vientiane.
P. Tisserand/Michelin

s'était établi le Talat Sao, le grand marché central, se sont développés des quartiers plus récents.

★ Parc Chao Anouvong BC2-3

Quai Fa Ngum.

Ce vaste espace vert porte le nom du dernier grand roi de Vientiane, Anouvong ou **Chao Anou** (1805-1828), héros de la lutte contre la domination siamoise, mort en captivité à Bangkok. Dès les petites heures de l'aube, il livre ses pelouses aux amateurs de tai-chi. Au crépuscule, c'est au tour des fans d'aérobic de s'emparer des allées piétonnes. Au bout du parc, passé un temple chinois, un **marché de nuit** installe ses éventaires dès 16h30. Prêt-à-porter standardisé, accessoires et gadgets : vous n'y ferez sans doute pas des affaires mais l'ambiance, populaire et détendue, mérite qu'on aille y flâner un moment. Une voie rapide, hélas, sépare le parc du Mékong, et l'étroit trottoir longeant le fleuve n'invite guère à la balade.

▶ *Au bout du marché de nuit, traversez le quai Fa Ngum.*

5

★ Vat Chan (Vat Chantabuli) B2

Quai Fa Ngum.

L'harmonieuse petite pagode fait face au fleuve. Deux *naga* à trois têtes gardent l'entrée du *sim*, dont la toiture à pans multiples se termine par un

VIENTIANE BOUGE VERS L'OUEST

A2 en dir. Au-delà du croisement quai Fa Ngum/bd Khun Bulom s'est développé au bord du Mékong un nouveau quartier. Il s'anime en soirée, attirant une clientèle urbaine jeune et branchée dans ses nombreux bars et restaurants en plein air *(voir « Nos adresses à Vientiane », p. 439)*. En saison sèche, vous pourrez suivre sur env. 1 km l'allée piétonne aménagée en contrebas de la berge ; le lit du fleuve découvert par la baisse des eaux se couvre alors de potagers et de petits champs de maïs.

SE LOGER

- Ansara 15
- Bayern Guesthouse 13
- Chanthapanya 14
- Daosavanh 2 11
- Day Inn 2
- Douang Deuane 7
- Green Park 5
- Khamvongsa 9
- Lao Plaza 1
- Manorom 10
- New Lao Paris 6
- New Lao Silk 8
- Sabaidee@lao 3
- Settha Palace 4
- Vientiane SP 12

SE RESTAURER

- Adresse de Tinay (L') 8
- Cage du Coq (La) 5
- Fuji 7
- iPho 9
- Jamil Zahid 17
- Kouay Hom 15

élégant **dok so fa★** pyramidal à 15 parasols. Soutenu par des colonnes massives aux chapiteaux en fleurs de lotus, le **pignon★** avant figure, en motifs dorés sur fond rouge, un bouddha debout en double *abhaya mudra (voir « Les images du Bouddha », p. 381)* parmi des volutes végétales. Il se tient sous un dais, monté sur l'éléphant mythique Airavata. Les quatre panneaux en dessous le montrent dans les moments clés de sa vie, naissance, méditation, enseignement et extinction *(parinirvana)*. Sur l'autel, des bouddhas de plexiglas illuminés de l'intérieur et des spots braqués sur le grand bouddha assis diffusent dans la pénombre du *sim* des lueurs changeantes de boîte de nuit. Sur le côté du sanctuaire, au pied de la **tour du tambour**, un bouddha assis sur les spires du **naga Mucalinda** *(voir p. 127)* médite à l'abri de son capuchon à sept têtes. Devant lui, un auvent protège les restes d'un édicule de brique ancien et vénéré, seul vestige de la construction du 16e s.

Prenez à droite la rue Chao Anou.

Kualao........................ 2
Kungs Cafe Lao...... 3
Lao Kitchen............. 18
Makphet.................. 10
Marché de nuit Sithana Neua....... 13
Pimenton................. 6
Sa La Van................ 14
Sisamouth............... 16
Smile Dee............... 12
That Dam Wine House......... 1
Vendôme (Le)......... 11
Xang Khoo.............. 4

★ Pagodes de l'avenue Setthathirath B2

Th. Setthathirath - 6h-20h - entrée libre. Une dizaine de pagodes actives se succèdent de part et d'autre de la longue avenue. **Setthathirath**, le premier roi de Vientiane, est à l'origine de plusieurs d'entre elles. Dans toutes ou presque, vous retrouverez les éléments caractéristiques des *vat* laotiens *(voir p. 382)* : haute tour du tambour à trois niveaux, bibliothèque, **fresques** colorées, souvent de facture moderne, contant les *jataka* et la vie du Bouddha. À l'avant et à l'arrière du *sim*, les **frontons** triangulaires des pignons s'ornent de motifs dorés sur fond vert, rouge ou brun, montrant le Bouddha en majesté ou avec ses disciples parmi des entrelacs de *naga* et de feuillages. Les portes et les volets de bois du sanctuaire sont sculptés en bas-relief, souvent des réalisations contemporaines reprenant le style traditionnel. Dans la cour, dont un coin est occupé par les **stupas funéraires**, deux personnages protègent la méditation du Bouddha : la déesse de la Terre **Mae Thorani** qui tord sa longue chevelure et le serpent à sept têtes **Mucalinda**. Les **kuti** (logements des moines) sont parfois entourés de jardins. Chaque pagode cultive son propre charme, et quelques-unes méritent une halte, surtout au lever et au coucher du soleil, quand le *sim* résonne des psalmodies de la prière.

★ **Vat Inpeng** – *Angle Th. Setthathirath et Th. Khun Bulom.* D'impressionnants *naga* verts à sept têtes (modernes) gardent le porche nord de cette pagode, fondée au 16e s. et reconstruite après le sac de la ville par les Siamois en 1827. Deux lions à la forte carrure flanquent l'escalier du *sim*, que précède un avant-corps. Celui-ci, rythmé par de sveltes piliers décorés au pochoir, déroule en fresques le **jataka de Vessantara** *(voir p. 384)*. Sur le **pignon**★, en or sur fond vert, un bouddha en méditation trône au cœur de savants entrelacs floraux. En dessous, dix panneaux à motifs géométriques surmontent une **roue du dharma**, emblème de la loi bouddhique. Dans les jardins de la pagode, derrière le bassin qu'orne un relief de Mae Torani, un abri protège deux **statues**★★ anciennes en grès, jadis laquées et dorées (visage refait pour celle de droite).

★ **Vat Ongteu** – *À l'est du Vat Inpeng.* Le *ongteu* (« pesant ») désigne le colossal **bouddha de bronze**★★ trônant sur l'autel et datant de 1566. Son poids l'aurait sauvé des pillages que subit Vientiane à plusieurs reprises. La statue est encadrée par deux bouddhas debout, paume droite levée vers l'extérieur,

VIENTIANE : QUELQUES JALONS HISTORIQUES

Officiellement, Vientiane fut fondée en **1560**. C'est en fait la date à laquelle **Setthathirath**, établi jusque-là à Luang Prabang, décida d'y transférer sa capitale pour la mettre à l'abri des convoitises de ses voisins siamois et birmans. La ville existe en réalité depuis le règne de **Fa Ngum** (1353-1372) et l'on y a même identifié des vestiges khmers qui remonteraient au 12e s. Mise à sac par les Birmans en 1563 puis en 1569, Viang Chan fut ravagée en 1827 par les Siamois qui, l'année suivante, défirent **Chao Anou** et annexèrent son royaume. Laissée à l'état de ruines, la ville eut pourtant encore à subir plusieurs actes de vandalisme perpétrés par les armées chinoises au 19e s. ; le passage des pillards Hos, qui finirent de saccager le That Luang en 1873, a marqué la mémoire collective. Capitale sous le Protectorat français (1893-1953), période dont elle conserve de beaux témoignages architecturaux, elle garda ce rang après la révolution de 1975.

dans le geste de la protection et de l'absence de crainte *(abhaya mudra)*. Construite sous le règne de Setthathirath, détruite lors de l'invasion siamoise (1827) et reconstruite au 19e s., la pagode est dépourvue de fresques. L'avant-corps, soutenu par des piliers massifs aux chapiteaux en lotus, met en valeur un **pignon★★** vert et or ; dans le médaillon supérieur, un éléphant, symbole protecteur du bouddhisme et des pagodes, y évolue dans des arabesques de fleurs, de feuillages et d'oiseaux ; au-dessous, six bouddhas sont assis en méditation sur des lotus.

Vat Haisok – *En face du Vat Ongteu, de l'autre côté de l'avenue.* Si son architecture diffère de celle du Vat Ongteu (il est dépourvu de piliers et d'avant-corps), son histoire est similaire : fondé au 16e s., il dut être reconstruit après sa mise à sac par les Siamois. Deux beaux **naga dorés★**, dont les écailles sont figurées par des milliers de coquillages blancs, déploient leurs sept têtes en éventail devant l'entrée principale du *sim*. L'intérieur du sanctuaire est couvert de **fresques** : une longue frise au-dessus des fenêtres déroule le *jataka* de Vessantara *(voir p. 384)*, tandis que le niveau supérieur reprend les épisodes fondamentaux de la vie du Bouddha *(voir p. 370)*. Prêtez attention aux **volets** de bois qui, sur la façade sud, reproduisent les grands monuments religieux du pays : That Ing Hang (Savannakhet), That Makmo (Luang Prabang), plaine des Jarres, That Luang… Sous le majestueux **banian** de la cour font cercle les sept bouddhas des jours de la semaine.

Vat Mixay – *À l'est du Vat Ongteu.* La pagode de la Victoire *(xay)* fut fondée par le roi Setthathirath en 1569 en l'honneur d'une bataille qu'il remporta sur les Birmans. Les reconstructions successives se sont accompagnées d'importants remaniements. Ajout tardif, une véranda scandée par des colonnes à fût carré, terminées par des chapiteaux en fleur de lotus, entoure le *sim*. Un avant-corps particulièrement spacieux s'y est greffé, où les moines accueillent les fidèles et partagent leurs repas. Les portes et les volets de bois, dotés d'encadrements élaborés, figurent des singes mythiques dont le trait rappelle le style siamois.

▶ *Traversez l'av. Setthathirath et remontez la rue Hengboun Noi ; tournez à gauche dans la rue Hengboun puis à droite dans la rue Hanoï.*

Institut des Beaux-Arts (National Institute of Fine Arts) B1

Th. Khun Bulom, intersection Th. Chao Anou - 8h-16h, w.-end 9h-16h - entrée libre. Une modeste salle expose toiles et sculptures d'artistes laotiens contemporains, à commencer par les jeunes diplômés de l'école des Beaux-Arts. Les scènes de la vie paysanne fournissent l'essentiel de l'inspiration.

Les **ruelles** alentour (rue du Puits, rue Phnom Penh, rue Hanoï, rue Saïgon) dégagent une atmosphère paisible où le temps semble n'avoir pas prise sur la vie de quartier. Vous les emprunterez pour rejoindre le Musée national.
Suivez les rues Phai Nam puis Saigon et Phnom Penh.

★★ Musée national C2

Th. Samsenthai - 8h-12h, 13h-16h - 10 000 kips.

Installé dans l'**ancien commissariat** édifié par les Français dans les années 1920, il retrace l'histoire du Laos, dans une présentation chronologique un brin fastidieuse et d'une objectivité sujette à caution, mais s'enorgueillit de quelques pièces remarquables. La section **préhistoire** expose pêle-mêle des ossements de dinosaures (province de Savannakhet), la réplique d'une tombe du Néolithique, des photos de grottes ornées de peintures rupestres, des outils lithiques et des maquettes retraçant la vie des chasseurs-cueilleurs entre 1500 et 500 av. J.-C.

Derrière s'ouvre une salle contenant une **jarre** de Phonsavan *(voir p. 453)* – vous en verrez deux autres dans les jardins – et des **stèles mégalithiques** de schiste incisées de motifs solaires et animaliers provenant du site de Hin Tang *(voir encadré p. 457)*. Notez surtout la série des **tambours de bronze** relevant de la civilisation Dong Son, de toute beauté. Leurs flancs sont ornés de poissons, d'oiseaux et de personnages arborant des costumes et des coiffures élaborés, et leurs plateaux portent quatre petites grenouilles, possibles symboles de la fertilité ou des pluies de mousson.

La modeste salle suivante évoque les **cités anciennes**, d'époque khmère, comme Vat Phu, ou postérieure comme celles qui se développèrent dans la plaine de Vientiane entre le 11e et le 16e s., Had Say Fong ou Vieng Kham. Elle rassemble quelques fragments d'éléments décoratifs de type angkorien des 11e-13e s. : des *sema* (marqueurs en pierre), des ensembles *lingam-yoni*, un **visage du Bayon** au sourire énigmatique. Une **statuette de teck** de 1850 montre une image rare du Bouddha donnant son dernier sermon et « contemplant la vérité du vieillissement », assis, mains sur les genoux, doigts vers le sol. Cette posture annonciatrice de la mort prochaine du Maître est très peu usitée.

L'étage résume sommairement les trois siècles et demi d'existence du **royaume du Lan Xang** à travers ses grands rois, dont Fa Ngum (1353-1372),

LES TAMBOURS DONG SON

La plupart des musées du Laos conservent quelques superbes tambours de bronze. Retrouvés un peu partout dans le pays, ils relèvent de la civilisation Dong Son (du nom du village où furent exhumés les premiers objets de bronze, près d'Hanoï) qui s'est épanouie au Vietnam entre 700 av. J.-C. et 200 apr. J.-C. Elle a essaimé sur un large territoire, de Bali aux Philippines et au Laos, en suivant les routes commerciales qui sillonnaient alors l'Asie du Sud-Est. Les tambours, qui peuvent peser jusqu'à 100 kg, sont les témoins les plus spectaculaires d'une civilisation qui a légué des armes et des outils, des bijoux, des vases, etc. Façonnés en bronze selon la technique de la cire perdue, leurs plateaux finement ouvragés rapportent des scènes de la vie quotidienne et s'ornent de motifs géométriques ou symboliques. En leur centre figure souvent une étoile. Leur fabrication s'est poursuivie bien après la fin de la civilisation Dong Son, peut-être jusqu'au 15e s. Leur fonction n'est pas encore clairement établie ; découverts en nombre dans des tombes, ils pourraient avoir partie liée avec des rites funéraires.

son fondateur, et Chao Anou (1805-1828), héros de la résistance contre la domination siamoise. L'**histoire moderne**, celle de la présence française et des guerres d'Indochine (1893-1954), de l'émancipation puis de la guerre américaine (1954-1974) et de la libération du pays par les forces du Pathet Lao, est essentiellement traitée sous son angle militaire. En fin de parcours, une pièce est dédiée à Kaysone Phomvihane, premier Premier ministre du Lao PDR de 1975 à 1991.

Palais de la Culture (National Culture Hall) B2

Th. Samsenthai, en face du Musée national - ne se visite pas.

En face du musée, l'imposant bâtiment moderne blanc et or reprend les canons de l'architecture lao traditionnelle. Il accueille de façon sporadique des spectacles et des expositions *(voir « Activités », dans « Nos adresses à Vientiane », p. 443).*

Descendez Th. Samsenthai et tournez à gauche dans Th. Chanthakhoumane.

★ **That Dam** (Stupa noir) C2

Rond-point entre Th. Chanthakhoumane et Th. Bartholonie.

Au centre d'une agréable petite place ronde se dresse cet élégant stupa, inattendu au milieu de la circulation automobile. Il se compose d'une base hexagonale en gradins et d'un étage supérieur renflé que surmontent un bouton de lotus et une spire faîtière. Sa silhouette évoque certains stupas de la période de Chiang Saen (14e s.), en Thaïlande. On estime généralement qu'il est antérieur au 15e s. mais sans plus de précisions quant à ses origines. La légende veut qu'il ait abrité un *naga* à sept têtes, protecteur du bouddhisme et de la cité, et qu'il ait jadis été recouvert d'or, que les Siamois auraient volé lorsqu'ils pillèrent Vientiane en 1827.

Suivez Th. Bartholonie jusqu'à l'av. Lan Xang et tournez à droite.

★★ **Vat Si Saket** C2

Angle Th. Setthathirath et Th. Lan Xang - 8h-12h, 13h-16h - 5 000 kips - photos interdites à l'intérieur du sim.

Édifiée perpendiculairement au cours du Mékong, la pagode adopte une orientation inhabituelle nord-ouest/sud-est. Elle fut construite entre 1819 et 1824 pour Anouvong (1805-1828), dernier souverain de Vientiane, dont le palais se situait en face et qui venait y recevoir le serment d'allégeance des notables du pays. Le *sim* est enfermé dans les galeries d'un cloître, selon une organisation spatiale plus courante en Thaïlande qu'au Laos. En dépit de sa restauration par les Français dans les années 1930, c'est le complexe religieux de Vientiane le plus fidèle à sa structure d'origine et l'un des rares à avoir survécu au sac de 1827.

Les galeries du cloître rassemblent plus de **6 000 bouddhas** du 16e au 19e s., de toutes tailles, en bois, bronze, terre cuite, argent ou grès. Assis devant des murs percés de centaines de niches, contenant elles-mêmes des statuettes, s'alignent plusieurs dizaines de bouddhas **prenant la terre à témoin** *(bhumisparsa mudra ; voir p. 381)*, la posture la plus fréquemment représentée dans l'iconographie religieuse. D'une exquise finesse de lignes, quelques superbes bouddhas debout, les bras le long du corps dans une attitude de **bienveillance et de compassion** (dite aussi « du Bouddha appelant la pluie » ou *mettakaruna mudra*) figurent parmi les chefs-d'œuvre de la statuaire laotienne. Au milieu de la galerie ouest, une pièce rassemble un amas de bouddhas brisés.

Le *sim* a conservé ses pignons de bois ouvragé, auxquels font écho quatre autres **frontons**★★ au centre de chacune des galeries du cloître. Dans sa nef unique, la moitié inférieure des murs est couverte de **fresques**★★★ réalisées

Bouddhas en *bhumisparsa mudra* dans le cloître du Vat Si Saket.
R. Tissérand/Michelin

en plusieurs temps entre 1824 et 1860 et actuellement en cours de restauration sous la direction d'une équipe allemande. Elles racontent, dans de délicates teintes passées, quelques-unes des vies antérieures du Bouddha et, dans une alternance de batailles et de scènes de la vie de palais, la vie du **prince Pokharabat**, tirée d'un *jataka* assez rarement représenté, le *Balasankhya jataka*. La moitié supérieure des murs est creusée d'une multitude de niches renfermant des centaines de petits bouddhas. Le remarquable **plafond à caissons★** date du début du 19e s.

Une **galerie** surélevée court autour du *sim*, rythmée par 24 colonnes à fût cannelé. Elle protège huit *sema* (bornes de pierre) qui circonscrivent l'espace sacré.

À l'ouest du cloître, à l'extérieur de son mur d'enceinte, se dresse un petit bâtiment carré au toit « à la birmane ». Juchée sur une plate-forme destinée à protéger des inondations les précieux manuscrits sur feuilles de latanier qu'elle renfermait, cette **bibliothèque** *(ho trai)* a conservé le meuble imposant où étaient rangés les textes sacrés, orné de motifs dorés au pochoir sur fond rouge.

Traversez Th. Setthathirath.

Palais présidentiel C2

Angle Th. Setthathirath et Th. Chantakhoumane - ne se visite pas. La façade donne sur le quai Fa Ngum.

Il a été construit entre 1973 et 1986 à l'emplacement du palais du roi Anouvong, dans un mélange pompeux de style Beaux-Arts et d'architecture asiatique traditionnelle. L'imposant édifice ne fait pas fonction de résidence mais abrite les bureaux d'instances gouvernementales et accueille les grandes réceptions d'État.

Dans l'axe, debout face au fleuve, la statue en pied d'**Anouvong** marque le début du parc qui porte son nom *(voir p. 423)*.

Poursuivez vers l'est par l'av. Setthathirath.

★★★ **Ho Pra Keo** (autel du bouddha d'Émeraude) C2
Th. Setthathirath, angle Th. Mahosot (en face du Vat Si Saket) - 8h-18h - 5 000 kips - photos interdites.
La pagode a été fondée en 1565 par Setthathirath dans le cadre des grands aménagements urbains réalisés au moment où il fit de Vientiane sa capitale. Servant de chapelle royale, elle était destinée à abriter le **bouddha d'Émeraude** *(pra keo)*, le palladium que le roi avait rapporté de Luang Prabang *(voir encadré ci-dessous)*. Le sanctuaire d'origine ayant été détruit par les Siamois en 1827, le *sim* que vous voyez aujourd'hui est une reconstruction datant du Protectorat (1942). Sur deux rangées, 32 colonnes rouge et or scandent la galerie pourtournante et soutiennent la toiture évasée; l'ensemble a fait l'objet d'une restauration soigneuse en 2016.
Déconsacrée, la pagode fait désormais office de **musée d'art religieux**. Y sont conservés des manuscrits sur feuilles de latanier et le coffre de bois précieux d'un *ho trai* (bibliothèque), où ils étaient rangés, des statues bouddhiques khmères et d'autres en bois laqué, jadis doré, des stèles épigraphiées et des tablettes de pierre. Les **portes du That Ing Hang** (17e s., environs de Savannakhet; *voir p. 516*) présentent le cas unique au Laos de scènes érotiques d'influence indienne, sculptées en bas-relief. Plusieurs superbes **bouddhas en bronze** du 17e s. comptent parmi les plus remarquables réalisations de la statuaire religieuse, notamment un grand et gracieux bouddha debout « appelant la pluie », un bouddha assis « à l'européenne » (sur un siège) et un *naga* à sept têtes enroulant son corps comme une pyramide. Notez aussi un **bouddha de pierre** assis « à la javanaise » (jambe gauche repliée sous lui), plus ancien (13e s.).
La galerie extérieure abrite une série de **bouddhas assis** en *bhumisparsa mudra* (prise de la terre à témoin; *voir « Les images du Bouddha », p. 381)* devant les parements de stuc qui forment comme une dentelle de pierre au pied des façades. Dans les agréables jardins est exposée une **jarre mégalithique** provenant de la plaine de Phonsavan.
▶ *Au carrefour, tournez à gauche dans la rue Mahosot, longez l'ambassade de France et prenez la 1re rue à droite.*

LES PÉRÉGRINATIONS DU BOUDDHA D'ÉMERAUDE

Un jour de 1434, près de Chiang Rai (Thaïlande), la foudre frappe un chedi et le fend, laissant apparaître une statue de bouddha de couleur verte *(keo)*. Elle est en **jadéite**. L'emphase populaire en fait rapidement une statue d'émeraude. Le roi de Chiang Mai envoie un éléphant chargé de lui rapporter le bouddha. Mais l'éléphant s'égare près de Lampang, ce qui est interprété comme un signe divin, et la statue y demeure 32 ans. Elle finit par atteindre Chiang Mai en 1468 et y reste près d'un siècle, révérée comme un palladium *(voir p. 382)*. Quand, en 1551, le royaume du Lan Xang domine Chiang Mai, son souverain fait transférer le **Pra Keo** à Luang Prabang, sa capitale. En 1560, Setthathirath juge Luang Prabang trop exposée aux incursions birmanes et siamoises et décide de s'installer à Vientiane; il emporte avec lui le bouddha de Jade pour protéger sa nouvelle capitale. En 1778, les armées siamoises mettent à sac Vientiane. Tribut de vainqueur, elles font main basse sur le bouddha et le rapatrient à Thonburi, capitale du Siam. Quand Bangkok est construite, on édifie pour la statue-palladium un temple à part, le Wat Phra Keo, dans l'enceinte du Palais royal. Le bouddha d'Émeraude s'y trouve toujours.

★ Rue de la Mission CD2

À l'est du centre historique s'ouvre un quartier agréable, aux ruelles arborées et fleuries de flamboyants, de frangipaniers et de bougainvillées. Les Français y avaient installé leurs bâtiments administratifs et les institutions du Protectorat. De cette époque subsistent certains des plus beaux édifices coloniaux de la ville, notamment dans la cour de l'ancienne **école de médecine**. L'**église du Sacré-Cœur**, toute simple (1928), est aujourd'hui fréquentée par la communauté vietnamienne catholique. Cachée derrière de hauts murs blancs, l'**ambassade de France** recèle elle aussi quelques joyaux d'architecture coloniale.

Au bout de la rue de la Mission, tournez à droite dans la rue Sakarin puis à gauche dans l'av. Setthathirath.

★★ Vat Simuang D3

À l'extrémité est de Th. Setthathirath - entrée libre.

Cette élégante pagode, particulièrement vénérée et fréquentée, marquait l'entrée sud-est de la ville du 16e s. Elle aurait été fondée sur les vestiges d'un **sanctuaire khmer**, dont faisait peut-être partie l'édicule en **latérite** que l'on voit à l'arrière du *sim*. La structure, ruinée, est ceinte de draperies colorées et entourée d'une multitude d'offrandes, maisons d'esprits, statuettes de bouddhas, de zèbres, de chevaux et d'éléphants.

Comme la plupart des pagodes de Vientiane, le Vat Simuang a été reconstruit après le sac de 1827. Un *dok so fa* à trois parasols sacrés surmonte sa toiture de tuiles à doubles pans, refaite à neuf en 2016. Le **sim** est divisé en deux pièces chatoyantes de couleurs et de dorures, selon une distribution peu courante. Dans la première, levez les yeux vers le **plafond★★** de bois, orné de motifs animaliers dorés sur fond rouge, dont des éléphants et, plus rare, des rhinocéros. La pièce du fond renferme quantité de statues de Bouddha entourant, sur l'autel, un **lak muang** couvert d'or : cette borne de pierre constituerait l'un des **piliers de fondation** de la ville.

Des fouilles menées aux abords de la pagode au cours des années 2010 ont mis au jour des ruines et d'autres piliers de fondation *(lak muang)* datés de 1540, c'est-à-dire antérieurs de 20 ans à la « création » officielle de Vientiane par le roi Setthathirath. L'un de ces piliers est conservé dans un édifice moderne blanc et or, à la toiture complexe, érigé à une centaine de mètres du Vat Simuang.

Devant la pagode se dresse une statue en pied du roi de Luang Prabang **Sisavang Vong** (1904-1959). Réplique de celle figurant dans la cour du Palais royal de cette ville, elle montre le souverain, main gauche levée en geste de serment, offrant de la droite au peuple lao sa première Constitution.

Remontez Th. Simuang et tournez à droite dans la grande avenue, Th. Khouvieng.

5

★ COPE Visitor Centre D3

Th. Khouvieng - 021 218 427 - www.copelaos.org - 9h-18h - entrée libre. Cafétéria et boutique.

Photos, œuvres d'art réalisées à partir de bombes à fragmentation ou de prothèses de jambes, témoignages et rappels historiques constituent la base des expositions organisées par la Cooperative Orthotic and Prosthetic Enterprise (Entreprise coopérative d'orthèses et prothèses). Cette ONG, qui travaille avec le centre de réhabilitation médicale, tente de sensibiliser le public au drame des UXO (*unexploded ordnances*, munitions non explosées) et des bombes à sous-munitions qui continuent à tuer et à mutiler dans les campagnes du Laos *(voir encadré p. 455)*. Projection de documentaires en anglais.

Revenez vers le centre-ville par Th. Khouvieng.

★ **Talat Sao** (marché du matin) D2

Entre Th. Nong Bone et Th. Lan Xang, au niveau de Th. Khouvieng - 8h-16h.

Du mythique marché traditionnel de Vientiane, il ne reste que deux bâtiments bas écrasés par la masse du Talat Sao Shopping Mall, un ensemble de deux immeubles inesthétiques qui s'est construit en 2007 en empiétant sur son territoire. Dans la partie ancienne, les petits commerces de papeterie, électroménager ou mercerie côtoient les **étals de soieries** et de tissu au mètre et les échoppes de bijoux d'argent, d'artisanat (bois notamment) et de fausses antiquités.

Les boutiques de prêt-à-porter, de téléphonie et d'électronique occupent quant à elles les deux constructions modernes. Ce nouveau « temple de la consommation », premier d'une série de centres commerciaux qui poussent comme des champignons dans la capitale, a nettement les faveurs des habitants de Vientiane. Rutilantes et climatisées, aseptisées et prônant une esthétique mondialisée, ses boutiques font figure de vitrine de la modernité et sont un peu l'emblème des mutations auxquelles aspire le pays.

Traversez le marché pour rejoindre l'av. Lan Xang que vous prendrez à droite.

★★ **Patuxay** (porte de la Victoire) D1

Th. Lan Xang - 800 m au nord du Talat Sao - accès à la terrasse 8h-17h30 - 3 000 kips.

L'édifice, dont la silhouette évoque l'arc de Triomphe parisien, clôt la perspective des « Champs-Élysées » de Vientiane, l'**avenue Lan Xang**, qui le relie au palais présidentiel. Aujourd'hui entouré d'un square planté de casuarinas et égayé d'une **fontaine**, il a été érigé dans les années 1960 comme monument aux morts, honorant le souvenir des soldats tombés dans la lutte pour l'indépendance. Il portait à l'origine le nom d'*anousavali*, « mémoire », avant d'être rebaptisé porte *(patu)* de la Victoire *(xay)*. Moins respectueusement, on l'appelle aussi « la piste d'atterrissage verticale » : il fut en effet construit avec du béton initialement fourni par les Américains pour la construction d'un aéroport.

Percé de quatre portes, le Patuxay est surmonté de cinq tourelles en quinconce – les cinq principes de l'harmonie entre nations de l'accord de Panchsheel (respect mutuel, non-agression, non-interférence, égalité, coexistence pacifique), ou les cinq préceptes du bouddhisme (*pancasila* : ne pas tuer, voler, mentir, commettre l'adultère, ni consommer de substances illicites). Le monument, laissé inachevé en raison des bouleversements historiques, a été enrichi en 1975 d'éléments ornementaux faisant appel à la mythologie hindoue et à la légende bouddhique, les deux mamelles de la culture nationale : fleurs de lotus et roues du *dharma*, *kinnari* porte-drapeau aux embrasures des arches, éléphant Airavata à trois têtes au-dessus des portes, *naga*, dieux Indra et Vishnou au plafond et Brahma sur les flèches dorées des tourelles. De la terrasse principale et du sommet de la tour centrale *(197 marches)* s'offre une belle **vue**★ sur la ville.

Au bout du square, suivez à droite la rue 23 Singha.

★★★ **That Luang** (ou Pha That Luang) D1 en dir.

Th. That Luang - 2 km au nord-est du Patuxay - 8h-12h, 13h-16h - 5 000 kips. Bus n° 20 depuis la gare routière Khua Din.

Érigé au rang d'emblème national, le très saint *(pha)* stupa *(that)* suprême/royal *(luang)*, monument religieux le plus sacré du pays, se dresse au cœur d'une vaste esplanade réaménagée à l'occasion du 450e anniversaire de la ville (2010). La statue du **roi Setthathirath** trône à l'ouest du cloître. C'est lui qui fit bâtir le stupa en 1566, dans le cadre des fondations de grande ampleur destinées à souligner la puissance de sa nouvelle capitale.

Les stupas dorés du That Luang.
P. Tisserand/Michelin

Deux portes percent les murs d'enceinte est et ouest d'un **cloître** carré, ajout du **roi Anouvong** au 19e s. La galerie ouest, sorte de petit musée lapidaire, rassemble des *sema* (bornes de pierre), des stèles et des fragments de bouddhas khmers endommagés. Deux de ces statues font l'objet d'une profonde vénération : celle de **Jayavarman VII**, bâtisseur d'Angkor *(voir p. 106)* et premier roi bouddhiste des Khmers ; et, à l'angle nord-ouest, la statue en pied de **Setthathirath**, couverte de feuilles d'or.
Au centre du cloître, le stupa doré (35 m) pointe vers le ciel une silhouette d'une élégance rare. Il est réputé renfermer une relique du Bouddha. L'harmonieuse structure, de base carrée, se compose de trois niveaux de taille décroissante – les Trois Joyaux *(voir p. 372)* ou les trois étages du monde bouddhique, celui de la vie ordinaire, celui des préceptes monastiques et celui de l'Éveil. Le stupa central, image du mont Meru qui marque le centre de l'univers, jaillit d'une fleur de lotus stylisée et s'entoure de **30 stupas** de plus petite taille – les 30 perfections bouddhiques. Chaque terrasse est bordée par une rangée de *sema* délimitant l'espace sacré ; ceux de la 2e plate-forme sont creusés de niches abritant autant de bouddhas debout. Aux points cardinaux, de petits autels de bois accueillent les dévotions des fidèles au terme de leur circumambulation rituelle, mains jointes sur une offrande de fleurs de souci et de bâtons d'encens, toujours dans le sens des aiguilles d'une montre.
Ravagé par les Siamois en 1827, puis pillé par les Hos *(voir p. 426)* en 1873, le stupa a fait l'objet de maintes reconstructions au fil des siècles. Ses origines réelles se perdent dans les récits légendaires. Il est probable que le stupa de Setthathirath ait été édifié sur les ruines d'un sanctuaire antérieur. Au cours de rénovations entreprises par les Français dans les années 1930, on a en effet découvert au cœur de la structure un autre **stupa plus ancien**, en latérite.
Sortez du cloître par la porte est et tournez à droite.
En contournant le That Luang, vous passerez devant le **Vat That Luang Tai** *(côté sud)*, une pagode de fondation ancienne dans la cour de laquelle gît un grand **bouddha couché★** doré. Au nord-ouest du cloître, le **Ho Dhamma**

Sabha fut construit en 2010 sur le modèle des pagodes de Vientiane. Ce centre de congrès bouddhique marie avec un certain bonheur lignes contemporaines et toitures rouges emboîtées, surmontées d'un stupa central et de deux *dok so fa*. À côté, au nord du cloître, deux bouddhas esquissent le mouvement de la marche, pouce et index pincés en *vitarka mudra* (geste de l'enseignement ; *voir p. 381*). Ils se tiennent debout devant le **Vat That Luang Neua** (2010) au **pignon** finement décoré : un éléphant Airavata monté sur un *naga* à sept têtes y porte les emblèmes du bouddhisme ; il domine les quatre scènes fondatrices de la vie du Maître, curieusement présentées dans un ordre antichronologique : de gauche à droite, l'extinction, l'enseignement, la méditation et la naissance.

À proximité Carte de région p. 420-421

★★ Buddha Park (Xieng Khouan) B4

24 km au sud-est de Vientiane (6 km du pont de l'Amitié) - bus n° 14 partant derrière la gare routière Khua Din - 8h-17h - 5 000 kips.

Créé en 1958 par un moine mystique et artiste du nom de Luang Pu Bonlua Sulilat, ce parc du Bouddha, ou **cité des Âmes** *(xieng khouan)*, rassemble une centaine de **sculptures géantes** en béton brut, certaines incrustées de tessons de faïence ou de verroterie. Les statues de Bouddha y côtoient des divinités hindoues (Brahma aux quatre visages, Krishna jouant de la flûte), des animaux et des créatures mythologiques (grenouilles gigantesques avalant la lune noire et le soleil, singe Hanuman et oiseau Garuda) ainsi que des scènes classiques de la saga bouddhique, comme le prince Siddharta tranchant sa longue chevelure en signe de renoncement ou le Bouddha enseignant la religion à l'éléphant et au singe. Une étonnante « **citrouille** » creusée de passages et d'escaliers figure les trois niveaux du monde, enfer, terre et paradis. Pièce maîtresse du parc, le grand **bouddha couché** fait l'objet d'une profonde vénération populaire.

Bonlua, qui s'exila de l'autre côté du fleuve pour fuir le communisme, fonda en 1978 le Sala Kheo Ku, un parc similaire mais plus grand, à quelques kilomètres de Nong Khai (Thaïlande).

NOS ADRESSES À VIENTIANE

Plan de ville p. 424-425

INFORMATIONS UTILES

Ambassades/Consulats

Pour le Canada, la Belgique, le Luxembourg et la Suisse, voir « Sur place de A à Z », p. 337.

Ambassade de France – C2 - *Av. Setthathirath - (021) 267 400 - www.ambafrance-laos.org - lun.-vend. 9h-12h30, 14h-17h30.* Sur RV seult.

Ambassade du Cambodge – D3 en dir. - *Th. Thadeua, au km 2 (à côté de l'hôtel Rashmi Plaza) - (021) 314 950 - camemb.lao@mfa.gov.kh.* Dépôt des demandes de visa 8h30-11h, retrait l'apr.-midi.

Consulat de Thaïlande – D1 en dir. - *15, Th. Bourichane - (021) 453 916 - http://vientiane.thaiembassy.org.* Demandes de visa : 8h30-11h30.

Banques/Change

STB – B1 - *Th. Samsenthai, angle Th. Tounan - (021) 241 560 - www.stbanklaos.* Change euros et dollars *(8h30-20h30)*, agence Western Union. Distributeur.

BFL – D1 - *Th. Lan Xang - (021) 285 211- www.banquefrancolao.com.* Agence centrale. Change euros et dollars. Distributeur.

Santé

Centre médical français Simuang – D3 - *Th. Khouvieng - (021) 214 150 (permanence téléphonique) - lun.-vend. 8h30-12h, 13h30-19h, w.-end 9h-12h, 13h30-17h.* Consultations 300 000 kips.

Alliance International Medical Centre – A2 en dir. - *Th. Souphanuvong (Honda Complex) - (021) 513 095 - www.aimclao.com.* Pour les soins courants.

Visa

Immigration Office – D1 - *Th. Lan Xang, derrière la Joint Development Bank - lun.-jeu. 8h-12h, 13h-16h, vend. 8h-12h.* Prolongation de visa sur présentation du passeport et d'une photo *(voir aussi p. 338).*

ARRIVER/PARTIR

En avion

Aéroport international de Vattay (VTE) – A1 en dir. - *3 km à l'ouest du centre-ville - www.vientianeairport.com.* Vols internationaux de/vers Bangkok, Phnom Penh, Hô-Chi-Minh-Ville et Hanoï. Vols domestiques assurés par **Lao Airlines** de/vers Luang Prabang, Pakse, Luang Nam Tha, Xieng Khouang (Phonsavan), Savannakhet et Oudomxay.

Rejoindre le centre-ville – 50/60 000 kips en taxi, 30 000 kips en *tuk-tuk*.

En bus

Gare routière Khua Din (Vientiane Central) – D2 - *Th. Nong Bone, derrière le Talat Sao.* Bus pour la frontière thaïe, Bangkok, Udon Thani, la gare ferroviaire de Thanaleng, les villes de la province de Vientiane ainsi que Pakse *(11h de trajet)* et Luang Prabang *(7 à 10h de trajet).* C'est le terminus des bus urbains.

Gare routière Nord – A1 en dir. - *8 km au nord-ouest de la ville.* Liaisons vers le nord du pays dont Vang Vieng *(6/j. - 3h de trajet - 40 000 kips)*, Phonsavan *(5/j. - 10h - 110 000 kips)*, Luang Prabang *(15/j. - 7 à 10h - 150 000 kips)*, Oudomxay *(4/j. - 14h - 170 000 kips).* Le bus urbain n° 8 passe par Th. Samsenthai pour rejoindre le marché Talat Sao.

Gare routière Sud (Dong Dok) – D1 en dir. - *7 km au nord, dans le*

5

prolongement de l'av. Kaysone Phomvihane. Liaisons vers le sud du pays dont Savannakhet *(7/j. - 10h - 100 000 kips)*, Pakse *(14/j. - 11h - 130 000 kips)*, Thakhek *(5/j. - 6h - 60 000 kips)* et le Vietnam. Bus urbain n° 23 pour Talat Sao.

TRANSPORTS

Bus urbain

Ces bus verts stationnent à la gare routière **Khua Din** (Vientiane Central) et dans les rues alentour. Le billet s'achète directement auprès du chauffeur. Bus n° 8 pour la gare routière Nord, n° 14 pour le Buddha Park et le pont de l'Amitié (Friendship Bridge), n° 20 pour le That Luang, n° 23 pour la gare routière Sud. *Horaires et lignes sur http://vcsbe.com/routemap.*

Taxi

Plusieurs compagnies mais il est difficile de trouver un taxi en dehors du quartier historique et de l'aéroport. Prise en charge 15 000 kips puis 7 000 kips/km.

Tuk-tuk

Très nombreux partout en ville. Négociez le prix avant de monter. À titre indicatif, une course en ville tourne entre 10 et 20 000 kips/pers.

Vélo/Moto

Nombreuses échoppes de location dans les rues **François Ngin** B2 et **Nokeo Koumane** B2.

Mixay Bike 2 – *Th. Chao Anou* - B2 - *☏ (030) 988 9998 - 7h30-20h.* Loue vélos *(10 000 kips/j.)* et motos *(60/70 000 kips/j.)* à des prix plus intéressants que ses concurrents en centre-ville.

HÉBERGEMENT

À prestations équivalentes, les hôtels de la capitale sont plus onéreux que dans le reste du pays (Luang Prabang mis à part). L'accueil n'y brille généralement pas par sa cordialité et le service se montre parfois bien désinvolte. Dans le centre historique, entre le Mékong et les Vat Mixay et Inpeng, il est vivement conseillé de réserver car les hôtels affichent souvent complet. Toutes nos adresses sont équipées du wifi.

PREMIER PRIX

Bayern Guesthouse – B1 - *Th. Chao Anou - ☏ (021) 255 046 - - 10 ch. - 150 000/200 000 kips.* Une adresse familiale à 5mn à pied du Mékong. Elle répartit sur 3 étages (sans ascenseur) des chambres carrelées, meublées *a minima* mais spacieuses et très propres, toutes pourvues d'un petit frigo. Le soir, vous pourrez vous approvisionner au petit marché de nuit situé en bas pour grignoter sur votre terrasse. L'un des meilleurs rapports qualité-prix du quartier dans cette catégorie. Anglais basique.

New Lao Silk – B2 - *Th. François Ngin - ☏ (021) 213 976 - newlaosilkhotel@gmail.com - - 20 ch. - 170 000/270 000 kips.* Sur 4 étages sans ascenseur, des chambres minuscules réparties en trois catégories. Les *city view*, plus lumineuses, sont légèrement moins exiguës car situées aux angles de l'édifice. L'emplacement on ne peut plus central et un accueil aimable en anglais sont les atouts du lieu. Petite cafétéria au rdc.

Douang Deuane – B2 - *Th. Nokeo Koumane - ☏ (021) 222 301 - - 52 ch. - 200 000 kips* . Cette grosse bâtisse de 4 étages avec ascenseur a vécu et cultive une atmosphère assez sinistre dans l'ensemble, mais elle est très centrale, entre la place Nam Phu, le Vat Mixay et le Mékong. Vous choisirez entre les chambres en façade, avec balcon sur rue, et celles donnant à l'arrière, sans vue mais plus calmes. Toutes sont convenablement meublées (frigo, coffre) et assez grandes mais totalement dépourvues de charme.

BUDGET MOYEN

New Lao Paris – C2 - *Th. Samsenthai - ✆ (021) 222 229 - www.newlaoparishotel.com - ▤ - 20 ch. - 200 000/250 000 kips ☕.* Dans le quartier de Nam Phu, une adresse bien située mais qui aurait besoin d'un urgent coup de neuf. Sur 4 étages sans ascenseur se distribuent des chambres de taille variable, sans vue pour celles donnant sur l'arrière, à peine plus chères pour celles ouvrant sur l'avenue.

Khamvongsa – B2 *Th. Khun Bulom - ✆ (021) 218 415 - http://hotelkhamvongsa.com - ▤ P - 26 ch. - 370 000 kips ☕.* En bordure du quartier touristique, des chambres confortables et bien équipées, dotées d'une bonne literie, entourent un petit patio intérieur calme. Simples, peu décorées mais agréables avec leur mobilier de bois sombre et leur parquet, certaines disposent d'un coin cuisine avec micro-ondes et réfrigérateur. La jolie salle de petit-déjeuner, ornée de vues anciennes sur les murs, tient lieu de bar en soirée.

Vientiane SP – B1 - *Th. Phnom Penh - ✆ (021) 240 068 - vientianesp@yahoo.com - ▤ - 18 ch. - 280 000/330 000 kips ☕.* Dans une rue calme et sympathique, à deux pas de l'animation du centre historique. Sur 4 étages sans ascenseur, des chambres simples, blanches et carrelées, hélas sans vue. Demandez à en visiter plusieurs car elles varient en taille, en agencement et en ameublement.

Manorom – B2 - *Th. Hengboun Noi - ✆ (021) 251 538 - manoromboutiquehotel@hotmail.com - ▤ - 45 ch. - 320 000 kips ☕.* Sur 6 étages avec ascenseur. Pas bien grandes mais plaisantes et particulièrement lumineuses, dotées d'un parquet, de boiseries aux murs et d'un faux balcon, les chambres s'ornent de tableaux modernes n'échappant pas toujours à un certain kitsch. Le petit-déj. se prend sur le toit-terrasse.

POUR SE FAIRE PLAISIR

Daosavanh 2 – B1 - *Th. Hengboun - ✆ (021) 255 816 - infodaosavanh2@gmail.com - ▤ - 40 ch. - 500 000/630 000 kips ☕.* Situé non loin du centre, cet hôtel ouvert mi-2015 offre surtout l'avantage… d'être récent. Sur 7 étages avec ascenseur, les chambres, raisonnablement grandes et dotées d'un balcon avec ou sans vue selon le tarif, sont meublées de formica. Pas de déco mais coffre-fort et frigo.

Chanthapanya – B2 - *138, Th. Nokeo Koumane - ✆ (021) 244 284 - www.chanthapanyahotel.com - ▤ ✕ ♨ P - 75 ch. - 650 000/850 000 kips ☕.* Il dresse ses 5 étages (ascenseur) sur le côté de l'imposant bâtiment blanc et or du Culture Hall. Gentiment kitsch avec leurs lampes de chevet en tête d'éléphant, ses chambres, bien meublées et parfaitement équipées (minibar, coffre, cafetière), assurent un séjour confortable. Plus spacieuses, les *deluxe* bénéficient d'un balcon. Nombreux services : spa, gym, massages… Un bon rapport qualité-prix pour le quartier.

☺ **Day Inn** – C1 - *Th. Pangkham - ✆ (021) 223 848 - dayinnhotel@gmail.com - ▤ ✕ (déj. seult) - 32 ch. - 650 000/900 000 kips ☕.* L'édifice a été construit dans le style colonial au début des années 1960 et accueillit un temps l'ambassade d'Inde. Il a conservé un cachet désuet plein de charme

5

et propose, sur 2 étages sans ascenseur, de vastes chambres avec balcon. Décorées dans les tons pastel ou arborant des murs aux couleurs flashy, toutes sont très convenablement meublées de rotin et bambou tressé. Les sdb ont été refaites dans un esprit moderne. Navette gratuite depuis l'aéroport.

Sabaidee@lao – C2 - *Th. Pangkham - (021) 265 141 - www.sabaidee@laohotel.com* - - *80 ch. - 950 000 kips*. Carrelées, toutes simples mais lumineuses et parfaitement entretenues, ses chambres disposent parfois d'un balcon. Elles occupent deux grands édifices récents de 5 étages avec ascenseur et se destinent avant tout à une clientèle d'affaires. Accueil souriant et service professionnel pour un ensemble qui demeure malgré tout un peu froid. Navette gratuite depuis l'aéroport.

UNE FOLIE

Ansara – B2 - *Dans une ruelle sans nom partant du quai Fa Ngum, immédiatement à l'est du Vat Chan - (021) 213 514 - http://ansarahotel.com* - - *28 ch. - 148 US$*. Ses chambres tout confort, remarquablement équipées (ordinateur portable, coffre, minibar) et disposant d'un balcon sont dispersées dans plusieurs bâtiments de 2 ou 3 niveaux autour d'une jolie piscine, dans un grand jardin calme planté d'arbres du voyageur. Petit-déj. buffet et restaurant de cuisine française avec un menu du jour servi dans une belle bâtisse de style colonial.

Settha Palace – C1 - *Th. Pangkham - (021) 217 581 - www.setthapalace.com* - - *29 ch. - 181/268 US$*. Dans un édifice des années 1930 restauré avec beaucoup de goût, il recèle un cachet certain. Même si on les aurait préférées plus spacieuses, les chambres sont cosy : tons bleu, crème et bois, parquet et gravures d'époque, mobilier à l'ancienne, sdb au joli carrelage en damier. L'établissement, au jardin bien entretenu, propose spa et massages. Une adresse de charme.

Lao Plaza – C2 - *Th. Samsenthai - (021) 218 800 - www.laoplazahotel.com* - - *142 ch. - 255/300 US$*. C'est le favori des hommes d'affaires en déplacement à Vientiane. Sur 6 étages, illuminées par de grandes baies vitrées, ses chambres feutrées, avec moquette et bureau, disposent de tout le confort. Elles pourraient néanmoins être plus spacieuses et gardent un caractère aseptisé et impersonnel. Deux restaurants de cuisine chinoise et japonaise, *coffee-shop* à l'occidentale, galerie marchande, service de limousine. Importantes réductions sur internet.

Green Park – D3 - *248, Th. Khouvieng - (021) 264 097 - www.greenparkvientiane.com* - - *34 ch. - 200/400 US$*. Un peu excentrée, l'adresse est décorée avec goût et assure un grand calme. Entourant bassins et piscine dans un jardin aux lignes géométriques, les chambres se répartissent dans 5 petites unités à deux niveaux. Joliment agencées avec leur parquet verni et leurs grandes baies vitrées, elles bénéficient toutes d'une terrasse côté jardin. Les plus luxueuses se trouvent à l'étage. Navette gratuite pour le centre-ville et l'aéroport, spa, salle de gym, vélos à disposition.

RESTAURATION

PREMIER PRIX

Kouay Hom – B1 - *36, Th. Sihom - (020) 553 617 06* - - *10h-21h sf dim. - env. 30 000 kips*. Une petite adresse toute simple à l'écart du quartier touristique. Le chef, d'origine thaïe, vous servira dans une salle sans âme ou en terrasse sur le trottoir des plats de son pays : *pad thai*, *suki soup*, riz sauté ou omelettes, sans prétention mais savoureux.

Marché de nuit Sithana Neua – A2 - *Sur la berge du Mékong, à l'ouest de la ville - 16h-23h - - 40 000/80 000 kips*. Des terrasses en plein air se succèdent à touche-touche sur 500 m. Elles proposent *hot pots*, barbecues et spécialités japonaises, attirant essentiellement une clientèle asiatique jeune, urbaine et branchée. C'est le nouveau quartier tendance de la capitale.

Jamil Zahid – B1 - *Dans une ruelle donnant sur Th. Khun Bulom (panneau) - (020) 565 024 55 - http://jzr.webnode.com - - 11h-22h - 50 000/70 000 kips*. Dans cette gargote de cuisine indo-pakistanaise, tout est vert, des lattes de bois séparant la salle de la rue aux toiles cirées et aux chaises en plastique. La carte propose des kebabs d'agneau, de bœuf ou de poulet, des falafels et toutes sortes de curries penjabis et de *massala*, végétariens ou non.

Kungs Cafe Lao – D3 - *Th. Simuang, Soi 1 - (021) 219 101 - - 6h-15h - 13 000/20 000 kips*. Il a installé ses tables au fond d'une impasse, sous une déco suspendue mêlant nasses, paniers de bambou et nids d'oiseau. Sa carte simple de cuisine asiatique rassemble dans ce cadre sympathique une clientèle locale et occidentale. Jus de fruits frais, *lassi* à la mangue et une section végétarienne pour une pause déjeuner à la sortie du Vat Simuang.

Sa La Van – B2 - *Th. Hengboun - - 9h-21h - 40 000/60 000 kips*. Sous un abri de tôle ouvert sur la rue, un restaurant populaire efficace et bien tenu servant soupes, curries, salades épicées, plats végétariens et des spécialités de canard. Les tables s'alignent en L autour du comptoir où le cuisinier ébouillante les légumes et fait sauter les nouilles. De vraies saveurs laotiennes ne lésinant pas sur les herbes aromatiques et les épices. Pas d'anglais.

BUDGET MOYEN

Smile Dee – A2 - *Quai Fa Ngum, à env. 1 km du Vat Chan - (021) 242 269 - - 16h-23h - 60 000/90 000 kips*. Une petite salle animée en soirée par des concerts *live* et, bien plus agréable, une terrasse en plein air surplombant le Mékong. L'adresse est réputée pour ses barbecues – *ribs*, poulet grillé, agneau – et ses brochettes de viande ou de poisson.

Sisamouth – B1 - *Th. Sihom - (021) 212 235 - - 8h-16h, 17h-22h - 75 000/100 000 kips*. Vous ne croiserez sans doute aucun Occidental dans ce restaurant que fréquente une clientèle locale plutôt aisée. Les assortiments (bœuf, fruits de mer ou porc) sont proposés en trois tailles et adaptés aux deux modes de cuisson qui font le succès de la maison, le *hot pot (suki soup)* et le barbecue. Une formule conviviale dans un décor réussissant une curieuse alliance entre design contemporain à l'asiatique et summum du kitsch. Pas d'anglais.

iPho – B2 - *Dans la ruelle sans nom qui longe le côté sud du Vat Ongteu - (030) 958 1163 - - 8h-21h30 sf dim - 60 000/80 000 kips*. Un minuscule restaurant de cuisine vietnamienne décoré de lampions et doté de quatre tables en terrasse, face à la pagode. Porc ou poisson sauce caramel, *phò*, crevettes aux tomates, la carte illustrée fait le tour des spécialités du pays voisin, cuisinées ici sans MSG. Vin au verre.

Lao Kitchen – B2 - *Th. Hengboun - ✆ (021) 254 332 - www.lao-kitchen.com - ⊠ - 11h-22h - env. 100 000 kips.* La petite salle proprette, dans les tons jaune, bordeaux et blanc, se double d'une terrasse à l'étage. Elle attire avant tout une clientèle occidentale à qui la carte réserve des plats estampillés « spécial touriste » – entendez par là non pimentés et quelque peu aseptisés. Un grand tour des recettes traditionnelles du pays et quelques spécialités régionales de Luang Prabang et de Pakse, avec une prédilection pour les *laab*.

Xang Khoo – C2 - *Th. Pangkham - ✆ (021) 219 314 - ⊠ - 8h-22h sf dim. soir - 75 000/110 000 kips.* À l'angle de la place Nam Phu, un restaurant au cadre chaleureux et simple à la fois dont le filet mignon, les pâtes bolognaises, les crêpes et les galettes de sarrasin sans gluten satisferont les nostalgiques. Midi et soir, un menu laisse le choix entre un plat du jour lao et un autre *falang* (français), défini selon les arrivages du marché. Vin français en carafe ou au verre.

POUR SE FAIRE PLAISIR

La Cage du Coq – B2 - *Th. Hengboun Noi - ✆ (020) 547 586 45 - ⊠ - 11h30-15h, 18h-21h30 - 110 000/200 000 kips.* Cette adresse aux racines toulousaines a su faire preuve d'originalité en matière de décoration : cages à coq en bambou en guise d'abat-jour, banquettes de bois peint et tabourets de skaï multicolores en salle et dans le patio entretiennent une ambiance gaie et atypique. La carte combine recettes françaises et quelques spécialités marocaines (tajine, pastilla). Au déjeuner, un intéressant menu entrée+plat pour lequel on choisit sa sauce et son accompagnement. Brunch de 10h à 15h le w.-end.

That Dam Wine House – C2 - *Place That Dam - ✆ (021) 217 368 - ▤ - 10h-14h, 17h-22h - 130 000/260 000 kips.* Il dispose de deux salles climatisées mais surtout de deux agréables terrasses, l'une couverte, l'autre à ciel ouvert, au pied du stupa noir. Sa carte internationale élabore une cuisine lao-thaïe et française à vocation gastronomique, avec escargots, huîtres et foie gras, ainsi que des plats plus rares au Laos comme le pied de porc au vin blanc ou la salade de brie. Ample carte des vins de l'Ancien et du Nouveau Monde, dont une sélection de grands crus.

Le Vendôme – B2 - *Th. Inpeng - ✆ (021) 216 402 - 11h-14h, 17h-22h, midi seult le w.-end - 120 000/160 000 kips.* Ce restaurant de spécialités régionales françaises prépare essentiellement des viandes. Il propose aussi une page italienne de pizzas et spaghettis. À la petite salle, un brin sombre, vous préférerez sans doute la terrasse faisant l'angle, face au Vat Inpeng. Intéressante formule au déjeuner en semaine, avec un plat du jour à 22 000 kips ou un « menu copain » (entrée, plat, dessert) à 48 000 kips. Pâtisseries et desserts maison, carte des vins.

Pimenton – B2 - *5, Th. Nokeo Koumane - ✆ (021) 215 506 - www.pimentonrestaurant-vte.com - ▤ - 11h-14h30, 17h-22h sf dim. - 160 000/300 000 kips.* L'orange et le noir mettent en valeur une décoration moderne inspirée du design industriel, qui ne déparerait pas à Barcelone. La carte, d'orientation espagnole, propose tapas, *ceviche* et gaspacho ainsi qu'un vaste choix de viandes garanties sans hormones, notamment de l'angus, que vous verrez rôtir dans l'immense cheminée derrière le bar. Formules de *parrilla* argentine, végétarienne ou non, à partager. Belle sélection de vins espagnols.

Makphet – B2 - *78, Ban Inpeng Vat Chanh Tha - (021) 260 587 - www.tree-alliance.org - - 11h-22h - 115 000/160 000 kips.* Initié dans le cadre d'une ONG formant aux métiers de la restauration, l'établissement sert une cuisine lao créative et originale, à déguster dans l'agréable salle ornée de peintures naïves ou dans le patio arboré. Les plats, sans MSG, sont tous disponibles en demi-portions et un certain nombre s'adressent aux végétariens. Brunch le dim. Service souriant. Boutique d'artisanat-recyclage.

Fuji – B2 - *Th. François Ngin - (021) 254 722 - www.fuji.co.th - - lun.-vend. 11h-15h, 17h-22h, w.-end 11h-22h - 120 000/160 000 kips.* Cette chaîne thaïlandaise de restauration japonaise affiche une interminable carte de poissons crus, nouilles sautées, *tempura* et autres délices nippons. À savourer dans une salle au design épuré, assis au comptoir ou devant la cuisine ouverte où les chefs officient sous vos yeux.

Kualao – C2 - *134, Th. Samsenthai - (021) 214 813 - www.kualao restaurant.com - - 11h-14h, 18h30-22h - 120 000/230 000 kips.* L'enseigne, installée dans une élégante demeure du Protectorat, joue à fond la carte de la tradition. Deux menus de dégustation invitent à découvrir la cuisine lao au travers d'assortiments. Quelques curiosités culinaires comme cette salade d'œufs de fourmis rouges, des criquets frits, des champignons *matsutake* ou des hirondelles grillées tenteront les plus audacieux. Spectacle de musique et danse folklorique chaque soir à 19h30. Belle carte de vins internationaux.

UNE FOLIE

L'Adresse de Tinay – B2 - *Dans la ruelle qui longe le côté sud du Vat Ongteu - (020) 569 134 34 - - 17h-22h30 - 230 000/330 000 kips.* Le restaurant chic du quartier a misé sur une décoration contemporaine design jouant des tons blanc et gris souris, brique et vermillon. La carte, exclusivement française, propose des spécialités du Sud-Ouest telles que cassoulet, magret, carpaccio de bœuf ou de canard. Les gourmands ne résisteront pas à l'assiette de fromages ou à la farandole de mini-desserts présentés en assortiments. Jolie sélection de crus français.

PETITE PAUSE

Le Petit Jardin – B2 - *32, Th. François Ngin - (021) 241 968 - - 8h-18h sf dim.* Ce salon de thé bucolique sert petits-déjeuners, restauration légère (quiches, salades, croque-monsieur, gratins) et d'appétissantes pâtisseries. Pour une halte pleine de fraîcheur, sur la terrasse vert gazon bordée de haies de soucis et d'œillets. Service avenant.

Noy's Fruit Heaven – B2 - *Angle Th. Hengboun et Th. Hengboun Noi - (020) 553 968 98 - 7h-21h.* Idéal pour une pause vitaminée : salades « du jardin » au camembert ou à la *feta*, sandwiches baguette, salades et jus de fruits exotiques et formules de petit-déjeuner toute la journée.

BOIRE UN VERRE

The Spirit House – A2 - *Quai Fa Ngum, à côté de l'hôtel Beau Rivage Mekong - (021) 243 795 - http://thespirithouselaos.com - 7h-23h.* Légèrement à l'écart du centre, vers l'ouest, un must pour profiter des couchers de soleil sur le

5

Mékong en sirotant un cocktail. *Happy hour* de 17h à 20h.
Highland Bar – A2 en dir. - *Quai Fa Ngum - ✆ (020) 542 613 74 - http://highlandbar.com - 9h-23h.* Sa terrasse ouverte est l'un des lieux de rencontre favoris des expatriés et un incontournable pour les amateurs de rugby. Tous s'y retrouvent autour d'une pinte, devant les écrans géants branchés sur la chaîne des sports.
Chokdee – B2 - *Quai Fa Ngum, en face du parc Chao Anouvong - ✆ (021) 263 847 - 10h-23h, lun. 17h-23h.* Une remarquable sélection de 70 bières belges et de cidres à accompagner d'une formule moules-frites. Atmosphère conviviale.

ACHATS

Marchés

Talat Sao – D2 - *Th. Lan Xang - 9h-17h.* Si l'ancien marché central de Vientiane a perdu beaucoup de son importance au profit du double *mall* qui a grignoté son espace, on y trouve encore un beau choix de *sin* brodés et d'étoles de soie. Également de l'artisanat et de pseudo-antiquités. Touristique ; discutez les prix.
Talat Thong Khan Kham – C1 - *Th. Asean, à 600 m au nord du stade - 5h-13h.* Le plus beau marché de frais de la capitale.

Artisanat

Sao Ban – B2 - *Th. Chao Anou - ✆ (020) 778 391 52 - www.saobancrafts.com - 9h-20h, dim. 14h-19h.* Fonctionnant comme une coopérative, la boutique réunit les productions artisanales réalisées dans des communautés villageoises à travers tout le pays : tissages et broderies, soieries, cotonnades, bambou tressé, bijoux d'argent, miel, thé et café des Bolaven, etc.
☺ **T'Shop Laï - Les Artisans lao** – B2 - *Face au Vat Inpeng, à côté du restaurant Le Vendôme - ✆ (021) 223 178 - www.artisanslao.com - 8h-20h.* Reproductions d'affiches et de gravures du temps de l'Indochine, meubles, bois de coco sculpté et cosmétiques (savons naturels, huiles essentielles) se partagent les espaces de cette boutique atypique, qui fait également office de galerie d'art.

Soie

Inpeng Lao Silk – B2 - *Th. Khun Bulom, face à l'entrée ouest du Vat Inpeng - ✆ (020) 298 885 95 - 9h-21h, w.-end 9h30-22h.* Soie lao au mètre, accessoires, *sin* et étoles brodés dans cette jolie petite boutique. Parle français et peut réaliser des vêtements en soie sur modèle (comptez 1 sem. et négociez au moins 2 essayages).
Lao Textiles – B2 - *Th. Nokeo Koumane - ✆ (021) 212 123 - www.laotextiles.com - 8h-17h, w.-end 8h-12h.* Des soieries de superbe facture dans une villa des années 1920, dans le jardin de laquelle vous pourrez suivre le travail des tisserandes. *Design* contemporain réalisé avec les techniques ancestrales lao.

Livres

Monument Books – B2 - *124/1, Th. Nokeo Koumane - ✆ (021) 243 708 - www.monument-books.com - 9h-20h (18h le dim.).* Belle sélection de livres neufs en français et en anglais, en lien ou non avec le Laos. Presse et magazines francophones, cartes routières et postales, reproductions de gravures anciennes.
Books Cafe – B1 - *Th. Hengboun - 8h-20h.* Livres neufs et d'occasion

avec un petit rayon en français. Cartes du pays.

ACTIVITÉS

Culture et spectacles

Pour connaître les événements culturels du mois, consultez le Vientiane Times, *vendu en kiosque.*

National Culture Hall – B2 - *Palais de la Culture - Th. Samsenthai, face au Musée national.* Propose régulièrement des spectacles culturels de danse ou de musique, des salons culinaires, des salons d'artisanat.

Institut français du Laos – D1 - *Th. Lan Xang - (021) 215 764 - www.if-laos.org - lun.-vend. 8h15-18h15, sam. 8h-15-12h15, 13h15-16h45.* Médiathèque (presse francophone), petites expos et conférences gratuites en lien avec le Laos. Quelques spectacles, projections et événements culturels.

Sport et loisirs

Lao Bowling Centre – C1 - *Th. Khun Bulom - (021) 223 219 - 9h-0h.* Dans une ambiance de gymnase baignée d'une musique lao sirupeuse, 12 pistes de bowling et une salle de *snooker* (billard). Un incontournable des soirées à Vientiane.

Kuanjai Sikhot Boxing Gym – A1 en dir. - *Ban Sikhot, à 2 km à l'ouest de l'aéroport, derrière le marché Sekhai - (020) 566 328 35 - lun.-sam. 6h-10h.* Cette petite salle de sport rassemble les adeptes du *muay lao* (boxe lao ou kickboxing). Des compétitions y sont régulièrement organisées.

Détente et bien-être

Champa Spa – C2 - *Th. Pungkham - (021) 251 926 - http://champaspa.com - 9h-22h.* Réputé pour ses massages aux herbes. Spa. Succursales sur Th. Mantourath et sur le quai Fa Ngum.

Tangerine Garden – B2 - *Quai Fa Ngum - (021) 251 452 - 9h-21h.* Différentes formules de massages, thaïs ou laos.

Sorties

Orchidées – C1 en dir. - *Ban Phonethong Tchomany, à 4 km au nord de Vientiane - (021) 560 444 - www.vientiane orchidees.com.* Randonnées de 1 ou 2 j. dans les parcs nationaux de la province à la découverte de la flore locale et particulièrement des orchidées sauvages.

Vientiane ByCycle – *réserv. par tél. ou en ligne - (021) 254 395 - www.vientianebycycle.com.* Balades guidées à vélo *(5 à 8h)* pour découvrir les monuments et les pagodes.

AGENDA

Régates – *Oct.-nov., le lendemain de la fin du carême bouddhique -* Courses de pirogues sur le Mékong pour rendre hommage aux divinités aquatiques.

Fête des Fusées – *Autour de la pleine lune d'avr.-mai.* Comme dans tout le pays, on met à feu toutes sortes de fusées destinées à faire venir la pluie.

Boun That Luang – *Pleine lune d'oct.-nov.* Durant 3 j., les processions aux bougies du Vat Simuang puis du That Luang attirent des foules de bonzes et de pèlerins venus de tout le pays.

La Vientianale – *3 j. en mars - www.vientianale.org.* Festival international du film. Projection de courts métrages réalisés dans une trentaine de pays du monde.

5

Vang Vieng

★★

25 000 habitants – Province de Vientiane

Cette région de massifs karstiques offre des paysages époustouflants, qui comptent parmi les plus spectaculaires du pays. Découpés sur des cieux limpides ou estompés par les brumes, ses collines et ses pitons composent un tableau à l'atmosphère irréelle. Entre rivière et montagne, la petite ville de Vang Vieng attire une clientèle jeune et fêtarde et quelques amoureux de nature et de contemplation. Elle vit exclusivement de ce tourisme, un temps occidental et, de plus en plus, asiatique. Kayak, escalade, spéléo, randonnée, cyclisme y ont le vent en poupe : les alentours de Vang Vieng invitent à la balade, à pied, à vélo ou à scooter, ou à la découverte des dizaines de grottes percées dans les entrailles de la montagne.

NOS ADRESSES PAGE 449
Hébergement, restauration, achats, activités, etc.

S'INFORMER

Tourist Information Centre – *Rue principale, à côté de Lao Telecom - lun.-vend. 8h-12h, 14h-16h.*

SE REPÉRER

Carte de région B3 (p. 420-421) – carte des environs de Vang Vieng p. 446.

À 160 km au nord de Vientiane, 180 km au sud de Luang Prabang, 235 km au sud-ouest de Phonsavan.

Voir aussi la rubrique « Arriver/partir » dans « Nos adresses ».

À NE PAS MANQUER

Les paysages karstiques au lever et au coucher du soleil ; une descente de la Nam Song.

ORGANISER SON TEMPS

Comptez 2 à 3 j. pour profiter des activités nature dans les environs. En saison des pluies, possibilités plus nombreuses de baignade dans les grottes mais les chemins d'accès sont boueux, parfois impraticables.

Découvrir Carte des environs de Vang Vieng p. 446

Attirant les amateurs de sensations fortes et de paradis artificiels, alcool et drogues en tous genres, Vang Vieng a longtemps pâti d'une réputation sulfureuse. Les autorités ont tenté d'y mettre le holà ces dernières années ; elles ont fait fermer certains bars qui déversaient une techno tonitruante jusque tard dans la nuit et réglementé les descentes de rivière, les deux plaisirs faisant mauvais ménage et s'étant soldés par de trop nombreuses noyades. Si vous aimez le calme, évitez néanmoins de séjourner dans le centre. Cette clientèle bruyante, volontiers débraillée, pas toujours respectueuse des usages, a entraîné une certaine lassitude chez les habitants de Vang Vieng, qui se montrent ici moins cordiaux qu'ailleurs. D'où, comme dans toutes les villes vivant avant tout du tourisme, une atmosphère mercantile assez pesante : sachez en faire abstraction pour apprécier la beauté de la région.

LA VILLE ET SES ABORDS

Vang Vieng consiste en deux rues parallèles encadrées à l'est par une ancienne piste d'atterrissage, et à l'ouest par la rivière Nam Song. Ses quatre petites pagodes tiennent lieu de points de repère. Sans autre intérêt que de servir

Montgolfière au-dessus de la rivière Nam Song.
B. Tisserand/Michelin

de base à une exploration de la région, la ville concentre *guesthouses* à petit budget, agences d'excursions et bars-restaurants à l'occidentale.

★★ Rivière Nam Song

À l'ouest de la ville. La descente de la Nam Song reste l'activité phare du séjour. En **tubing**, on se laisse porter par le courant sur de grosses chambres à air de camions. Version plus tonique, en **kayak**, on négocie de brefs rapides entre deux passages d'eaux calmes. Dans les deux cas, vous ferez appel à une agence d'excursions qui vous conduira en camionnette à 4 km *(tubing)*, 5, 10 ou 20 km (kayak) en amont et récupérera le matériel près du pont payant.

Bon à savoir – La pratique du *tubing* est réglementée : gilet de sauvetage obligatoire, interdiction de faire halte dans les bars qui bordent la rivière. Gardez un T-shirt et un short pour vous protéger des coups de soleil ; un brin de décence vestimentaire vous attirera l'approbation des populations que vous croiserez, pudiques et lassées des tenues légères de trop nombreux visiteurs.

★ Massif de Phadeng

Traversez la Nam Song par le pont payant et gagnez la base de la falaise en suivant à travers champs le sentier marqué par des drapeaux blancs ; il démarre à droite derrière la Sivilay Guesthouse. Accès praticable à moto mais se prêtant mieux à une découverte à VTT ou à pied.

Tham Phadeng Ang Ngeung – *1,5 km à l'ouest du pont payant - 8h-17h - 10 000 kips.* Un passage dégagé parmi les rochers *(env. 10mn de montée)* conduit à la cavité qui s'ouvre dans le flanc de la falaise, à 50 m du sol. De juin à septembre, un petit lac à l'intérieur permet de s'y rafraîchir.

Pha Poak – *600 m au nord de Tham Phadeng Ang Ngeung en passant à travers champs - 8h-17h - 10 000 kips.* Comptez env. 45mn jusqu'au sommet de la colline, marqué par un drapeau rouge, d'où se déploie une belle **vue★** sur Vang Vieng.

Tham Lusi – *2 km au nord-ouest de Pha Poak - 8h-17h - 10 000 kips.* Une balade par un sentier serpentant parmi bambous, fougères et tecks conduit, au bout du chemin, à cette petite grotte parée de concrétions calcaires.

5

En coupant à travers champs, vous rejoindrez la ville par le petit pont situé au sud de l'île de Don Kang.

★★ À L'OUEST DE VANG VIENG

Franchissez la rivière par le pont payant, au bout duquel vous prendrez à droite puis immédiatement à gauche la piste principale – Comptez 1 journée (env. 35 km). Une étroite route, non asphaltée mais plane et aisément praticable à vélo, file plein ouest parmi les rizières et, très vite, vous êtes entouré par les **massifs karstiques★★★** se découpant au loin dans la brume. C'est l'occasion d'une balade pleine de pittoresque, traversant cultures et hameaux, dont certains sont habités par des Hmongs. Au long de la piste sont indiquées plusieurs grottes d'intérêt inégal.

Conseil – Les grottes ne sont pas éclairées. Prenez une lampe frontale pour les explorer à votre guise ainsi qu'un maillot de bain pour profiter des lacs situés dans les grottes ou à leurs abords.

★ Tham Khan (grotte du Bol d'argent)

3 km à l'ouest de Vang Vieng - 8h-17h - 10 000 kips. Une piste rocailleuse, difficilement praticable à deux-roues, suit sur quelques kilomètres le cours d'une rivière à sec et mène à l'entrée de cette grotte de 200 m de long *(indiquée sur votre droite)*. La première salle abrite un grand bouddha assis. Les archéologues ont trouvé dans la grotte un certain nombre d'outils préhistoriques ainsi qu'un bol d'argent qui lui a valu son nom. Un chemin pédestre *(non balisé)* suit le lit de la rivière et s'enfonce dans l'intérieur du massif de Pha Koy.

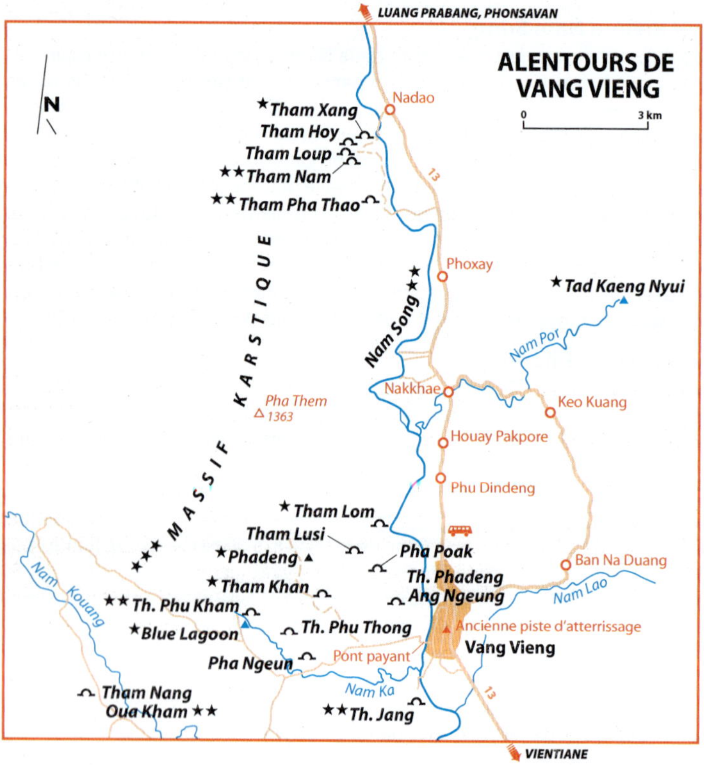

Autour du Pha Ngeun

Poursuivez par la piste principale sur env. 1 km. La silhouette massive du Pha Ngeun (rocher d'Argent), un monolithe de 2 km de long s'élevant à 250 m de haut, domine la piste. On peut en faire l'ascension. Sur son flanc ouest s'ouvre toute une série de grottes, dont la **Tham Phu Thong** *(8h-17h - 10 000 kips)*, une cavité de 70 m de longueur qui abrite un ensemble de concrétions calcaires. La piste principale s'écarte ensuite de la base des falaises pour traverser quelques hameaux hmongs et des champs cultivés. *À la bifurcation, prenez à droite.*

★★ Tham Phu Kham (grotte du Crabe d'Or) et ★ Blue Lagoon

7 km à l'ouest du pont payant - 8h-18h - 10 000 kips. Lampe torche en location sur place (5 000 kips). Cette grotte, à ne pas confondre avec la Tham Pha Kham indiquée quelques kilomètres avant et n'offrant que peu d'intérêt, s'ouvre à mi-hauteur d'un massif karstique. On y accède par un sentier équipé de rampes sur ses portions les plus pentues. Une vaste salle à l'entrée, éclairée par la lumière naturelle, abrite un **bouddha couché**. La grotte se prolonge au-delà en un dédale obscur et parfois glissant de couloirs et de chambres de toutes tailles, certains inondés, qui s'enfoncent dans les profondeurs de la montagne sur une centaine de mètres.

Au pied de la falaise, le **Blue Lagoon★** fait le bonheur des baigneurs. D'une grosse branche penchée au-dessus de l'eau pendent des cordes d'où les amateurs jouent à Tarzan avant de plonger. Les pelouses qui l'entourent sont un lieu de pique-nique très populaire (tyrolienne, location de quads).

De retour à la bifurcation, poursuivez la piste vers le nord-ouest sur 7 km. Vous longez des cultures maraîchères jusqu'à une zone de rizières en terrasses. Tournez à gauche et franchissez le pont pour revenir par la piste passant de l'autre côté du massif. Cette branche traverse plusieurs villages, chacun avec sa pagode. Au bout de 6,5 km, la grotte Nang Oua Kham est fléchée à droite.

★★ Tham Nang Oua Kham

À 1 km à droite de la piste principale - 8h-17h - 10 000 kips. Récemment ouverte au public (2015), cette grotte encore méconnue est appelée à un succès certain. Elle totalise plus d'1 km de galeries et de salles en enfilade, spacieuses et parées de robustes **concrétions**. Stalactites et stalagmites, dont les cristaux de calcite scintillent à la lueur des lampes torches, se rejoignent parfois pour former des colonnes massives. Vous pourrez explorer l'endroit sur 600 m de long.

Revenez à la piste principale et tournez à droite. À la bifurcation (2,7 km), prenez à gauche pour rejoindre Vang Vieng (8 km).

★★ AU NORD DE VANG VIENG

5

Comptez 1 journée (env. 30 km). N'oubliez pas lampe torche et maillot de bain. Les principales grottes à visiter se situent dans un rayon de 15 km. Si vous êtes motorisé, poursuivez encore env. 15 km plus loin, en dir. de Luang Prabang : des **paysages★★★** superbes bordent la route ; l'habitat se fait plus rural et les champs de pastèques, de choux, de tabac, de maïs composent avec les rizières un admirable camaïeu de verts en premier plan des falaises karstiques. C'est le matin que vous aurez la plus belle lumière.

★ Tham Lom (grotte du Vent)

4 km au nord de Vang Vieng par la RN 13 puis fléché à gauche - 8h-18h - 10 000 kips. Après avoir traversé la rivière par une passerelle de bois et tourné à droite en suivant la berge, vous arrivez au pied de la falaise. Un sentier assez raide *(env. 10mn de montée)* grimpe parmi une végétation luxuriante jusqu'à l'entrée de la grotte, dans laquelle vous descendrez par un escalier de bambou. Quelques salles en enfilade, hautes de plafond, laissent voir des concrétions calcaires aux formes étranges. La progression est cependant vite stoppée par des couloirs inondés. Beau **point de vue** sur Vang Vieng et les collines de l'est depuis la plate-forme de la tyrolienne.

★★ Tham Pha Thao

11 km au nord de Vang Vieng par la RN 13 puis à droite par le sentier longeant le canal (fléché) - 8h-17h - 10 000 kips. La grotte s'ouvre à une dizaine de mètres au-dessus du sol. Passé une vaste salle comportant en son centre une colonne formée d'une stalactite et d'une stalagmite qui se sont rejointes, une échelle de bois permet d'accéder au niveau supérieur. En prenant à gauche, vous pourrez parcourir sur plus de 100 m une enfilade de salles aux belles proportions.
Continuez à longer le canal vers le nord.

★ Les grottes autour de Ban Tham Xang

14 km au nord de Vang Vieng. Au bout du canal, le sentier de gauche arrive à la populaire **Tham Nam★★** *(10 000 kips)*, équipée d'une tyrolienne. Cette « grotte de l'Eau » abrite un lac où l'on s'adonne au *tubing*. Plus au nord, assez difficiles à trouver, s'ouvrent deux autres cavités, **Tham Loup** (grotte du Trou - *10 000 kips*) et **Tham Hoy** (grotte du Coquillage - *10 000 kips*) dont les guides vous raconteront le riche passé légendaire. Entre la falaise et la rivière, un piton isolé dans la plaine ombrage un hameau, Ban Tham Xang. La pagode établie au pied du piton comprend dans son enceinte **Tham Xang★** *(5 000 kips)*, la grotte de l'Éléphant, où trône un grand bouddha assis.
Franchissez la Nam Song par le pont payant face au piton pour retrouver la RN 13. Au bout de 8 km dir. Vang Vieng, avant le pont sur la Nam Por, tournez à gauche. Une piste rejoint Vang Vieng en contournant les massifs de l'est en 13 km.

★ Tad Kaeng Nyui

7 km au nord-est de Vang Vieng - 8h-17h - 10 000 kips. Plus facile à suivre à moto qu'à vélo (dénivelés fréquents), la piste court sur le flanc de collines couvertes d'une végétation dense où dominent les bambous et les fougères. Elle passe devant un ensemble de trois **chutes d'eau**. La plus grande, Tad Kaeng Nyui, compte env. 30 m de hauteur. On peut se baigner au pied de la deuxième chute, Tad Ken Lon.

AU SUD DE VANG VIENG

★★ Tham Jang

2,5 km au sud de Vang Vieng - prenez la piste de terre qui descend vers la rivière au niveau de la Jammee Guesthouse, traversez le Vang Vieng Resort (petit droit de passage), franchissez le pont et suivez le chemin à gauche - 9h-17h - 15 000 kips. Facile d'accès et de visite, dans un cadre fleuri et bucolique, Tham Jang donne un bon aperçu des formations géologiques présentes dans les autres grottes de la région. L'endroit, populaire, est marqué par son importance historique : le dédale de salles perçant la montagne servit de refuge à la population locale durant les guerres civiles et les incursions chinoises. Un escalier de béton *(env. 200 marches)* monte à l'entrée de cette grotte, la seule de la région à bénéficier d'un système d'éclairage. Ses vastes salles sont reliées entre elles par des sentiers aménagés et bordés de balustrades, menant à plusieurs plates-formes d'observation. L'une d'elles, à l'extérieur, offre un **panorama★** sur la ville et la rivière. Au pied de la falaise, une résurgence d'eau cristalline attend les baigneurs suffisamment courageux pour braver son extrême fraîcheur.

NOS ADRESSES À VANG VIENG

INFORMATIONS UTILES

Banques/Change

BCEL – *Dans le centre, à côté du Bakery Bar.* Distributeur et change.

ARRIVER/PARTIR

En bus

Gare routière – *Sur la RN 13, à 3,5 km au nord de la ville.* Dép. fréquents pour Vientiane *(3h - 40 000 kips)* et Luang Prabang *(4h par la nouvelle route, 7h par l'ancienne route -110 000 kips).* Bus à 9h et 23h pour Phonsavan *(6h - 100 000 kips),* à 13h30 pour Thakhek *(10h - 120 000 kips).* Bus de nuit pour Savannakhet *(12h - 150 000 kips)* et Pakse *(14h - 180 000 kips).* Liaisons avec le Cambodge, la Thaïlande et le Vietnam.

TRANSPORTS

Location de deux-roues

Mr. Chicken – *Rue principale - (020) 996 566 60 - 8h-19h.* Loue vélos *(15 000 kips/j.)* et scooters *(40 000/70 000 kips/j.)* à des tarifs concurrentiels.

HÉBERGEMENT

PREMIER PRIX

Jammee Guesthouse – *Ban Meung Song, au sud de la ville, près du Vat Mixay - (020) 558 989 45 - jammeeguesthouse@hotmail.com - 36 ch. - 100 000/150 000 kips.* Cette adresse familiale, à 15mn à pied du centre, bénéficie d'un grand calme. Aux chambres du bâtiment principal s'en ajoutent 20 nouvelles, dans un édifice construit en 2016 à proximité. Simples, décorées et meublées avec parcimonie, toutes sont spacieuses mais leurs baies vitrées donnant sur les espaces communs nuisent à l'intimité. Wifi.

BUDGET MOYEN

Mountain View Riverside – *Dans le centre, côté rivière, à côté de l'Aussie Bar - (020) 980 031 85 - mountainviewriversidehotel@gmail.com - 24 ch. - 160 000 kips.* Bien placée, cette grosse bâtisse sans charme de 3 étages, dans la moitié nord de la ville, vaut uniquement pour les 9 chambres dont le balcon donne sur les massifs karstiques. Hormis cela, ses chambres carrelées sont parfaitement quelconques. Wifi.

Diamond Villa – *À 1,5 km au sud du centre, près de la rivière - accès par le chemin de terre passant devant la Jammee Guesthouse - (020) 528 323 89 - diamondvillavv@gmail.com - 12 ch. - 160 000 kips.* Les chambres, carrelées et relativement spacieuses, avec petite terrasse, se répartissent dans 6 bungalows doubles se faisant face, façon motel. L'endroit ravira les amateurs de grand calme mais n'en attendez rien côté service. Le personnel ne parle qu'un anglais rudimentaire. Wifi.

POUR SE FAIRE PLAISIR

Villa Nam Song – *Ban Viengkeo, accès par le petit chemin de terre descendant vers la rivière peu avant le pont payant - (023) 511 637 - www.villanamsong.com - 16 ch. - 400 000/600 000 kips.* Les chambres *standard* sont un peu sombres mais spacieuses, dotées d'un parquet, et font preuve d'un effort de décoration. Les autres, plus belles, donnent sur un charmant petit jardin fleuri et planté de cocotiers, juste au-dessus de la Nam Song. Petite plage où l'on peut se baigner au pied de l'établissement, face à un beau paysage karstique.

Villa Vang Vieng Riverside – *Ban Viengkeo, à l'entrée du pont payant, sur la gauche - ✆ (023) 511 460 - www.villavangvieng.com - 33 ch. - 600 000/760 000 kips.* Des bungalows sur pilotis construits dans le style traditionnel, abritant chacun 4 chambres, entourent une pelouse impeccablement taillée et plantée de beaux arbres. Seule la vue, sur le jardin ou sur les montagnes, explique la différence de tarif. Petites mais joliment aménagées, dans une atmosphère cosy, elles disposent toutes d'une terrasse privative et d'une sdb avec baignoire. Restaurant donnant sur la rivière.

UNE FOLIE

Vieng Tara Villa – *Ban Huay Yae, à la sortie du pont payant à droite - ✆ (030) 502 3102 - www.viengtara.com - 14 ch. - 100/140 US$.* Au centre d'un grand jardin, des chambres bien agencées et accueillantes avec parquet, lambris et terrasse privée. Plus rustiques, 4 bungalows sur pilotis aux murs de bambou tressé s'alignent face à la rivière ; d'autres, les plus chers, sont bâtis au milieu des rizières, avec superbe vue sur les massifs montagneux. Wifi à la réception.

Riverside Boutique Resort – *Ban Viengkeo, à l'entrée du pont payant, sur la droite - ✆ (023) 511 726 - www riversidevangvieng.com - 34 ch. - 150/190 US$.* L'adresse de charme de Vang Vieng, à 10mn à pied du centre. Ses petites unités sur 2 niveaux abritent des chambres spacieuses, tout confort, bien meublées et décorées avec goût, dotées chacune d'une terrasse. De la piscine située au centre du jardin, vue magnifique sur les pitons karstiques qui se dressent de l'autre côté de la rivière.

RESTAURATION

Quelques stands servent soupes, grillades et riz gluant au bout de la piste d'atterrissage, côté sud.

PREMIER PRIX

Veggies Tables – *Rue principale, près du Vat Kang - ✆ (020) 550 493 93 - 8h-22h - env. 50 000 kips.* Produits bio et plats sans MSG pour cette petite salle jaune et vert, meublée de bric et de broc. Petit-déj., sandwiches et salades, *tom yum* et rouleaux de printemps, tout s'y trouve en version strictement végétarienne.

AMD – *Dans la rue de l'hôpital, peu après la bifurcation vers le pont payant - ✆ (020) 553 012 38 - 8h-14h, 17h-22h - env. 60 000 kips.* Adresse familiale. Dans la salle aux murs de bambou tressé ouverte sur la rue, on sert des soupes, des *pad thai*, des brochettes, des *laab* et une spécialité de *pad ka pao* (poulet au basilic). Sans prétention mais savoureux, c'est l'un des rares restaurants de cuisine locale de la ville.

Peeping Som's – *Rue principale, près du Vat Kang - ✆ (020) 224 146 72 - 12h-0h - 50 000/70 000 kips.* C'est l'adresse favorite des touristes coréens. Il s'est fait une spécialité des barbecues et des *hot pots* à la mode du pays du Matin calme. Le cadre, en revanche, ne mérite pas que l'on s'y attarde.

BUDGET MOYEN

Amigo's – *Dans la ruelle derrière le Vat Kang - ✆ (020) 569 755 09 - 9h-13h, 17h-22h - 80 000/100 000 kips.* Un petit restaurant sympathique de cuisine à la mexicaine. Assis aux tables de bois du patio, on change d'univers : sur fond de musique *latina, nachos, guacamole, burritos* et *fajitas* vous dépayseront.

À l'heure de l'apéritif, la margarita s'impose. Service nonchalant.

POUR SE FAIRE PLAISIR

Le Crabe d'Or – *Restaurant de l'hôtel Riverside Boutique Resort - 12h-14h, 19h-22h - 100 000/175 000 kips.* Il propose deux menus dans un cadre sobre et soigné, sous les vanneries et les gravures de fleurs et d'oiseaux à l'ancienne. Dans la formule laotienne, les 5 plats sont servis en même temps. Le menu occidental fait montre d'une certaine créativité : salade de canard fumé à la poire et au bleu, *crostinis* de fromage de chèvre au tamarin, etc. La vue sur la rivière et les monts karstiques contribue au charme du repas. Petite carte des vins.

Le Café de Paris – *Derrière l'hôpital, dans une perpendiculaire à la rue principale - ☏ (020) 546 504 51 - 💳̸ - 18h-23h - 120 000/200 000 kips.* Une honnête table de cuisine française affichant à l'ardoise une belle sélection de viandes. Celle-ci varie selon les arrivages du marché mais on y retrouve régulièrement magret de canard, bœuf bourguignon et poulet sauce champignons, accompagnés de frites ou de purée maison et d'une sauce classique au choix. Salade et pain à volonté, quelques bières belges et une petite carte de vins français ou chiliens. Cadre sans prétention et atmosphère familiale.

PETITE PAUSE

Nam Song View Garden – *Sur la rivière, à 3 km au nord de Tham Lom - ☏ (030) 987 0099 - 8h-18h.* Pour prendre un verre ou un en-cas les pieds dans l'eau, s'allonger sur un transat sur la plage de galets ou profiter des activités proposées : kayak, pétanque, espace baignade.

BOIRE UN VERRE

Sakura Bar – *Dans le centre - ☏ (020) 540 417 55 - 19h-0h.* Sa formule *free drinks* de 19h à 20h lui a forgé une réputation dans toute l'Asie du Sud-Est. La grande salle se transforme en piste de danse à mesure que la soirée s'avance.

Earth – *Sur la rivière, au nord de la ville - dim.-vend. 12h-0h, sam. 16h-0h.* Ce petit bar donnant sur les massifs karstiques de l'ouest cultive une personnalité à part. La déco fait appel au recyclage de bouteilles, pneus et bois, et il organise de nombreuses activités : mixologie, jonglage, cours de lao…

ACHATS

Vous trouverez dans les épiceries du centre des sacs étanches et des pochettes plastiques de toutes tailles pour protéger vos papiers et votre électronique lors de vos sorties sur la rivière.

ACTIVITÉS

Nombreuses agences en centre-ville proposant randonnée, kayak, VTT, spéléo, escalade, varappe, tyrolienne. La plupart de ces activités peuvent se faire à la journée ou à la demi-journée. Tarifs dégressifs selon le nombre de participants. À titre indicatif, 1/2 j. de kayak coûte env. 150 000 kips.

Tubing – *À l'angle de la ruelle descendant vers le petit pont gratuit, en face du Rouang Nakhom Vang Vieng Palace - 55 000 kips/pers.* L' agence centralise les opérations, loue les chambres à air et organise le transport vers l'amont.

Montgolfière – *See Vangvieng from the Sky, départs à 5h30 et 16h30 - 80 US$.* Billets en vente dans les agences d'excursions.

5

La plaine des Jarres

★★★

38 000 habitants – Province de Xieng Khouang

Situé sur la route du Vietnam, en dehors des grands axes de circulation, ce plateau d'altitude (1 200 m) est habité par tout un ensemble de minorités ethniques. On ne l'atteint qu'au terme de longues heures de bus, depuis Vang Vieng après avoir traversé de superbes régions karstiques, ou par une route montagneuse tout en virages depuis Luang Prabang. Les férus d'archéologie y seront comblés : plusieurs centaines de jarres mégalithiques, d'un à trois mètres de haut, sont disséminées autour de Phonsavan. La plaine, arrosée sans trêve par les bombardiers américains au moment de la guerre du Vietnam, porte partout les cicatrices du terrible conflit.

NOS ADRESSES PAGE 458
Hébergement, restauration, achats, activités, etc.

S'INFORMER

Provincial Tourism Office – *Route de la plaine des Jarres, à 5 km du centre-ville - (061) 312 217 - www.xiengkhouangtourism.com - lun.-vend. 8h30-13h.*

SE REPÉRER

Carte de région B2 (p. 420-421) – carte de la plaine des Jarres p. 456.

À 350 km au nord-est de Vientiane, 235 km au nord-est de Vang Vieng, 250 km au sud-est de Luang Prabang.

Voir aussi la rubrique « Arriver/ partir » dans « Nos adresses ».

À NE PAS MANQUER

Les quelque 330 jarres du site 1.

ORGANISER SON TEMPS

Louez un scooter pour faire le tour des trois sites dans la journée. Prudence en été (saison des pluies), les pistes d'accès se transforment en bourbiers.

SÉCURITÉ

La plaine des Jarres est encore infestée d'UXO *(voir p. 455)* qui tuent et mutilent régulièrement. Ici plus qu'ailleurs, ne sortez pas des sentiers tracés, ni à pied, ni à deux-roues.

Découvrir Carte de la plaine des Jarres p. 456

PHONSAVAN

À 1 100 m d'altitude, à peine en dessous de la moyenne du plateau, la capitale de la province de Xieng Khouang jouit d'un climat de 5 à 10° plus frais que la vallée du Mékong, et parfois franchement froid de décembre à février. Phonsavan a été créée dans les années 1970 pour remplacer l'ancienne ville de **Xieng Khouang**, aujourd'hui Muang Khoun, détruite à la fois par les bombardements américains de la **« guerre secrète »** – celle qui affecta le territoire laotien quand seul le conflit du Vietnam faisait les gros titres – et par les combats au sol entre forces du Pathet Lao et factions anticommunistes. Elle accueille une population mêlée de Laotiens, de Vietnamiens et de minorités ethniques venues des villages environnants. Dépourvue d'intérêt, cette bourgade récente s'est développée le long de la RN 7, appelée rue principale, ou

Les jarres du site 1.
P. Tisserand/Michelin

Old Airport Road, dans sa portion urbaine. Elle ne sera guère plus que votre camp de base pour la visite des sites de la plaine des Jarres.

MAG (Mines Advisory Group)
Rue principale, près de la poste - ✆ (061) 211 010 - www.maginternational.org/laos - 10h-20h - entrée libre - projection de documentaires à 16h30, 17h30 et 18h30.
L'organisation est installée depuis 1994 dans les provinces de Xieng Khouang et de Khammouane, les plus contaminées par les UXO *(voir encadré p. 455)*. Elle explique dans cette petite salle le processus d'identification et de déminage des zones à risque et les projets de développement socio-économique qu'elle met en place pour venir en aide aux communautés villageoises les plus affectées.

★★★ LA PLAINE DES JARRES

Au fil des saisons, la plaine se couvre de champs de tournesols ou de fraises, les arbres croulent sous les prunes, les pêches ou les poires, des cultures typiques de climat tempéré. Dans les villages, les minorités ont désormais troqué le costume traditionnel contre le jean et le T-shirt. Mais l'histoire reste visible : ces jardinières, ces clotures, ce sont bien des obus récupérés dans les champs. Et la fabrication de cuillères à partir de l'aluminium prélevé sur la carcasse des bombes a donné naissance à un nouvel artisanat.
Sur la **soixantaine de sites** où ont été localisées des jarres, les sites 1, 2 et 3, proches de la ville, se visitent aisément. Quatre autres, tout juste décontaminés, ont ouvert au public en 2007 mais ils ne sont accessibles que dans le cadre d'excursions organisées. Il s'agit des **sites 16** (zone de Muang Khoun), **23** (zone de Muang Kham), **25** (district de Phu Kut) et surtout **52**, le plus important, où ont été recensées 392 jarres (zone de Ban Phakeo). Les autres sites demeurent particulièrement **dangereux** en raison des nombreuses bombes non désamorcées enfouies dans le sol. Les efforts de déminage se poursuivent toutefois dans l'espoir de faire classer l'ensemble de la plaine au Patrimoine de l'humanité par l'Unesco.

Le mystère des jarres

Des centaines de jarres mégalithiques en grès, mesurant de 1 à 3 m de haut, pesant de 600 kg à 6 ou 7 tonnes, jonchent la plaine de Phonsavan. On estime leur nombre total à plusieurs milliers : on en a retrouvé jusque dans la plaine de Khorat, en Thaïlande. Tantôt debout, tantôt à demi enterrées, éparpillées ou rassemblées en petits groupes, elles auraient entre 1 500 et 4 000 ans.

LES INTERROGATIONS DES CHERCHEURS

On sait encore peu de choses sur les jarres et leurs auteurs. Leur disposition ne répond à aucun schéma identifiable (pas d'alignements) et l'absence de contexte archéologique plonge les chercheurs dans la perplexité. On n'a retrouvé aucune trace d'habitat ou de temples anciens et peu d'outillage susceptibles de fournir des débuts de pistes. D'où viennent-elles, à quoi pouvaient-elles bien servir ? Elles sont taillées dans des blocs monolithes provenant des monts Phukeng, à 40 km : comment, à l'époque, pouvait-on transporter sur de telles distances des pièces d'une masse aussi considérable ? On a trouvé autour de certaines d'entre elles des disques de pierre – leurs couvercles ? D'autres couvercles, réalisés en bois, ont peut-être disparu avec le temps.

UN LARGE FAISCEAU D'HYPOTHÈSES

Les premières investigations sérieuses remontent aux années 1930. La géologue française **Madeleine Colani**, qui travaillait pour l'École française d'Extrême-Orient, fut la première à s'y intéresser. Plusieurs hypothèses avaient alors cours : les jarres auraient servi à **stocker le grain**, ou à conserver l'eau pour la saison sèche, à moins qu'il ne s'agisse de cuves à fermentation pour l'alcool de riz. Dans certaines d'entre elles ont été retrouvés des restes humains (os, dents) et des perles de verre suggérant des offrandes, incitant à penser qu'il s'agirait plutôt d'**urnes funéraires** pour les dignitaires. La beauté des sites, la présence de jarres au sommet des collines, militent en faveur de cette interprétation mortuaire : des traditions asiatiques anciennes invitent en effet à offrir aux morts une sépulture dotée d'une vue remarquable.

Sans savoir comment articuler cette information avec les jarres, les chercheurs soulignent aussi que la plaine de Xieng Khouang se trouvait dans une région riche en sel, un bien précieux dans l'Antiquité, et sur les grandes **routes de commerce** avec l'Inde et la Chine anciennes. À ces hypothèses s'ajoutent les **légendes** que chuchotent les paysans de la région, qui les disent hantées, ou parlent d'ancêtres géants qui y gardaient la nourriture et y buvaient l'alcool de riz, ou rapportent que certaines cacheraient des statues de Bouddha…

DES RECHERCHES DIFFICILES

Interrompues par les bouleversements historiques, les recherches n'ont pu avancer qu'à grand-peine, rendues extrêmement périlleuses sur ces sols constellés d'UXO. Reprises dans les années 1990 puis en 2007 sur quelques sites tout juste déminés, elles ont livré de nouveaux éléments. Les découvertes faites sur le **site 52**, en particulier, ont permis d'établir une distinction entre des **disques de pierre** servant de marqueurs liés à un rituel funéraire, dont certains sont ornés de figures animales (singes, tigres), et d'autres, taillés différemment, servant de couvercles. D'où l'hypothèse de deux types de jarres revêtant des usages distincts – et la confirmation du rôle rituel que jouaient certaines d'entre elles.

★★★ Site 1

Ban Hai Hin, à 8,5 km au sud-ouest de Phonsavan (bifurcation à droite au km 6) - 8h-16h - 15 000 kips.

À l'entrée, un **centre interprétatif** fait le point sur les recherches récentes. Ce site majeur rassemble **334 jarres**, dont les plus grandes font 2,50 m de hauteur, sur un terrain de 25 hectares. Son déminage en 2004 a permis de récupérer près de 32 000 débris de bombes et sous-munitions, dont 130 étaient toujours actives.

Le sentier grimpe d'abord vers un premier ensemble de jarres, groupées au sommet d'une faible éminence. Il redescend vers le 2e ensemble où l'on verra notamment une jarre ayant conservé son **couvercle** de pierre et une autre, peu avant, où figure en bas-relief un **petit personnage★★** debout, les bras ouverts. C'est un exemple rare de jarre ornée.

Sur la gauche de ce groupe *(sud)*, on voit dans le flanc d'une colline la bouche d'une **grotte** percée de deux ouvertures. Celles-ci jouent le rôle de cheminée naturelle. **Madeleine Colani** y a retrouvé, en 1931, des restes humains calcinés. Cette trouvaille l'a poussée à émettre une nouvelle suggestion : selon elle, il s'agissait là d'un site d'incinération et les jarres étaient destinées à conserver les cendres des défunts. Ces hypothèses se sont vu renforcées, lors d'une nouvelle campagne de fouilles menée en 2016, par la découverte de tombes rudimentaires à proximité immédiate des jarres du 2e ensemble.

Une élévation située derrière la grotte comprend un autre groupe de jarres. Sur l'ensemble du site, une dizaine de **cratères** témoignent des bombardements particulièrement lourds qu'a subis la région lors de la « guerre secrète ».

Revenez sur la route principale, poursuivez jusqu'au km 9 puis tournez à droite.

UN TONNERRE SANS FIN : LE DRAME DES UXO

Rolling Thunder, le « tonnerre assourdissant », est le nom donné aux opérations de bombardement menées par l'aviation américaine sur le Vietnam de mars 1965 à octobre 1968. Coincé entre le Vietnam et les bases américaines en Thaïlande, le Laos en fit lourdement les frais, d'autant qu'il accueillait sur son territoire des portions de la piste Hô-Chi-Minh et des foyers de rébellion communiste. Entre 1964 et 1973, le pays essuya **580 000 bombardements** – une moyenne d'un toutes les 8mn, jour et nuit, pendant neuf ans. Sur les 2 millions de tonnes de bombes larguées au-dessus du pays, on estime qu'**un tiers** n'ont pas explosé. Il resterait encore 80 millions d'UXO (*unexploded ordnances*, munitions non explosées) sur le territoire, les régions les plus touchées, à l'est et au sud du pays, faisant frontière avec le Vietnam. La plaine des Jarres subit des bombardements particulièrement intenses ; non seulement elle abritait des postes stratégiques du Pathet Lao, mais elle se trouvait sur le chemin du retour des avions vers leur base – et ces derniers s'y débarrassaient de leur trop-plein de munitions afin d'atterrir à vide.

Depuis la fin de la guerre, en 1979, 300 personnes sont blessées ou tuées chaque année, dont 40 % d'enfants. Cette menace permanente, qui empêche la mise en culture des terres et la construction de nouvelles routes, freine le développement du pays et accroît la pauvreté et l'insécurité alimentaire. Depuis 1996, un programme d'envergure nationale, **UXO Laos** *(voir aussi p. 475)*, a été mis en place par le gouvernement pour déminer les sols ; quelques ONG travaillent également sur le terrain. Mais un demi-siècle après les bombardements, moins de 1 % des zones contaminées ont été sécurisées.

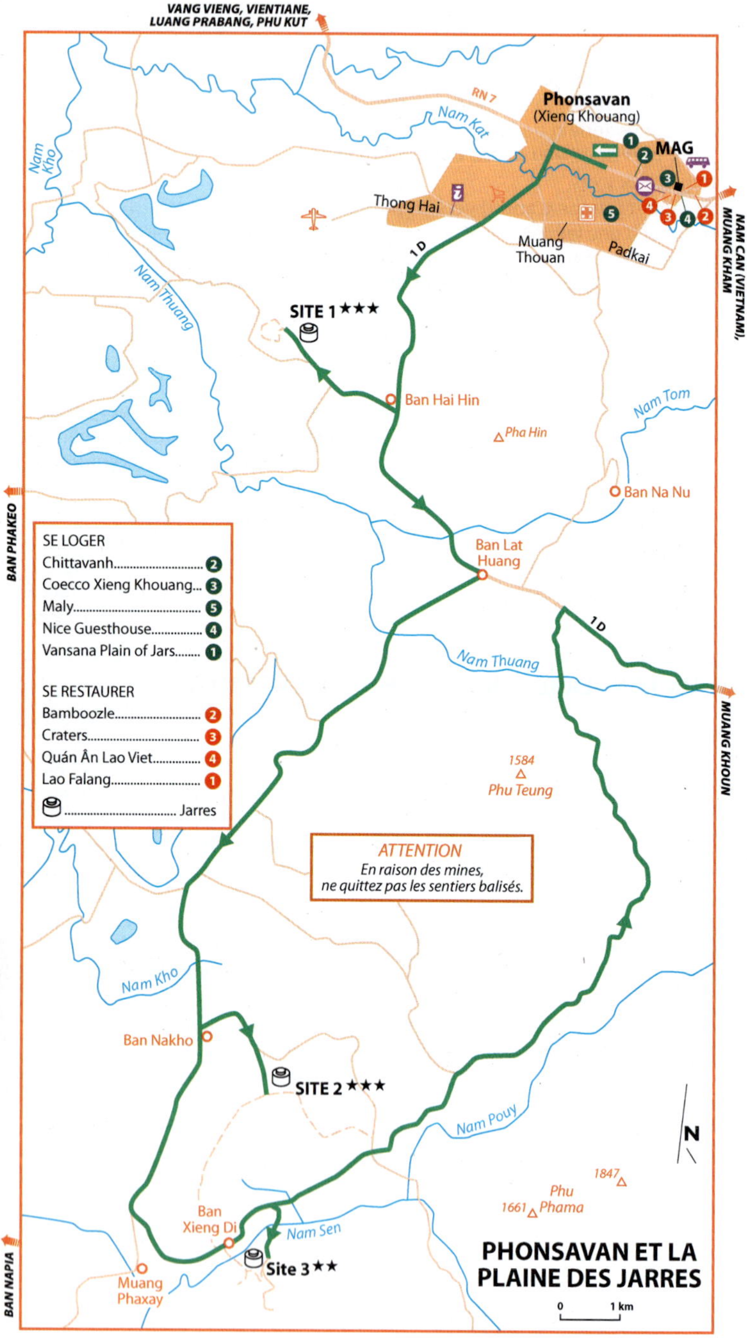
VANG VIENG, VIENTIANE, LUANG PRABANG, PHU KUT
RN 7
Phonsavan
(Xieng Khouang)
Nam Kat
MAG
Nam Kho
Thong Hai
Muang Thouan
Padkai
1 D
NAM CAN (VIETNAM), MUANG KHAM
Nam Thuang
SITE 1 ★★★
Ban Hai Hin
Nam Tom
Pha Hin
Ban Na Nu
BAN PHAKEO
Ban Lat Huang
1 D
Nam Thuang
MUANG KHOUN
1584
Phu Teung
SE LOGER
Chittavanh 2
Coecco Xieng Khouang 3
Maly 5
Nice Guesthouse 4
Vansana Plain of Jars 1
SE RESTAURER
Bamboozle 2
Craters 3
Quán Ân Lao Viet 4
Lao Falang 1
Jarres
ATTENTION
En raison des mines, ne quittez pas les sentiers balisés.
Nam Kho
Ban Nakho
SITE 2 ★★★
Nam Pouy
N
1847
Phu Phama
1661
Ban Xieng Di
Nam Sen
Site 3 ★★
Muang Phaxay
BAN NAPIA
PHONSAVAN ET LA PLAINE DES JARRES
0 1 km

LES « PIERRES LEVÉES » DE SAO HIN TANG

D'autres témoignages de civilisation mégalithique ont été identifiés dans la région. Dans le parc archéologique de **Sao Hin Tang** *(env. 190 km au nord-est de Phonsavan, province de Houa Phan)* se dressent les silhouettes anguleuses de plusieurs centaines de stèles de schiste à vocation rituelle. D'environ 2 m de hauteur, elles seraient contemporaines ou antérieures aux jarres (1000-500 av. J.-C. ?). Madeleine Colani les a étudiées en 1931 et en a ramené une à Vientiane, désormais exposée au Musée national. Difficiles d'accès, peu documentées, elles seraient elles aussi liées à des rites funéraires, à en juger par le nombre de tombes découvertes à proximité, certaines fermées par des disques de pierre.

★★★ Site 2

Ban Nakho, à env. 22 km au sud de Phonsavan - 8h-16h - 10 000 kips.

Moins spectaculaire que le site 1, il occupe un **cadre boisé** qui lui confère un supplément de charme auquel contribue le calme du lieu. Le 1er groupe, à env. 300 m de l'entrée, rassemble une trentaine de jarres à l'ombre d'un bosquet, à gauche de la piste *(escaliers)*. Çà et là, les racines emprisonnent l'une d'elles ou s'immiscent dans ses fissures. De l'autre côté de la piste, une hauteur accueille un autre petit groupe de jarres, plus hautes et moins larges que celles du site 1. Un couvercle de pierre gisant à terre s'orne de cercles concentriques ; au centre, une silhouette en bas-relief a été identifiée comme celle d'une **grenouille**. Le sentier se poursuit sous une pinède jusqu'à un **point de vue★★** panoramique sur la plaine et les collines alentour. Les bons marcheurs pourront le suivre jusqu'au site 3 *(env. 1h).*

À scooter ou en voiture, contournez le massif (fléché).

★★ Site 3

Ban Xieng Di, à env. 25 km au sud de Phonsavan - 8h-16h - 10 000 kips.

Moins saisissant d'un point de vue archéologique, ce site bénéficie d'un cadre bucolique animé par les activités agricoles alentour. Passé le pont, un sentier *(5mn de marche)* traverse rizières et cultures maraîchères. Des murets de terre séchée délimitent les parcelles qu'irriguent d'étroits canaux. Le chemin remonte jusqu'au groupe principal qui rassemble une quarantaine de jarres sous le couvert des arbres. D'autres groupes mineurs ont été identifiés autour de cet ensemble mais il vaut mieux être accompagné pour les trouver.

Revenez sur la route principale, et tournez à droite ; poursuivez sur 20 km.

Muang Khoun

31 km au sud-est de Phonsavan.

La route traverse des **rizières en terrasses★★** peu avant d'arriver à Muang Khoun. De Xieng Khouang, ancienne capitale provinciale détruite par les conflits du 20e s., seuls subsistent trois **stupas★** du 16e s. *(dans le centre à gauche, au niveau de la BCEL - 8h-16h - 10 000 kips)*. Le plus spectaculaire, le **That Foun★★** (1576), dresse sa gracieuse silhouette de brique sur une hauteur. La partie supérieure a conservé son enveloppe de stuc mais le passage qui le traverse laisse supposer qu'il a été pillé par des chasseurs de trésors. Au bout du chemin, le **That Chomphet** (1564) n'est plus guère qu'un monticule de briques envahi par la végétation. Le 3e stupa, le **That Dam★**, se situe dans l'enceinte d'une pagode au centre de la ville. À la sortie de la localité, sur la droite, se trouve le **Vat Phia Vat★** *(8h-16h - 10 000 kips)*. Maintes fois détruit et reconstruit, son grand bouddha assis trône sur une plate-forme de brique remontant au 16e s.

NOS ADRESSES À PHONSAVAN

Carte de la plaine des Jarres p. 456

INFORMATIONS UTILES

Banques/Change

BCEL – *Rue principale.* Distributeur et agence de change.

ARRIVER/PARTIR

En avion

Aéroport de Xieng Khouang (XKH) – *5 km au sud-ouest de la ville.* Lao Airlines assure 1 vol/j. de et vers Vientiane.

En bus

Phoukham Garden Bus Station – *Au marché situé derrière l'hôtel Anoulack Khem Lao.* Plusieurs départs à 8h30 pour Vang Vieng *(6h -100 000 kips)* et Luang Prabang *(7h - 110 000 kips)*. 4 bus/j. pour Vientiane *(12h - 110 000 kips)*.

TRANSPORTS

Les sites, entre 10 et 30 km de la ville, sont accessibles à scooter *(80 000/100 000 kips/j.)*. Vous pourrez en louer un dans les agences d'excursions situées sur la rue principale, au niveau du MAG.

HÉBERGEMENT

Phonsavan a développé une hôtellerie utilitaire, dépourvue de charme et d'un entretien laissant souvent à désirer. La plupart des établissements s'alignent de part et d'autre de la RN 7, ou rue principale (Old Airport Rd).

PREMIER PRIX

Nice Guesthouse – *Rue principale - ✆ (061) 312 454 - nice_guesthouse@hotmail.com - 15 ch. - 80 000/100 000 kips.* Tout en longueur, il répartit sur 2 niveaux ses chambres carrelées basiques, qui partagent une terrasse commune au bout de l'étage. Bien situé, en plein centre et à 350 m de la gare routière, il vend excursions et billets de bus et d'avion. Bon anglais, wifi.

BUDGET MOYEN

Chittavanh – *Rue principale, à l'ouest de la poste (dir. Luang Prabang) - ✆ (061) 213 777 - - 30 ch. - 150 000/300 000 kips.* À 500 m du centre, dans un édifice moderne de 2 étages couleur saumon, il propose 2 catégories de chambres, des *standard* carrelées assez quelconques et des *VIP* à la moquette fanée mais vraiment spacieuses et lumineuses, pourvues d'une antichambre avec frigo et d'une sdb avec baignoire. Wifi, pas d'anglais.

Coecco Xieng Khouang – *Rue principale, face à la poste - ✆ (061) 213 567 - - 45 ch. - 170 000/200 000 kips.* Dans cette bâtisse bleue massive au toit de tuiles rouges, vous trouverez des chambres carrelées, spacieuses mais manquant totalement de personnalité. Elle a surtout l'avantage d'être centrale, à deux pas des agences d'excursions et des restaurants. Prenez une chambre au 3e et dernier étage (ascenseur) pour bénéficier de la vue sur les collines. Wifi.

Maly – *Th. Muang Thouan (rue de l'hôpital) - ✆ (061) 312 031 - www.malyhotel.com - - 26 ch. - 240 000/340 000 kips.* On aime ou non mais l'endroit, un peu à l'écart du centre *(15mn de marche)*, affiche plus de caractère que les établissements de la rue principale, avec ses boiseries qui craquent, son petit air d'antan et le salon du rdc qui rassemble les hôtes autour de sa cheminée. Plusieurs catégories de chambres, avec ou sans balcon, parquet ou moquette. La plupart sont spacieuses et confortablement meublées. Dans les *deluxe*, un mur vitré délivre une vue sur les collines environnantes. Wifi, agence d'excursions.

POUR SE FAIRE PLAISIR

Vansana Plain of Jars – *Au bout du chemin grimpant sur une colline au nord de la ville - ✆ (061) 213 170 - www.vansanahotel-group.com -* ▤ ✕ 🅿 *- 45 ch. - 400 000/ 500 000 kips* ☕. La meilleure adresse de Phonsavan. Perché au sommet de la colline, il aligne ses chambres dans 2 bâtiments en vis-à-vis. Chacune dispose d'un balcon tourné vers la plaine ou la ville. Elles sont au calme, spacieuses, bien tenues et bien équipées (coffre, frigo, cafetière), confortablement meublées. Les suites ouvrent sur une antichambre avec cheminée. Navette gratuite avec le centre-ville jusqu'à 21h.

RESTAURATION

PREMIER PRIX

Quán Ân Lao Viet – *Dans une ruelle perpendiculaire à la principale, s'engageant face à UXO Survivor - ⊭ - 11h-21h - 25 000/ 50 000 kips*. Une adresse de cuisine vietnamienne familiale, simple, sans prétention mais goûteuse et pleine de fraîcheur : *phò*, plats au gingembre, poisson grillé, etc. Pas d'anglais.

BUDGET MOYEN

Craters – *Rue principale, en face du MAG - ✆ (020) 564 740 22 - ⊭ - 6h30-22h - 50 000/90 000 kips.* Sa terrasse est plantée d'obus récupérés dans la plaine. La petite salle s'orne de divers témoignages de la guerre secrète mais aussi, pour une note moins dramatique, d'instruments de musique en bambou. Carte standard de restauration occidentale et asiatique, sandwiches et formules de petit-déjeuner.

Bamboozle – *Rue principale - ✆ (030) 952 3913 - ⊭ - 17h-21h30 - 50 000/70 000 kips*. Ses murs et son plafond tapissés de tiges de bambou, ses tables de bois lui confèrent une atmosphère conviviale de chalet. Il propose une carte réduite de cuisine thaïe, lao et occidentale et rassemble à son comptoir les touristes de passage pour un dernier verre.

POUR SE FAIRE PLAISIR

Lao Falang – *En retrait de la rue principale, dans la ruelle menant au marché - ✆ (020) 222 124 56 - 7h-21h - 120 000/180 000 kips*. Pâtes fraîches, grillades et une ample sélection de pizzas dans ce restaurant tenu par un Italien. Le soir, c'est le rendez-vous des touristes occidentaux qui viennent se réchauffer au coin de la cheminée, dans une salle un peu plus soignée que les standards de la ville. Petite carte des vins.

ACHATS

UXO Survivor Information Centre – *Rue principale, à côté du MAG - lun.-vend. 8h-20h, w.-end 12h-20h*. Artisanat, T-shirts et souvenirs fabriqués par des victimes des UXO ou vendus à leur profit.

ACTIVITÉS

Lao Falang Travel Services – *Rue principale - ✆ (020) 554 068 68 - 8h-18h*. Propose des excursions de plusieurs jours à la découverte de sites ne figurant souvent pas au programme des autres agences, notamment les mégalithes de Sao Hin Tang *(voir p. 457)*. Location de motos.

Le Nord 6

Détail des ornements de la façade du Vat Xieng Thong, à Luang Prabang.

P. Tisserand/Michelin

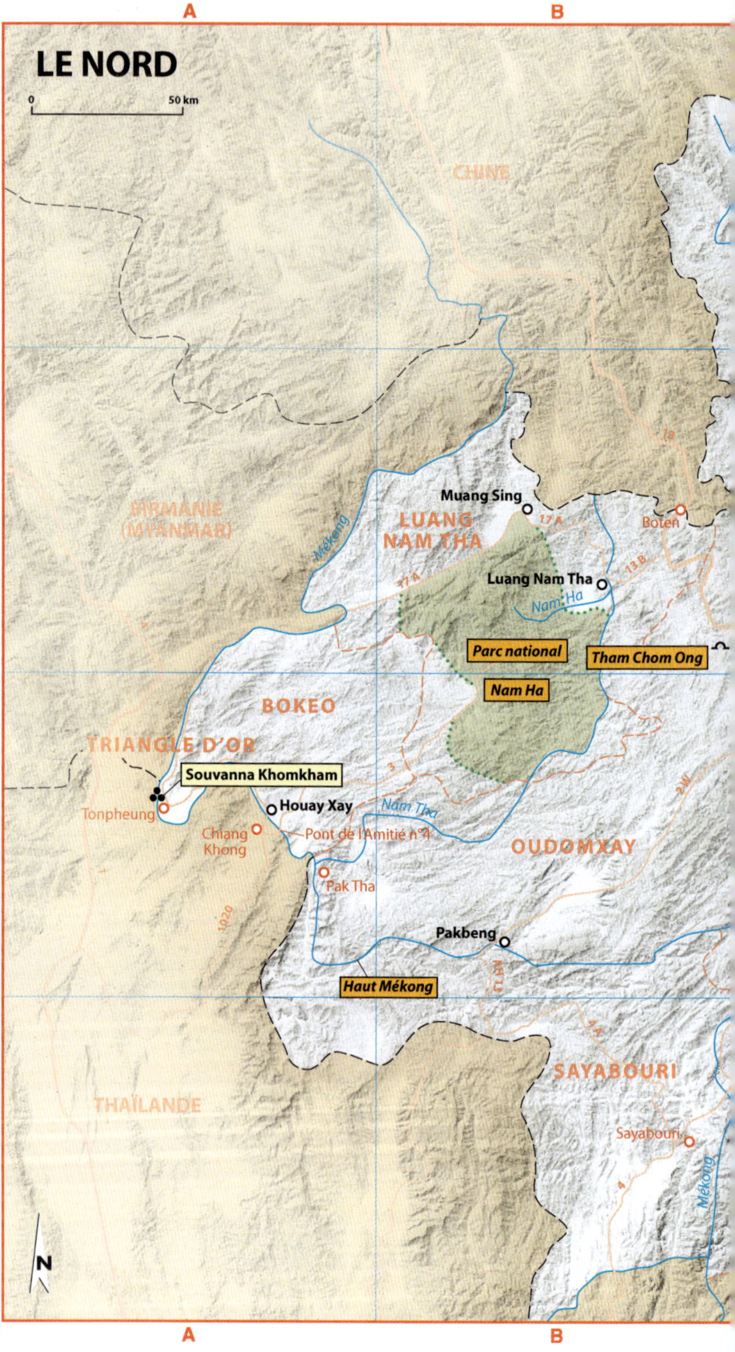
LE NORD
0
50 km
A
B
1
2
3
4
CHINE
BIRMANIE (MYANMAR)
LUANG NAM THA
Muang Sing
Luang Nam Tha
Boten
Nam Ha
Mékong
Parc national
Nam Ha
Tham Chom Ong
BOKEO
TRIANGLE D'OR
Souvanna Khomkham
Tonpheung
Houay Xay
Chiang Khong
Pont de l'Amitié n°4
Nam Tha
OUDOMXAY
Pak Tha
Pakbeng
Haut Mékong
SAYABOURI
Sayabouri
THAÏLANDE
N

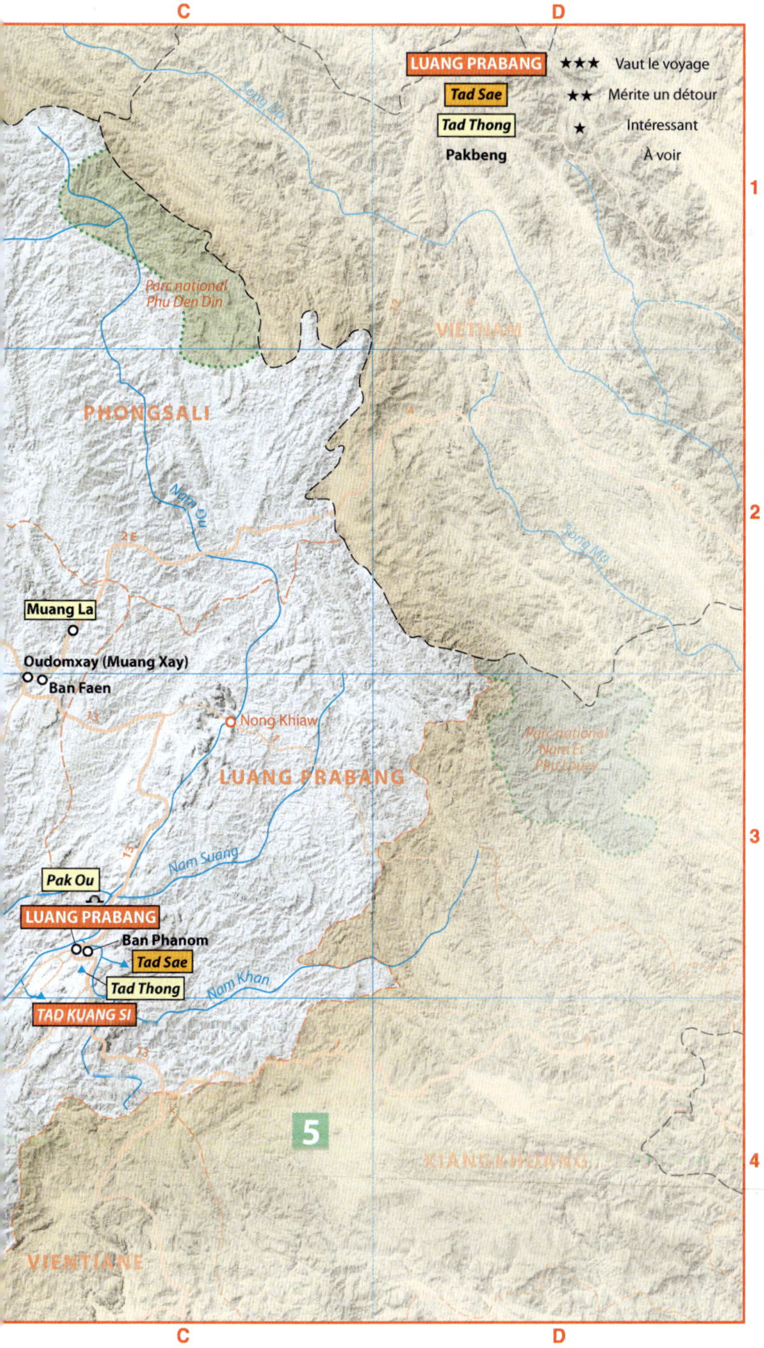
C
D
LUANG PRABANG
★★★ Vaut le voyage
Tad Sae
★★ Mérite un détour
Tad Thong
★ Intéressant
Pakbeng
À voir
1
2
3
4
Song Da
Parc national Phu Den Din
VIETNAM
PHONGSALI
Nam Ou
Song Ma
2E
Muang La
Oudomxay (Muang Xay)
Ban Faen
13
Nong Khiaw
LUANG PRABANG
Parc national Nam Et Phu Louey
Nam Suang
Pak Ou
LUANG PRABANG
Ban Phanom
Tad Sae
Tad Thong
Nam Khan
TAD KUANG SI
5
XIANGKHUANG
VIENTIANE

Luang Prabang

★★★

50 000 habitants – Province de Luang Prabang

Ville mythique pour les explorateurs du 19e s., la capitale du royaume du Million d'éléphants reste le joyau du Laos. Luang Prabang, isolée au bout de sa péninsule, égrène les heures au rythme du sacré, comme ignorant le cours du temps : aux premières lueurs de l'aube, les longues processions silencieuses des bonzes s'emparent des ruelles ; au crépuscule, les psalmodies de la prière s'échappent des sanctuaires et se répandent dans l'air qu'embaument les frangipaniers. La gracieuse toiture incurvée d'une pagode regardant le Mékong, la flèche dorée d'un stupa, la silhouette caractéristique d'une demeure coloniale se côtoient ici dans une harmonie que l'Unesco a saluée en 1995. Et aux portes de la cité religieuse, c'est la nature qui a déposé d'autres bijoux, comme ces cascades et ces grottes qui se nichent au cœur de la forêt tropicale.

NOS ADRESSES PAGE 481
Hébergement, restauration, achats, activités, etc.

S'INFORMER

Tourism Department – B2 - *Th. Sisavang Vong - ✆ (071) 212 487 - www.tourismluangprabang.org - lun.-vend. 8h-11h30, 13h30-16h ; w.-end 9h-11h30, 13h30-15h30.*

SE REPÉRER

Carte de région C3 (p. 462-463) – plan de ville p. 466-467. À 345 km au nord de Vientiane, 180 km au nord de Vang Vieng, 250 km au nord-ouest de Phonsavan.

Voir aussi la rubrique « Arriver/partir » dans « Nos adresses ».

À NE PAS MANQUER

Le Vat Xieng Thong, le Vat Mai, le Vat Visounarat ; les fresques du Vat Pa Huak ; le panorama du haut du mont Phu Si ; aux environs, la cascade de Kuang Si.

ORGANISER SON TEMPS

Comptez 2 j. avec les environs *(voir encadré p. 469)*. Levez-vous à l'aube pour assister à la quête des moines, visitez les pagodes le matin, ou, pour celles qui présentent des fresques ou font office de musée, en milieu de journée ; gardez pour le coucher du soleil la colline de Phu Si.

AVEC LES ENFANTS

Près des chutes de Kuang Si, les ours du Bear Rescue Centre, les papillons du Butterfly Park ; aux alentours de Luang Prabang, les centres de protection des éléphants.

Se promener Plan de ville p. 466-467

Coupée du reste du pays par de longues chaînes montagneuses, longtemps accessible par le fleuve uniquement, Luang Prabang doit à ce relatif isolement d'avoir préservé son exceptionnel héritage architectural, d'une richesse unique au Laos. La ville, connue sous le nom de **Xieng Thong** jusqu'à la fin du 13e s., fut **capitale du Lan Xang**, le « royaume du Million d'éléphants », de 1354 à 1563. Maintes fois ravagée et reconstruite, elle essuya successivement le terrible incendie de 1774 (la quasi-totalité des édifices était alors en bois), le vandalisme de l'armée chinoise du **Pavillon noir** (les pillards Hos, 1887), les incursions siamoises (fin du 19e s.)... Le patrimoine bâti porte trace de

Aumône matinale des moines.
P. Tisseranu/Michelin

ces aléas et nombre de pagodes, quoique de fondation fort ancienne, ont dû être reconstruites au tournant du 20e s. La ville subit une nouvelle métamorphose quand les Français instaurent le Protectorat et y introduisent leur manière architecturale, insérant leur plan d'urbanisme et leurs édifices de brique à étage dans la trame des *ban*, les anciens villages aux maisons de bois, groupés autour de leur pagode. Brassage des cultures, métissage des styles, c'est cet harmonieux mariage entre traditions orientales et apports occidentaux que l'Unesco a voulu protéger en inscrivant la ville au **Patrimoine de l'humanité** en 1995.

Une reconnaissance aux inévitables effets secondaires, rançon du **succès touristique** qui s'en est suivi : si pagodes et monastères sont toujours le foyer d'une importante communauté de bonzes, beaucoup de petits commerces ont dû quitter le centre pour céder la place aux cafés, aux boutiques d'artisanat de luxe et aux hôtels, nouveaux occupants des demeures coloniales. Ce cachet « province » si particulier qui fait l'âme de la cité se prête mal à l'affluence. Alors que Luang Prabang souffre déjà d'une circulation automobile excessive pour sa taille, les autorités travaillent en effet à doubler la fréquentation touristique dans les années à venir, cherchant notamment à séduire la clientèle chinoise – la frontière n'est qu'à 300 km. Un avenir en demi-teinte ? À suivre.

★★★ LA PÉNINSULE BC1-2

Depuis l'extrémité nord-est de la péninsule, circuit tracé en vert sur le plan de ville – Comptez 1 journée.

Au bout de la péninsule, un petit parc donne sur la confluence du Mékong et de la Nam Khan, là où, dit la légende, vivaient deux puissants *naga* protégeant la cité. L'ancienne **douane** du Protectorat, belle bâtisse coloniale jaune aux volets verts, a été reconvertie en maison du Patrimoine. En face, le modeste **Vat Pak Khan**, remanié au début du 20e s., a conservé un plafond de bois divisé en caissons illustrés chacun d'une roue du *dharma* (la loi bouddhique) au pochoir.

LUANG PRABANG
0
400 m
N
A
B
1
2
3
MÉKONG
4 B
Tham Sakkaline
Vat Long Khoun
Vat Chomphet
Vat Xieng Men
Souvanna Khamphong
Vat Xieng Muan
Vat Choum Khong
Xotik Khoumman
Ounkham
Ounheun
Palais royal (Musée national)
VAT MAI
Phu Si
Sisavang Vong
Vat Pa Huak
TALAT SAO
MARCHÉ DE NUIT
BAN HOUA XIENG
Ngum
TAEC
Vat Aham
Ratsavong
That Makmo
Vat That
Fa
Chao Tomkham
VAT VISOUNARAT
Souvannabanlang
Boun Khong
Soukhaseum
Visounarat
Chao
Ouprarath
Norrasan
Phamahapasam
Kitsalat
That Luang
Khanboua
IMMIGRATION
Vat That Luang
Phothisarath
Vat Manorom
UXO LAO Visitors Center
Phu
Manomai
Vao
Naviengkham
Phothisarath
TALAT PHOSY
Manomai
TAD SAE, TAD THONG, TAD KUANG SI
VIENTIANE, VANG VIENG, PHONSAVAN

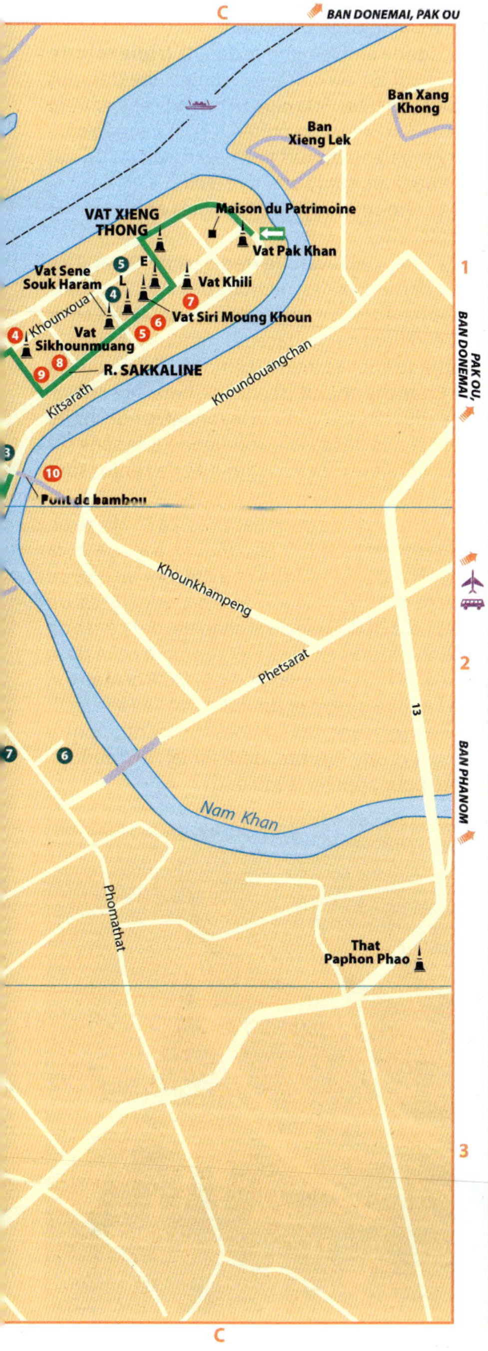

SE LOGER

SE RESTAURER

INDEX DES RUES

★★★ **Vat Xieng Thong** (pagode de la Cité d'or) C1
Entre le Mékong et Th. Sakkaline - 7h30-17h - 20 000 kips.
Modèle du genre au Laos, cette pagode emblématique dont la **triple toiture incurvée** descend très bas vers le sol est considérée comme l'une des plus belles du pays et reste l'une des plus vénérées. Si la plupart des fidèles y entrent aujourd'hui par le porche situé rue Sakkaline, on préférait jadis l'entrée côté fleuve : le souverain s'y rendait en bateau depuis le Palais royal, ou du Vat Long Khoun, le monastère où il méditait, sur l'autre rive *(voir p. 478)*. C'est là que se déroulaient les grandes cérémonies royales, festivités annuelles de Pimai, crémations, couronnements, etc.
Construit par Setthathirath vers 1560, peu avant le transfert de la capitale à Vientiane, le **sim** a échappé en partie aux destructions des Hos. Ses murs sont richement décorés de **pochoirs dorés**★★★ : des danseuses et des créatures célestes, dont des *kinnari*, évoluent sur les façades, tandis que dans la pénombre du sanctuaire, sur fond laqué noir et rouge, les motifs d'or déroulent les hauts faits du **roi mythique Chanthaphanit** (scènes de bataille à cheval ou à dos d'éléphant), que la légende désigne comme le fondateur de la cité au 8e s. Ils dépeignent aussi des scènes de la vie quotidienne (paysans sur leurs chars à bœufs, bateliers) et religieuse. Les châtiments de l'enfer sont figurés à l'entrée à droite.
En sortant du *sim*, à droite, vous verrez trois petites chapelles. La 1re abrite un **bouddha debout**★ en bronze, représenté en *abhaya mudra*. Dans la 2e, la **Chapelle rouge**★★ (Ho Tai Pra Sai Nyat), le **bouddha couché**★★★ en bronze aux lignes fluides serait contemporain de la fondation de la pagode (16e s.). Un décor en éclats de miroirs colorés pare l'extérieur de la chapelle de scènes du quotidien dans les villages. Réalisé dans les années 1960, comme celui de la salle du trône au Palais royal *(voir p. 471)*, il orne également le **Ho Pra Man**★★, une ravissante chapelle située à l'arrière du *sim* et doublement liée à la fertilité : dans l'espoir d'une maternité prochaine, les femmes viennent déposer des offrandes devant l'édifice, ouvert une fois l'an, pour Pimai ; le bouddha qu'elle renferme est alors sollicité pour appeler la pluie.

Toiture multi-pans du Vat Xieng Thong.
P. Tisserand/Michelin

Si vous disposez de 2 jours à Luang Prabang

Jour 1 : grimpez à l'aube au sommet du mont Phu Si pour regarder la péninsule qui s'éveille avec le soleil *(p. 477)* ; redescendez côté Nam Khan et longez la rivière jusqu'à son point de confluence avec le Mékong pour commencer la visite par la plus belle des pagodes, le Vat Xieng Thong *(ci-contre)*. Flânerie au long de la rue Sakkaline le matin *(ci-dessous)*. L'apr.-midi, excursion sur la rive droite du Mékong *(p. 477)* à la découverte de pagodes plus sereines. En soirée, spectacle du *Pralak Pralam* au théâtre du Palais royal *(p. 490)*. Rendez-vous ensuite au marché de nuit *(p. 489)*.

Jour 2 : levez-vous très tôt pour assister à la quête matinale des moines *(p. 470)*. Louez un scooter pour vous rendre à la cascade de Kuang Si *(p. 480)* puis dans les villages d'artisans *(p. 478)*. En début d'apr.-midi, allez contempler les fresques du Vat Pa Huak *(p. 472)*, puis visitez le Palais royal *(p. 471)*, le Vat Mai *(p. 473)* et/ou le Vat Visounarat *(p. 476)*. Croisière au crépuscule sur le Mékong *(p. 490)*.

La **mosaïque de l'arbre de vie★★★** occupe toute la façade arrière (ouest) du *sim*. Se détachant sur fond rouge, l'arbre figure le lien entre le monde terrestre (animaux et promeneur) et le monde céleste (bouddha debout devant un stupa). Dans la ramure s'égaillent petits oiseaux, écureuils et deux hiboux, tandis que deux paons encadrent le tronc et que deux *kinnari* volettent au-dessus.
Devant le *sim* se dresse la façade rutilante de la **chapelle du Char funéraire★★** (Hong Kep Mien, 1962). Ses panneaux de teck sculptés et dorés illustrent des scènes du *Pralak Pralam*, version lao du *Ramayana (voir p. 390)*. L'édifice abrite le **char funéraire** du roi Sisavang Vong, mort en 1959 et dont les cendres se trouvent au Vat That Luang. Entièrement ouvragé et doré, le véhicule arbore en proue les sept têtes du *naga* ; les trois urnes que vous y verrez étaient destinées à contenir les cendres du roi, de sa mère et de son père.

Sortez de l'enceinte par le porche sud et traversez la rue.

★★★ Rue Sakkaline BC1

Th. Sakkaline.

C'est l'artère principale de la péninsule, où vos pas vous ramèneront sans cesse, d'autant que ses petits cafés, ses boutiques et son mélange d'architecture coloniale et religieuse composent un ensemble attrayant. Cinq petites pagodes *(entrée libre -* sim *ouvert pour la prière du soir)* s'y suivent. Le gracieux sanctuaire rouge et or du **Vat Khili★** (ou Vat Souvanna Kiri) montre sur son pignon une roue du *dharma* surmontée de deux *kinnari* et d'un paon incrustés de verroteries. Derrière, un édifice à deux niveaux abritait jadis les *kuti*, les quartiers d'habitation des moines ; il accueille aujourd'hui de petites expositions. Un peu plus loin de l'autre côté de la rue, le **Vat Si Boun Heuang** (1758) présente un style similaire ; notez sur sa façade les deux dragons chinois. Plus sobre, le **Vat Siri Moung Khoun** se trouve juste derrière. Une rangée de *kuti* traditionnels, aux murs chaulés et aux toitures de tuiles rouges, longe les sanctuaires de ces deux pagodes. Quelques mètres plus loin, le **Vat Sopsikharam** occupe une cour plantée de manguiers, fleurie de bougainvillées et de frangipaniers. Plus imposant, le **Vat Sene Souk Haram★**, fondé en 1714 et remanié dans le style thaï, montre une haute façade rouge et or richement ornée. Elle est percée de cinq portes de taille décroissante aux encadrements ouvragés, incrustés de verroteries bleues et vertes. Un abri de tôle protège deux longues **pirogues★★** utilisées lors des régates annuelles.
La suite de l'avenue est bordée sur ses deux côtés d'**édifices★★** datant du Protectorat. Ces bâtiments à étage construits en brique – une nouveauté

EXERCICE D'ÉQUILIBRE ENTRE SPIRITUALITÉ ET MODERNITÉ

Dès que point le soleil, vêtus de la *kesa*, la robe safran ou orangée comme l'or pur et inaltérable, le cheveu ras en signe de renoncement à la beauté et à ses vanités, les bonzes franchissent le seuil de leur pagode et défilent dans leur quartier, *bat* (bol à aumône) suspendu à l'épaule. La plupart sont des novices qui ne demeureront qu'assez brièvement au monastère, le temps de parfaire leur éducation (souvent l'apprentissage de l'anglais) et de se qualifier pour améliorer leurs opportunités de travail. Sur les pas de leur vénérable (père supérieur), du plus âgé au plus jeune, tous participent au **tak bat**, la quête matinale des aumônes. S'il a lieu dans tout le pays, c'est à Luang Prabang, où la concentration de pagodes et la population monastique dépassent la moyenne, que les processions se montrent les plus impressionnantes, au point d'attirer chaque jour des centaines de spectateurs. Mais la persistance de cette cérémonie, qui devrait se vivre dans le silence et la retenue, est depuis peu remise en question devant les abus, le passage des moines tournant par moments au safari photo. Les touristes se concentrent majoritairement sur la portion de la rue Sakkaline située entre le restaurant 3 Nagas et le Vat Sene Soukaram, fermée à la circulation ; les ruelles environnantes, voire les quartiers périphériques, permettent d'apprécier le rituel au calme.

introduite par les Français – et embellis par des balcons alternent avec les maisons de bois laos traditionnelles. La plupart portent en façade ou sur le pignon leur date de construction.

Tournez à droite après l'hôtel-restaurant Villa Santi.

Vat Sikhounmuang C1

Th. Khounxoua - entrée libre.

Détruite par le grand incendie de 1774, cette pagode fut reconstruite en 1804 dans le style siamois à la mode à l'époque. En rupture avec les canons de l'architecture bouddhique, le *sim* ouvre au nord, vers le Mékong. Un beau *dok so fa* à 17 pointes, figurant de petits stupas qui abritent chacun un bouddha debout, orne une toiture de tuiles rouges et orangées. L'ensemble manque toutefois de patine.

Suivez Th. Khounxoua vers le centre et tournez à gauche dans la 2e rue.

★ Vat Pa Phai (monastère de la Forêt de bambous) B1

Th. Sisavang Vatthana - 8h-17h - entrée libre.

Fondé au 19e s. et reconstruit en 1932, le *sim* présente une ravissante **façade★★** rouge, noir et or, dominée par une roue du *dharma* et un Bouddha enseignant à ses disciples tandis que deux cerfs regardent la scène. Des paons et des entrelacs de *naga* encadrent la porte centrale, ouvragée à l'extrême. Sur les deux petites portes latérales, on reconnaît à gauche Bouddha acceptant les offrandes de l'éléphant et du singe et, à droite, le prince Siddharta coupant sa chevelure en signe de renoncement. L'avant-corps a conservé ses carrelages des années 1930. Les murs intérieurs du *sim* portent une myriade de petits personnages au **pochoir★★** sur fond rouge : danseuses, musiciens, prince sur son char, éléphants, palais, femmes assises dans des arbres chargés de fruits, châtiments de l'enfer, etc.

En face, l'Institut français occupe une belle **demeure★** du Protectorat où l'humoriste Pierre Desproges a passé son enfance.

Redescendez vers le Mékong et tournez dans la 1re rue à gauche.

Vat Xieng Muan et Vat Choum Khong B1

Th. Xotik Khoumman - 8h30-10h30, 13h30-16h - entrée libre.

Les deux pagodes, mitoyennes, marquent le cœur d'un quartier calme et arboré. La première, dont le *sim* est inhabituellement tourné vers le nord, accueille un centre d'apprentissage qui forme les jeunes bonzes à l'ébénisterie, au travail du bronze et aux différents corps de métiers en lien avec la restauration du patrimoine religieux de la ville.

Deux divinités chinoises d'allure guerrière gardent le *sim* du Vat Choum Khong, petit monastère de 1843 niché parmi les cyprès et les euphorbes en pots.

Tournez à gauche pour rejoindre la rue principale.

★★ Palais royal (Musée national) B1-2

Th. Sisavang Vong - 8h-11h30, 13h30-16h - 30 000 kips. Tenue correcte exigée - se déchausser à l'entrée - photos interdites à l'intérieur - consigne obligatoire gratuite et fermée – Comptez 1h de visite. Spectacles en soirée : voir p. 490.

Situé entre la berge du Mékong et le pied du mont Phu Si, le **palais d'Or** (Ho Kham) fut construit au tout début de son règne par Sisavang Vong (1904-1959), agrandi en 1930 puis remanié par son fils et successeur Sisavang Vatthana en 1960. Il remplaçait l'ancien palais de bois, détruit en 1887 par l'armée du Pavillon noir, et demeura la résidence de la famille royale jusqu'en 1975. Le bâtiment mêle les styles architecturaux français et traditionnel dans une volonté de souligner les liens unissant le Laos et la nouvelle autorité coloniale : usage de la brique et du stuc, colonnes, plan en symétrie d'une part ; toiture à pans et spire centrale effilée (ajout de 1930) dans l'axe de la salle du trône d'autre part. Le **fronton** de l'entrée principale porte les emblèmes de Sisavang Vong, créateur de l'Ordre royal du Million d'éléphants et du Parasol blanc. L'éléphant tricéphale, monture du dieu Indra, est ici une allégorie du pouvoir absolu ; l'animal est surmonté d'une ombrelle, insigne de royauté, et encadré de *naga*, protecteurs mythiques du bouddhisme.

Le palais a été reconverti en musée en 1976, après l'abolition de la royauté. On y entre par l'ancienne **salle du protocole** où des bouddhas en vitrine entourent le trône doré du vénérable qui présidait les cérémonies religieuses du palais. À droite, la **salle des audiences royales** est couverte de fresques réalisées dans les années 1930 par l'artiste française Alix de Fautereau. Y sont conservés un **coffre à manuscrits** laqué et doré et les bustes, fondus en France, des trois derniers grands rois du Laos : Ounkham (1872-1889), Khamsouk (1890-1904) et Sisavang Vong (1904-1959). Le couloir qui en part rassemble neuf tambours de bronze et le palanquin offert par Anouvong, roi de Vientiane, à Manthatarath, roi de Luang Prabang et père d'Ounkham.

★★★ **Salle du trône** – À l'occasion de son couronnement (1959), Sisavang Vatthana a fait couvrir cette salle d'une étonnante **mosaïque** en verre miroir du Japon, narrant sur fond rouge les contes folkloriques laos, les cérémonies et les coutumes de Luang Prabang : combats d'éléphants, régates, etc. Autour du trône sont exposées sa couronne d'or et celle de la reine, la vaisselle d'or et d'argent et les parures utilisées pour la cérémonie, ainsi qu'une série de statuettes d'or et de cristal découvertes en 1914 à l'intérieur du That Makmo (*voir p. 476*).

★★ **Appartements privés** – Ils occupent l'arrière du bâtiment et sont desservis par une galerie exposant stèles épigraphiques, costumes royaux, palanquins et 16 **panneaux★** peints sur toile retraçant le *jataka* de Vessantara. Vous passerez successivement devant le salon de réception privé du couple royal, la chambre de la reine et celle du roi, la chambre des enfants où sont désormais conservés instruments de musique traditionnels et masques de théâtre, et la salle à manger. Le salon de réception de la reine regroupe les cadeaux offerts par les chefs d'État étrangers dans les années 1960.

★★ **Ho Pra Bang** (Chapelle royale) – *Dans l'enceinte du Palais royal, près de l'entrée.* Cet édifice récent (1963-2006), construit dans le style traditionnel et brillant de moult verroteries et dorures, abrite depuis 2013 le Pra Bang, le **palladium** qui donna son nom à la ville *(voir encadré p. 382)*. Cette **statue** de bronze, d'or et d'argent de 83 cm de hauteur, pesant près de 50 kg, fut offerte en 1359 à Fa Ngum, premier souverain du Lan Xang, par le roi d'Angkor, son beau-père. Figurant le Bouddha en *abhaya mudra*, paumes levées en signe de protection et d'absence de crainte, la statue devait accompagner Fa Ngum dans son unification du royaume et légitimer la conversion de ses sujets au bouddhisme.

Dans les jardins du palais, un garage abrite les automobiles royales des années 1950 et le porte-palladium, non loin des chars de cérémonie.

Côté Mékong, en face du palais, l'éléphant tricéphale surmonté d'un parasol orne le fronton d'une bâtisse blanche de la même époque, l'**embarcadère** d'où la famille royale gagnait le Vat Xieng Thong ou les monastères de l'autre rive.

★ Vat Pa Huak B2

En face du Palais royal - 7h-16h - entrée libre.

Construit en 1861 sur le flanc du mont Phu Si, ce petit sanctuaire chaulé est peu restauré, à l'exception de l'éléphant tricéphale se détachant sur un fronton de bois endommagé (celui de l'arrière, identique, est en meilleur état). Saisissantes de finesse et d'originalité malgré leur état passablement dégradé, les **peintures murales**★★★ couvrant l'intérieur du *sim* présentent des êtres surnaturels, identifiables à leur auréole en pointe, peuplant une légende bouddhique, le *Jambupati-sutra*. S'y intercalent des scènes historiques dominées par des personnages chinois, marchands, guerriers ou mandarins, identifiables à leur robe rouge, leur barbe pointue ou leur tresse, écho à l'importante présence chinoise que connaît Luang Prabang au 19e s. On y reconnaît également à leurs traits ou à leur costume des marchands perses et européens, peuples qui commerçaient avec le Laos à la même époque. Un paysage de style pictural nettement sinisant, avec rochers, grues et arbres tourmentés, couvre le mur derrière l'autel.

▶ *De retour dans la rue principale, prenez à gauche.*

LES ÉCRIVAINS EXPLORATEURS À LUANG PRABANG

Henri Mouhot *(Voyages dans les royaumes de Siam, de Cambodge, de Laos)*, qui a fait découvrir au grand public les ruines d'Angkor, consacre son 4e voyage d'exploration (1860) au nord du Laos. Il meurt l'année suivante à Luang Prabang où il est enterré *(voir p. 478)*. En 1867, la Commission d'exploration du Mékong cherche à ouvrir une route commerciale vers la Chine par le fleuve ; menée par **Francis Garnier** *(Voyage d'exploration en Indochine)* accompagné du dessinateur **Louis Delaporte**, l'expédition va aiguiser les intérêts de la métropole pour le petit royaume. Mais c'est la mission d'**Auguste Pavie** *(À la conquête des cœurs)* qui, en 1887, va véritablement lier le sort de Luang Prabang à la France et donner naissance au Protectorat. En 1897, la voyageuse **Isabelle Massieu** *(Comment j'ai parcouru l'Indochine)* descend le Mékong pour gagner Luang Prabang tandis que **Marthe Bassène** *(Au Laos et au Siam)* fait de la cité le but de son périple, en 1909, remontant le fleuve depuis le Cambodge. **Jean Ajalbert** y plante quant à lui le décor de son roman de mœurs *Sao Van Di*, en 1905.

Fresques du Vat Pa Huak.
P. Tisserand/Michelin

★★★ **Vat Mai** (Vat Mai Souvanna Phummaram - Nouveau Monastère) B2
Th. Sisavang Vong - à côté du Musée national - 8h-17h - 10 000 kips.
Le Vat Mai est, avec le Vat Xieng Thong, l'une des deux seules pagodes de la ville à avoir échappé aux destructions de l'armée du Pavillon noir, en 1887. Elle servit de résidence au Sangharat, le chef du clergé bouddhique, jusqu'à la fin du 19e s. Au début du 20e s., lorsque se construisit le nouveau Palais royal, elle devint la pagode du souverain et de sa famille.
Sous une haute toiture à cinq pans superposés, terminée par des *chofa* stylisés et portant en son centre un *dok so fa* à trois pointes *(voir « Art et architecture », p. 383)*, le *sim* est percé de **fenêtres à balustres**. La restructuration du 19e s. s'est traduite par l'ajout d'un avant-corps soutenu par 12 piliers, ornés de pochoirs or sur fond noir et couronnés de chapiteaux en lotus, et d'un bâtiment fermé accolé à l'arrière du *sim*. Ces adjonctions confèrent à l'ensemble un aspect quelque peu disparate.
Attardez-vous devant la **façade dorée**★★★, réalisée dans les années 1960 en ciment stuqué, puis laqué et plaqué de feuilles d'or, à la demande de Sisavang Vatthana. Les volutes végétales et les divinités qui se détachent sur les portes du *sim* se fondent avec la précieuse décoration de bas-reliefs. On reconnaît parmi ceux-ci des scènes du *Pralak Pralam (poutre maîtresse de l'avant-corps)*, des épisodes du *jataka* de Vessantara *(centre, partie supérieure ; voir aussi p. 384)* ainsi que des instantanés de la vie quotidienne à Luang Prabang et dans les villages alentour : fêtes, danseuses et musiciens, personnages au marché, préparation du repas au pied de maisons traditionnelles, pagodes, animaux sauvages plus ou moins imaginaires, végétation tropicale… Remarquez notamment, en haut à gauche de la porte centrale, les éléphants avec leur palanquin et, à droite, une image du Palais royal et du Vat Xieng Thong.
Un grand Bouddha assis médite au fond de la nef centrale du *sim* ; remarquez avec quelle finesse de détails est représentée sa **robe**. Il est entouré d'une centaine de **statues**★★ de toutes tailles, assises ou debout, dont beaucoup

Détail de la façade dorée du Vat Mai.
P. Tisserand/Michelin

en bois. Sur un petit autel à gauche, une reproduction du bouddha d'Émeraude est la réplique de celui du Wat Phra Keo de Bangkok *(voir encadré p. 430)*. Des milliers d'amulettes dorées sont incrustées sur le fond rouge des murs.

Le Vat Mai abrita le Pra Bang entre 1887 et 1947, date à laquelle le palladium de la cité fut transféré au Palais royal. Lors des **fêtes de Pimai** (Nouvel An lao), la statue est portée en procession jusqu'au Vat Mai où, durant trois jours, les fidèles l'ondoient et lui présentent des offrandes.

▶ *Passé les stands de jus de fruits du petit marché en plein air, tournez à gauche.*

★ TAEC - Traditional Arts & Ethnology Centre B2

Th. Kitsalat - www.taeclaos.org - 9h-18h sf lun. - 25 000 kips - feuillet explicatif en français à l'accueil - cafétéria, boutique.

Une demeure coloniale des années 1930 classée accueille ce petit musée géré par une ONG et consacré à la culture des minorités ethniques du Laos. **Costumes★★** hmongs, akhas, tais lue et khmus, outils et ustensiles d'usage quotidien soulignent les spécificités de chaque groupe tribal.

▶ *Revenez sur la grande rue et prenez en face Th. Chao Thomkham.*

★ Vat That (pagode du Stupa) B2

Ban Ho Xiang - Th. Chao Fa Ngum - entrée libre.

Également appelé Vat Pra Mahathat ou Vat Si Mahathat, il doit ces noms au **stupa★★** *(that)* massif érigé derrière le *sim*. Le monument remonte à 1548 et ses assises carrées prononcées s'inspirent du style Lan Na, en vogue dans le nord du Siam entre le 14ᵉ et le 18ᵉ s. Il a en effet été édifié à l'instigation du roi Setthathirath, qui régnait alors sur Chiang Mai.

Le *sim*, reconstruit en 1910, possède un **avant-corps★★★** mêlant les techniques d'ornementation : dorures sur bois du fronton, pochoirs des piliers, fresques et bas-reliefs sur la façade composent un ensemble coloré et néanmoins harmonieux. Notez, sur la droite, la nuée de *kinnari* voletant au-dessus de naïades qui se baignent dans un étang de lotus.

▶ *Continuez vers le sud-ouest par les ruelles.*

Vat That Luang (pagode du Stupa royal) A2

Th. That Luang - 8h-18h - entrée libre.

Le complexe accueillit jusqu'en 1975 les **crémations royales** et celles des hauts dignitaires du pays. Deux **stupas funéraires** encadrent le *sim*. Celui de l'est, dans l'axe du sanctuaire, est couvert de petits carrés de mosaïques dorées; il abrite les cendres du roi Sisavang Vong, décédé en 1959. Celui de l'ouest, majestueux, contiendrait des reliques du Bouddha. Des anges agenouillés gardent les angles de sa base carrée, qui porte sur son pourtour des svastikas en faïence, symboles cosmiques issus de la tradition hindoue et repris plus tard par le bouddhisme.

Contemporain du stupa de l'ouest (1818), le *sim* s'ouvre par des portes décorées de **pochoirs★★** or sur fond noir montrant des créatures célestes debout sur des éléphants, des tigres ou des *naga*. Un élégant *dok so fa* à 15 parasols montés sur autant de mini-stupas orne le centre de la toiture. L'intérieur est structuré par huit piliers carrés massifs. Derrière l'autel, où trône un imposant **bouddha★** prenant la terre à témoin, sont rassemblées des statues plus anciennes, dont un beau bouddha en *abhaya mudra*, parmi un fatras d'offrandes et de matériel processionnel. Devant les grands banians de la cour, un abri protège la longue **pirogue** utilisée lors des régates annuelles.

Tournez à droite en sortant du complexe.

★ **Vat Manorom** B2

Th. Manomai - entrée libre.

Toujours très vénérée et accueillant une importante communauté monastique, la pagode s'emplit chaque jour de fidèles venus suivre la prière du crépuscule. On estime au 14e ou au 15e s. la date de sa fondation, ce qui en ferait l'un des plus anciens sites religieux de la ville. La pagode se trouvait à l'extérieur des remparts de la cité, dont il ne reste rien aujourd'hui. Refait en 1972, le *sim*, majestueux et coloré, s'entoure d'une galerie à piliers. Il abrite un colossal **bouddha de bronze★★★**, haut de 6 m et pesant plus de 2 tonnes, prenant la terre à témoin *(voir p. 381)*. Réalisée en 1372, la statue rappelle par ses traits le style raffiné de Sukhothai, aux lignes fluides, qui prévalait dans la plaine centrale du Siam aux 13e et 14e s. Endommagée lors du pillage de 1887, elle s'est vue amputée de ses bras, ultérieurement reconstitués en ciment; on a retrouvé plus tard l'un des avant-bras d'origine, qui repose désormais sur l'autel, à droite.

Sur la porte principale, vous reconnaîtrez à gauche le rêve prémonitoire de la mère du Bouddha; à droite, la naissance de celui-ci, symbolisée par l'image montrant sa mère tenant la branche d'un arbre. Les murs extérieurs du *sim* forment une véritable bande dessinée de **fresques** contemporaines (2006) qui relatent sur le mur sud la vie du Bouddha et sur le mur nord le *jataka* de Vessantara *(voir p. 384)*; les portes latérales reprennent en bas-reliefs de bois doré les scènes capitales de ces récits.

De retour sur Th. Manomai, prenez à gauche puis la 1re à droite.

UXO LAO Visitors Centre B3

À 500 m à l'est du Vat Manorom - www.uxolao.org - lun.-vend. 8h-12h, 13h-16h - entrée libre. Projection de documentaires sur demande.

Le Lao National Unexploded Ordnance, l'instance gouvernementale chargée de la décontamination des sols dans la province de Luang Prabang, dresse un panorama sans fard de la situation un demi-siècle après le cessez-le-feu : état des lieux, implications sur la vie économique et sociale, coût et limites du déminage, etc. Les munitions de tous types et de toutes tailles rassemblées ici rappellent à quel point la région a souffert de la succession des conflits armés au 20e s. On y explique en particulier le drame des *« bombies »*, sous-munitions que chaque bombe larguée libérait par dizaines et dont un tiers seraient toujours actives, enfouies dans le sous-sol.

Revenez sur l'artère principale et tournez à droite.

★★★ **Vat Visounarat** (Vat Visoun) B2

Th. Visounarat - 7h30-17h - 20 000 kips.

La pagode fut fondée sous le règne de Visoun (1500-1520) pour abriter le très saint Pra Bang *(voir p. 472 et encadré p. 382)*, qu'elle conserva de 1513 à 1707. Détruit par les pillards Hos, le *sim* a été reconstruit en brique à la toute fin du 19e s. dans un style beaucoup plus sobre que la structure de bois d'origine, dont témoigne une gravure de Louis Delaporte à l'entrée du sanctuaire. Ses murs chaulés sont percés de belles **fenêtres à balustres de bois★**. Les **portes★★** montrent des reliefs dorés de Brahma *(porte centrale)* encadré par Vishnou sur l'oiseau Garuda *(porte de droite)* et Shiva debout sur le taureau Nandi *(porte de gauche)*.

Autour de l'autel où médite un volumineux **bouddha assis**, le plus grand de la ville, l'intérieur rassemble une centaine de **statues★★★** de bois des 16e au 18e s., assises ou debout, d'une grande finesse de trait et douceur d'expression, dont un certain nombre proviennent du That Makmo. Peu mis en valeur, un **fronton de bois★★** dont les bas-reliefs illustrent la bataille de Lanka *(Pralak Pralam)* a été entreposé à gauche de l'autel.

★★ **That Makmo** (stupa de la Pastèque)

Dans le complexe du Vat Visounarat - accès libre.

L'édifice de pierre, haut de 35 m, se nomme en réalité **That Pathoum**, stupa du Grand Lotus. Construit en 1503 par l'épouse du roi Visoun et restauré à l'identique sous le Protectorat, c'est le seul du Laos à adopter la forme bombée des **stupas cinghalais** – qui lui a valu son surnom populaire de stupa « de la Pastèque ». La flamme stylisée à son sommet symbolise l'illumination du Bouddha. Pillé par les rebelles chinois Hos en 1887, il a ensuite été éventré par la foudre en 1914. À cette occasion ont été découvertes à l'intérieur de précieuses **offrandes**, dont des statuettes d'or et de cristal, aujourd'hui conservées dans le *sim* du complexe et dans l'ancien Palais royal (Musée national).

Traversez la cour entre le Vat Visounarat et le That Makmo.

★ **Vat Aham** (pagode du Cœur épanoui) B2

Th. Phomathat - 8h-18h - 20 000 kips.

Cette petite pagode reconstruite en 1818 servit de résidence au Sangharat, le patriarche de la communauté bouddhiste du Laos, jusqu'à son installation au Vat Mai. Elle fut bâtie sur l'emplacement d'autels dédiés aux ancêtres fondateurs de la cité, Phu Nheu et Nha Nheu *(voir p. 358)*, considérés comme ses **génies gardiens**. Quand le pieux roi Phothisarath (1520-1547), qui s'était donné pour mission d'éradiquer les pratiques animistes, fit détruire les autels, les esprits auraient trouvé refuge dans les deux majestueux **banians★** pluricentenaires qui se dressent entre le sanctuaire et la rue. À leur pied trônent désormais un grand bouddha en méditation et un autre protégé par le serpent Mucalinda.

Deux vénérables stupas précèdent le *sim*, dont Hanuman *(à gauche)* et Ravana *(à droite)*, deux des protagonistes du *Pralak Pralam*, gardent l'entrée en compagnie de deux tigres. L'intérieur est couvert de **fresques★** colorées (1991) qui composent sur quatre niveaux une bande dessinée édifiante racontant la vie du Bouddha *(haut du mur de gauche)* et le *jataka* de Vessantara *(haut*

du mur de droite ; voir p. 384). À hauteur de regard, en guise de mise en garde des fidèles, sont dépeints les châtiments de l'enfer bouddhique. Au-dessus de la porte, le mont Phu Si est encadré par les deux stupas les plus vénérés de Luang Prabang, le That Makmo et le That Paphon Phao (Ban Phanom).
Dans la rue Phomathat, tournez à gauche puis à droite au carrefour.

★★ **Phu Si** (Colline sacrée) B1-2
Escaliers de 355 marches sur Th. Phu Si ou de 330 marches sur Th. Sisavang Vong (en face du Musée national) - 7h-18h - 20 000 kips.
Plus long mais plus facile, ponctué de points de vue, l'escalier de Th. Phu Si est jalonné de statues de Bouddha (19e s.), de petits sanctuaires dont l'un veille sur une empreinte de pied sacrée *(pra bat)* et, à mi-hauteur de la colline, d'une **grotte** renfermant des statues vénérées. Culminant à une centaine de mètres de hauteur, en plein centre de la péninsule, la colline *(phu)* sacrée *(si)* délivre sur la ville, le Mékong et la Nam Khan une **vue**★★ à 360°. Les plates-formes aménagées à son sommet, autour du **That Chomsi** (1804), stupa blanc et or de 20 m surmonté de sept ombrelles royales, invitent à la contemplation. L'endroit est bondé au coucher du soleil, plus calme à l'aube. Lors des fêtes du Nouvel An lao, un cortège aux bougies en part pour regagner la ville.
Au pied de la colline, côté nord-est, le **Vat Pafang** offre un exemple intéressant de monastère avant restauration. Les deux personnages sculptés en bas-relief sur la porte centrale du *sim* conservent des traces de dorures et d'incrustations de verroterie (boucles d'oreilles, joyaux de la tiare, yeux des tigres). Surmontées par des **chapiteaux en lotus**★ d'une exquise finesse d'exécution, les colonnes soutiennent un fronton dont les ornementations ont disparu. Non dénuée de charme malgré son état de délabrement, cette pagode aux lignes harmonieuses a conservé de belles fenêtres aux balustres de bois tourné, inspirées des temples khmers.
En face, un **pont de bambou** *(5 000 kips AR)* que l'on reconstruit chaque année en novembre, au début de la saison sèche, franchit la Nam Khan.

★★ LA RIVE DROITE DU MÉKONG AB1

Bac public en contrebas du Palais royal - 6h-18h - 5 000 kips/pers., 10 000 kips avec un vélo ou un scooter – Prévoyez 1/2 j. d'excursion.
La vie de l'autre côté du fleuve suit un autre rythme, plus tranquille, plus rustique aussi. Ici, pas de routes asphaltées, mais des pistes de terre à parcourir à vélo, à VTT ou à pied. Une situation qui pourrait néanmoins évoluer à très brève échéance car, devant le succès touristique croissant de Luang Prabang, la ville envisage de s'étendre sur la berge opposée et d'y construire des complexes hôteliers. Plusieurs sentiers au nord de Tham Sakkaline seront l'occasion de traverser des forêts plantées de tecks ou des forêts sauvages, et d'avoir un aperçu de la vie rurale. Vers le sud, certains villages ont maintenu une activité artisanale traditionnelle, tel **Ban Chan**, spécialisé dans la poterie. Les pagodes de la rive droite, certes moins spectaculaires que celles de Luang Prabang, respirent la sérénité.

★ **Vat Xieng Men** B1
À 700 m au nord-est du débarcadère par l'allée longeant le fleuve - 8h-17h - 10 000 kips.
Au pied d'une colline, côté fleuve, cette pagode modeste et charmante arbore une façade richement ornée. L'encadrement élaboré de la **porte centrale**★★★ du *sim*, aux motifs de paons et de *naga*, témoigne d'influences birmanes. Deux séries de trois piliers de taille décroissante, rehaussés de stucs dorés, soutiennent un fronton raffiné où figurent trois éléphants tricéphales.

Vat Chomphet B1

À 300 m à l'est du Vat Xieng Men - 8h-17h - 10 000 kips.

Un escalier de 120 marches grimpe jusqu'au sanctuaire établi au sommet de la colline. L'ascension vaut surtout pour le **point de vue★★** sur la ville, le Mékong et les silhouettes dorées du That Chomsi et, au-delà du pont, du That Paphon Phao. L'austère *sim* aux murs blancs (1888), aux boiseries très endommagées et dépourvu d'ornements, a néanmoins conservé un **autel★** remarquablement travaillé. Levez les yeux vers le **plafond**, couvert de motifs animaliers, dragons, oiseaux, scarabées et lapins au pochoir.

★ Vat Long Khoun B1

À 400 m à l'est du Vat Chomphet - 8h-17h - 10 000 kips.

Au bord du fleuve, à l'orée de la forêt, cette pagode du 18e s. était dédiée à la méditation. Les futurs rois y effectuaient la retraite spirituelle qui précédait leur couronnement, avant de regagner en bateau le Vat Xieng Thong, auquel il fait face, pour la cérémonie. Deux figures gardiennes chinoises encadrent la porte d'un petit *sim* bas, au calme parmi les manguiers et les bougainvillées. Elles annoncent un cycle de **peintures murales★★** remarquables mais qui auraient besoin d'une restauration urgente. Le symbolisme et la finesse un peu naïve du trait siamois (créatures surnaturelles des *jataka* et palais aux perspectives bousculées) s'y mêlent au réalisme des paysages où éléphants, arbres et rochers sont représentés selon les canons de l'esthétique chinoise. Le billet donne accès à une vaste **grotte** située à 5mn de marche, **Tham Sakkaline**, où quelques vieilles statues tentent de résister aux outrages du temps. Les collines calcaires des environs en cachent d'autres, devant lesquelles vous passerez si vous continuez à longer le fleuve vers l'est.

À proximité Plan de ville (p. 466-467)

De part et d'autre de la Nam Khan, les villages d'artisans, proches de Luang Prabang, se prêtent à une excursion à vélo. Prévoyez plutôt un scooter pour les cascades, plus éloignées. Quant aux grottes de Pak Ou, elles fourniront le prétexte à une sortie en bateau sur le Mékong.

★★ LES VILLAGES D'ARTISANS DU NORD C1-2

Ban Phanom C2 en dir.

5 km à l'est de Luang Prabang.

La silhouette dorée du **That Paphon Phao★** *(ou* Vat Santi Chedi - *8h-10h, 13h30-16h - entrée libre)* domine une colline à l'entrée du village. Très vénéré, ce stupa octogonal de construction récente (1958-1988) abrite une série originale de peintures édifiantes décrivant par le menu les châtiments de l'enfer. Beau **point de vue★** depuis le sommet.

Ban Phanom, village de **tisserands**, fournissait la Cour au temps de la royauté. La production s'y poursuit selon les techniques traditionnelles, sur de grands métiers à tisser. Au centre du village, le **Handicraft Centre** *(9h-16h)* rassemble un choix plus important qu'en ville de soieries brodées main et de cotonnades rehaussées de motifs de soie. Touristique.

À la sortie du village, prenez à droite en dir. de Ban Nounsavat sur 4 km puis descendez sur la rive de la Nam Khan par un petit sentier (fléché).

On a retrouvé dans les années 1990 la sépulture d'**Henri Mouhot**, botaniste et explorateur français qui mourut de fièvre en 1861 *(voir encadrés p. 400 et p. 472)*, et un cénotaphe a été édifié sur son emplacement.

Entrée des grottes de Pak Ou, sur le Mékong.
B. Tisserand/Michelin

★ Ban Xang Khong et Ban Xieng Lek C1

De l'autre côté de la rivière Nam Khan, à env. 2,5 km du pont.

Situés sur la route qui longe le Mékong, ces deux hameaux accolés l'un à l'autre sont spécialisés dans la confection de **papier** à base d'**écorce de mûrier** *(saa paper)*, que vous verrez sécher sur de grands tamis en bord de route ou dans la cour des ateliers familiaux. Nature ou incrusté de feuilles et de fleurs séchées, il est utilisé pour réaliser des ombrelles et des cahiers, des abat-jour et des lampions, etc. La pratique du **tissage** et de l'**ébénisterie** selon les techniques ancestrales perdure également à Ban Xieng Lek. Succès touristique oblige, le nombre de boutiques tend désormais à surpasser celui des ateliers ; les deux villages conservent néanmoins leur attrait.

★★ LES CASCADES DE L'EST ET DU SUD Carte de région C3 (p. 462-463)

L'excursion jusqu'aux différentes cascades *(tad)*, dans un paysage vallonné et verdoyant, vous fera passer par des villages traditionnels entourés de rizières en terrasses. Gardez une tenue assez couvrante pour nager (les Laotiennes se baignent habillées).

★★ Tad Sae

Ban Amen - env. 20 km au sud-est de Luang Prabang, sur la rive est de la Nam Khan (traversée en barque : 10 000 kips/pers. AS) - 8h-17h30 - 15 000 kips.

Spectaculaires de juillet à novembre, quand leurs eaux cascadent de rocher en rocher jusqu'à de vastes **bassins naturels** couleur turquoise, les chutes ne valent en revanche pas le détour en saison sèche, sinon pour la balade dans la forêt. Promenades à dos d'éléphant, tyrolienne : l'endroit, populaire, fait partie des lieux de pique-nique appréciés le week-end ; il est en revanche très tranquille en semaine.

★ Tad Thong

Ban Donekang - 8 km au sud de Luang Prabang par la RN 13 (très passante : tuk-tuk ou moto plus approprié que le vélo) puis piste à droite - en saison des

LA VIE EN GRIS AU ROYAUME DES ÉLÉPHANTS

Le pays du « Million d'éléphants » n'en compterait aujourd'hui guère plus d'un millier, dont moins de la moitié en liberté. Une diminution d'autant plus préoccupante que leur taux de natalité est deux fois inférieur au taux de mortalité, car les éléphants ne se reproduisent quasiment pas en captivité. Longtemps employés au convoyage des grumes, ces troncs d'une masse considérable exploités dans les forêts primaires, les éléphants sauvages sont menacés par la disparition rapide de leur habitat naturel ; le Laos pâtit en effet d'une déforestation à grande échelle similaire à celle que connaît le Cambodge *(voir p. 270)*. Pour survivre, les pachydermes ont dû se reconvertir dans l'industrie du tourisme ; ils promènent désormais les visiteurs autour des sites célèbres ou leur offrent le spectacle de tours de cirque, subissant des conditions de domestication et de vie qui laissent dubitatifs les amis des bêtes. Plusieurs ONG ont ouvert dans les alentours de Luang Prabang des « Elephant Conservation Centers » destinés à recueillir les animaux sauvés du braconnage (on enregistre au Laos une recrudescence du trafic de l'ivoire) ou laissés sans ressources par la destruction de la forêt, la seule à même de leur fournir les quelque 250 kg de végétaux dont ils ont besoin chaque jour pour se nourrir.

pluies seult (juil.-nov.) - 10 000 kips. Prévoyez chaussures de marche et répulsif antimoustiques.

Un chemin de 2 km *(env. 50mn)*, parfois boueux, approximativement tracé sous une épaisse végétation permet d'atteindre les deux petites chutes d'eau. L'endroit vaut surtout pour la balade dans la forêt. Cette cascade, modeste par comparaison et relativement difficile d'accès, est moins courue que celle de Tad Sae. Elle plaira aux amoureux de nature et de calme.

★★★ Tad Kuang Si

30 km au sud-ouest de Luang Prabang - 8h-17h30 - 20 000 kips.

En eau toute l'année mais particulièrement spectaculaire de juin à octobre, cette superbe cascade chute de 50 m de haut avant d'alimenter une série de piscines naturelles aux eaux turquoise, fraîches et limpides. De l'entrée, un chemin bien aménagé, ponctué de petits ponts de bois, sinue sur quelques centaines de mètres dans une belle **forêt** tropicale jusqu'à une série de bassins ouverts à la baignade. Un grand pont au-dessus du cours d'eau fournit un point d'observation sur les chutes *(baignade interdite à cet endroit)*. Au-delà part un autre sentier, raide et glissant en saison des pluies, qui grimpe jusqu'au sommet, franchit la rivière par une série de passerelles de rondins et redescend de l'autre côté. Très fréquenté, tant par les touristes que par les Laotiens qui viennent y pique-niquer, l'endroit est plus calme avant 10h30.

Kuang Si Bear Rescue Centre – *Peu après l'entrée des cascades - même billet - www.freethebears.org.au.* Géré par l'ONG australienne *Free the Bears* (Sauvons les ours), créée en 2003, le centre a recueilli 34 ours noirs d'Asie, une espèce protégée, sauvés des braconniers ou du trafic d'animaux sauvages.

★ Kuang Si Butterfly Park

300 m avant l'entrée des cascades - 10h-17h (sf mar. de mi-avr. à fin sept.) - 40 000 kips - cafétéria et petit feuillet d'explications en français à l'accueil.

Créée début 2014 par un couple de Hollandais, cette **serre aux papillons** accueille entre 1 000 et 1 300 spécimens appartenant à plus de 50 espèces locales. Juil.-août et oct.-nov. sont les meilleures saisons d'observation ; dans tous les cas, venez un jour chaud et ensoleillé pour en voir le plus grand nombre. Les alentours de la serre ont été aménagés en **jardin botanique** avec des essences de tout le pays, orchidées, bambous, fougères et cactées, le long d'une petite rivière venue des chutes de Kuang Si. Piscine naturelle pour se baigner à l'entrée.

★ LES GROTTES DE PAK OU C3

25 km en amont de Luang Prabang, à la confluence du Mékong et de la Nam Ou - accès par bateau (2h) ou tuk-tuk *- 20000 kips. Pour la grotte supérieure, prenez une lampe de poche.*

C'est l'une des excursions les plus touristiques dans les environs de Luang Prabang. La grotte, conservant quelque 2 000 statues de Bouddha de toutes tailles, peu entretenues et mal mises en valeur, sera surtout un prétexte pour la balade en bateau sur le Mékong. Une deuxième grotte en contre-haut, plus difficile d'accès mais plus intéressante, s'atteint au terme d'un escalier d'env. 200 marches. L'effort sera récompensé par la **vue★★** sur les reliefs karstiques émaillant la rive d'en face.

L'excursion organisée par les agences de Luang Prabang prévoit généralement une halte dans une distillerie de *lao lao*, l'alcool de riz local.

NOS ADRESSES À LUANG PRABANG

Plan de ville p. 466-467

INFORMATIONS UTILES

Banques/Change

Nombreux distributeurs et agences de change dans le centre historique, notamment sur Th. Sisavang Vong.

BCEL – A3 - *Th. Phu Vao - ℘ (071) 252 814 - www.bcel.com.la.* Distributeur, change.

BFL – B2 - *Th. Sisavang Vong - ℘ (071) 260 172 - www.banquefrancolao.com.* Distributeur, change.

Santé

Chinese Hospital – B3 en dir. - *RN 13, à env. 4 km au sud-ouest du centre - ℘ (071) 254 026 - 24h/24h.* En cas de problème grave, mieux vaut se diriger vers la Thaïlande *(voir « Santé », dans « Sur place de A à Z », p. 340).*

Visa

Immigration – B2 - *Th. Manomai, dans les locaux de la police - ℘ (030) 514 02 96 - lun.-vend. 8h-11h30, 14h-16h.* L'extension de visa *(30 j. maxi)* s'obtient dans la journée sur présentation du passeport, d'une photo et de la somme requise *(voir la rubrique « Immigration », dans « Sur place de A à Z », p. 338).*

ARRIVER/PARTIR

En avion

Aéroport international de Luang Prabang (LPQ) – C2 en dir. - *4 km au nord de la ville - www.luangprabangairport.com.* Vols intérieurs de/vers Vientiane *(1 vol/j.)* et Pakse *(5 vols/sem.)* avec Lao Airlines. Vols internationaux de/vers la Thaïlande (Bangkok, Chiang Mai) et le Cambodge (Siem Reap, Phnom Penh).

Rejoindre le centre-ville – Comptez 50000 kips en taxi ou en minivan. Prépaiement de la course au comptoir situé à l'extérieur du hall des arrivées.

En bus

Liaisons entre gares routières et centre-ville : e-bus *(voir p. 482)* et *tuk-tuk* collectifs *(10000 kips/pers.).*

Gare routière Nord (Kiew Lot Sai Nuan) – C2 en dir. - *4 km au nord-est de la ville, à côté de l'aéroport - e-bus ligne rouge.* Départs pour Luang Nam Tha *(2/j. - 8h -100 000 kips)*, Houay Xay *(2/j. - 14h -140 000 kips)*, Oudomxay *(4/j. - 6h - 55 000 kips).*

Gare routière Sud (Naluang) – B3 en dir. - *3 km au sud de la ville, après le stade - e-bus ligne jaune - ✆ (071) 232 066.* Départs fréquents pour Vientiane *(env. 12/j., 7 à 11h de trajet, 150 000 kips)* et Vang Vieng *(6/j., départs en matinée - 4 à 7h -105 000 kips).* Bus pour Phonsavan *(1 départ le matin - 8h de trajet - 110 000 kips).* Liaisons avec la Thaïlande (Loei, Chiang Mai), le Vietnam (Hué, Hanoï, Vinh) et la Chine (Kunming).

En bateau

Embarcadère – C1 en dir. - *Ban Donemai, sur le Mékong, à env. 7 km en amont du centre (*tuk-tuk *: 50 000 kips/pers.).* Le ferry public, ou *slow boat*, à destination de Houay Xay, à la frontière thaïlandaise, fait halte à Pakbeng pour la nuit. Départ à 8h30, env. 9h de trajet pour Pakbeng *(110 000 kips)*, 6h pour Houay Xay le lendemain *(110 000 kips, ou 220 000 kips si vous achetez le billet global).*

Bon à savoir – Gardez avec vous un coupe-vent et, en saison sèche *(nov.-mars)*, une polaire sur le bateau : il fait frais, voire franchement froid en début et en fin de journée. Prévoyez un pique-nique : pas de halte déjeuner, ni de restaurant sur le *slow boat*. Toilettes à bord.

Speed boats – Des vedettes rapides couvrent le trajet de Luang Prabang à Houay Xay en 6h *(320 000 kips)* mais le bruit assourdissant, le manque de confort et de sécurité rendent le voyage désagréable et dangereux : déconseillé.

TRANSPORTS

Tuk-tuk

Comptez 10 000 kips/pers. pour une course en ville et 50 000 kips/pers. pour les chutes de Kuang Si ou les grottes de Pak Ou.

E-bus

Ce système de *tuk-tuk* électriques comprend 3 lignes. La **ligne verte** *(3 000 kips)* fait le tour du centre historique. La **ligne jaune** *(3 000 kips)* va de la poste à la gare routière Sud, où elle est interconnectée avec la **ligne rouge**, qui dessert la gare routière Nord *(5 000 kips)*. De 7h à 19h, passage ttes les 10mn (lignes verte et jaune) ou ttes les h (ligne rouge). Achat des tickets dans les commerces portant le logo e-bus, à proximité des arrêts, ou à bord pour 2 000 kips de plus.

Vélo/Moto

Nombreux loueurs dans le centre historique : 10 000 à 20 000 kips/j. pour un vélo, 50 000 kips/j. pour un VTT et 100 000 à 130 000 kips/j. pour un scooter.

Bateau

Un bac public traverse le Mékong ttes les 10mn de 6h à 18h. Embarcadère B1 au niveau du Palais royal, 5 000 kips/pers., 10 000 kips pour un scooter. Bateau public pour les grottes de Pak Ou : départ à 8h30, 65 000 kips AR. Les bateliers vous proposeront également des balades sur le Mékong au coucher du soleil.

HÉBERGEMENT

Durant les fêtes de fin d'année et le Nouvel An lao, il est impératif de réserver. Évitez de venir pendant le Nouvel An chinois, période d'affluence excessive. En bordure du Mékong, le quartier de **Ban Houa Xieng** B2, favori des voyageurs à petit budget, rassemble sur 4 *soi* (ruelles) une trentaine de *guesthouses* économiques *(120 000-200 000 kips)*, assez rudimentaires. Toutes nos adresses disposent du wifi.

PREMIER PRIX

Jaliya – B2 - *Th. Phamahapasam - ☏ (071) 212 294 - ▤ ⍁ - 17 ch. - 70 000/120 000 kips.* Les chambres se répartissent entre un bâtiment de 2 étages et de petits bungalows mitoyens dans un jardin, où quelques tables à l'ombre d'un manguier invitent à s'attarder. Celles du bâtiment central sont plus spacieuses et mieux meublées ; évitez toutefois celles donnant sur rue, bruyantes. Quoique tristounettes avec leurs tons bruns, elles demeurent d'un bon rapport qualité-prix dans cette catégorie.

Santisouk Guesthouse – B3 - *Th. Manomai, angle Th. Phu Vao - ☏ (030) 962 38 88 - ▤ ⍁ - 11 ch. - 120 000 kips.* Derrière le Vat Manorom, à 10mn à pied du centre, elle est surtout fréquentée par une clientèle asiatique. Dépourvues de décoration mais relativement spacieuses et bien tenues, les chambres sont d'un meilleur rapport qualité-prix que celles des *guesthouses* de Ban Houa Xieng. Parmi celles de l'étage, 3 bénéficient d'une terrasse sur la rue, tandis que celles donnant sur l'arrière sont plus calmes.

Boun Chaleurn Guesthouse – B2 - *Th. Chao Tomkham - ☏ (071) 253 944 - ⍁ ▤ - 7 ch. - 150 000 kips.* Dans une ruelle tranquille derrière le Vat Ho Xieng, ce petit établissement familial propose des chambres carrelées, propres, toutes simples, réparties sur 2 niveaux. Café à disposition, service de laverie, location de scooters et de vélos.

A Tee Guesthouse – C2 - *Th. Visounarat, par un étroit passage partant au niveau du That Makmo - ☏ (030) 280 51 71 - ▤ ⍁ - 12 ch. - 150 000 kips.* Cette adresse familiale propose, dans une bâtisse sur 2 niveaux, des chambres rudimentaires mais au calme dans un quartier arboré et central. Location de vélos, café et thé offerts.

Sita Norasingh Inn – B2 - *Th. Ratsavong - ☏ (020) 568 961 61 - www.sitanorasingh.com - ▤ ⍁ - 5 ch. - 130 000/160 000 kips.* Une toute petite structure familiale mettant à la disposition de ses hôtes 2 chambres au rdc et 3 à l'étage. Très propres, régulièrement repeintes à neuf, elles sont dotées d'un parquet et équipées d'un réfrigérateur. Les plus exiguës sont aussi les plus calmes. Bon anglais.

BUDGET MOYEN

Villa Oasis – B2 - *Dans une ruelle piétonne entre Th. Ratsavong et Th. Visounarat - ☏ (020) 974 520 59 - ▤ - 13 ch. - 280 000/320 000 kips ☕.* Des chambres de belle taille, sur 2 niveaux, dont les plus agréables – celles de l'étage – ouvrent sur une coursive dominant un bassin aux nénuphars. Bénéficiant d'une situation centrale au calme, l'adresse affiche vite complet : réservez. Location de vélos, agence de voyages.

Cold River – C2 - *Au fond d'une impasse peu avant le vieux pont sur la Nam Khan - ☏ (071) 252 810 - ▤ - 20 ch. - 250 000/440 000 kips ☕.* Un accueil attentif en français, une décoration alliant design, simplicité et matériaux naturels sont les atouts maîtres de cette toute jeune adresse (2016). Les chambres, carrelées ou avec parquet, certaines avec balcon et vue partielle sur la rivière, sont joliment équipées et bénéficient d'un grand calme. Location de vélos, café et thé offerts.

Sayo River – C1 - *Th. Souvanna Khamphong - ✆ (071) 212 484 - www.sayoguesthouse.com - ▤ - 13 ch. - 280 000/480 000 kips ☕.* Vous choisirez parmi 4 catégories budgétaires, de la pièce carrelée en rdc, sans génie, à la chambre spacieuse, bien meublée, avec parquet ancien, baignoire et parfois balcon à l'étage, jouissant d'une vue sur le Mékong. Visitez-en plusieurs car elles sont de taille et de style variables au sein d'une même catégorie. Possède deux autres adresses en ville, l'une près du Vat Xieng Muan, l'autre près du Vat That. Café et thé offerts.

Saynamkhan – C1 - *Th. Kitsarath - ✆ (071) 212 976 - www.saynamkhanhotel-luangprabang.com - ▤ ✕ - 15 ch. - 320 000 kips ☕.* Pour le même tarif, vous logerez dans une ancienne maison de commerce de 1939 classée ou dans une demeure traditionnelle en bois située juste à côté. Inégales quant à leur équipement (minibar, coffre-fort, etc.) et à leur taille, certaines des chambres disposent d'un balcon donnant sur la Nam Khan ; celles de la maison de bois, avec leur parquet, sont plus spacieuses et plus chaleureuses.

Le Bougainvillier – B2 - *Th. Souvanarath - ✆ (071) 212 097 - www.bougainvillier.com - ▤ - 10 ch. - 360 000/480 000 kips ☕.* Les deux bâtiments occupent un jardin de 600 m² aux pelouses impeccables, plantées de cocotiers, au cœur du *talat sao* (marché du matin). Refaites à neuf en 2015, leurs chambres disposent de sdb modernes et, pour certaines, d'un balcon. Petite bibliothèque en français, pas de TV.

POUR SE FAIRE PLAISIR

Indigo House – B2 - *Th. Sisavang Vong - ✆ (071) 212 264 - www.indigohouse.la - ▤ ✕ - 12 ch. - 640 000 kips ☕. Réserv. conseillée.* Central, au début du marché de nuit, il distribue sur 3 étages (sans ascenseur) des chambres spacieuses, avec coffre et mini-frigo, certaines avec balcon en surplomb d'une rue animée, d'autres au calme sur l'arrière, mais qui toutes gagneraient à un bon rafraîchissement. Vue panoramique depuis le toit-terrasse, converti en espace détente.

Lotus Villa – C1 - *Th. Khounxoua - ✆ (071) 255 050 - www.lotusvillalaos.com - ▤ - 17 ch. - 640 000/700 000 kips ☕.* Deux bâtiments récents construits dans le style traditionnel de Luang Prabang, l'un sur rue, l'autre donnant sur un patio planté de bananiers, rassemblent des chambres au sol de tomettes, joliment décorées dans les tons crème. Du balcon côté rue, vous serez aux premières loges pour observer la procession matinale des moines. Accueil francophone, vélos à disposition.

Muang Thong – B2 - *Th. Ouprarath Khanboua - ✆ (071) 254 976 - www.muangthonghotel.com - ▤ ✕ ⛱ - 33 ch. - 720 000/800 000 kips ☕.* Des bâtiments sur 2 niveaux, avec étage entièrement boisé et toit de tuiles, entourent une jolie piscine dans un jardin fleuri de lauriers-roses. Avec ou sans balcon, les chambres, jouant sur la dominante bois, réservent un séjour chaleureux et confortable. Un très bon rapport qualité-prix, surtout pour les chambres d'angle à l'étage, les plus spacieuses et lumineuses.

Chitchareune Muang Luang – B2 - *Th. Boun Khong - ✆ (071) 212 791 - www.cm-hotel.com - ▤ ✕ ⛱ - 62 ch. -*

720 000/950 000 kips . Le bâtiment central aux multiples toitures emboîtées ouvre sur une pelouse plantée de manguiers et de frangipaniers sur laquelle donnent des chambres simples, dépourvues de décoration, meublées de bois sombre et disposant d'une terrasse. Située dans un quartier arboré à quelques minutes à pied du centre, l'adresse offre un calme appréciable. Gym, coffre, minibar.

UNE FOLIE

Maison Dalabua – A2 - *Th. Phothisarath* - *(071) 255 588 - www.maison-dalabua.com* - *- 26 ch. - 89/125 US$* . Une adresse de charme à la décoration créative et moderne, au calme dans un cadre idyllique, entre étangs aux lotus et jardin tropical. Ses chambres spacieuses et impeccablement tenues, son accueil francophone attentif et son centre de spa/massage vous garantissent un séjour confortable. Vélos à disposition.

Le Sen – B3 - *Th. Manomai - (071) 261 668 - www.lesenhotel.com - - 19 ch. - 105/155 US$* . Encadrant une jolie piscine, ses deux ailes abritent, au rdc ou à l'étage, des chambres spacieuses à la décoration de bois chaleureuse, dont les grandes baies vitrées ouvrent sur des balcons. Dans les suites, la baignoire trône curieusement au milieu de la chambre. Navette gratuite pour le centre-ville ttes les 30mn, vélos à disposition. Personnel serviable au bon niveau d'anglais, parfois de français.

Satri House – A2 - *Th. That Luang - (071) 253 491 - www.satrihouse.com - - 31 ch. - 255/310 US$* . Quelques bâtiments de construction récente (2008) entourent l'ancienne résidence du prince Souvanou Vong et ses jardins : un cadre délicieux pour un séjour alliant calme, luxe et confort. Les chambres comme les parties communes (salons, bibliothèque) sont meublées et décorées d'antiquités. Spa, sauna, vélos à disposition.

Luang Say Residence – A3 - *Th. Manomai - (071) 260 891 - www.luangsayresidence.com - - 24 ch. - 510 US$* . L'adresse « luxe et charme » de Luang Prabang. Construits en 2010 dans le respect de l'architecture coloniale, cinq pavillons à étage rassemblent les chambres, superbes et infiniment confortables, meublées à l'ancienne, au cœur d'un beau jardin tropical. Un potager bio à l'arrière fournit le restaurant. Vélos à disposition, navette gratuite à la demande.

RESTAURATION

PREMIER PRIX

Lâm Thâo – B2 - *Th. Manomai - (020) 912 315 68 - - 6h-22h - 20 000/40 000 kips*. Une petite dalle sommaire avec moquette, tenue par une famille vietnamienne qui y sert les spécialités les plus appréciées de son pays. Ni anglais, ni lao, mais la carte illustrée permet de s'y retrouver et la nourriture y est fraîche et savoureuse. Fréquentation locale exclusivement.

Saopan Bao At – A2 - *Th. Phu Vao, angle Th. Phothisarath - (020) 238 917 77 - - 17h-22h - 20 000/40 000 kips*. Pas d'enseigne en anglais pour ce restaurant populaire dont les brochettes grillent sur le barbecue installé sur le trottoir. Dans une espèce de grand hangar coloré, aux murs peints de fresques où les *must* de Luang Prabang côtoient Mickey Mouse, on vous servira d'excellentes soupes de nouilles au porc et des brochettes de poulpe, crevettes, champignons frais, pattes de poulet, etc., que vous aurez pointés du doigt à l'étal (pas de menu).

IPK – B2 - *Th. Manomai, presque en face de l'Immigration Office - ✆ (020) 221 317 12 - ⊠ - 7h-21h - 30 000/60 000 kips.* Un restaurant populaire mieux tenu que la moyenne : vous y mangerez dans de la vraie vaisselle, sur des tables de bois avec nappes. Soupes au lait de coco, omelettes, curries, *laab*, etc., sur une carte en anglais illustrée.

BUDGET MOYEN

BBQ Buffet Mekong – B2 - *Th. Ounkham - ✆ (020) 559 9945 - ⊠ - 17h-21h - 60 000 kips.* Tout est dans le nom : sur la berge ou sur la terrasse en contrebas, les tables sont toutes équipées d'un brasero central sur lequel vous mettrez à griller poisson, viande, poulpe, légumes que vous serez allé chercher au buffet en plein air. La formule rencontre un beau succès auprès d'une clientèle essentiellement asiatique.

Nisha – B2 - *Th. Kitsalat - ✆ (071) 253 746 - ⊠ - 9h-22h - 60 000/80 000 kips.* Un petit restaurant indien qui ne paie pas de mine mais sert une authentique cuisine du sous-continent. *Massala, pulao, biryani, tandoori* y sont proposés en version carnée ou végétarienne. Service aimable, bon anglais.

Rosella Fusion – C1 - *Th. Kitsarath - ✆ (020) 777 757 53 - ⊠ - 7h-22h sf dim. - 65 000/80 000 kips.* Face à la Nam Khan, une petite adresse simple et sympathique de cuisine lao sans MSG : salade de papaye verte, *tom yum*, curries rouges et verts, *khao pad* et *laab*, à savourer dans une salle blanche proprette, meublée de bois et décorée de quelques photos d'art.

Khaiphaen – B1 - *Th. Sisavang Vatthana - ✆ (030) 515 5221 - www.tree-alliance.org - ▤ ⊠ - 11h-22h sf dim. - 70 000/80 000 kips.* Une ONG travaillant à la réinsertion par l'apprentissage est à l'origine de ce restaurant à la déco tonique. La carte, limitée à une vingtaine de plats, se divise en 3 sections, végétarienne, viandes, poissons/fruits de mer. Elle revisite des classiques de la cuisine asiatique avec une certaine créativité et privilégie la fraîcheur des ingrédients. Garanti sans MSG.

Sonphao – B1 - *Th. Xotik Khoumman - ✆ (071) 253 489 - ⊠ - 11h30-22h - 60 000/100 000 kips.* Trois menus de cuisine lao, japonaise ou végétarienne visent à satisfaire l'ensemble de la clientèle touristique, qui vient surtout ici le soir pour assister au spectacle de danse et musique traditionnelles donné dans la salle à l'étage *(19h30 - durée 45mn - 35 000 kips).*

Secret Pizza – B3 en dir. - *Ban Nasaphanh, soi 3, en retrait de la RN 13 - ✆ (020) 565 288 81 - ⊠ - mar., vend., sam. 18h-21h30 - 60 000/100 000 kips.* Tenu par un Italien, l'établissement, excentré, est réputé dans la communauté expat' pour ses savoureuses pizzas préparées au feu de bois, à déguster dans le jardin. Atmosphère conviviale.

La Silapa – B2 - *Th. Phomathat - ✆ (020) 286 500 01 - www.lasilapa.com - ⊠ - 12h-15h, 17h30-20h30 - 85 000/120 000 kips.* Dans la salle aux murs de brique d'une demeure ancienne, au calme dans le patio à l'arrière ou en terrasse pour suivre l'animation de la rue, vous ferez votre choix sur une carte mi-lao, mi-italienne. Ample sélection de pizzas au feu de bois à partir de 17h30, crêpes au chocolat et *tiramisu* en dessert.

POUR SE FAIRE PLAISIR

Dyen Sabai – C1 - *Sur l'autre rive de la Nam Khan, au bout du pont de bambou - ☎ (071) 410 185 - 8h-23h - env. 100 000 kips.* Plusieurs terrasses étagées en surplomb de la rivière, ombragées par les bambous géants et les cocotiers, offrent un écrin de verdure agréable aux hôtes venus faire honneur au plat phare de la maison, une « fondue laotienne » végétarienne ou non. Carte réduite et choisie, plateaux d'assortiments, vin au verre.

Bamboo Tree – C1 - *Th. Kitsarath - ☎ (020) 224 254 99 - 12h-14h, 17h-21h - 100 000/125 000 kips.* Trois formules d'assortiments vous donneront un aperçu des spécialités culinaires laos. Vous retrouverez à la carte votre préparation favorite, parmi les 150 recettes servies ici avec un effort notable de présentation. L'établissement doit sa notoriété aux cours de cuisine qu'il dispense à la clientèle étrangère depuis une dizaine d'années.

L'Éléphant Vert – C1 - *Th. Khounxoua - ☎ (071) 252 482 - http://elephant-restau.com - ▤ - 11h-14h30, 18h-22h - 120 000/180 000 kips.* Exclusivement végétarien, il propose plusieurs menus dont 4 strictement végétaliens *(vegan)* faisant montre d'une réelle créativité. Lasagnes aux pleurotes, velouté de potiron sauce coco et maintes recettes mettant en valeur le sésame, la noix de cajou et les herbes aromatiques locales : manger sain rime ici avec manger savoureux. Belle carte des vins comportant plusieurs grands crus.

Tangor – B2 - *Th. Sisavang Vong - ☎ (071) 260 761 - www.letangor.com - 11h-15h, 17h-23h30 - 165 000/225 000 kips.* Bénéficiant d'une situation centrale, il cultive une atmosphère de « brasserie indochinoise » au décor soigné : mobilier de bois sombre, affiches du temps de la colonie, lumières tamisées… L'ardoise présente une dizaine de spécialités françaises telles que saucisson, magret de canard, filet mignon, salade de chèvre chaud ou tarte Tatin qui remportent les suffrages des expatriés. Vin au verre.

Tamarind – C1 - *Th. Kitsarath - ☎ (071) 213 128 - www.tamarindlaos.com - 11h-14h30, 17h30-21h sf dim. - 150 000/250 000 kips - Réserv. indispensable.* S'adressant avant tout au voyageur de passage, il joue la carte « découverte de la culture lao à travers sa gastronomie ». Le vendredi, un repas didactique et commenté vous apprendra les usages et les manières de la table locale. En semaine, 5 menus de dégustation vont des saveurs classiques aux recettes plus aventureuses pour des papilles occidentales.

UNE FOLIE

Villa Santi – C1 - *Th. Sakkaline - ☎ (071) 253 470 - http://villasantihotel.com - 11h-16h, 19h-22h - 160 000/240 000 kips.* Ses 7 menus, déclinant une cuisine asiatique standardisée, seront surtout un prétexte pour assister au spectacle de danses classiques et folkloriques, accompagnées par des musiciens traditionnels, qui s'y donne chaque soir, de 19h à 21h.

Blue Lagoon – B1 - *Th. Ounheun - ☎ (020) 592 525 25 - www.blue-lagoon-cafe.com - 18h-23h - 180 000/250 000 kips.* Au calme au fond d'une ruelle, dans des patios au sol de tomettes qu'ombragent des bambous et des arbres du voyageur, ce restaurant lao-suisse affiche une large carte de cuisine internationale comprenant quelques spécialités italiennes,

Ombrelles en papier de mûrier.
P. Tisserand/Michelin

des plats végétariens, de la fondue chinoise et suisse ainsi que des recettes régionales de Luang Prabang. Service prévenant dans une salle tout en bois à la mise soignée, carte des vins.

3 Nagas – C1 - *Th. Sakkaline - ✆ (071) 253 888 - www.3-nagas.com - 11h-22h - 200 000/250 000 kips.* Ce restaurant gourmet occupe trois demeures centenaires classées, rénovées avec beaucoup de goût. Il propose deux menus de dégustation pour découvrir la cuisine laotienne et une petite carte de spécialités régionales, aux recettes classiques ou élaborées, toujours joliment présentées. Les portions pourraient néanmoins être plus généreuses.

☺ **Manda de Laos** – A2 - *Th. Norrasan - ✆ (071) 253 923 - www.mandadelaos.com - 12h-15h, 18h-22h - 230 000/270 000 kips.* Inauguré en 2015, ce restaurant de cuisine lao a immédiatement rencontré le succès en remettant à l'honneur les saveurs régionales traditionnelles. Ses petits pavillons ouverts donnent sur deux étangs aux lotus classés, ombragés par des cocotiers, dans un délicieux jardin. Outre la carte, il propose 4 menus de dégustation (mini 2 pers.), dont un végétarien. Carte des vins internationale.

La Belle Époque – A3 - *Th. Manomai - ✆ (071) 260 891 - www.luangsayresidence.com - 12h-22h30 - 240 000/400 000 kips.* Son menu de dégustation lao dresse un panorama des saveurs locales et bon nombre d'herbes aromatiques proviennent du jardin bio. Également une section italienne (pâtes, risotto) et de cuisine internationale, servie dans une salle sobre et lumineuse, meublée de bois et de velours rouge, dans la galerie-véranda ou dans le beau jardin tropical planté d'arbres du voyageur, d'aréquiers et de calebassiers. Sélection de grands crus.

PETITE PAUSE

Stands du marché – B2 - *Th. Sisavang Vong, face à l'office de tourisme - 7h-22h.* Jus de fruits frais, crêpes, cafés glacés et sandwiches. Touristique.

Luang Prabang Artisans Café – B1 - *Ban Xieng Muan, dans la ruelle s'engageant entre les deux pagodes - www.luangprabangartisanscafe.com - 9h-18h sf dim.* Quelques tables dans un patio-jardin pour une pause casse-croûte bio et sans MSG : rouleaux de printemps, salades et tout un choix de thés et d'infusions. La boutique attenante vend des cotonnades teintes à l'indigo.

3 Nagas – C1 - *Th. Sakkaline - ✆ (071) 253 888 - www.3-nagas.com - 11h-22h.* Dans une salle aux carrelages anciens et à la décoration contemporaine très réussie ou en terrasse sous les manguiers, de l'autre côté de la rue, des glaces maison dont un étonnant sorbet à la roselle.

Bar 1861 – A3 - *Dans l'hôtel Luang Say Residence - 11h-23h30.* Autour de la grande cheminée centrale, son cadre évoque les explorateurs du 19e s. *Afternoon tea (16h-17h - 65 000 kips)* avec gâteaux, sandwiches et fruits. Agréable aussi pour prendre un verre en soirée.

Silk Road – A3 - *Living Crafts Centre, sur la berge du Mékong, en face du Talat Phosy - ✆ (071) 212 597 - 8h-17h.* Dans le jardin des ateliers de tissage d'Ock Pop Tok, restauration légère sur une belle terrasse en surplomb du Mékong. Visites guidées gratuites toutes les heures expliquant les étapes de la sériciculture et de la teinture aux pigments naturels.

BOIRE UN VERRE

Sur les berges du Mékong se succèdent les terrasses en plein air, bienvenues pour une halte au coucher du soleil.

The House – B2 - *Th. Phu Si - ✆ (071) 255 021 - http://thehouselaos.com - 17h-23h30.* Une sélection de bières trappistes belges à siroter en salle ou en terrasse. Les voyageurs en solo apprécieront la table qui leur est réservée afin de favoriser les rencontres. Projection de films certains soirs.

Bar à Vin – B2 - *Th. Sisavang Vong - ✆ (071) 254 980 - 10h-23h.* Vins français, italiens et du Nouveau Monde à déguster en suivant des yeux l'animation de l'artère principale.

ACHATS

Marchés

Talat Sao (Marché de Jour) – B2 - *Autour du Vat Phonxay - 6h-18h.* Les ruelles entre l'avenue Sisavang Vong et le Mékong sont occupées par des vendeuses de fruits, légumes, brochettes. L'un des marchés de jour les plus pittoresques du pays.

Marché de nuit – B2 - *Th. Sisavang Vong - 17h-22h.* Textiles, petite décoration, luminaires, papier de mûrier, artisanat et souvenirs en tous genres. Touristique mais coloré et sympathique, à ne pas manquer.

Textiles et artisanat

Ock Pop Tok – C1 - *Th. Sakkaline, à côté du restaurant 3 Nagas - ✆ (071) 253 219 - http://ockpoptok.com - 8h-21h.* Dans une demeure de bois traditionnelle, coton, soie et chanvre tissés et brodés main. Des pièces de qualité, chères mais superbes. Autre boutique au coin de la rue.

Passa Paa – C1 - *Th. Sakkaline, à côté de la boutique Ock Pop Tok - 8h-21h.* Sacs, foulards, taies de coussin en coton ou chanvre imprimés au pochoir. Les motifs contemporains s'inspirent des

6

broderies traditionnelles hmongs. Vous pourrez suivre le processus de fabrication dans l'atelier situé en dessous.

TAEC – B2 - *Th. Kitsalat - 9h-21h.* Artisanat des minorités montagnardes (bijoux d'argent, vannerie, textile) respectant les principes du commerce équitable.

Yomala Saa Paper – B1 - *Dans une ruelle entre le Vat Choum Khong et le Mékong - ✆ (020) 999 996 13 - 9h-21h.* Albums photo, cartes et enveloppes, lampions confectionnés à base de papier de mûrier *(saa)* dans les ateliers familiaux de Ban Xang Khong.

Handicraft Centre – C2 en dir. - *Ban Phanom (voir p. 478) - 9h-16h.* Le plus grand choix en soieries et cotonnades tissées et brodées main.

Librairie

Monument Books – C1 - *Ruelle entre le Mékong et le restaurant L'Éléphant - www.monument-books.com - lun.-vend. 9h-21h, w.-end 9h-19h.* Une bonne sélection de livres neufs en français et en anglais. Cartes routières, livres sur la ville.

EN SOIRÉE

Théâtre Pralak Pralam – B1 - *Dans l'enceinte du Palais royal - lun., merc., vend., sam. à 18h30 - durée 1h.* Mêlant danse, musique traditionnelle et théâtre masqué, le spectacle présente un épisode du *Pralak Pralam*, la version lao du *Ramayana*.

Cinéma Tuk-Tuk – *www.cinema-tuktuk.org.* Organise des projections et des spectacles en divers endroits de la ville. Programmation sur le site internet.

Moonlight Cinema – C1 - *Th. Sakkaline, dans le complexe Ock Pop Tok Heritage - ✆ (071) 212 597 - http://ockpoptok.com.* Grands titres du cinéma contemporain présentés les jeu. à 19h dans une formule dîner-projection.

ACTIVITÉS

Détente et bien-être

Lao Red Cross Traditional Massage – B2 - *Th. Visounarat, face au Vat Visoun - ✆ (071) 252 856 - 13h-21h.* Une adresse sérieuse assurant des massages de qualité *(50 000 kips).* Sauna à partir de 16h.

Plein air

The Living Land Company – A3 en dir. - *Route de Kuang Si, à 5 km au sud-ouest de Luang Prabang - ✆ (020) 551 992 08 - www.livinglandlao.com - Réserv. la veille.* Sessions à la demi-journée pour s'initier aux activités paysannes (labour, repiquage ou récolte du riz, etc.) dans une ferme bio.

Croisières sur le Mékong

Nava Mekong – B1 - *Th. Ounkham - ✆ (020) 592 855 55 - http://navamekong.com - lun.-vend. 8h30-17h30, sam. 8h30-15h30.* Croisières sur le Mékong au couchant *(2h - 240 000 kips)* incluant un repas et un spectacle de danse. Départs tlj à 17h.

Shompoo Cruise – B1 - *Th. Ounkham - ✆ (071) 213 189 - www.shompoocruise.com - lun.-vend. 8h30-12h, 13h30-17h30.* Croisières de 2 j. entre Luang Prabang et Houay Xay avec halte pour la visite de deux villages (lao et khmu) et les grottes de Pak Ou. Départs les lun., merc., vend. et dim., 130 US$/pers., repas à bord compris ; nuit à Pakbeng en sus.

Luang Say Mekong Cruise – C1 - *Th. Sakkaline - ✆ (071) 252 553 - www.luangsay.com - 9h-19h.* La version haut de gamme de la croisière entre Luang Prabang et Houay Xay. Guide accompagnateur francophone pour les haltes-visites. Départ les mar., merc. et sam. sf juin,

300/430 US$/pers., repas à bord et nuit à Pakbeng compris. Réserv. sur internet conseillée de nov. à fév., importantes promotions « dernière minute » en basse saison.

Éléphants

Voir aussi encadré p. 480.

Elephant Village – C1 en dir. - *Ban Xieng Lom, à 15 km à l'est de Luang Prabang - (071) 260 012 - www.elephantvillage-laos.com - 8h30-16h30.* Cette réserve établie sur les rives de la Nam Khan a mis en place un système de quotas pour garantir que les pachydermes ne sont pas exploités dans un unique but lucratif. Comptez 90 US$ pour y passer la demi-journée, accompagner les pachydermes au bain et les nourrir.

Elephant Conservation Center – *Sayabouri - 113 km au sud-ouest de Luang Prabang - (020) 965 906 65 - www.elephantconservationcenter.com.* Ce centre de protection recueille et soigne les éléphants qui, malades, orphelins ou ayant perdu leur cornac, ne sont pas ou plus en état de travailler. L'éthique du lieu promeut l'observation et les interactions avec les bêtes plus que la monte, qui sera l'exception plus que la règle.

Luang Prabang Elephant Camp – A3 en dir. - *À 6 km des chutes de Kuang Si - (020) 286 388 05 - www.luangprabangelephantcamp.com - 8h30-16h30.* Comptez 25 US$ pour nourrir les éléphants et faire une excursion de 30mn dans la forêt sur leur dos. Commercial.

Culture

Institut français – B1 - *Th. Sisavang Vatthana, face au Vat Pa Phai - (020) 555 264 74 - www.if-laos.org.* Petites expositions de peinture ou de photo, conférences en lien avec le Laos et le patrimoine de Luang Prabang. Programme sur le site. Fait office d'agence consulaire.

AGENDA

Festival du film de Luang Prabang – *http://lpfilmfest.org - 1 sem. début déc.* Projections gratuites de films réalisés en Asie du Sud-Est.

Makha Bousa – *3e pleine lune (fin janv. ou début fév.).* Au Vat Xieng Thong, célébration de l'annonce par le Bouddha de sa propre mort.

Boun Pimai – *3 j. mi-avr.* Pour le Nouvel An lao, le Pra Bang est porté en procession au Vat Mai pour y être purifié. Ambiance festive bon enfant.

Régates sur la Nam Khan – *Pleine lune d'août-sept.* Les offrandes aux *naga*, seigneurs des eaux, marquent la fin de la saison des pluies et donnent lieu à des compétitions de pirogues.

Semi-marathon – *www.luangprabanghalfmarathon.com - oct.* La course permet de collecter des fonds pour développer des projets d'aide médicale et sociale.

Festival des Éléphants – *3 j. mi-fév., à Sayabouri.* Organisé depuis 2006. Processions et spectacles rassemblant une centaine de pachydermes, marché de nuit et foire de l'artisanat.

Le haut Mékong

★★

Provinces de Bokeo, d'Oudomxay et de Luang Nam Tha

Resté longtemps la seule voie d'accès de ou vers le nord de la Thaïlande, le haut Mékong est navigable entre Luang Prabang et Houay Xay, où le 4e pont de l'Amitié enjambe le fleuve : une croisière de deux jours qui entame ou clôt la découverte du Laos au creux d'un paysage montagneux sauvage. La plupart des voyageurs ne quittent pas cet axe fluvial. Pourtant, les routes partant de Pakbeng et de Houay Xay permettent de s'enfoncer dans un arrière-pays verdoyant, encore largement méconnu, où vivent les principales minorités ethniques du pays, dans les provinces d'Oudomxay et surtout de Luang Nam Tha, qui jouent toutes deux la carte de l'écotourisme.

NOS ADRESSES PAGE 498
Hébergement, restauration, activités, etc.

S'INFORMER
Points d'information touristique à Pakbeng, Houay Xay, Oudomxay et Luang Nam Tha.

SE REPÉRER
Carte de région AB3 (p. 462-463).
Houay Xay, point frontière avec la Thaïlande, est à 168 km au nord-ouest de Pakbeng par le fleuve et 336 km à l'ouest de Luang Prabang par le fleuve (505 km par la route).

Voir aussi la rubrique « Arriver/partir » dans « Nos adresses ».

À NE PAS MANQUER
La navigation sur le Mékong par le *slow boat*.

ORGANISER SON TEMPS
Comptez 2 j. par le fleuve entre Luang Prabang et Houay Xay. Vous pouvez interrompre la croisière à Pakbeng pour découvrir l'intérieur des terres (au moins 2 j. de plus).

Pakbeng Carte de région B3 (p. 462-463)

Tourism Information Centre – *En surplomb de l'embarcadère - lun.-vend. 7h30-11h30, 13h30-16h30.*

Établie à l'endroit où la Nam Beng se jette dans le fleuve (*nam* = rivière, *pak* = embouchure), c'est l'étape de nuit des bateaux publics assurant chaque jour la liaison entre Luang Prabang et Houay Xay. Pakbeng se présente comme une petite bourgade disparate de baraques de bois et de bâtiments récents aux toits de tôle, plus utilitaires qu'esthétiques. L'unique rue, où se succèdent pensions bon marché et petits restaurants sans génie, ne s'anime guère qu'à l'arrivée des bateaux quotidiens, en fin d'après-midi, pour retourner à sa torpeur lorsqu'ils repartent le lendemain matin.

En sortant du bourg par la route d'Oudomxay, à droite dans le virage, le **Vat Khok Kho** *(500 m de l'embarcadère)* offre un point de vue plaisant au coucher du soleil. Quelques centaines de mètres plus loin, sur la droite, des escaliers montent au **Vat Si Chom Chaeng**. Son petit *sim*, qui date du début du Protectorat, conserve sur sa façade principale une fresque où apparaissent des Européens (Français ou Hollandais) moustachus portant chapeau et fusil.

À l'amarre sur les berges du haut Mékong.
P. Tisserand/Michelin

Dans les environs, la cascade **Tad Lea★** *(env. 40 km - 25 000 kips)* chute de bassin en bassin sur 600 m de longueur, offrant un joli but d'excursion. Elle est en eau de juin à février, mais c'est entre juillet et novembre qu'elle est la plus spectaculaire.

Houay Xay Carte de région A3 (p. 462-463)

Tourism Information Centre – *Rue principale, en face du restaurant Riverside Houayxay - http://bokeotourismlaos.org - lun.-vend. 7h30-11h30, 13h30-16h30.*

Porte d'entrée septentrionale du Laos, la capitale de la **province de Bokeo**, sur la rive gauche du Mékong, fait face à la ville thaïlandaise de **Chiang Khong**, à laquelle la relie depuis fin 2013 le 4e pont de l'Amitié lao-thaïe. Plus haut, c'est le Triangle d'or et la frontière *(fermée)* avec la Birmanie, puis la Chine, à 4h de route. De Houay Xay partent les bateaux de bois qui descendent le Mékong jusqu'à Luang Prabang *(voir p. 482 et p. 498)*.

Plus importante que Pakbeng, la bourgade vit essentiellement des échanges commerciaux avec la Thaïlande voisine. Elle s'étire le long de sa rue principale, qui suit le Mékong. Dans sa partie sud, le **Fort Carnot** *(sur une hauteur à 800 m du centre - entrée libre)*, ruiné et envahi d'herbes folles, ne montre guère plus que ses murs d'enceinte percés de meurtrières et une tour de guet en brique. Construit par les Français au début du Protectorat, vers 1900, pour surveiller le territoire siamois et le trafic sur le Mékong, il fait partie des très rares constructions militaires françaises au Laos, la plupart ayant été détruites. La colline a conservé plusieurs édifices de cette époque, aujourd'hui occupés par l'armée laotienne.

En centre-ville, le **Vat Chomkao Manilat** ouvre plein ouest, face au Mékong. Il se juche sur une hauteur reliée à la rue principale par de longs escaliers dont deux sveltes *naga* vert pomme forment les rampes. Cette pagode relativement récente (fin du 19e s.) réserve au coucher du soleil un joli **point de vue★** par-delà la volée de marches descendant vers le fleuve. Après la prière

En bateau sur le Mékong

Le Mékong est navigable entre Houay Xay et Luang Prabang, la dernière portion de son parcours à être couverte par un service public régulier de navettes fluviales. Prise de contact ou dernier regard sur les paysages du Laos, cette mini-croisière de 2 jours reste un classique parmi les voyageurs passant de Thaïlande au Laos, plus souvent dans le sens de la descente que vers l'amont.

AU FIL DE L'EAU DU NORD AU SUD

Depuis qu'il s'est éloigné de la Birmanie, au niveau du Triangle d'or, le Mékong *(voir aussi p. 410)* sépare le Laos et la Thaïlande : **Houay Xay** fait face à Chiang Khong et les pavillons des deux pays se saluent sur ses eaux. Quittant alors la plaine, le fleuve conserve son rôle de frontière jusqu'à **Pak Tha** puis s'enfonce dans une zone montagneuse, traçant sa route encaissée dans l'intérieur du Laos. Une dizaine de kilomètres en amont de **Pakbeng**, un pont ouvre depuis fin 2015 une nouvelle route au commerce sino-thaï. Ailleurs, on continue à recourir aux bacs qui font l'aller-retour d'une rive à l'autre, signalés de loin en loin par les pistes de latérite qui descendent jusqu'à la berge.

Jusqu'à Luang Prabang, le fleuve traverse un cadre **montagneux** sauvage où la **jungle** épaisse, ponctuée de bosquets de bambous géants, laisse place ici et là à de jeunes **plantations de tecks**. Dans cet océan vert, l'œil identifie la silhouette caractéristique des cocotiers, des bananiers et le haut tronc droit et gris des kapokiers. Certains flancs pelés rappellent que le déboisement sévit ici aussi.

Dans cette zone au relief tourmenté, le lit du Mékong est encombré d'impressionnants **amas rocheux** au passage desquels se forment des **rapides** et des tourbillons – des éléments qui rendent particulièrement sportive la conduite des *speed boats* dont les pilotes, casqués comme des motards, convoient de hameau en hameau riverains et marchandises, dans une avalanche de décibels. Plus bas, le danger vient des **bancs de sable** qui créent des hauts-fonds ou émergent durant la saison sèche. Au niveau de **Pak Ou**, à 2h de navigation de Luang Prabang, apparaît un paysage karstique creusé de grottes *(voir p. 481)*.

En aval de **Luang Prabang**, les barrages ont mis un terme à la navigation sur le Mékong qui ne reprend que bien plus bas, entre **Pakse** et **Si Phan Don**, à l'extrême sud du Laos. Mais là comme dans sa partie cambodgienne, les bateaux de croisière à destination d'une clientèle touristique ont désormais remplacé les services de transport public.

SCÈNES DE LA VIE FLUVIALE

Principale artère du Laos et longtemps sa seule voie de communication, le Mékong continue à drainer un important **trafic** de marchandises. Les barges y convoient du bois, du ciment ou des matériaux de construction. Çà et là, des drapeaux bouddhistes signalent une pagode isolée, un **hameau** montre ses maisons de bois ou de bambou. Les berges du fleuve alternent entre parois rocheuses abruptes, témoins d'une érosion puissante, et terrains sablonneux en pente douce voire plages. Les femmes descendent y laver le linge, les enfants s'éclaboussent tandis que les hommes jettent leurs **filets** d'un geste ample, postés sur leur barque ou perchés sur les rochers bordant la rive. Avec la baisse des eaux, les berges se couvrent de **cultures maraîchères** à côté desquelles viennent paître les troupeaux de buffles.

du soir, les moines invitent leurs visiteurs à venir discuter en anglais sur leur vie, leur religion, les us et coutumes du Laos, heureuse initiative d'échange et d'apprentissage *(lun.-vend. 19h30-20h30)*.

★ Souvanna Khomkham A3

District de Tonpheung - entre Ban Don That et Ban Hom, sur le Mékong, à env. 50 km à l'ouest de Houay Xay - 4x4 indispensable en saison des pluies - accès libre.

Les vestiges d'une **ville ancienne** ont été mis au jour dans les années 1990 sur la berge du Mékong. Celle-ci, baptisée Souvanna Khomkham d'après le nom d'une cité légendaire, remonterait aux 15ᵉ-16ᵉ s. Située en face de l'agglomération thaïlandaise de Chiang Saen, elle pourrait avoir partie liée avec le **royaume du Lan Na** qui connaît son apogée dans le nord de la Thaïlande à cette époque. On y a dégagé une quarantaine de structures de brique, souvent à vocation religieuse, éparpillées sur plus de 10 km de long, dont un monumental **bouddha assis**★★ de plus de 7 m de hauteur. Quelques **stupas** sont encore debout, éventrés par les chercheurs de trésors, mais beaucoup gisent à l'état de ruines parmi les herbes folles. Des réservoirs ont également été identifiés. L'érosion des berges du Mékong ou une modification du cours du fleuve pourraient avoir précipité la destruction de la cité, plusieurs fois mise à mal par les pillards. Mais la recherche historique sur le site en est encore à ses balbutiements.

Dans l'intérieur des terres Carte de région BC2-3 (p. 462-463)

À 4h de route de Pakbeng, Oudomxay commande une région peu touristique qui séduira les amateurs de tourisme nature loin des sentiers battus. Autre destination « verte », accessible depuis Oudomxay ou depuis Houay Xay, la province de Luang Nam Tha se déploie dans un paysage montagneux, aux abords de la frontière chinoise. Une vingtaine de **minorités montagnardes** habitent dans les environs de Luang Nam Tha, la région la plus diverse du Laos du point de vue ethnique. Les 2 220 km^2 du **Parc national Nam Ha** couvrent une bonne partie de la province.

OUDOMXAY (MUANG XAY) C3

120 km au nord-est de Pakbeng par la R2W.

Tourism Information Centre – *En face du marché - ✆ (081) 212 483 - www.oudomxay.info - lun.-vend. 8h-12h, 13h30-16h.*

La ville est avant tout un **carrefour routier**, entre Vientiane et la Chine (par Boten) sur l'axe nord-sud, entre le Vietnam et la Thaïlande sur l'axe est-ouest. Sur le marché central, les produits manufacturés dans les trois pays voisins tendent à supplanter les textiles et les ouvrages artisanaux réalisés par les principales minorités ethniques de la région, Khmus, Hmongs et Laos Loum, qui vivent dans les hameaux des montagnes alentour. Capitale provinciale endormie il y a peu, Oudomxay vit aujourd'hui dans le bruit et la poussière des chantiers de construction liés aux investissements chinois qui se multiplient dans la région.

En face d'un petit **musée** local *(horaires aléatoires)* sans grand intérêt consacré à l'histoire et aux ethnies de la province partent les escaliers montant au **Phu That** (colline du Stupa) où un grand bouddha debout doré de 15 m de hauteur côtoie depuis 2010 un stupa (18 m) fondé au 14ᵉ s. Endommagé durant les guerres d'Indochine, le stupa a été reconstruit en 1999. Jolie **vue**★ au coucher du soleil.

AUTOUR D'OUDOMXAY C2-3

Camions chinois, thaïlandais, vietnamiens voire birmans témoignent de l'intensité des échanges commerciaux transitant par cette région. Dès que l'on quitte les routes principales, en revanche, on retrouve un Laos comme figé dans le passé. C'est, avec la province de Luang Nam Tha, l'une des dernières régions où les femmes des minorités montagnardes portent encore au quotidien le costume traditionnel de leur ethnie. Dans ces lieux reculés, veillez à garder une certaine discrétion, notamment en matière vestimentaire (les femmes se baignent habillées) et sachez regarder avec les yeux plutôt qu'avec votre appareil photo.

Ban Faen C3

8 km à l'est d'Oudomxay - excursion à programmer en saison sèche uniquement.
Ce village khmu s'est spécialisé dans la confection de meubles en bambou. Dans le parc de **Phu Hiphi★★**, la cascade de Nam Kat *(23 km d'Oudomxay)*, aux eaux glacées, pourra constituer le but d'une randonnée d'env. 15 km dans une superbe forêt. De son sommet, le **Phu Phadeng** (colline du Rocher rouge) offre un beau panorama sur les vallées environnantes.

★ Muang La C2

Sur la Nam Pak, 28 km au nord-est d'Oudomxay par la R2E.
Charmante dans son cadre de montagnes, la petite localité sert de point de départ à des **randonnées★★** vers des villages khmus où vous aurez peut-être encore l'occasion de croiser des femmes en costume traditionnel. Les **sources chaudes**, sur les bords de la rivière, sont appréciées par les habitants du cru qui y viennent s'y tremper en fin d'après-midi. Le **Vat Pra Singkham**, important lieu de pèlerinage, conserve un bouddha du 17e s.

MARTINGALE SUR LE MÉKONG

En 2007 s'est ouverte en plein cœur du Triangle d'or une **SEZ** (Zone économique spéciale), concession accordée à un groupe chinois pour 99 ans. Objectif : transformer d'ici 2020 la petite ville de **Tonpheung**, à 60 km à l'ouest de Houay Xay, en une agglomération de 200 000 habitants (Vientiane en compte 800 000) dotée d'un aéroport international. Investissement prévu : 2 milliards de dollars, deux fois le budget annuel du Laos. Tonpheung fait déjà figure de zone de non-droit. Un casino y tourne 24h/24, attirant avant tout une clientèle venue de Thaïlande et de Chine, deux pays où les jeux d'argent sont interdits. Hasard ou opportunité, la production d'opium a doublé dans le Triangle d'or depuis 2006, et les laboratoires d'amphétamines et d'héroïne inondent les marchés thaïs et chinois ; certains murmurent « blanchiment » pour expliquer l'implantation des casinos dans la région. Rien n'est trop beau pour satisfaire les visiteurs : dans les restaurants, ils trouveront du tigre et de l'ours noir (deux espèces protégées) au menu ; à la pharmacie, de la poudre de corne de rhinocéros, un aphrodisiaque aussi prisé qu'illicite ; au *souvenir shop*, des bracelets d'ivoire ; et dans les *massage parlours*, des filles parfois très jeunes… *Sin City*, la « ville du péché », connaîtra-t-elle le destin de **Boten**, la *Golden City* créée en 2003 à la frontière sino-laotienne ? Une concession similaire y avait été accordée, un casino ouvert, et la ville semblait promise à un avenir faste. Jusqu'à ce que le gouvernement chinois fasse fermer l'endroit en 2011, après que certains de ses ressortissants y eurent été retenus en otages – ou retrouvés dans la rivière… parce qu'ils ne jouaient pas assez.

LE PETIT MONDE À PART DES AKHAS

Les Akhas se sont établis dans les hautes terres occidentales du Laos, ainsi que dans les montagnes birmanes et thaïlandaises, au tournant du 20e s. Ils revendiquent pour origine les terres frontalières du Tibet mais pourraient venir du Yunnan, où ils sont également présents. Leurs villages, temporaires, se distinguent par le portique en bois, sculpté sur un montant de figures féminines, sur l'autre de figures masculines, qui sépare l'espace du village et le domaine des esprits et des animaux sauvages. Les maisons, en bois, bambou et chaume, comme la plupart des habitations des peuples montagnards, présentent la particularité de ménager un espace réservé aux hommes, distinct de l'espace commun où évoluent les femmes.

★★ Tham Chom Ong B2

40 km au nord-ouest d'Oudomxay jusqu'à Ban Chom Ong (pas de transports publics) puis 5 km à pied (1h de marche) - 8h-17h - 10 000 kips, guide obligatoire (et indispensable) 50 000 kips - visite : 4 à 6h. Bonne condition physique requise.

Non loin d'un **hameau khmu** d'env. 500 habitants qui entretient ses traditions d'artisanat commence ce formidable **réseau de grottes** ouvert à la visite depuis 2010. D'une longueur de 16,5 km, c'est l'un des plus vastes du pays, pourtant abondamment pourvu en la matière. Il est connu localement sous le nom de Tham Chia, la « grotte aux Chauves-Souris », dont les villageois collectent le guano pour l'utiliser comme engrais. L'exploration vous fera passer par des boyaux et des tunnels de 20 à 30 m de largeur et autant de hauteur (jusqu'à 50 m de plafond par endroits), ponctués de stalactites et de stalagmites aux dimensions imposantes. La rivière Nam Khang circule dans les couloirs de cette **grotte traversante**, ouverte au nord et au sud, dont seule la partie sèche *(sud)* peut se visiter sans équipement.

LUANG NAM THA B2

180 km au nord-est de Houay Xay par la R 3 - 120 km au nord-ouest d'Oudomxay par la RN 13 puis la R 13B, en excellent état.

Tourism Information Centre – *Derrière le marché de nuit - lun.-vend. 7h30-11h30, 13h30-16h30.*

Située sur la rivière *(nam)* Tha, la bourgade est un point de passage obligé entre Houay Xay, à la frontière thaïlandaise, et **Boten**, à la frontière chinoise *(fermée aux étrangers)*. À ce titre, elle voit transiter toutes sortes de biens de consommation circulant entre ces deux pays et qui inondent son **marché de nuit**. Si les cultures traditionnelles tendent à laisser le champ aux plantations intensives de banane et d'hévéa, la petite ville s'entoure néanmoins du vert tapis de ses rizières, somptueux à la saison des pluies (juin-sept.).

Luang Nam Tha, qui mise sur un tourisme nature, sert de base pour des **randonnées** vers les sources chaudes et les cascades du **Parc national de Nam Ha★★**, dont les belles forêts primaires sont traversées par trois affluents du Mékong. Les agences installées en ville proposent des sorties en VTT, rafting, kayak et des descentes de la Nam Tha en pirogue *(voir p. 501)*. Les excursions les plus longues seront l'occasion de passer la nuit chez l'habitant dans les villages des minorités ethniques akhas, yaos, lahus, thaïs noirs, khmus, lantens qui peuplent la région.

Considérée comme l'une des plus belles du pays, la **route** entre Luang Nam Tha et **Muang Sing** *(58 km au nord-ouest)*, à la frontière chinoise, suit le cours de la Nam Tha avant de traverser la partie nord-est du parc national de Nam Ha.

NOS ADRESSES À PAKBENG ET À HOUAY XAY

INFORMATIONS UTILES

Pakbeng

Banques/Change – Deux DAB dans la rue principale mais ils sont parfois vides ou inopérationnels faute d'électricité. Faites le plein de liquidités avant cette étape.
Commerces – Petites épiceries de dépannage dans la rue principale.

Houay Xay

Banques, distributeurs et change dans la rue principale, au centre. Le baht est accepté partout.

Frontière avec la Thaïlande

Poste-frontière ouvert de 6h à 22h au niveau du pont de l'Amitié *(interdit aux piétons et aux cyclistes)*. Au pont, navettes pour Chiang Khong *(9 km)* jusqu'à 18h, *tuk-tuk* pour Houay Xay *(11 km - 25 000 kips)*. Formalités de passage de/vers la Thaïlande : *voir p. 35*.

ARRIVER/PARTIR

En avion

Aéroport de Luang Nam Tha (LXG) – *À 2 km au sud-ouest du centre*. Lao Airlines *(www.laoairlines.com)* assure 1 vol/j. pour Vientiane.

En bus

Gare routière de Pakbeng – *À 2 km du centre*. 2 départs le matin pour Oudomxay *(4h - 50 000 kips)*.
Gares routières de Houay Xay – De la gare routière Keo Champa *(5,5 km au sud du centre)*, bus pour Luang Nam Tha *(2/j. - 4h - 60 000 kips)*, Oudomxay *(1/j. - 7h - 90 000 kips)* et Luang Prabang *(2/j. - 13h - 120 000 kips)*. De la gare routière de Phetaloun *(7 km au sud)*, bus à 9h et 16h pour Chiang Rai *(3h - 60 000 kips)*.
Gares routières d'Oudomxay – *À 2 km du centre*. De la gare routière Nord *(1 km du centre)*, dép. le matin pour Luang Nam Tha *(3 bus/j. - 3h)*. De la gare routière Sud *(5 km du centre)*, liaisons avec Vientiane *(4 bus/j. - 14h - 170 000 kips)*, Luang Prabang *(3 bus/j. - 7h - 60 000 kips)* et Pakbeng *(1 bus/j. - 4h - 50 000 kips)*.

En minivan

Plusieurs agences au centre de Houay Xay assurent des liaisons tlj avec Chiang Mai, Chiang Rai et Bangkok. Pick-up à votre hôtel.

En bateau

De Houay Xay, les bateaux publics **(slow boat)** mettent 2 j. pour rejoindre Luang Prabang, en aval sur le Mékong, avec une halte pour la nuit à Pakbeng. Toilettes à bord mais pas de restauration : prévoyez votre pique-nique.
Il n'est pas nécessaire de réserver son billet. Trajets en **speed boat** déconseillé : *voir p. 482*.
Embarcadère de Pakbeng – *À 300 m du centre*. Départ pour Luang Prabang à 9h *(7h -110 000 kips)* et pour Houay Xay à 8h30 *(8h -110 000 kips)*.
Embarcadère de Houay Xay – *À 1 km du centre*. Départ du *slow boat* à 11h30 *(7 à 8h -110 000 kips jusqu'à Pakbeng)*.

HÉBERGEMENT

Pakbeng

Du débarcadère à la fin de la rue principale se succèdent 10 à 15 *guesthouses* d'un confort rudimentaire. N'écoutez pas les rabatteurs qui vous incitent à « réserver » au prétexte que tout est complet : ces pseudo-réservations ne servent qu'à faire grimper le prix de la chambre (commission).

PREMIER PRIX

Vatsana Guesthouse – *Rue principale, à 300 m de l'embarcadère, à droite - ✆ (081) 212 302 - - 6 ch. - 100 000/150 000 kips.* Sur deux niveaux dans une maison particulière récente, ses chambres carrelées assurent un confort et une propreté supérieurs aux autres établissements familiaux de la rue. Celles de l'étage sont un peu moins tristes. Wifi.

BUDGET MOYEN

DP Guest House – *Rue principale, à 100 m de l'embarcadère, à gauche - ✆ (081) 212 624 - http://duangpasert.com - - 12 ch. - 280 000 kips.* Déco minimale sur fond blanc pour l'ancien Douang Prasead qui, refait à neuf en 2014, aligne sur 2 étages des chambres bien entretenues. Les hôtes se retrouvent sur le long balcon commun, en surplomb de la rue. Wifi.

Mekong Riverside Lodge – *Tournez à gauche en haut de la montée du débarcadère, puis 100 m - ✆ (081) 214 010 - mekongriversidelodge@hotmail.com - - 12 ch. - 360 000/400 000 kips.* Des bungalows de bois aux murs et plafonds de bambou tressé. Ceux du niveau supérieur bénéficient d'une plus belle vue et d'un balcon donnant sur l'embarcadère. Wifi, réserv. conseillée (groupes).

UNE FOLIE

Sanctuary (ex-Pakbeng Lodge) – *Tournez à gauche en haut de la montée du débarcadère, puis 300 m - ✆ (081) 212 304 - www.sanctuaryhotelsandresorts.com - - 30 ch. - 114/154 US$ en demi-pension.* Spacieuses, revêtues d'un parquet et meublées de bambou, ses chambres jouissent toutes d'une terrasse privative donnant sur le fleuve, par-delà le jardin fleuri qui descend en pente sur la berge. Organise des randonnées vers les villages khmus et des balades à dos d'éléphant sur la rive opposée. Un bon rapport qualité-prix. Réserv. conseillée en haute saison (nov.-fév.).

Houay Xay

PREMIER PRIX

Lao Chinese Guesthouse – *Rue principale, à 300 m à droite du débarcadère - ✆ (084) 212 156 - - 12 ch. - 80 000 kips.* À mi-chemin entre le débarcadère et le centre-ville, cet établissement propose des chambres plus spacieuses que la moyenne des adresses de sa catégorie, mais au mobilier disparate plus qu'usé. Quatre chambres avec balcon sur la rue principale ; celles donnant sur la coursive à l'arrière sont plus calmes. Pas d'anglais, wifi.

Oudomphone Guesthouse 2 – *Rue principale, dans le centre - ✆ (084) 211 308 - - 25 ch. - 90 000/120 000 kips.* Les plus de l'hôtel : sa situation centrale, la supérette à son pied et ses nombreux services aux voyageurs (change, laverie, tickets de bus et de bateau, etc.).Ses chambres carrelées, dont le mobilier de bric et de broc envahit un peu trop l'espace, conviendront pour un bref séjour. Petit-déj. possible en bas de l'hôtel, wifi.

Hom Pho Guesthouse – *Rue principale, dans le centre - ✆ (030) 544 8338 - - 14 ch. - 150 000 kips.* Toutes les chambres se trouvent au 1er étage de cet édifice récent. À tarif égal, certaines bénéficient d'un petit balcon sur rue, d'autres, plus calmes et plus spacieuses, d'une fenêtre sur l'arrière, d'autres enfin sont aveugles. Convenablement meublées mais dépourvues de charme, elles ont opté pour une esthétique de type clinique. Situation centrale, wifi, café offert, pas d'anglais.

BUDGET MOYEN

Houay Xai Riverside – *À la sortie de l'embarcadère, à gauche - ✆ (084) 211 765 - www.houayxairiverside.com - 16 ch. - 280 000/360 000 kips.* La bâtisse orange vif vaut surtout pour sa situation en surplomb de l'embarcadère. Préférez les chambres à l'étage, dans le bâtiment du fond, car celles du rdc manquent d'intimité, leurs baies vitrées donnant sur l'espace commun. Les chambres les plus économiques ont vécu. Wifi.

Chiang Khong (Thaïlande)

BUDGET MOYEN

Nam Khong Riverside – *Rue principale, au centre, côté fleuve - ✆ (+ 66 53) 791 801 - www.namkhongriverside.com - 40 ch. - 1 300/1 500 bahts.* En tous points identiques, les chambres et leur balcon donnent sur le jardin ou sur le Mékong. Petites, carrelées, propres mais sans génie, elles conviendront pour une étape d'une nuit. Buffet au petit-déj. Wifi.

RESTAURATION

Pakbeng

Dans la rue principale, sur 400 m après l'embarcadère, une poignée de gargotes servent toutes la même nourriture adaptée au goût des voyageurs d'un soir : riz et nouilles sautées, frites et burgers. Certaines bénéficient d'une terrasse sur le fleuve. Autre option : les restaurants des hôtels de catégorie supérieure, situés derrière l'office de tourisme, proposant un cadre plus soigné.

Houay Xay

PREMIER PRIX

Daauw Home – *Fléché à gauche dans les escaliers du Vat Chomkao Manilat - www.projectkajsiablaos.org - 18h-23h - env. 50 000 kips.* Une petite communauté hmong gère ce restaurant perché à mi-hauteur de la colline. Poulet fermier et poisson du Mékong farci aux herbes sont cuits au barbecue sous vos yeux, sur la terrasse, tandis que les pizzas cuisent dans le four de terre à côté. Coin lecture, expo-vente de bijoux et broderies réalisés par les villageoises hmongs des alentours. Quelques chambres en *homestay*.

BUDGET MOYEN

Lao Solkhua Houay Sai Yai – *Rue principale, au niveau du petit pont - ✆ (020) 556 835 28 - 17h-22h - 50 000/70 000 kips.* Sur sa terrasse de bois, les tables sont équipées pour le barbecue à partager, spécialité du lieu. Vous mettrez vous-même à griller l'assortiment choisi, porc, bœuf, poulet ou calamars, accompagnés d'une assiette de crudités. Également des *tom yum* (soupe épicée au coco et à la citronnelle).

My Lao – *Rue principale, au centre du bourg - ✆ (084) 212 180 - 6h-22h - 50 000/70 000 kips.* Dans une salle soignée avec boiseries et nappes blanches, la carte, réduite, met en avant une cuisine chinoise et thaïe, avec une sélection de pâtes pour le coin occidental. Vaut surtout pour le cadre.

Bar How ? – *Rue principale, à côté de l'Oudomphone Guesthouse 2 - ✆ (020) 551 672 20 - 18h-23h - 70 000/130 000 kips.* Une salle minuscule au décor hétéroclite chargé, dont la carte asiatico-occidentale s'adresse à la clientèle des hôtels petit budget situés à proximité : steaks, pizzas et spaghettis voisinent avec nouilles sautées et plats végétariens.

Riverside Houayxay – *Rue principale, au centre du bourg - ✆ (084) 211 064 - ⊠ - 7h-22h - env. 100 000 kips.* À ne pas confondre avec son quasi-homonyme de l'embarcadère : celui-ci déploie sur le Mékong, en plein centre, sa grande terrasse partiellement couverte. À l'écart du bruit de la rue, il propose une vaste carte de cuisine asiatique allant des salades aux curries, des soupes aux omelettes. Agréable pour prendre un verre au coucher du soleil.

BOIRE UN VERRE

Moonlight – *À Pakbeng, dans l'hôtel Sanctuary Lodge (081) 212 304 - 11h-22h.* Sa belle terrasse en bois précieux *(maidou)* surplombe le Mékong et ses rives, plantées ici de frangipaniers, de bananiers et de papayers. Cadre plaisant au coucher du soleil.

ACTIVITÉS

Pakbeng

Mekong Elephant Camp – *Sur la rive opposée, face au Sanctuary Lodge - ✆ (020) 555 702 28 - www.mekongelephantcamp.com.* Balades d'1h à plusieurs jours dans la forêt à dos d'éléphant et le long du Mékong pour la pause baignade des pachydermes.

Houay Xay

Lao Red Cross Massage – *Rue principale, entre l'embarcadère et le centre - ✆ (084) 211 935 - lun.-vend. 13h30-21h, w.-end 10h30-21h.* Massages traditionnels à visée relaxante ou thérapeutique. Sauna aux herbes aromatiques à partir de 16h.

Luang Say Mekong Cruise – *Rue principale, entre l'office de tourisme et la poste - ✆ (020) 586 373 12 - www.luangsay.com - lun.-vend. 8h-11h30, 13h30-17h, w.-end matin seult.* Croisières de luxe entre Houay Xay et Luang Prabang avec repas à bord et hébergement à Pakbeng compris *(voir aussi p. 490)*. Départs les lun., jeu., vend. sf juin - 430 US$/pers., importantes promos de dernière minute.

Shompoo Cruise – *Pas de bureau en ville - un représentant de l'agence attend les passagers à 8h30 devant le bureau de l'immigration, à l'embarcadère - ✆ (071) 213 189 - www.shompoocruise.com -* Départs les mar., jeu. et sam. pour une croisière de 2 j. de Houay Xay à Luang Prabang, avec halte pour la visite de deux villages (lao et khmu) et des grottes de Pak Ou. Repas à bord compris, nuit à Pakbeng en sus. Comptez 150 US$/pers.

The Gibbon Experience – *Rue principale, dans le centre - ✆ (084) 212 021 - www.gibbonexperience.org.* Tyrolienne et nuit dans des cabanes établies dans la canopée, d'où vous bénéficierez d'un poste d'observation idéal pour suivre les évolutions des gibbons.

Luang Nam Tha

Sachez poser les bonnes questions avant d'entreprendre une randonnée : *voir p. 275 et p. 339.*

Green Discovery – *Th. 17A, au sud du marché de nuit - ✆ (086) 211 484 - www.greendiscoverylaos.com.* Treks de 1 ou 2 j. dans les forêts du parc national et à la rencontre des minorités lantens et khmus, descente de la rivière Nam Ha.

Forest Retreat Laos – *Th. 17A, à côté de la poste - ✆ (020) 555 600 07 - www.forestretreatlaos.com.* Randonnées de 1 à 4 j., kayak ou VTT, programmes « survie dans la jungle » et immersion dans la vie locale.

Le Sud 7

La bibliothèque de bois sur pilotis du Hotray Pidok.

P. Tisserand/Michelin

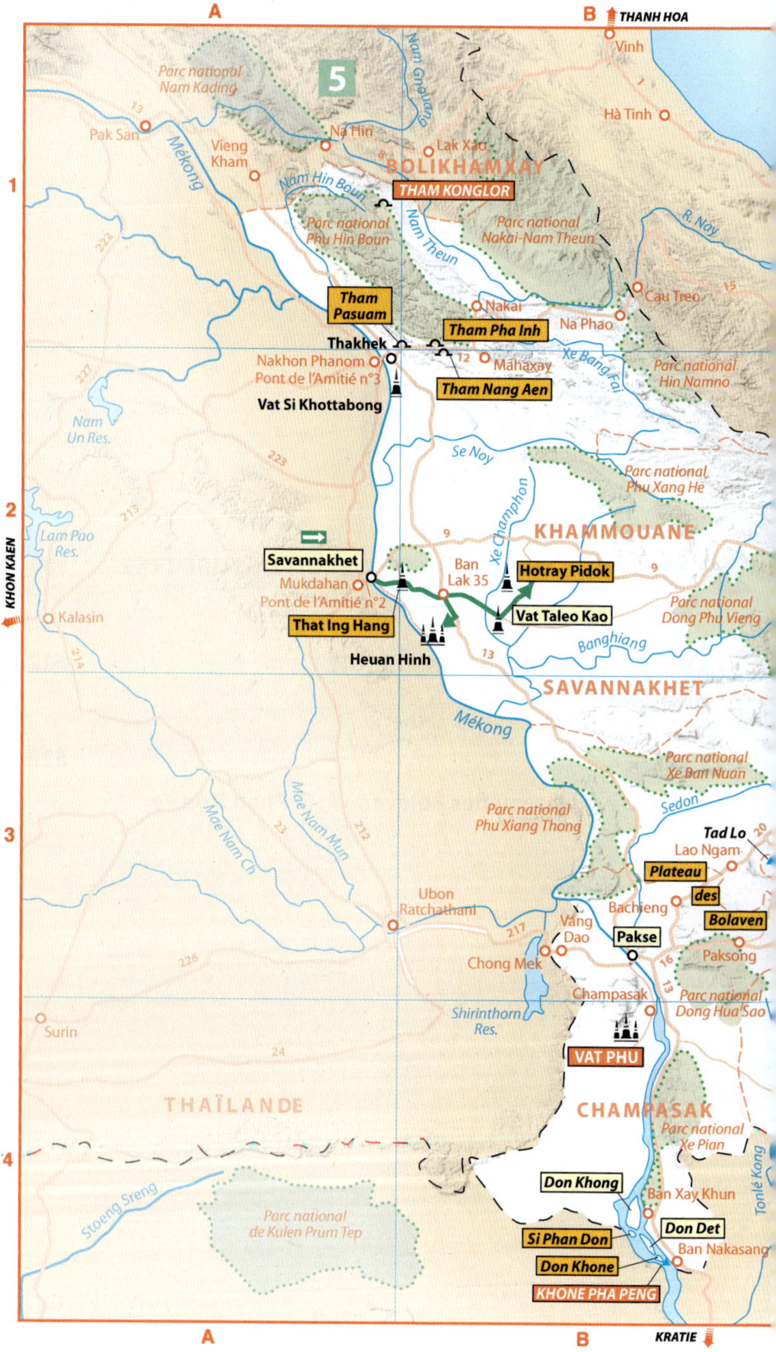
A
B
THANH HOA
KRATIE
KHON KAEN
1
2
3
4
5
Vinh
Hà Tinh
Parc national Nam Kading
Pak San
Mékong
Vieng Kham
Na Hin
Lak Xao
Nam Gnouang
BOLIKHAMXAY
Nam Hin Boun
THAM KONGLOR
Parc national Phu Hin Boun
Nam Theun
Parc national Nakai-Nam Theun
R. Nay
Cau Treo
Nakai
Na Phao
Tham Pasuam
Tham Pha Inh
Thakhek
Nakhon Phanom
Pont de l'Amitié n°3
Mahaxay
Xe Bang Fai
Parc national Hin Namno
Tham Nang Aen
Vat Si Khottabong
Nam Un Res.
Se Noy
Parc national Phu Xang He
Xe Champhon
KHAMMOUANE
Lam Pao Res.
Savannakhet
Mukdahan
Pont de l'Amitié n°2
Ban Lak 35
Hotray Pidok
Vat Taleo Kao
Parc national Dong Phu Vieng
That Ing Hang
Kalasin
Heuan Hinh
Banghiang
SAVANNAKHET
Mékong
Parc national Xe Ban Nuan
Sedon
Parc national Phu Xiang Thong
Mae Nam Mun
Mae Nam Ch
Tad Lo
Lao Ngam
Plateau des Bolaven
Bachieng
Ubon Ratchathani
Vang Dao
Pakse
Paksong
Chong Mek
Champasak
Parc national Dong Hua Sao
Shirinthorn Res.
Surin
VAT PHU
THAÏLANDE
CHAMPASAK
Parc national Xe Pian
Tonlé Kong
Stoeng Sreng
Parc national de Kulen Prum Tep
Don Khong
Ban Xay Khun
Don Det
Si Phan Don
Ban Nakasang
Don Khone
KHONE PHA PENG

C
D
LE SUD
0
50 km
1
VAT PHU
★★★
Vaut le voyage
Si Phan Don
★★
Mérite un détour
Pakse
★
Intéressant
Thakhek
À voir
Ville de départ du circuit
Environs de Savannakhet
Dong Ho'i
Cordillère annamitique
N
2
MER DE CHINE
MÉRIDIONALE
Hue
Parc national Xe Xap
SARAVAN
Da Nang
3
Sekong
Tha Teng
SEKONG
Se Kaman
16
Sekong
TAD KATAMTOK
Parc national Dong Amphan
Sanamxay
Attapeu
VIETNAM
18 B
18 A
ATTAPEU
Kon Tum
4
Parc national Virachey
Song Ba
Song Ha Giao
Se San
Ia Krang PoCo
19
CAMBODGE
C
D

Autour de Thakhek

★★

85 000 habitants – Capitale de la province de Khammouane (392 000 hab.)

Alanguie sur le Mékong, Thakhek est à la fois une ville de passage et un « melting pot » ethnique : elle se trouve à 3h de route du Vietnam et à un jet de pierre de Nakhon Phanom (Thaïlande), qu'elle regarde s'illuminer tous les soirs sur l'autre rive. Le 3e pont de l'Amitié, construit en 2011, n'a pas encore amené la frénésie thaïe de ce côté-ci du fleuve. Quoique dépourvue d'attraits touristiques, Thakhek sera pourtant votre camp de base pour explorer les grottes alentour. Les plus audacieux se lanceront à moto pour « faire le loop », une boucle de quelques jours sur les pistes de latérite, parmi les magnifiques paysages karstiques du parc de Phu Hin Boun.

NOS ADRESSES PAGE 510
Hébergement, restauration, activités, etc.

S'INFORMER

Tourist Information Centre – *Main Rd - 1,5 km au nord-est du square de la Fontaine - lun.-vend. 8h-11h30, 13h30-16h.* Organise des excursions d'1 ou 2 j. avec nuit chez l'habitant. Brochures en français sur les sentiers de randonnée *(à consulter sur place)*. Devrait ouvrir fin 2016 une antenne sur le square de la Fontaine.

SE REPÉRER

Carte de région AB1-2 (p. 504-505) – carte des alentours de Thakhek ci-contre. À 340 km au sud-est de Vientiane, 130 km au nord de Savannakhet, 180 km à l'ouest de Cau Treo (Vietnam).

Voir aussi la rubrique « Arriver/partir » dans « Nos adresses ».

À NE PAS MANQUER

L'exploration de la grotte de Konglor en barque ; plus proches de la ville, les grottes de Pasuam, de Pha Inh et de Nang Aen.

ORGANISER SON TEMPS

Comptez 1 j. pour les principales grottes autour de Thakhek et 1 j. d'excursion pour Tham Konglor.

Thakhek Carte de région A2 (p. 504-505)

Le petit cœur historique de Thakhek s'organise autour du **square de la Fontaine**, une esplanade descendant jusqu'au Mékong. En fin d'après-midi, quelques cuisines ambulantes y font office de marché de nuit. Cette ville très calme, à la circulation automobile discrète, a conservé quelques édifices coloniaux des années 1911-1912, assez modestes dans l'ensemble.

Vat Si Khottabong

5 km au sud de Thakhek par la route longeant le Mékong. Important pèlerinage lors de la pleine lune de janv.-fév.

Il dresse la silhouette à bulbe typiquement lao de son **stupa** sur les bords du Mékong. Ce *that*, qui renfermerait des reliques du Bouddha, compte parmi les plus sacrés du pays. La légende fait remonter sa fondation au 6e s. – assertion difficile à confirmer en l'absence de sources historiques et devant les nombreux remaniements qu'a connus l'édifice.

Le circuit des grottes Carte des alentours de Thakhek

Circuit d'env. 80 km AR tracé en vert sur la carte des alentours de Thakhek – Comptez 1 journée. Sortez de Thakhek plein est et traversez la RN 13 pour poursuivre tout droit sur la RN 12, dir. Mahaxay et la frontière vietnamienne. Prenez une lampe frontale pour la visite des grottes, ainsi que des chaussures confortables et ne craignant pas l'eau.

Du centre, la RN 12 file plein est pour rejoindre **Na Phao**, à la frontière vietnamienne, en 180 km. Elle traverse bientôt la partie sud de la **réserve naturelle de Phu Hin Boun** dont les paysages karstiques composent un tableau pittoresque, particulièrement photogénique dans la lumière du début de matinée et de la fin d'après-midi.

Tham Pha Fa (grotte du Bouddha)

Sortez de Thakhek par l'est, suivez la RN 12 sur 7 km puis prenez à gauche sur 9 km (piste, fléché) - 8h-12h, 13h-17h - parking 2 000 kips, grotte 5 000 kips. Sin obligatoire pour les femmes (se loue sur place pour 2 000 kips) - se déchausser à l'entrée de la grotte - photos interdites.

La piste prend fin au pied d'un piton calcaire. Un escalier en béton grimpe à l'entrée de la grotte, à une quinzaine de mètres du sol. L'endroit fut découvert

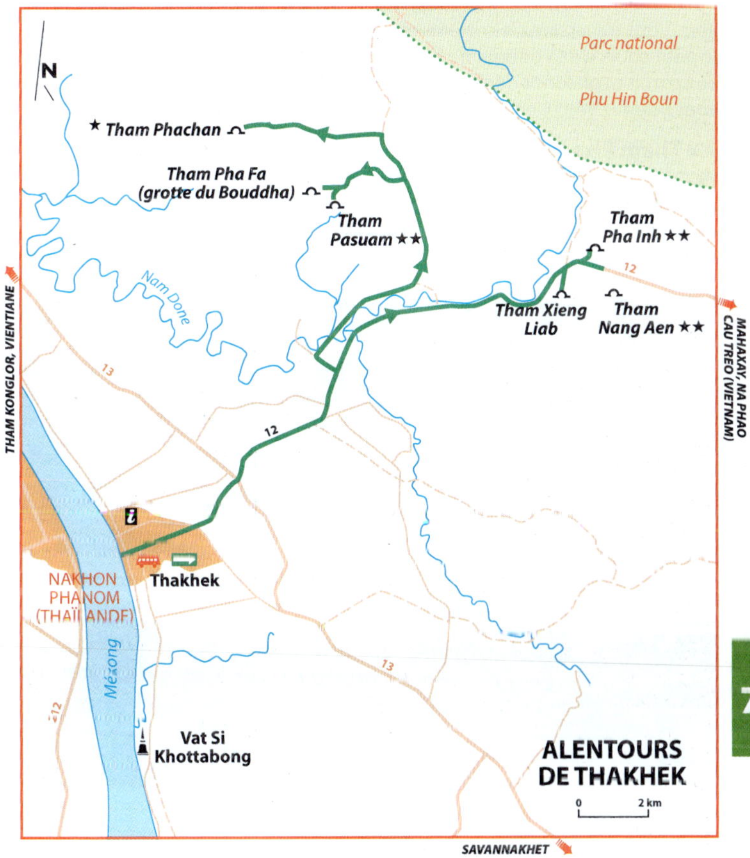

en 2004 par un paysan de la région en quête de guano de chauves-souris. Elle renfermait 229 statuettes de Bouddha anciennes et devint vite un lieu de pèlerinage. De l'intérieur, on entrevoit les eaux turquoise d'un lac souterrain se prolongeant sous le piton et que l'on peut remonter en barque.

★★ **Tham Pasuam** (Tham Nong Paseum) – *Revenez sur vos pas, la grotte est fléchée à droite à 300 m - visite sur réserv. à l'office du tourisme de Thakhek - kayak 100 000 kips pour 2/3 pers.* Récemment ouverte au public, cette grotte se visite en kayak, de préférence à la saison sèche. Vous remonterez la rivière souterraine sur 400 m jusqu'à la spectaculaire **salle du Pilier**, d'où tombent des draperies de stalactites. Devant la grotte s'étend un vaste lac où se reflètent les pitons karstiques qui émaillent la campagne environnante.

★ Tham Phachan

▶ *Rebroussez chemin sur 2 km et tournez à gauche ; poursuivez sur 14 km avant de bifurquer à droite. Difficile à trouver : à chaque patte d'oie, prenez la branche de droite - accès libre - visite possible en saison sèche uniquement.* Peu visitée, cette grotte aux proportions impressionnantes (100 m de large par 350 m de longueur) est traversée par une résurgence de la rivière Nam Don. Elle contient quelques bouddhas sculptés en bois de santal *(mai chan)*.

Tham Xieng Liab

▶ *De retour sur la RN 12, roulez vers l'est sur 6,5 km - grotte fléchée à droite - accès libre.* Vous traverserez les rizières et remonterez la Song Khon sur env. 200 m : le petit cours d'eau débouche à l'air libre par l'entrée de la grotte, vaste cavité aux parois et plafonds déchiquetés. Si le niveau de la rivière n'est pas trop haut, vous pourrez vous y enfoncer sur env. 200 m, jusqu'à un plan d'eau (baignable).

★★ Tham Pha Inh

▶ *Continuez sur la RN 12 durant 1 km - grotte fléchée à gauche (200 m) - accès libre.* Un escalier grimpe dans la roche jusqu'à l'ouverture de la grotte. Du côté gauche, sous de belles **concrétions calcaires**, une plate-forme naturelle accueille un autel bouddhique. En descendant l'éboulis rocheux qui

Accès aux grottes de Konglor.
M. Wright/DanitaDelimont.com/Danita Delimont Agency/age fotostock

« THE LOOP », L'AVENTURE À MOTO

Le *loop* désigne une boucle d'env. 450 km au départ de Thakhek, très prisée de ceux qui visitent le Laos à moto. La suivre dans son entier se fait généralement en 3, 4 ou 5 jours, avec des haltes dans une dizaine de grottes ponctuant le parcours *(carte fournie par les loueurs)*. La localisation des *homestays* et des *guesthouses* incite à suivre le *loop* dans le sens inverse des aiguilles d'une montre : de Thakhek, vous prendrez la RN 12 vers Mahaxay et continuerez vers Nakai, Lak Xao, Na Hin (grotte de Konglor) et Vieng Kham pour revenir à Thakhek par la RN 13. Assez sportif – portions en mauvais état, parfois défoncées, boueuses voire inondées en saison des pluies *(mai-oct.)*, extrêmement poussiéreuses en saison sèche –, le parcours s'adresse aux motards ayant déjà une certaine expérience, quelques notions de mécanique et un bon sens de l'autonomie. Sachez aussi que les conditions d'hébergement et de restauration restent succinctes. Vérifiez bien la moto avant de prendre la route : état des freins et des phares, compteur kilométrique, jauge. Soyez prévoyant : les stations-service sont rares. Casque avec visière indispensable, de même qu'un foulard pour vous protéger de la poussière.

encombre la salle principale, vous parviendrez à l'orée d'un ravissant petit **lac** *(baignade interdite)* qu'éclaire un rayon de soleil perçant la paroi, dans une atmosphère irréelle.

★★ Tham Nang Aen

De retour sur la RN 12, poursuivez sur 4,5 km, la grotte est fléchée à droite (500 m) - 5h-18h - 20 000 kips, barque (2h) 50 000 kips.

Avec env. 1 km de long, c'est l'une des grottes les plus impressionnantes dans les environs proches de Thakhek. Elle a été partiellement aménagée pour la visite : sur env. 150 m, un ensemble d'escaliers et de passerelles de béton permet de découvrir ses différentes salles et leurs stalactites, éclairées par des néons colorés. La promenade en barque conduit jusqu'à une cascade. L'endroit est néanmoins trop fréquenté, surtout le week-end, ce qui nuit sensiblement à son charme.

Comptez 19 km pour rentrer à Thakhek.

★★★ Excursion à Tham Konglor Carte de région A1

185 km au nord de Thakhek. Prenez la RN 13 dir. Vientiane sur 105 km, puis à droite la RN 8 sur 40 km jusqu'à Ban Khoum Kham (également appelé Ban Na Hin - guesthouses et location de scooters), et encore à droite pour la grotte (route asphaltée, 42 km) - 8h-16h - droit d'accès au parc national 2 000 kips, parking 3 000 kips, grotte 10 000 kips (lampe fournie), bateau 120 000 kips pour 2 pers.

La visite de Tham Konglor peut faire l'objet d'une excursion d'une journée au départ de Thakhek. Située dans les limites du parc national de Phu Hin Boun, c'est de loin la grotte la plus spectaculaire de la région. Elle est traversée sur 7,5 km de longueur par la Nam Hin Boun. Durant 1h, vous remonterez le cours sinueux de la rivière souterraine à bord d'une barque à moteur, dans le noir complet, avec çà et là des haltes pour explorer à pied des salles reculées. L'ampleur de certaines salles (50 m de hauteur de plafond), celle de la rivière, qui atteint souvent les 20 m d'une rive à l'autre, les jeux d'ombre et de lumière que dessinent les puissantes lampes-torches sur les colonnes, les stalactites et les stalagmites concourent à donner à la visite un caractère inoubliable.

NOS ADRESSES À THAKHEK

INFORMATIONS UTILES

Banques/Change – Plusieurs distributeurs en ville (square de la Fontaine, embarcadère). Banques hors du centre, sur la route de Savannakhet. Ni banque, ni distributeur dans les villages alentour.
Visa – Frontière avec la Thaïlande (Nakhon Phanom). Le service de ferry n'est ouvert qu'aux riverains : les étrangers doivent obligatoirement emprunter le pont *(Friendship Bridge 3)*. Bus internationaux au départ de la gare routière de 8h à 16h30.
Immigration Office – *À l'embarcadère - lun.-vend. 8h30-15h30*. Délivre des prolongations de visa *(voir p. 338)*.

ARRIVER/PARTIR

En bus

Gare routière – *5 km au sud-est du centre-ville*. Départs pour Vientiane *(ttes les h de 6h à 0h - 6h de trajet - 60 000 kips)*. Départs à partir de 10h30 pour Pakse *(12/j. - 7h - 60 000 kips)* et Savannakhet *(12/j. - 3h - 40 000 kips)*. Bus pour la Thaïlande et le Vietnam.

TRANSPORTS

Moto

Wang Wang Rental – *Square de la Fontaine - ✆ (020) 569 785 35 - 7h-19h*. Location de scooters *(50 000/70 000 kips, plan de localisation des grottes et des hébergements fourni)*.

HÉBERGEMENT

PREMIER PRIX

Southida – *Dans une ruelle perpendiculaire au Mékong, entre les hôtels Bouton d'Or et Mekong - ✆ (051) 212 568 - 15 ch. - 100 000/150 000 kips*. Une adresse centrale, à 50 m du fleuve et 100 m du square de la Fontaine. Propose sur 2 étages des chambres assez rudimentaires. Les plus belles disposent d'un balcon sur l'avenue principale ou sur la ruelle, plus calme. Eau chaude.

BUDGET MOYEN

Mekong – *Th. Setthathirath - ✆ (051) 250 777 - 72 ch. - 100 000/180 000 kips*. Immanquable, cet imposant édifice de 3 étages avec ascenseur étire sa façade face au fleuve. Les chambres les plus économiques occupent le rdc, les autres se trouvent dans les étages, carrelées pour certaines, avec parquet et baignoire pour les catégories supérieures. Leurs fenêtres, hélas, donnent sur l'arrière et seules les coursives ont vue sur le Mékong. Choisissez une chambre éloignée de la salle de karaoké, surtout en fin de semaine. Wifi.

POUR SE FAIRE PLAISIR

Inthira – *Th. Chao Anou - ✆ (051) 252 237 - www.inthira.com - 18 ch. - 232 000/392 000 kips*. La belle maison coloniale à la façade jaune fait l'angle du square de la Fontaine. Une situation centrale mais les chambres de catégorie inférieure sont exiguës, sans vue et dotées de sdb minuscules. Si votre budget vous le permet, préférez l'une des deux *deluxe*, avec balcon, ou l'une des deux *VIP* faisant l'angle dans les étages, spacieuses et confortables. Wifi.
Le Bouton d'Or – *Th. Setthathirath - ✆ (051) 250 678 - 18 ch. - 360 000/560 000 kips*. Face au Mékong, à deux pas du square de la Fontaine, il occupe une maison

particulière récente de facture soignée. Trois catégories de chambres selon la taille et la vue, toutes avec parquet en chevrons, lattes de bois sombre en guise de décoration et une atmosphère cosy. Le petit-déj. se prend sur l'agréable terrasse en face *(voir « Restauration », plus loin)*. Wifi, anglais basique.

RESTAURATION

PREMIER PRIX

Mr Black Coffee – *Th. Kouvolavong (perpendiculaire au fleuve), à l'angle de l'hôtel Inthira - ✆ (030) 200 3472 - ✉ - 11h-23h - 25 000/40 000 kips.* Ce restaurant de poche sert exclusivement de la cuisine lao-thaïe, curries, soupes à la citronnelle et au lait de coco, légumes sautés, poulet aux noix de cajou ou au gingembre, etc.

BUDGET MOYEN

Sabaidee Thakhek – *Square de la Fontaine - ✆ (030) 988 7410 - ✉ - 8h-23h - 40 000/60 000 kips.* De fréquentation essentiellement occidentale, il fait l'angle de l'esplanade, face au Mékong. Dans une salle aux murs de brique apparente ou en terrasse sur le trottoir, on s'y sustente de burgers, *fish&chips*, salades, sandwiches ou quelques plats laos. Également des formules de petit-déj.

Khop Chai Deu – *Au rdc de l'hôtel Inthira - ✆ (051) 251 237 7h30-23h - 60 000/85 000 kips.* Dans cette salle assez froide mais au beau mobilier de bois, éclairée par des lampions chinois et japonais, on sert un menu de découverte de la cuisine lao, des plats régionaux comme la saucisse épicée de Thakhek ou la soupe de porc aux algues de rivière et de nombreuses préparations confectionnées dans des feuilles de bananier. Quelques tables sur le trottoir font l'angle, en face du square de la Fontaine.

Le Bouton d'Or – *Sur le Mékong, en face de l'hôtel du même nom - ✆ (051) 250 678 - 8h-23h - 60 000/80 000 kips.* Boudez la salle, côté rue et franchement triste, et installez-vous sur la superbe terrasse tout en longueur pour dîner face aux lumières de Nakhon Phanom. Carte de cuisine internationale, thaïe, vietnamienne et occidentale, petit choix de vins. Croissants et baguettes pour le petit-déj.

Kyoto – *Derrière l'entreprise Lidco, non loin du lac Nong Bua ✆ (020) 555 502 94 - ✉ - 7h30-17h sf dim. - 100 000/150 000 kips.* Bassins aux poissons rouges sous les bougainvillées et les pots d'orchidées : le cadre, disparate, laisse une impression indéfinissable. De la cuisine en revanche, authentiquement japonaise et spécialisée dans les poissons cuits ou crus, on garde un excellent souvenir. Les mets sont accompagnés de légumes bio cultivés dans le potager voisin.

ACTIVITÉS

Green Discovery – *Au rdc de l'hôtel Inthira - ✆ (051) 251 392 - www.greendiscoverylaos.com - 7h-22h.* Visite des grottes, randonnées, kayak et rafting dans les environs de Thakhek en formules de 1 à 4 j. Excursion à la grotte de Konglor. Tarifs un peu élevés toutefois.

AGENDA

Boun Souang Heua – *Sept.* Régates sur le Mékong, foire agricole et artisanale, musique et danse traditionnelles.

Festival de Si Khottabong – *3 j. précédant la pleine lune de janv.-fév.* Fête foraine et foire aux produits régionaux.

Savannakhet

★

80 000 habitants – Capitale de la province de Savannakhet (970 000 hab.)

Le 2e pont de l'Amitié, qui enjambe le Mékong ici depuis 2006, a fait peu à peu sortir Savannakhet de sa torpeur ; son casino géant, le bien nommé Savan-Vegas, attire en nombre les frontaliers chaque week-end. Plus sympathique que Thakhek, même si les visiteurs ne s'y bousculent pas, Savannakhet est l'une des villes du Laos qui a conservé les meilleurs témoignages de l'architecture du Protectorat. À leur charme désuet s'ajoute la note exotique apportée par les communautés chinoise et vietnamienne, d'implantation ancienne. Quant aux campagnes alentour, qui semblent parfois vivre hors du temps, elles ont conservé quelques bijoux méconnus du patrimoine religieux et promettent une balade pleine de charme.

NOS ADRESSES PAGE 518
Hébergement, restauration, achats, etc.

S'INFORMER

Tourist Information Centre – A3 - *Dans la rue reliant la place Talat Yen au Mékong - lun.-vend. 8h30-11h30, 13h30-16h*. Brochures sur la ville et ses environs, horaires des bus.

SE REPÉRER

Carte de région A2 (p. 504-505) – plan de ville p. 515. À 130 km au sud de Thakhek, 460 km au sud-est de Vientiane et 406 km au nord de la frontière cambodgienne.

Voir aussi la rubrique « Arriver/partir » dans « Nos adresses ».

À NE PAS MANQUER

Les façades Art déco du vieux quartier colonial ; dans les environs, le stupa de pierre du That Ing Hang, les fresques du Vat Taleo Kao et la bibliothèque de bois du Hotray Pidok.

ORGANISER SON TEMPS

Comptez 1/2 j. pour la ville et 1 j. d'excursion dans les environs. Prévoyez de louer un scooter.

AVEC LES ENFANTS

Le musée des Dinosaures.

Se promener Plan de ville p. 515

Au départ de la pl. Talat Yen, circuit tracé en vert sur le plan de ville – Comptez 2h.
Les petites rues tranquilles du centre historique de Savannakhet (anciennement Muang Khantabouri) se prêtent à la flânerie. Tantôt soigneusement restaurés pour abriter des organismes administratifs, des restaurants ou des hôtels, tantôt laissés à l'abandon et à l'emprise du temps, les édifices coloniaux évoquent la période du Protectorat (1893-1953). La ville était alors un grand centre administratif et un avant-poste commercial important, commandant tout le sud du Laos. C'est après l'Indépendance qu'elle a pris le visage cosmopolite qu'elle affiche aujourd'hui, accueillant une population mêlée de Vietnamiens, de Chinois, de Thaïlandais et d'Européens. Le grand **marché** *(talat)* **Savanxay**, à 2 km au nord du centre, rend compte de ce brassage des cultures : là se côtoient les stands de cuisine lao, viet, thaï, et les boutiques font la part belle aux produits venus des pays voisins.

Ancienne maison chinoise dans le centre historique de Savannakhet.
P. Tisserand/Michelin

★★ Centre colonial A3

Concentrées autour de la place **Talat Yen★**, qui s'anime dès 16h30 avec l'ouverture du marché de nuit, les demeures du vieux quartier colonial ont été construites en deux vagues, d'abord dans les années 1920 à 1930, puis dans les années 1950. Elles forment un ensemble homogène, inséré dans le schéma urbain typique des villes coloniales établies sous les tropiques : un damier régulier d'artères parallèles et perpendiculaires au fleuve.

Dans les rues entourant la place, vous repérerez en particulier l'ancien **consulat** de Thaïlande (1926), plusieurs demeures des années 1930 ayant conservé leurs huisseries de bois et leurs carrelages d'époque, et la façade Art déco de l'ancien **théâtre Lao Chaleun** (années 1930 également).

À l'est de la place, l'**église Ste-Thérèse★**, catholique, attire surtout des fidèles d'origine vietnamienne. Sa silhouette emblématique – une tour octogonale au centre d'une façade triangulaire à trois portes –, qui date des années 1920, offre un point de repère constant au cœur de la vieille ville.

▶ *Remontez Th. Kouvolavong vers le nord.*

Vous passerez devant la principale **pagode chinoise** de la ville. Comme la pagode vietnamienne érigée non loin *(Th. Ratsavongseuk)*, elle abrite les représentations des quatre animaux fétiches du **tam giao** *(voir p. 377)* : le dragon, le phénix, la licorne et la tortue, symbolisant respectivement le pouvoir, l'immortalité, le savoir et la longévité. Un ensemble de **maisons de commerce** chinoises aux portes et volets de bois, construites entre les années 1930 et 1950, borde la rue.

▶ *Continuez dans Th. Kouvolavong.*

Mémorial President Kaysone Phomvihane A2

Th. Kouvolavong   ne se visite pas.

C'était la demeure de l'illustre homme d'État, natif de Savannakhet et en l'honneur de qui la ville fut rebaptisée (Muang Kaysone Phomvihane). Kaysone Phomvihane (1920-1992) dirigea le mouvement du Pathet Lao et fut le premier président du Conseil des ministres de la République démocratique populaire du Laos de 1975 à 1991, avant de succéder à Phoumi Vongvichit comme président de la République en 1991.

Dépassez le mémorial et tournez à gauche.

Musée des Dinosaures A2

Th. Khantabouri - ☎ (041) 212 597 - 8h-11h30, 13h30-16h - 10 000 kips.

Des ossements et des empreintes de dinosaures locaux, bipèdes ou quadrupèdes, exhumés dans un rayon de 100 km autour de la ville, sont exposés dans les deux salles de ce musée modeste, parmi une série de fossiles et de maquettes *(quelques explications en français)*. L'ensemble des collections porte sur une période allant de 10 à 300 millions d'années. La présence dans la région de dinosaures – les « grands lézards », comme les appellent les Laotiens – fait la fierté de Savannakhet, qui a représenté le *Tangvayosaurus hoffetti (voir encadré ci-dessous)* grandeur nature sur le rond-point de l'entrée nord de la ville.

Continuez la rue vers le Mékong et tournez tout de suite à gauche.

★ Vat Sayaphum A2

Face au Mékong, à deux blocs au nord de l'embarcadère.

Édifiée sur la berge du Mékong, c'est à la fois la plus ancienne (1906) et la plus grande pagode de la ville. Le *sim* (sanctuaire) a conservé des volets de bois rouge et or sculptés de motifs floraux, d'un bel effet. Les murs du bâtiment adjacent sont revêtus de stucs naïfs figurant des animaux laotiens communs (éléphants) ou moins fréquents (rhinocéros), exotiques (chameau) ou mythiques (*naga* à cinq têtes). Des **garuda** – l'oiseau fabuleux servant de monture à Vishnou – gardent les escaliers ; la présence de ces figures, rares dans le nord du pays, trahit la proximité du Cambodge, riche en réminiscences hindoues jusque dans ses pagodes.

Le Vat Sayaphum sert d'école pour les novices et les moines. La grande cour arborée fait office de **fabrique de bouddhas** que les bonzes démoulent, polissent et peignent. Devant le porche nord, à l'extérieur de l'enceinte, se dresse un vénérable **banian★** paré de rubans de couleur et entouré à sa base d'offrandes aux *phi*, les esprits.

Sortez de la pagode côté fleuve et tournez à gauche.

★ La berge du Mékong A3

Th. Tha Hae.

Au coin de la rue Kinnali, vous verrez face au fleuve la façade années 1950 de l'**hôtel Mekong**, où descendaient les représentants du gouvernement

LES « GRANDS LÉZARDS » DE SAVANNAKHET

En 1942, **Josué Hoffet**, géologue français en mission de cartographie au Laos, découvre le fémur d'une espèce inconnue de dinosaure, qu'il nomme **titanosaure** en raison de sa grande taille. L'animal sera plus tard rebaptisé *Tangvayosaurus hoffetti*, du nom du savant et du village où eut lieu la découverte, Ban Tang Vay *(env. 120 km au nord-est de Savannakhet, district de Xonbouri)*. De nouvelles fouilles entreprises dans les années 1990 dans les couches de grès rouge du Crétacé, autour de Ban Tang Vay, amènent à d'autres découvertes paléontologiques : squelettes, dents, fossiles… En 2012, une équipe franco-laotienne co-dirigée par le paléontologue Ronan Allain et le directeur du musée des Dinosaures de Savannakhet met au jour une nouvelle espèce de dinosaure carnivore, se nourrissant de poisson, que l'on nomme *Ichthyovenator laosensis* (du grec *ichtus*, poisson, et du latin *venator*, chasseur).

SE LOGER
- Avalon Residence ... 7
- Hung Houang ... 1
- Leena Guesthouse ... 6
- New Saen Sabai ... 5
- Pilgrim's Kitchen & Inn ... 3
- Savanpathana ... 2
- Vivanouk ... 4

SE RESTAURER
- Café Chez Doune ... 1
- Dao Savanh ... 2
- Khao Kamu ... 4
- Marché de nuit ... 3
- Sanna Ban Hao ... 5

à l'époque où l'essentiel de la circulation se faisait par le Mékong. Un peu plus loin subsiste l'ancien **bureau des Travaux publics**, datant de la même époque. Vous passez ensuite, côté fleuve, devant le bureau d'immigration, d'où les Laotiens embarquent pour la Thaïlande. Banians, kapokiers, palmiers, tecks et flamboyants se succèdent sur la berge, bel échantillon de la selve tropicale. Sous leur ombre s'installent des terrasses informelles appréciées en fin d'après-midi : les **couchers de soleil** sur le Mékong sont ici particulièrement somptueux.

De l'autre côté du fleuve, on aperçoit la ville thaïlandaise de Mukdahan. Malgré la construction du 2e pont de l'Amitié (2007), à 5 km en amont, le fleuve connaît toujours un intense trafic. Vides à l'aller, les ferries *(réservés aux frontaliers)* effectuant la navette entre les deux rives reviennent de Thaïlande surchargés de caisses et de cartons d'électroménager ou de biens de consommation courante que le Laos ne fabrique pas.

Continuez à suivre la berge sur 400 m et tournez à gauche.

Musée provincial A3

Th. Kanthabouri - (041) 213 927 - lun.-vend. 8h-11h30, 13h30-16h - 5 000 kips.

Un **bâtiment administratif★** du Protectorat français abrite les modestes collections du musée : minéraux de la région, quelques bronzes et poteries, des photos anciennes. L'ensemble pèche cependant par manque de cartouches explicatifs. Arrêtez-vous surtout devant les deux grands **tambours de bronze★★** Dong Son *(voir encadré p. 427)*, impressionnants bien que très endommagés. Le plus grand, haut de 83 cm et mesurant 1,30 m de diamètre, a été découvert dans les environs en 2001. S'ensuit l'inévitable collection d'armes, d'obus et de photos dénonçant « les impérialismes français (1893-1954) et américain (1955-1975) », ainsi qu'une série de clichés rappelant le soulèvement de la province contre le joug colonial.

Continuez vers le sud par Th. Khantabouri.

La partie sud de la ville a conservé quelques édifices datant du Protectorat, notamment deux bâtiments blancs aux volets verts (1925) situés dans l'enceinte de l'**hôpital provincial**, et plus loin, à l'angle du Mékong et de Th. Vang Luang, l'ancienne **maison du Gouverneur**. En regagnant le centre, faites un crochet par Th. Latsaphanit pour voir la **maison Soumpholphakdy** (1926), un bel édifice Art déco.

Circuit conseillé Carte de région p. 504-505

Au départ de Savannakhet, circuit de 237 km AR (177 sans le détour à Heuan Hinh) tracé en vert sur la carte de région – Comptez une grosse journée. Véhicule indispensable.

★★ That Ing Hang B2

Ban That - env. 15 km au nord-est de Savannakhet par la route n° 9 - 8h-16h30 - 5 000 kips - tenue correcte de rigueur. Prenez des jumelles pour détailler les reliefs.

D'une forme plutôt inhabituelle au Laos, le **stupa** *(that)* de brique et de stuc, à la base carrée massive, aurait été édifié au milieu du 16e s. Il est particulièrement sacré : la tradition locale affirme qu'il renferme un os du Bouddha, qui serait venu en personne donner un sermon ici et s'y serait reposé sous un arbre *hang*. Aux quatre portes de la grande enceinte carrée, on vend des cônes de feuilles de bananier tressées et piquées de boutons floraux ou de soucis orangés, des fleurs de lotus et des noix de coco que les fidèles, nombreux à toute heure, viennent déposer en offrande au pied de l'édifice. La ferveur populaire, sensible toute l'année, atteint son comble lors du festival annuel qui se déroule dans le cloître et sur l'esplanade voisine en nov.-déc.

La tour-reliquaire proprement dite ouvre à l'est. Ses **portes**, conservées au Ho Pra Keo de Vientiane *(voir p. 430)*, ont été remplacées par des répliques fidèles. Les trois autres côtés sont percés de **fausses portes** flanquées de divinités gardiennes souriantes et surmontées de bouddhas sculptés en moyen-relief. Au sein d'une riche ornementation stuquée, des **créatures fantastiques★★★**

Fresques du Vat Taleo Kao.
R. Tisserand/Michelin

mêlant les influences brahmaniques et bouddhiques se déploient sur les trois étages de la tour. Celles du deuxième niveau servent de base à des **palais volants**. Des incrustations de faïence colorée apportent une touche de couleur à l'ensemble. Un déambulatoire court tout autour du cloître qui entoure le stupa. Dans ses galeries s'alignent par dizaines des bouddhas assis en *bhumisparsa mudra* (*voir p. 381*).

Juste avant le That Ing Hang, une route asphaltée part plein sud pour rejoindre la route 9B en 8 km. Là, prenez à gauche jusqu'à Ban Lak 35 (21 km). Avant la sortie du bourg, suivez à gauche la direction du Hotray Pidok (fléché).

★ Vat Taleo Kao B2

27 km à l'est de Ban Lak 35 (suivre les flèches dir. Hotray Pidok) - entrée libre.
Construit au début du 20e s., le complexe monastique a été endommagé par un bombardement américain qui a détruit la plupart des structures en 1969. Il est aujourd'hui désaffecté, mais a conservé un *sim* plein de charme, percé de fenêtres aux arcs très légèrement outrepassés et d'ouvertures étroites qui lui confèrent une allure sortant de l'ordinaire. L'intérieur abrite un remarquable ensemble de **fresques naïves**★★ aux tons pastel, mêlant scènes bouddhiques et mythologiques, animaux fantastiques, exotiques (girafe) ou communs (buffles et chevaux).

Au centre du hameau de Ban Taleo, tournez à gauche (fléché).

★★ Hotray Pidok B2

18 km au nord de Ban Taleo par une piste non asphaltée - se déchausser à l'extérieur du complexe monastique - 8h-17h - entrée libre.
Cette pagode active, où les jeunes moines tressent la paille tandis que les anciens conversent sur de vastes pelouses impeccablement taillées, respire la sérénité. Elle a conservé plusieurs édifices de bois dont une imposante **sala** montée sur 40 piliers massifs à côté du *sim*. Sur le plan d'eau qui s'étend devant la pagode se dresse la **bibliothèque de bois**★★ sur pilotis. Elle a été refaite au 19e s. dans le strict respect des plans de l'ancien bâti, qui remontait

au 17e s. La bibliothèque *(ho trai)* est juchée sur 25 piliers destinés à protéger des rongeurs et des insectes les quelque 2400 manuscrits sacrés rédigés en pali sur des feuilles de latanier.

Revenez jusqu'à Ban Lak 35 (45 km) par le même chemin et tournez à gauche dir. Pakse.

Heuan Hinh B2

Ban Dong, district de Dokmay Songkhon. De Ban Lak 35, suivez la RN 13 sur 3 km et tournez à droite. Après 10 km, à Saiphutung, tournez à gauche (16 km, le long du Mékong) - 8h-17h - 20000 kips.

Difficile d'accès, cette « **maison de pierre** » n'attire guère que les passionnés de vestiges khmers. Elle est l'une des 121 structures édifiées par le roi Jayavarman VII (1181-1218 - *voir p. 106*) le long des routes reliant entre elles les cités angkoriennes. Ces édifices ont longtemps été identifiés comme des haltes destinées aux pèlerins, une fonction aujourd'hui sujette à caution aux yeux des chercheurs. En relativement bon état de conservation, l'édifice rappelle qu'à son apogée (10e-14e s.), l'empire khmer s'étendait sur les bords du Mékong jusqu'au cœur du Laos actuel.

Revenez sur la RN 13 pour regagner Savannakhet (65 km).

NOS ADRESSES À SAVANNAKHET

Plan de ville p. 515

INFORMATIONS UTILES

Banques/Change

STB – A3 - *Face à l'immigration - lun.-vend. 8h-15h30.* Distributeur, change et agence Western Union.

Santé

Savannakhet Hospital – A3 - *Th. Khantabouri - 24h/24 - ✆ (041) 212 005.* En cas de problème sérieux, prévoyez plutôt de regagner Bangkok *(voir p. 33).*

Visa

Immigration Office – A3 - *Th. Tha Hae - à l'embarcadère - lun.-vend. 8h30-15h30.*

ARRIVER/PARTIR

En avion

Aéroport de Savannakhet (ZVK) – B3 - *3,5 km au sud-est de la pl. Talat Yen (75000 kips en* tuk-tuk*).* Lao Airlines assure 5 vols/sem. vers Pakse, 3 vols/sem. vers Vientiane et 4 vols/sem. vers Bangkok.

En bus

Gare routière – B1 - *2,5 km au nord de la ville, près du marché Savanxay (20000 kips en* tuk-tuk*).* Bus pour Vientiane *(7/j. - 9h de trajet - 80000 kips)* dont plusieurs de nuit, Thakhek *(7/j. - 3h - 40000 kips)*, Pakse *(5/j. - 5h - 40000 kips).* Départs en soirée pour Nakasang et Don Khong (Si Phan Don).

TRANSPORTS

Vélo/Moto

ABC Motorcycle Rental – A2 - *Th. Chaokin - ✆ (020) 777 444 04 - 5h-13h.* Comptez 15000 kips/j. pour un vélo, 75000 kips/j. pour un 100 cm³ semi-automatique, 100000 kips/j. pour un scooter. Propose aussi un véritable *english breakfast* pour prendre des forces avant de vous mettre en route.

HÉBERGEMENT

Sauf mention contraire, toutes nos adresses offrent le wifi à leurs clients.

PREMIER PRIX

Leena Guesthouse – B2 - *Th. Chaokin* - *(041) 212 404 - leenaguesthouse@hotmail.com* - - *40 ch. - 50 000/100 000 kips*. Seules les chambres climatisées disposent de l'eau chaude et du wifi : douche froide et pas de connexion si vous préférez le ventilateur ! Les 3 bâtiments d'habitation constituent un véritable catalogue du carrelage dans toutes ses déclinaisons de couleurs et de motifs ; les colonnes pseudo-gréco-romaines achèvent de donner une touche kitsch à cette adresse pourtant prisée par les voyageurs à petit budget, qui en apprécient les nombreux services : laverie, petite cafétéria, tickets de bus.

Savanpathana – A2 - *Th. Senna* - *(041) 213 955* - - *12 ch. - 70 000/100 000 kips*. Ses chambres, spacieuses, occupent l'étage d'un bâtiment moderne et fonctionnel. Quoique dépourvues de décoration et sans grand charme, elles sont bien tenues et disposent toutes d'un balcon. Une adresse calme, centrale et pratique pour un excellent rapport qualité-prix. Café et fruits offerts, mais pas d'anglais.

BUDGET MOYEN

Avalon Residence – B1 - *Th. Sisavang Vong* - *(041) 352 770 - www.hotel.avalonbooking.com* - - *25 ch. - 150 000 kips*. Proche de la gare routière, il propose sur 4 étages avec ascenseur des chambres aseptisées, sobres et carrelées ; seuls les noms de fruits qu'elles portent leur donnent une petite touche de personnalité. Ouvert en 2015, l'hôtel bénéficie d'un bon entretien mais reste un peu triste. On se déchausse dans le hall.

Pilgrim's Kitchen & Inn – A3 - *Th. Latsaphanit* - *(020) 221 337 33 - pilgrimscontact@gmail.com* - - *5 ch. - 150 000/180 000 kips*. Dommage que les peintures gris foncé attristent tant les lieux car les chambres sont propres, hautes de plafond, vraiment spacieuses pour certaines et dotées de parquet pour d'autres. Un bon restaurant de cuisine indienne au rdc, un service de location de vélos ainsi qu'un accueil souriant et anglophone comptent parmi les autres atouts de cette adresse.

POUR SE FAIRE PLAISIR

New Saen Sabai – A3 - *Th. Tha Hae* - *(041) 252 601* - - *30 ch. - 230 000 kips*. Sur 3 étages avec ascenseur, le bâtiment, moderne, se dresse face à l'embarcadère. Sans décoration mais avec moquette au sol, les chambres du rdc ouvrent de plain-pied sur un petit bout de pelouse tandis que celles situées au-dessus disposent d'un balcon. À prix égal, celles du 3e étage, donnant sur le Mékong, s'avèrent les plus agréables.

Hung Heuang – A2 - *Th. Senna* - *(041) 252 765* - - *41 ch. - 200 000/325 000 kips*. Vous reconnaîtrez à sa grande toiture verte, façon pagode, ce bâtiment de 2 étages, efficace mais sans charme, ouvert en 2015. Confortables, les chambres sont toutes pourvues d'un réfrigérateur. Les *standard* et les *deluxe* ne se distinguent que par leur situation, au 2e étage pour les plus économiques. Vous aurez plus de calme dans celles donnant sur l'arrière ; demandez les plus éloignées de la salle de karaoké. Anglais basique.

Vivanouk – A3 - *Th. Latsaphanit* - *(020) 916 060 30 - www.vivanouk.com* - - *3 ch.* -

Ouverture du marché de nuit, en face de l'église Ste-Thérèse.
P. Tisserand/Michelin

240 000/360 000 kips. À l'étage d'une maison de 1919, l'une des plus anciennes de la ville, des chambres agréables, d'une belle hauteur sous plafond avec carrelages et tomettes d'époque. Le cadre allie sobriété, bon goût, modernité dans les équipements et quelques touches *vintage* pour un séjour de charme. Elles se partagent deux sdb, dont l'une à ciel ouvert au bout d'un patio. Réserv. indispensable ; accueil francophone.

RESTAURATION

PREMIER PRIX

Khao Kamu – A2 - *Th. Ratsavongseuk - ✆ (020) 554 474 44 - - 11h-21h - 20 000 kips*. Pas d'enseigne en anglais, mais la vitrine ne laisse aucun doute sur les spécialités de la maison : les lamelles de canard ou de porc servies sur une assiette de riz, avec des petits légumes et des *pickles*. Carte limitée et saveurs au rendez-vous pour cette adresse populaire, où les enfants de la famille jouent devant les dessins animés.

Marché de nuit – A3 - *Pl. Talat Yen - - 17h-21h30 - 30 000/50 000 kips*. Au coucher du soleil, quelques cuisines ambulantes installent tables et chaises sur la petite esplanade, au cœur du quartier historique. Elles proposent bouchées à la vapeur, brochettes de poulet ou de poisson et soupes vietnamiennes, à savourer en plein air, au pied des façades anciennes.

Sanna Ban Hao – A2-3 - *Th. Senna - ✆ (030) 590 5998 - - 8h-22h - 50 000/60 000 kips*. Avec sa dentelle de bois en façade et sa toiture qui fait penser à une pagode, cette mignonne maison particulière bénéficie d'une agréable terrasse. Dans ce décor un peu plus soigné que la moyenne, on vous servira quelques recettes mêlant les saveurs thaïes et laos telles que poisson *mok* (cuit dans une feuille de bananier), soupe à la grenouille ou au bœuf, salades épicées aux crevettes et au calamar.

BUDGET MOYEN

Café Chez Boune – A2 - *Th. Chaimuang - ✆ (041) 215 190 - 7h-22h sf vend. - 95 000/180 000 kips.* Sa jolie petite salle lambrissée et lumineuse, au mobilier de bois massif, vous accueille dans un cadre chaleureux. On y sert avant tout de solides pièces de bœuf, bavette, entrecôte ou *T-Bone*, servies avec une assiette de frites, mais aussi de l'agneau et du canard ainsi que des pizzas, autre spécialité de la maison. Vin au verre et accueil francophone.

POUR SE FAIRE PLAISIR

Dao Savanh – A3 - *Th. Simuang - ✆ (041) 260 888 - - 11h-22h sf dim. - 140 000/205 000 kips.* Dans une demeure des années 1920 située juste en face du marché de nuit, cette table française bénéficie d'un cadre agréable, sobrement mis en valeur par les vanneries ornant les murs. À la carte, d'inspiration provençale, s'ajoutent trois menus distillant les saveurs du terroir hexagonal : magret de canard, côtelettes d'agneau ou, côté restauration légère, croque-monsieur. Apéritifs anisés et carte des vins (surtout des bordeaux).

PETITE PAUSE

Café Chai Dee – A3 - *Th. Ratsavongseuk - ✆ (030) 500 3336 - 9h-15h, 17h-21h30 sf dim.* Cette petite salle bien tenue se prolonge en terrasse sur l'avenue. C'est une bonne adresse pour un petit-déjeuner ou un en-cas avec sandwiches baguette et pâtisseries maison. Dans l'après-midi, la carte change pour proposer des plats thaïs, japonais, occidentaux et végétariens. Échange de livres, wifi. Accueil anglophone.

BOIRE UN VERRE

Sook Savan – A3 - *Pl. Talat Yen, en face du restaurant Dao Savanh - 17h-0h.* Une décoration *vintage* – réclames et vieux postes TV des années 1950-60 – sur des murs décrépis laissant apparaître leurs briques rouges, un mobilier hétéroclite avec un coin tables basses pour se retrouver en soirée : c'est l'adresse branchée de la ville. Un cadre sympathique à condition de ne pas craindre un niveau de décibels plutôt élevé. Musique *live* certains soirs.

ACHATS

Marché Savanxay – A1 - *Ville nouvelle, derrière la gare routière - 8h-17h.* Certaines échoppes de textile vendent les cotonnades tissées à Ban Lahanam Thong *(env. 80 km au sud-est de Savannakhet)*, teintes avec des pigments naturels.

AGENDA

Boun That Ing Hang – *1 sem. en nov.-déc.* Le festival déplace en nombre les fidèles de toute la région mais aussi de la Thaïlande voisine.

Boun Souang Heua – *Pleine lune d'oct.-nov., le lendemain de la fin du carême bouddhique.* Régates sur le Mékong, en face du Vat Sayaphum.

Pakse

★

90 000 habitants – Capitale de la province de Champasak (694 000 hab.)

Dernier poste-frontière méridional avec la Thaïlande, la modeste ville de Pakse sera votre base d'exploration du Champasak, une région qui saura séduire tous les voyageurs, quels que soient leurs goûts : côté culture, les fabuleuses ruines khmères du Vat Phu sont classées par l'Unesco depuis 2001 ; côté nature, de rafraîchissantes cascades émaillent le plateau des Bolaven, que l'on découvre à scooter à l'occasion d'une journée d'escapade ; et côté farniente, l'archipel des Quatre Mille Îles (Si Phan Don), la zone « balnéaire » de ce pays sans façade maritime, émerge au milieu des rapides du Mékong.

NOS ADRESSES PAGE 533
Hébergement, restauration, achats, activités, etc.

S'INFORMER

Tourist Information Centre – A1 - *(031) 212 021 - lun.-vend. 8h-12h, 13h-16h.* Informations générales rudimentaires.

SE REPÉRER

Carte de région B3 (p. 504-505) – plan de ville ci-contre - carte du plateau des Bolaven p. 529.
À 244 km au sud-est de Savannakhet, 160 km au nord-ouest de la frontière cambodgienne.

Voir aussi la rubrique « Arriver/partir » dans « Nos adresses ».

À NE PAS MANQUER

Les ruines khmères du Vat Phu ; les cascades du plateau des Bolaven ; une balade en kayak parmi les 4 000 Îles.

ORGANISER SON TEMPS

Comptez 1/2 j. pour la ville de Pakse, autant pour une excursion au Vat Phu, 1 ou 2 j. pour le plateau des Bolaven et 2 j. pour Si Phan Don.

★ Pakse Plan de la ville

Dans le sens inverse des aiguilles d'une montre, circuit dans le centre historique tracé en vert sur le plan de ville – Comptez 4h.

Lové dans un méandre de la rivière Sedon, à l'endroit où elle se jette dans le Mékong, Pakse n'était guère qu'un village aux maisons de bambou et de bois lorsque les Français s'installèrent dans la région, en 1905, pour en faire un avant-poste administratif et commercial sur la route du Cambodge. À leur habitude, ils entreprirent de dessiner un nouveau tracé urbain. Le **quartier de Lak Muang**, autour duquel la cité s'est développée, est celui qui a conservé le plus de témoignages architecturaux de cette époque – même si les édifices coloniaux sont ici loin de rivaliser en nombre et en intérêt avec ceux de Savannakhet.

Malgré son rang de deuxième ville du pays et l'empreinte marquée de la Thaïlande voisine, dont l'intense trafic automobile est sans doute l'un des apports les plus sensibles, Pakse conserve des dimensions modestes. À 45 km de la Thaïlande, à 200 km du Vietnam et à 160 km du Cambodge, cette ville carrefour où s'échangent les biens de consommation des pays voisins reste pour nombre de voyageurs une ville de transit entre deux passages de frontière.

SE LOGER

Athena 7
Champasak Palace 6
Lao Cha Leun 2
Pakse Mekong 4
Résidence Sisouk 3
River Resort (The) 5
Sala Champa 1

SE RESTAURER

Daolin 6
Dok Mai - Trattoria Italiana 4
Jynia 2
Khamfong 3
Panorama (Le) 1
Terrasse (La) 5

Présentant un intérêt touristique limité, elle n'est pourtant pas dépourvue d'un certain charme, auquel contribuent le Mékong et la Sedon qui l'embrassent.

Vat Phabat B1

Sur la portion urbaine de la RN 13, au pied de l'ancien pont traversant la Sedon.
La pagode la plus ancienne de Pakse conserve une empreinte du pied *(bat)* du Bouddha qui lui a donné son nom. Les escaliers d'accès au *sim* sont bordés de *naga* dont une multitude de petits coquillages peints en vert forment les écailles.

Revenu sur la RN 13, tournez à droite.

Palais de Champasak B1

Sur la RN 13, à 150 m à l'ouest du Vat Phabat – ne se visite pas.
Ce bâtiment pompeux aux 1 900 portes et fenêtres devait être le palais de **Chao** (prince) **Boun Oum**, dernier souverain du royaume de Champasak, le plus méridional des trois royaumes du Laos. Sa construction, entamée en 1969, a tourné court en 1975, quand Chao Boun Oum a dû quitter précipitamment le pays pour s'exiler en France. Restauré en 2004, il a depuis été transformé en hôtel, très apprécié des groupes de touristes asiatiques. En fin d'après-midi, venez prendre un verre au bar qui surplombe l'édifice *(voir « Nos adresses à Pakse », p. 538)*.

Suivez la RN 13 plein ouest jusqu'au nouveau pont et tournez à gauche.

★ Vat Luang A1

Au pied du nouveau pont (2016) sur la Sedon.

La plus grande pagode de la ville (1849), bourdonnante d'activité, accueille une école pour les bonzes dans un cadre paisible, sur les bords de la Sedon. Les membres de la famille royale s'y faisaient incinérer, d'où le luxe des stupas funéraires *(that)* érigés dans la cour. Le *sim* (sanctuaire) renferme d'intéressantes **fresques** modernes (1989) narrant la vie du Bouddha. Ses portes et volets de bois sont sculptés en bas-relief de personnages féminins mythiques, de sirènes, d'ascètes et de scènes bouddhiques. Le long bâtiment au toit de tuiles rouges situé à droite du *sim* fut construit dans les années 1930 comme **bibliothèque★** *(ne se visite pas)* pour conserver les écritures saintes.

Enfoncez-vous dans les ruelles (sans plaques de nom) qui s'éloignent du Mékong.

Ban Lak Muang A1

Entre le Vat Luang, les bureaux de l'immigration et l'hôpital.

Cœur historique de la ville, **Ban Lak Muang**, le vieux quartier *(ban)* colonial français, a conservé quelques entrepôts des années 1920-1930 qui donnent un cachet désuet à cette partie de la ville. Il reste en revanche peu de demeures de cette époque, hormis la très belle **maison de la Congrégation chinoise★** *(angle Th. 10 et Th. 12 - ne se visite pas)*, fort bien restaurée.

Suivez Th. 10 jusqu'à la rue principale reliant le Mékong à la RN 13.

Cathédrale du Sacré-Cœur A2

Angle Th. 10 et Th. 1.

Cet édifice de brique rose, construit en 1928 par les missionnaires français, évoque par sa silhouette les églises catholiques du Vietnam. Il abrite un cycle de dix **fresques★** contemporaines (2014) mettant en scène le Christ dans des paysages du Laos traditionnel : prêchant assis au pied d'un banian ou devant le Vat Phu, partageant le dernier repas avec des disciples en costume lao. Bananiers, bols de riz gluant, buffles, rizières émaillent les différents épisodes bibliques.

Descendez vers le Mékong que vous suivrez (à gauche) jusqu'au pont japonais.

★ Talat Dao Heuang B2

Entre la RN 13 et le Mékong, au niveau du pont japonais.

Une immense tôle ondulée abrite le plus grand **marché** du sud du Laos. L'effervescence y règne tôt le matin, quand les camionnettes viennent livrer les produits frais arrivés des campagnes environnantes. Légumes, poissons mais aussi vanneries sont relégués à l'extérieur de la structure en dur. L'intérieur, quant à lui, est rempli de bijouteries et de boutiques vendant des *sin* brodés et de plus en plus d'articles importés du Vietnam et de Thaïlande. Tout autour

LE PONT JAPONAIS ET LE GRAND BOUDDHA

Un grand pont réalisé avec l'aide technique et financière du Japon enjambe le Mékong depuis l'an 2000. Dans cette partie de son cours, le fleuve ne marque pas la frontière : de l'autre côté, vous êtes toujours au Laos, à 40 km du poste-frontière de Vang Tao (Laos), en face de Chong Mek (Thaïlande). Face au pont, sur la rive ouest, un grand bouddha doré est assis en méditation à mi-hauteur de la colline Phu Salao. Cette colossale statue moderne (2011) offre un bon poste d'observation sur l'ancienne capitale du royaume de Champasak au coucher du soleil.

du marché stationnent les *songteo* à destination de Nakasang, Champasak et toutes les localités environnantes.
Remontez jusqu'à la RN 13 la rue qui prolonge le pont japonais et, là, tournez à gauche.

Musée provincial B1-2

Sur la RN 13, à 600 m à l'est du Vat Phabat - lun.-vend. 8h30-11h30, 13h30-16h - 10 000 kips.
De ce musée hétéroclite à la présentation vieillotte, vous retiendrez d'abord le beau **tambour de bronze★★** de culture Dong Son *(voir encadré p. 427)*, orné de ses grenouilles, et les cinq **statuettes★★** de la province de Bachieng, hélas non identifiées. Intéressante également, la petite section archéologique expose des stèles gravées et des **linteaux★★★** de grès sculptés de rinceaux et de divinités hindoues. Ils proviennent des temples khmers environnants, Um Muang (Op Muang ou Muang Tomo, 9e s.) et Tha Phom (début du 7e s.), des sites difficiles d'accès dont les ruines très endommagées sont aujourd'hui peu lisibles. À l'étage, une litanie de photographies historiques et de propagande, non légendées, et une grande quantité d'armes évoquent la lutte contre l'invasion siamoise et la présence française.

★★★ Vat Phu (temple de la Montagne)

Carte de région B4 (p. 504-505)

Sur la rive ouest du Mékong, à 40 km au sud de Pakse (10 km au sud-ouest de Champasak) - www.vatphou-champassak.com - 8h-18h (16h30 pour le musée) - 50 000 kips, incluant l'entrée au musée – Comptez 2h de visite.
Le temple khmer le plus spectaculaire du Laos, classé au Patrimoine de l'humanité en 2001, bénéficie d'un cadre naturel de toute beauté. Antérieur à Angkor Wat *(voir p. 186)*, ce sanctuaire fut construit en l'honneur de Shiva au début du 11e s., sur la rive ouest du Mékong. Il subit ensuite divers ajouts jusqu'au 14e s., époque du déclin de l'empire khmer. L'ensemble s'étage sur sept terrasses et s'oriente selon un axe est-ouest, entre le fleuve et le Phu Kao, montagne considérée comme sacrée en raison de sa forme phallique, qui l'assimile au lingam de Shiva. Le sanctuaire suivit l'évolution religieuse de l'empire et fut reconsacré au bouddhisme au 13e s. Il reste un lieu de culte vénéré.

★★ Musée

À l'entrée du site - photos interdites.
Une salle conserve les statues et les éléments architecturaux rituels ou ornementaux les plus fragiles retrouvés sur le site : linteaux sculptés, stèles épigraphiées, **statues de divinités★★** hindoues (7e-8e s.) et bouddhiques. Les *somasutra* (canaux d'adduction d'eau), les ensembles *lingam-yoni*, l'admirable taureau Nandi couché sur le flanc participent du culte rendu à Shiva *(voir « Mythes et divinités hindoues », p. 182)*. L'autre salle contient des **panneaux explicatifs** fort bien faits sur les différents sites khmers identifiés dans la région et retrace l'avancement des recherches historiques et archéologiques. On y présente en particulier les deux cités antiques de **Shrestrapura** (prékhmère, 5e s., sur la berge du fleuve) et **Lingapura** (12e s., au sud du temple actuel). De ces deux villes (*pura* en sanskrit) incluses dans le périmètre Unesco il reste peu de choses, mais elles sont d'une importance historique majeure, Shrestrapura ayant sans doute été la capitale du Tchen-la de terre *(voir p. 104)*.
En sortant du musée, le chemin longe l'un des deux **baray★★**, d'immenses réservoirs d'eau cumulant une vocation utilitaire et une fonction symbolique, puisqu'ils représentaient l'Océan cosmique entourant la demeure des dieux *(voir p. 86 et encadré p. 80)*.

Allée cérémonielle

Elle démarre dans le prolongement du *baray* sud et souligne le fort principe de symétrie qui préside à l'organisation du site. Perpendiculaire au cours du Mékong, cette allée processionnelle suit une orientation est-ouest, selon le schéma classique des temples khmers. Jalonnée de bornes de pierre *(sema)*, elle passe d'abord entre deux grands *sras* (bassins), celui de droite couvert de lotus, celui de gauche asséché, puis entre les deux « palais ».

★★ Palais

On ignore la fonction exacte de ces deux édifices en latérite et en grès, percés de **fenêtres à balustres** de pierre. Leurs linteaux et leurs **frontons flammés** (début du 11e s.) montrent des divinités et des créatures mythologiques hindoues *(voir « Mythes et divinités hindoues », p. 182)*. Vous reconnaîtrez, sur la façade est *(bâtiment nord, à droite)*, Shiva et sa parèdre Uma assis sur le taureau sacré Nandi. Des *naga* à cinq têtes, créatures bénéfiques liées au monde aquatique, ornent les angles des édifices. Derrière le palais sud *(à gauche)*, un sanctuaire est consacré à Nandi *(Nandi mandapa)*. De là partait l'ancienne route reliant Angkor à cet avant-poste septentrional de la puissance khmère.

Terrasses

L'allée se prolonge par des escaliers desservant les terrasses supérieures. On les gravit à l'ombre de magnifiques vieux **frangipaniers** qui se couvrent de fleurs blanches odorantes en saison sèche. En haut de la 2e volée de marches se dressent deux édicules ruinés du 12e s. Celui du nord a conservé son **dvarapala** (gardien de porte, *voir p. 184*), que les habitants de la région honorent en le couvrant d'étoffes vert et or et de colliers de soucis.

À 70 mètres de hauteur, la dernière terrasse délivre une très belle **vue**★★ d'ensemble sur le site en fin d'après-midi.

★★ Sanctuaire

Au centre de cette ultime terrasse mesurant 60 m de côté se dresse le sanctuaire, bâti au milieu du 11e s. Il est précédé d'un avant-corps hypostyle dont les murs extérieurs sont ornés de *dvarapala* et de *devata*. Au fond de l'édifice, la **cella**, la pièce la plus sacrée, abritait le lingam. L'emblème shivaïte était constamment baigné par l'eau de la source, image du pouvoir régénérateur du dieu. Il est désormais remplacé par un autel surchargé de statues de Bouddha. On voit encore dans le mur ouest, derrière l'autel, l'arrivée du canal d'adduction (la source est située derrière) ; l'eau lustrale était évacuée du côté nord par un canal nommé *somasutra*.

Le sanctuaire a conservé des **linteaux**★★★ aux reliefs très fouillés, d'une grande finesse, montrant les principaux dieux hindous : Vishnou monté sur l'oiseau Garuda *(avant-corps, à l'est, côté droit)*, Krishna tuant le roi Kansa *(mur sud)*, Krishna vainqueur du serpent Kaliya *(avant-corps, gauche)*, Indra juché sur l'éléphant tricéphale Airavata *(entrée de la* cella*)*, enlèvement de Sita *(au-dessus du linteau de Vishnou)*.

Source sacrée

Derrière le sanctuaire, au pied de la falaise, se dresse un rocher sculpté d'un bas-relief de la **Trimurti**★★★ : Shiva, debout, est encadré par Brahma aux quatre visages à sa droite et Vishnou à sa gauche. La **source sacrée** se trouve dans une petite grotte située plus haut, à gauche. L'eau était acheminée jusqu'au lingam du sanctuaire par un petit canal passant sous le portique.

Au nord, un sentier mène à de gros rochers portant en bas-relief des figures d'**animaux** sacrés (**éléphant**) ou liés au monde aquatique (**crocodile**, serpent), que l'on a datées du 13e ou du 14e s.

Le palais nord du Vat Phu.
P. Tissérand/Michelin

★★ Plateau des Bolaven Carte du plateau des Bolaven p. 529

▷ *Circuit en boucle d'env. 220 km tracé en vert sur la carte – Comptez 1 journée. Les cascades étant parfois éloignées de la route et les transports publics rares et peu commodes, il est conseillé de louer une moto ou un scooter à Pakse.*

▷ *Sortez de Pakse par la RN 13 en direction du sud. À la patte d'oie, quittez la RN 13 pour prendre à gauche la 16E. Au km 21, après l'usine de café Dao Heuang, tournez à gauche et poursuivez sur 13 km.*

Délimité par les villages et villes de Bachieng, Lao Ngam, Sekong, Attapeu et Sanamxay, ce verdoyant **plateau d'altitude** tient son nom des Lavens, l'une des ethnies autochtones. Il couvre une superficie d'env. 5 000 km² et, situé entre 900 et 1 300 m, jouit d'une température plus clémente que la vallée du Mékong – voire franchement froide entre décembre et mars. Ce climat tempéré, allié à la richesse des sols (laves volcaniques) et à une pluviosité supérieure à la moyenne, a incité les colons français à s'y installer pour expérimenter de nouvelles cultures : bananier, hévéa, thé et surtout **café** *(voir encadré p. 528)* que l'on met à sécher au bord des routes en novembre-décembre, après la récolte. La quasi-totalité de la production nationale de café provient des Bolaven ; avec ses plantations de manioc, ses vergers et ses champs, le plateau reste aujourd'hui une **région agricole** majeure. Ses forêts denses sont parcourues de rivières et ponctuées de jolies **cascades** *(tad)*, certaines en eau toute l'année, d'autres ne valant le détour qu'en fin de saison des pluies *(août-nov.)*.

★★ Tad Pha Suam

▷ *36 km au nord-est de Pakse. Cascade indiquée sur la gauche de la route (2 km de route asphaltée) - 8h-17h - 10 000 kips, parking 5 000 kips.*

Avec ses eaux tombant d'un cirque rocheux dans un grand bassin et son **pont de bambou** suspendu, le site est pittoresque mais très fréquenté en fin de semaine. Dans le « village ethnique » d'**Uttayan Bajiang** (Bachieng), juste à côté, des Laotiens posent en costume pour la photo dans un cadre manquant singulièrement d'authenticité.

Revenez sur la route principale et poursuivez en dir. de Tad Lo sur env. 1 km.

★ Tad Champee

Accès (non indiqué) à gauche par la piste de latérite que vous suivrez sur 10 km (impraticable en saison des pluies).

La piste, pas toujours en bon état, traverse des hameaux établis entre des champs de manioc et des plantations d'hévéas. Plus difficile d'accès que les autres cascades du circuit, celle-ci offre une tranquillité appréciable. Les chutes elles-mêmes, de 6 à 7 m de hauteur, n'ont rien d'exceptionnel mais constituent un agréable lieu de baignade, entre rivière (au-dessus des chutes) et piscines naturelles (en aval).

De retour sur la route principale, poursuivez en dir. de Tad Lo sur 25 km.

Ban Houay Houn Tai

56 km au nord-est de Pakse.

Papayers et bananiers ponctuent le paysage. Le manioc est mis à sécher sur des bâches dans la cour des maisons de bois et de bambou sur pilotis. À l'entrée de ce village de tisserands sont vendues des cotonnades traditionnelles de l'**ethnie katu**. Leurs épais tissages aux motifs géométriques réussissent des combinaisons de couleurs plutôt harmonieuses et sont brodés de petites perles blanches.

Poursuivez sur la route principale.

★★ Tad Lo

À 22 km au nord-est de Ban Houay Houn Tai - hébergement simple en home-stay *et* guesthouse *près des chutes de Tad Hang.*

Tad Lo désigne en fait un village qu'entourent trois grandes **cascades** et plusieurs chutes d'eau de moindre ampleur mais séduisantes par leur tranquillité. La **cascade★** éponyme *(accès libre)*, en eau toute l'année, offre une halte plaisante avec ses eaux claires bouillonnant parmi des blocs de roches noires. En saison sèche, les villageois sarclent les parcelles potagères dégagées par la baisse des eaux. Les larges chutes de **Tad Hang★★** *(accès libre)* sont les plus appréciées pour la baignade : les eaux cascadent de rocher en rocher et viennent nourrir un petit cours d'eau *(pour des raisons de sécurité, évitez de nager trop près du point d'impact des cascades ou en cas de fort courant)*. À 10 km de là, **Tad Soung★★★** *(parking 5 000 kips)*, haute de 90 m, est spectaculaire en saison des pluies et offre en toute saison de belles **vues★★** depuis son sommet. Un sentier balisé pentu *(850 m)* relie la base au sommet.

À Ban Beng, 2 km au nord de Tad Lo, tournez à droite.

LE CAFÉ DES BOLAVEN

Développée dans les années 1930 puis tombée en sommeil du fait des guerres et des révolutions, la caféiculture n'a vraiment repris sur le plateau des Bolaven que dans les années 1990. Paksong et les « terres rouges » fertiles de la moitié ouest du plateau sont au centre de la production. Sous le Protectorat, la filière café des Bolaven produisait surtout de l'**arabica**, à l'arôme raffiné. Aujourd'hui, les petits exploitants lui préfèrent le **robusta**, plus riche en caféine, d'arôme plus fruste, mais résistant mieux aux maladies. C'est lui que vous retrouverez dans les sachets de café soluble sous la marque Dao. Culture d'exportation, le café des Bolaven représente une part non négligeable des apports en devises. Il lutte vaillamment contre la concurrence de son voisin vietnamien, qui s'est hissé en trente ans au rang de deuxième exportateur mondial de robusta.

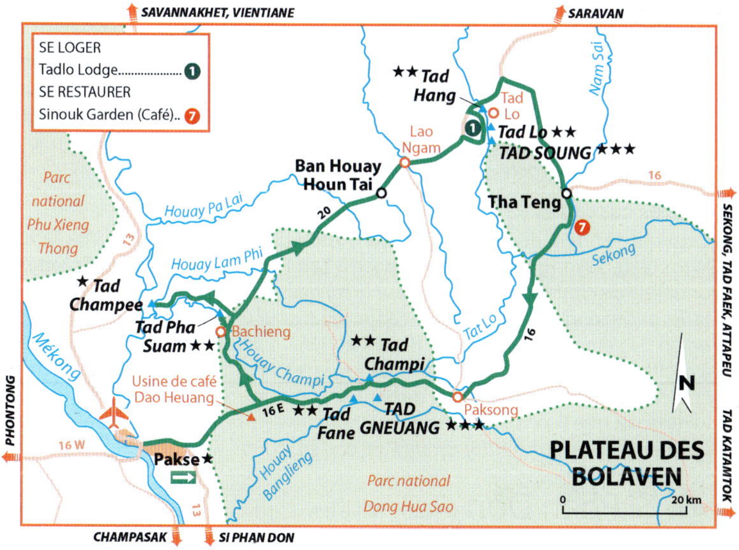

Tha Teng

30 km après la bifurcation.

Ce gros bourg carrefour vit autour de son **grand marché**, où les minorités ethniques des villages alentour, les Katus, les Nges, les Alaks, viennent vendre leurs fruits et légumes. L'acculturation faisant son chemin, il est de plus en plus rare de les voir porter le costume traditionnel de l'ethnie à laquelle ils appartiennent.

À Tha Teng, laissez à gauche la route pour Sekong (46 km) et prenez à droite celle de Paksong. La route file ensuite entre les plantations de café dont certaines, comme le **Sinouk Garden** *(6 km au sud de Tha Teng - voir « Nos adresses », p. 538)*, se visitent. En période de récolte *(oct.-nov.)*, vous pourrez assister au processus de séchage, de torréfaction et de conditionnement.

★★ Cascades autour de Paksong

40 km au sud-ouest de Tha Theng.

Au cœur du plateau, parmi les **plantations de café** et de thé, la bourgade s'entoure de très belles cascades, toutes différentes.

★★★ **Tad Gneuang (Tad Yuang)** – *10 km à l'ouest de Paksong puis piste sur la gauche sur 2 km - 8h-17h - 10 000 kips, parking 5 000 kips.* Chutant en deux ressauts d'environ 100 m de hauteur, au sein d'une épaisse végétation, cette puissante cascade compte parmi les plus spectaculaires de la région. De petits ponts enjambent le cours d'eau pour rejoindre des bassins de baignade en amont tandis qu'un escalier descend vers un point de vue aménagé en contrebas. Son succès et sa facilité d'accès ont converti cette belle cascade en un lieu désormais rempli de gargotes et de boutiques de souvenirs : venez-y plutôt en semaine.

De retour sur la grand-route, continuez en dir. de Pakse sur 2 km.

★★ **Tad Champi** – *Accès (fléché) par une piste à droite (2 km) - 8h-17h - 5 000 kips, parking 3 000 kips.* La piste traverse les caféières pour rejoindre cette belle chute d'env. 20 m de hauteur. Les eaux alimentent un vaste bassin circulaire où l'on peut se baigner au calme.

Revenez sur la grand-route et prenez la piste qui s'engage juste en face.

★★ **Tad Fane** – *800 m de piste - 6h30-18h - 5 000 kips, parking 3 000 kips.* Le *resort* (boutiques et restaurant-cafétéria) aménagé ici délivre un point de vue sur les **cascades jumelles** de Tad Fane (120 m), situées de l'autre côté de la vallée et tombant dans un gouffre circulaire. Meilleur éclairage en fin d'après-midi.

De retour sur la route principale, vous rejoindrez Pakse en 38 km.

Autres cascades

Ceux qui décident de suivre la **grande boucle** *(320 km)* prendront à Tha Teng la route de Sekong. Une halte s'impose à **Tad Faek** *(14 km au sud de Sekong)*, une série de chutes de faible hauteur (5 m) mais d'une belle largeur ; les habitants de Sekong en apprécient le cadre, idéal pour un pique-nique-baignade en fin de semaine. À Ban Beng Phu Khan *(16 km plus loin)*, vous bifurquerez à droite pour gagner **Tad Katamtok**★★★, en eau toute l'année. Cette spectaculaire cascade chute de 100 m de hauteur dans un environnement de jungle luxuriante, que l'on voit dans son entier depuis l'autre versant de la vallée. *De là, une nouvelle route (2016) rejoint Paksong en 53 km.*

★★ Si Phan Don (Quatre Mille Îles) Carte de région B4 (p. 504-505)

Env. 140 km au sud de Pakse.

Arrivé dans l'extrême sud du Laos, le cours du Mékong s'élargit, pouvant atteindre par endroits jusqu'à 10 km d'une rive à l'autre au plus fort de la saison des pluies. En saison sèche en revanche, la baisse du niveau des eaux laisse émerger une myriade d'îles, d'îlots et de bancs de sable dont certains sont alors mis en culture ou servent de pâturage aux buffles d'eau. Seules une poignée d'îles *(don)* permanentes accueillent quelques hameaux *(ban)* aux maisons de bois. La vie rurale y fait bon ménage avec les touristes, de plus en plus nombreux, séduits par leur atmosphère paisible et détendue. Ils viennent y faire une pause farniente en excursion d'1 ou 2 j. depuis Pakse ou en font leur dernière étape laotienne avant de poursuivre leur périple au Cambodge : la frontière est à 15 km.

★ Don Khong

Débarcadères au sud et au nord-est de l'île - accès par ferry depuis Ban Nakasang et par le pont depuis Ban Xay Khun.

La plus grande des îles fait 8 km d'est en ouest et 18 km du nord au sud. Vivant avant tout de la riziculture, c'est aussi celle qui attire le moins les voyageurs. **Muang Khong**, sur la côte sud-est de l'île, regroupe l'essentiel des hôtels et des services, administrations, petits commerces, poste, dispensaire, etc. Quelques villages sont établis sur le pourtour de l'île, au bord du fleuve. Faire un tour de vélo dans l'intérieur et admirer les paysages depuis la berge (notamment près de Muang Sen, sur la côte ouest, où se tient un marché) sont les seules activités ici.

★★ Don Khone

Au sud de l'archipel - accès par ferry depuis Ban Nakasang ou Don Khong.

Relativement peu développée mais plus riante que Don Khong, l'île (4 km de long sur 3 km de large) accueille un tourisme de moyenne gamme adepte de tranquillité. Les hôtels et *guesthouses*, regroupés sur la côte nord, organisent des excursions en bateau et louent kayaks, vélos et VTT. Entre rizières, plantations de canne à sucre et cocoteraies, une balade à pied ou à deux-roues dans le centre de l'île vous permettra d'apprécier quelques scènes du quotidien agricole. Vous verrez aussi des traces de l'étroite voie de **chemin de fer** qui

En amont des chutes de Khone Pasoi, à Don Khone.
R. Tisserand/Michelin

traversait l'île *(voir encadré p. 532)*. Au nord-est subsistent quelques vestiges de la période du Protectorat français, dont l'école, l'ancien débarcadère et des bâtiments administratifs. De l'extrême sud de l'île, la frontière cambodgienne est à moins de 600 m.
Une large piste en bon état traverse l'île du nord au sud. À vélo, n'hésitez pas à vous engager sur les sentiers qui s'en écartent. Traversant sous-bois et plantations, ils se rapprochant par endroits des berges du Mékong.
Malheureusement phagocytées par un investisseur privé qui veille désormais sur leur accès, les **chutes de Li Phi**★ *(*Som Pha Mit *- 8h-17h - 35 000 kips)*, au nord-ouest de l'île, forment une série de rapides sur plusieurs kilomètres. Un peu plus bas sur la rive ouest s'ouvre la jolie plage de **Hat Yai Kong Nyai**★, où des bateaux proposent de vous emmener vers des chutes et des îles méconnues.
Au sud de l'île vivent encore quelques **dauphins de l'Irrawaddy**, dont l'existence est aujourd'hui menacée *(voir encadré p. 258)*. De Ban Han Khone, à la pointe sud, où vous trouverez deux sympathiques terrasses de café, partent les bateaux proposant l'excursion et poursuivant jusqu'aux chutes de Khone Pha Peng *(voir plus loin)*. En remontant par la côte est, vous arriverez aux chutes de **Khone Pasoi**★ *(accès libre par un pont suspendu)*. En saison sèche émergent des verveux, ces nasses géantes accrochées à des armatures de bambou et qui fonctionnent en période de hautes eaux, canalisant le flux des poissons qui descendent le Mékong.
Don Khone est reliée à Don Det, juste au nord, par l'ancien **pont ferroviaire**★ à 13 arches construit sous le Protectorat. Une antique locomotive à vapeur achève de rouiller à l'entrée du pont, un endroit très prisé pour contempler le coucher du soleil.

★ Don Det

En face de Don Khone, juste au nord - accès par ferry depuis Ban Nakasang.
Plus petite que Don Khone (1 km de large et 2,5 km de long) et, comme elle, dépourvue de trafic motorisé, hormis quelques scooters, cette île *relax* séduit

LE CHEMIN DE FER DU MÉKONG

À la fin du 19e s., l'administration coloniale, soucieuse d'asseoir son pouvoir régional face au Siam et de contrer ses velléités d'expansion à l'est du Mékong, se lance un défi majeur : dompter le fleuve aux chutes de Khone, un **obstacle infranchissable** qui interdit la navigation entre le Laos et le Cambodge. Objectif affiché : permettre aux bâtiments militaires de remonter le Mékong, et, dans un deuxième temps, faciliter le trafic passager et marchand entre Saïgon et Vientiane via Phnom Penh. L'obstacle ne pouvant être détruit, les ingénieurs entreprennent de le contourner. Ils construisent 4 km de voie ferrée traversant l'île de Don Khone. Les navires seront chargés sur un chariot tracté par une locomotive et remis à l'eau de l'autre côté des rapides. C'est ainsi qu'en 1893, on put acheminer vers l'amont le *La Grandière* et le *Massie,* les deux canonnières qui croisaient sur le bas Mékong. Les bateaux pouvaient désormais poursuivre leur course vers Vientiane et au-delà, jusqu'à la frontière chinoise. En 1910, les **Messageries fluviales**, titulaires de la concession, relient Don Khone à Don Det par un pont ferroviaire, portant la longueur totale des voies à 7 km entre les deux ports fluviaux. L'ouverture de la route n° 13 le long du fleuve contribue au déclin de la ligne dès les années 1920 et son exploitation cesse définitivement dans les années 1940.

avant tout une clientèle de *backpackers* à petit budget. Au programme, kayak, *tubing*, balades à vélo et sorties de pêche nocturne, mais surtout farniente et contemplation… Une partie de la jeunesse fêtarde chassée de Vang Vieng par le récent durcissement des lois en vigueur *(voir p. 444)* s'est repliée vers Don Det, et l'île risque de voir sa réputation se ternir dans les années qui viennent. Vous aurez ici peu de contacts avec la population locale et choisirez Don Det si vous souhaitez surtout échanger avec d'autres voyageurs. Une étroite piste fait le tour de l'île, partant du village au nord, pour rejoindre tout au sud le pont français.

★★★ Chutes de Khone Pha Peng

Accès par la route depuis Ban Nakasang ou par bateau depuis Don Khone et Don Det - 8h-17h - 55 000 kips.

Les puissantes chutes de Khone, le nom qui les désigne dans la littérature coloniale, se succèdent sur plusieurs kilomètres au sud de l'île. Ces rapides infranchissables, dont le saut le plus impressionnant fait 20 m de hauteur, constituent toujours le principal obstacle à la navigation sur le Mékong entre la Chine et le delta du fleuve, au sud du Vietnam. C'est en saison sèche qu'elles offrent le plus beau spectacle, car elles sont recouvertes par les eaux en période de mousson.

NOS ADRESSES À PAKSE ET SES ENVIRONS

Plan de ville p. 523

INFORMATIONS UTILES

Banques/Change

Lao Development Bank – A1 - *RN 13, à côté de l'hôtel Sang Aroun (entre Th. 12 et Th. 24) - Pakse.* Distributeur, change et antenne Western Union.

BFL – A1 - *RN 13, à deux blocs du nouveau pont sur la Sedon - Pakse - www.banquefrancolao.com.* Change.

Banques et distributeurs à **Champasak**. Distributeurs à **Paksong** mais il est plus raisonnable de faire le plein de kips avant de vous rendre sur le **plateau des Bolaven**.

Pour **Si Phan Don** : distributeurs à Don Khong et Ban Nakasang où vous trouverez aussi une agence BCEL *(lun.-vend. 8h30-15h30)*. Pas de distributeurs mais des facilités de change à Don Det et Don Khone, à des taux convenables. Si vous venez du Cambodge, pensez à vous procurer des kips à Stung Treng *(voir p. 280)*.

Santé

IHPC (International Hitech Poly Clinic) – A2 - *Th. 1, entre Th. 9 et Th. 10 - Pakse - ✆ (031) 214 712.* Service d'urgences 24h/24.

Visa

Immigration – A1 - *Th. 10, près de l'hôtel Sala Champa - Pakse - lun.-vend. 8h-11h30, 14h-16h.* Prolongation du visa laotien (30 j. maxi) en 24h sur présentation de votre passeport et remise d'une photo d'identité : *voir « Immigration », dans « Sur place de A à Z », p. 338. Pour les formalités de frontière avec le Cambodge, voir p. 20 ; pour passer en Thaïlande, voir p. 35.*

ARRIVER/PARTIR (PAKSE)

En avion

Pakse International Airport (PKZ) – A1 en dir. - *5 km au nord-ouest du centre-ville (100 000 kips en tuk-tuk).* Lao Airlines assure des liaisons avec Savannakhet *(6 vols/sem.)*, Vientiane *(1 vol/j.)* ainsi que 4 vols/sem. pour Bangkok et 3 vols/sem. pour Siem Reap.

En bus

Plusieurs gares routières éparpillées dans et autour de la ville. Les bus de nuit pour Vientiane partent à 20h30 de la petite gare de **Chitpasong** A1, sur le Mékong, derrière l'office de tourisme *(11h de trajet - 170 000 kips)*. Des bus pour Savannakhet partent de la petite gare du **Km 2** *(5h - 50 000 kips)*, à 2 km du centre. Bus également pour la frontière cambodgienne et la Thaïlande *(7h - 60 000 kips)*.

Gare routière Nord – A1 en dir. - *9 km au nord-ouest de la ville.* Départs pour Vientiane *(11h de trajet - 120 000 kips)*, Savannakhet *(5h - 50 000 kips)* et Thakhek *(7h - 60 000 kips)*.

Gare routière Sud – B2 en dir. - *8 km au sud de la ville.* 6 bus/j. pour Nakasang (Si Phan Don) *(4h de trajet - 50 000 kips)*.

ARRIVER/PARTIR (SI PHAN DON)

En bus

Gare routière de Ban Nakasang – Départs à 9h30 pour la frontière et les villes cambodgiennes de Banlung, Phnom Penh, Kratie, Kampong Cham et Siem Reap. Départ à 12h pour Pakse *(2h30 de trajet - 60 000 kips) via* Champasak. Bus pour le plateau des Bolaven *(4h30* *à 6h - 100 000 à 130 000 kips)*, Savannakhet *(6h30 - 120 000 kips)* et Vientiane *(18h - 200 000 kips)*. Change et distributeur dans la gare routière.

Pour les îles – Embarcadère à 400 m de la gare routière. Les ferries partent quand ils sont pleins, de 7h à 17h30. Comptez 15 000 kips pour Don Det *(15mn de traversée)*, 30 000 kips pour Don Khone *(30mn)*, 50 000 kips pour Don Khong *(2h)*.

TRANSPORTS (PAKSE)

Moto

Plusieurs loueurs de motos et scooters sur la portion urbaine de la RN 13, au niveau de l'hôtel Sang Aroun A1 *(50 000/100 000 kips/j. selon le modèle et la durée de location)*. La plupart proposent un service gratuit de consigne à bagages et fournissent infos pratiques, liste des hébergements sur le plateau des Bolaven et plan de localisation des cascades. En haute saison *(nov.-fév.)*, réservez votre moto dès votre arrivée, surtout en fin de semaine.

Songteo

Ces camionnettes partent du marché Dao Heuang B2. C'est le moyen le plus simple et le plus économique de rejoindre Champasak *(25 000 kips)*. Départs plus fréquents le matin.

Bateau

Embarcadère – A2 - Service de bateaux privés entre Pakse et Champasak, qui fonctionne par intermittence. Théoriquement, départ à 8h, retour vers 14h - 140 000 kips AR - achat des billets à l'office de tourisme.

HÉBERGEMENT

Pakse

En haute saison *(nov.-fév.)*, les hôtels sont pris d'assaut dès 15h par les voyageurs en provenance de Thaïlande, du Vietnam, de Si Phan Don et de Vientiane, dont les bus arrivent en début d'apr.-midi. Le phénomène s'accentue les vend. et sam., les visiteurs thaïlandais étant nombreux à venir passer le w.-end à Pakse. Arrivez tôt ou réservez. Vous trouverez 4 ou 5 *guesthouses* assez sommaires dans Th. 21, la rue parallèle à la rivière Sedon.

PREMIER PRIX

Lao Cha Leun – A1 - *Th. 10 - (031) 251 333 - - 24 ch. - 120 000/200 000 kips.* Sur 2 étages sans ascenseur, des chambres sans charme au mobilier disparate et d'un entretien laissant à désirer… Mais l'adresse peut dépanner quand les *guesthouses* du quartier affichent complet. Wifi à la réception, eau chaude.

Sala Champa – A1 - *Th. 10, en face du Lao Cha Leun - (031) 312 273 - salachampa@yahoo.com - - 17 ch. - 150 000 kips.* Une série de petits bungalows mitoyens, modestement meublés de formica et distribués en L à la façon d'un motel. Choisissez les plus éloignés de la rue et visitez-en plusieurs : ils sont de taille variable pour un prix identique. Le bâtiment central abrite aussi quelques chambres à l'étage. On se retrouve le soir dans l'agréable espace commun qu'entourent hibiscus, papyrus et bassin aux poissons rouges. Wifi, eau chaude.

BUDGET MOYEN

Pakse Mekong – A2 - *Face au Mékong, au niveau du restaurant flottant Ban Lao Boat - (031) 218 444 - - 53 ch. -*

180 000/230 000 kips. Sur 4 étages avec ascenseur, ses chambres impersonnelles, carrelées et très propres, relativement spacieuses, ne diffèrent que par la vue qu'elles offrent, sur le fleuve ou sur la ville. Les plus agréables, celles qui font l'angle, disposent de 2 fenêtres. Un bon rapport qualité-prix dans sa catégorie. Wifi.

POUR SE FAIRE PLAISIR

Champasak Palace – B1 - *RN 13, près de l'ancien pont sur la Sedon - ✆ (031) 212 263 - www.champasakpalacehotel.com - ▤ ✕ - 115 ch. - 320 000/560 000 kips ☕.* L'ancien palais exsude une atmosphère ambiguë, entre fastes d'antan évanouis et usure du temps, avec ses dédales d'escaliers et de coursives aux moquettes fanées. Au 3ᵉ étage (ascenseur) du bâtiment central, les plus belles chambres, hautes de plafond, avec parquet et pléthore de fenêtres ouvrant sur des terrasses semi-privées, jouissent d'une agréable vue. L'aile extérieure abrite des chambres plus modestes, mais spacieuses et abondamment meublées, à moitié prix. Wifi, massages, boutique.

Athena – A1 - *RN 13, angle Th. 38 - ✆ (031) 214 888 - http://athenahotelpakse.com - ▤ ✕ ⛱ - 21 ch. - 560 000/800 000 kips ☕.* C'est le seul hôtel de la ville qui dispose d'une piscine. La plupart des chambres donnent sur cette dernière, de plain-pied pour certaines ou, ménageant plus d'intimité, ouvrant sur un long balcon commun à l'étage. Sobrement décorées de textiles traditionnels laos et dotées d'un joli parquet, elles disposent de sdb modernes et propres. Plus spacieuses, les 3 chambres *deluxe* sont également plus bruyantes. Wifi, coffre-fort, massages.

☺ **Résidence Sisouk** – A1 - *Th. 9, face à l'office de tourisme - ✆ (031) 214 716 - www.residence-sisouk.com - ▤ ✕ - 14 ch. - 640 000/800 000 kips ☕.* Dans une harmonie de blanc et de bois sombre, des chambres avec parquet, meublées et décorées avec goût de reproductions de gravures anciennes et d'antiquités régionales. Elles occupent trois étages d'une grande demeure particulière construite dans les années 1950 dans le quartier historique de la ville. Le 4ᵉ et dernier étage (ascenseur poussif) sert de table d'hôte pour des dîners que vous partagerez avec la charmante propriétaire franco-laotienne. Agréable petit café au pied de l'hôtel. Wifi.

Champasak

UNE FOLIE

The River Resort – *Sur le Mékong - 1,5 km au nord de Champasak - ✆ (020) 568 501 98 - http://theriverresortlaos.com - ▤ ✕ ⛱ P - 28 ch. - 120/160 US$.* Les chambres occupent une douzaine de bungalows, avec vue sur le fleuve pour les plus chères et sur le jardin pour les autres. Assez spacieuses, elles disposent de tout le confort (réfrigérateur, coffre-fort) et d'une agréable décoration blanche, sobre et moderne. Leurs baies vitrées coulissantes ouvrent sur une belle terrasse. Chaque bungalow accueille deux chambres, l'une au rdc et l'autre à l'étage, dans un grand jardin très calme dont les pelouses soignées côtoient des carrés de rizières. Nombreux services : croisière au couchant, *tuk-tuk* pour se rendre au Vat Phu (12 km), vélos à disposition, pick-up à l'aéroport, spa et massages. Wifi.

Bolaven

POUR SE FAIRE PLAISIR

Tadlo Lodge – *À env. 2 km de Tad Lo - (031) 218 889 - - 15 ch. - 384 000 kips*. Les chambres occupent des bungalows sur pilotis disséminés dans un vaste jardin en bordure de rivière. Sommaires mais spacieuses, elles s'agrémentent d'un joli parquet et d'une sdb de galets. On peut assister au bain quotidien des éléphants et faire une promenade avec eux. Wifi à la réception.

Don Khone

BUDGET MOYEN

Nongsak Guesthouse – *À l'est du pont français - (020) 553 190 66 - nongsak@yahoo.com - - 6 ch. - 100 000/180 000 kips.* Au centre du petit bourg, de l'autre côté de la rue longeant la rivière, ces trois bungalows doubles tout en bois, sur pilotis, se trouvent tout près des restaurants et des agences d'excursions. Les chambres restent cependant sommaires, sans décoration et meublées *a minima*. Wifi.

POUR SE FAIRE PLAISIR

Seng Ahloune Resort & Villa – *À l'ouest du pont français - (031) 260 934 - - 14 ch. - 384 000 kips*. Sept bungalows doubles s'alignent face au fleuve, juste en face des arches du vieux pont, et leurs terrasses privatives donnent sur un agréable bout de pelouse. Chacun abrite deux chambres tout en bois, aux murs de bambou tressé, auxquelles on reprochera cependant leur mauvaise insonorisation. De l'autre côté du pont, l'annexe, une grande structure en dur dont 8 des chambres ont vue sur le fleuve, pratique des tarifs inférieurs mais adopte un genre plus convenu. Wifi.

Sala Done Khone – *À l'est du pont français - (031) 260 940 - www.salalaoboutique.com - - 30 ch. - 440 000/560 000 kips*. Il propose des chambres différentes les unes des autres, certaines dans des bungalows en bois amarrés sur le fleuve, d'autres dans une demeure coloniale de 1896 restaurée. Les moins chères se distribuent sous les bougainvillées et les bananiers d'un vaste et beau jardin, mais n'ont pas vue sur le Mékong. Toutes disposent d'un coffre-fort et d'un petit réfrigérateur ainsi que d'une terrasse privative. Wifi.

Don Det

BUDGET MOYEN

Baba Guesthouse – *À 300 m du débarcadère par la rue longeant la berge est - (020) 988 939 43 - www.dondet.net - - 7 ch. - 300 000 kips.* Ses chambres, peintes en blanc, disposent d'une bonne literie. Propres et lumineuses, elles constituent, malgré l'absence totale de décoration, l'une des adresses les plus élaborées de Don Det. Elles se répartissent sur deux niveaux ; à prix identique, choisissez sans hésiter celles de l'étage dont les petites terrasses offrent une jolie vue sur le fleuve. Possibilité de chambres communicantes. Wifi.

Don Khong

BUDGET MOYEN

Mekong Inn – *Au sud du débarcadère - (031) 213 668 - www.gomekonginn.com - - 23 ch. - 300 000 kips.* Au calme, à 5mn à pied de la rue principale, en bordure du fleuve. Parmi des espaces communs fleuris de bougainvillées s'ouvrent des chambres sommairement meublées mais spacieuses et bien entretenues, certaines avec une belle vue sur le Mékong. Wifi, vélos à disposition. Les propriétaires parlent anglais et français.

RESTAURATION

Pakse

PREMIER PRIX

Daolin – A1 - *RN 13, angle Th. Tha Luang (ou Th. 24) - ✆ (022) 557 331 99 - ⌧ - 6h-23h - 40 000/50 000 kips.* Dans la petite salle qui se prolonge en terrasse sur le carrefour, vous vous plongerez dans la lecture d'une carte kilométrique de cuisine lao, thaïe, européenne et végétarienne. L'adresse, qui a standardisé ses recettes au goût des voyageurs occidentaux – la totalité de sa clientèle –, s'occupe aussi de vendre des billets de bus pour l'ensemble du Laos et les principales villes des pays voisins.

La Terrasse – A1 - *Th. Tha Luang (ou Th. 24), angle Th. 21 - ✆ (099) 928 204 - ⌧ - 9h-23h - 40 000/50 000 kips.* Au carrefour de rues calmes, une douzaine de tables en terrasse. L'adresse, dont les horaires fluctuent grandement en fonction de la fréquentation, est tenue par un couple franco-laotien qui prépare une petite restauration consensuelle (croque-monsieur, *bruschetta*, nems, etc.) et quelques plats plus roboratifs comme le magret de canard, des recettes laotiennes ou des soupes. Vin au verre ou en carafe, petits-déjeuners et *lao-lao* arrangé aux fruits faits maison. Une adresse conviviale.

Khamfong – A2 - *Sur le Mékong, au bout de Th. 1 - ✆ (031) 213 240 - ⌧ - 10h-23h - 50 000/70 000 kips.* La grande terrasse de bois de ce restaurant flottant, amarré sur le Mékong, s'anime surtout en fin de semaine, au son de concerts *live*. La carte propose une belle variété de *tom yum*, soupes coco épicées aux crustacés, au poulpe ou aux crevettes, ainsi que de soupes aigres-douces au poisson servies avec un bol de riz gluant. Grand choix également de plats sautés *(fried)*, vapeur *(steamed)* ou frits *(deep fried)*. Bière pression, non-fumeur, pas d'anglais. Agréable au coucher du soleil.

BUDGET MOYEN

Dok Mai - Trattoria Italiana – A1 - *Th. Tha Luang (ou Th. 24) - ✆ (020) 553 026 08 - ⌧ - 11h-23h sf mar. - 70 000/105 000 kips.* Envie de changer de saveurs ? Des *penne* et des spaghettis au gorgonzola ou à la sicilienne sont ici cuisinés par un authentique chef toscan. Il vous proposera aussi une sélection d'*antipasti*, de charcuteries (jambon de Parme, salami) et de fromages italiens. Vin au verre ou en carafe.

Jynia – A1 - *Th. 9, angle Th. 46 - ✆ (030) 919 9960 - ▤ ⌧ - 11h-14h, 17h-23h - 80 000/100 000 kips.* Des paravents de bambou peints en vert ménagent des espaces d'intimité dans cette salle au demeurant froide, que peinent à réchauffer quelques lampions japonais. La carte de cuisine lao-nippone propose un choix important, des *noodles* en tous genre aux *bento* (plateaux-repas) et aux *tempura* (fritures et beignets). Saké et vins australiens accompagnent les mets.

Le Panorama – A1 - *Th. 5, dans l'hôtel Pakse - ✆ (031) 212 131 - ⌧ - 17h30-22h - 80 000/120 000 kips.* Au 6e et dernier étage de l'hôtel Pakse (ascenseur), une grosse bâtisse jaune que vous repérerez de loin, sa terrasse offre l'un des meilleurs points de vue sur le Mékong au coucher du soleil. Dans l'assiette, c'est plus standard : pizzas, cuisine internationale et plats végétariens. Vous pouvez aussi vous contenter de venir y prendre un cocktail avec ou sans alcool, dès 16h30.

Bolaven

BUDGET MOYEN

Café Sinouk Garden – *6 km au sud de Tha Theng, dir. Paksong - ☏ (030) 955 8960 - http://sinoukcoffeeresort.com - 7h-21h - 70 000/100 000 kips.* Dans un jardin fleuri impeccablement entretenu, devant la plantation de café, l'établissement affiche une carte occidentale : croque-monsieur, salades variées, omelettes, nems ainsi que de copieuses formules de petit-déj. Dispose également de 18 ch. *(40/90 US$).*

Don Khone

PREMIER PRIX

Fleur du Mékong – *Presque en face des bungalows du Seng Ahloune - ☏ (056) 763 141 - 7h-21h - 65 000/80 000 kips.* Une jolie tonnelle coiffant la route annonce ce petit restaurant de cuisine lao-thaïe. Les deux spécialités de la maison, le curry de canard aux patates douces et les papillotes de poisson, sont servies généreusement. L'agréable salle ventilée se prolonge par une terrasse ornée de plantes vertes. On déplorera seulement une certaine lenteur dans le service. Propose aussi des petits-déj. complets.

Seng Ahloune – *Dans l'hôtel du même nom - 7h-21h - 80 000/100 000 kips.* Sa terrasse de bois au pied du pont offre un cadre agréable au crépuscule. On y sert les classiques de la cuisine asiatique : poisson à l'étouffée dans une feuille de bananier, curry de canard à la noix de coco ou soupe *tom yum*. Également des petits-déj. baguette. L'endroit est apprécié par une clientèle laotienne aisée.

Don Det

PREMIER PRIX

Jasmine – *À 150 m du débarcadère, dans la rue principale - ☏ (031) 251 002 - www.dondet.net - 11h-22h - 35 000/50 000 kips.* Sur la grande terrasse de bois en surplomb du Mékong, vous dégusterez *tandoori, biryani* et autres recettes de l'Inde du Sud et de la Malaisie concoctées par un chef venu du sous-continent. Solide sélection de plats végétariens et service rapide.

PETITE PAUSE

Malisa Cafe – A1 - *Th. 11, face à l'hôtel Forest - 7h-19h.* Une petite terrasse à l'ombre d'un grand arbre pour siroter un jus de fruits de saison (sapotille, passion, pastèque, etc.), un café des Bolaven en version moka ou cappuccino, ou pour grignoter quelques rouleaux de printemps. Pas d'anglais.

Vida Bakery Cafe – A1 - *Th. 12, face à la Phonsavan Guesthouse (fléché) - ☏ (020) 292 566 32 - lun.-vend. 6h30-19h.* Une bonne adresse pour des petits-déj. occidentaux (bacon, muesli…) dans une agréable salle au mobilier de bois blanc, impeccablement propre. Le café est tenu par une ONG qui forme les jeunes gens à la boulangerie et leur enseigne l'anglais : pizzas, quiches, croissants farcis et pains sont réalisés sur place par leurs soins.

BOIRE UN VERRE

Panorama View – B1 - *RN 13 - dans le Champasak Palace Hotel - 16h30-23h.* La coupole coiffant le bâtiment central de l'ancien palais, accessible par un ascenseur panoramique, abrite un bar et une salle de *snooker* (une forme de billard) dont la décoration kitsch mêle créatures surnaturelles et éléphants trimant dans la forêt. La coursive qui l'entoure délivre une vue d'ensemble sur la Sedon, le Mékong et les Bolaven au loin. Idéal pour un cocktail en fin d'après-midi.

ACHATS

Lao Silk – A1 - *Derrière le café Malisa, en face de l'hôtel Forest - ✆ (020) 553 525 55 - 10h-18h sf dim.* De la soie grège thaïe et lao au mètre et des *sin* avec broderies traditionnelles. Pas d'anglais.

Dream Home - Village Focus International – A1 - *Quartier de Lak Muang, face à la BCEL - 8h-20h.* Tissages, étoles et sacs, petit artisanat de bois, de rotin et de bambou. La boutique sert de vitrine à une ONG luttant contre le trafic humain.

Monument Books – A1 - *Th. 5, en face du Champasak Shopping Centre - ✆ (020) 767 676 84 - www.monument-books.com - 9h-20h (18h le dim.).* Ouvrages de sociologie, d'ethnographie et d'histoire sur le Laos, quelques romans et beaux livres en français et en anglais ; choix de cartes routières et de cartes postales.

Ban Saphai – *Don Kho - 16 km au nord-ouest de Pakse.* Ce petit village, qui a conservé son mode de vie traditionnel et ses maisons de bois sur pilotis, perpétue le tissage de la soie selon des techniques ancestrales. Nombreux ateliers-boutiques. Touristique.

EN SOIRÉE

ATOC – *Embarcadère de Champasak - ✆ (020) 550 811 09 - www.cinema-tuktuk.org - mar., merc., vend., sam. à 20h30 - durée 1h.* Projections de films et théâtre d'ombres.

ACTIVITÉS

Mekong Cruises - Vat Phu Cruises – A1 - *Quartier de Lak Muang - ✆ (031) 251 446 - http://mekong-cruises.com - Réserv. indispensable en haute saison. Fermé en juin.* Croisières de 3 j./2 nuits dans le sens Pakse-Champasak-Si Phan Don *(dép. les mar., jeu. et sam. à 8h)* ou l'inverse. Guide francophone.

Phu Xieng Thong NBCA – *50 km au nord de Pakse.* Bordé à l'ouest par le Mékong et la frontière thaïlandaise, ce parc national offre des possibilités de randonnée de 2 à 3 j. (nuit chez l'habitant) avec ascension du Phu Khong. Rens. et réserv. au bureau d'information touristique.

Kayak – Sur les îles de Don Khone et Don Det, de nombreuses agences proposent des sorties en kayak à la journée *(180 000 kips)* ou à la demi-journée *(130 000 kips)* vers les cascades et les dauphins.

Piscine – A1 - *Athena Hotel - ✆ (031) 214 888.* La piscine de l'hôtel est ouverte aux non-résidents *(50 000 kips, serviette comprise).*

AGENDA

Boun Vat Phu (Champasak) – *Makha Bousa, 3 j. à la pleine lune de janv.-fév.* Courses d'éléphants, combats de buffles et de coqs, musique et danse traditionnelles dans une atmosphère de foire : produits du Laos, du Vietnam, du Cambodge et de Thaïlande, stands de dégustation et attractions. Cérémonies d'offrandes.

Boun Souang Heua – *4 ou 5 j. en oct.-nov.* Régates autour de Don Khong.

MICHELIN INNOVE
SANS CESSE POUR
UNE MEILLEURE
MOBILITÉ
PLUS SÛRE,
PLUS ÉCONOME,
PLUS PROPRE
ET PLUS
CONNECTÉE.
MICHELIN

Les pneus s'usent plus vite sur les petits trajets en ville...

VRAI !

La fréquence des freinages et des accélérations en ville use davantage vos pneus ! Dans les embouteillages, armez-vous de patience et conduisez en douceur.

La pression des pneus agit uniquement sur la sécurité...

FAUX !

Au-delà de la tenue de route et de la consommation de carburant, une sous pression de 0,5 Bar diminue de 8 000 km la durée de vie de vos pneus. Pensez à vérifier la pression environ une fois par mois, surtout avant un départ en vacances ou un long trajet.

Si vous êtes confrontés à des **conditions hivernales occasionnelles**, allant de la pluie soudaine, aux chutes de neige ou au verglas, vous pouvez opter pour **un seul type de pneu.**
?
VRAI !
Le pneu révolutionnaire ***MICHELIN CrossClimate*** vous garantit mobilité et praticité quels que soient les aléas climatiques. C'est le tout premier pneu été avec une certification hiver !

Équiper ma voiture avec 2 pneus hiver me garantit une sécurité maximum...
FAUX !
En hiver, en dessous de 7°C notamment, pour une meilleure tenue de route, vos quatre pneus doivent être identiques et changés en même temps.
2 PNEUS HIVER SEULEMENT = la tenue de route de votre véhicule n'est pas optimale.
4 PNEUS HIVER = c'est le choix d'une meilleure sécurité dans les virages, en descente et en cas de freinage.
Si vous êtes régulièrement confrontés à la pluie, à la neige ou au verglas, optez pour un pneu de la gamme MICHELIN Alpin. Cette gamme vous offre confort et précision de conduite pour affronter les obstacles de l'hiver.
MICHELIN

MICHELIN S'ENGAGE

- MICHELIN EST LE **N°1 MONDIAL DES PNEUS ÉCONOMES EN ÉNERGIE** POUR LES VÉHICULES LÉGERS.

- POUR **SENSIBILISER LES PLUS JEUNES À LA SÉCURITÉ ROUTIÈRE,** MÊME EN DEUX-ROUES : DES ACTIONS DE TERRAIN ONT ÉTÉ ORGANISÉES DANS **16 PAYS** EN 2015.

QUIZZ

1 POURQUOI BIBENDUM, LE BONHOMME MICHELIN, EST BLANC ALORS QUE LE PNEU EST NOIR ?

Le personnage de Bibendum a été imaginé à partir d'une pile de pneus, en 1898, à une époque où le pneu était fabriqué avec du caoutchouc naturel, du coton et du soufre et où il est donc de couleur claire. Ce n'est qu'après la Première guerre mondiale que sa composition se complexifie et qu'apparaît le noir de carbone. Mais Bibendum, lui, restera blanc !

2 SAVEZ-VOUS DEPUIS QUAND LE GUIDE MICHELIN ACCOMPAGNE LES VOYAGEURS ?

Depuis 1900, il était dit alors que cet ouvrage paraissait avec le siècle, et qu'il durerait autant que lui. Et il fait encore référence aujourd'hui, avec de nouvelles éditions et la sélection sur le site MICHELIN Restaurants dans quelques pays.

3 DE QUAND DATE « BIB GOURMAND » DANS LE GUIDE MICHELIN ?

Cette appellation apparaît en 1997 mais dès 1954 le Guide MICHELIN signale les « repas soignés à prix modérés ». Aujourd'hui, on le retrouve sur le site et dans l'application mobile MICHELIN Restaurants.

Si vous voulez en savoir plus sur Michelin en vous amusant, visitez l'Aventure Michelin et sa boutique à Clermont-Ferrand, France :
www.laventuremichelin.com

MICHELIN
Une meilleure façon d'avancer

INDEX GÉNÉRAL

Luang Prabang : villes, curiosités et régions touristiques.
Apsara : noms historiques ou termes faisant l'objet d'une explication.
Les sites isolés (pagode, temple, grotte...) sont répertoriés à leur propre nom.
(C) : Cambodge ; (L) : Laos.

A

B

C

D

E

F-G

H

I-J

K

L

R

S

T

U-V

W-X-Y

Se débrouiller en khmer

Contrairement à la plupart des langues asiatiques, le khmer n'est pas une langue tonale, ce qui le rend plus facile d'accès pour des oreilles occidentales. Ses règles grammaticales sont simples : ni conjugaison, ni article, ni verbes irréguliers. À savoir : à la plupart des questions, les Cambodgiens répondent souvent en commençant leur phrase par *baa* (oui), même quand la réponse est négative, ce qui peut être assez déroutant.

QUELQUES RÈGLES

Le déterminant quantitatif se place après le nom (« je veux pommes deux »).
Pour passer une phrase à la tournure négative, ajouter *min* devant le verbe et *té* en fin de phrase : *kniom tov…* (je vais à…)/*kniom min tov… té* (je ne vais pas à…).
Pour en faire une question, commencer la phrase par *teuk* et la terminer par *té* : *teuk neak mirn bia té ?* (avez-vous de la bière ?).
Ajouter *sohm* devant le verbe pour une tournure plus polie : *teuk neak sohm mirn bia té ?* (avez-vous de la bière SVP ?).
Dans les formules de politesse, le féminin et le masculin diffèrent parfois : c'est le genre de la personne qui parle qui détermine la forme choisie.

LES CHIFFRES

Ils fonctionnent en base 5 : six se disant 5+1, sept, 5+2, etc.

0	sôn	០
1	mouoy	១
2	pi	២
3	bei	៣
4	boun	៤
5	pram	៥
6	pram mouoy	៦
7	pram pi	៧
8	pram bei	៨
9	pram boun	៩
10	dap	១០
11	dap mouoy	១១
17	dap pram pi	១៧
20	mephey	២០
21	mephey mouoy	២១
22	mephey pi	២២
30	sam sep	៣០
32	sam sep pi	៣២
40	sae sep	៤០
50	ha sep	៥០
60	hok sep	៦០
70	tchet sep	៧០
80	paet sep	៨០
90	kao sep	៩០
100	muoy rauy	១០០
200	pi rauy	២០០
207	pi rauy pram pi	២០៧
1 000	muoy poan	១០០០
10 000	muoy meun	១០០០០
100 000	muoy sen	១០០០០០

LES FORMULES COURANTES

Bonjour (le matin). choum riep sour
Salut … sousdey
Au revoir … li hay
Comment allez-vous ? … neak sok sabaï té
Je vais bien … sok sabaï
Oui (locuteur m./f.) … baa/tia
Non … té
S'il vous plaît … sohm
Merci (beaucoup) … or koun (kran)
Je vous en prie … sohm toh
Je ne comprends pas … kniom oy yol té
Je ne parle pas le khmer … kniom min niyaï kmer té
Monsieur, madame, mademoiselle … lok, neak, neang
Vous (interlocuteur m./f.) … lok/lok srey
Comment vous appelez-vous ? … teuï neak chmours aveï
Je m'appelle … kniom chmours…

Il y a xxx.................... méan (mirn) xxx
Combien ?............................ponman ?
C'est trop cher.........................tlaï nah

AU RESTAURANT

Voir aussi « Gastronomie », p. 70.

Restaurant............................ hang baï
Petit-déjeuner..........................si pruk
Manger.....................................niam baï
Boire..pheuk
Délicieux..........................chngah nas
Eau..teuk
Poivre......................................mo rek
Sucre..skor
Sel..ormbel
Café..kafé
Thé...taï
Bière..bia
Épicé..hel
Pas trop épicé..............kom owy hel
Sans MSG....................... otyok bijang
Chaud...kedal
Froid.......................................trotchek
Légumes......................................banlé
Œuf..pong
Bœuf.......................................saet ko
Porc.................................... saet chrouk
Poisson.....................................saet trey
Poulet....................................saet moan
Canard....................................... saet tir
Riz..baï
Salade épicée.............................. yam

À L'HÔTEL

Hôtel...................................... santhakea
Chambre.................................... bantop
Avez-vous une chambre de libre ?
teuk mirn bantop te ?
Toilettes.......................bontop teuk
Eau chaude...................... teuk kdaow

URGENCES, SANTÉ

Docteur...................................krou pet
Hôpital......................................pet nou
Police... polih

S'ORIENTER, VISITER

Où ?/Où est... ?................... neuv aï na
Je vais à xxx................ kniom tov xxx
À droite..............................kang sdam
À gauche.........................kang chveng
Tout droit.....................................tarang
Stop !...tchop !
Arrêtez ici !..........................tchop ini !

LES TRANSPORTS

Gare routière.....souh ta ni lan kron
Bus..lan kron
Voiture..lan
Bateau..touk

LE TEMPS

Quelle heure est-il ?...............maong ponman haï ?
Quand ?.......................................kal na ?
Hier.......................................msel menh
Aujourd'hui.............................tnaï nih
Demain...saek
Vite...leun
Jour..tnaï

TOPONYMES

Bon nombre de noms de villes et de lieux-dits ont un sens très littéral ; le comprendre aide à mémoriser les toponymes.

Banteay............. forteresse, citadelle
Beng..étang
Boeung.. lac
Koh...île
Krong...ville
Kampong (Kompong)....port fluvial ou maritime
Phnom.............................colline, mont
Preah..sacré
Prek.................... ruisseau, cours d'eau
Psar..marché
Sampeu...................... bateau, jonque
Srok.. district
Thom...grand
Tonlé...rivière

Voir aussi « Glossaire », p. 126.

Se débrouiller en lao

Le lao est parlé par les trois quarts de la population, les minorités ethniques ne maîtrisant parfois que leur propre dialecte. Dépourvue de conjugaisons, de temps verbaux et de genre, c'est une langue de structure assez simple, proche du thaï. Toute la difficulté vient de la maîtrise des 6 tons, qui confèrent à une même syllabe 6 significations radicalement différentes : selon le ton employé, *kaï* signifiera poulet, œuf, vendre, proche ou... loin.

QUELQUES RÈGLES

Le laotien suit une structure sujet + verbe + complément, comme le français. Pour marquer le temps verbal, on ajoute *lèo* après le verbe pour indiquer le passé, *si* avant le verbe pour indiquer le futur : *paï lèo*, je suis allé / *si paï*, j'irai.
Pour passer une phrase à la tournure négative, ajouter *bo* devant le verbe : *bo mi nam* (il n'y a pas d'eau).
Pour en faire une question, ajouter *bo* en fin de phrase : *kao niao mi bo ?* (y a-t-il du riz gluant ?).
Substantifs et adjectifs sont invariables en genre et en nombre.

LES CHIFFRES

0	sounh	໐
1	nung	໑
2	song	໒
3	sam	໓
4	si	໔
5	ha	໕
6	hok	໖
7	tchet	໗
8	pet	໘
9	kao	໙
10	sip	໑໐
11	sip et	໑໑
17	sip tchet	໑໗
20	sao	໒໐
21	sao et	໒໑
22	sao song	໒໒
30	sam sip	໓໐
32	sam sip song	໓໒
40	si sip	໔໐
50	ha sip	໕໐
60	hok sip	໖໐
70	tchet sip	໗໐
80	pet sip	໘໐
90	kao sip	໙໐
100	nung hoy	໑໐໐
200	song hoy	໒໐໐
207	song hoy tchet	໒໐໗
1 000	nung phan	໑໐໐໐
10 000	sip phan	໑໐໐໐໐
100 000	nung sen	໑໐໐໐໐໐

LES FORMULES COURANTES

Bonjour/Bonsoir/Salut	sabadi
Au revoir	la khon
Comment allez-vous ?	sabadi bo ?
Je vais bien	koy you di
Oui/Non	euh/bo
Pas possible	bo daï
S'il vous plaît	kalouna
Merci (beaucoup)	kop tchaye (lalaï)
Pardon, excusez-moi	ko tot
Je (ne) comprends (pas)	koy (bo) kow jaï
Je ne parle pas le lao	koy bo wow phasa lao
Comment vous appelez-vous ?	djow seou niang ?
Je m'appelle xxx…	koy seou xxx…
Y a-t-il xxx ?	mi xxx bo ?
Je veux	koy yak
Il y a/J'ai…	(koy) mi…
Il n'y a pas	bo mi
Combien ?	kao laï ?
C'est très/trop cher	peng laï

AU RESTAURANT

Voir aussi « Gastronomie », p. 366.

Restaurant	han ha han
Petit-déjeuner	ha han sow
Déjeuner	ha han tiang
Dîner	ha han lâang
Manger	kin kao

Boire .... kin mot
Délicieux .... sep laï
Addition .... baï bin
Eau .... nam
Lait .... nam nom
Sucre .... nam tan
Sel .... cua
Piquant (épicé) .... mak pet
Pas trop épicé .... bo pet
Sans MSG .... bo sai peng noua
Café .... kafé
Thé .... nam sa
Sans sucre .... bo saï nam tan
Sans lait .... bo saï nom
Bière .... bia
Chaud .... hon
Froid .... naou
Riz .... kao
Œuf .... kaï
Poisson .... pâ
Poulet .... kaï
Canard .... pet
Porc .... mou
Bœuf .... ngoua
Bon .... dee

À L'HÔTEL

Hôtel .... hong haem
Chambre .... hong non
Avez-vous une chambre ? .mi hong non bo ?
Toilettes .... hong nam
Eau chaude .... nam hon
Puis-je voir la chambre ? .... koy beung hong non daï bo ?

URGENCES, SANTÉ

Docteur .... than mo
Hôpital .... hong mo
Police .... tam luan

S'ORIENTER, VISITER

Où ?/Où est… ?..You saï/… you saï ?
Je veux aller à… .... koy yak paï…
Tournez à droite .... kâp kang koua
Tournez à gauche .... kâp kang saï
Tout droit .... paï sou
Devant .... kang na
Derrière .... khang lang
Loin .... kal
Près, proche .... kaï
Nord .... neua
Sud .... tit taï
Est .... taven oc
Ouest .... taven toc
Ici .... you ni

LES TRANSPORTS

Aéroport .... sanambin
Gare routière .... sathani lot mae
Bus .... lot mai
Bus climatisé .... lot âa yen
Billet/ticket .... bie
Voiture .... lot
Bateau .... heua
Vélo .... lot tip
Combien de temps pour aller à xxxx ? .... paï xxxx kaïe tao daï ?
Arrêtez-vous ici ! .... yout ni !

LE TEMPS

Quelle heure est-il ? ..... tiak mong ?
Quand ? .... vé la daï ?
Maintenant .... dio ni
Hier .... mou wan ni
Aujourd'hui .... mou ni
Demain .... mou oun
Demain matin tôt meuhun ta deuc
Ce matin .... mou saou ni
Cet après-midi .... baï ni
Ce soir, le soir .... baï
Cette nuit, la nuit .... kham koun
Vite .... vaï
Jour .... van, meu

TOPONYMES

Ban .... village, quartier
Don .... île
Houay .... cours d'eau
Luang .... sacré, royal
Muang, Bouli .... district, ville, cité
Nam .... eau, rivière
Pak .... embouchure
Pha .... rocher, falaise
Pha, pra .... saint, sacré
Phu .... colline, montagne
Tad .... cascade, chute d'eau
Talat .... marché
Tham .... grotte
Thanon .... avenue, rue

CARTES ET PLANS

CARTES GÉNÉRALES

Cambodge : 1er rabat de couverture
Laos : dernier rabat de couverture

CAMBODGE

CARTES DES RÉGIONS

PLANS DE VILLE

PLANS DE MONUMENTS

CARTES DES CIRCUITS

LAOS

CARTES DES RÉGIONS

PLANS DE VILLE

CARTES DES CIRCUITS

LÉGENDE DES CARTES ET PLANS

Curiosités et repères

Itinéraire décrit, départ de la visite
Église
Mosquée
Synagogue
Monastère - Phare
Fontaine
Point de vue
Château - Ruine ou site archéologique
Barrage - Grotte
Monument mégalithique
Tour génoise - Moulin
Temple - Vestiges gréco-romains
Temple : bouddhique - hindou
Autre lieu d'intérêt, sommet
Distillerie
Palais, villa, habitation
Cimetière : chrétien - musulman - israélite
Oliveraie - Orangeraie
Mangrove
Auberge de jeunesse
Gravure rupestre
Pierre runique
Église en bois
Église en bois debout
Parc ou réserve national
Bastide

Sports et loisirs

Piscine : de plein air - couverte
Plage - Stade
Port de plaisance - Voile
Plongée - Surf
Refuge - Promenade à pied
Randonnée équestre
Golf - Base de loisirs
Parc d'attractions
Parc animalier, zoo
Parc floral, arboretum
Parc ornithologique, réserve d'oiseaux
Planche à voile, kitesurf
Pêche en mer ou sportive
Canyoning, rafting
Aire de camping - Auberge
Arènes
Base de loisirs, base nautique ou canoë-kayak
Canoë-kayak
Promenade en bateau

Informations pratiques

Information touristique
Parking - Parking - relais
Gare : ferroviaire - routière
Voie ferrée
Ligne de tramway
Départ de fiacre
Métro - RER
Station de métro (Calgary, ...) (Montréal)
Téléphérique, télécabine
Funiculaire, voie à crémaillère
Chemin de fer touristique
Transport de voitures et passagers
Transport de passagers
File d'attente
Observatoire
Station-service - Magasin
Poste - Téléphone
Internet
Hôtel de ville
Banque, bureau de change
Palais de justice - Police
Gendarmerie
Théâtre - Musée
Université
Musée de plein air
Hôpital
Marché couvert
Aéroport
Parador, Pousada (Établissement hôtelier géré par l'État)
A Chambre d'agriculture
D Conseil provincial
G Gouvernement du district, Délégation du Gouvernement Police cantonale
L Gouvernement provincial (Landhaus)
Chef-lieu de province
Station thermale
Source thermale

Axes routiers, voirie

Autoroute ou assimilée
Échangeur : complet - partiel
Route
Rue piétonne
Escalier - Sentier, piste

Topographie, limites

Volcan actif - Récif corallien
Marais - Désert
Frontière - Parc naturel

Comprendre les symboles utilisés dans le guide

LES ÉTOILES

★★★ **Vaut le voyage** ★★ **Mérite un détour** ★ **Intéressant**

HÔTELS ET RESTAURANTS

9 ch.	Nombre de chambres		Piscine
7,5 €	Prix du petit-déjeuner en sus	CC	Paiement par cartes de crédit
50 €	Prix de la chambre double, petit-déjeuner compris		Carte de crédit non acceptée
bc	Menu boisson comprise	P	Parking réservé à la clientèle
	Air conditionné dans les chambres	Tram	Station de tramway la plus proche
	Restaurant dans l'hôtel	M	Station de métro la plus proche
	Établissement servant de l'alcool (à l'étranger)		

SYMBOLES DANS LE TEXTE

	À faire en famille		Organisme de tourisme
	Pour approfondir		Astuce, conseil
	Promenade à pied		Adresse coup de cœur
	Randonnée à vélo	A2 B	Repère sur le plan
	Facilité d'accès pour les handicapés		

Note au lecteur

Michelin a apporté le plus grand soin à la rédaction de ce guide et à sa vérification. Toutefois, les informations pratiques (formalités administratives, prix, adresses, numéros de téléphone, adresses Internet, etc.) doivent être considérées comme des indications du fait de l'évolution constante de ces données.

Il n'est pas totalement exclu que certaines d'entre elles ne soient plus, à la date de parution du guide, tout à fait exactes ou exhaustives. N'hésitez pas à nous signaler toute omission ou inexactitude que vous pourriez constater, ainsi qu'à nous faire part de vos avis et suggestions sur les adresses contenues dans ce guide.

Avant d'entamer toute démarche, formalités administratives ou douanières notamment, vous êtes invité à vous renseigner auprès des organismes officiels. Ces informations ne sauraient, de ce fait, engager notre responsabilité.